노코드로 완성하는 RPA 업무자동화 – 실무편
마이크로소프트 파워오토메이트

정송화 지음

㈜한국에프디엑스네트웍스

노코드로 완성하는 RPA 업무자동화 – 실무편
마이크로소프트 파워오토메이트

발행일 | 2025년 06월 09일

지은이 | 정송화 저, ㈜한국에프디엑스네트웍스
공동 지은이 | 최가은
기여자 | 김성만, 박경수, 김민석
펴낸이 | 문현광
펴낸곳 | 하움출판사

주소 | 서울특별시 관악구 승방1길 6 1층, 2층 (남현동, 청송빌딩)
전화 | 070-4801-0197
팩스 | 02-521-4990
문의 | https://rpakr.com/kakao
ISBN | 979-11-7374-078-7(93000)

- 본 교재의 모든 내용은 저작권법에 의해 보호되며, 사전 허가 없이 복제, 수정, 배포, 공유, 영상 제작 등을 금합니다.
- 교재에 사용된 이미지는 생성형 AI 도구 및 Envato 에서 유료 구매한 저작물을 포함하며, 해당 이미지들은 관련 라이선스 약관을 준수합니다.
- 별도로 라이선스가 명시된 이미지 및 공식 사이트 제공 이미지는 각 출처의 사용 정책에 따릅니다.

노코드로 완성하는 RPA 업무자동화 – 실무편

마이크로소프트 파워오토메이트

정송화 지음

㈜한국에프디엑스네트웍스

목차

01 파워 플랫폼과 업무자동화

02 생성형AI의 활용

03 Power Automate Desktop 기초

04 Power Automate Desktop 실무

05 부록

CONTENTS

1 파워 플랫폼과 업무자동화

1.1 파워 플랫폼
   1.1.1 파워 플랫폼   ···   18p
   1.1.2 파워 플랫폼의 구성요소와 상호작용   ···   19p

1.2 파워 플랫폼의 특징과 기능
   1.2.1 파워 플랫폼의 다양한 MS 애플리케이션   ···   20p
   1.2.2 커넥터(Connectors)   ···   20p

1.3 파워 플랫폼을 활용한 개발 사례
   1.3.1 파워 플랫폼을 활용한 개발 사례   ···   21p

1.4 시민 개발자의 역할
   1.4.1 시민 개발자의 정의 및 중요성   ···   22p
   1.4.2 시민 개발자와 전문 개발자의 차이점   ···   22p
   1.4.3 시민 개발자가 RPA를 사용해야 하는 이유   ···   23p
   1.4.4 내재화 방법   ···   23-24p
   1.4.5 로우코드와 노코드   ···   25-26p

1.5 RPA의 정의와 기능
   1.5.1 RPA의 정의   ···   27p
   1.5.2 RPA의 역사와 발전과정   ···   28-29p
   1.5.3 RPA의 미래전망   ···   30p

노코드로 완성하는
RPA업무자동화

**마이크로소프트
파워오토메이트**
실무편

CONTENTS

2 생성형AI의 활용

2.1 디지털 트랜스포메이션

   2.1.1 디지털 트랜스포메이션 · · · 34p
   2.1.2 기업에서의 AI 활용사례 · · · 35p

2.2 생성형AI - Copilot

   2.2.1 생성형AI의 정의 · · · 36p
   2.2.2 생성형AI의 종류 · · · 37p
   2.2.3 Copilot의 기능 및 특징 · · · 38p
   2.2.4 Copilot 종류- microsoft365 · · · 39p
   2.2.5 Copilot 종류- Windows · · · 40p
   2.2.6 Copilot 종류- Copilot Studio · · · 40p
   2.2.7 Copilot 종류- PowerAutomate · · · 41p
   2.2.8 Copilot 종류- Bing · · · 42p

2.3 프롬프트 엔지니어링

   2.3.1 프롬프트 엔지니어링 · · · 43p
   2.3.2 프롬프트 작성 원칙 · · · 44p
   2.3.3 프롬프트 최적화 기법 · · · 45p

노코드로 완성하는
RPA업무자동화

**마이크로소프트
파워오토메이트**
실무편

CONTENTS

3 Power Automate Desktop 기초

3.1 PAD의 특징과 강점
- 3.1.1 PAD의 특징과 강점 ··· 48p
- 3.1.2 Power Automate Desktop 자동화 기술 ··· 49p
- 3.1.3 Power Automate Desktop 사용사례 ··· 50p

3.2 PAD 시작하기
- 3.2.1 Power Automate Desktop/Cloud ··· 51-55p
- 3.2.2 라이선스의 종류 ··· 56p
- 3.2.3 프리미엄 라이선스 ··· 57p
- 3.2.4 데스크톱용 Power Automate 아키텍처 ··· 58p
- 3.2.5 Microsoft 회원가입 ··· 59-62p
- 3.2.6 Power Automate Desktop 설치하기 ··· 63-65p
- 3.2.7 Power Automate Desktop UI ··· 66-76p
- 3.2.8 Power Automate Desktop 환경설정 ··· 77p
- 3.2.9 자동화 흐름 만들기 - 메시지박스 출력 ··· 78-79p

3.3 레코더
- 3.3.1 레코더의 개념 ··· 80p
- 3.3.2 레코더 기능 살펴보기 ··· 80-81p
- 3.3.3 실습 - 레코더사용하여 로그인하기 ··· 82p
- 3.3.4 실습 – 작업액션을 사용하여 로그인하기 ··· 83-84p

3.4 변수
- 3.4.1 변수의 기본 개념 ··· 85p
- 3.4.2 변수의 유형 ··· 85p
- 3.4.3 변수의 범위와 민감한 표시 ··· 86p
- 3.4.4 실습 - 변수 사용해보기 ··· 87-94p
- 3.4.5 변수의 표현방법과 연산식 사용 ··· 95p
- 3.4.6 변수의 표현식 사용 ··· 96p
- 3.4.7 다양한 속성에서 변수사용 ··· 97-99p

3.5 날짜/시간
- 3.5.1 날짜/시간의 활용 ··· 100p
- 3.5.2 날짜/시간 작업액션 ··· 100-101p
- 3.5.3 날짜/시간 표현식사용 ··· 102p
- 3.5.4 실습 – 날짜/시간데이터 조작 ··· 103-106p

3.6 텍스트
- 3.6.1 텍스트의 활용 ··· 107p
- 3.6.2 텍스트 작업액션 ··· 108-117p

노코드로 완성하는
RPA업무자동화

**마이크로소프트
파워오토메이트**
실무편

CONTENTS

3 Power Automate Desktop 기초

3.7 목록
- 3.7.1 목록의 활용 · · · 118p
- 3.7.2 목록 작업액션 · · · 118-121p
- 3.7.3 커스텀 오브젝트 · · · 122p
- 3.7.4 실습 – PDF에서 데이터 추출하기 · · · 123-126p
- 3.7.5 실습 – PDF에서 데이터 추출하기 심화 · · · 127-130p

3.8 조건과 반복
- 3.8.1 조건문의 활용 · · · 131-132p
- 3.8.2 조건문의 표현방법 · · · 133p
- 3.8.3 조건문 작업액션 · · · 134-135p
- 3.8.4 다양한 조건문 사용방법 · · · 136p
- 3.8.5 스위치문의 활용 · · · 137-138p
- 3.8.6 반복문의 활용 · · · 139p
- 3.8.7 반복문 작업액션 · · · 140-141p
- 3.8.8 다양한 반복문 사용방법 · · · 142p

3.9 파일/폴더
- 3.9.1 파일/폴더 자동화 · · · 143p
- 3.9.2 파일/폴더 작업액션 · · · 144-152p
- 3.9.3 절대경로와 상대경로 · · · 153p
- 3.9.4 실습 – 조건문, 반복문을 활용한 파일/폴더 제어 · · · 154-158p
- 3.9.5 실습 – 조건문, 반복문을 활용한 다양한 파일 생성하기 · · · 159-162p

3.10 데이터 테이블
- 3.10.1 데이터 테이블의 개념과 활용 · · · 163-164p
- 3.10.2 다양한 데이터 테이블 사용방법 · · · 165p
- 3.10.3 데이터 테이블 작업액션 · · · 166-169p

3.11 Excel
- 3.11.1 Excel 자동화 · · · 170p
- 3.11.2 Excel의 구조 · · · 170p
- 3.11.3 Excel 작업액션 · · · 171-177p
- 3.11.4 실습 – Excel 실행 및 저장, 닫기 · · · 178-181p
- 3.11.5 실습 – Excel 데이터 읽기 (문자/테이블) · · · 182-187p
- 3.11.6 실습 – 국세청 Excel 자료 취합 · · · 188-192p
- 3.11.7 실습 – 도로교통공단 Excel 데이터 정제 · · · 193-197p
- 3.11.8 실습 – 인구동향 Excel 행렬전환 · · · 198-203p
- 3.11.9 Excel 매크로 사용 · · · 204-205p

노코드로 완성하는
RPA업무자동화

마이크로소프트
파워오토메이트
실무편

CONTENTS

3. Power Automate Desktop 기초

3.12 UI/브라우저 자동화
- 3.12.1 UI/브라우저 자동화 ··· 206p
- 3.12.2 UI/브라우저 자동화 – 구성 ··· 207p
- 3.12.3 UI/브라우저 자동화 – UI요소검사 ··· 208p
- 3.12.4 브라우저 자동화 작업액션 ··· 209-213p
- 3.12.5 UI자동화 작업액션 ··· 214-217p
- 3.12.6 UI자동화 작업액션(이미지) ··· 218-219p
- 3.12.7 실습 - 텍스트입력 및 버튼클릭 ··· 220-223p
- 3.12.8 실습 – 버튼요소 순서클릭 ··· 224-225p
- 3.12.9 실습 - 테이블 데이터 추출 ··· 226-228p
- 3.12.10 실습 - 드롭박스의 데이터를 목록값으로 가져오기 ··· 229-230p
- 3.12.11 실습 – 웹사이트에서 데이터 입출력하기 ··· 231-237p

3.13 RPA와 웹개발
- 3.13.1 프론트엔드와 백엔드 ··· 238p
- 3.13.2 프론트엔드 ··· 239p
- 3.13.3 HTML ··· 239-240p
- 3.13.4 CSS ··· 241p
- 3.13.5 JavaScript ··· 242p

3.14 이메일
- 3.14.1 Outlook 자동화 ··· 243p
- 3.14.2 HTML ··· 243-244p
- 3.14.3 이메일 작업액션 ··· 245-247p
- 3.14.4 SMTP와 IMAP ··· 248p
- 3.14.5 실습 - Outlook을 이용하여 메일 보내기 ··· 249-254p
- 3.14.6 실습 – 네이버 메일 수신 받기 ··· 255-258p
- 3.14.7 실습 - HTML으로 이미지 첨부하기 ··· 259p

노코드로 완성하는
RPA업무자동화

**마이크로소프트
파워오토메이트**
실무편

CONTENTS

3 Power Automate Desktop 기초

3.15 Teams
- 3.15.1 Teams 자동화 ··· 260p
- 3.15.2 Teams 작업액션 결과 편집 ··· 261p
- 3.15.3 Teams 작업액션 ··· 262-265p
- 3.15.4 Temas 실습 ··· 266-271p

3.16 SAP
- 3.16.1 SAP란? ··· 272p
- 3.16.2 SAP에서 RPA활용하기 ··· 272p
- 3.16.3 트랜잭션과 트랜잭션 코드(T-Code) ··· 272p
- 3.16.4 SAP 작업액션 ··· 273-275p

3.17 흐름제어와 예외처리
- 3.17.1 흐름 제어의 활용 ··· 276p
- 3.17.2 흐름제어 작업액션 ··· 277p
- 3.17.3 예외처리의 중요성 ··· 278p
- 3.17.4 예외처리 - 비즈니스에러, 시스템에러 ··· 279p
- 3.17.5 디자인 타임 오류, 런타임 오류 ··· 280p
- 3.17.6 블록 에러 시 (On block error) ··· 281p
- 3.17.7 작업액션 자체 에러 처리 ··· 282p
- 3.17.8 마지막 오류 보기 (LastError) ··· 283p
- 3.17.9 실습 – 예외처리하기 ··· 284-285p

노코드로 완성하는
RPA업무자동화

**마이크로소프트
파워오토메이트**
실무편

CONTENTS

4   Power Automate Desktop 실무

4.1 관리자 권한 실행
- 4.1.1 관리자 권한으로 실행하기 ··· 288p

4.2 [DPA] 머신설정 및 스케줄 실행하기
- 4.2.1 머신 설정하기 ··· 289p
- 4.2.2 스케줄로 업무 실행 ··· 290-293p

4.3 [DPA] 업무 흐름 공유하기
- 4.3.1 흐름 공유의 중요성 ··· 294p
- 4.3.2 파일 공유 : 솔루션 가져오기 ··· 295p
- 4.3.3 파일 공유 : 솔루션 내보내기(파일) ··· 296-297p
- 4.3.4 파일 공유 : 솔루션 가져오기(파일) ··· 298-299p
- 4.3.5 Robin Language ··· 300p

4.4 Windows 스케줄러로 PAD실행하기
- 4.4.1 Windows 스케줄러로 PAD실행하기 ··· 301-302p

4.5 Power Fx
- 4.5.1 Power Fx ··· 303p
- 4.5.2 PAD에서 Power Fx 사용하기 ··· 303p

4.6 Power Automate Desktop 언어전환하기
- 4.6.1 언어 전환하기 ··· 304p

4.7 Picture In Picture 기능 사용하기
- 4.7.1 Picture In Picture ··· 305p

4.8 마우스/키보드/클립보드
- 4.8.1 마우스/키보드/클립보드 자동화 ··· 306p
- 4.8.2 마우스/키보드/클립보드 작업액션 ··· 307-309p

4.9 PDF/압축
- 4.9.1 PDF와 압축 ··· 310p
- 4.9.1 압축 작업액션 ··· 310p
- 4.9.2 PDF 작업액션 ··· 311-315p

4.10 시스템
- 4.10.1 시스템 제어방법 ··· 316p
- 4.10.2 시스템 작업액션 ··· 317-320p
- 4.10.3 워크스테이션 작업액션 ··· 321p

노코드로 완성하는
RPA업무자동화

마이크로소프트
파워오토메이트
실무편

CONTENTS

4 Power Automate Desktop 실무

4.11 정규표현식
4.11.1 정규표현식	⋯ 322p
4.11.2 정규표현식 작업액션	⋯ 323p
4.11.3 PAD에서 정규표현식 활용하기	⋯ 324p
4.11.4 정규표현식 (전방/후방 탐색 지정)	⋯ 325p
4.11.5 정규표현식 사용 예제	⋯ 326-327p
4.11.6 자주 사용하는 정규표현식	⋯ 328p

4.12 HTTP(API)
4.12.1 HTTP(API)의 활용	⋯ 329p
4.12.2 실습 - 공공데이터 포탈에서 데이터 가져와서 가공하기	⋯ 330-334p
4.12.3 실습 - 네이버API를 사용하여 네이버뉴스 가져오기	⋯ 335-339p

4.13 데이터베이스
4.13.1 데이터베이스의 활용	⋯ 340p
4.13.2 SQL연결 작업액션	⋯ 341p
4.13.3 MariaDB에서 SQL 연결 활성화하기	⋯ 342p

4.14 암호화
4.14.1 암호화	⋯ 343p
4.14.2 암호화 작업액션	⋯ 344-346p

4.15 스크립팅
4.15.1 스크립팅의 활용	⋯ 347p
4.15.2 스크립팅 작업액션	⋯ 348p

노코드로 완성하는
RPA업무자동화

**마이크로소프트
파워오토메이트**

실무편

안내

"본 교재에 등장하는 인물, 지명, 사건 등은 모두 가상의 창작물입니다. 실존하는 인물, 장소, 사건 등과의 유사성은 순전히 우연이며, 본 교재는 교육 목적을 위해 구성된 자료임을 알려드립니다."

실습자료 다운로드

https://rpakr.com/교재실습파일

공동 지은이 📖

- 최가은

기여자 📰

- 김성만 - 박경수 - 김민석

도움 주신 분 👍

- 김영석 - 임칠빈 - 최용식 - 주창석 - 박지환 - 정채홍
- 김상우 - 김희연 - 김진영 - 송명원 - 윤태헌 - 김휘민
- 심현욱 - 조우현 - 임정우 - 김재진 - 이동우

DT 업무자동화 교육

당사에서는, DT(Digital Transformation) 시대에 필수적인 자동화 기술과 업무 효율화 솔루션을 제공합니다. RPA 실무 중심의 교육 과정을 통해 반복적이고 비효율적인 프로세스를 최적화하고, 조직의 생산성과 경쟁력을 극대화할 수 있도록 지원합니다.

A과정. RPA 실무 핸즈온 그룹교육
RPA 실무를 체계적으로 학습하는 실습 중심 교육으로, 단계별 실습을 통해 1일, 2일, 3일간 핵심 기술을 완성합니다.

B과정. RPA 중급자 심화교육
RPA 고급 기능과 실무 활용법을 집중적으로 다루는 심화 과정으로, 실제 사례 기반의 프로젝트로 3일 또는 5일간 심도 있는 학습을 제공합니다.

C과정. 1:1 RPA 과제 맞춤형 개발 전담교육
개별 맞춤형 과제를 통해 실무형 자동화 역량을 강화하는 1:1 전담교육으로 전문적인 코칭을 제공합니다.

D과정. 개발자 양성 과정 교육
비전공자도 쉽게 배울 수 있는 체계적인 RPA 개발자 과정으로, 실습과 프로젝트로 기초부터 실무까지 익히며, 60일간 디지털 전환 전문가로 성장할 수 있습니다.

E과정. 파워오토메이트 클라우드
Microsoft Power Automate Cloud를 활용한 클라우드 자동화 과정으로, 클라우드 서비스 연동과 자동화 워크플로우 구축을 통해 업무 프로세스를 최적화하는 방법을 학습합니다.

F과정. COPILOT STUDIO 챗봇
Microsoft Copilot Studio를 활용한 챗봇 개발 과정으로, AI 기반 대화형 인터페이스 구축과 비즈니스 프로세스 자동화를 위한 챗봇 솔루션 개발 방법을 학습합니다.

아래 사이트에서 보다 상세한 교육 과정 및 무료 오프라인에 참여 하실 수 있도록 예약페이지를 지원하고 있습니다. 많은 관심 부탁드립니다.

clush.rpakr.net

노코드로 완성하는 RPA업무자동화 – 실무편

마이크로소프트
파워오토메이트

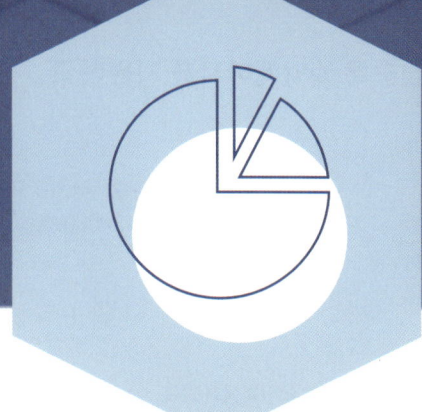

PART 01
파워플랫폼과 업무자동화

1.1 파워 플랫폼
1.2 파워 플랫폼의 특징과 기능
1.3 파워 플랫폼을 활용한 개발 사례
1.4 시민 개발자의 역할
1.5 RPA의 정의와 기능

Step 1-1 | 파워 플랫폼
Power Platform

1.1.1 파워 플랫폼

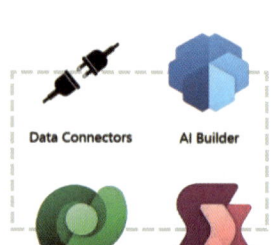

파워 플랫폼(Power Platform)은 Office 365, Dynamics 365 및 다양한 독립 실행형 애플리케이션에서 활용할 수 있는 Microsoft의 통합 로우코드(Low-code) 플랫폼입니다. 사용자는 이 플랫폼을 통해 맞춤형 비즈니스 앱을 구축하고, 업무 프로세스를 자동화하며, 데이터 분석을 쉽게 수행할 수 있습니다.

파워 플랫폼은 IT 전문가뿐만 아니라 현업 담당자와 같은 비즈니스 사용자도 직관적으로 사용할 수 있도록 설계되어, 다양한 기술 수준의 사용자가 접근 가능한 환경을 제공합니다. 또한 Dynamics 365, Azure 등 기존의 Microsoft 제품뿐만 아니라 외부의 다양한 타사 서비스와도 손쉽게 통합되므로, 기업의 특성에 맞는 맞춤형 비즈니스 솔루션을 효율적으로 구축할 수 있습니다.

특히 최근과 같은 언택트 시대에는 클라우드 기반으로 협업하고, 정보를 취합하며, 업무 프로세스를 자동화하는 것이 핵심 역량입니다. 파워 플랫폼을 사용하면 조직 내외의 다양한 애플리케이션과 데이터를 중앙에서 관리할 수 있으며, 관리 센터에서는 전체 감사 로그 기록, 사용 현황 분석, 데이터 손실 방지(DLP), 보안 및 데이터 관리 업무를 수행할 수 있습니다. 또한 Azure Active Directory를 통한 통합 ID 관리로 다양한 정책과 다단계 인증(MFA) 적용도 가능합니다.

파워 플랫폼은 기업이 필요로 하는 모든 앱과 업무 프로세스를 손쉽게 구축하고, Office 365 및 Dynamics 365와 연계하여 업무 자동화 및 생산성 향상을 실현할 수 있는 효과적인 도구입니다.

Power Platform의 핵심 개발 도구

Power Platform을 사용하여 데이터를 분석하고, 프로세스를 자동화하며, 웹사이트, 가상 에이전트, 앱 개발을 로우코드/노코드 기반의 다양한 도구들로 보다 편리하고 손쉽게 개발하여 적은 비용으로 더 많은 효율을 낼 수 있습니다.

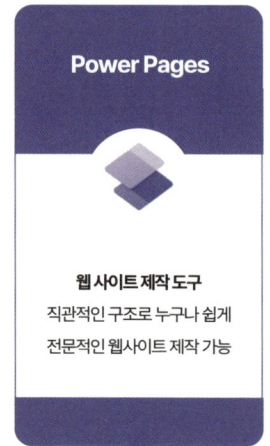

1.1.2 파워 플랫폼의 구성요소와 상호작용

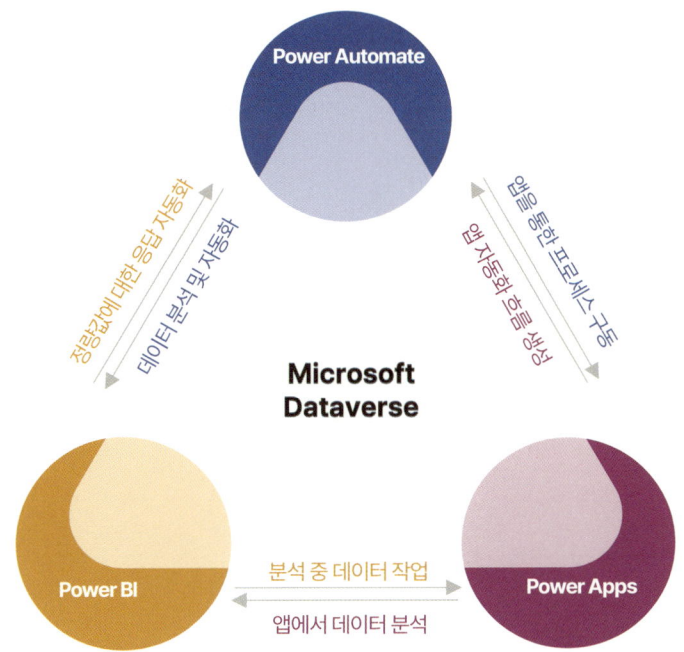

파워 플랫폼의 구성요소 중 하나인 Dataverse는 비즈니스 앱에서 사용하는 데이터를 안전하게 저장하고 관리할 수 있도록 지원합니다. Dataverse는 데이터를 테이블 형태로 관리하며, 메타데이터와 실제 데이터를 모두 클라우드에 저장해 관리 효율성을 높입니다. 또한 사용자별 액세스 권한을 설정하여 민감한 데이터의 접근을 효과적으로 제어할 수 있습니다.

Dataverse는 관계형 데이터뿐 아니라 비관계형 데이터, 파일, 이미지, 검색 데이터 등 다양한 데이터 유형을 폭넓게 지원하여 확장성을 제공합니다. Dynamics 365와의 원활한 통합을 통해 데이터를 활용한 앱을 빠르게 구축할 수 있으며, 이를 Power Apps를 통해 보다 폭넓게 확장할 수 있습니다.

또 다른 주요 구성요소인 Power Automate는 기업 내 업무 흐름을 자동화하고, 프로세스를 최적화하는 데 탁월한 도구입니다. 사용자는 직관적인 인터페이스를 통해 간편하게 워크플로우를 생성 및 관리할 수 있으며, 이를 통해 반복적이고 지루한 작업에서 벗어나 더 높은 가치의 업무에 집중할 수 있습니다. 또한 Power Automate는 여러 시스템 간 데이터 동기화를 자동화하여 정보의 실시간 흐름을 지원하며, 기업 내 의사결정의 신속성을 향상시킵니다.

특히 파워 플랫폼 내 RPA의 도입은 기업에 혁신을 가져오며, 업무 효율성 향상을 넘어 직원의 직무 만족도와 기업 전체 생산성 향상에도 기여합니다. 초기에는 단순하고 반복적인 작업의 자동화에서 시작하지만, 결과적으로 직원들이 루틴한 업무에서 벗어나 창의적이고 전략적인 업무에 더 많은 시간을 투입할 수 있도록 합니다. 이는 기업이 전략적 방향성을 명확히 하고 더 큰 성과를 달성하는 선순환 구조를 만들어내며, 장기적으로 RPA 도입의 가치를 더욱 강조하게 됩니다.

Step 1-2 | 파워 플랫폼의 특징과 기능
Power Platform Features and Functions

1.2.1 파워 플랫폼의 다양한 MS 애플리케이션

쉐어포인트 (SharePoint)
협업 및 문서 관리를 위한 웹 기반 플랫폼으로, 팀원들이 공동 작업을 할 수 있게 해주며, 문서 검색 및 버전 관리 기능을 제공하고, 사용자 정의 워크플로우를 구축할 수 있습니다.

마이크로소프트 엑셀 (Microsoft Excel)
전자 스프레드시트 프로그램으로, 데이터 조작 및 분석, 차트 및 그래프 생성, 복잡한 수식 계산 등 다양한 기능을 제공하여 회계, 금융, 통계 등 여러 분야에서 활용됩니다.

마이크로소프트 아웃룩 (Microsoft Outlook)
이메일 및 일정 관리 애플리케이션으로, 사용자가 이메일 송수신, 캘린더 일정관리, 연락처 및 할 일 목록 관리 등의 기능을 통합하여 사용할 수 있습니다.

마이크로소프트 팀즈 (Microsoft Teams)
커뮤니케이션 및 협업을 위한 플랫폼으로, 팀원 간의 채팅, 회의, 파일 공유, 프로젝트 관리 등 다양한 기능을 제공하여 원격 협업을 쉽게 할 수 있게 해줍니다.

1.2.2 커넥터(Connectors)

커넥터는 Power Automate와 Power Apps가 다른 서비스와 통신할 수 있도록 API를 감싼 프록시(proxy) 또는 래퍼(wrapper)의 역할을 합니다. 각 커넥터는 작업(액션)과 트리거로 구성되어 있으며, 사용자는 이를 통해 다양한 서비스를 손쉽게 연결하여 자동화된 워크플로우를 구축할 수 있습니다.

커넥터의 종류는 일반(Standard)과 프리미엄(Premium)으로 나뉩니다. 일반 커넥터는 별도의 비용 없이 사용할 수 있지만, 프리미엄 커넥터는 고급 기능을 제공하며 사용 시 추가 비용이 발생합니다. 사용자는 기본으로 제공되는 일반 커넥터를 바로 활용하거나, 필요에 따라 Microsoft 및 외부 애플리케이션과 연계한 커스텀 커넥터를 생성하여 사용할 수도 있습니다.

만약 구축한 흐름이 Dataverse를 호출하는 경우처럼 프리미엄 커넥터를 사용하지 않는다면, 별도의 추가 비용 없이 기존 Microsoft 365 라이선스만으로 충분히 이용할 수 있습니다.

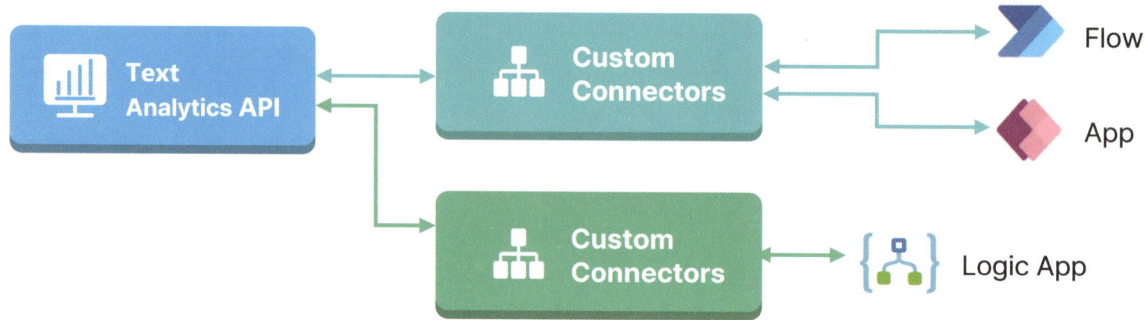

Step 1-3 | 파워 플랫폼을 활용한 개발 사례
Development case using Power Platform

1.3.1 파워 플랫폼을 활용한 개발 사례

기업 내 업무 효율성을 높이기 위한 효과적인 디지털 전환 사례로서, 마이크로소프트 파워플랫폼(Microsoft Power Platform)을 활용한 대표적 개발 사례를 소개합니다. 파워플랫폼은 Power Automate, Power Apps, Power BI, Power Pages 등 각 도구 간의 원활한 연계를 통해 쉽고 빠르게 업무 프로세스를 디지털화하고 자동화할 수 있도록 지원합니다.

자동화 생성 (ERP자동입력)
Power Automate를 이용하여 고객 주문이 ERP 시스템에 입력되면 주문 확인, 재고 확인, 출고 처리 등의 워크플로 자동화가 가능합니다.

사용자 정의 앱 개발 (휴가신청)
Power Apps를 통해 사용자 친화적인 인터페이스를 제공하고 직원들은 모바일 애플리케이션을 통해 어디서든 휴가 종류, 기간, 사유 등을 입력하고 신청 할 수 있습니다.

대시보드(매출분석 대시보드)
Power BI를 이용하여 기업의 매출 데이터를 분석하고 대시보드를 생성하여 기간별, 지역별, 제품별 매출 추이와 성장률을 파악 하여 효과적인 마케팅 전략수립이 가능합니다.

챗봇(사내규정안내)
Copilot Studio를 통해 사내 규정에 대한 질문을 답변 해주는 챗봇을 만들어 불필요한 대기시간을 최소화하여 효율성을 상승시켰습니다.

웹사이트(코로나19설문)
Power Pages를 이용하여 정의되어 있는 템플릿을 사용하여 보다 쉽게 원하는 웹사이트를 제작 할 수 있습니다.

파워 플랫폼의 활용사례

Step 1-4 | 시민 개발자의 역할
Role of Citizen Developers

1.4.1 시민 개발자의 정의 및 중요성

현대의 업무 환경은 빠르게 변화하고 있습니다. 특히 클라우드 컴퓨팅, 빅데이터, 인공지능(AI)과 같은 혁신 기술이 업무 프로세스에 본격적으로 도입되면서 기업 내 업무 복잡성이 증가하고 있습니다. 이에 기업들은 변화하는 기술 트렌드에 대응하여 업무 방식을 재정립할 필요성을 느끼고 있습니다.

이러한 디지털화와 자동화의 흐름 속에서, 프로그래밍에 전문성이 없더라도 다양한 소프트웨어 도구를 활용하여 업무 효율성을 높이고 업무 프로세스를 간소화할 수 있는 시민 개발자(Citizen Developer)의 역할과 중요성이 더욱 부각되고 있습니다. 시민 개발자는 조직 내 일반 직원과 IT 부서를 연결하는 중간자로서, 일상적인 업무 과정에서 발생하는 다양한 문제를 스스로 해결할 수 있습니다. 이를 통해 조직 전반의 업무 생산성과 IT 역량을 동시에 강화하는 역할을 수행합니다.

1.4.2 시민 개발자와 전문 개발자의 차이점

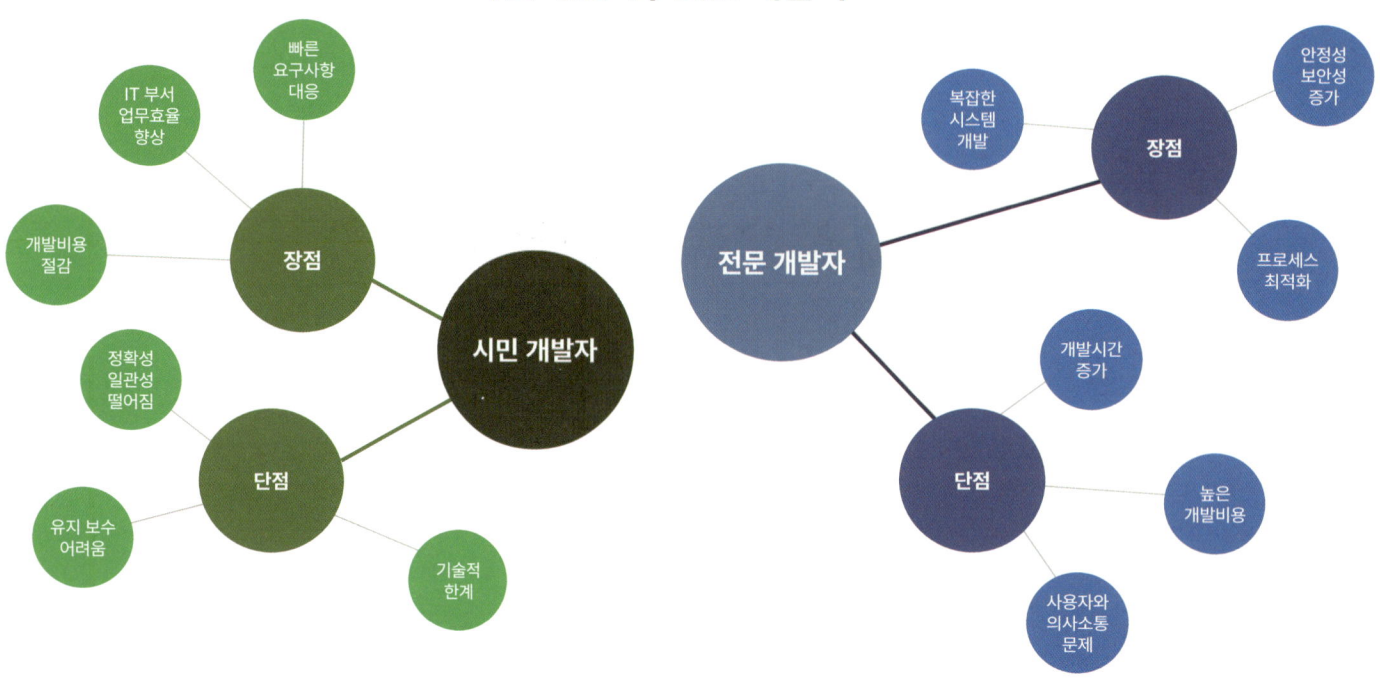

1.4.3 시민 개발자가 RPA를 사용해야 하는 이유

- **비즈니스 환경 변화에 신속 대응**
시장과 비즈니스 환경은 끊임없이 변화합니다. 시민 개발자는 직접 필요한 자동화 솔루션을 설계하고 구현할 수 있어 조직이 변화에 더 빠르게 대응하도록 지원합니다.

- **생산성 향상 및 개발 시간 단축**
기존의 개발 방식은 업무 담당자가 요구사항을 제시하면, 개발자가 이를 구현한 후 다시 전달하는 구조였습니다. 시민 개발자가 RPA를 활용해 직접 자동화 프로세스를 구현하면 이 과정이 획기적으로 단축되며, 보다 신속하고 정확한 솔루션을 구축할 수 있습니다.

- **사용자 중심의 서비스 개발**
시민 개발자는 자신이 직접 수행하는 업무에 대한 이해도가 높으므로, 현장 중심의 맞춤형 자동화 솔루션을 개발할 수 있습니다. 이로 인해 업무 효율성과 사용자 만족도가 향상됩니다.

- **조직 내 IT 역량 강화**
시민 개발자의 활동은 조직 내 IT 리터러시(기술 활용 능력)를 증진시키는 계기가 됩니다. 조직 구성원이 직접 RPA 솔루션을 구현하고 운영하면서 IT에 대한 이해도가 높아지고, 결과적으로 조직 전체의 기술적 역량이 강화됩니다.

1.4.4 내재화 방법

자동화 프로젝트의 내재화를 성공적으로 이루기 위해서는 조직 내 전문가 조직(CoE, Center of Excellence) 이 필수적입니다. CoE는 조직 내에서 자동화 과제를 발굴하고 프로세스를 최적화하여 설계하며, 봇의 운영과 관리 모델을 구축합니다. 또한 RPA 개발 및 관리를 전담하면서 IT 부서의 부담을 줄이고, 자동화 도입을 가속화하는 기술적 지원 제공합니다. 이외에도 조직 구성원을 대상으로 자동화에 대한 교육과 홍보를 수행하여 자동화 문화 정착을 촉진하는 역할을 합니다.

✓ SLA : Service Level Agreement ✓ CoE : Center of Excellence ✓ DT : Digital Transformation

1.4.4 내재화 방법

하지만 조직 내 모든 현업 담당자가 RPA 개발을 할 필요는 없습니다. 구성원들은 업무 역할과 관심도에 따라 구분되며, 각자의 역할에 맞게 참여하게 됩니다.

셀프 유저(Self User) : CoE에서 미리 만들어 제공하는 자동화 프로세스를 활용하는 사용자입니다. 이들은 별도의 기술적 지식이 거의 필요하지 않으며, 일상 업무에서 RPA의 효율성을 쉽게 경험할 수 있습니다.

파워 유저(Power User) : 조직 내 시민 개발자로, CoE에서 제공하는 지속적인 교육과 훈련을 통해 간단하거나 중간 난이도의 자동화를 직접 구축할 수 있는 직원입니다. 파워 유저는 CoE가 세운 전략과 현업 부서의 실제 자동화 구현 사이에서 중요한 연결고리 역할을 수행합니다.

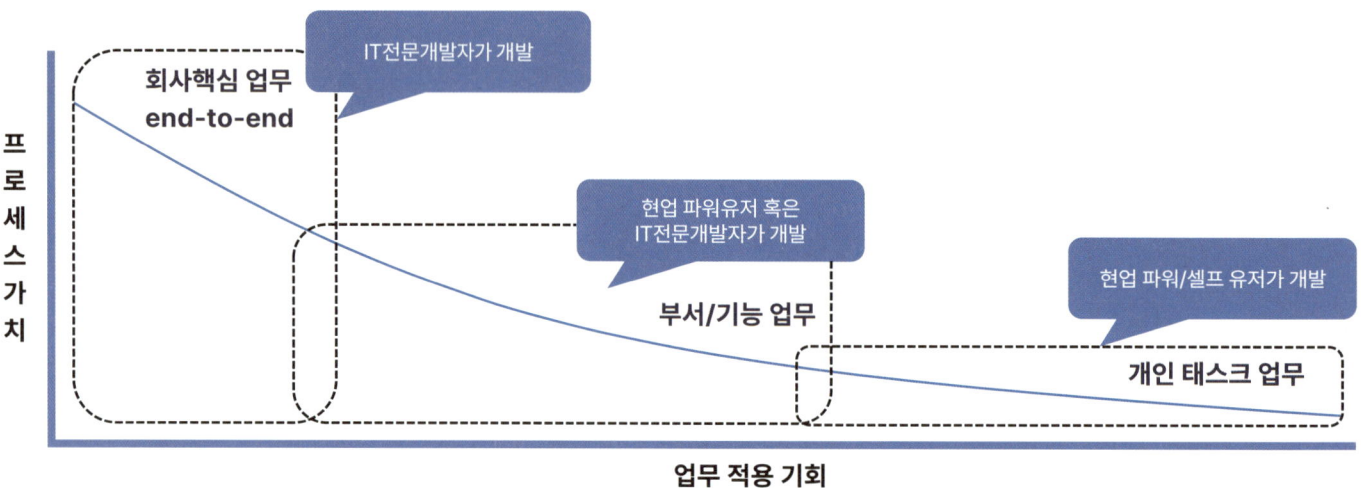

이러한 내재화를 성공적으로 실현하기 위해, 조직은 다음과 같은 전략을 추진해야 합니다. IT 전문 인력과 현업의 파워 유저 및 셀프 유저가 각자의 역할을 명확히 인지하고 협력하여 성과를 달성할 수 있는 환경을 조성해야 합니다.

1. 전문가 조직 중심의 개발
전문가 조직(CoE)은 사업 부서와 긴밀히 협력하여 복잡한 자동화 과제를 분석하고, 이를 기반으로 전략적 자동화 솔루션을 설계하고 개발합니다. 또한 지속적인 기술 지원과 교육을 통해 현업 부서의 자동화 역량을 강화하고, 프로젝트 성공을 적극적으로 지원합니다.

2. 현업 부서 직원들을 위한 RPA 교육
기존 직원 및 신입사원을 대상으로 RPA의 기본 개념과 도구 사용 방법에 대한 체계적인 교육 프로그램을 제공합니다. 특히 업무 현장에 직접 적용할 수 있는 실제 사례 중심의 학습을 진행하여 직원들이 업무에 RPA를 빠르고 효과적으로 활용할 수 있도록 합니다.

3. RPA 과제 개발의 성과 인정
RPA 과제를 통해 달성한 업무 효율성 증대와 시간 절감 성과를 측정하고, 이를 개인과 팀의 KPI에 적극 반영합니다. 또한 자동화 개발 및 운영 과정에서 개인의 기여를 명확히 인정하고 보상함으로써 직원들이 RPA 도입과 개발에 더욱 적극적으로 참여할 수 있도록 동기를 부여합니다.

1.4.5 로우코드와 노코드

로우코드(Low-code)와 노코드(No-code) 플랫폼은 기존 소프트웨어 개발 방식과 비교해 빠르고 간편한 애플리케이션 개발을 지원합니다. 기존 방식은 전문 개발자의 참여가 필수적이기 때문에 상대적으로 개발 비용이 높지만, 세부적이고 맞춤화된 기능 구현에서는 강점을 지닙니다.

반면, 시민 개발자를 위한 로우코드와 노코드 플랫폼은 전문 개발자 없이도 업무 담당자가 직접 앱과 자동화 프로세스를 신속하게 만들 수 있습니다. 따라서 전문 개발 방식에 비해 개발 속도가 빠르고, 현업 담당자가 직접 개발에 참여할 수 있다는 강점이 있습니다. 이러한 플랫폼은 프로그래밍 전문 지식이 없어도 쉽게 사용할 수 있어 조직의 전반적인 생산성 향상에 기여합니다.

로우코드
로우코드 플랫폼은 개발자가 애플리케이션을 개발하는 과정에서 최소의 부호를 통해 정렬할 수 있도록 합니다. 미리 정의된 템플릿, 모듈, 드래그 앤 드롭 방식 등을 사용하여 적용 분야 구성요소를 빠르게 생성하고, 필요한 경우에만 코딩을 통해 세부적인 조정을 할 수 있습니다.

노코드
노코드 플랫폼은 가상화가 없는 애플리케이션을 개발할 수 있도록 지원하는 도구입니다. 비즈니스 사용자와 같은 비전문가도 마찬가지입니다. 드래그 앤 드롭, 스티커 편집기 등을 사용하여 구성요소를 장착하고 작업 흐름을 구성하여 완성된 애플리케이션을 생성합니다.

Low Code / No Code

개발 생산성 향상
기존에 수작업으로 수행되던 작업을 자동화하여, 개발 생산성이 향상됩니다. 개발 시간이 단축되며, 더 많은 애플리케이션을 빠르게 구축할 수 있습니다.

개발비용 절감
로우코드를 이용하면 전문 개발자를 고용하지 않아도 시민 개발자들이 애플리케이션을 개발할 수 있습니다.

코드 품질 향상
로우코드 플랫폼은 일정한 디자인 패턴을 사용하여 코드의 일관성과 품질이 향상됩니다.

보안성 향상
노코드 플랫폼은 대부분 보안에 관련된 이슈를 자동으로 처리하므로, 보안성이 높아집니다.

협업과 소통
직접 개발함으로써 당사자들 간의 소통과 협업이 원활하게 처리 가능합니다.

개발시간 단축
비즈니스 사용자들이 직접 개발이 가능하여 전문 개발자의 의존도를 낮춰, 빠르게 개발이 가능합니다.

1.4.5 로우코드와 노코드 - 로우코드의 성장

2025년 현재, 로우코드(Low-code) 플랫폼은 디지털 혁신을 이끄는 핵심 기술로 자리 잡았습니다. 가트너의 보고서에 따르면, 2021년 184억 달러였던 글로벌 로우코드 시장 규모는 매년 빠른 속도로 성장하여 2024년에는 약 319억 달러를 기록했으며, 2025년에는 380억 달러 이상으로 성장할 것으로 전망됩니다. 기업들이 디지털 전환을 가속화하기 위해 비용 효율적이고 신속한 애플리케이션 개발에 집중하면서 로우코드 플랫폼의 수요가 급증했기 때문입니다.

특히, 로우코드의 급속한 성장은 RPA(Robotic Process Automation) 및 AI 기술과의 결합이 중요한 배경으로 작용했습니다. 가트너는 2025년까지 로봇 프로세스 자동화(RPA) 벤더의 약 90%가 생성형 AI를 활용한 자동화를 제공할 것으로 예측하고 있으며, 이는 로우코드 플랫폼이 AI 기반 자동화 기능과 결합하여 기업의 업무 효율성 향상과 디지털 혁신을 크게 촉진할 것임을 의미합니다.

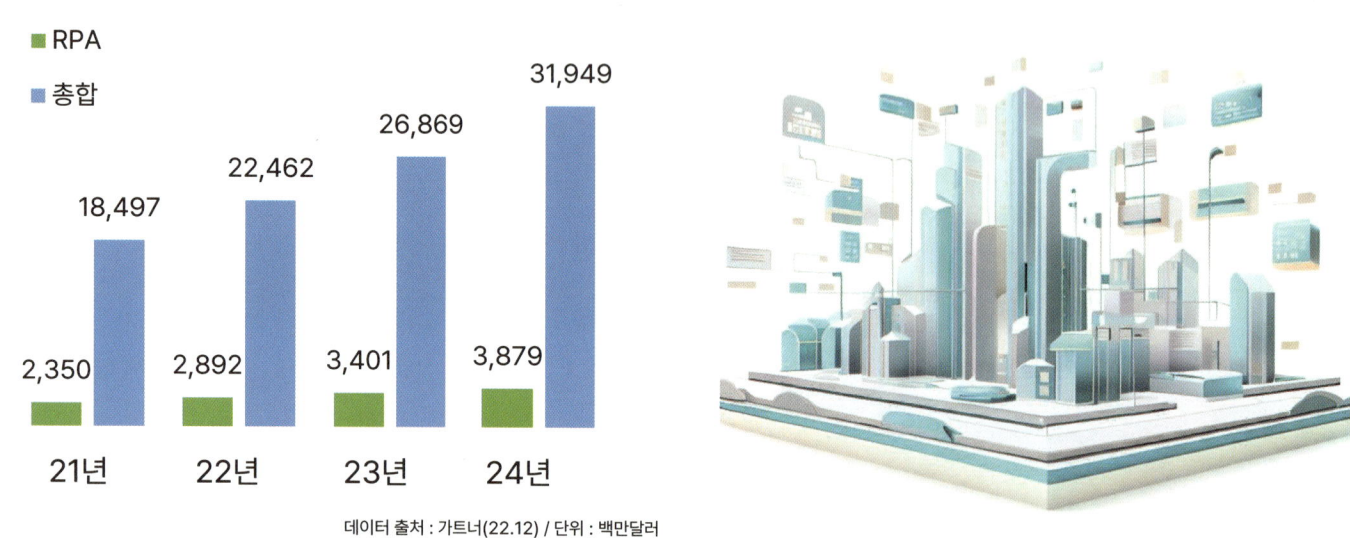

데이터 출처 : 가트너(22.12) / 단위 : 백만달러

또한, 2025년 가트너가 선정한 10대 전략 기술 트렌드 중 하나로 에이전틱 AI(Agentic AI) 가 포함된 점도 주목할 만합니다. 에이전틱 AI는 사용자가 설정한 목표를 달성하기 위해 자율적으로 계획하고 실행하는 인공지능으로, 로우코드 플랫폼과 결합하여 전문 개발자가 아닌 현업 담당자들도 쉽게 업무 자동화를 구현하고 관리할 수 있게 합니다.

결국, 로우코드는 단순히 개발 프로세스의 효율성만을 높이는 것이 아니라, 기업의 디지털 혁신을 주도하는 중심 기술로 자리 잡고 있습니다. 앞으로도 로우코드는 전문 개발자와 시민 개발자 간의 협업을 촉진하며, 기업들이 빠르게 변화하는 비즈니스 환경에 효과적으로 대응할 수 있는 중요한 도구로 지속적으로 성장할 것입니다.

Step 1-5 | RPA의 정의와 기능
Definition and Functions of RPA

1.5.1 RPA의 정의

RPA(Robotic Process Automation, 로봇 프로세스 자동화)는 기업에서 다양한 비즈니스 프로세스를 자동화할 때 사용되는 소프트웨어 기술입니다. 이 기술은 사람이 컴퓨터로 수행하던 구조화된 업무를 소프트웨어 로봇이 그대로 모방하여 자동으로 처리합니다.

RPA는 주로 반복적이며 규칙이 명확한 업무에 적용됩니다. 데이터 입력, 이메일 응답, 문서 분류와 처리 같은 업무가 대표적입니다. RPA의 핵심 원리는 사용자 인터페이스(UI)를 통한 자동화로, 사람이 수행하는 것과 동일한 절차를 거치기 때문에 기존 시스템의 변경 없이 프로세스를 자동화할 수 있다는 장점이 있습니다.

규칙기반의 정형화된 데이터를 반복처리하는 소프트웨어 로봇

규칙 기반 자동화
사람이 정해진 규칙에 따라 수행하는 작업을 로봇이 대신 실행함.

예) 엑셀 데이터 정리, 이메일 첨부파일 다운로드, 시스템 간 데이터 입력 등.

UI 기반 작업 수행
마우스 클릭, 키보드 입력, 화면 캡처 등 사용자의 행동을 모방하여 프로그램을 조작함.

예) 웹사이트의 데이터 크롤링, 웹사이트에 데이터 입력, SAP입출력 등

비즈니스 프로세스 최적화
업무 속도 향상, 실수 감소, 운영 비용 절감 등의 효과를 제공함.

예) RPA로 업무전환과정에서의 효율성향상, 사람이 실수 할 수 있는 업무, 보안관련업무

1.5.2 RPA의 역사와 발전과정

RPA의 발전은 컴퓨터 기술과 비즈니스 프로세스 관리의 진보와 밀접하게 연결되어 있습니다. 1990년대에는 ERP 시스템을 도입해 기업들이 업무 효율성을 높이기 시작했고, 2000년대 초반에는 BPO(Business Process Outsourcing)를 활용하여 인건비를 절감했습니다. 그러나 여전히 사람의 개입이 필수적이었고, 이를 해결하기 위해 RPA 기술이 등장했습니다.

1990년대부터 2000년대 초반까지 자동화는 IT 부서와 전문 개발자가 작성한 스크립트를 이용해 부분적으로만 이루어졌습니다. 이후 2000년대 중반에는 비즈니스 프로세스 자동화(BPA) 와 비즈니스 프로세스 관리(BPM) 도구가 등장하여 업무 프로세스의 최적화가 본격화되었습니다. 2010년대 초반부터는 RPA가 시장에 자리 잡으면서 기존 IT 인프라를 변경하지 않고 광범위한 업무 자동화를 실현할 수 있게 되었습니다. 2020년대 들어서는 클라우드 기반의 RPA 플랫폼이 확산되어, 플랫폼 간의 연동성이 크게 강화되었습니다.

최근 들어 RPA는 AI 및 머신러닝과 결합한 인텔리전트 RPA(Intelligent RPA) 로 진화했습니다. 이를 통해 단순 규칙 기반 업무는 물론, 복잡하고 예측이 어려운 업무에서도 자율적인 의사결정을 내릴 수 있는 단계에 이르렀습니다.

특히 2023년부터는 생성형 AI(Generative AI) 기술이 RPA와 본격적으로 결합되어 자동화 범위가 더욱 확장되었습니다. 생성형 AI는 방대한 데이터를 학습해 새로운 데이터를 생성하는 기술로, 문서 작성, 이메일 응답, 고객 문의 처리와 같은 고급 업무를 효과적으로 자동화할 수 있게 되었습니다. 또한 이미지 인식 기술을 활용하여 시각 데이터를 분석하는 등 자동화가 가능한 업무의 범위를 지속적으로 넓히고 있습니다.

최근 RPA는 인공지능(AI)과 머신러닝(ML)의 발전으로 더 복잡하고 지능적인 업무까지 자동화할 수 있게 되었습니다. 예컨대 청구서 처리나 이메일 분류, 고객 응대에는 자연어 처리(NLP)를, 이미지와 문서 처리 업무에는 컴퓨터 비전을 결합하여 활용하는 사례가 늘어나고 있습니다. 이로써 RPA는 단순 업무 자동화를 넘어 비즈니스 프로세스 자동화(BPA) 의 중요한 축으로 발전했습니다.

RPA가 가진 대표적인 장점은 효율성과 생산성 향상 입니다. 초기 도입에 일정 비용이 발생하지만, 장기적으로 고객 서비스 품질 향상, 업무 처리 속도 증가, 오류 감소 등 다양한 효과를 거두며 비용 절감을 실현합니다. 또한 기존의 IT 시스템을 변경하지 않고 자동화를 구현할 수 있어, 기업이 디지털 전환을 빠르게 추진하는 데 중요한 역할을 합니다. 이러한 특성 덕분에 현재 RPA는 기업의 디지털 혁신을 가속화하는 핵심 도구로 자리 잡았습니다.

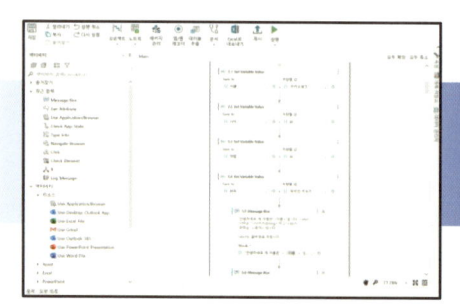
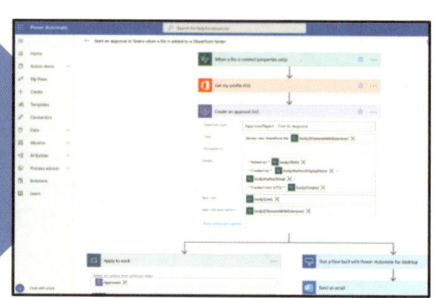

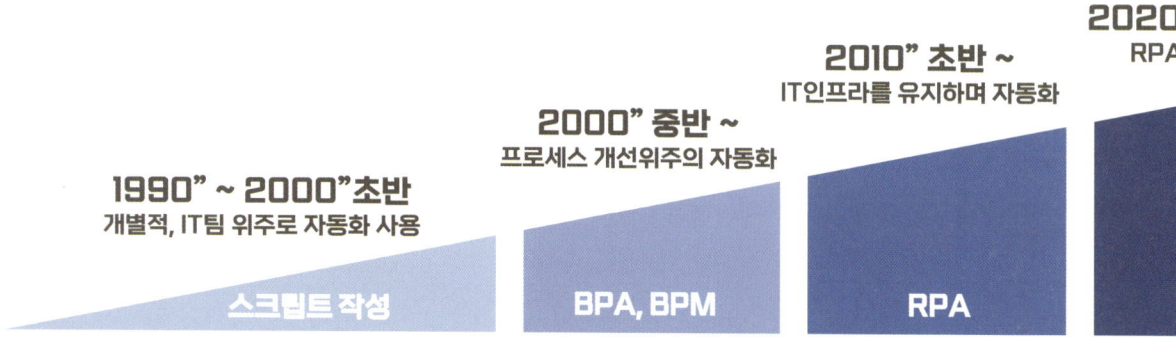

RPA 발전 단계는 다음과 같이 구분됩니다. 아래와 같은 발전 과정을 통해서 RPA는 기업들이 디지털 전환을 더욱 효과적으로 달성할 수 있도록 돕는 핵심 기술로 지속적으로 진화하고 있습니다.

- **1단계 임시(Ad-hoc)**

개인이나 소규모 팀이 특정 문제를 해결하기 위해 임시적으로 스크립트나 간단한 자동화 도구를 활용했습니다. 대부분 런북(Run Book)이나 스크립터(Scripter)를 이용해 표준 운영 절차의 일부만 자동화했습니다.

- **2단계 기회 탐색(Opportunities)**

조직 내에서 자동화 필요성을 인식하고 특정 업무의 자동화를 팀 또는 프로젝트 단위로 진행했습니다. 반복적 업무인 서버 모니터링, 보고서 작성 등에 집중하여 전체 생산성이 약 10% 향상되었습니다.

- **3단계 체계적 접근(Systematic)**

조직 전체의 자동화 목표를 설정하고 로드맵을 구체화하여, 비즈니스 전략과 연계된 자동화를 추진했습니다. 구체적인 매트릭스를 활용하여 자동화를 관리했고, 생산성 향상 효과는 최대 20%에 달했습니다.

- **4단계 기관화(Institutionalized)**

조직 전체가 RPA의 중요성을 명확히 인지하고 자동화 전략을 본격적으로 전사 차원에서 확장했습니다. 자동화 도구 및 플랫폼 포트폴리오를 활용해 머신러닝, 자연어 처리, 챗봇과 같은 첨단 기술도 적극 도입했으며, 생산성은 약 30% 증가했습니다.

- **5단계 적응형(Adaptive)**

RPA가 AI 및 머신러닝 기술과 완전히 통합되어 복잡하고 예측하기 어려운 업무까지도 처리할 수 있는 단계입니다. 자동화 프로세스가 비즈니스 요구 변화에 따라 능동적으로 최적화되며, 조직 전체에 적용되어 생산성 향상 효과가 30%를 초과합니다.

업무명	RPA구축 단계별 특징	생산성 향상 정도
Level 1 Ad hoc 임시적	**최소한의 자동화**: 기본적인 자동화만 구현된 상태 **개인 중심**: 개인이 주도하여 진행하는 자동화 **일반적으로 스크립트 기반**: 대부분 스크립트를 사용하여 자동화를 구현 **일부 도구 적용 - 공식적 평가 없음**: 몇몇 도구들이 적용되었지만, 공식적인 평가나 검토는 이루어지지 않았음	최대 5%
Level 2 Opportunities 기회 탐색	**특정 문제 영역을 해결하기 위한 자동화**: 특정한 문제나 고통을 줄이기 위한 자동화 진행 **팀 또는 프로젝트 중심**: 팀이나 프로젝트 단위로 주도하여 진행 **반응적**: 문제나 요구에 따라 반응적으로 자동화를 진행 **플랫폼 및 도구 평가 및 적용**: 사용할 플랫폼과 도구를 평가하고 적용	5-10%
Level 3 Systematic 체계적 접근	**시장과 함께 정의된 자동화 목표**: 시장의 요구와 함께 자동화 목표를 명확히 설정 **전문가 중심**: 자동화 전문가가 주도하여 진행 **선제적 접근**: 미래의 요구나 문제를 예측하여 선제적으로 자동화 진행 **로드맵 지정**: 자동화 진행에 대한 로드맵(계획)을 명확히 설정	10-20%
Level 4 Institutionalized 기관화	**기관 전체로 확장된 로드맵 실행**: 전체 조직이나 기관에 걸쳐 자동화 로드맵을 실행 **조직 중심**: 조직 전체가 주도하여 자동화를 진행 **플랫폼 및 도구 포트폴리오와 함께 인증 실현**: 다양한 플랫폼과 도구를 포트폴리오로 관리하며 인증을 받음 **인증이 일상화됨**: 자동화에 대한 인증이 일상적인 업무로 자리잡음	20-30%
Level 5 Adaptive 적응형	**자동화가 자동화되는 프로세스에 적응**: 자동화 자체가 변화하는 프로세스나 환경에 적응 **자기 학습, 자동 최적화 방법 적용**: 자동화 도구가 스스로 학습하고 최적화 **머신 러닝 및 AI의 광범위한 사용**: 자동화에 머신 러닝과 인공 지능 기술을 널리 활용 **자동화가 본질적으로 똑똑해짐**: 자동화 도구나 프로세스 자체가 스스로 더욱 발전하고 효율적으로 작동	30% 이상

출처 : Rajesh Kumar, CTO

1.5.3 RPA의 미래전망

RPA(Robotic Process Automation)의 미래는 매우 밝습니다. 비즈니스 환경에서 가장 중요한 키워드는 바로 '변화'이며, RPA는 이러한 변화의 중심에서 기업 혁신을 주도하고 있습니다. 디지털 전환 시대에 기업이 경쟁력을 유지하기 위해서는 업무 프로세스의 효율화와 자동화가 필수적인 과제입니다. 이런 맥락에서 RPA가 앞으로 어떻게 발전하고 기업 내에서 활용될지 살펴보겠습니다.

먼저, 앞으로 RPA의 성장을 이끌 핵심적인 요소 중 하나는 시민 개발자(Citizen Developer)의 증가입니다. 최근 로우코드 및 노코드 플랫폼의 급속한 성장과 더불어, 전문 개발자가 아닌 현업 부서의 일반 직원들도 직접 RPA를 활용하여 업무를 자동화하는 사례가 크게 늘어나고 있습니다. 이전에는 IT 전문가나 개발자만이 가능했던 업무 자동화가, 이제는 현업 직원 스스로 간편하게 RPA를 도입하고 관리할 수 있는 환경이 조성되고 있습니다. 시민 개발자들은 자신들의 업무 특성을 가장 잘 이해하고 있기에, RPA를 활용한 업무 자동화는 더욱 실질적이고 즉각적인 효과를 가져올 것입니다. 결과적으로 RPA의 효용성과 가치는 전사적 차원에서 더욱 극대화될 것으로 기대됩니다.

실제 국내에서도 RPA 도입이 빠르게 확대되고 있습니다. 리멤버 리서치가 2022년 2월 진행한 조사에 따르면 국내 기업의 27%가 이미 RPA를 도입했으며, 미도입 기업의 약 절반(48%)도 향후 도입 계획이 있다고 응답했습니다. 또한, 도입 이후 업무 생산성 향상(77%)과 고부가가치 업무로의 인력 재배치(22%)와 같은 가시적인 효과를 경험하고 있습니다.

데이터 출처 : 리멤버 리서치(22.02)

또한 최근에는 AI 기술의 발전이 RPA의 가능성을 크게 확장시키고 있습니다. 기존의 RPA가 규칙 기반의 단순 반복 업무 자동화에 그쳤다면, 최근에는 생성형 AI, 자연어 처리(NLP), 컴퓨터 비전 등과의 결합을 통해 더욱 복잡한 업무까지 자동화할 수 있게 되었습니다. 이러한 지능형 RPA는 업무 품질과 고객 서비스 향상에 직접적으로 기여합니다.

향후 RPA는 기업 내부뿐 아니라 기업 간 시스템을 연계하는 플랫폼으로 진화할 것입니다. 클라우드 기반 플랫폼과 다양한 커넥터를 활용해 기업들이 데이터를 실시간으로 통합하고, 고객 서비스와 시장 대응력을 빠르게 높이는 방향으로 발전할 것으로 기대됩니다.

RPA는 AI와의 융합, 시민 개발자의 증가, 전사적 도입 확대를 통해 기업의 디지털 혁신을 이끄는 핵심 기술로 자리매김하고 있습니다. 기업은 이러한 흐름을 이해하고 전략적으로 RPA 도입을 추진해 지속 가능한 경쟁력을 확보해야 할 것입니다.

노코드로 완성하는 RPA업무자동화 – 실무편
마이크로소프트 파워오토메이트

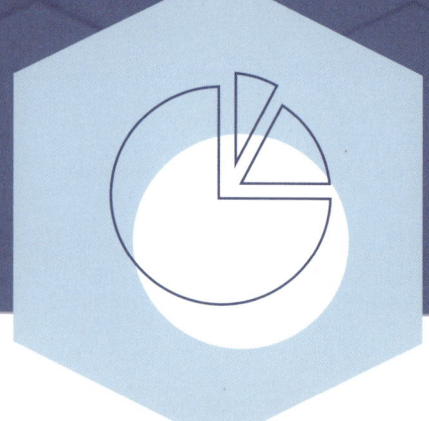

PART 02
생성형 AI의 활용

2.1 디지털 트랜스포메이션
2.2 생성형AI – Copilot
2.3 프롬프트 엔지니어링

Step 2-1 | 디지털 트랜스포메이션
Digital Transformation

2.1.1 디지털 트랜스포메이션

디지털 트랜스포메이션(Digital Transformation)은 디지털 기술을 활용하여 기업의 비즈니스 모델, 운영 프로세스, 고객 경험 등을 혁신하는 과정을 의미합니다. 이는 단순히 기존의 아날로그 프로세스를 디지털화하는 것을 넘어, 디지털 기술을 통해 새로운 가치를 창출하고 조직의 모든 측면을 근본적으로 재설계하는 것을 포함합니다.

글로벌 컨설팅 및 주요 IT기업들은 디지털 트랜스포메이션을 크게 두 가지로 정의하고 접근하고 있습니다. 첫 번째는 기존 기업 경영 전략의 변화로, 디지털 변화에 기존과 다른 방식으로 기업의 경영 환경 및 기반을 확보하고 대응해야 한다는 것입니다. 두 번째는 디지털 기반의 비즈니스 모델 구축으로, 디지털 변화를 통해 새로운 고객 가치를 기반으로 새로운 비즈니스 모델을 창출해야 한다는 것입니다.

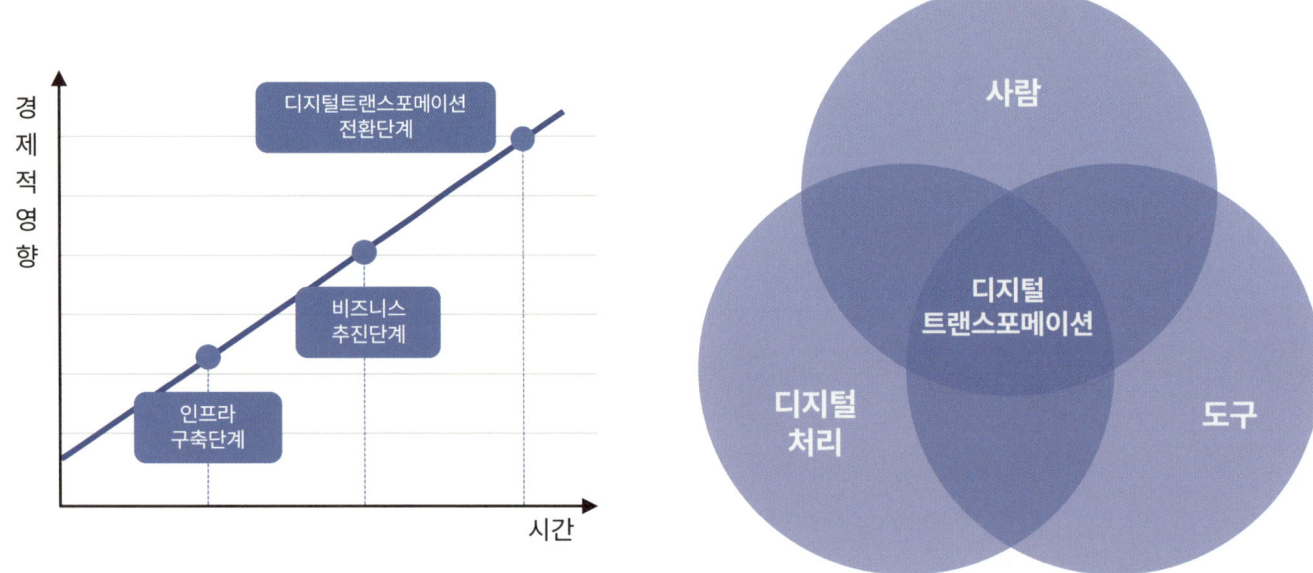

생성형 AI는 디지털 트랜스포메이션의 핵심 기술로 자리잡으며, 기업의 운영과 비즈니스 모델을 근본적으로 혁신하는 역할을 하고 있습니다. 생성형 AI는 기업이 데이터를 효과적으로 활용하고, 새로운 고객 가치를 창출하며, 경쟁력을 강화하는 데 기여하고 있습니다.

프로세스 자동화와 효율성 향상
반복적이고 시간이 많이 소요되는 업무를 자동화하여 생산성을 향상

데이터 분석과 의사결정 지원
방대한 데이터를 학습하여 유의미한 패턴과 인사이트를 도출

고객 경험 개선
챗봇과 가상 비서는 고객의 질문에 실시간으로 답변하고, 고객의 요구에 맞춘 서비스 제공

콘텐츠 생성과 관리
텍스트, 이미지, 비디오 등 다양한 형태의 콘텐츠를 자동으로 생성

2.1.2 기업에서의 AI활용사례

AI(Artificial Intelligence)와 RPA(Robotic Process Automation)의 결합은 비즈니스 자동화의 미래를 이루는 중요한 요소입니다. AI의 능력을 활용하면, RPA는 단순히 규칙 기반의 작업을 수행하는 것을 넘어, 예측, 판단, 학습 등 더욱 복잡하고 정교한 업무를 수행할 수 있게 됩니다. 이런 결합을 통해 나타나는 주요 혜택과 가능성에 대해 살펴보겠습니다.

AI와 RPA의 결합으로 지능형 프로세스 자동화(IPA)가 가능해집니다. IPA는 자연어 처리(NLP), 머신 러닝, 의사결정 관리 등의 AI 기능을 사용하여 비즈니스 프로세스를 자동화합니다. 이는 RPA가 처리할 수 있는 업무 범위를 확장하고, 기업이 비즈니스 문제를 해결하는 데 더욱 효과적인 방법을 제공합니다. AI 기능을 활용하면 RPA는 단순히 규칙 기반의 작업을 수행하는 것을 넘어서, 데이터를 분석하고 패턴을 인식하며, 비정형 데이터를 처리하는 등 복잡한 문제를 해결할 수 있습니다. 예를 들어, AI를 통해 텍스트 분석이나 이미지 인식 등을 수행하는 RPA는 고객 서비스, 물류 관리, 금융 서비스 등 다양한 영역에서 활용될 수 있습니다.

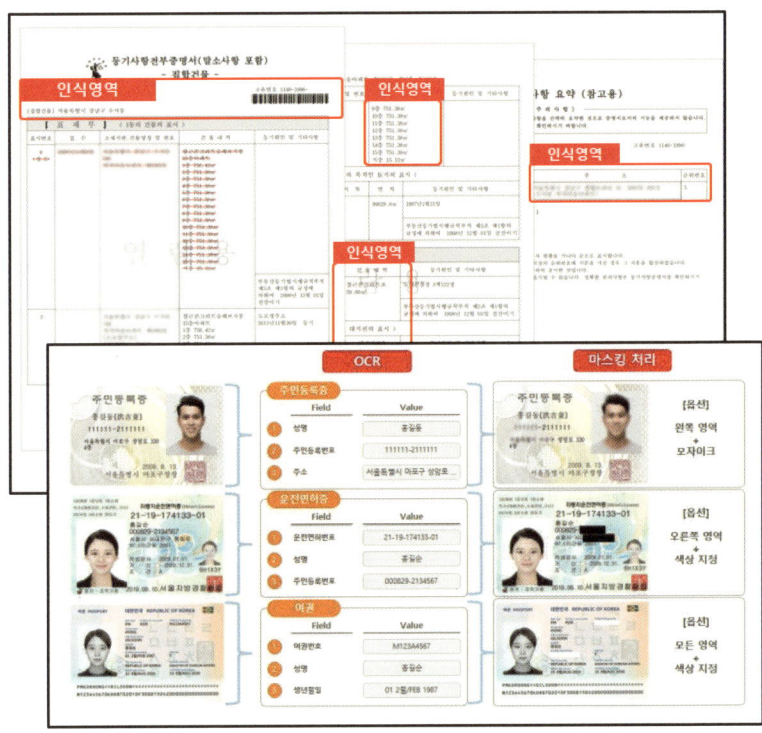

(이미지) 등기부등본 OCR, 민감정보 마스킹 처리

AI는 기계 학습 알고리즘을 통해 계속해서 학습하고 개선하는 능력을 가지고 있습니다. 이를 통해 RPA는 시간이 지남에 따라 성능을 향상시키고, 예측을 더욱 정확하게 수행하며, 심지어는 새로운 상황에 적응하는 능력을 갖추게 됩니다. AI와 RPA의 결합은 또한 빅 데이터 분석과 인사이트 제공에도 이용될 수 있습니다. 기업은 이를 통해 비즈니스 인사이트를 얻고, 의사결정을 지원하며, 서비스를 개선할 수 있습니다. 따라서, AI와 RPA의 결합은 업무 자동화를 한 단계를 뛰어넘는 지능형 자동화를 가능하게 합니다. 이는 비즈니스 환경에서의 결정적인 경쟁력을 제공하며, 기업들이 업무 효율성을 높이고, 고객 경험을 향상시키며, 신규 비즈니스 기회를 창출하는데 도움을 줍니다.

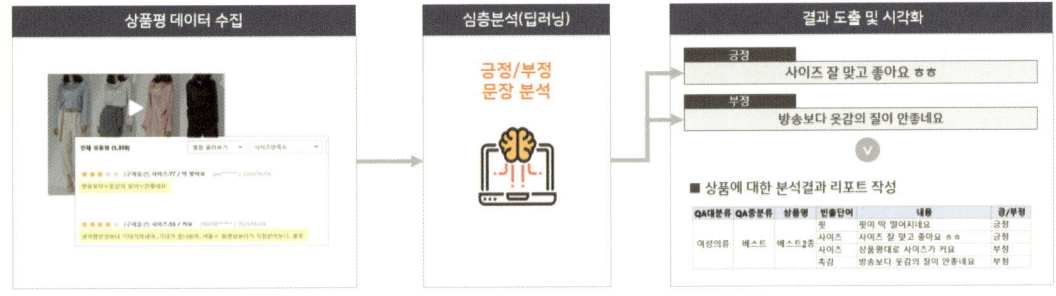

(이미지)상품평 긍정부정판단

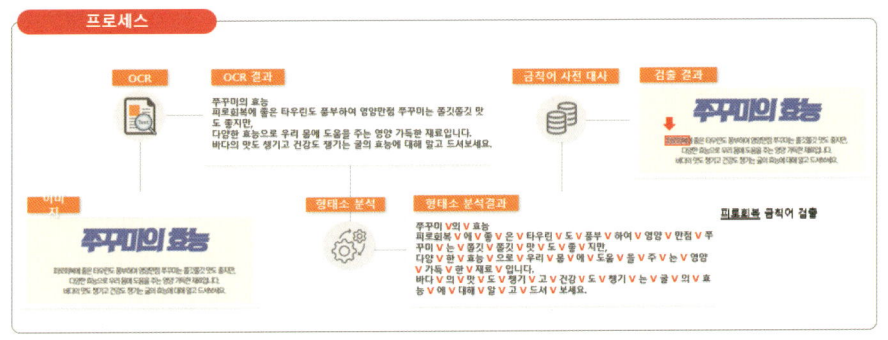

(이미지)이미지 금칙어 검수

2.1 디지털 트랜스포메이션　　**35**

Step 2-2 | 생성형AI - Copilot
Generative AI - Copilot

2.2.1 생성형AI의 정의

생성형 인공지능(Generative AI)은 사용자의 요구에 따라 새로운 콘텐츠를 자동으로 생성할 수 있는 기술입니다. 이 기술은 텍스트, 이미지, 음악 등 다양한 형태의 콘텐츠를 생성할 수 있으며, 특히 언어 처리에 있어서 뛰어난 성과를 보이고 있습니다.

LLM
Large Language Model 대형언어모델

대규모 언어 모델(LLM, Large Language Model)은 이러한 생성형 AI의 한 종류로, 방대한 양의 텍스트 데이터를 학습하여 인간과 유사한 방식으로 언어를 이해하고 생성할 수 있는 모델입니다. LLM은 주로 자연어 처리(NLP) 작업에서 사용되며, 다음과 같은 특징을 가지고 있습니다.

자연어 처리 및 번역	콘텐츠 생성 및 편집
대화형 AI, 자동 번역, 음성 인식 등 자연어와 관련된 작업을 향상시켜 고객 지원, 글로벌 커뮤니케이션, 언어 학습 등에서 활용	문서 초안 작성, 카피라이팅, 블로그 포스팅, 스크립트 작성 등 다양한 콘텐츠 제작 업무에서 생산성 향상

코딩 및 프로그래밍 보조	기업/산업 분야
코드 자동 완성, 버그 탐지, 리팩토링을 통해 개발자들이 더욱 효율적으로 코딩할 수 있도록 지원	데이터 분석, 보고서 요약, 규정 준수 확인 등으로 법률 및 금융 전문가들이 정보에 기반한 결정 보조

2.2.2 생성형AI의 종류

Copilot과 ChatGPT 모두 OpenAI에서 개발한 언어 모델을 기반으로 한 AI 도구입니다. 이 두 도구는 그밖에 다양한 분야에서 활용되며, 코딩 지원, 이미지 생성, 영상 제작, 음성 및 음악 생성 등의 기능을 제공합니다. 특히 Copilot은 Windows, Microsoft 365, Edge 브라우저에서 사용 가능한 GPT 기반의 도구로, 사용자가 더 효율적으로 업무에 AI기술을 활용 할 수 있도록 설계되었습니다. ChatGPT는 다양한 자연어 처리 작업을 수행하며, 대화형 챗봇으로서 사용자와의 상호작용을 중심으로 구성되어 있습니다.

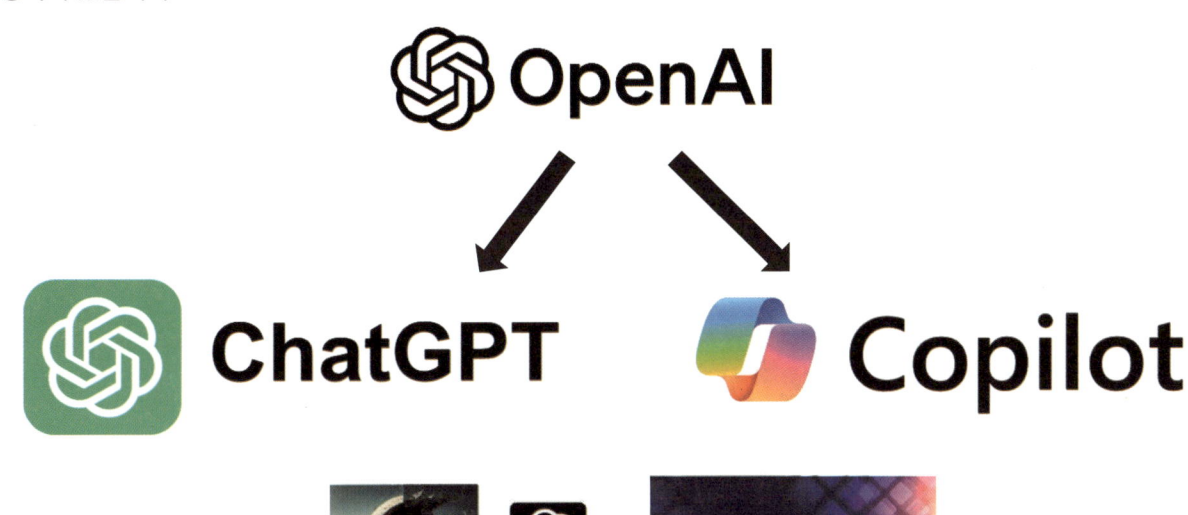

이러한 Copilot과 ChatGPT 외에도 다양한 생성형 AI 도구들이 존재합니다. 이를 활용하면 각기 다른 분야에서 혁신적인 변화를 이끌 수 있습니다.

구분	AI 도구
대화형 챗봇	ChatGPT, Microsoft Copilot, Gemini, X, Cue:, CLOVA Inflection AI, Mistral AI
코드	GitHub Copilot, Devin
그림	Midjourney, DALL·E, Artbreeder, NovelAI Image Generation, Stable Diffusion, Gaugan2, Adobe Firefly
영상	Stable Video, Sora, Lumiere, Runway AI
음성/음악	A.I.VOICE, DeepVocal, Voice Engine, Suno AI, Stable Audio

2.2.3 Copilot의 기능 및 특징

코파일럿(Copilot)은 Microsoft의 인공지능 서비스 브랜드명으로 사용자가 정보를 찾고, 질문에 답하며, 대화를 나누는데 도움을 주는 생성형AI입니다.

▪ New Bing, Bing Chat
2023년 2월 7일, Microsoft는 OpenAI와의 제휴를 통해 GPT-4 기반의 '프로메테우스' 모델을 사용한 'New Bing'을 발표했습니다. 이 모델은 기본적으로 자연어처리를 이용한 검색과 채팅 두 가지 모드를 지원합니다. 초기에는 Microsoft Bing 애플리케이션을 통해 모바일에서도 이용할 수 있었으며, 이후 Copilot 전용 앱이 출시되었습니다.

▪ Copilot으로의 리브랜딩
2023년 12월 1일, Bing 채팅 서비스는 Microsoft Copilot으로 리브랜딩되었습니다. 이로 인해 더욱 다양한 기능과 확장성을 제공하게 되었습니다. 리브랜딩 이후, 코파일럿은 단순한 채팅 서비스를 넘어 사용자 경험을 향상시키기 위한 다양한 기능을 추가하게 되었습니다. 예를 들어, 웹 브라우저인 Microsoft Edge와 통합된 기능들이 추가되어, 사용자는 브라우저 내에서 직접 코파일럿의 도움을 받을 수 있게 되었습니다. 이는 웹페이지 요약, PDF 파일 요약 등과 같은 생산성 도구로서의 역할을 강화했습니다.

▪ 다양한 플랫폼과의 연동
코파일럿은 Microsoft 365, Power Automate, Copilot Studio, Bing, Windows 등 다양한 플랫폼과 연동되어 기업 환경에서 사용하기 편리한 점이 특징입니다. Microsoft 365 Copilot은 Word, Excel, PowerPoint 등에서 사용되어 문서 작업을 효율적으로 수행할 수 있게 도와줍니다. Power Automate와의 연동을 통해 업무 자동화를 쉽게 구현할 수 있으며, Copilot Studio와의 통합으로 챗봇 서비스를 개발하고 관리할 수 있습니다. 또한, Windows Copilot을 통해 운영 체제 차원에서 사용자 지원을 받을 수 있으며, Bing과의 통합으로 웹 검색의 정확성과 효율성을 높일 수 있습니다.

이처럼 다양한 플랫폼과의 연동을 통해 코파일럿은 기업의 다양한 요구를 충족시키고, 생산성을 극대화할 수 있는 도구로 자리잡고 있습니다. 이러한 통합 기능들은 코파일럿을 단순한 AI 도우미에서 벗어나, 실질적인 업무 도구로 발전시키고 있습니다. 코파일럿의 이러한 발전과 확장은 앞으로도 계속될 것으로 보이며, 사용자의 요구에 맞춘 지속적인 업데이트와 기능 향상을 통해 더욱 유용한 도구로 성장할 것입니다.

2.2.4 Copilot 종류 - Microsoft365

Microsoft 365 Copilot은 Microsoft 365에 통합된 AI 기반의 생산성 도구로, 직장인들의 업무 효율성을 크게 향상시키기 위해 설계되었습니다. 이 도구는 다양한 Microsoft 365 앱과 연동되어 문서 작성, 데이터 분석, 이메일 관리 등을 지원하며, 실시간 지능형 도움을 제공합니다.

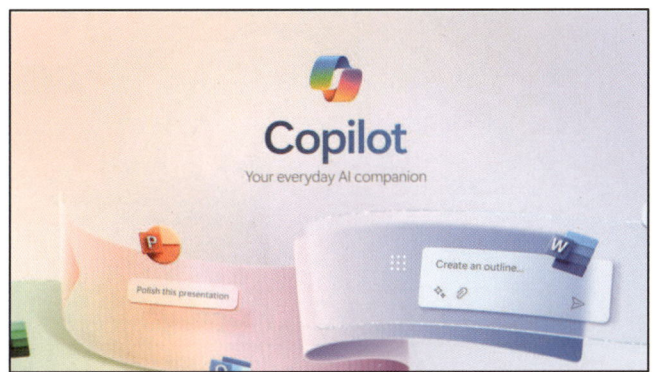

■ Power Point 문서 초안 및 디자인 작성

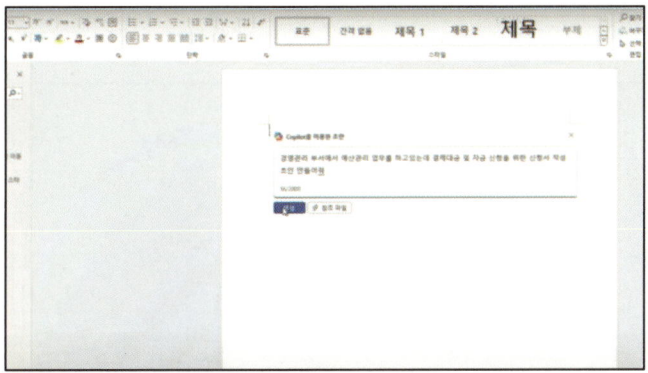

■ Word 보고서 초안작성

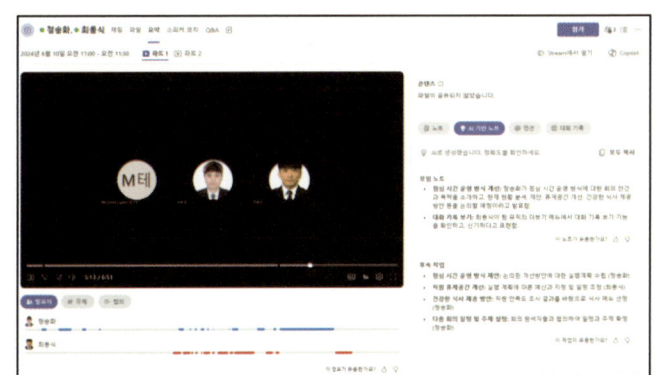

■ Teams 회의 내용 AI기반 요약

Word, Excel, PowerPoint, Outlook, Teams와 같은 앱에서 작동하여 사용자의 창의성, 생산성, 기술 역량을 높이는 데 중점을 둡니다. 예를 들어, Word의 Copilot은 문서 작성과 편집을 쉽게 하고, PowerPoint의 Copilot은 아이디어를 멋진 프레젠테이션으로 바꾸어 줍니다. Excel의 Copilot은 데이터를 분석하고 시각화하는 데 도움을 주며, Outlook의 Copilot은 이메일 관리와 요약 기능을 통해 커뮤니케이션 효율성을 높입니다. Teams의 Copilot은 회의와 협업을 지원합니다.

Loop와 OneNote의 Copilot은 팀 프로젝트 관리와 노트 정리를 효율적으로 돕습니다. Loop의 Copilot은 공동 작업을 용이하게 하며, OneNote의 Copilot은 계획과 조직 작업을 혁신적으로 지원합니다. Microsoft Stream의 Copilot은 비디오 요약과 특정 주제에 대한 빠른 접근을 가능하게 하여 필요한 정보를 신속하게 얻을 수 있습니다.

Copilot은 지능형 검색과 Power Platform 커넥터를 통해 데이터 검색과 실시간 데이터 액세스를 지원합니다. 이 기능은 Dynamics 365와 같은 애플리케이션에서 데이터를 직관적인 자연어로 검색할 수 있게 하여 업무 효율성을 극대화합니다. Microsoft Graph 기반 채팅은 다양한 플랫폼에서 액세스할 수 있으며, 대규모 언어 모델과 회사 콘텐츠를 결합하여 사용자가 필요한 정보를 빠르게 찾을 수 있도록 돕습니다.

2.2.5 Copilot 종류 - Windows

Windows Copilot은 Windows OS에 포함된 AI로 시작표시줄의 우측 하단의 [아이콘]을 누르거나 키보드에서 [win]+[C] 키를 누르면 사용 할 수 있습니다. 기본 탑재 된 만큼 컴퓨터 화면을 바로 캡쳐해서 전송할 수 있도 잇으며 플러그인을 통해서 다양한 앱과 상호 연동하면서 대화 할 수 있습니다.

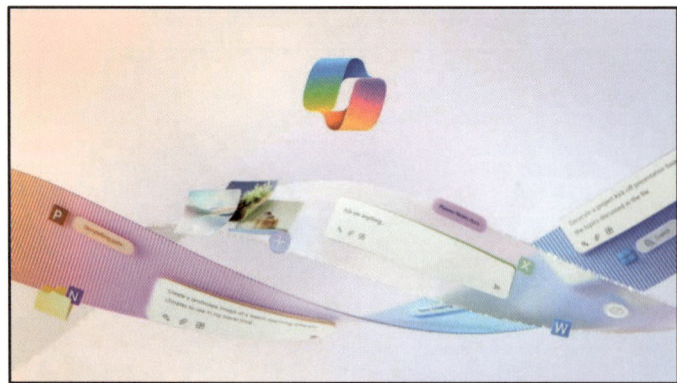

2.2.6 Copilot 종류 - Copilot Studio

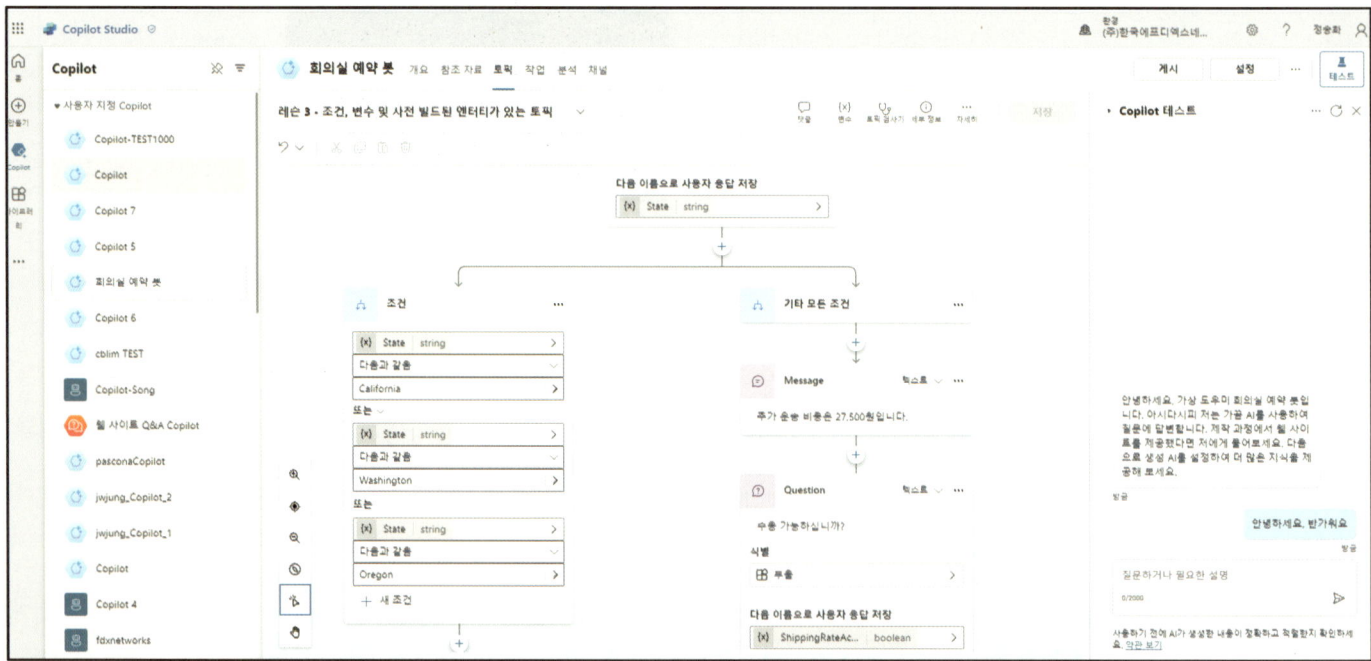

Copilot Studio는 마이크로소프트가 제공하는 생성형 AI 에이전트 제작 도구로, 사용자가 특정 목적에 맞는 AI 에이전트를 쉽게 만들 수 있도록 돕습니다. 과거에는 개발자가 자연어 모델을 직접 학습하고 대화 상자를 설계해야 했으나, 이제는 비개발자인 사용자가 코파일럿 스튜디오에게 자연어로 원하는 것을 설명하는 것만으로도 에이전트를 설계하고 자동화합니다. 특히 Copilot Studio는 지식 소스(Knowledge Sources)를 활용하여 에이전트의 응답을 사용자 지정 데이터에 기반하도록 합니다. 또한 이메일, 날짜/시간, 전화번호, 색상, 국가, 숫자, 화폐 등의 일반적인 엔터티를 제공하며, 국가별 및 언어별 자동 변환 기능으로 챗봇 제작을 간편하게 합니다.

일반 메시지는 2025년 5월 기준으로 월 200달러(₩270,300)에 25,000 메시지를 제공하며, 일반 메시지(질문, 답변 각각 포함)는 하나씩 소모되고, AI 기능을 사용하면 두 메시지가 소모됩니다. (기본 메시지 소진 후 1메시지당 $0.01)

2.2.7 Copilot 종류 – Power Automate

생성형 AI는 RPA 프로세스를 자연어로 설계하고, 지능적으로 분석 및 최적화하며, 예외 상황에도 적응할 수 있도록 지원합니다. 예를 들어 Excel의 데이터에서 특정 열의 데이터만 따로 저장하고 싶은 자동화흐름을 생성하고 싶다면 우측의 Copilot 탭에서 질문을 통해 개발 가이드를 설명받을 수 있습니다.

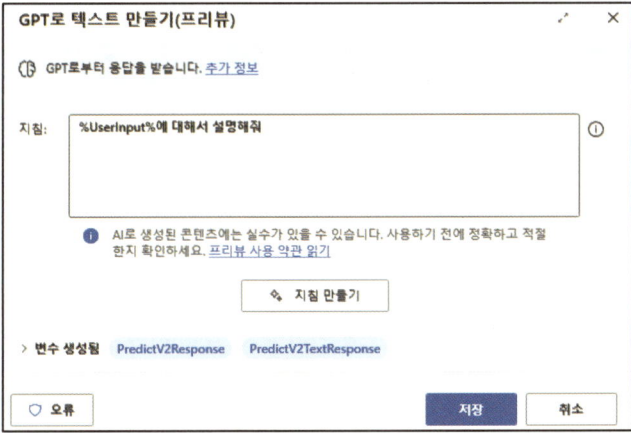

📄 GPT로 텍스트 만들기
- [AI Builder]-[GPT로 텍스트 만들기]작업액션을 통해 프롬프트를 작업액션에 바로 입력하여 사용 할 수 있습니다.

- 바로 원하는 프롬프트를 입력 할 수 도 있지만 다양한 작업액션을 기반으로 PDF내용 비교분석, 뉴스기사 요약 등 기존의 생성형AI에서 사용 할 수 있었던 기능들을 RPA기능과 함께 연계하여 더욱 더 강력하게 사용 할 수 있습니다.

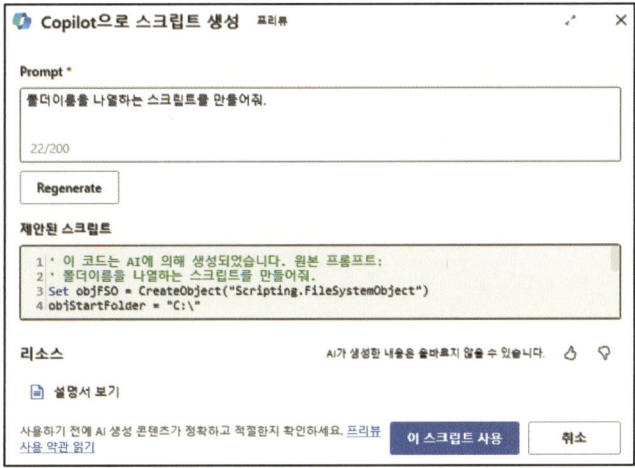

📄 Copilot으로 스크립트 생성
- [스크립팅]분류에 있는 DOS, VBScript, JavaScript, PowerShell, Python, .NET 스크립트 등에서 Copilot을 사용하여 프롬프트를 입력하면 원하는 기능의 스크립트가 자동으로 생성됩니다.

2.2.8 Copilot 종류- Bing

Bing Copilot은 웹 브라우저에 특화된 AI 보조 도구로, 사용자가 이동하는 페이지에서 바로 웹 데이터 검색, 초안 작성, 이미지 생성, 코드 작성 및 분석, 웹페이지와 PDF 요약 등의 작업을 수행할 수 있습니다.

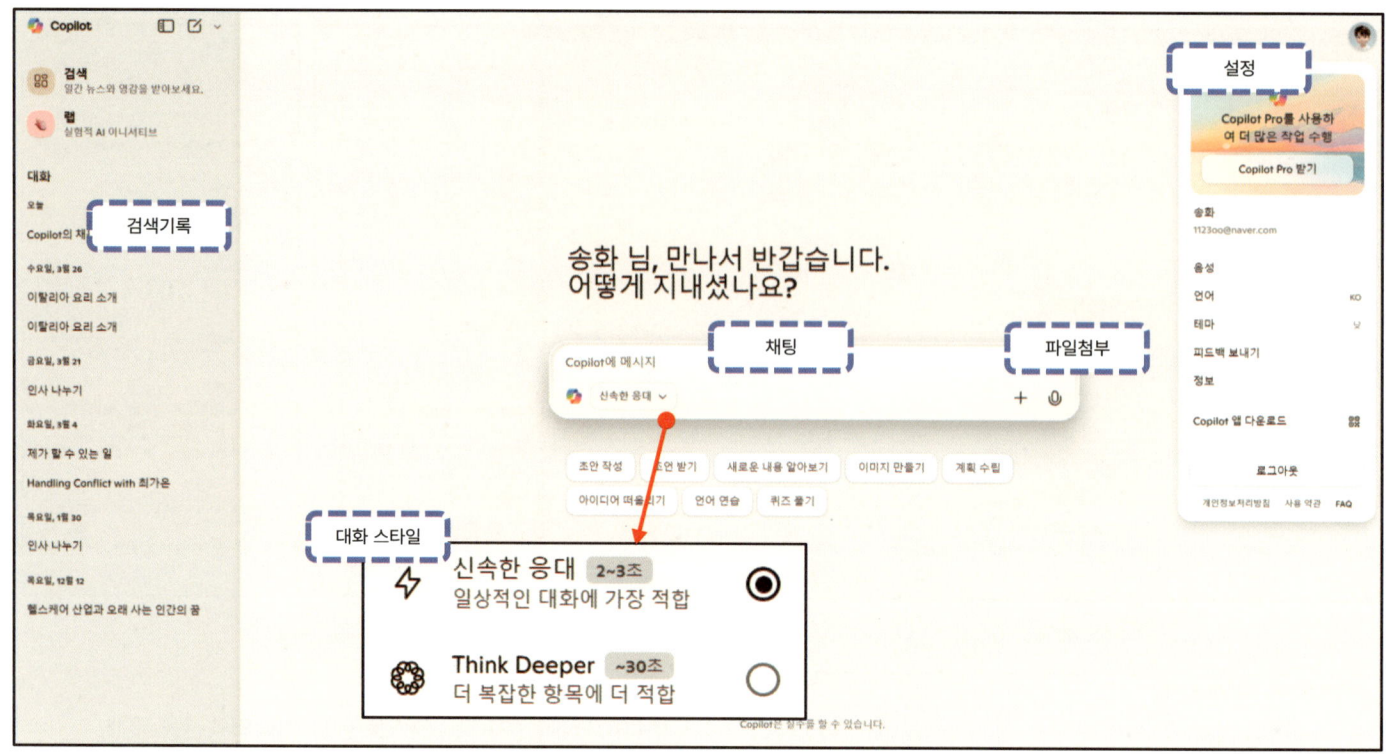

화면의 중앙에 위치한 채팅 영역에서 Copilot과 직접 소통할 수 있으며, 궁금한 사항이나 요청사항을 자연스러운 문장 형태로 입력하면 Copilot이 실시간으로 답변을 제공합니다. 채팅창 내에서는 원하는 문서나 이미지를 파일 첨부하여 Copilot과 공유할 수도 있어 더욱 구체적이고 정확한 응답을 받을 수 있습니다.

채팅 입력창 바로 하단에서는 원하는 대화 스타일을 설정할 수 있습니다. 빠르고 간략한 응답을 원하는 경우 '신속한 응대' 스타일을, 보다 깊이 있는 분석이나 복잡한 질문에는 약 30초 정도의 시간이 소요되는 'Think Deeper' 스타일을 선택할 수 있어 필요와 상황에 맞게 Copilot의 응답 스타일을 유연하게 조정할 수 있습니다.

화면 좌측 상단에서는 Copilot의 다양한 기능을 더욱 효과적으로 활용할 수 있도록 [검색]과 [랩] 메뉴를 통해 여러 플러그인을 활성화할 수 있습니다. 화면 좌측의 메뉴에서는 이전에 Copilot과 나누었던 모든 대화가 검색기록 형태로 자동 저장됩니다. 이를 통해 사용자는 과거 대화 내용을 간편하게 다시 확인하거나, 이전에 중단했던 업무를 쉽게 이어갈 수 있습니다.

Step 2-3 | 프롬프트 엔지니어링
Prompt Engineering

2.3.1 프롬프트 엔지니어링

프롬프트 엔지니어링은 생성형 AI, 특히 MS Copilot과 같은 모델이 최적의 결과물을 생성하도록 입력 데이터를 설계하고 최적화하는 기술로써 AI가 주어진 작업을 더 잘 이해하고 수행하도록 돕는 과정입니다. 최근 다양한 산업 분야에서 생성형 AI가 활용되면서 프롬프트 엔지니어링에 대한 수요가 급증하고 있습니다.

프롬프트 엔지니어의 주요 역할
프롬프트 엔지니어의 주요 역할은 효과적인 프롬프트를 설계하고 개발하는 것입니다. 이들은 인공지능 모델이 이해하고 반응할 수 있는 프롬프트를 개발하고 최적화하며, 자연어 처리(NLP) 알고리즘과 기존 시스템의 통합을 관리합니다. 또한 프롬프트의 성능을 평가하고 개선하며, 사용자 경험과 비즈니스 요구 사항을 충족시키는지 확인합니다. 보안 문제를 예방하기 위해 보안 프롬프트를 설계하는 것도 중요한 역할 중 하나입니다. 프롬프트 엔지니어는 글쓰기 실력, 커뮤니케이션 능력, AI 모델 구조에 대한 이해, 창의성, 기술적 이해 등의 역량을 갖추어야 합니다.

프롬프트 엔지니어의 필요성과 가치
프롬프트 엔지니어는 다양한 영역에서 MS Copilot과 같은 생성형 AI를 도입하고 있는 상황에서 필수적인 역할을 합니다. 이들은 고객의 요구 조건에 맞는 출력을 지속적으로 제공할 수 있는 프롬프트를 빠르게 작성하여 서비스 아이디어를 검증하고 실현하는 데 중요한 요소로 작용합니다. 프롬프트 엔지니어는 회사가 운영하는 서비스의 최적화도 가능하게 합니다. 예를 들어, 불필요한 API 호출을 절약하고 프롬프트의 토큰 최적화를 통해 동일한 출력을 더 적은 자원으로 도출할 수 있습니다. 이는 AI 기반 서비스의 효율성을 높이고, 사용자 만족도를 향상시키는 데 크게 기여합니다.

2.3.2 프롬프트 작성 원칙

Microsoft에서 제공하는 Copilot Lab은 효과적인 프롬프트 작성법을 통해 AI의 성능을 극대화하는 방법을 제시합니다. 이 가이드를 통해 Copilot에 최적화된 프롬프트를 작성하는 원칙에 대해 알아보도록 하겠습니다.

Goal	+	Context	+	Expectations	+	Source
What do you want from Copilot?		Why do you need it and who is involved?		How should Copilot respond to best fulfill your request?		What information or samples do you want Copilot to use?
"I want a list of 3-5 bullet points to prepare me…"		"…for an upcoming meeting with [client], focusing on their current state and what they're looking to achieve."		"Respond with a tone that is friendly but authoritative…"		"… and focus on email and Teams chats with [people] over the last two weeks."

프롬프트 Prompt = Goal(목표) + Context(문맥, 배경, 내용) + Expectations(기대, 응답) + Source(참조, 예시, 레퍼런스)

핵심요소	설명
목표 (Goal)	**설명** : 구체적으로 무엇을 원하는지 명확하게 전달해야 합니다. **예시** : "3-5개의 요점을 제공해 주세요"
문맥 (Context)	**설명** : 왜 이 정보가 필요한지, 그리고 관련된 사람들이 누구인지에 대한 배경 정보를 제공하는 것이 중요합니다. **예시** : "곧 있을 [고객]과의 회의 준비를 위해, 그들의 현재 상태와 목표를 중심으로"
기대 (Expectations)	**설명** : 어떤 톤과 방식으로 응답해야 하는지 구체적으로 지시해야 합니다. 기대 사항을 명확히 하면 Copilot이 응답의 톤과 스타일을 조정하여 사용자가 원하는 방식으로 정보를 제공할 수 있습니다. **예시** : "친근하지만 권위 있는 어조로 응답해 주세요"
출처 (Source)	**설명** : 출처를 명시하면 Copilot이 보다 신뢰할 수 있는 자료를 바탕으로 응답을 생성하게 되어 결과의 정확성과 신뢰성을 높일 수 있습니다. **예시** : "지난 2주간의 이메일과 Teams 채팅 내용을 중심으로"

2.3.3 프롬프트 최적화 기법

1. 명확하고 구체적인 지시 제공
프롬프트는 명확하고 구체적으로 작성해야 합니다. 이는 AI가 요청을 정확히 이해하고 필요한 정보를 제공하는 데 필수적입니다. "2024년 매출 보고서를 요약해 주세요" 대신 "2024년 1분기부터 4분기까지의 매출 보고서 요약을 제공해 주세요" 처럼 구체적인 기간을 명시합니다.

2. 의도 명확화
프롬프트에서 사용자가 원하는 결과를 명확히 표현하는 것이 중요합니다. 구체적인 목표나 원하는 결과를 제시하면 AI가 더 정확한 응답을 제공합니다. "고객 만족도 조사 결과를 분석해 주세요"보다는 "고객 만족도 조사 결과에서 주요 불만 사항을 분석해 주세요"처럼 구체적인 요청을 합니다.

3. 간결하면서도 정확한 문장 사용
프롬프트는 간결하면서도 정확하게 작성되어야 합니다. 불필요한 단어나 복잡한 문장은 피하고, 핵심 내용을 간단명료하게 전달합니다. "이번 분기의 매출 증감률을 알려 주세요"처럼 간결한 문장을 사용합니다.

4. 구체적인 예시 포함
필요한 경우, 프롬프트에 구체적인 예시를 포함하여 AI가 더 명확하게 이해할 수 있도록 돕습니다. 예시는 AI의 응답 범위를 좁히고 정확도를 높이는 데 유용합니다. "최근 5년간의 매출 데이터를 제공해 주세요. 예: 2023년 - 100만 달러, 2024년 - 120만 달러..."

5. 단계별 지시 제공
복잡한 작업을 요청할 때는 단계를 나누어 지시하는 것이 효과적입니다. 각 단계별로 명확한 지시를 제공하면 AI가 차근차근 작업을 수행할 수 있습니다. "1단계: 데이터를 수집하세요. 2단계: 데이터를 분석하세요. 3단계: 분석 결과를 보고하세요."

6. 문맥 제공
프롬프트에 충분한 문맥을 제공하여 AI가 요청을 정확히 이해하도록 돕습니다. 배경 정보를 포함하면 AI가 더 적절한 응답을 생성하는 데 도움이 됩니다. "우리 회사의 2023년 매출 보고서를 기반으로 매출 증감률을 분석해 주세요."

7. 피드백 포함
AI의 응답을 개선하기 위해 프롬프트에 피드백을 포함합니다. 원하는 결과와 맞지 않을 경우 어떤 점을 수정해야 하는지 명확히 제시합니다. "더 구체적인 예시를 포함해 주세요"와 같은 피드백을 제공합니다.

8. 긍정적인 표현 사용
프롬프트는 긍정적인 표현을 사용하여 AI가 건설적이고 유익한 응답을 제공하도록 유도합니다. 부정적인 표현이나 모호한 지시는 피합니다. "이메일을 작성해 주세요. 예의 바르고 친절한 톤으로 작성해 주세요."

9. 다양한 관점 고려
프롬프트를 작성할 때는 다양한 관점을 고려하여 다각적인 응답을 얻을 수 있도록 합니다. 이는 AI가 더 풍부한 정보를 제공하는 데 도움이 됩니다. "고객의 피드백을 분석하고 긍정적 피드백과 부정적 피드백을 각각 요약해 주세요."

10. 지속적인 수정과 개선
프롬프트는 한 번에 완벽하게 작성되지 않을 수 있습니다. 지속적으로 수정하고 개선하면서 AI의 응답 품질을 높여 나가는 과정이 중요합니다. "첫 번째 응답에서 누락된 정보를 추가해 주세요"와 같은 방식으로 프롬프트를 수정해 나갑니다.

노코드로 완성하는 RPA업무자동화 – 실무편

마이크로소프트
파워오토메이트

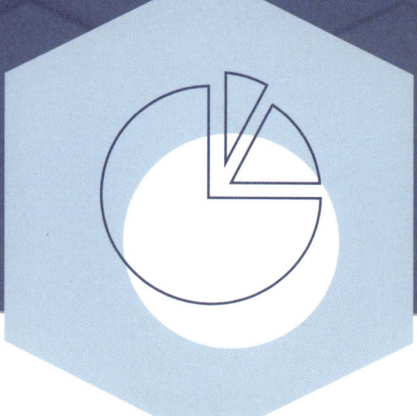

PART 03
Power Automate Desktop 기초

3.1 PAD의 특징과 강점
3.2 PAD 시작하기
3.3 레코더
3.4 변수
3.5 날짜/시간
3.6 텍스트
3.7 목록
3.8 조건과 반복
3.9 파일/폴더
3.10 데이터 테이블
3.11 Excel
3.12 UI/브라우저 자동화
3.13 RPA와 웹개발
3.14 아웃룩(이메일)
3.15 팀즈(teams)
3.16 SAP
3.17 흐름제어와 예외처리

Step 3-1 | PAD의 특징과 강점
Features and Strengths of Power Automate Desktop

3.1.1 PAD의 특징과 강점

Power Automate Desktop은 마이크로소프트가 개발한 **RPA(로봇 프로세스 자동화)** 솔루션입니다. 이는 사용자가 반복적이고 시간이 많이 소요되는 작업을 자동화할 수 있게 해주는 **RPA** 도구로 다른 **RPA**와 대비해서 아래와 같은 특징과 강점을 가지고 있습니다.

- 마이크로소프트의 Power Platform과 원활하게 연동되어 다양한 애플리케이션과 상호 작용할 수 있습니다. 또한 사용자 친화적인 인터페이스를 통해 비전문가도 쉽게 작업을 수행할 수 있으며, 여러 애플리케이션을 지원하여 프로세스 자동화의 범위를 확장할 수 있습니다. Microsoft Power Platform을 사용하여 140% ROI 달성[1]

- **커뮤니티 및 지원** : 마이크로소프트가 지원하는 강력한 커뮤니티와 지원 서비스를 통해 문제 해결이 용이합니다. 미국 경제전문지 포춘선정 500대 기업 중 93%가 Power Automate 사용[2]

- **강력한 에러 처리 기능** : 워크플로우 내에서 예외 처리를 위한 강력한 에러 처리 기능을 제공하여, 자동화 프로세스의 안정성과 효율성을 높일 수 있습니다. 또한 실행 중인 프로세스의 모니터링 및 로깅을 제공하여, 워크플로우의 성능 및 문제점을 신속하게 파악하고 대응할 수 있습니다.

- **모듈화 및 재사용 가능한 구성요소** : 워크플로우를 모듈화하고, 자주 사용하는 작업을 재사용 가능한 구성요소로 저장하여, 개발 시간을 줄이고 생산성을 높일 수 있습니다.

- **기업 규모의 보안 및 관리 기능** : Power Automate Desktop은 기업 규모의 보안 및 관리 기능을 제공하여, 민감한 정보를 안전하게 보호하고 대규모 프로젝트를 효과적으로 관리할 수 있습니다.

- **작업 복잡성 감소 / 실시간 모니터링** : 일부 작업은 매우 복잡하고 어려울 수 있습니다. 그러나, Power Automate Desktop을 사용하면 이러한 복잡성을 간소화하고, 자동화하여 작업을 보다 쉽고 간단하게 처리할 수 있습니다. 또한 작업 상황을 실시간으로 모니터링할 수 있습니다. 이를 통해, 직원들은 작업이 완료될 때까지 대기할 필요 없이 진행 상황을 실시간으로 확인할 수 있으며, 작업을 보다 효율적으로 관리할 수 있습니다.

*1) 포레스터 컨설팅(Forrester Consulting) 위탁연구, 2022년 08월
*2) Microsoft 연구, 2023년 09월

3.1.2 Power Automate Desktop 자동화 기술

풍부한 데스크톱 애플리케이션 통합 — 다양한 윈도우 애플리케이션과 원활한 상호작용이 가능하여 생산성을 극대화할 수 있습니다.

- 마이크로소프트 엑셀에서 데이터 정렬 및 필터링
- 마이크로소프트 워드에서 문서 편집 및 저장
- 파워포인트에서 프레젠테이션 자동 생성
- 워드 패드를 사용하여 텍스트 문서 작성 및 저장

웹의 세계를 손쉽게 지배 — 주요 웹 브라우저와의 호환성을 바탕으로 웹 기반 업무를 자유롭게 자동화하실 수 있습니다.

- 웹 사이트 로그인 및 로그아웃 자동화
- 웹 페이지 변화 모니터링/감지
- 특정 웹사이트에서 키워드 검색, 데이터 스크래핑
- 웹 기반 폼 작성 및 제출

명령어의 힘을 누리세요 — 명령 프롬프트를 활용하여 시스템 수준의 작업 자동화를 구현하여 업무 효율성을 높이실 수 있습니다.

- 파일 및 폴더 생성 및 삭제
- 시스템 정보 조회
- 네트워크 상태 확인
- 로컬 및 원격 프로세스 관리

파일 및 폴더 관리의 마법사 — 다양한 파일 및 폴더 작업을 빠르고 정확하게 처리하여 업무의 복잡성을 줄이세요.

- 특정 폴더에서 오늘 날짜로 생성된 파일만 이동
- 특정 확장자를 가진 파일들을 다른 폴더로 복사
- 파일 크기가 10MB 이상인 파일들을 압축하여 보관
- 지난 30일 동안 수정되지 않은 파일들을 삭제

이메일 관리의 달인 — 이메일 클라이언트와 연동하여 전자 메일 처리 작업을 손쉽게 자동화하실 수 있습니다.

- 이메일 첨부 파일 자동 다운로드 및 저장
- 이메일에서 특정 정보 추출하여 엑셀 시트에 기록
- 주간 이메일 리포트 자동 생성 및 발송
- 이메일 내 링크를 자동으로 열어 웹사이트 데이터 스크랩핑

가상 환경을 정복하세요 — 여러 가상 플랫폼에서도 작업 자동화를 구현하여 다양한 환경에서의 효율성을 극대화하실 수 있습니다.

- 시트릭스 환경에서 텍스트 입력 및 클릭 작업
- VMware에서 가상 머신 실행 및 종료
- 가상 환경 내 웹 브라우저 작업 자동화
- 가상 환경 내 파일 관리 작업

데이터베이스 연결의 거장 — 주요 데이터베이스 시스템과 연동하여 데이터 처리 작업을 원활하게 자동화하세요.

- 데이터베이스에서 데이터 조회 및 업데이트
- 특정 조건을 만족하는 레코드 삭제
- 데이터베이스 테이블 간의 데이터 이동
- 데이터베이스 백업 및 복원

REST API를 활용한 소통 전문가 — 외부 서비스와의 통신을 원활하게 수행하여 데이터 처리 작업을 쉽게 확장하실 수 있습니다.

- 공공데이터포탈에서 원하는 지역 날씨 정보 조회
- 특정 키워드로 트위터에서 트윗 검색
- Slack 채널에 메시지 보내기
- Google Calendar에서 일정 생성 및 조회

3.1.3 Power Automate Desktop 사용사례

Power Automate Desktop은 다양한 산업 분야에서 활용되는 업무자동화 툴 입니다. PAD를 활용하면 업무 처리 시간을 절약하고, 실무자들이 더 중요한 전략적 업무에 집중할 수 있도록 도와줍니다. 이제 아래의 사례를 통해 어떻게 다양한 업무 분야에서 업무 자동화를 지원하고 기업의 업무 효율성과 경쟁력을 높이는지 알아보겠습니다.

- IT 회사 D의 인사팀은 직원들의 출퇴근 기록을 바탕으로 월말 급여 계산 및 급여 지급 문서 작성, 근태 관리, 인재 채용 및 평가, 복리후생 관리 등의 업무를 수행합니다. 월말 급여 계산 및 급여 지급 문서 작성 업무를 자동화하여, 연간 960시간 (2명 x 12개월 x 40시간)의 업무 시간을 절약하게 되어, 인사 팀은 인재 발굴 및 직원 복지 제도 개선에 더 많은 시간을 할애 할 수 있게 되었습니다.

급여 계산 및 지급 문서 작성 자동화

- 온라인 쇼핑몰 B의 고객 서비스팀은 주문 문의, 반품 및 환불 요청, 제품 관련 질문 등 다양한 고객 문의를 처리합니다. 이메일을 수작업으로 분류하고 답변하는데 많은 시간이 소요 되었습니다. RPA를 사용하여 이메일 처리 업무를 자동화한 결과, 연간 1,500 시간(10명 x 250분 x 5일 x 48주)의 시간 을 절약하게 되어, 고객 서비스팀이 더 많은 고객과 직접 상담 할 수 있게 되었습니다.

고객 문의이메일 처리 자동화

- 금융 회사 A의 회계팀은 매월 말 지출과 수입 정리, 손익계산 서와 재무상태표 작성, 세금보고서 작성 등의 업무를 수행합 니다. 이 과정에서 많은 시간과 인력이 소모되었습니다. RPA를 사용하여 이러한 업무를 자동화한 결과, 작업 시간이 연간 1,800시간(5명 x 12개월 x 30시간) 절약되었고, 회계 팀이 다른 전략적 업무에 집중할 수 있게 되었습니다.

재무보고 자동화

- 제조 회사 C의 생산 관리팀은 매일 생산된 제품의 수량과 품 질을 확인하고, 기록하고, 분석하는 업무를 수행합니다. 또한, 생산 라인의 효율성을 높이기 위해 지속적으로 공정 개선 작 업을 수행합니다. RPA를 사용하여 이 업무를 자동화한 결과, 연간 1,440 시간(3명 x 2시간 x 5일 x 48주)의 작업 시간을 절약하게 되어, 생산 관리팀은 생산 공정 개선에 더 집중할 수 있게 되었습니다.

생산 라인 품질 및 수량 관리 자동화

Step 3-2 | PAD 시작하기
Get started with Power Automate Desktop

3.2.1 Power Automate Desktop

Power Automate Desktop 설치환경

구분	권장사양	최소사양
프로세서	2개 이상의 코어에서 1.60GHz 이상 무인 모드의 경우 4개 이상의 코어	2개 이상의 코어에서 1.00GHz 이상 무인 모드의 경우 4개 이상의 코어
스토리지	2 GB 이상 (전체 : 256GB 이상의 SSD)	1 GB 이상
메모리	4 GB 이상 (전체 : 16GB 이상)	2 GB 이상
기타	GPU 가속 .NET Framework 4.7.2 이상	

✓ Windows 10(Home, Pro, Enterprise), Windows 11(Home, Pro, Enterprise), Windows Server 2016, Server 2019 또는 Server 2022를 실행하는 디바이스. ARM 프로세서가 있는 디바이스는 지원되지 않습니다.
✓ 단일 데스크톱 흐름 실행에 기록할 수 있는 작업의 수는 10,000개로 제한됩니다. 추가 작업이 수행되지만 기록되지 않습니다.
✓ 솔루션으로 흐름을 불러올 때의 .zip 파일의 크기는 100MB를 넘을 수 없습니다.

Windows 버전 별 제한사항

구분	Windows Home	Windows Enterprise/Pro/Server
데스크톱용 Power Automate 으로 흐름생성	O	O
로컬 런타임 (유인)	O	O
클라우드 런타임 (유인/무인)	X	O
데스크톱 흐름 관리	O	O
실행 로그 보기	O	O

3.2.1 클라우드 흐름(DPA, Digital Process Automation) 알아보기

- https://make.powerautomate.com 에 접속하면 다양한 흐름(작업 단위)으로 구성되어 있는 것을 확인할 수 있습니다.
- DPA(디지털 프로세스 자동화)를 사용하여 클라우드 또는 온프레미스에서 실행되는 앱, 데이터 및 서비스를 자동화 할 수 있습니다.

구분	설명	예
자동화 된 클라우드 흐름 Automated cloud flow	지정된 이벤트로 흐름 실행	쉐어포인트에 항목이 만들어지는 경우 원드라이브에 파일이 만들어지는 경우 구글 캘린더에 일정이 추가되는 경우
인스턴트 클라우드 흐름 Instant cloud flow	필요에 따라 수동으로 흐름 실행	수동으로 흐름 트리거 (모바일용 버튼) Teams에서 적응형 카드에 응답하는 경우
예약된 클라우드 흐름 Scheduled cloud flow	스케줄(시간)에 따라 흐름 실행	시작시간 설정 반복주기 설정(초, 분, 시간, 일, 주, 개월)
설계를 위해 설명 Describe it to design it	AI를 이용하여 자동으로 PA설계	프롬프트를 입력하여 흐름생성
데스크톱 흐름 Desktop flow	데스크톱 앱에서 흐름 실행(RPA)	데스크톱 앱을 실행

자동화된 클라우드 흐름 빌드(Automated cloud flow)

인스턴트 클라우드 흐름 빌드(Instant cloud flow)

3.2.1 클라우드 흐름(DPA, Digital Process Automation) 알아보기

예약된 클라우드 흐름(Scheduled cloud flow)

데스크톱용 흐름(Desktop flow)

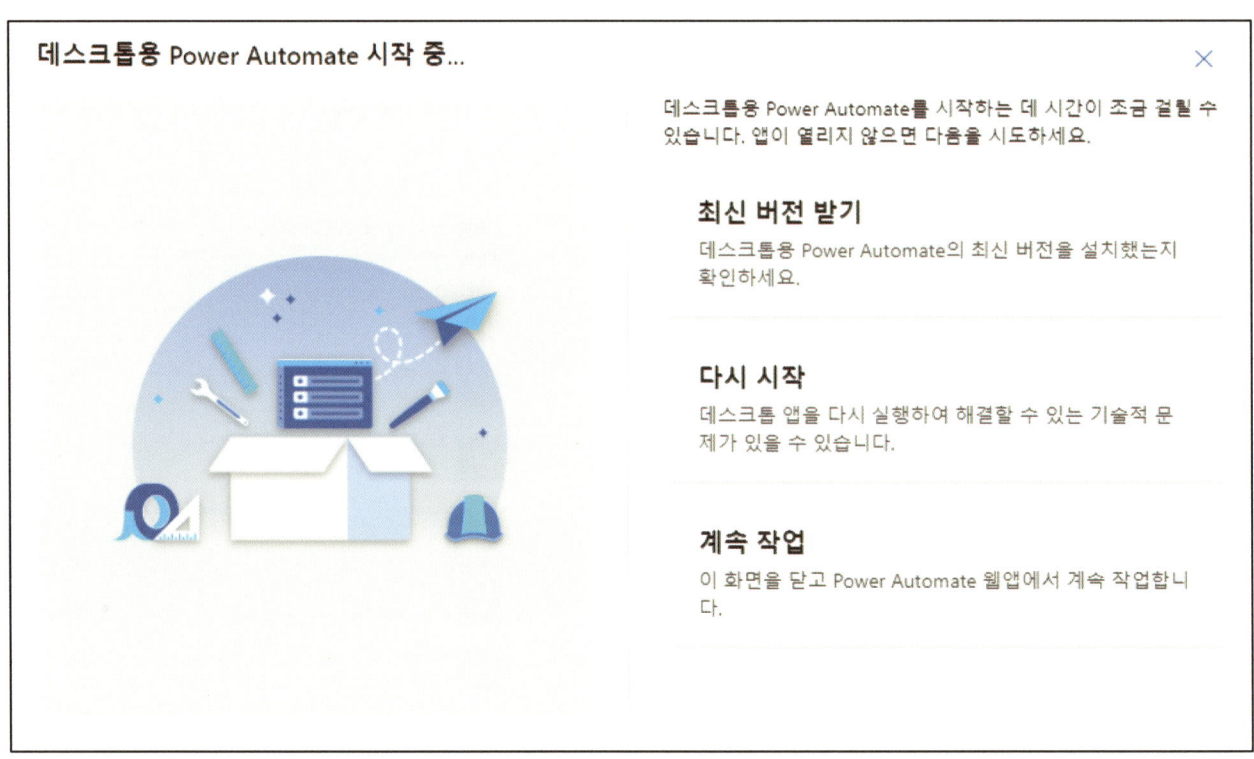

설계를 위해 설명(Describe it to design it)

Teams에 새 피드가 올라오면 메일 피드내용을 메일로 발송하는 예시입니다.

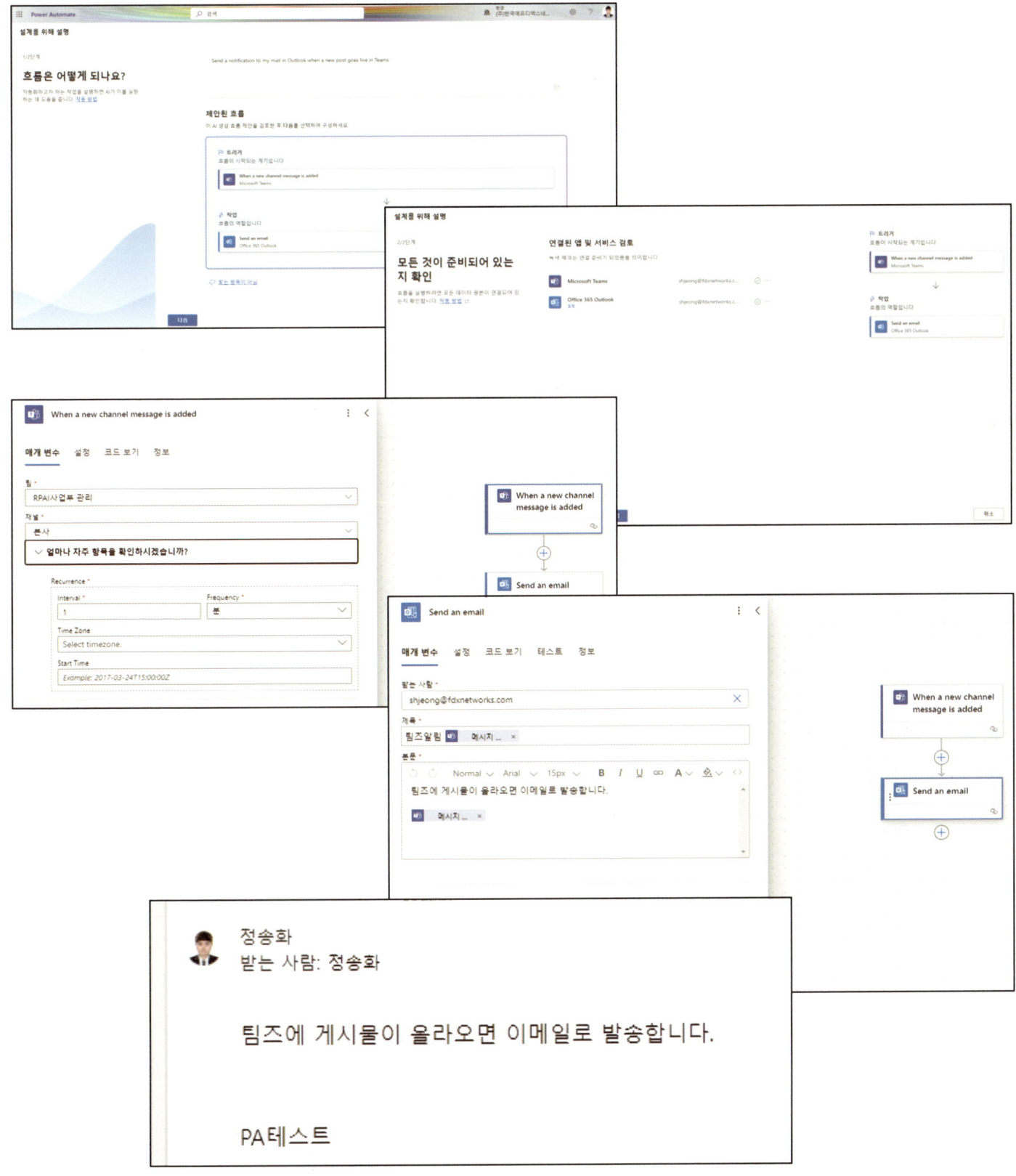

3.2.2 라이선스의 종류

라이선스는 25년 05월 기준으로 무료, 프리미엄, 프로세스, 호스팅 프로세스 4가지로 구성되어 있습니다.

구분	무료 (30일)	프리미엄 Premium	프로세스 Process	호스팅 프로세스 Hosted Process
프로세스별 특징	무료체험판	커넥터 사용가능	무인 모드에서 실행가능	호스팅 가상머신
가격 (월)	무료	15달러 *사용자당 20,300원(부가세별도)	150달러 *봇당 202,700원(부가세별도)	215달러 *봇당 290,500원(부가세별도)
클라우드 흐름 실행 DPA	✅	✅	✅	✅
유인모드에서 데스크톱 흐름 실행		✅		
무인모드에서 데스크톱 흐름 실행		+ 추가금액 필요 150달러 (202,700원)	✅	✅
프로세스 마이닝	✅	✅		
사전에 구축된 커넥터 사용		✅	✅	✅
표준 및 프리미엄 커넥터 사용	표준 커넥터만 가능	✅	✅	✅
사용자 지정 온프레미스 커넥터 사용		✅	✅	✅
Microsoft Dataverse (Database)		250MB	50MB	50MB
Microsoft Dataverse (file)		2GB	200MB	200MB
관리형 환경		✅		
Ai Builder 서비스 크레딧		5,000	5,000	5,000

- Power Automate Process Mining add-on – 5,000달러(6,756,800원)
- Microsoft Copilot Studio 25,000메시지/월 – 200달러(270,300원)
- AI Builder 용량 추가 기능 – 500달러(675,700원)

3.2.3 프리미엄 라이선스

프리미엄 라이선스의 상세 기능 입니다.

기능/이점	설명
자동 트리거링/예약 및 클라우드 흐름과의 통합	유인 또는 무인 데스크톱 흐름이 클라우드 흐름에서 실행되도록 트리거/예약이 가능합니다.
바탕 화면 바로 가기를 통한 흐름 트리거	데스크톱 바로 가기를 통해 로컬 유인 데스크톱 흐름을 트리거합니다.
URL을 통한 흐름 트리거	머신의 어디에서나 실행 URL을 통해 로컬 유인 데스크톱 흐름을 트리거합니다.
Picture-in-Picture (PIP)	가상 창 내에서 유인 데스크탑 흐름을 트리거 합니다.
프리미엄 및 사용자 지정 커넥터에 대한 액세스	모든 프리미엄 클라우드 커넥터에 액세스하고 사용자 지정 커넥터를 사용 할 수 있습니다.
AI Builder 수용작업량	AI Builder를 사용하여 사용자 지정 또는 미리 빌드된 모델을 통해 클라우드 흐름에 AI를 사용 가능합니다.
프로세스 마이닝에 대한 액세스 권한	프로세스 마이닝으로 비즈니스 프로세스를 시각화하고 분석합니다.
데스크톱 흐름에서 클라우드 커넥터에 액세스	데스크톱 흐름에서 직접 클라우드 커넥터를 사용합니다.
사용자 지정 작업	데스크톱 흐름에서 사용자 지정 개발 자동화 작업을 사용하는 기능입니다.
공유 및 협업	팀 구성원 간에 흐름을 공유하고 공동 담당자 또는 사용자와 같은 액세스 수준을 선택합니다.
여러 환경에 액세스	여러 환경에서 흐름을 구성, 저장 및 관리하고 환경 격리 및 역할 기반 액세스의 이점을 누릴 수 있습니다.
중앙 집중식 흐름 관리 및 보고	Power Automate 포털에서 중앙 집중식으로 데스크톱 흐름을 관리 및 모니터링, 시각화, 우선순위 결정, 실행 로그 확인이 가능합니다.
중앙 집중식 봇 오케스트레이션 및 관리	호스트형 RPA 봇을 사용하여 데스크톱 흐름을 호스팅하고 무인 자동화를 대규모로 실행하는 시스템 및 시스템 그룹을 관리합니다.
작업 큐	작업 큐를 사용하여 작업 항목을 저장, 우선 순위 지정, 배포 및 처리합니다.

✓ 프리미엄 플랜이 조직에서 할당 될 경우 아래와 같은 안내 팝업이 발생합니다.

> ⊘ Power Automate Premium 플랜이 나에게 할당되었습니다. 이제 프리미엄 기능에 액세스할 수 있습니다.

3.2.4 데스크톱용 Power Automate 아키텍처

UIFlowService는 Power Automate와 연결하기 위해 데스크톱 컴퓨터에 설치된 Windows 서비스입니다. 일반적으로 자동으로 시작되며 설치 중에 생성된 사용자 "NT SERVICE\UIFlowService"로 실행됩니다. Azure Relay를 통해 클라우드에 연결되며, 필요한 경우 WebSocket 연결 또는 HTTP 롱 폴링을 사용하여 통신을 용이하게 합니다. UIFlowService에서 Azure Relay로의 웹 요청은 HTTPS를 통해 포트 443을 사용합니다.

유인/무인 데스크톱 클라우드 서비스에 직접연결

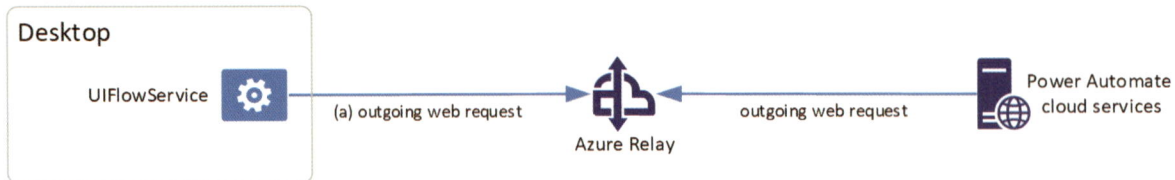

앤드포인트

- Power Automate의 엔드포인트는 자동화 흐름이 외부 시스템과 통신하여 데이터 송수신, 이벤트 트리거, 외부 서비스 호출을 가능하게 하는 핵심 요소로, 자동화 시나리오가 원활히 실행되기 위해서는 아래 도메인에 대한 네트워크 통신이 필수이므로 사내 방화벽 및 보안 장비에서 해당 도메인을 허용해주시기 바랍니다.

도메인	설명
login.microsoft.com login.windows.net login.microsoftonline.com login.live.com secure.aadcdn.microsoftonline-p.com	인증 및 권한 부여 엔드포인트에 대한 액세스
*.blob.core.windows.net	내보낸 흐름의 위치입니다.
*.flow.microsoft.com *.logic.azure.com *.powerautomate.com	Power Automate 사이트에 액세스합니다.
*.azureedge.net *.azurefd.net	Power Automate CDN에 대한 액세스.
go.microsoft.com/ download.microsoft.com/	Power Automate에 액세스하여 업데이트를 확인합니다.
*.api.powerplatform.com *.api.powerplatformusercontent.com *.api.bap.microsoft.com	여러 Power Platform API에 대한 액세스.
msedgedriver.azureedge.net chromedriver.storage.googleapis.com	데스크톱 흐름 WebDriver 다운로더에 액세스합니다. WebDriver는 브라우저 (Microsoft Edge 및 Google Chrome)를 자동화하는 데 사용됩니다.
*.builds.dotnet.microsoft.com	.NET 8 런타임이 컴퓨터에 아직 설치되지 않은 경우 다운로드합니다.

3.2.5 Microsoft 회원가입

Microsoft 계정을 통해 가입

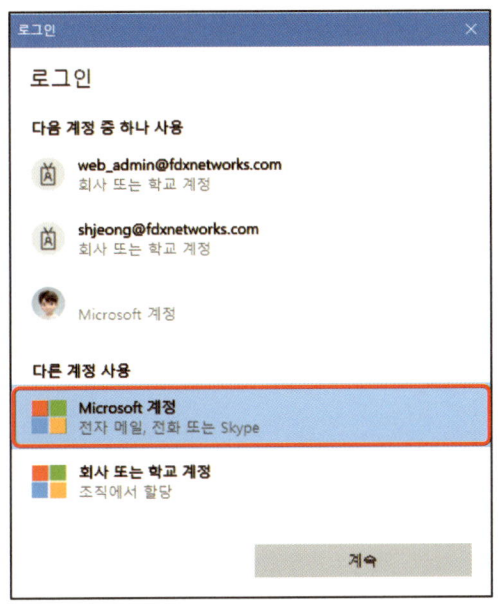 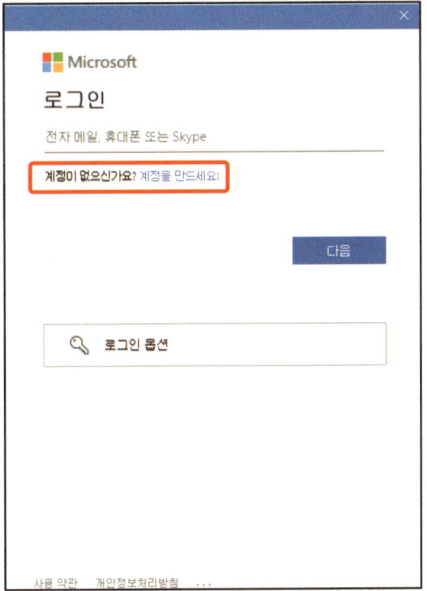 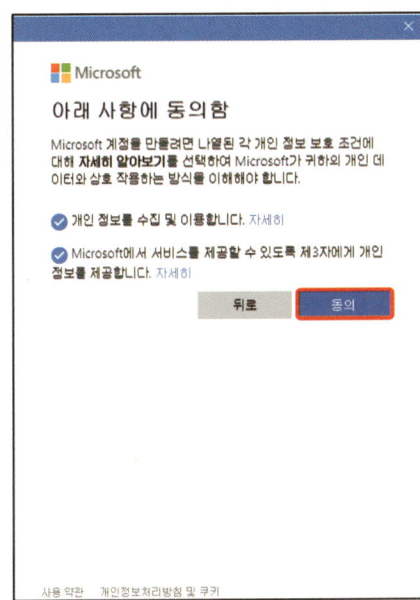

- 로그인 화면에서 [다른 계정 사용] – [Microsoft 계정]을 클릭하고 [계정을 만드세요!]를 클릭합니다. 약관에 동의합니다.

  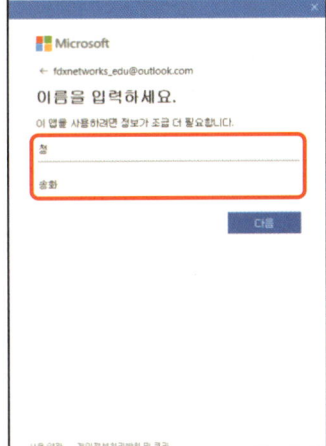 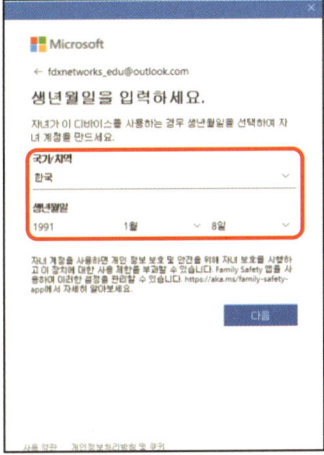

- 계정만들기에서 원하는 아이디를 선택합니다. 아이디(ID@outlook.com)와 암호를 생성하고 이름과 성, 생년월일을 입력하면 회원가입 절차가 마무리 됩니다.

3.2.5 Microsoft 회원가입

Microsoft 계정을 통해 가입

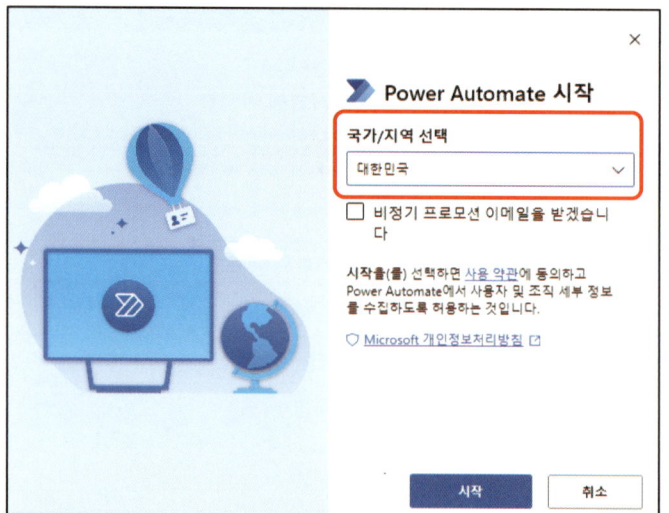

- 로그인이 완료되면 국가선택 팝업창이 발생하는데, 국가/지역 선택을 "대한민국"으로 지정하고 [시작]버튼을 클릭합니다.

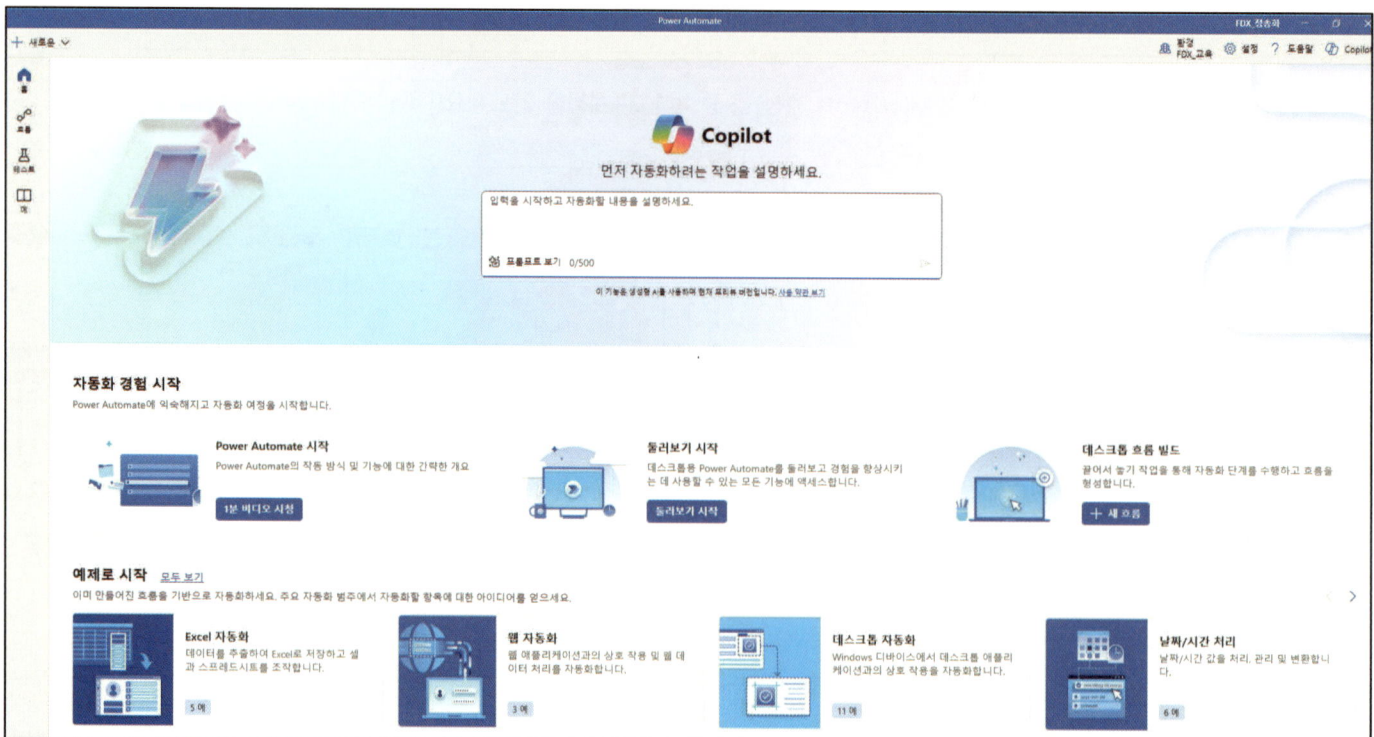

- 정상적으로 로그인이 완료 된 것을 확인할 수 있습니다. 환경에 따라 메인화면에는 이름으로 표시 될 수 있습니다.

회사 또는 학교 계정을 통해 가입

 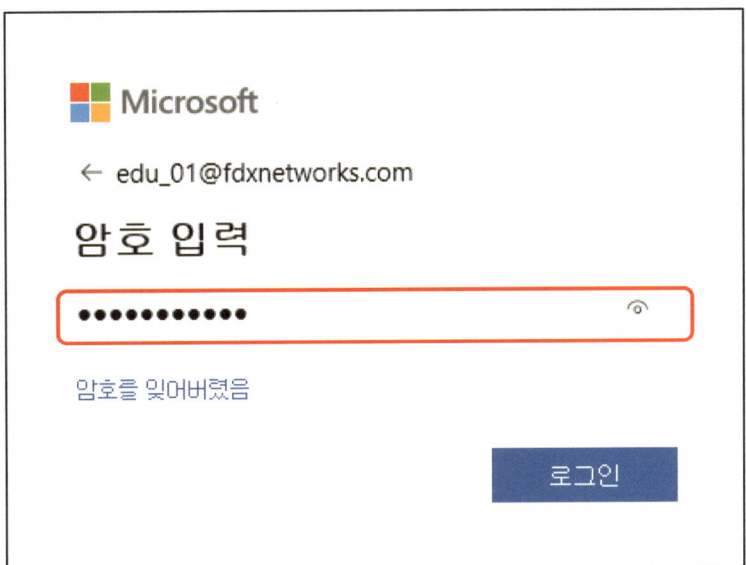

- 로그인 화면에서 회사 또는 학교 계정 등 조직에서 할당 된 아이디를 입력합니다.

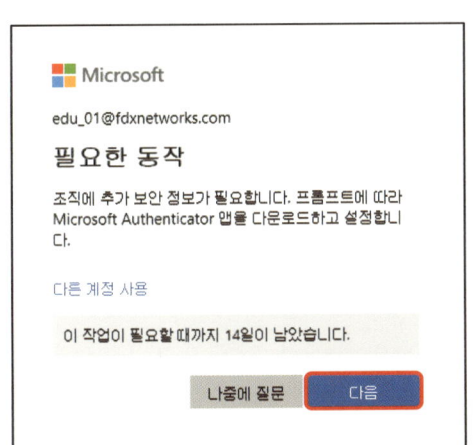  

- 조직 보안 설정에 따라 Microsoft Authenticator을 필수적으로 사용해야 되는 경우가 있습니다.

➢ Android 디바이스에 Authenticator 설치하기   ➢ iOS 디바이스에 Authenticator 설치하기

✓ https://rpakr.com/MS인증 또는 https://rpakr.com/authenticator 으로 접속가능합니다.

3.2.5 Microsoft 회원가입

회사 또는 학교 계정을 통해 가입

- 팝업에 안내된 Microsoft Authenticator(인증 앱)을 스마트폰에 설치하고 알림 코드를 스마트폰에서 입력하면 인증 절차가 완료 됩니다.

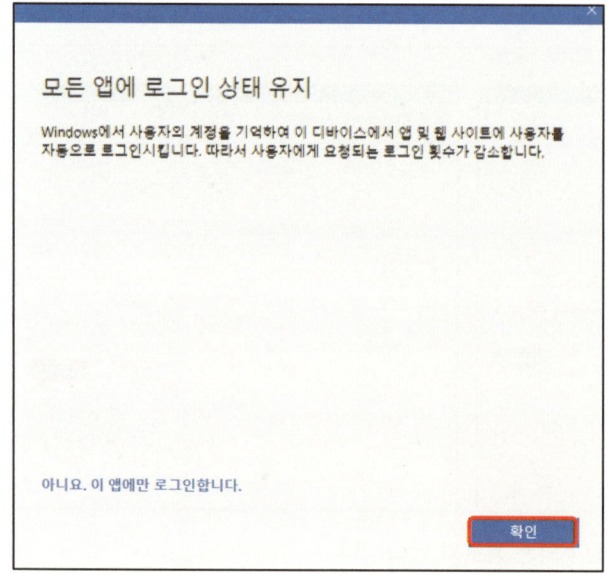
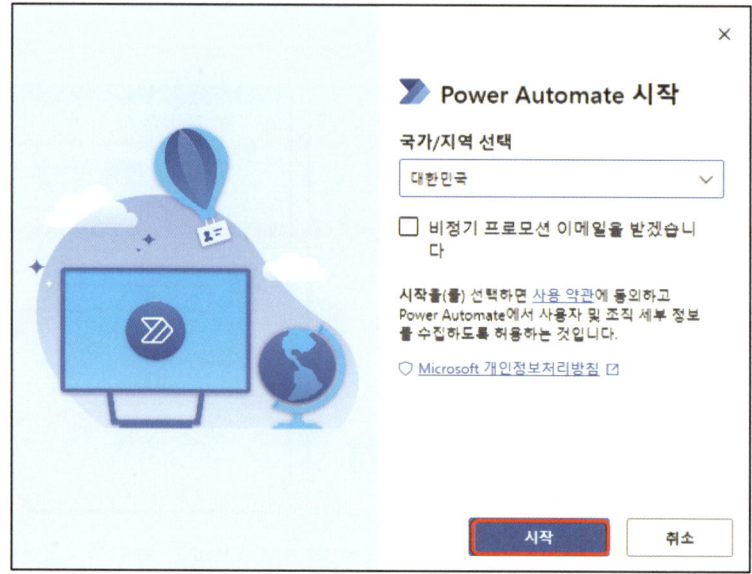

- 모든 앱에 로그인 상태 유지 팝업이 나오면 [확인] 버튼을 누르고, 누르게 되면 Power Automate 국가/지역 선택 팝업이 발생합니다. 이 때 "대한민국"을 입력합니다.

3.2.6 Power Automate Desktop 설치하기

- **방법1 :** https://powerautomate.Microsoft.com/ko-kr/ 에 접속하여 로그인하고, 무료로 시작하기를 클릭, 왼쪽에 만들기 탭에 접속하고 오른쪽에 [설치]를 통해 PAD를 다운로드
- **방법2 :** 설치 파일 직접 다운로드 https://rpakr.com/pad

- Power Automate 패키지 설치 프로그램을 통해 설치를 진행합니다.

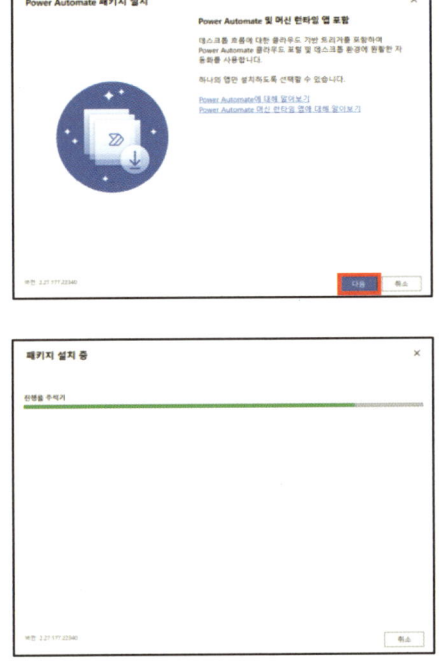
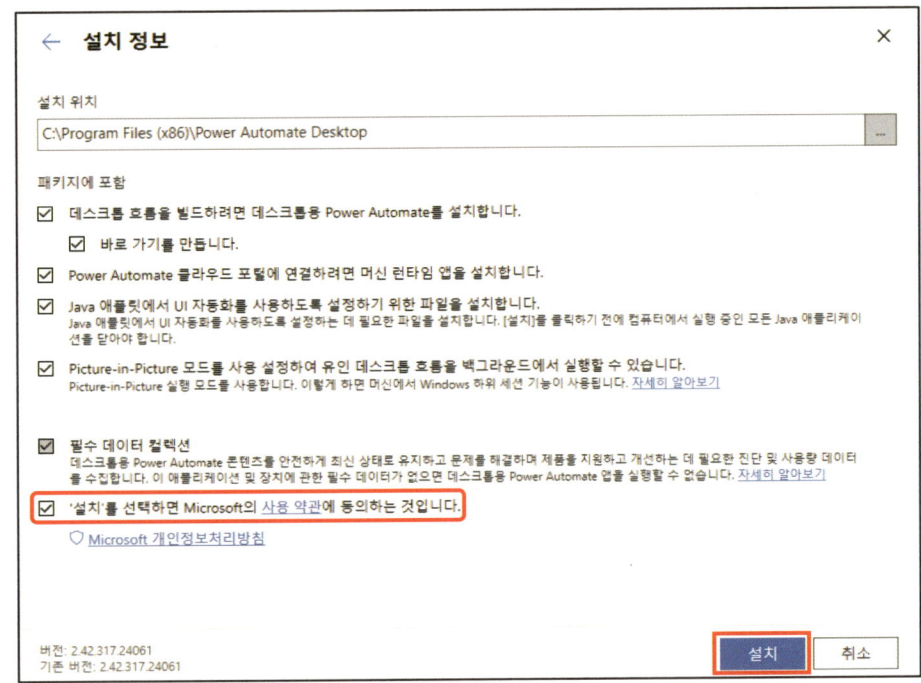

✓ 설치 시 Windows Home 에서는 머신 런타임 설치 옵션이 제공되지 않으며, Windows Pro OS이상에서만 머신 설정이 가능합니다.

사용하려는 웹 브라우저의 확장 프로그램을 다운로드 받고 활성화합니다.
✓ **Chrome :** https://rpakr.com/chrome 혹은 https://rpakr.com/크롬
✓ **Edge :** https://rpakr.com/edge 혹은 https://rpakr.com/엣지
✓ **웹 확장파일 확인 방법 :** C:\Program Files (x86)\Power Automate Desktop\BrowserExtensions

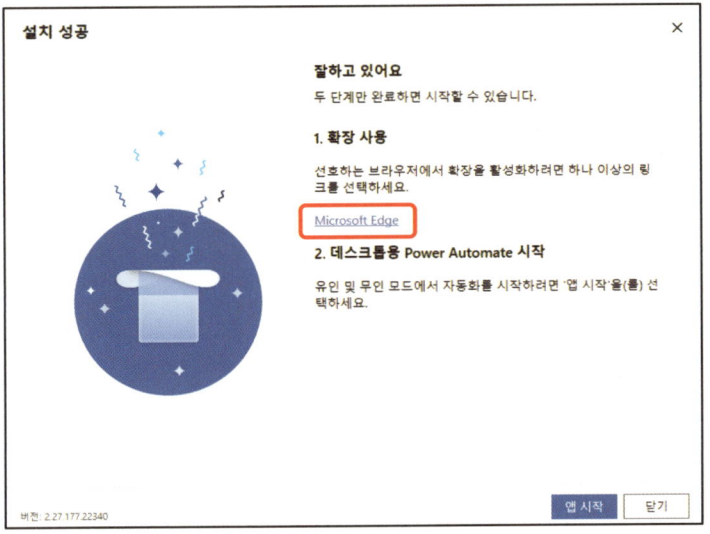
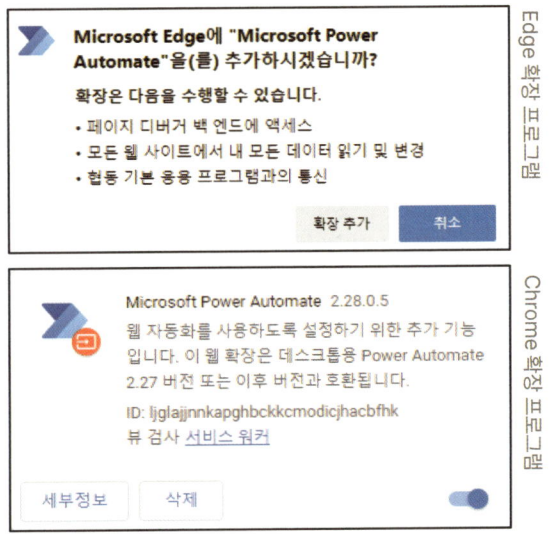

3.2.6 Power Automate Desktop 설치하기

- 확장 프로그램을 설치 완료하고 활성화하였으면, [앱 시작] 버튼을 눌러 Power Automate를 실행합니다.

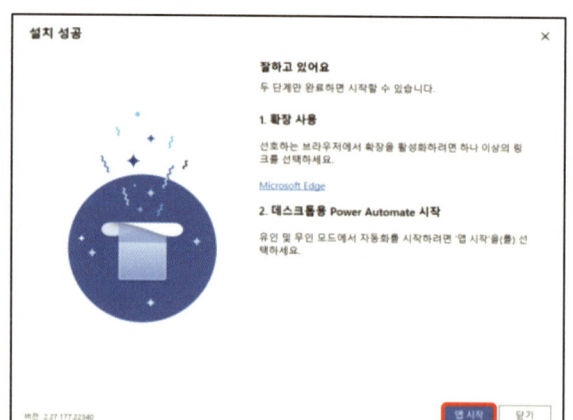
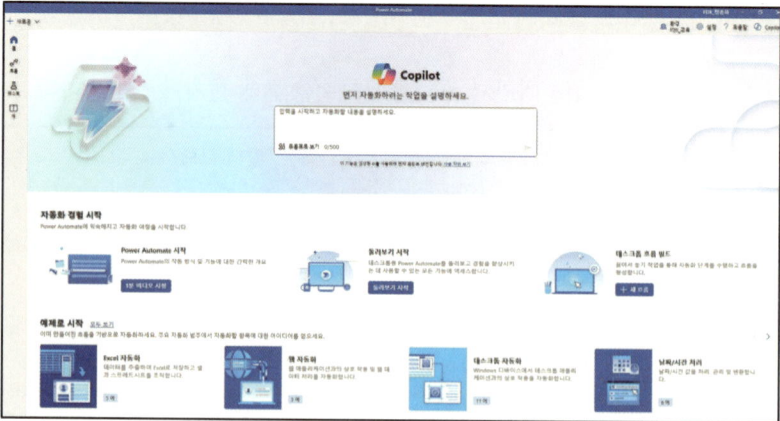

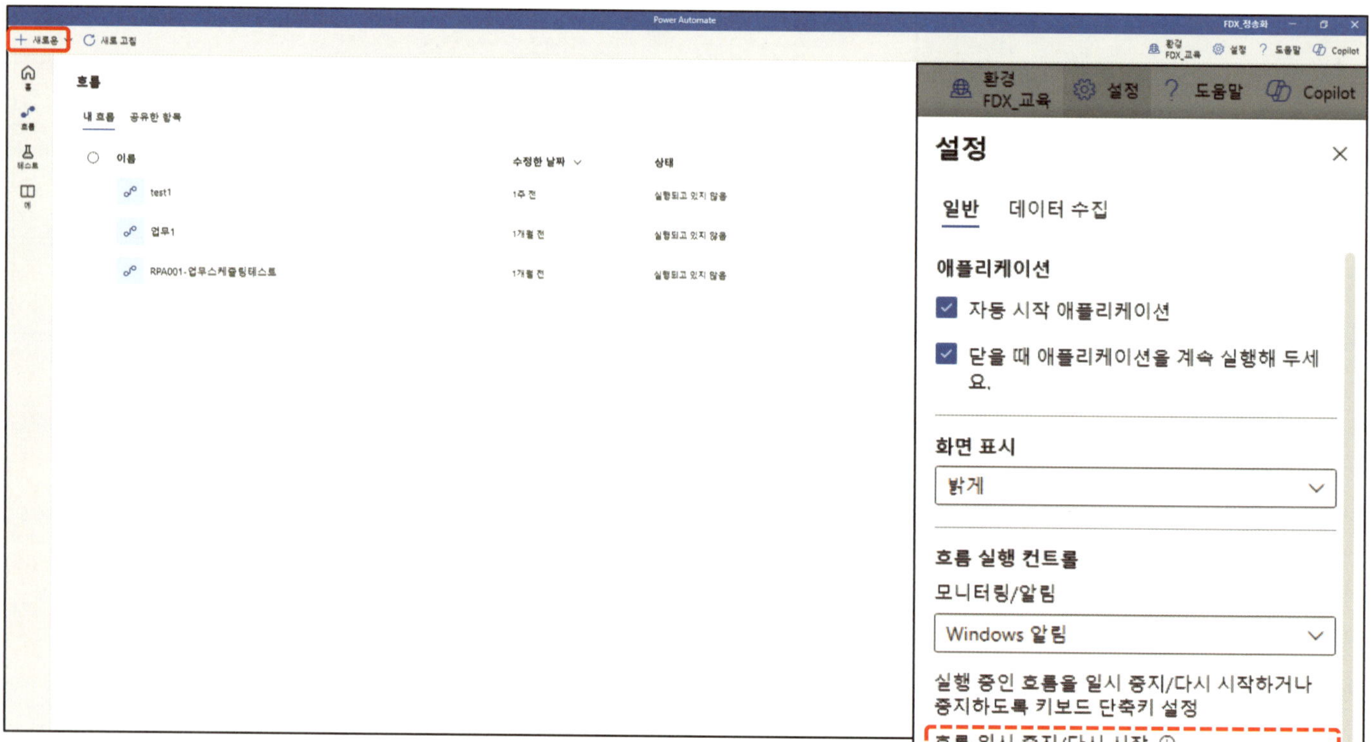

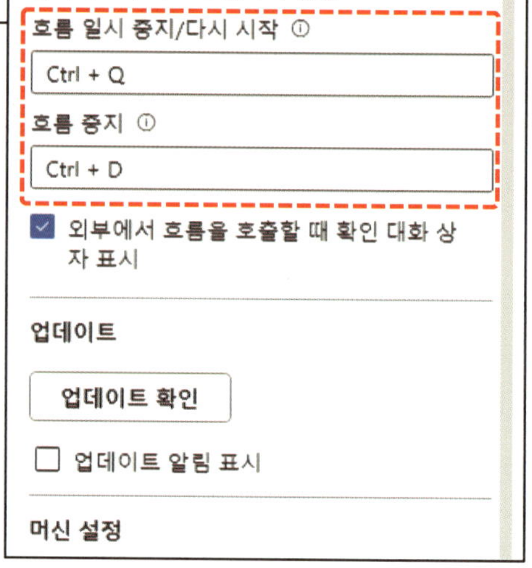

- 우측의 설정 메뉴에서 실행 중인 흐름을 일시 중지/다시 시작하거나 중지하도록 키보드 단축키를 통해 설정 할 수 있습니다.
- 스케쥴링을 위해서 "외부에서 흐름을 호출할 때 확인 대화 상자 표시" 의 체크박스를 해제하시기 바랍니다.

3.2.6 Power Automate Desktop 설치하기 – 프리미엄 기능제한

- 라이선스 정책에 따라, 무료사용자는 특정한 기능(흐름에서 특정한 작업액션 사용 불가능, 공유한 항목 사용 불가능)을 사용 할 수 없습니다.

- 메인 화면의 상단의 [환경] 에서 [프리미엄으로 전환] 버튼을 누르면 평가판을 사용 할 수 있습니다.

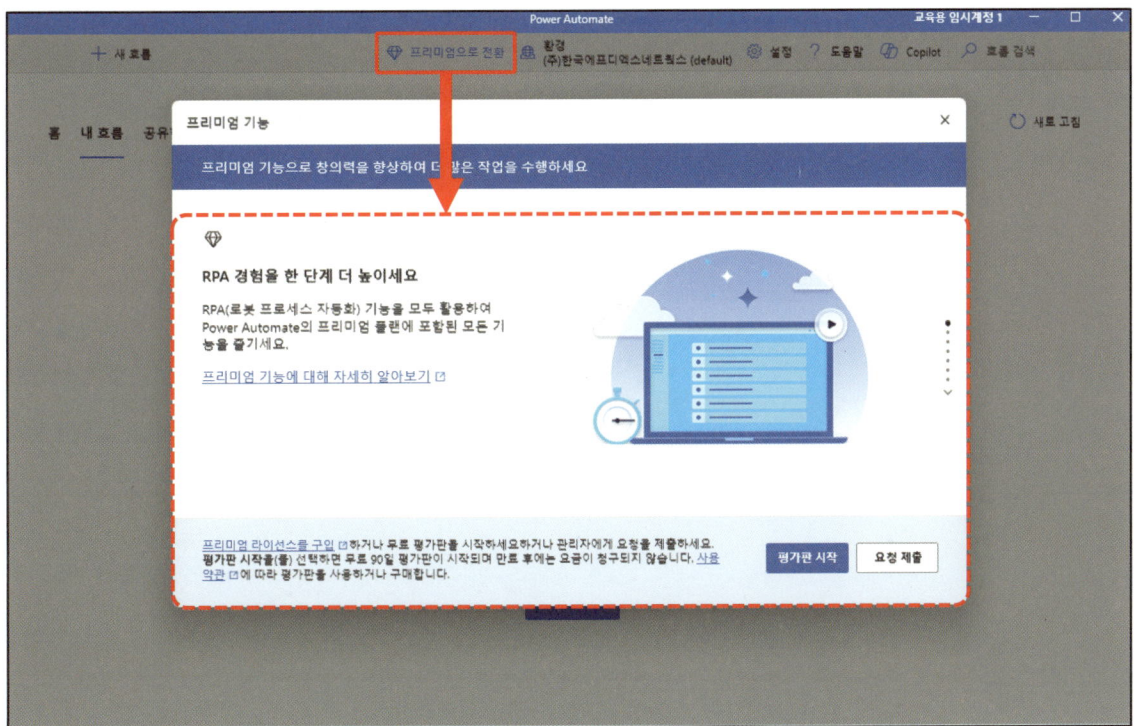

3.2 PAD 시작하기

3.2.7 Power Automate Desktop UI – 흐름 작성

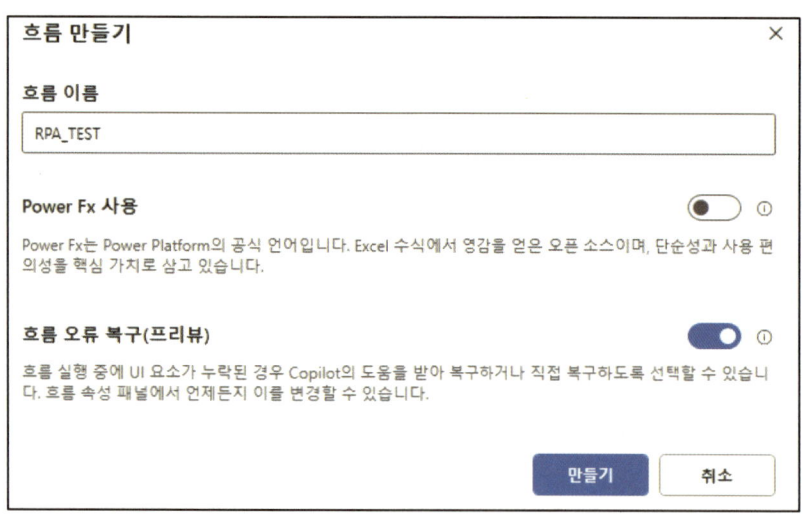

- [새 흐름]을 누르면 [흐름 작성]이라는 팝업 창이 발생하는데 이때 흐름 이름을 정하고 만들기를 누르면 흐름을 생성할 수 있습니다.

- 만들어지는 흐름은 데스크톱 흐름으로써, 하나의 Task(업무)라고 이해하면 편리합니다.

- [만들기] 버튼을 누르면 위와 아래 편집 화면이 생성됩니다.

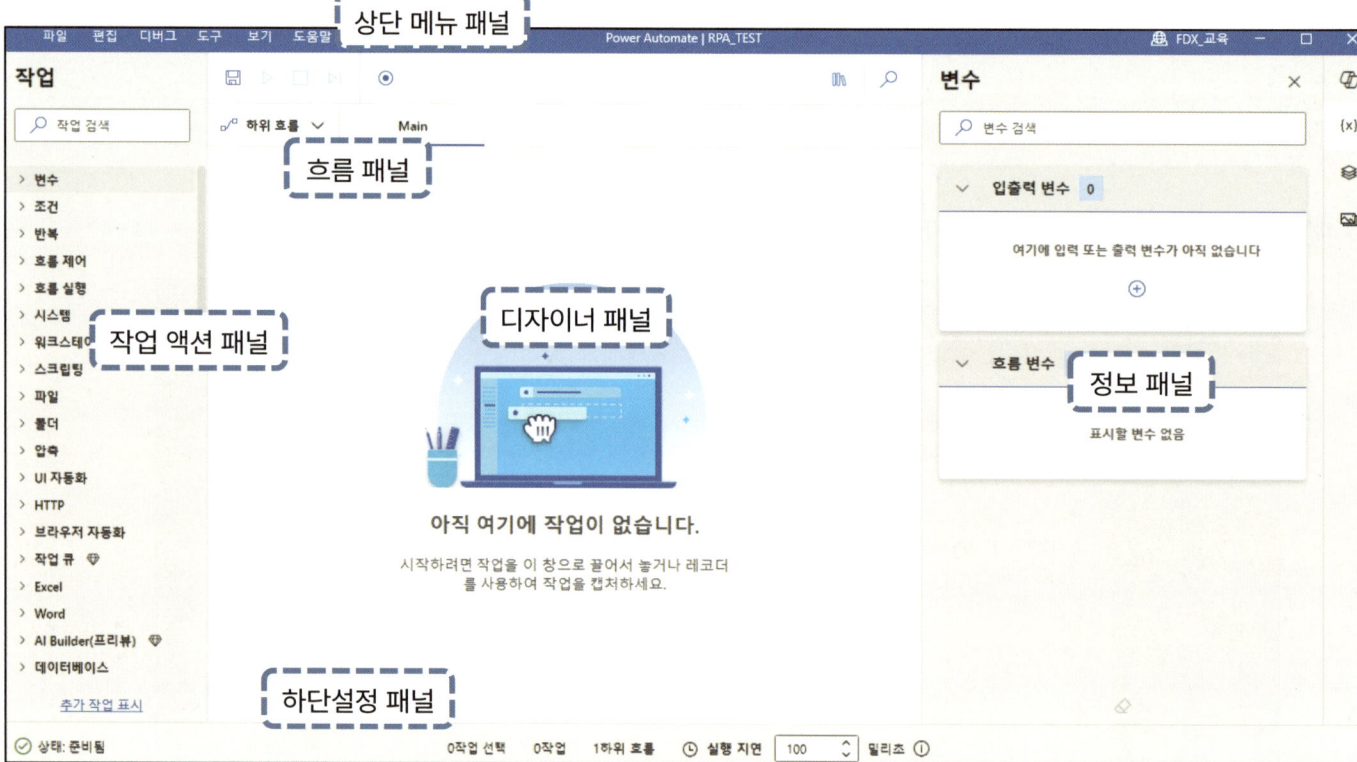

3.2.7 Power Automate Desktop UI – 상단 메뉴 패널

파일   편집   디버그   도구   보기   도움말

- **파일** : 파일 저장 및 종료 기능
- **편집** : 흐름(Flow)에서 편집을 할 수 있는 기능
- **디버그** : 흐름(Flow) 실행 및 중지, 중단점(Break Point) 설정
- **도구** : 흐름(Flow)를 실행하기 위한 각 브라우저 확장 프로그램 설치 및 레코더 기능 구성
- **보기** : Error 확인 및 설정한 변수, 이미지, 웹페이지 UI를 확인할 수 있는 기능
- **도움말** : Power Automate Desktop에 대한 설명서 및 관련 웹사이트 제공 기능

대메뉴	소메뉴	설명
파일	저장	흐름(Flow)의 파일명과 동일하게 해당 파일을 저장합니다.
	다른 이름으로 저장	흐름(Flow)의 파일명과 다른 파일명으로 변경하여 저장합니다.
	종료	해당 흐름을 종료합니다.
편집	실행 취소	최근에 수정한 코드를 전 상태로 되돌립니다.
	다시 실행	'실행 취소'한 후, 다시 원래의 상태로 돌아갑니다.
	잘라내기	선택한 코드를 없애고 클립보드에 저장합니다.
	복사	선택한 코드를 복사합니다.
	붙여넣기	복사 및 잘라내기 한 코드를 붙여 넣습니다.
	모두 선택	Main흐름(MainFlow) 및 하위 흐름(SubFlow) 안에 있는 모든 코드를 선택합니다.
	선택 지우기	선택한 코드를 지웁니다.
	선택 반전	선택한 코드는 선택 해제 후, 선택하지 않았던 코드를 선택합니다.
	줄로 이동	흐름(Flow)에 있는 모든 코드 중에서 원하는 줄(Line)로 이동합니다.
디버그	실행	Main흐름(MainFlow)을 실행합니다.
	다음 작업 실행	한 줄(Line) 씩 코드를 실행합니다. (실행 후 중단점으로 부터 사용 가능)
	일시 중지	'실행'중인 흐름(Flow)을 일시 중지합니다.
	중지	'실행'중인 흐름(Flow)을 완전 중지합니다.
	중단점(Break Point) 전환	해당 줄(Line)에 중단점이 설정되어 있다면 해제, 해제되어 있다면 설정합니다.
	모든 중단점 제거	메인 흐름과 하위 흐름(SubFlow)을 포함한 모든 중단점(BreakPoint)을 해제합니다.
	Picture-in-Picture 모드	Picture-in-Picture 모드 사용여부를 결정합니다.

3.2.7 Power Automate Desktop UI – 상단 메뉴 패널

대메뉴	소메뉴	설명
도구	레코더	사용자가 원하는 작업을 위해 순차적으로 캡처를 하여 알맞은 흐름으로 변환합니다.
	UI 요소 검사	만들어진 UI 요소를 관리하거나 생성 할 수 있습니다.
	브라우저 확장	각 브라우저에 알맞은 확장 프로그램 설치를 할 수 있습니다.
	가상 데스크톱용 Power Automate 에이전트	데스크톱용 Power Automate와 통신을 하여 가상 데스크톱용 Power Automate와 연결을 해주는 프로그램을 설치합니다.
	자산 라이브러리	데스크탑 흐름의 작업(액션)을 추가 할 수 있습니다.
	DLP 정책	데이터 손실 방지 정책을 생성 할 수 있습니다.
보기	오류	오류 발생 시 오류 내용을 보여줍니다.
	결과 찾기	키워드를 검색하여 결과를 찾는 페이지를 보여줍니다.
	Copilot	생성형 AI기능을 사용하여 Power Automate에 대해 질문 할 수 있습니다.
	변수	선언한 변수들을 보여줍니다.
	UI 요소	선택한 UI 요소들을 이미지와 함께 보여줍니다.
	이미지	캡처한 이미지들을 보여줍니다.
	기본 레이아웃	기존 설정된 레이아웃으로 되돌립니다.
도움말	지원	QnA 내역들을 확인할 수 있는 웹페이지로 이동합니다.
	설명서	설명서가 있는 웹페이지로 이동합니다.
	시작	튜토리얼 기능을 시작합니다.
	알아보기	외부 개발자가 제작한 흐름(Flow)을 확인할 수 있습니다.
	커뮤니티	다른 PAD 개발자들과 소통할 수 있는 커뮤니티로 이동합니다.
	피드백	불편사항 및 피드백을 보낼 수 있는 허브사이트로 이동합니다.
	블로그	Power Automate 관련 블로그로 이동합니다.
	문제 해결사	작업 중 발생하는 연결, UI/웹 문제와 자세한 로그기능을 켜거나 끌 수 있습니다.
	정보	Power Automate의 상세한 정보를 확인할 수 있습니다.

3.2.7 Power Automate Desktop UI – 흐름 패널

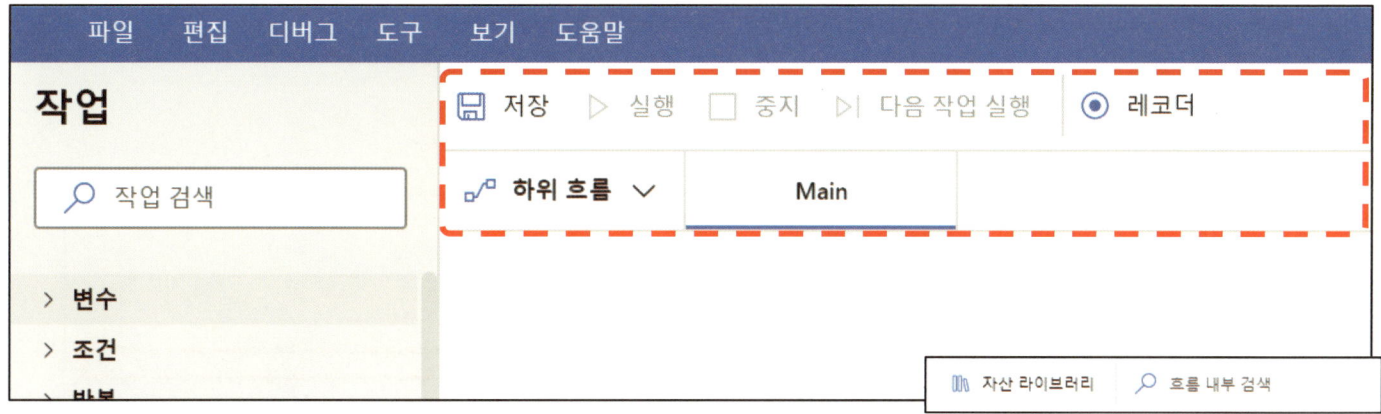

- **저장 (Ctrl + S)** : 클라우드 계정에 저장되기 때문에 다른계정으로 로그인하면 저장 한 흐름을 불러 올 수 있습니다.
- **실행 (F5)** : Main 흐름부터 실행합니다.
- **중지 (Shift + F5)** : 흐름이 시작되었을 때 중지합니다.
- **다음 작업 실행 (F10)** : Main 흐름부터 클릭할 때마다 한 줄 씩 실행합니다
- **흐름 내부 검색** : 흐름 내부 검색 란에 원하는 변수 또는 값을 입력할 시 입력한 값에 속하는 흐름(Flow), 줄 (Line), 사용한 액션 안에 들어간 값과 변수들을 보여줍니다.
- **줄로 이동 (Ctrl + G)** : 해당 줄(Line)로 이동합니다.
- **레코더** : 버튼 클릭 시 해당 창이 활성화 되면서 시작이 가능합니다. 레코드 버튼 클릭 시 사용자가 물리적으로 행하는 행위를 기록해 액션을 바꾸어 줍니다.

자동화 흐름

- 흐름은 쉽게 말해 작업들의 집합으로 가장 상위에 있다면 메인 흐름(Main flow), 그 아래에 있다면 하위 흐름(sub flow)이라 합니다. 메인 흐름은 데스크톱 흐름으로 저장되며, '데스크톱 흐름 실행' 작업을 통해 호출 할 수 있습니다.
- 흐름을 얼마나 세밀하고 보기 쉽게 배치하느냐에 따라 복잡한 업무를 처리할 때 어떤 흐름으로 흘러가는지 파악하기보다 쉬워져 추후에 유지 보수를 하거나, 기능을 추가할 때 편리합니다. '지역' 작업을 사용하면 작업들을 그룹으로 묶어서 사용 가능합니다.

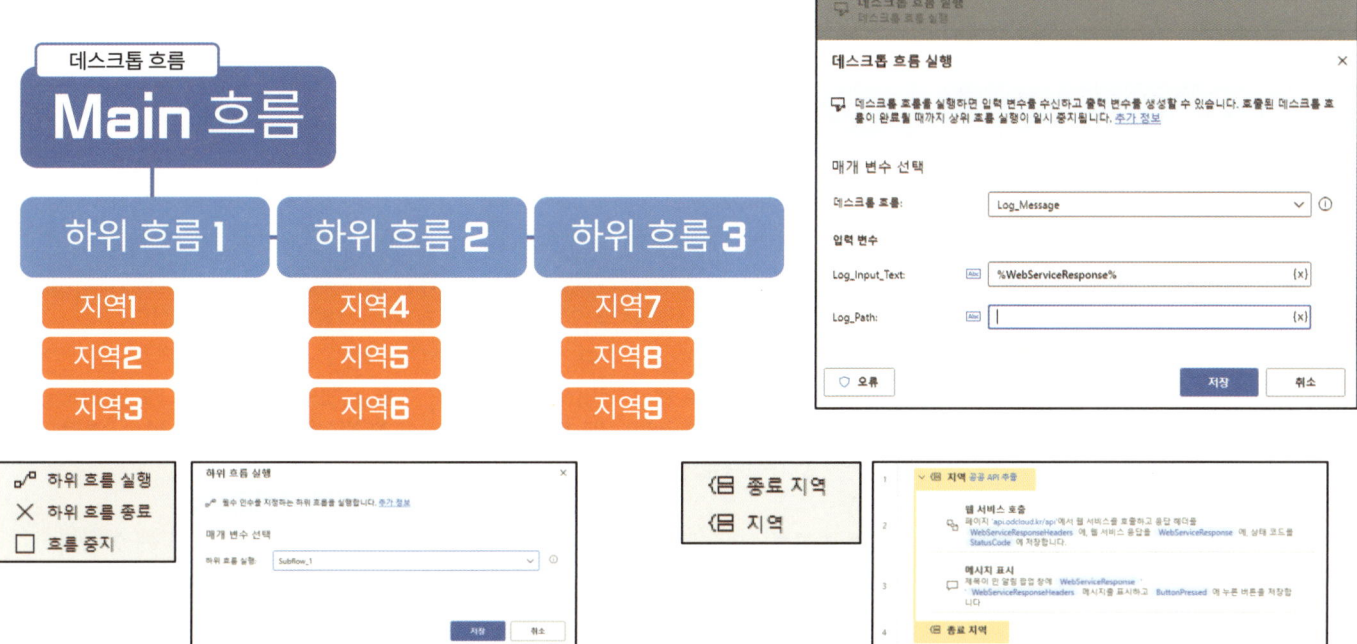

입출력변수를 통해 데스크톱 흐름들 사이에 변수를 넘겨주거나 받을 수 있습니다.

3.2.7 Power Automate Desktop UI – 흐름 패널

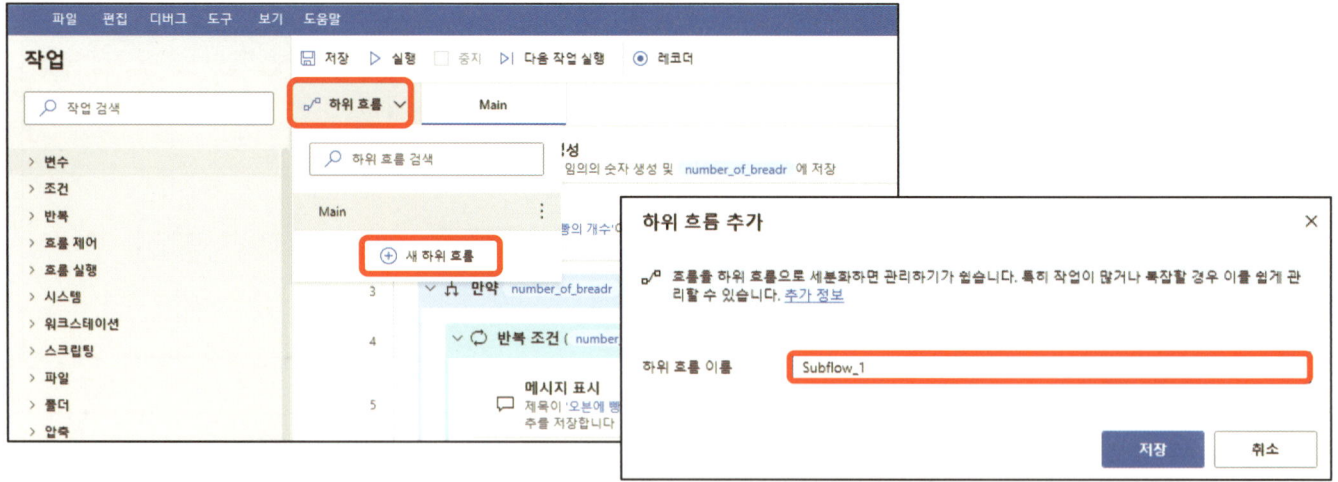

- 흐름 탭에서 하위 흐름을 선택하고 [새 하위 흐름]을 눌러 하위 흐름(Subflow)을 추가할 수 있습니다.
- 탭에서 [x]버튼을 눌러도 삭제되지 않습니다. 하위흐름 아이콘에서 재호출이 가능합니다.

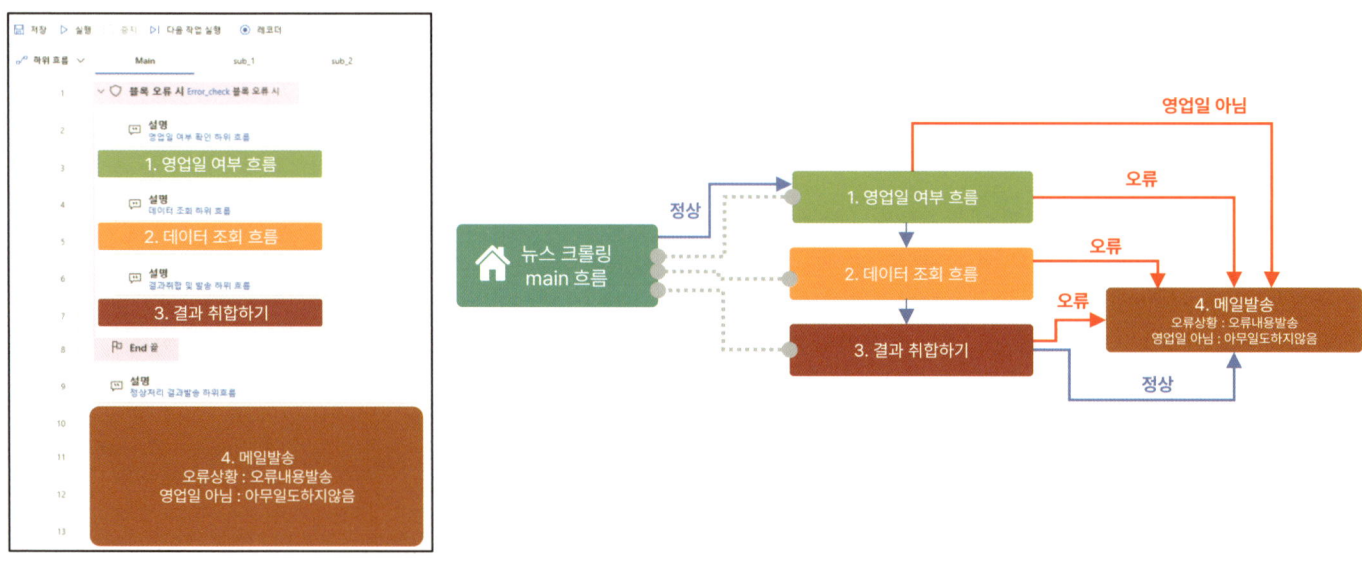

- 흐름은 프로세스를 구성하는 일련의 작업으로, 순차적이거나 조건에 따라 분기하여 실행될 수 있습니다. 프로세스를 효율적으로 관리하고 유지 보수하려면 모듈화를 적용하는 것이 효과적입니다. 모듈화란 프로세스를 작은 기능 단위로 나누는 것으로, 이를 통해 각 부분을 독립적으로 개발 및 테스트할 수 있어 재사용성과 가독성을 높일 수 있습니다.

- 예를 들어 뉴스 크롤링 업무에서는 가장 먼저 영업일 여부를 확인하여, 영업일이라면 다음 단계로 진행하고, 그렇지 않으면 오류 처리를 위한 레이블(error1)로 분기하여 프로세스를 종료합니다. 이후의 데이터 조회 및 결과 취합 흐름 역시, 영업일 여부 판단과 마찬가지로 문제가 없을 경우에만 순차적으로 실행됩니다.

- 또한 여러 업무에서 공통으로 사용되는 흐름을 공통 모듈이라고 합니다. 예를 들어 특정 사이트 로그인처럼 두 개 이상의 업무에서 반복적으로 사용되는 흐름은 매번 중복해서 만드는 대신 하나의 공통 모듈로 작성하여 필요한 경우마다 불러와 사용할 수 있습니다.

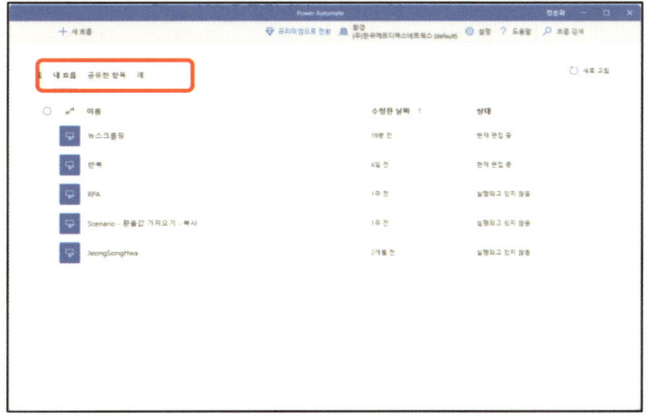

- PAD 메인에서 [내 흐름] [공유한 항목] [예]로 흐름들을 확인할 수 있습니다.

- 흐름을 실행하거나 공유, 함께 작업할 수 있는 다양한 옵션을 PAD에서 제공합니다.

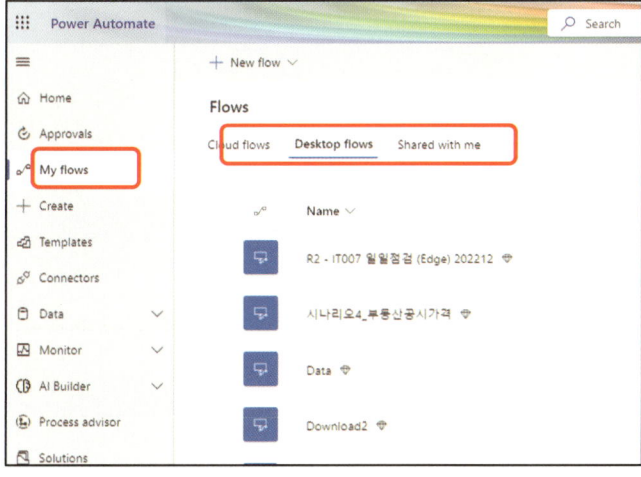

- 메인 흐름과 메인 흐름 사이에서는 흐름 변수 대신 입출력 변수가 필요하며 공통 모듈을 사용할 경우 입출력 변수를 사용하여 흐름 간의 정보교류를 할 수 있습니다.

- https://make.powerautomate.com/ 에서 데스크톱 흐름 및 공유 흐름에 대해 확인할 수 있습니다.

- PAD에서 사용하기 위해 사용이 제한된 예약 키워드입니다. (변수, 하위 흐름, 레이블 또는 오류 블록 이름에서 사용이 불가)

예약 키워드			
ACTION	AND	AS	BLOCK
CALL	CASE	XOR	DISABLE
ELSE	END	DEFAULT	END
FALSE	FOR	FOREACH	FROM
FUNCTION	GLOBAL	GOTO	IF
IMPORT	IN	INPUT	LABEL
LOOP	MAIN	MOD	NEXT
NO	NOT	ON	OR
OUTPUT	REPEAT	SET	STEP
SWITCH	THEN	THROW	TIMES
TO	TRUE	WAIT	WHILE
YES			

3.2.7 Power Automate Desktop UI – 디자이너 패널

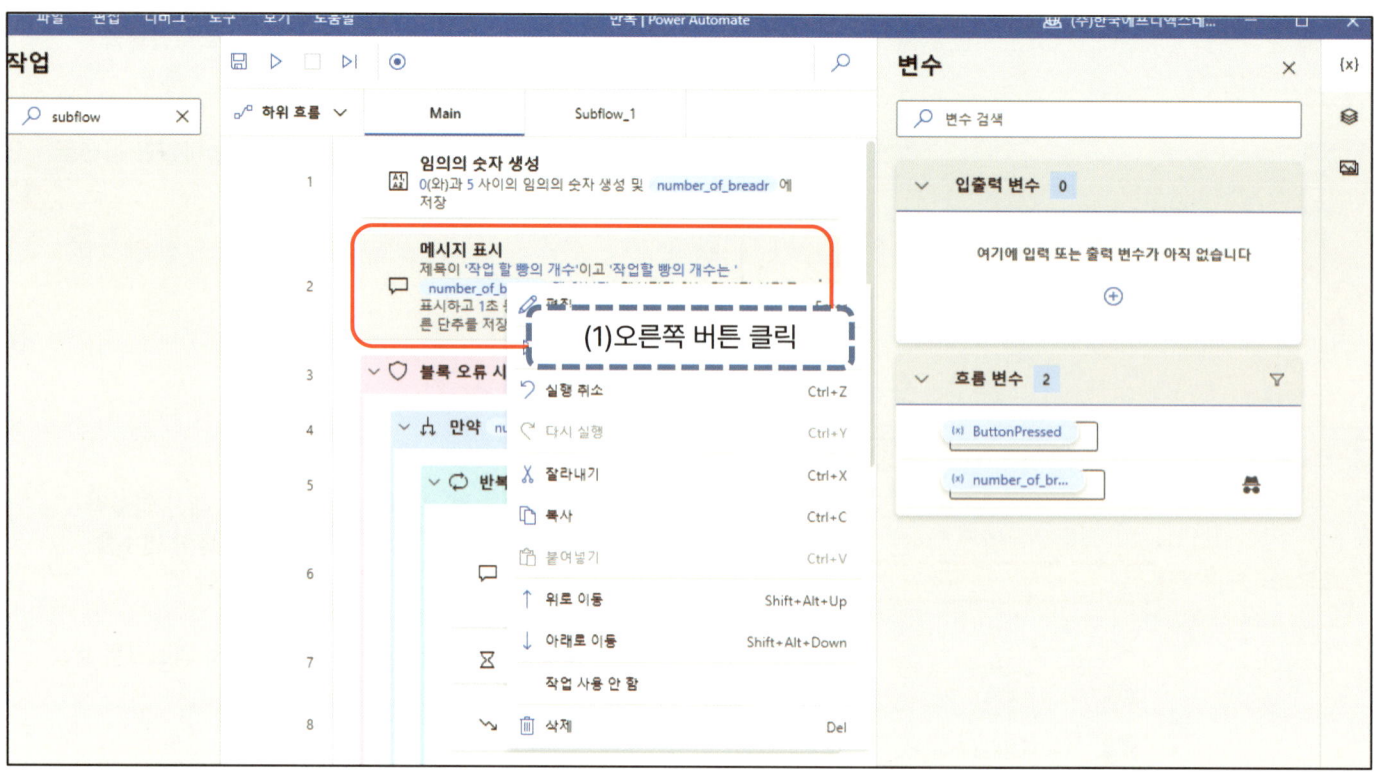

- 코드에서 마우스 오른쪽 클릭을 하면 다양한 옵션 메뉴를 볼 수 있습니다.
- 여기서부터 실행을 누르면 해당 코드부터 실행됩니다. (블록 오류 시 작업 액션 안에서는 작동하지 않습니다.)
- 작업 사용 안 함은 코드를 비활성화 시켜 놓는 용도로 사용할 수 있습니다.

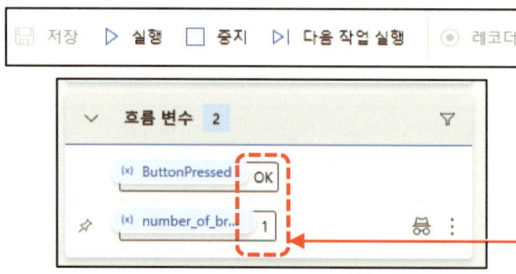

- 흐름 탭 아래에서 내가 제작한 흐름 디자인을 시작하거나 (실행), 중지하거나 하나의 코드 단위로 실행할 수 있습니다.

- 코드가 실행 중일 때 오른쪽의 변수 탭에서 변수의 현재 변수의 값을 확인할 수 있습니다.

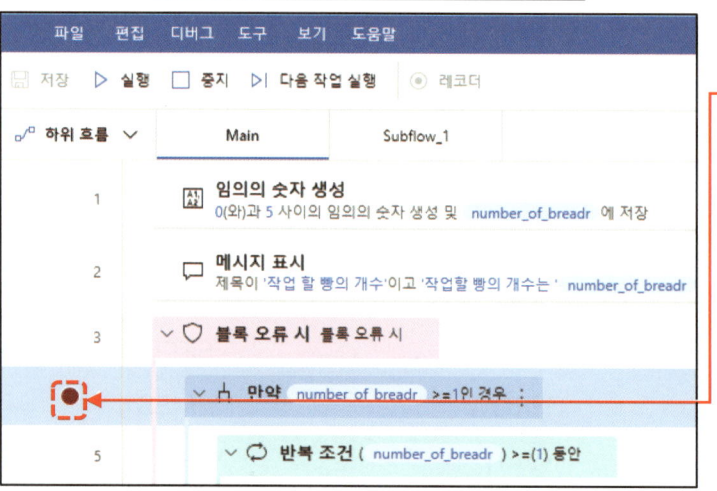

- 중단점 추가를 통해 코드를 실행 중일 때 일시 중단할 수 있는 포인트를 배치할 수 있습니다. (빨간 점 표시)

- 배치 방법은 라인의 왼쪽 부분을 마우스 왼쪽 클릭하거나, 해당 라인에서 F9 단축키를 누르면 활성화됩니다.

- 빨간 점을 다시 누르거나 F9를 다시 눌러 비활성화할 수 있습니다.

3.2.7 Power Automate Desktop UI – 정보 패널

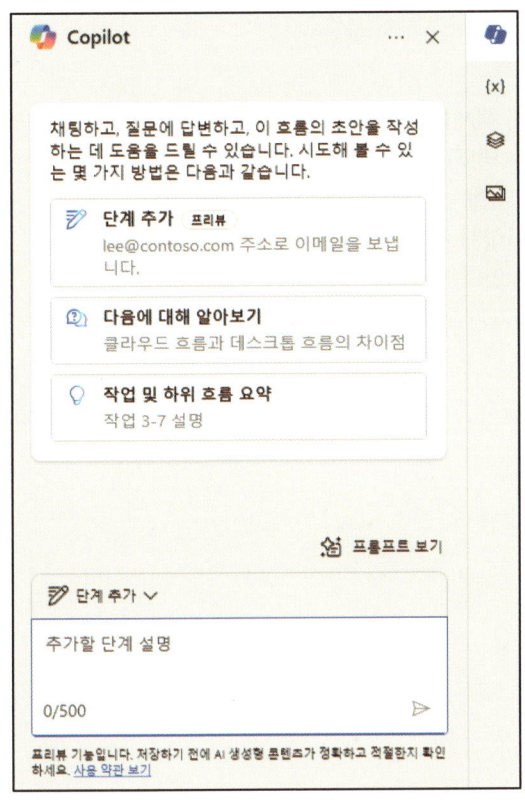

✅ Copilot

Copilot의 생성형 답변 기능은 Azure OpenAI 및 Bing 검색을 사용하여 데스크톱용 Power Automate의 공개 문서에서 사용자 질문에 대한 답변을 검색합니다. 제시된 프롬프트에서 질문을 선택하거나 직접 질문해서 Power Automate Desktop에 관한 질문을 할 수 있습니다.

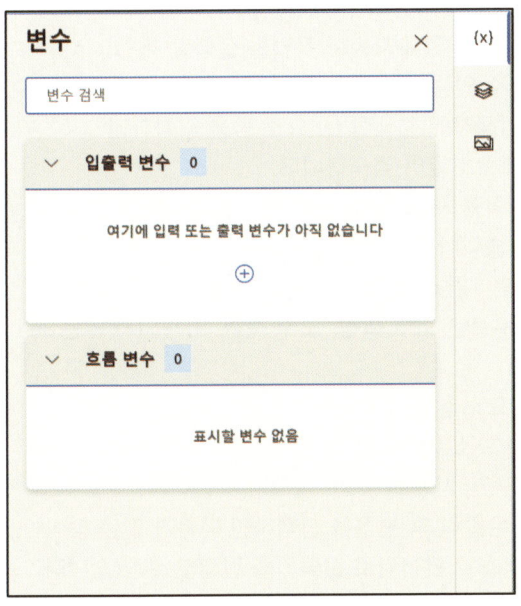

✅ 변수

- **변수** : 흐름(Flow)에서의 전체 변수를 확인할 수 있습니다.
- **변수 검색** : 변수 검색창에 검색할 변수명을 입력하면 입력한 값을 포함하는 변수들이 검색됩니다.
- **입출력 변수** : +버튼을 누르면 입력과 출력이 존재하며 입력은 데스크톱 흐름을 실행할 때 입력 변수에 입력하는 것이며 출력은 선언을 해 놓으면 다른 데스크톱 흐름에서 가져와서 사용했을 때 출력 변수가 변수로 변환되어 사용할 수 있습니다.
- **흐름 변수** : 해당 데스크톱 흐름에 전체 변수를 보여주며 흐름을 실행했을 때 변수 안에 어떠한 값이 들어가는지 볼 수 있습니다. 또한 해당 변수에 우클릭 시 보기, 이름 바꾸기, 사용법 찾기, 고정, 민감함으로 표시가 있습니다.

3.2.7 Power Automate Desktop UI – 정보 패널

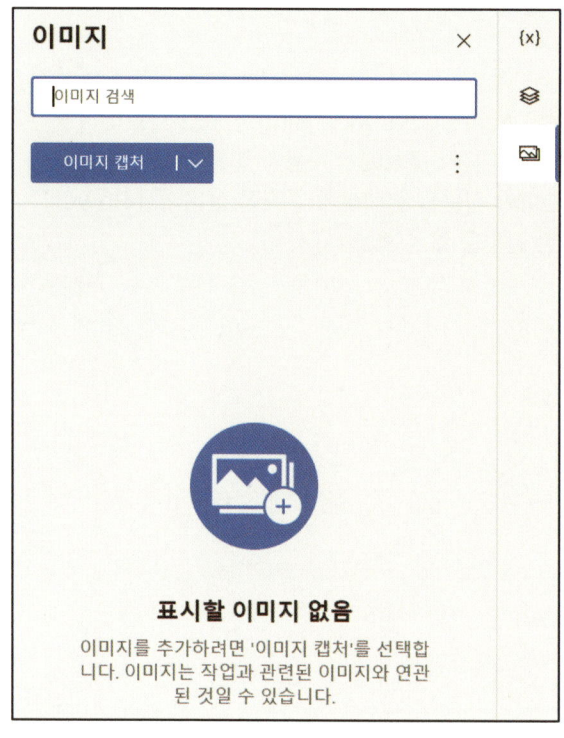

✅ 이미지

- **이미지** : 이미지를 이용해 객체를 판단합니다.
- **이미지 캡처** : 캡처하려는 영역에서 커서를 클릭하고 종료합니다.
- 돋보기를 사용하면 이미지를 높은 정밀도로 캡처할 수 있습니다. 또한, 목록을 클릭 시 3초 후 이미지 캡처, 5초 후 이미지 캡처, 직접 지정한 시간 이후 이미지 캡처가 있다. 오른쪽 : 을 누르면 새 폴더 추가, 사용되지 않는 이미지 제거가 있습니다.

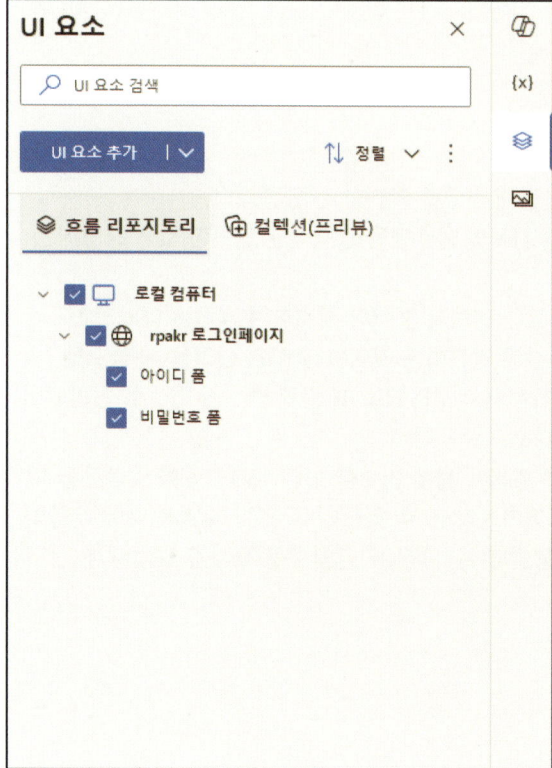

✅ UI 요소

- **UI 요소** : UI 자동화 또는 브라우저 자동화 작업을 실행할 때 UI 요소를 설정해야 실행할 수 있습니다.
- **UI 요소 검색** : UI 요소 검색창에 검색할 UI 요소 명을 입력하면 입력한 값을 포함하는 UI 요소들이 검색됩니다.
- **UI 요소 추가** : 버튼을 클릭할 시 UI 요소 선택기가 활성화되며 Ctrl + 좌클릭으로 선택할 수 있습니다.
- **정렬** : 클릭할 시 오름차순, 내림차순으로 정렬할 수 있다. 또한 정렬 버튼 오른쪽에 : 버튼을 누르면 모두 확장, 모두 축소, 사용되지 않는 UI 요소 제거가 있습니다.
- **로컬 컴퓨터** : 선택한 UI 요소들을 볼 수 있다. 마우스 좌 클릭 시 하단에 자신이 선택한 UI 요소 이미지를 볼 수 있으며 또한, 마우스 우클릭 시 편집, 이름 바꾸기, 사용법 찾기, 삭제가 나옵니다.
- **UI 요소 선택기** : 마우스 우클릭 후 편집을 선택하면 다음과 같은 창이 나옵니다. 시각적 또는 텍스트 편집기로 선택기를 편집할 수 있습니다.
- **컬렉션(프리뷰)** : 기존의 컬렉션을 통해서 공통적으로 요소를 사용 할 수 있습니다.

3.2.7 Power Automate Desktop UI – 흐름 패널

하단 설정 탭에서는 현재 흐름(Flow)의 설정을 지정 할 수 있습니다.

- **작업 선택** : 단일 흐름(Flow)에 몇 개의 줄(Line)을 선택했는지 나타냅니다.
- **작업** : 단일 흐름(Flow)에 총 몇 개의 줄(Line)이 있는지 나타냅니다.
- **하위 흐름** : 흐름(Flow)에 총 몇 개의 하위 흐름(SubFlow)이 있는지 나타냅니다.
- **실행 지연** : 한 줄(Line) 씩 넘어갈 때 지연되는 시간을 조절합니다. 100밀리초는 0.1초입니다.
- **결과 찾기를 할 경우** : `결과 찾기` 검색 후 결과의 수를 나타냅니다.

3.2.7 Power Automate Desktop UI – 작업 액션 패널

- 작업 액션 패널에는 파워 오토메이트에서 기본으로 제공하는 370여 개 이상의 다양한 작업 도구가 포함되어 있으며, 드래그 앤 드롭 방식으로 쉽고 빠르게 자동화를 구현할 수 있습니다.

- 예를 들어 [파일 복사]라는 작업을 작업 탭에서 디자인 탭으로 드래그 앤 드롭하면 상세한 설정이 가능합니다. 또한, 이후에도 디자인 탭에서 해당 작업 항목을 더블 클릭하여 언제든지 내용을 수정할 수 있습니다.

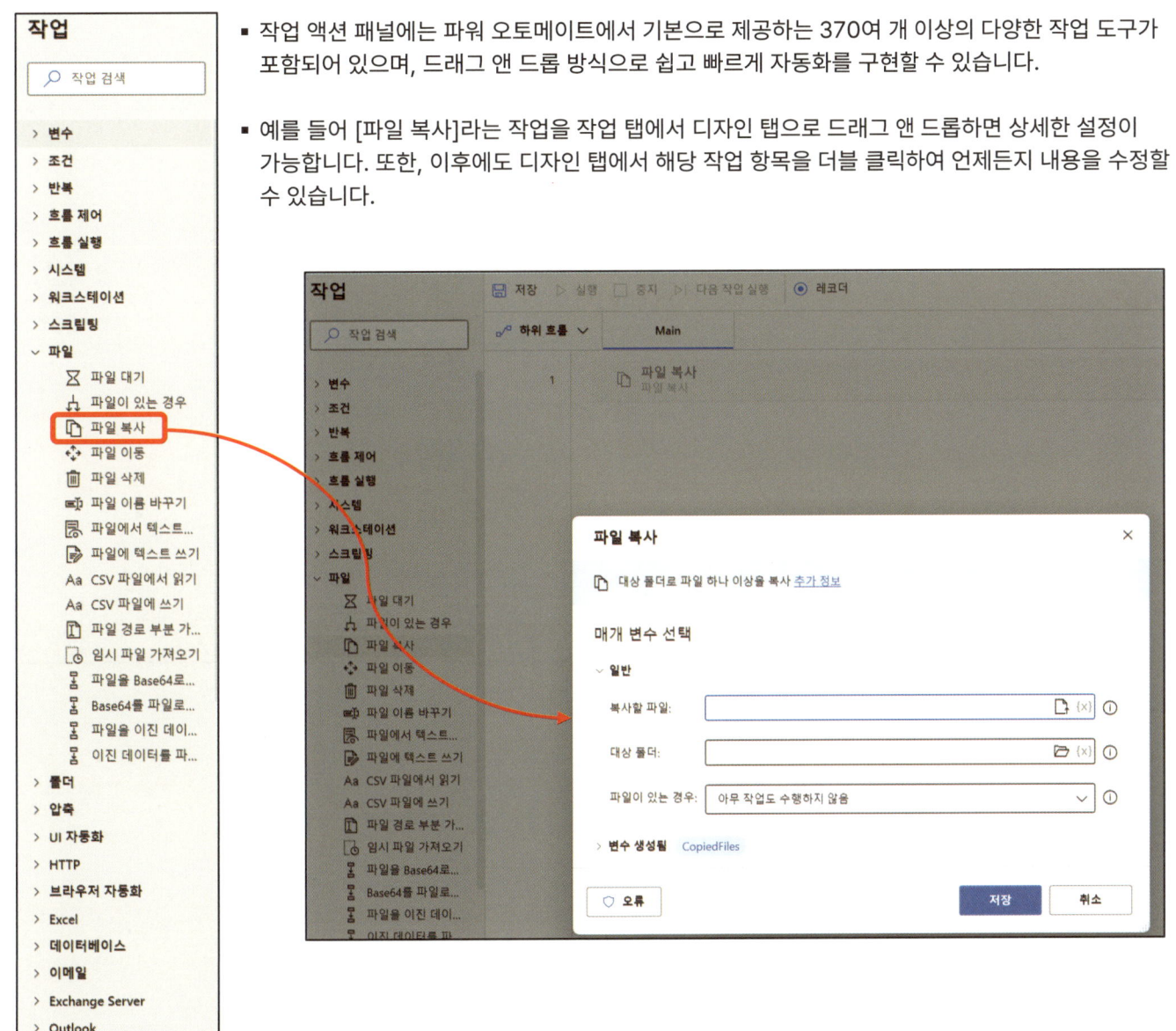

3.2 PAD 시작하기

3.2.7 Power Automate Desktop UI – 단축키

Power Automate Desktop에서는 작업 효율을 높일 수 있는 다양한 단축키를 제공합니다. 다만 일부 단축키는 Windows 운영 체제에서 기본으로 지원하는 단축키와 중복될 수 있으므로, 아래 표를 참고하여 사용 시 주의하시기 바랍니다.

단축키	설명
F5	실행
Shift + F5	한줄 씩 실행 모드 중지
F10	다음 작업 실행
Alt + F5	현재 위치에서 실행 (한 줄씩 실행 모드)
Ctrl + N	메인에서 새로운 흐름 생성
Ctrl + S	흐름 저장
Ctrl + Shift + S	흐름 다른 이름으로 저장
Ctrl + Z	실행 취소
Ctrl + Y	다시 실행
Ctrl + X	자르기
Ctrl + C	복사하기
Ctrl + V	붙여넣기
Ctrl + A	모든 항목 선택하기
Ctrl + G	액션 검색 및 라인 이동
Delete	선택한 항목 삭제
F2	선택한 항목의 이름 변경
Ctrl + G	메인에서 선택한 항목 이름 변경

3.2.8 Power Automate Desktop 환경설정

Power Automate Desktop의 메인페이지, 상단 설정버튼을 통해서 흐름을 일시중지 하거나 다시 시작 할 수 있는 단축키를 설정 할 수 있습니다.

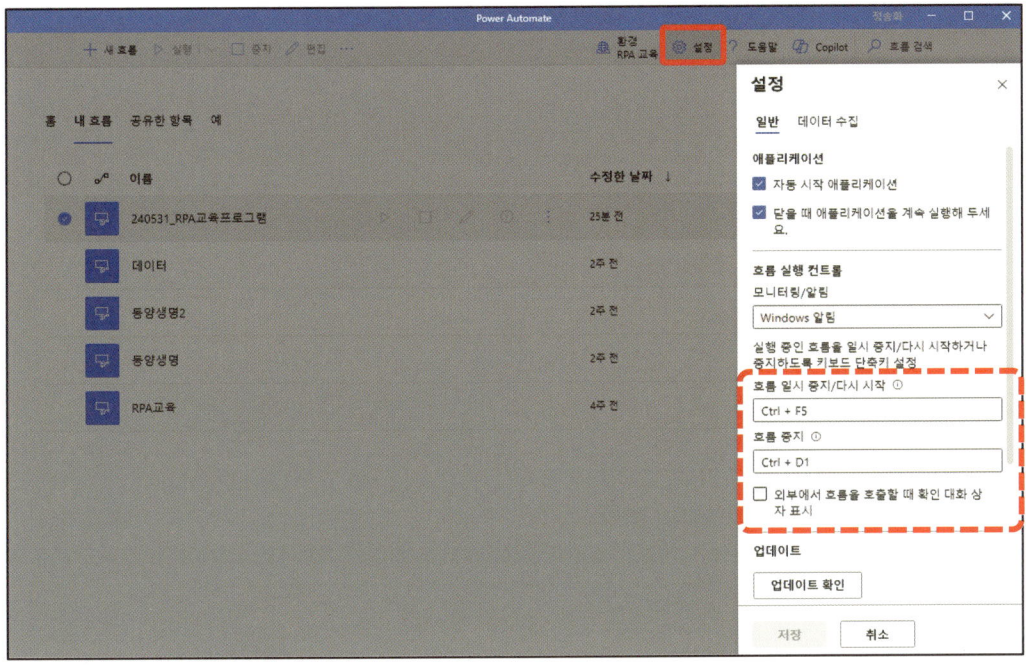

- 상단의 이미지에서 [설정] 메뉴에 들어가면 흐름 일시 중지, 다시 시작의 단축키를 설정 할 수 있습니다.

- 외부에서 흐름을 호출할 때 확인 대화 상자 표시에 체크하면 외부에서 흐름이 실행 될 때 (DPA에서 스케쥴링) 팝업창이 나오고 팝업창의 확인 버튼을 눌러야 흐름이 실행 됩니다.

3.2.9 Power Automate Desktop 자동화 흐름 만들기 (메시지박스 출력)

- Power Automate에서는 크게 4가지의 흐름(작업 단위)으로 구성되어 있습니다.

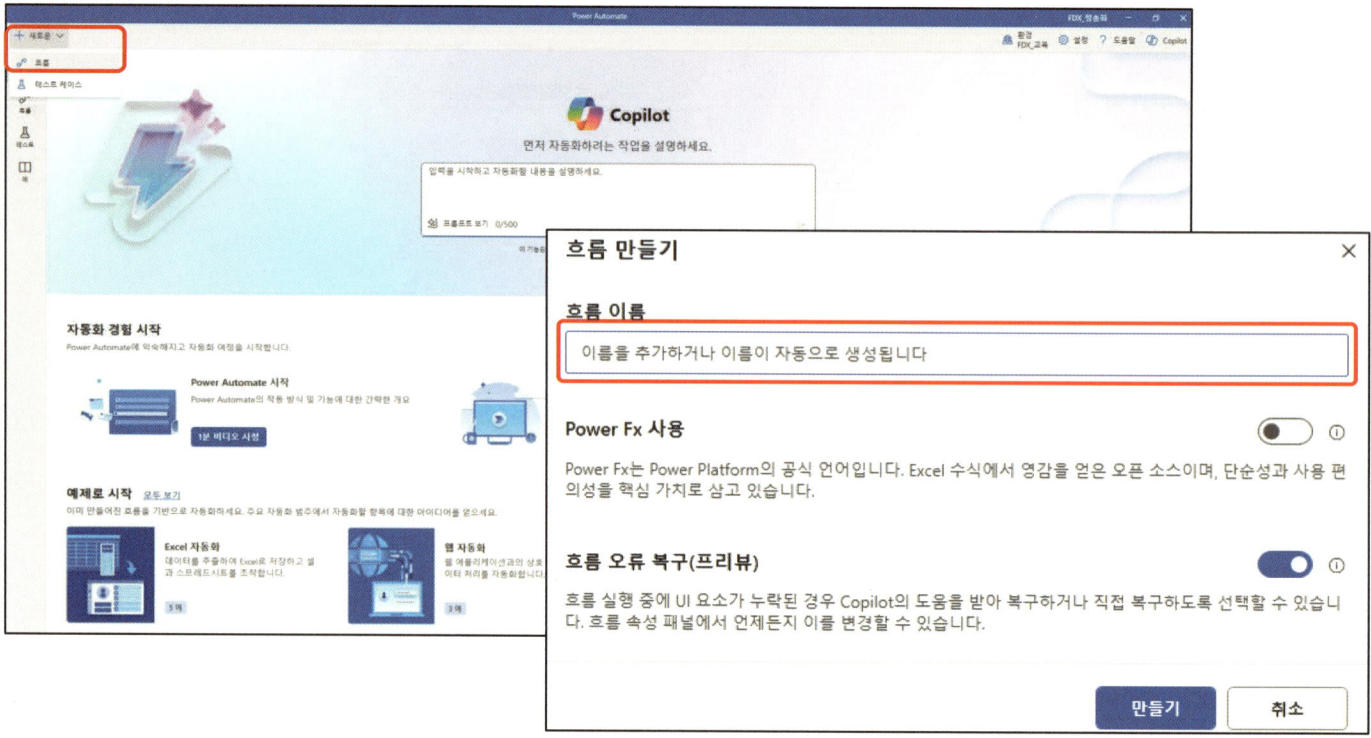

- [새 흐름] 버튼을 눌러 흐름의 제목을 입력하고, [흐름 이름] 영역에 흐름의 이름을 자유롭게 입력하고 만들기를 눌러 새로운 흐름을 생성합니다.

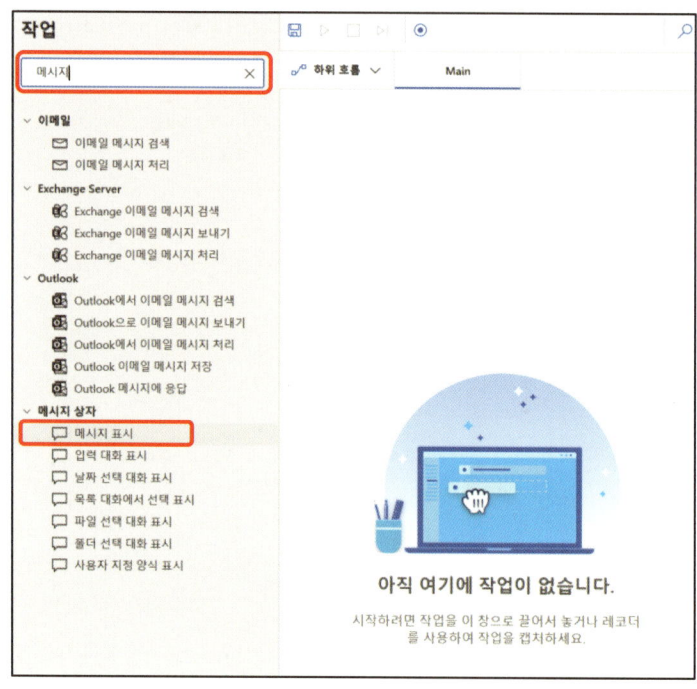

- 작업 탭에서 "메시지" 라고 검색하면 관련된 많은 작업액션들이 나오는데 [메시지 상자] 항목의 [메시지 표시] 작업액션을 드래그 앤 드롭 하여 디자인 탭으로 이동합니다.

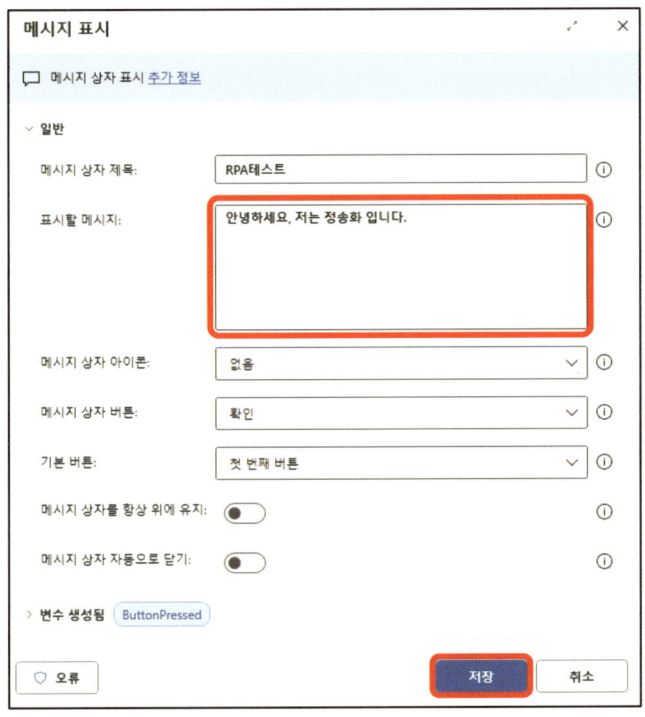

- 좌측의 이미지처럼 메시지 상자 제목과 표시할 메시지를 작성합니다.

- 내용에는 "안녕하세요, 저는 홍길동 입니다." 으로 작성합니다.

- 작성이 완료되었다면 [저장] 버튼을 누릅니다.

- 메인 흐름에 1번 줄에 [메시지 표시]라는 작업액션이 생성되었습니다.
- 위의 실행 버튼을 눌러 실행을 합니다. 정상적으로 작업액션이 실행되었다면 아래의 이미지처럼 메시지 박스가 나옵니다.

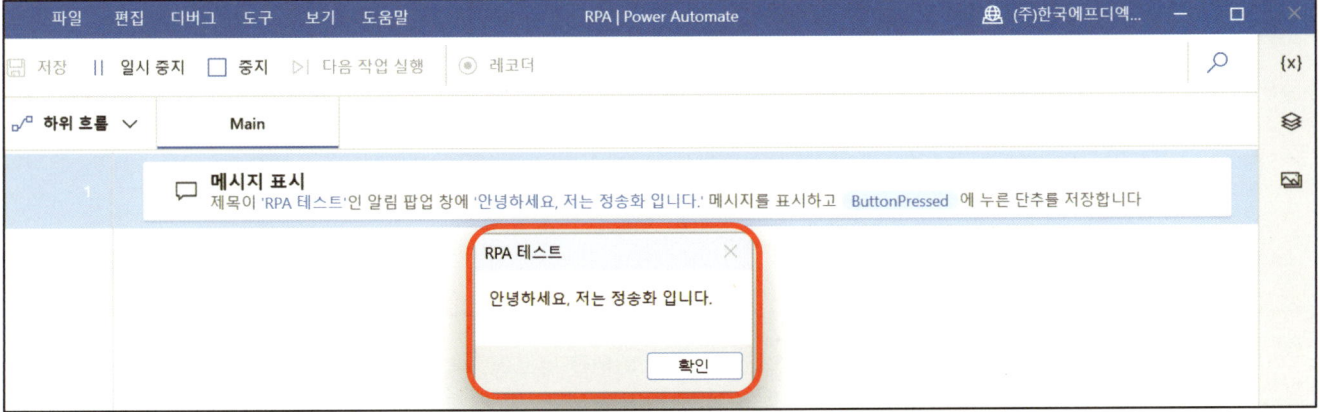

3.2 PAD 시작하기   79

Step 3 - 3 | 레코더
Recorder

3.3.1 레코더의 개념

레코더(Recorder)는 사용자가 컴퓨터에서 수행하는 작업을 기록하여 이를 자동화하는 기능으로, 레코더를 사용하면 일상적으로 반복되는 작업을 손쉽게 기록하고, 버튼 몇 번만 누르면 자동으로 실행할 수 있어 매우 간편하고 편리합니다. 또한, 레코더는 UI 요소와 관련된 마우스 및 키보드 활동을 추적하고 각 작업을 별도로 기록합니다. 각 녹음 세션 동안 레코더는 UI 및 브라우저 자동화 작업을 모두 생성할 수 있습니다.

3.3.2 레코더기능 살펴보기

새로운 데스크톱 흐름을 만들고 흐름 디자이너의 도구 모음에서 레코더버튼을 누르면 레코더 팝업이 생성됩니다. 팝업 창이 나오면 레코드버튼을 눌러서 업무자동화를 기록 할 수 있습니다.

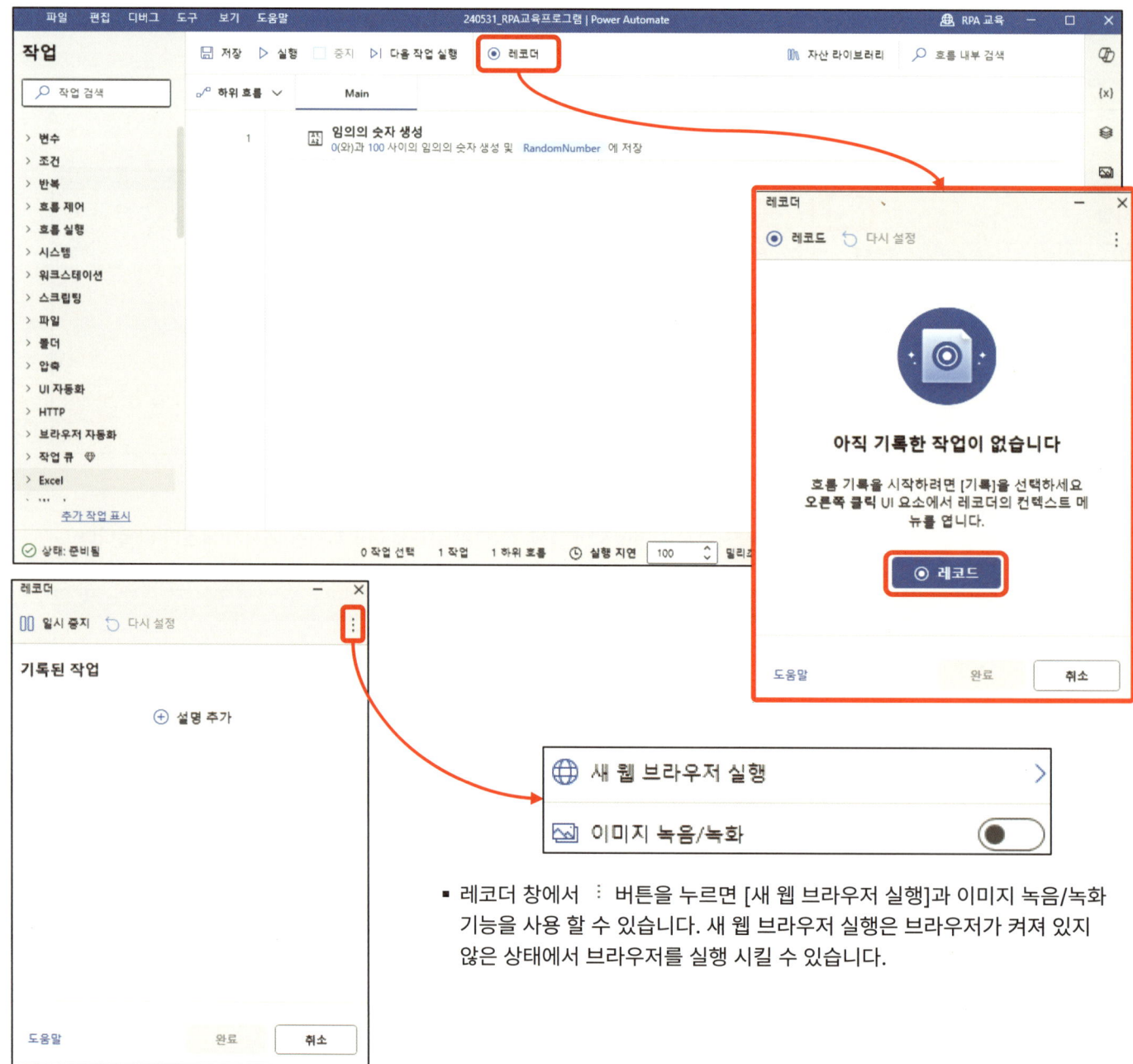

- 레코더 창에서 ⋮ 버튼을 누르면 [새 웹 브라우저 실행]과 이미지 녹음/녹화 기능을 사용 할 수 있습니다. 새 웹 브라우저 실행은 브라우저가 켜져 있지 않은 상태에서 브라우저를 실행 시킬 수 있습니다.

3.3.2 레코더기능 살펴보기

레코더는 기본적으로 [마우스 왼쪽 버튼]으로 선택 할 수 있지만, 오른쪽 버튼으로 선택하면 요소에 따라 선택 할 수 있는 옵션이 자동으로 변경됩니다. 예를 들어 텍스트 입력 필드에서는 텍스트 필드 채우기라는 옵션이, 드롭다운 메뉴에서는 드롭다운 메뉴를 선택 할 수 있는 옵션이 제공됩니다.

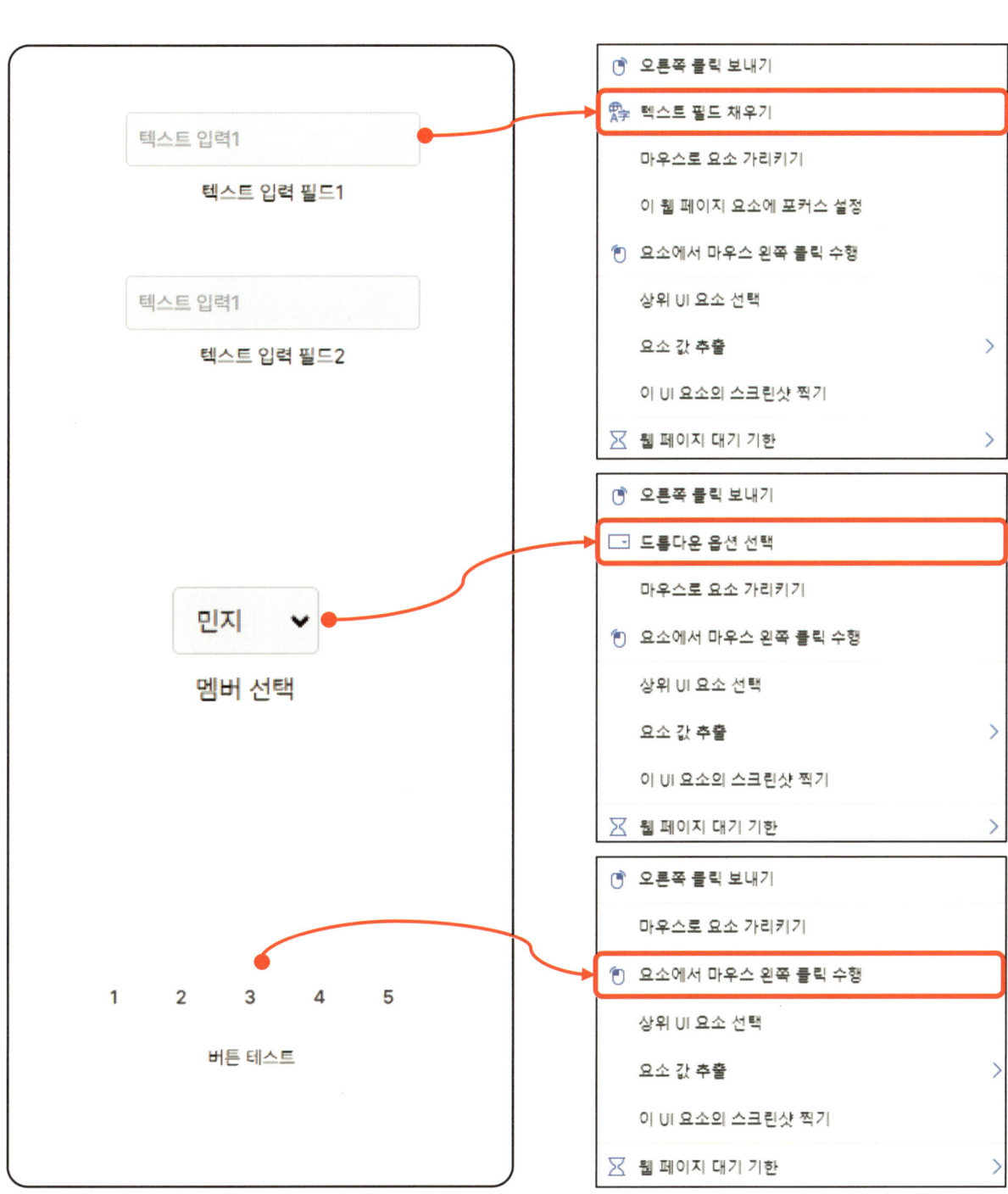

3.3.3 실습 - 레코더사용하여 로그인하기

- https://rpakr.com/login 에 접속하여 레코더를 사용한 로그인 실습을 진행하도록 하겠습니다.
- ※ 사전 회원가입이 필요합니다.

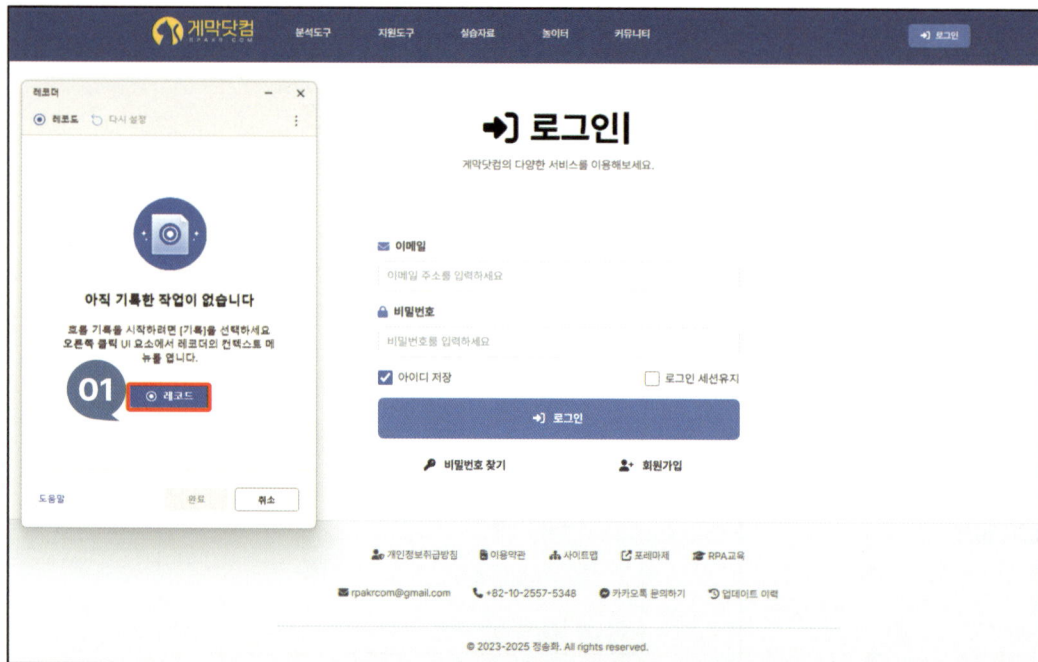

01 | 레코드 버튼 클릭

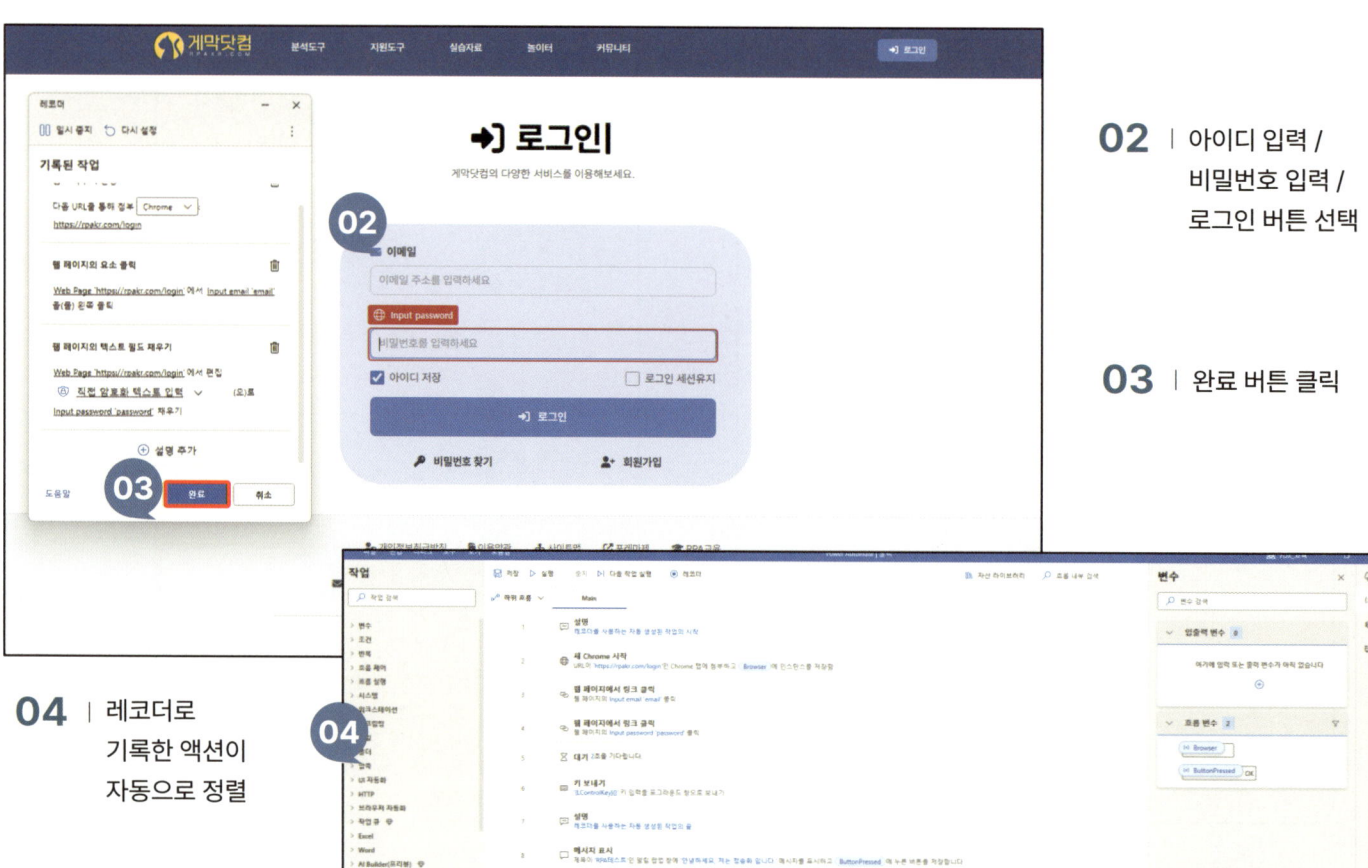

02 | 아이디 입력 /
비밀번호 입력 /
로그인 버튼 선택

03 | 완료 버튼 클릭

04 | 레코더로 기록한 액션이 자동으로 정렬

3.3.4 실습 – 작업액션을 사용하여 로그인하기

- 레코더를 사용하지 않고 작업 액션을 하나씩 사용하여 기능을 만드는 방법도 있습니다.

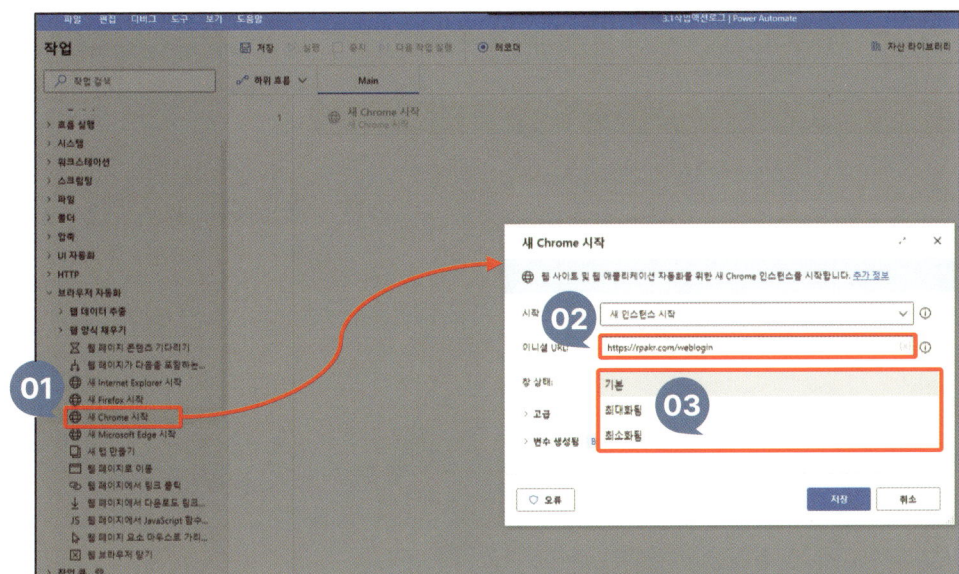

01 | 작업탭에서 새 Chrome 선택

02 | URL 입력
(https://rpakr.com/login)

03 | 창 상태를 최대화됨으로 선택

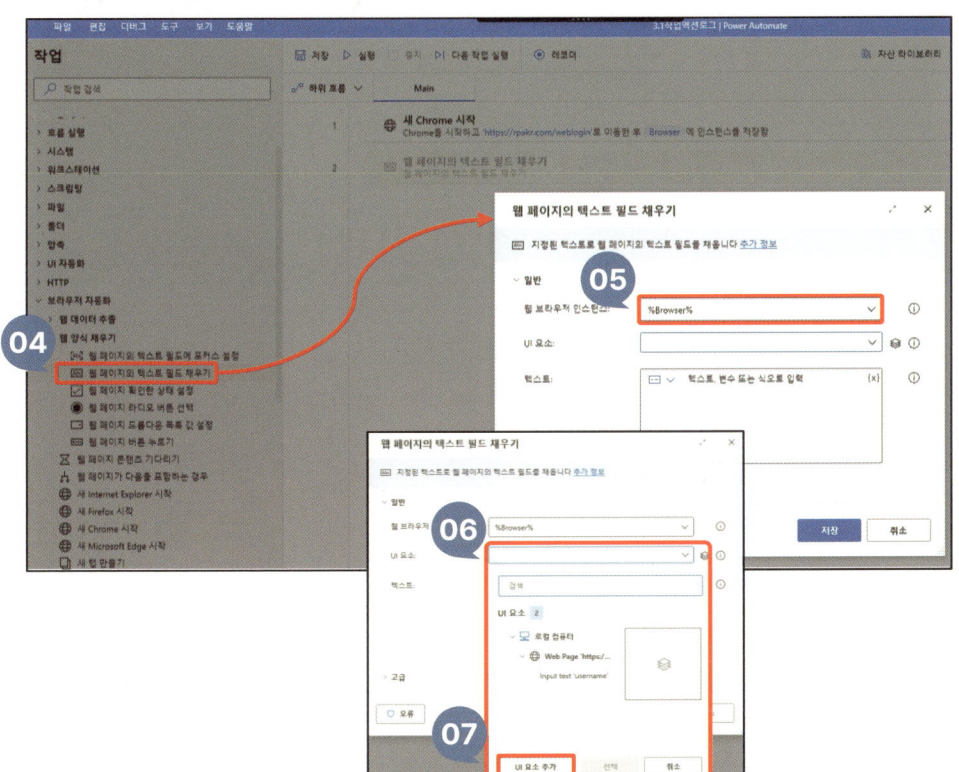

04 | 작업탭에서 웹 페이지의 텍스트 필드 채우기 선택

05 | 웹 브라우저 인스턴스를 기본값으로 설정

06 | [UI 요소]를 선택하고 레이어창이 나오면

07 | [UI요소 추가] 버튼을 클릭

3.3 레코더   83

3.3.4 실습 – 작업액션을 사용하여 로그인하기

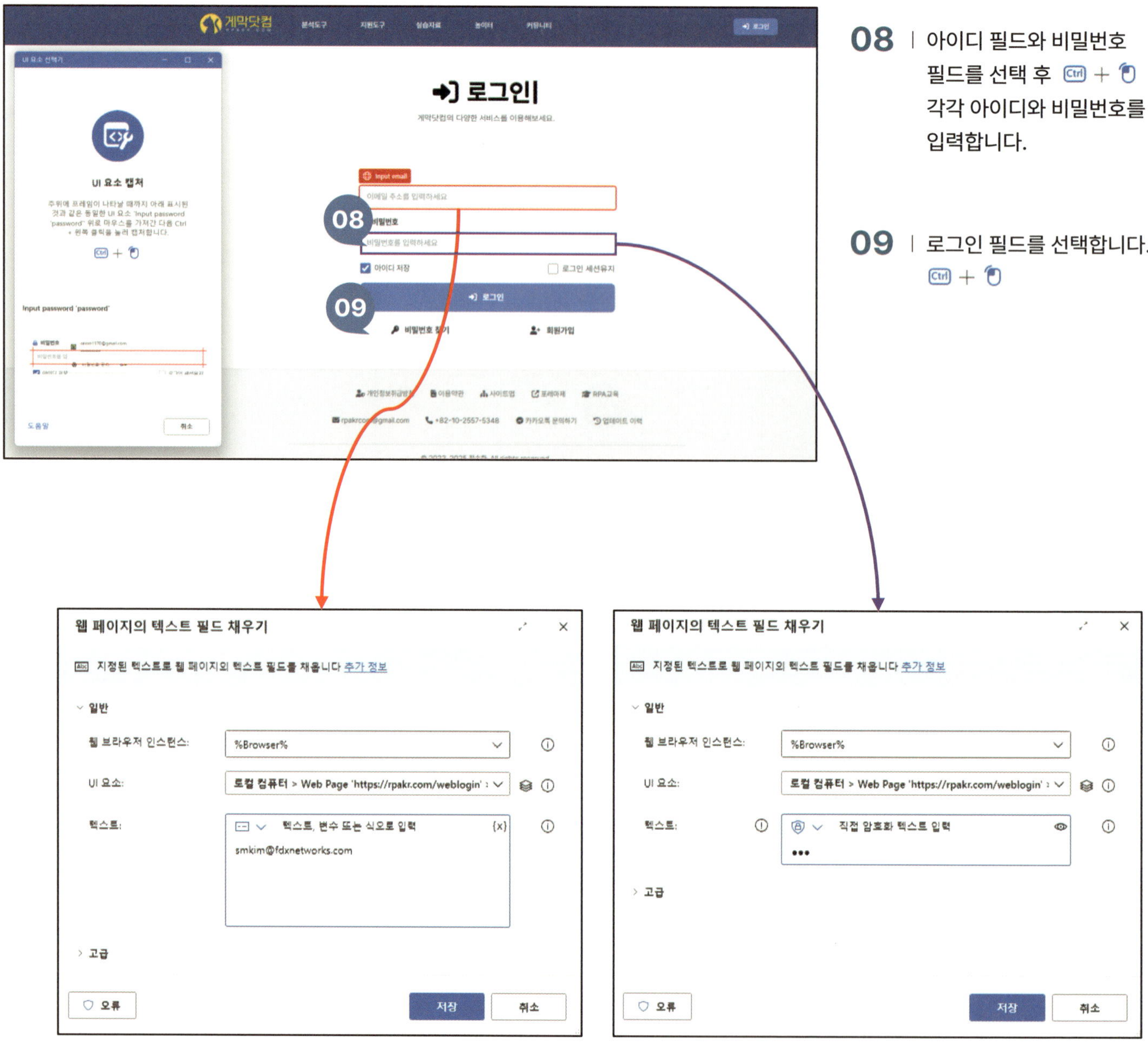

08 | 아이디 필드와 비밀번호 필드를 선택 후 Ctrl + 🖱 각각 아이디와 비밀번호를 입력합니다.

09 | 로그인 필드를 선택합니다. Ctrl + 🖱

10 | 로그인이 성공적으로 이루어 진다면 아래와 같은 코드와 로그인 후 마이페이지가 나오는 것을 확인할 수 있습니다.

Step 3-4 | 변수
Variable

3.4.1 변수의 기본 개념

변수는 정보를 저장할 수 있는 공간의 이름을 뜻하는 프로그래밍의 중요한 개념입니다. 다양한 유형의 데이터를 저장하는 상자로 생각하면 쉽습니다. 예를 들어, 텍스트, 숫자, 날짜, 리스트 등의 다양한 데이터를 저장할 수 있습니다. 변수는 특정 값이나 데이터를 일시적으로 저장하여 필요할 때마다 꺼내어 사용할 수 있게 해줍니다. 이처럼 변수를 사용하면 복잡한 데이터를 간편하게 처리하고, 코드의 가독성을 높이며, 작업의 효율성을 크게 향상시킬 수 있습니다.

3.4.2 변수의 유형

컴퓨터에서 사용하는 변수는 다양한 유형이 있습니다. 문자는 '스트링(String)', 숫자는 '인테저(Integer)', 배열은 '어레이(Array)', 표 데이터는 '데이터 테이블(DataTable)', 시간은 '데이트 타임(DateTime)' 등으로 표현합니다. 이렇게 각 변수에 적절한 유형의 데이터를 할당하는 것이 프로그래밍의 기초 중 하나입니다. 아래 표는 자주 사용되는 변수 유형이니 참고하시기 바랍니다.

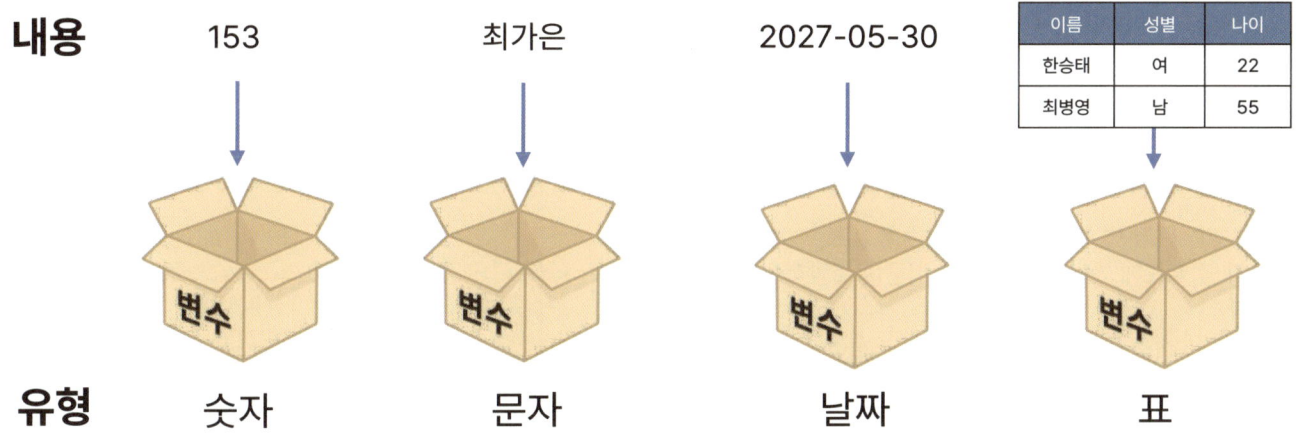

PAD에서는 모든 변수를 "전역 변수"로 처리하여 데스크탑 흐름의 모든 흐름에서 사용 가능합니다. 변수의 생성을 규칙 없이 무분별하게 만든다면 추후에는 이해가 되지 않을 수 있기 때문에 어느 정도의 규칙성과 상관성을 가지고 이름을 결정 하는 것이 중요 합니다.

변수타입	설명
텍스트 (str)	문자를 담을 수 있습니다. 따옴표를 사용합니다. 예) 'FDX', 'PAD', '정요미', '홍꾸미'
숫자 (num)	숫자를 담을 수 있습니다. 예) 1, 153, 55, 0.4, -5
부울 (boo)	참과 거짓을 담을 수 있습니다. 예) True, False
사용자 지정 개체 (v)	사전 형태의 속성 및 값, 쌍을 담을 수 있습니다. 예) 이름은?:임칠빈,나이는?:30
목록 (list)	여러 개의 값을 한 줄 형태의 목록 데이터로 담을 수 있습니다. 예) 변수[3,5,7]
데이터 테이블 (dt)	여러 개의 값을 표 형태로 담을 수 있습니다. 예) 변수[0,0][0,1][1,0][1,1]

3.4.3 변수의 범위와 민감한 표시

- **입출력 변수** : 메인 흐름(데스크톱 흐름)과 다른 메인 흐름(데스크톱 흐름)에서 변수를 주고받을 수 있는 변수
- **흐름 변수** : 현재 메인 흐름(데스크톱)과 하위 흐름에 적용할 수 있는 변수

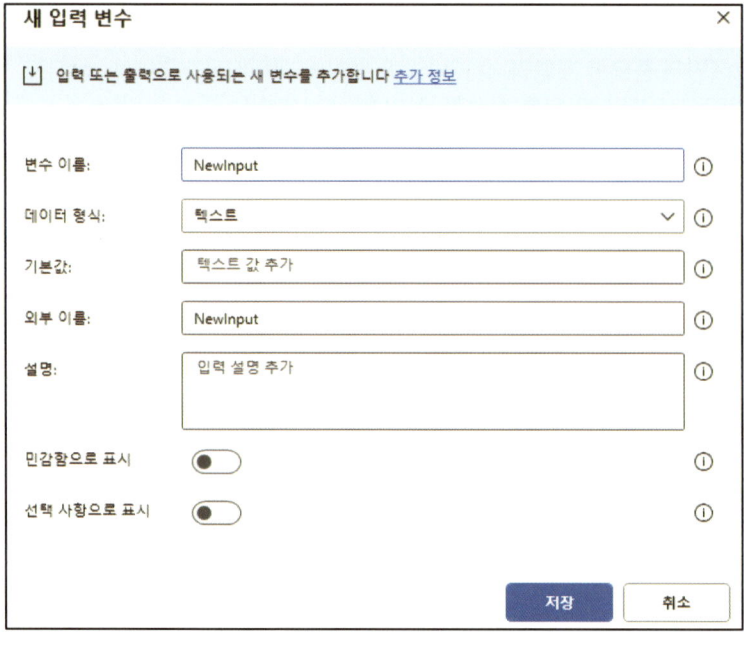

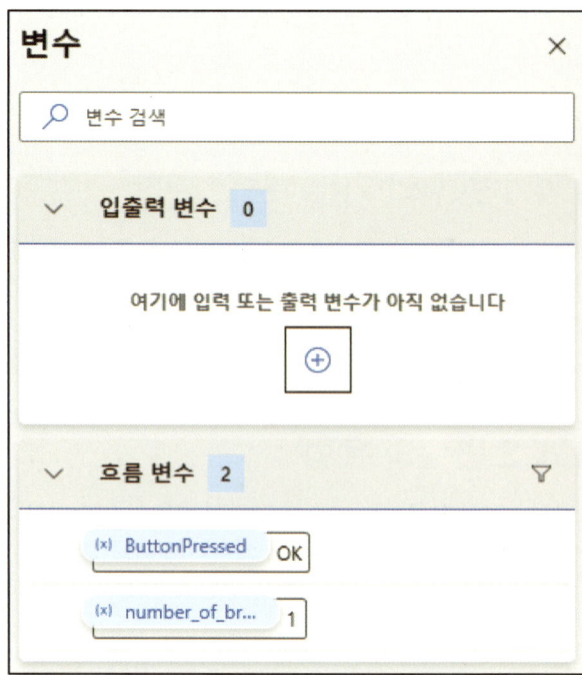

- **보기** : 변수의 상세한 값을 확인할 수 있습니다. 변수명을 더블클릭 하여도 동일합니다.
- **이름 바꾸기** : 해당 변수에서 오른쪽 버튼을 누르고 이름 바꾸기를 누르면 해당 흐름에 있는 모든 변수의 이름을 일괄적으로 변경 할 수 있습니다.
- **사용법 찾기** : 해당 변수가 사용되는 라인과 설명을 하단결과창에 나타냅니다.
- **고정** : 해당 변수를 흐름변수 탭 상단에 고정합니다.

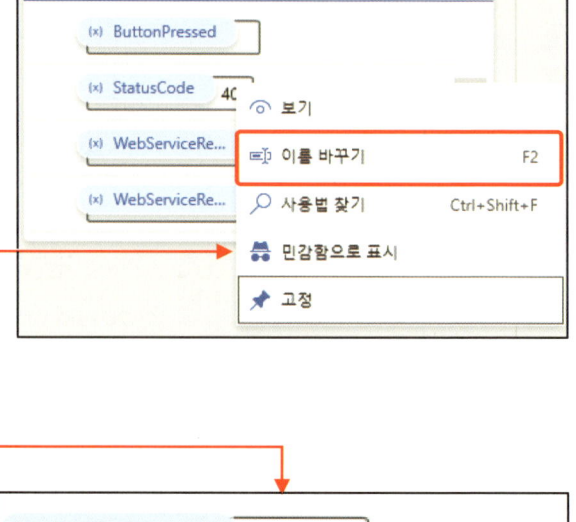

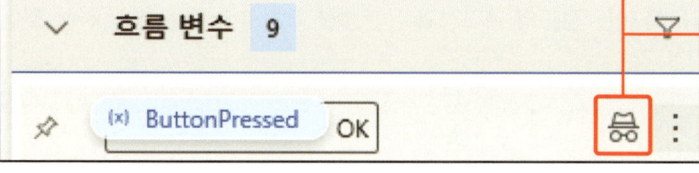

- 민감한 표시 버튼을 통해서 변수의 값을 안보이거나 저장하지 않도록 설정 할 수 있습니다.

✓ 민감한 변수의 값은 데스크톱 흐름 외부로 보내거나 메시지 표시 작업을 통해 표시할 때 표시됩니다.
✓ 민감도는 변수에서 상속할 수 없습니다. 민감한 변수를 다른 변수에 추가하거나 할당하는 경우 결과 변수는 기본적으로 민감하지 않습니다.
✓ 변수를 민감한 것으로 표시하면 변수 설정 작업의 요약에서 해당 값을 숨깁니다.
✓ 변수 설정 작업의 입력 세부 정보는 포함된 변수가 민감한 것으로 표시된 경우 데스크톱 흐름 로그에 표시되지 않습니다.

3.4.4 실습 - 변수 사용해보기

- 변수 사용 실습을 통해 변수의 생성과 사용방법을 익히고, 변수의 유형에 따른 데이터 조작과, 조건문과 반복문을 사용하면서 복잡하고 유연한 자동화 작업을 설계 할 수 있습니다.

A. 변수 생성 방법

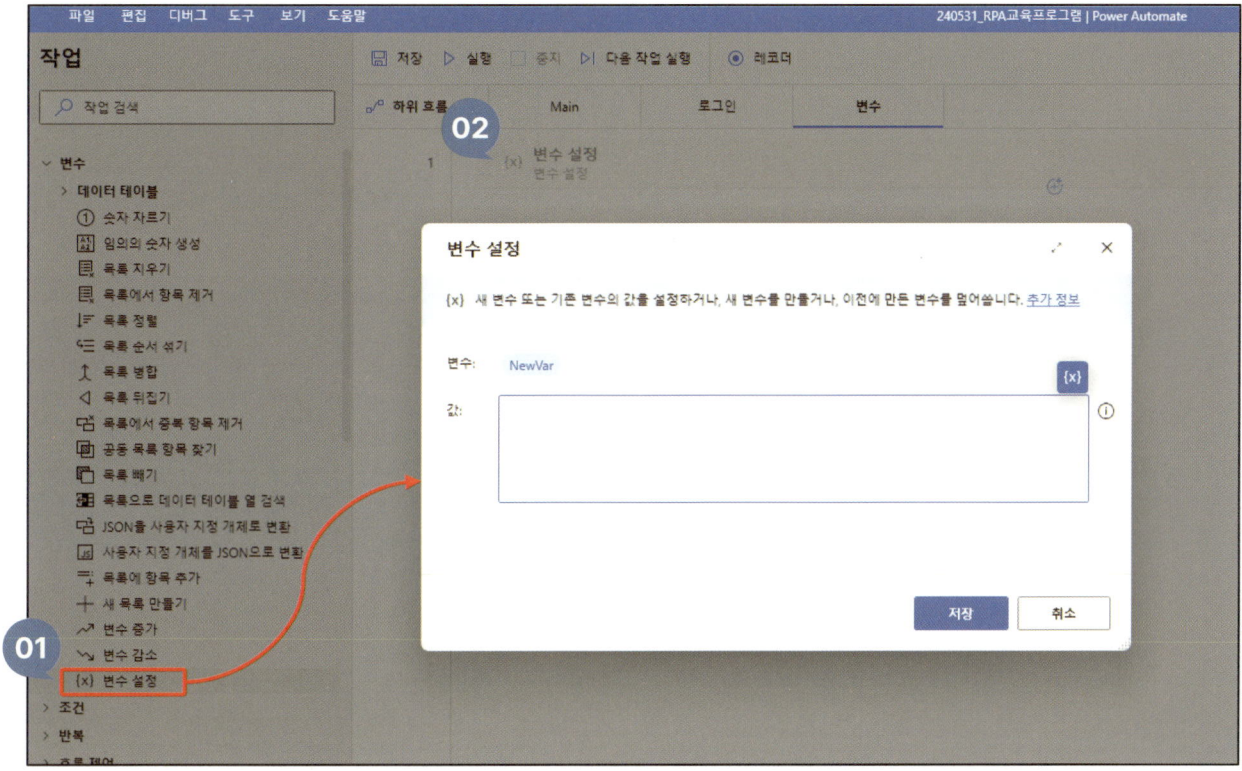

01 | 화면좌측의 작업액션패널에서 [변수]-[변수 설정] 작업액션을 선택하고 디자이너 패널로 드래그앤드롭 합니다.

02 | 디자이너 패널에서 1번라인에 [변수 설정]이라는 작업액션이 생성되었습니다. 해당 작업액션을 더블클릭하여 상세 설정을 진행합니다.

03 | **변수:** 항목은 변수의 이름을 지정 할 수 있습니다. 숫자로 시작하거나, 금지된 단어를 제외한 "한글과 영문" 모두 사용이 가능합니다.

04 | 화면좌측의 작업액션패널에서 [변수]-[변수 설정] 작업액션을 선택하고 디자이너 패널로 드래그앤드롭 합니다.

3.4.4 실습 - 변수 사용해보기

A. 변수 값 새롭게 설정하거나 추적하기

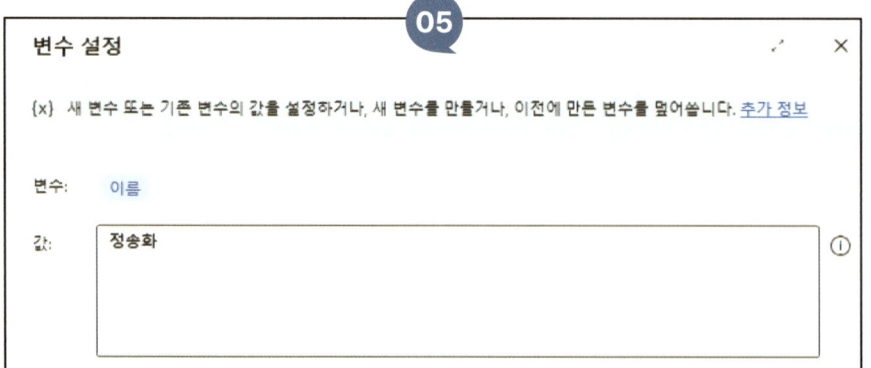

05 | 변수의 이름을 "이름" 으로 변수의 값을 나의 이름으로 설정합니다.

06 | 상단 흐름패널의 실행버튼(▷)을 누르거나 F5를 눌러 흐름을 실행합니다.

07 | 우측의 변수패널에서 "이름"으로 설정한 변수의 값이 "정송화" 로 들어 간 것을 확인할 수 있습니다.

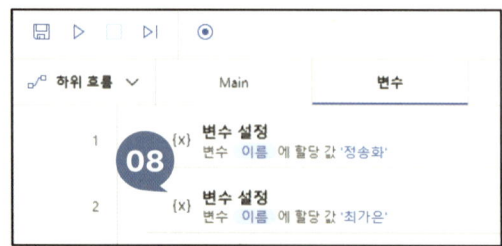
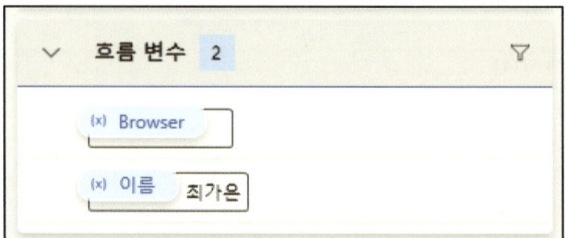

08 | 만약 같은 "이름" 이라는 변수로 하단에 "최가은" 이라는 값을 넣으면 1번라인의 "정송화" 를 덮어씌워서 최종적으로 "이름" 이라는 변수의 이름은 "최가은" 으로 되는 것을 확인할 수 있습니다.

B. 텍스트와 변수값 동시에 출력하기

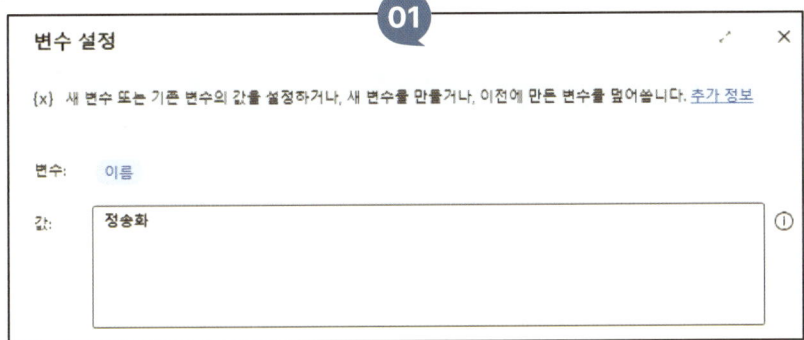

01 | 변수의 이름을 "이름" 으로 변수의 값을 나의 이름으로 설정합니다.

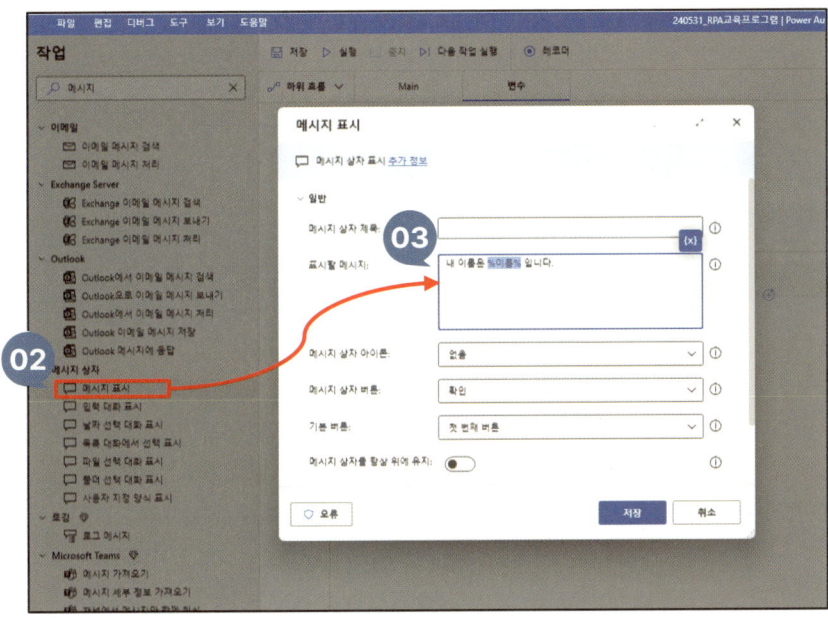

02 | 작업패널에서 [메시지 표시]작업액션을 가져옵니다.

03 | [메시지 표시]작업액션에서 표시할 메시지 항목에 아래와 같이 값을 입력합니다.

"내 이름은 %이름% 입니다."

✓ 변수는 %와 %사이에 작성하는데, {x} 버튼을 눌러서 변수의 목록을 가져오거나, 직접 %변수이름%을 작성하여 표현 할 수 있습니다.

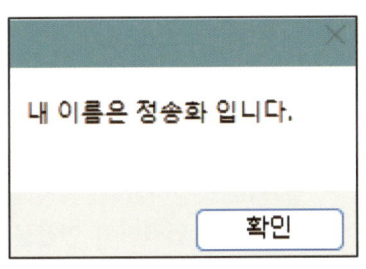

04 | 실행 버튼(F5)를 눌러 실행하면 좌측 이미지와 같이 메시지 박스가 출력되는 것을 확인할 수 있습니다.

3.4.4 실습 - 변수 사용해보기

C. 변수값 증감시키기

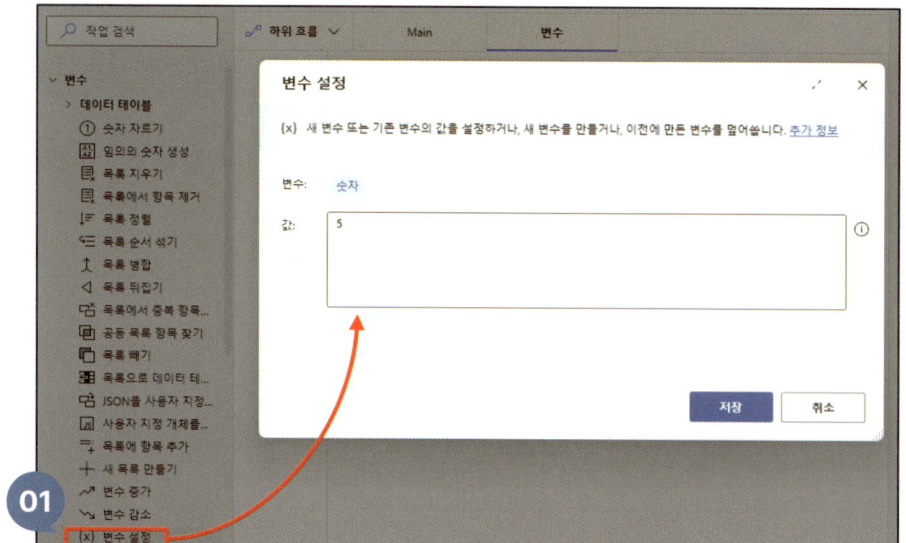

01 변수의 이름을 "숫자" 로, 변수의 값을 5 으로 설정합니다.

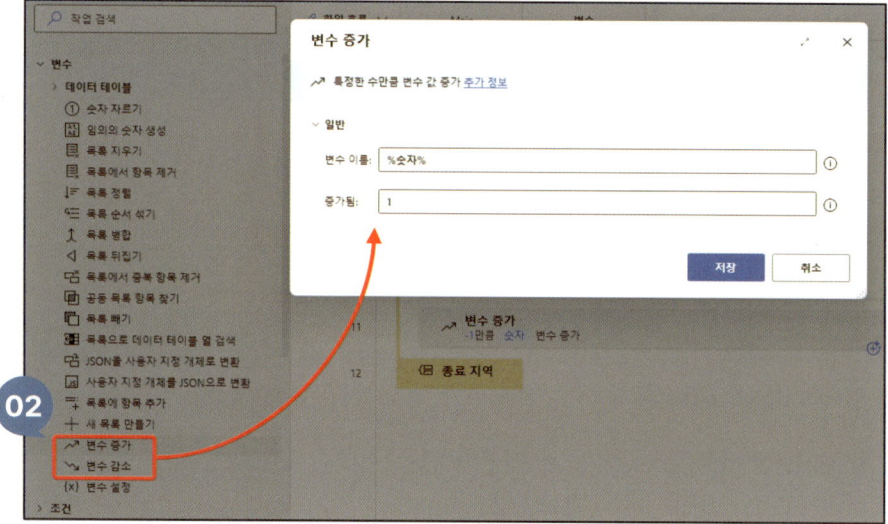

02 [변수 증가] 혹은 [변수 감소] 작업액션을 사용하여 변수를 증감하거나 감소 시킬 수 있습니다.

[변수 증감]에 1을 입력하거나 [변수 감소]에 -1을 입력하면 결과로 6이 나오는 것을 확인할 수 있습니다.

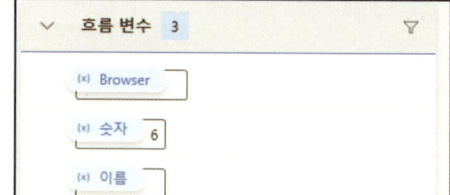

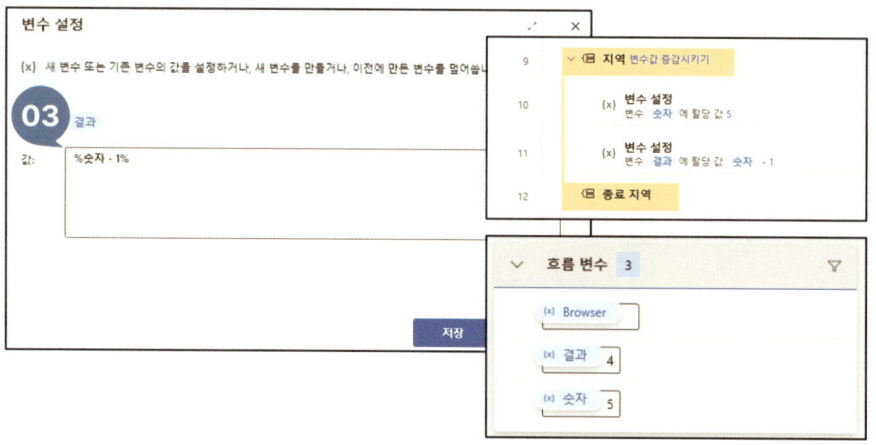

03 혹은 [변수 설정]에 변수의 이름을 "결과"로 작성하고, 값 항목에서 아래와 같이 입력하여 연산을 할 수도 있습니다.

%숫자 - 1%

✓ 변수에서 연산 할 때에는 %와 %사이에 위치해야 합니다. 변수끼리의 연산도 <u>%변수1 + 변수2%</u> 형태로 %와 %사이에 위치시킵니다.

D. 변수 2개를 생성하여, 구구단 만들기 1

01 | 변수이름 "숫자"에는 2를 변수이름 "숫자2"에는 1을 할당합니다.

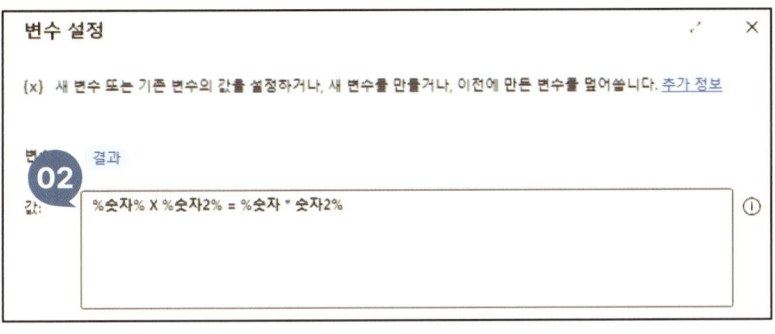

02 | 좌측 이미지의 값을 입력합니다.
풀이하자면 2 X 1 = 2 와 같은 값을 만드는 표기입니다.

%숫자% X %숫자2% = %숫자 * 숫자2%

03 | [반복] 작업액션을 가져와서 구구단의 앞 숫자를 표현할 시작2, 끝9, 증가1 을 생성하고 변수들을 반복안에 배치합니다.

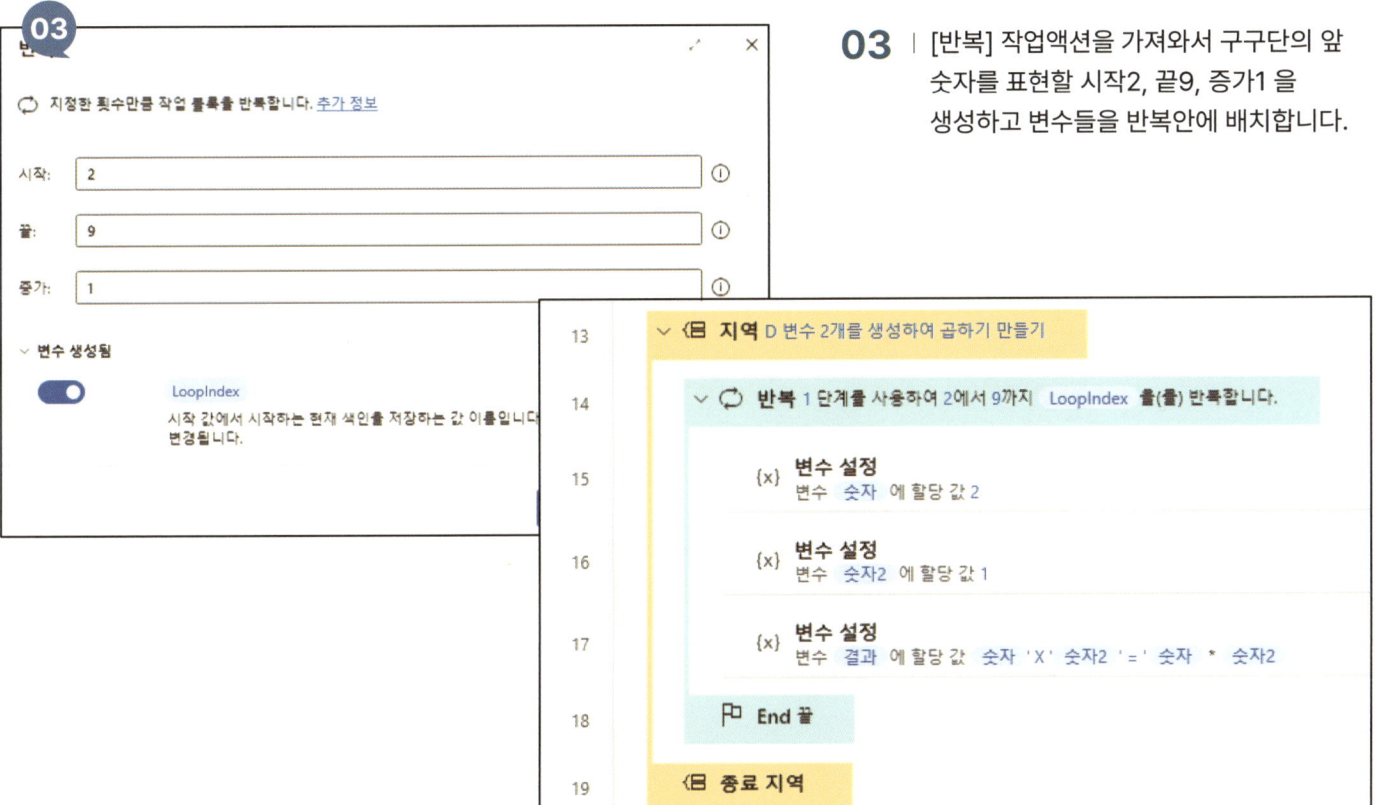

3.4.4 실습 - 변수 사용해보기

D. 변수 2개를 생성하여, 구구단 만들기 2

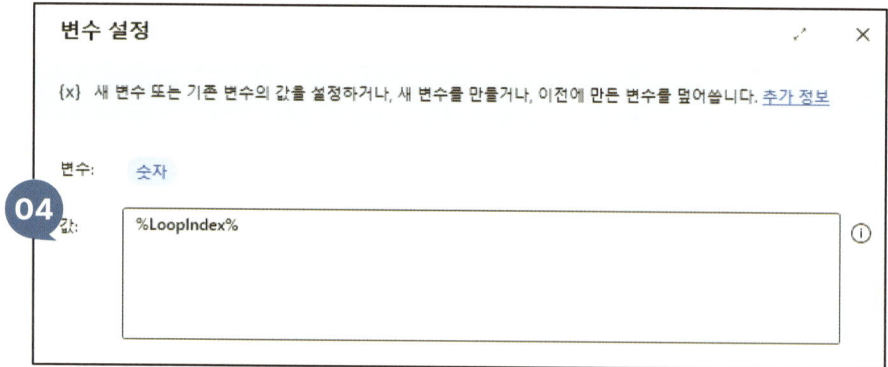

04 | LoopIndex는 반복에서 생성되는 값 입니다. 여기서는 반복 1회차에는 시작 숫자인 2를, 반복 2회차에는 3을 가지며 끝 숫자인 9까지 증가합니다.

기존 [변수설정]에서 변수 이름 "숫자" 에 2로 할당되어 있던 값을 %LoopIndex%로 변경합니다.

05 | 반복 횟차대로 결과과는 순서대로 아래처럼 실행됩니다.

2 X 1 = 2
3 X 1 = 3
4 X 1 = 4
5 X 1 = 5
6 X 1 = 6
7 X 1 = 7
8 X 1 = 8
9 X 1 = 9

06 | 우리는 구구단을 만들어야 하므로, 뒷단도 작동할 수 있게 [반복] 작업 액션을 하나 더 추가합니다.

이번에는 뒤 숫자이므로 1부터 9까지 설정하도록 하겠습니다. 생성되는 변수인 LoopIndex는 기존의 LoopIndex와 헷갈릴 수 있으니 LoopIndex2라고 이름을 변경합니다.

D. 변수 2개를 생성하여, 구구단 만들기 3

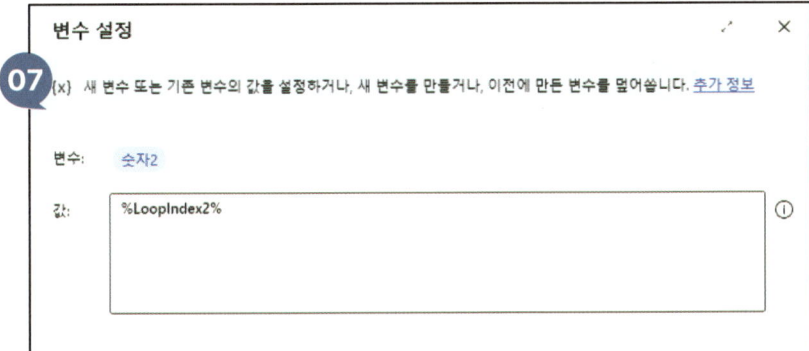

07 | 변수 "숫자2"의 값 할당을 1 에서 %LoopIndex2%로 변경합니다.

08 | 좌측 이미지와 같이 반복안에 반복을 넣어 반복되도록 합니다. 이 때 1회차 반복에는 LoopIndex의 값이 2, LoopIndex2의 값이 1이며, 2회차 반복에는 LoopIndex의 값이 2, LoopIndex2의 값이 2가 됩니다.

반복 작업액션 안에 반복이 있다면 안쪽에 있는 반복 작업액션이 모두 완료 된 후 바깥쪽의 반복 작업액션이 수행됩니다.

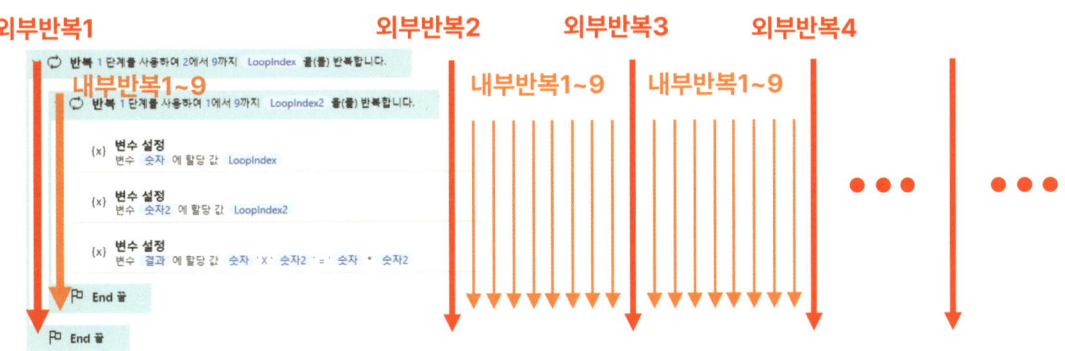

09 | 반복 작업액션 안에 반복이 있다면 **안쪽에 있는 반복 작업액션**이 모두 완료 된 후 **바깥쪽의 반복 작업액션**이 수행됩니다.

3.4.4 실습 - 변수 사용해보기

E. 구구단 결과 값에서 첫자리가 0인 경우에는 제외시키고 출력하기

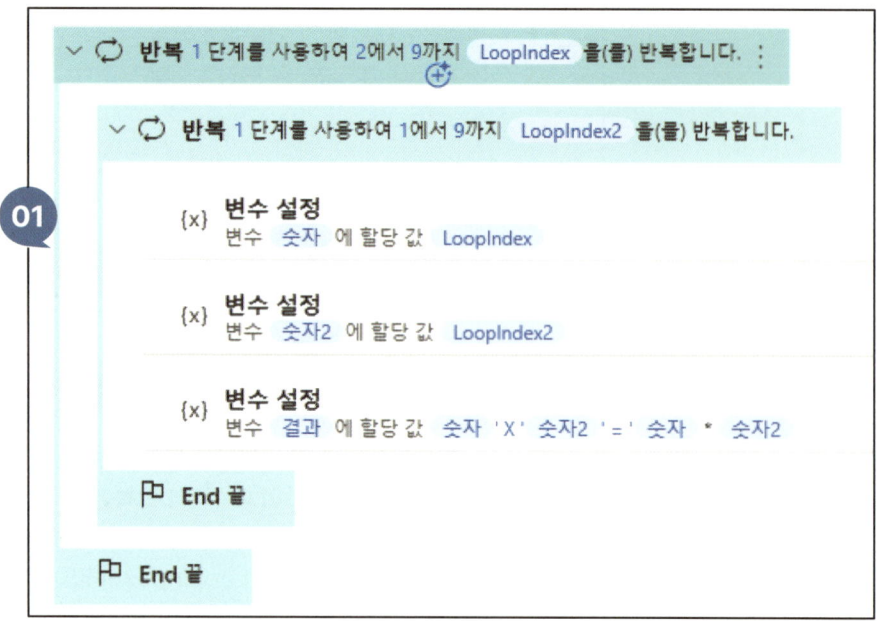

01 | 이전 단계에서 만든 흐름에서 계속 이어서 진행하도록 하겠습니다.

02 | 조건이 결과 값의 일의 자리 숫자가 0인 경우이니 [조건]작업액션을 추가하여 결과 변수를 처리 할 때 보여주거나 혹은 생략하는 흐름으로 로직을 생성합니다.

우선 [조건]-[만약(IF)]작업액션에서 좌측 이미지와 같이 첫 번째 피연산자는 %결과%, 연산자는 "다음으로 끝나지 않음", 두 번째 피연산자는 0으로 설정하겠습니다.

03 | 조건문의 배치는 결과값을 표시하는 부분으로, 만약에 0으로 끝나지 않는다면 결과값을 표시하며, 0으로 끝난다면 아무것도 하지 않는 흐름으로 좌측과 같이 배치하여 설정합니다.

3.4.5 변수의 표현방법과 연산식 사용

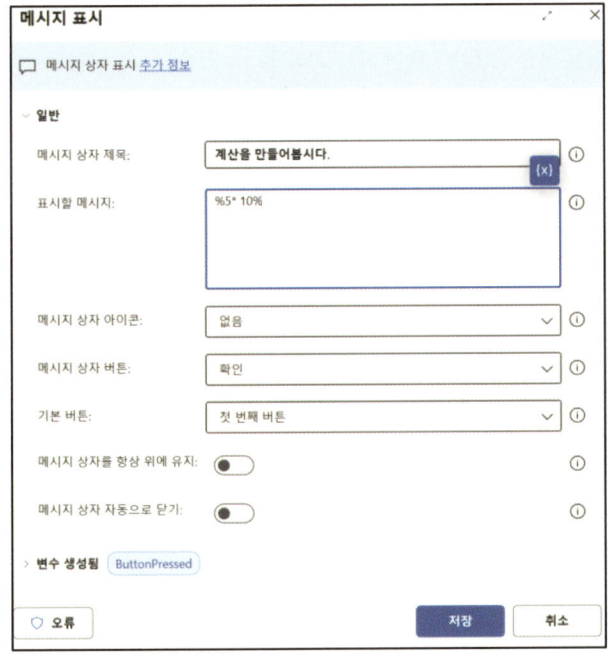

- 프로그램에 따라 제어할 수 있는 변수의 유형과 제한 값은 모두 다릅니다. 아래의 표를 통해 사용할 수 있는 변수 타입과 설명을 확인할 수 있습니다.

- 변수를 사용할 때에는 %(퍼센트)를 양쪽에 붙여서 사용할 수 있습니다. 예) %name%

- 이를 통해 논리식을 사용해 간단한 계산을 하거나 값을 비교할 수도 있습니다.

- 이전에 만들었던 메시지 박스 출력에서 표시할 메시지에 왼쪽 스크린샷과 동일하게 %5*10%을 작성하면 결과가 무엇이 나올까요? 결과는 50이 나왔습니다. % 안에서는 다양한 논리식을 사용해서 활용할 수 있습니다. 아래 표를 보고 변수를 만들고 테스트 해보시기 바랍니다.

- 결과변수 유형은 정보 탭의 변수 항목에서 {x} 를 눌러 확인 개별 적으로 확인 가능합니다.

연산식	결과	설명	유형
%5*10%	50	5와 10을 곱하여 50이라는 결과 값을 받을 수 있습니다.	숫자
%5/num%	0.05	5를 num이라는 변수 값으로 나눈 값, num이 100이라는 가정의 결과	숫자
%num+50%%%	150%	num변수에 50%를 더한 값, num이 100이라는 가정의 결과	숫자
%'이름은'+'칠빈'%	이름은 칠빈	'이름은' 이라는 텍스트와 '칠빈' 이라는 텍스트를 병합 합니다.	텍스트
%"숫자 :"+5%	숫자 : 5	'숫자'라는 텍스트에 5를 더하면 텍스트 형태로 병합 됩니다.	텍스트
%5=5%	True	=은 같음을 표시합니다. 결괏값은 True입니다.	부울
%5<>5%	False	<>은 같지 않음을 표시합니다. 결괏값은 False입니다.	부울
%5>1%	True	보다 큰지를 표시합니다. 결괏값은 True입니다.	부울
%5>=1%	True	보다 크거나 같은지를 표시합니다. 결괏값은 True입니다.	부울
%5<1%	False	보다 작은지를 표시합니다. 잘못된 식임으로 결괏값은 False입니다.	부울
%5<=1%	False	보다 작거나 같은지 표시합니다. 잘못된 식임으로 결괏값은 False입니다.	부울
%(5*10)+1%	51	괄호안의 값을 먼저 계산하고 뒤에 +1을 계산하여 결괏값은 51입니다.	숫자

3.4.6 변수의 표현식 사용

- 내장 데이터 유형에서는 속성값을 통해 변수에 액세스하거나 변환하는 작업을 할 수 있습니다. 예를 들어 "Name"이라는 문자열 변수가 있는 경우, 아래와 %Name.Length%라는 표현식을 사용하면 저장된 표현식을 가져올 수 있습니다. 활용할 수 있는 다양한 표현식은 아래에서 확인해 보시길 바랍니다.

텍스트 속성	설명
.Length	문자에 저장된 텍스트의 길이입니다.
.IsEmpty	변수가 비어 있으면 true이고 값이 포함되어 있으면 false입니다.
.ToUpper	대문자 값으로 변환합니다.
.ToLower	소문자 값으로 변환합니다.
.Trimmed	텍스트의 앞뒤 공백을 자르고 텍스트만 반환합니다.

데이터 테이블 속성	설명
.RowsCount	데이터 테이블의 행의 개수
.IsEmpty	데이터 테이블이 비어 있으면 True이고 값이 있으면 False
.Columns	데이터 테이블의 열 이름이 포함된 목록텍스트 값
.Columns.Count	데이터 테이블 열의 개수

3.4.7 다양한 속성에서 변수사용

웹 브라우저 인스턴스 속성	설명
.DisplayRectangleX	창의 가로축에서 왼쪽 상단 모서리의 위치를 나타내며, 좌표는 (0,0)에서 시작합니다.
.DisplayRectangleY	창의 세로축에서 왼쪽 상단 모서리의 위치를 나타내며, 좌표는 (0,0)에서 시작합니다.
.Handle	브라우저 인스턴스의 핸들입니다.
.HtmlDialogs	현재 페이지의 대화 상자가 있는 경우 포함합니다.
.IsAlive	브라우저 창이 활성 상태(활성상태라면 True)

파일 속성	설명
.FullName	파일의 전체 경로
.RootPath	파일의 전체 경로
.Directory	파일이 저장된 디렉터리
.Name	확장명이 포함된 파일의 이름
.NameWithoutExtension	확장명이 제외된 파일의 이름
.Extension	파일의 확장명
.Size	파일의 크기 (바이트)
.CreationTime	파일을 만든 날짜
.LastAccessed	파일에 마지막으로 액세스한 날짜
.LastModified	파일을 마지막으로 수정한 날짜
.IsHidden	파일 숨김 속성 여부 (숨겨져있다면 True)
.IsSystem	시스템 파일 속성 여부 (시스템 파일이면 True)
.IsReadOnly	파일 읽기 전용 속성 여부 (읽기 전용이면 True)
.IsArchive	파일 압축여부 (압축파일이면 True)
.Exists	파일 존재 여부 (존재한다면 True)
.IsEmpty	파일이 비어있는지 여부 (비어있다면 True)

3.4.7 다양한 속성에서 변수사용

폴더 속성	설명
.FullName	폴더의 전체 경로
.RootPath	폴더의 전체 경로
.Parent	폴더의 부모 디렉터리
.Name	폴더의 이름
.CreationTime	폴더를 만든 날짜
.LastModified	폴더를 마지막으로 수정한 날짜
.IsHidden	폴더 숨김 속성 여부 (숨겨져있다면 True)
.Exists	폴더가 있는지 여부(존재한다면 True)
.IsEmpty	폴더가 비어있는지 여부(비어있다면 True)
.FilesCount	폴더의 파일 수
.FoldersCount	폴더 안의 폴더의 수

목록 속성	설명
.Count	목록에 저장된 항목의 수

오류 인스턴스 속성	설명
.ActionIndex	오류를 일으킨 작업의 인덱스입니다.
.ActionName	오류를 일으킨 작업의 이름
.ErrorDetails	발생한 오류의 세부 정보
.Location	오류를 일으킨 작업 및 하위 흐름의 이름 및 색인 정보
.Message	발생한 오류의 메시지
.SubflowName	작업이 포함된 하위 흐름의 문제

창/Excel 인스턴스 속성	설명
Handle	창/Excel 인스턴스의 핸들입니다.

이메일 속성	설명
.MailFolder	이메일 메시지가 검색된 폴더 이름
.Uid	메시지의 고유 식별자
.From	이메일 메시지를 보낸 사람
.To	메시지 수신자가 포함된 값 목록
.Cc	메시지에 대한 추가 수신자(참조)가 포함된 값 목록
.Bcc	메시지에 대한 추가 수신자(숨은 참조)가 포함된 값 목록
.Date	메시지를 보낸 날짜 및 시간
.Subject	메시지의 제목
.Body	메시지의 본문 (텍스트 또는 html 형태)
.BodyText	일반 텍스트 형식의 메시지 본문
.Attachments	이메일 메시지의 저장된 첨부 파일의 목록

CMD세션 속성	설명
.IsAlive	CMD 세션이 활성 상태이면 True이고 그렇지 않으면 False
.ProcessId	프로세스의 고유 식별자

Step 3-5 | 날짜/시간
Date/Time

3.5.1 날짜/시간의 활용

날짜와 시간은 업무 자동화를 넘어서 우리 일상의 모든 디지털 상호작용에 깊숙이 관여합니다. 날짜와 시간 관련 액션들은 이러한 상호작용을 효율적으로 처리하기 위해 필수적입니다. 이 액션들을 활용하면, 날짜와 시간을 계산하고, 형식을 변경하며, 기간을 설정하는 등의 복잡한 작업을 간편하게 수행할 수 있습니다. 특히, 날짜나 시간을 폴더명이나 파일명으로 사용하여 자료의 버전 관리를 명확히 할 수 있으며, 내부 그룹웨어나 ERP 시스템에서 데이터를 조회할 때 특정 기간을 기준으로 필요한 정보를 신속하게 추출하는 데에도 큰 도움이 됩니다. 기업 환경에서는 영업일 계산과 같은 날짜 관련 작업이 자주 요구됩니다. 날짜와 시간 액션을 사용하여 정해진 기간 동안의 영업일 수를 정확히 계산하거나, 주어진 날짜로부터 특정 영업일 후를 파악하는 작업을 손쉽게 처리할 수 있습니다. 또한, 파일 내부의 서식에 날짜와 시간 정보를 삽입하여 문서 생성 및 관리의 자동화를 실현할 수 있습니다.

3.5.2 날짜/시간 작업액션

🎬 현재 날짜 및 시간 가져오기 (Get current date and time)

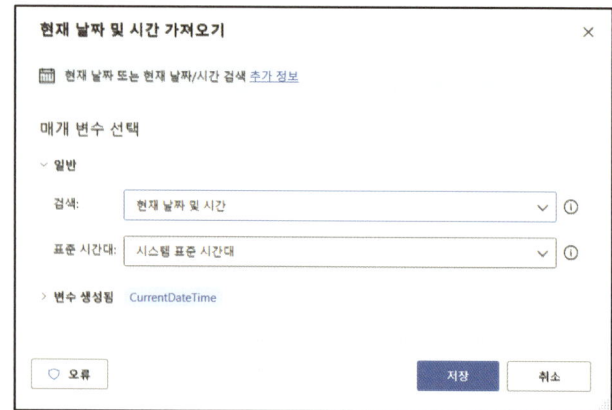

- 현재 시점의 날짜와 시간을 가져와 'CurrentDateTime' 변수에 저장하는 기능입니다. 이 기능은 .NET의 DateTime.Now 메서드와 유사하며, 시스템의 정확한 현재 시간을 빠르게 얻고자 할 때 유용합니다.

- 선택한 옵션에 따라 반환되는 형식이 달라집니다. '현재 날짜 및 시간'을 선택하면 '2026-01-26 오전 9:38:37'과 같이 날짜와 시간이 모두 표시됩니다. 반면, '현재 날짜'만 선택하면 '2026-01-26 오전 12:00:00'처럼 날짜 정보만 반환되며, 이때 시간은 자정(00:00:00)으로 고정됩니다.

🎬 텍스트로 날짜/시간 변환 (Convert datetime to text)

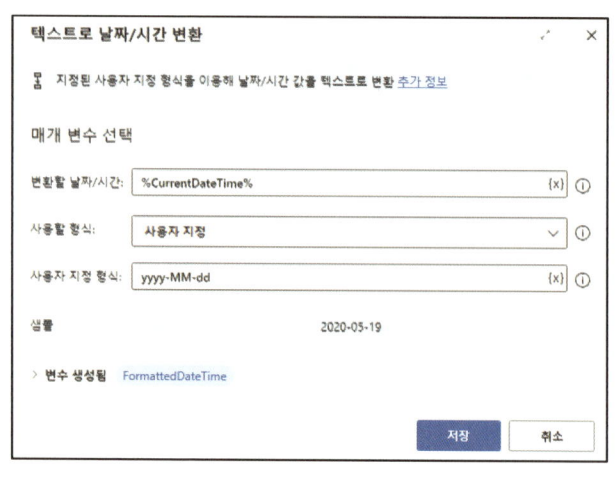

- 지정된 형식을 사용하여 날짜와 시간 값을 텍스트로 변환하는 기능입니다. 이 기능을 활용하면 'CurrentDateTime'과 같은 날짜/시간 변수를 원하는 형태의 문자열로 손쉽게 변경할 수 있습니다. 예를 들어, 형식을 'yyyy-MM-dd'로 설정하면 '2024-01-26'과 같은 텍스트로 변환되고, 변환 결과는 'FormattedDateTime'이라는 새 변수에 저장됩니다.

- 날짜 형식은 미리보기 샘플을 통해 즉시 확인할 수 있으며, '사용할 형식'을 '사용자 지정'으로 선택하면 사용자가 직접 원하는 날짜 포맷을 정의할 수 있습니다. 표준적인 날짜 형식뿐 아니라 특정 업무 요구사항에 맞는 독자적인 형식도 설정 가능합니다. 다양한 형식 지정 방법은 뒤에 수록된 '날짜/시간 표현식 사용표'를 참고하여 적용할 수 있습니다.

※ 날짜 형태의 데이터를 생성하려면, 변수 설정에서 %d"yyyy-MM-dd HH:mm:ss.ff+zzz"% 형식을 사용해 값을 부여할 수 있습니다. 예를 들어, %d"2024-05-25"%와 같이 지정하면 날짜 형식으로 데이터를 간편하게 생성할 수 있습니다.

3.5.2 날짜/시간 작업액션

🎬 텍스트를 날짜/시간으로 변환 (Convert text to datetime)

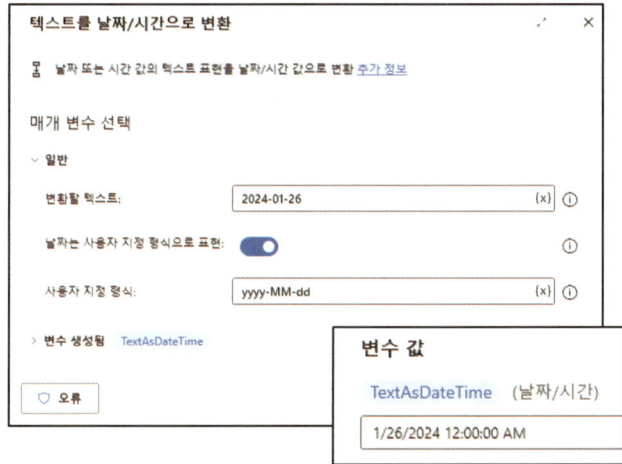

- 주어진 텍스트를 날짜/시간 형식의 변수로 변환하는 기능입니다. 텍스트는 반드시 인식 가능한 날짜/시간 형식이어야 하며, '사용자 지정 형식' 옵션을 통해 텍스트의 날짜/시간 형식을 정의할 수 있습니다. 예를 들어 날짜 형식을 'yyyyMMdd', 시간 형식을 'hhmmss'와 같이 지정할 수 있습니다.

- 변환된 날짜/시간 값은 다양한 연산에서 활용 가능한 날짜 형태의 변수로 저장됩니다. 예를 들어 '2024-01-26'과 같은 텍스트를 'yyyy-MM-dd' 형식으로 변환하면, 해당 변수를 이용하여 날짜 간의 차이를 계산하거나 특정 날짜를 기준으로 일정 기간을 더하거나 빼는 작업이 가능합니다.

🎬 날짜/시간에 추가 (Add to datetime)

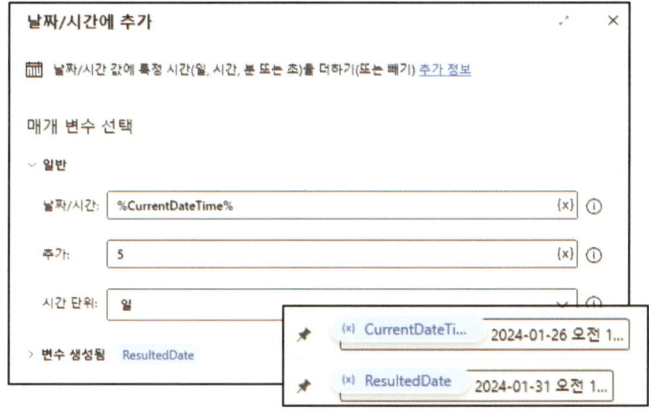

- 기존 날짜/시간 값에 특정 기간을 더하거나 빼는 작업을 자동화하는 기능입니다. 이 기능을 통해 날짜 변수에 저장된 값에 원하는 기간만큼 추가하거나 감소시킬 수 있습니다. 사용자는 '추가할 숫자' 필드에 값을 입력하고, '시간 단위' 필드에서 일, 시간, 분, 초 등 필요한 단위를 선택합니다.

- 기간을 추가할 경우 양수 값을, 기간을 빼려면 음수 값을 입력합니다(예: 5 또는 -5). 결과 값은 %ResultedDate%와 같은 새로운 변수에 저장됩니다. 예를 들어, 현재 날짜에 5일을 더하려면 숫자 '5'를 입력하고 시간 단위에서 '일'을 선택합니다.

🎬 날짜 차감 (Subtract dates)

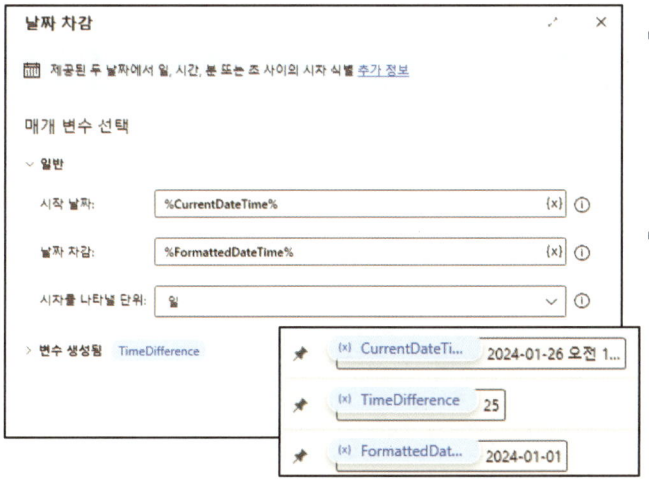

- 두 날짜 간 차이를 계산하는 기능입니다. 이 기능은 두 날짜(시작 날짜와 끝 날짜) 사이에 경과한 기간을 일, 시간, 분, 초 등의 단위로 계산할 때 사용합니다. 단, 입력되는 날짜 값은 반드시 날짜 형태로 제공되어야 하며, 그렇지 않으면 오류가 발생할 수 있습니다.

- 첫 번째 날짜 변수에서 두 번째 날짜 변수를 차감하여 기간을 계산합니다. 예를 들어, 현재 날짜와 과거의 특정 날짜 사이의 일수나 시간을 구할 수 있습니다.
결과는 %TimeDifference%라는 새로운 변수에 저장되며, 프로젝트 일정 관리, 기한 체크, 시간 분석 등의 업무에 유용하게 활용할 수 있습니다.

3.5.3 날짜/시간 표현식 사용

날짜 속성	설명	날짜 속성	설명
yyyy	연도	**mm**	분
MM	월	**ss**	초
dd	일	**ff**	밀리초
HH	시간	**zzz**	UTC오프셋
dddd	요일 (월요일, 화요일 ...)	**ddd**	요일 (월, 화 ...)

✓ ISO 8601 날짜, 시간 데이터에 대한 표준 규격에 따라 상단의 날짜 및 시간 속성 표를 참고하여 표현 형태 또한 만들어 줄 수 있는데 방법은 입력 매개 변수를 %yyyy-MM-dd% 형태로 지정하면 날짜 값은 4자리 "년-월-일" 형태로 출력됩니다.

```
하위 흐름    Main

1   {x}  변수 설정
         변수  date  에 할당 값 '2025-05-17'

2   □   텍스트를 날짜/시간으로 변환
         date  텍스트를 날짜/시간으로 변환하여  TextAsDateTime  에 저장

3   💬  메시지 표시
         제목이 인 알림 팝업 창에  TextAsDateTime .year 메시지를 표시하고  ButtonPressed  에 누른 단추를 저장합니다
```

위처럼 date라는 변수에 2025-05-17을 할당하고 텍스트를 날짜/시간으로 변환이라는 작업액션으로 날짜 형태로 변환시켜주고 메시지를 출력하면 별도의 형태를 지정해 주지 않았기 때문에 2025-05-17 오전 12:00:00 으로 출력 됩니다. 이러한 형태를 원하는 데이터로 가공하고 싶다면 아래 날짜 속성을 사용할 수 있습니다. 예를 들어 .year를 붙이면 년도인 2025만 가져오게 됩니다.

날짜 속성	설명
.Year	년도 데이터만 가져올 수 있습니다.
.Month	월 데이터만 가져올 수 있습니다.
.Day	일 데이터만 가져올 수 있습니다.
.DayOfWeek	요일(일요일, 월요일 등) 데이터만 가져올 수 있습니다.
.DayOfYear	1월1일 기준으로, 1년 중 몇일이 지났는지 데이터를 가져올 수 있습니다. 예) 127
.Hour	시간 데이터만 가져올 수 있습니다.
.Minute	분 데이터만 가져올 수 있습니다.
.Second	초 데이터만 가져올 수 있습니다.

3.5.4 실습 - 날짜/시간 데이터 조작

A. 오늘날짜 가져오고 표준형태로 바꾸기

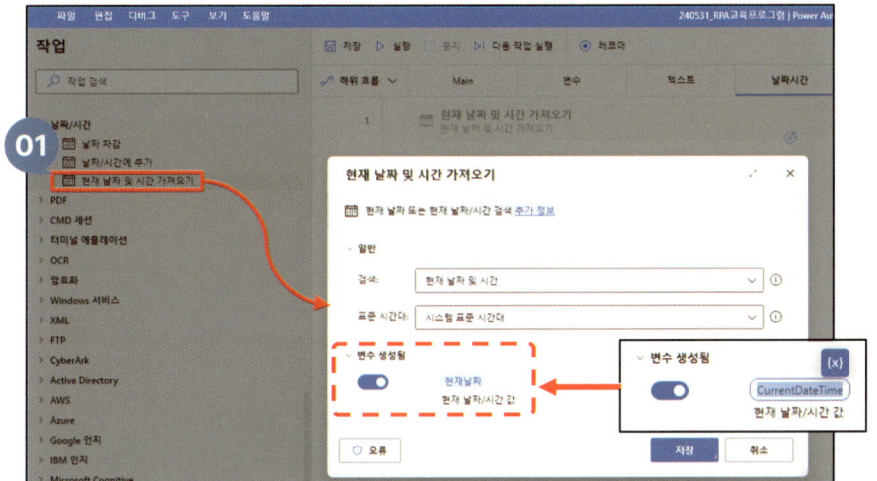

01 | 작업패널에서 [날짜/시간]-[현재 날짜 및 시간 가져오기] 작업액션을 디자이너 패널로 이동합니다.

변수의 이름을 %CurrentDateTime% 에서 %현재날짜%로 변경합니다.

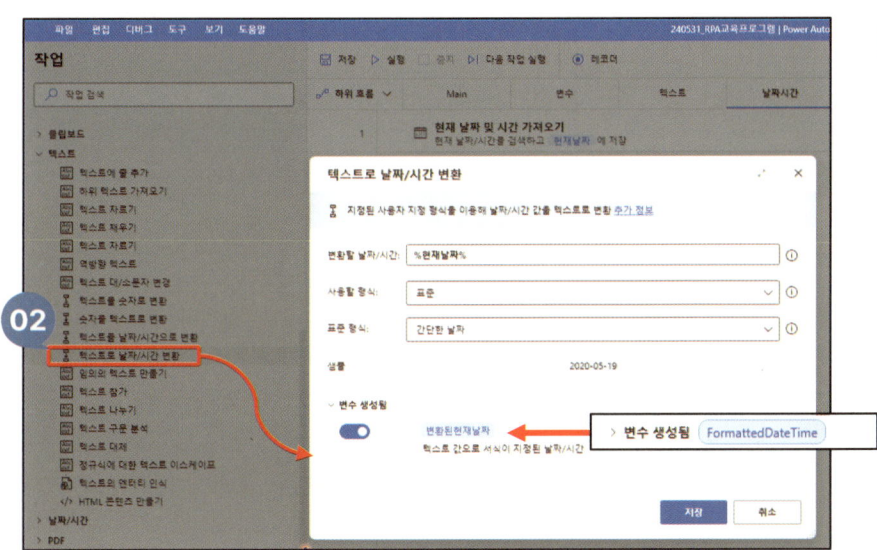

02 | 작업패널에서 [텍스트]-[텍스트로 날짜/시간 변환] 작업액션을 디자이너 패널로 이동합니다.

변환할 날짜/시간에 %현재날짜%를 넣고
사용할 형식은 표준
표준 형식은 간단한 날짜

생성된 변수의
이름은 %변환된현재날짜% 로
작성합니다.

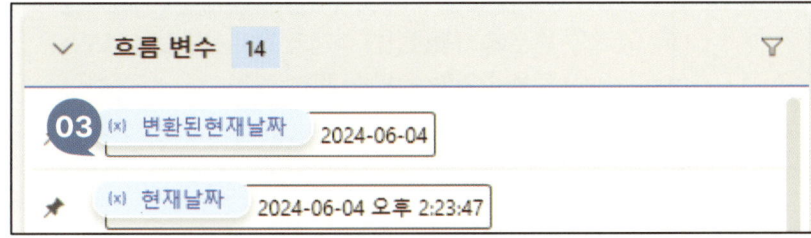

✓ 텍스트로 변환된 날짜의 경우 데이터형태가 [날짜/시간]에서 [텍스트]로 변경되었기 때문에 연산이 되지 않습니다. 연산하기 위해서는 [날짜/시간] 형태의 변수인지 확인해야 합니다.

03 | 실행 결과를 살펴보면 변환된현재날짜는 표준형태의 간단한 날짜(yyyy-MM-dd)로 변환 된 것을 볼 수 있습니다.

현재 날짜는 기본데이터형태로 모든날짜와 시간이 표시되는 것을 볼 수 있습니다.

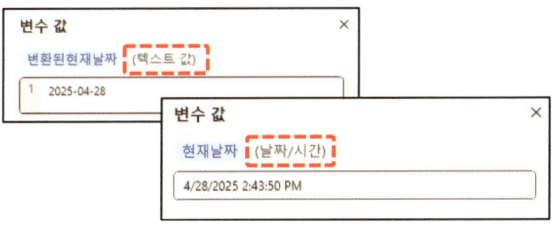

3.5.4 실습 - 날짜/시간 데이터 조작

B. 오늘날짜 가져오고 사용자정의스타일로 바꾸기/연산하기

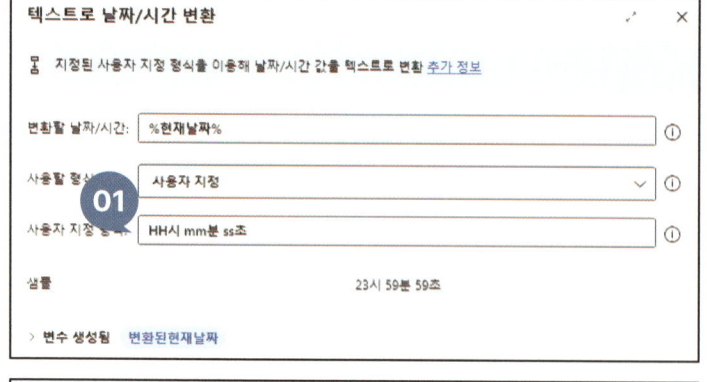

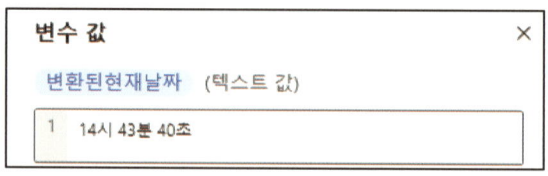

01 | 텍스트로 날짜/시간 변환 작업액션을 통해 사용자지정형식을 HH시 mm분 ss초로 설정하면 아래와 같은 결과를 확인할 수 있습니다.

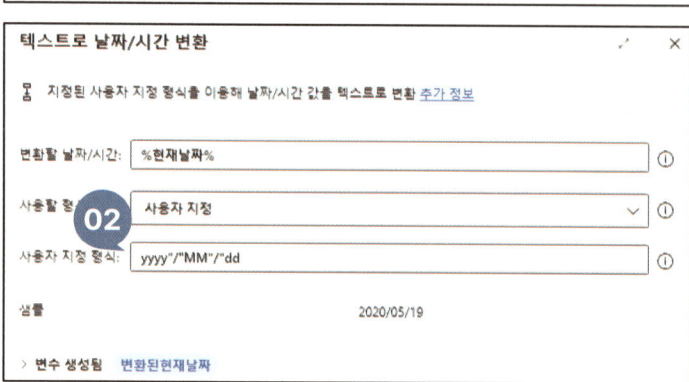

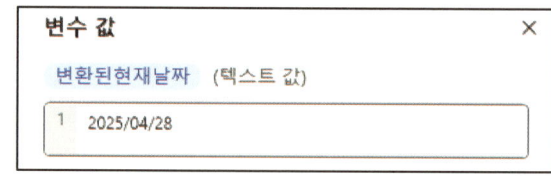

02 | 텍스트로 날짜/시간 변환 작업액션을 통해 사용자지정형식을 yyyy"/"MM"/"dd로 설정하면 아래와 같은 결과를 확인할 수 있습니다.

- 날짜/시간에서 연산을 하기 위해서는 우선 변수가 [날짜/시간]이 맞는지 확인해야 합니다. 작업액션은 [날짜 차감]과 [날짜/시간에 추가]가 있는데 날짜차감 작업액션은 날짜와 날짜 사이의 값을 구하며, 날짜/시간에 추가 액션은 선택한 날짜변수에서 가감 할 수 있는 기능입니다.

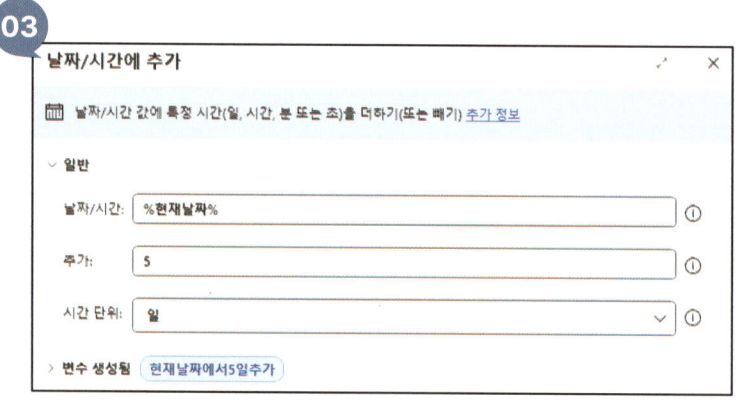

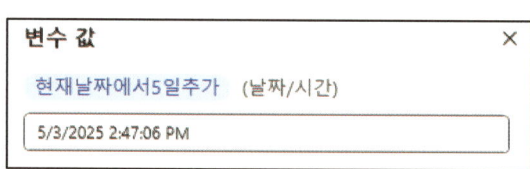

03 | [날짜/시간에 추가] 작업액션을 통해 5일을 추가한다고 하며 %현재날짜에서5일추가%라는 변수에 지정한다면 아래와 같이 결과값이 나오는 것을 확인할 수 있습니다.

C. 이번달 1일, 이번달 말일 가져오기

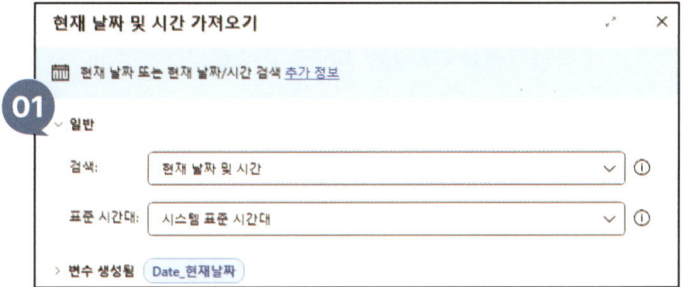

01 | 작업패널에서 [날짜/시간]-[현재 날짜 및 시간 가져오기] 작업액션을 디자이너 패널로 이동합니다.

변수의 이름을 %CurrentDateTime% 에서 %Date_현재날짜%로 변경하여 저장합니다.

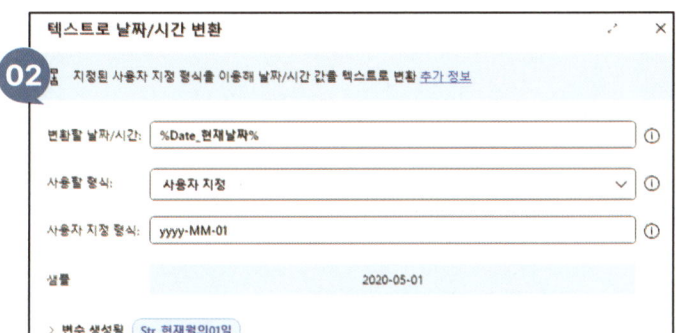

02 | 작업패널에서 [텍스트]-[텍스트로 날짜/시간 변환] 작업액션을 디자이너 패널로 이동합니다.

변환할 날짜/시간에 %Date_현재날짜%를 넣고 사용할 형식에서 사용자지정-"yyyy-MM-01"을 입력합니다.

생성된 변수의 이름은 %Str_현재월의01일% 로 작성합니다.

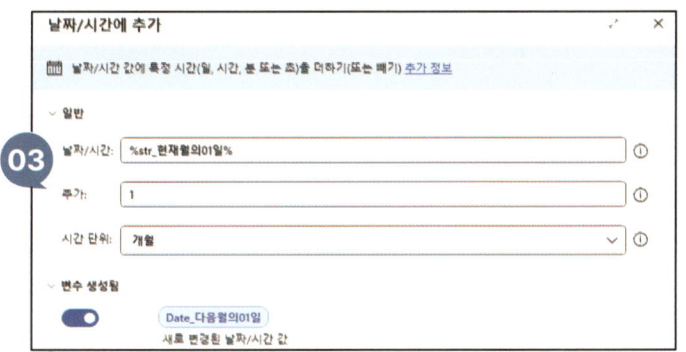

03 | [텍스트]-[날짜/시간에 추가] 작업액션을 디자이너 패널로 이동합니다.

날짜/시간에 %Str_현재월의01일%을 넣고 추가항목에 1을, 시간 단위에 개월을 입력합니다.

생성된 변수의 이름은 %Date_다음월의01일%으로 작성합니다.

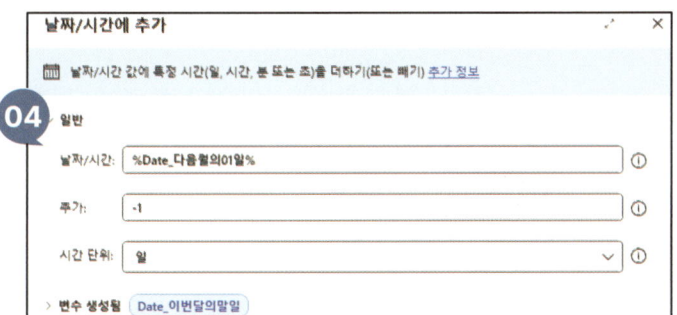

04 | [텍스트]-[날짜/시간에 추가] 작업액션을 디자이너 패널로 이동합니다.

날짜/시간에 %Date_다음월의01일% 을 넣고 추가항목에 -1을, 시간 단위에 일을 입력합니다.

생성된 변수의 이름은 %Date_이번달의말일%으로 작성합니다.

3.5.4 실습 – 날짜/시간 데이터 조작

C. 이번달 1일, 이번달 말일 가져오기

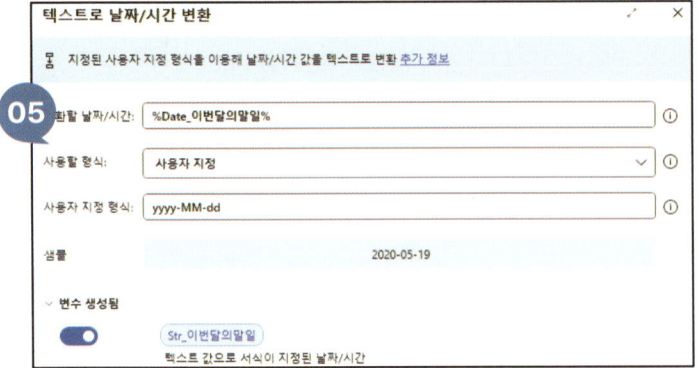

05 | 작업패널에서 [텍스트]-[텍스트로 날짜/시간 변환] 작업액션을 디자이너 패널로 이동합니다..

변환할 날짜/시간에 %Deate_이번달의말일%를 넣고 사용할 형식에서 사용자지정-"yyyy-MM-dd"을 입력합니다.

생성된 변수의 이름은 %Str_이번달의말일%로 작성합니다.

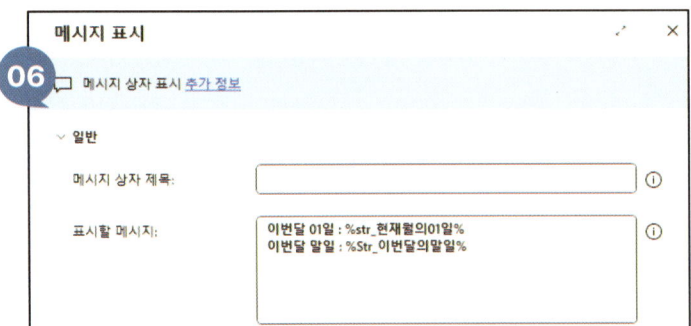

06 | [메시지 상자]-[메시지 표시] 작업 액션을 디자이너 패널로 이동합니다.

표시할 메시지에 "이번달 01일 : %Str_현재월의01일%
이번달 말일 : %Str_이번달의말일%"와 같이 입력합니다.

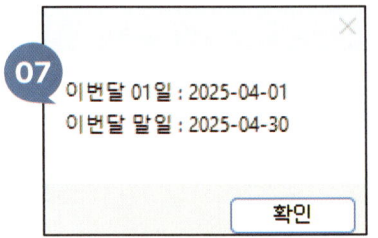

07 | 실행결과 정상적으로 이번달의 1일과 이번달의 말일이 출력되는 것을 확인할 수 있습니다. 필요한 경우 해당 변수(%Str_현재월의01일% 와 %Str_이번달의말일% 을 활용 할 수 있습니다.)

C. 이번달 1일, 이번달 말일 가져오기 (전체 흐름도)

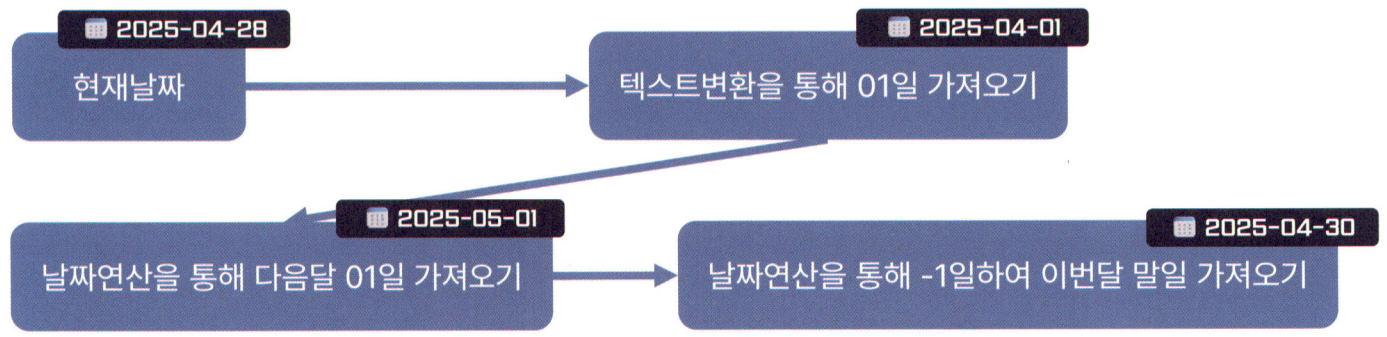

Step 3-6 | 텍스트
Actions – Text

3.6.1 텍스트의 활용

텍스트 액션은 문자열과 관련된 다양한 작업을 자동화할 때 사용됩니다. 텍스트 데이터는 대부분의 업무에서 중요한 역할을 하기 때문에, 텍스트 액션을 활용하면 업무 효율을 크게 높일 수 있습니다. 텍스트 액션으로는 문자열 조작, 검색, 치환, 형식 지정, 정규 표현식을 통한 패턴 매칭 등 다양한 작업이 가능합니다. 이 작업액션들로 업무상 발생하는 텍스트 데이터를 빠르고 정확하게 처리할 수 있습니다. 또한, 텍스트 액션을 이용해 대용량 텍스트 파일의 내용을 분석하거나, 웹 페이지에서 필요한 정보를 스크래핑하여 추출하는 작업도 가능합니다. 텍스트 액션을 적절히 활용하면 시간이 많이 소요되는 수작업을 줄이고 업무 과정에서 발생할 수 있는 실수를 최소화할 수 있습니다.

함께 사용하면 더욱 유용한 기능으로는 와일드카드(*, ?)가 있습니다. 와일드카드는 여러 문자열이나 파일 이름을 대표하는 특수 문자로, 파일 검색이나 필터링 작업에서 특히 유용합니다. PAD에서는 파일 액션이나 폴더 액션에서 특정 패턴을 가진 파일 또는 폴더를 쉽게 찾을 때 와일드카드를 사용할 수 있습니다. 주로 사용되는 와일드카드의 예시는 다음과 같습니다.

*(애스터리스크 또는 별표) : 0개 이상의 임의 문자를 의미합니다.
예시) "report_*.xlsx"는 "report_"로 시작하고 ".xlsx"로 끝나는 모든 파일을 나타냅니다.

?(물음표) : 정확히 1개의 임의 문자를 의미합니다.
예시) "file?.txt"는 "file1.txt", "fileA.txt" 등 한 글자만 다른 파일 이름들을 나타냅니다.

3.6.2 텍스트 작업액션

🎬 숫자 자르기 (Truncate number)

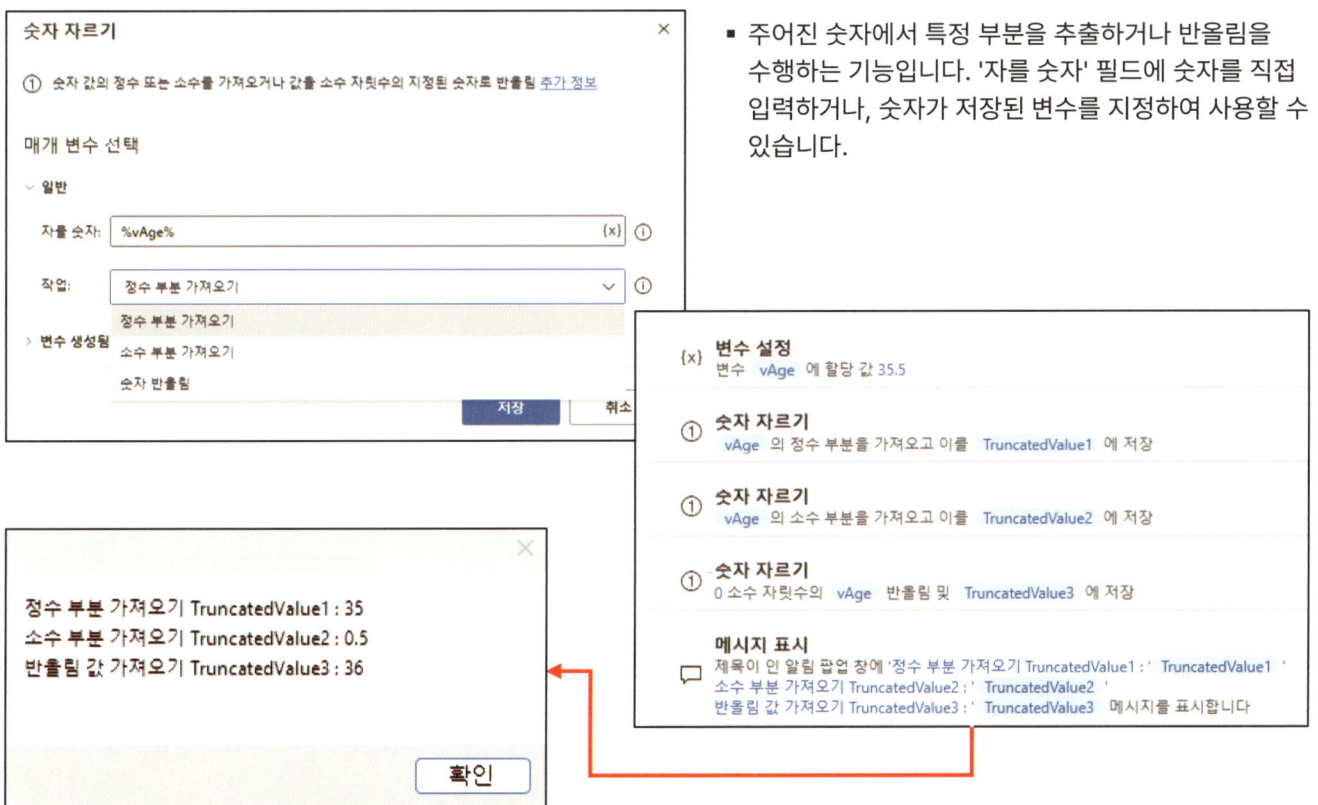

- 주어진 숫자에서 특정 부분을 추출하거나 반올림을 수행하는 기능입니다. '자를 숫자' 필드에 숫자를 직접 입력하거나, 숫자가 저장된 변수를 지정하여 사용할 수 있습니다.

3.6.2 텍스트 작업액션

🎬 임의의 숫자 생성 (Generate random number)

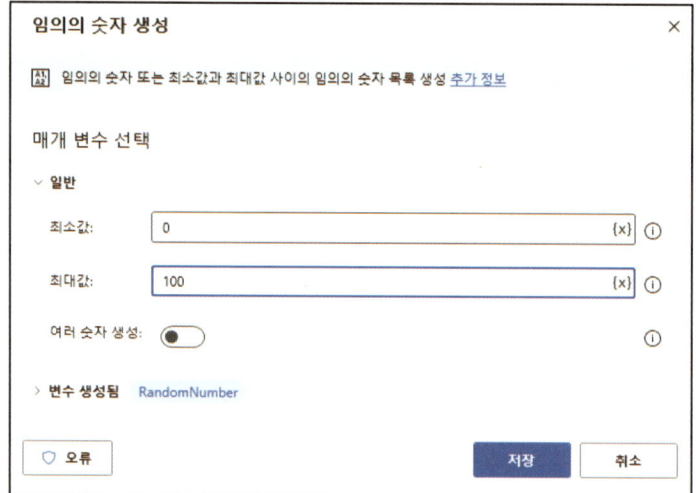

- 사용자가 지정한 범위 내에서 무작위 정수를 생성하는 기능입니다. 생성되는 숫자는 양수, 음수 또는 0일 수 있으며, 최소값과 최대값을 통해 원하는 숫자의 범위를 설정할 수 있습니다. 또한 여러 개의 숫자를 동시에 생성하는 것도 가능하며, 이때 생성할 숫자의 개수와 중복 허용 여부를 선택할 수 있습니다.

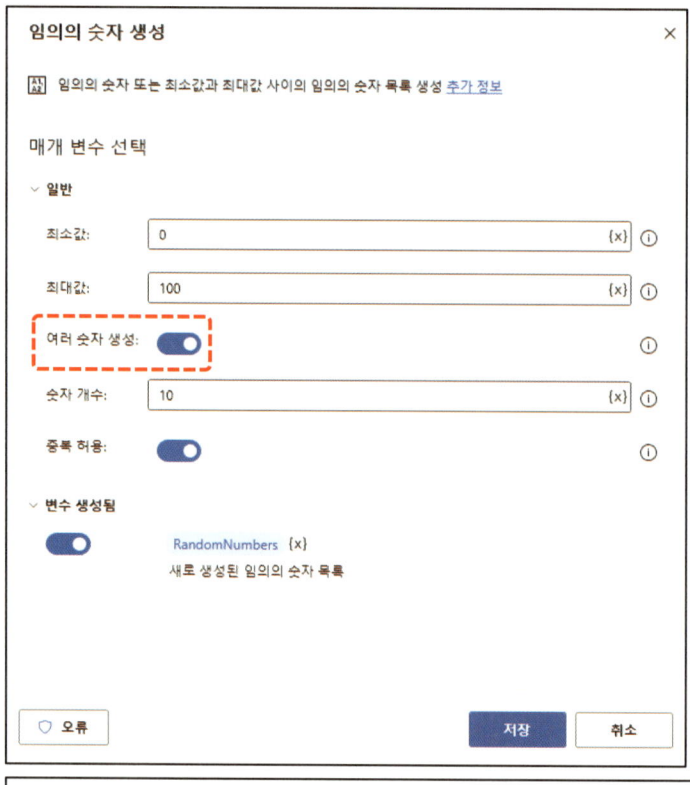

✓ 여러 숫자 생성 버튼을 활성화 하면 출력되는 변수가 목록(List)형태로 변환됩니다.

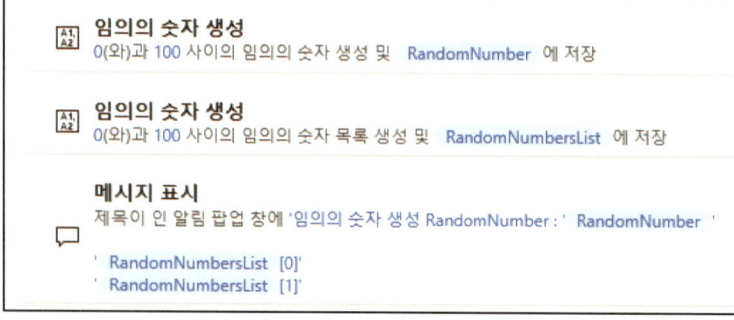

🎬 변수 설정/변수 증가/변수 감소 (Variables Assign)

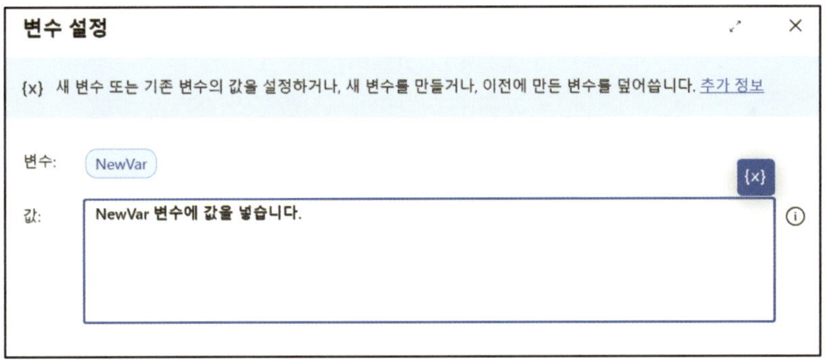

- 프로그램 내에서 사용할 변수의 값을 할당하거나 변경하는 기능입니다. 이를 이용해 새롭게 데이터를 변수에 저장하거나 기존 변수의 값을 수정할 수 있습니다. 예를 들어 **%NewVar%**라는 변수에 **"NewVar에 값이 할당됩니다."**라는 텍스트 값을 저장하는 방식으로 사용됩니다.

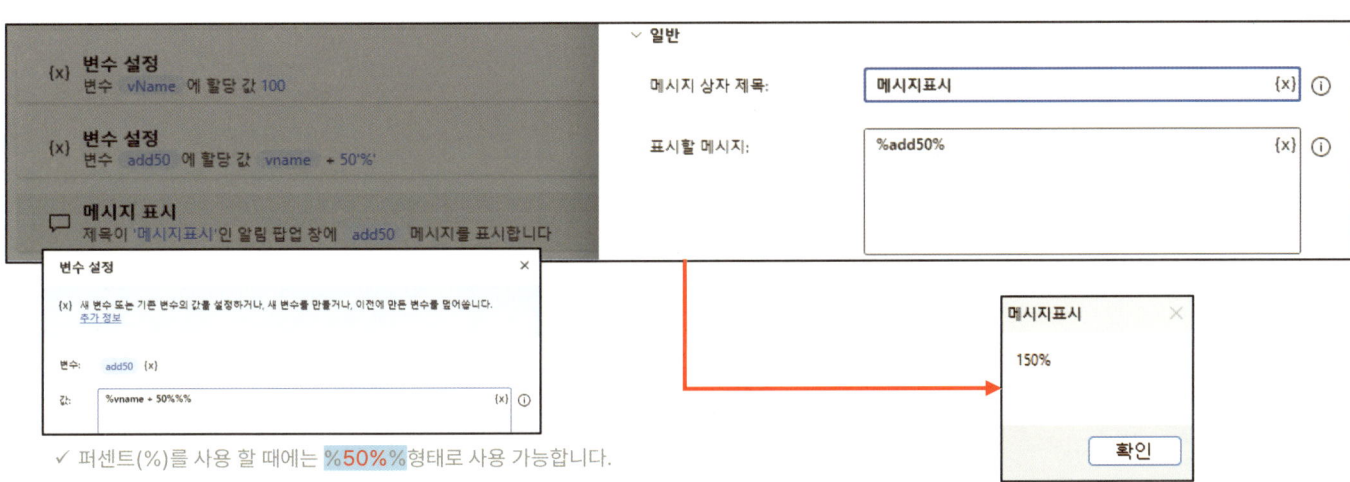

✓ 변수를 증감 또는 감소 할 때에는 작업액션의 [변수 증가] [변수 감소]를 사용 할 수도 있지만 연산식을 통해서 연산 할 수도 있습니다.

✓ 퍼센트(%)를 사용 할 때에는 **%50%%** 형태로 사용 가능합니다.

3.6 텍스트

3.6.2 텍스트 작업액션

텍스트에 줄 추가 (Append line to text)

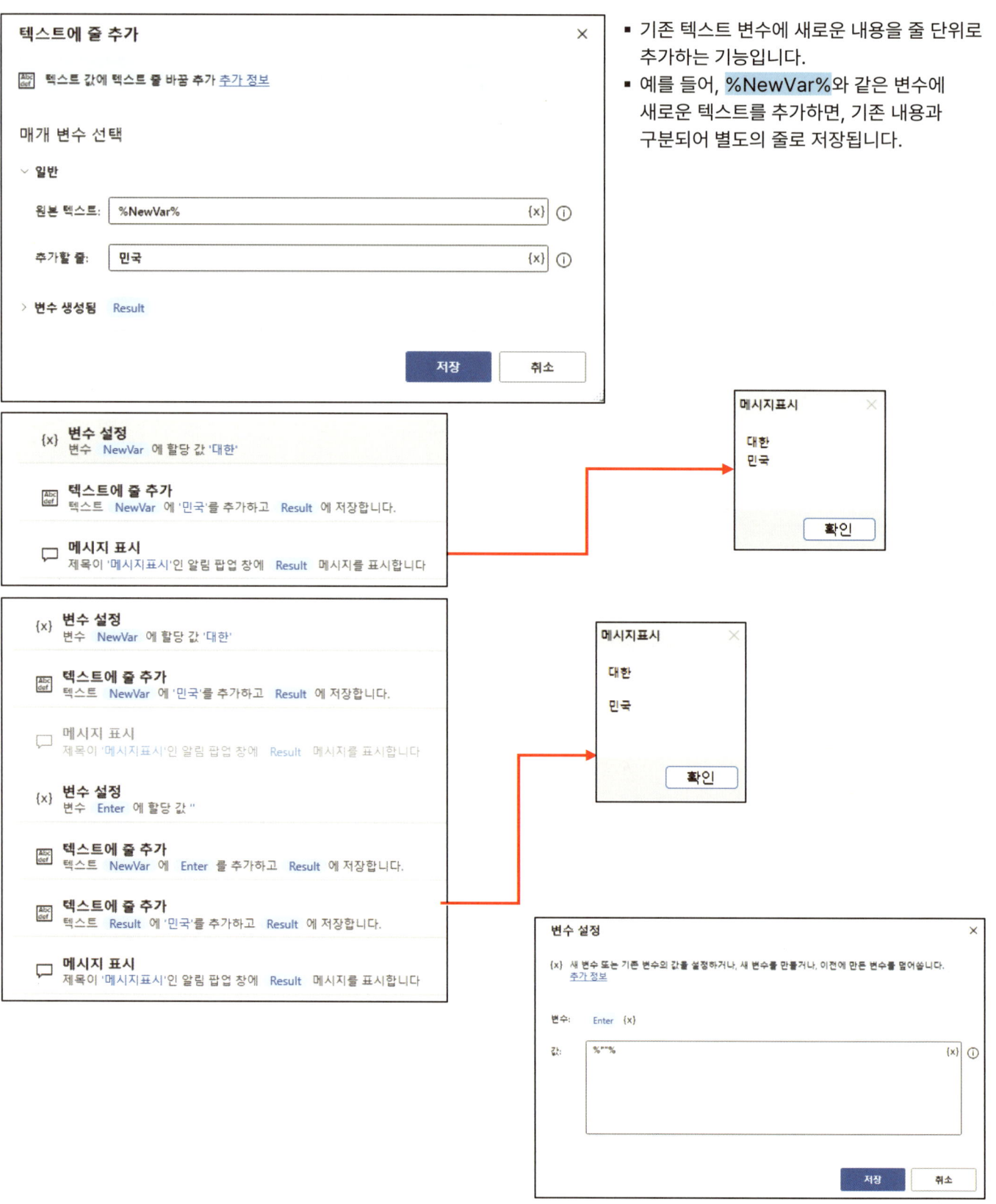

- 기존 텍스트 변수에 새로운 내용을 줄 단위로 추가하는 기능입니다.
- 예를 들어, %NewVar%와 같은 변수에 새로운 텍스트를 추가하면, 기존 내용과 구분되어 별도의 줄로 저장됩니다.

✓ 변수에 빈 값을 넣어주고 싶을 때에는 %""% 형태로 작성해주면 됩니다.

🎬 하위 텍스트 가져오기 (Get subtext)

- 텍스트에서 특정 부분을 추출할 때 사용하는 기능입니다. 긴 텍스트 중에서 필요한 부분만 선택하여 간편하게 가져올 수 있습니다.

- **시작 색인** : 텍스트의 시작 / **길이** : 문자 수 3

- **시작 색인** : 텍스트의 시작 / **길이** : 텍스트의 끝

- **시작 색인** : 문자위치 3 / **길이** : 문자 수 3

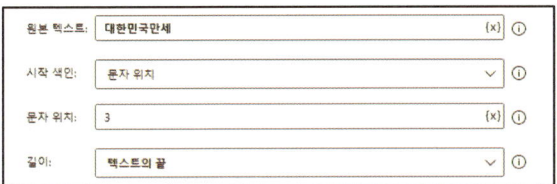

- **시작 색인** : 문자위치 3 / **길이** : 문자 수 2

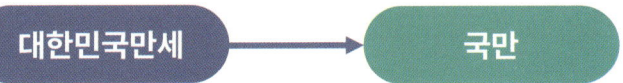

3.6.2 텍스트 작업액션

텍스트 자르기 (Text Crop text action)

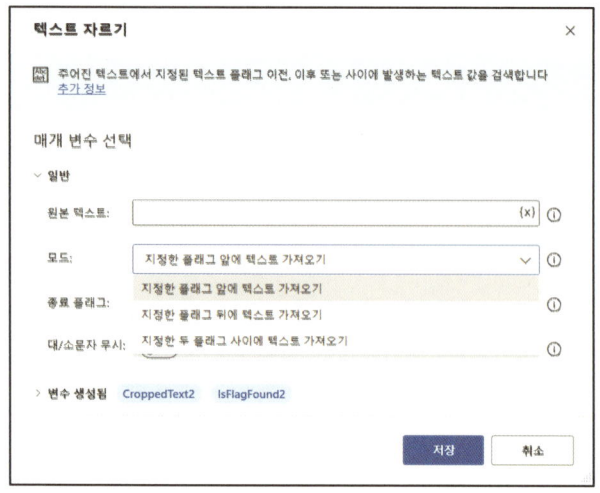

- 텍스트에서 특정 위치의 내용을 잘라낼 때 사용하는 기능으로, 아래 세 가지 방식으로 사용할 수 있습니다.

- 지정한 플래그 앞에 텍스트 가져오기
  - 종료 플래그 : 기준이 되는 텍스트 앞에 글자까지 가져오고 싶을 때 사용
- 지정한 플래그 뒤에 텍스트 가져오기
  - 시작 플래그 : 기준이 되는 텍스트 뒤에 글자부터 가져오고 싶을 때 사용
- 지정한 두 플래그 사이에 텍스트 가져오기
  - 시작 플래그 : 가져오고 싶은 글자 뒤부터 출력
  - 종료 플래그 : 가져오고 싶은 글자 앞까지 출력

%CroppedText% : 추출된 텍스트가 저장됩니다.
%IsFlagFound% : 지정한 플래그가 존재하는지 여부를 나타내며, 결과는 True 또는 False입니다.

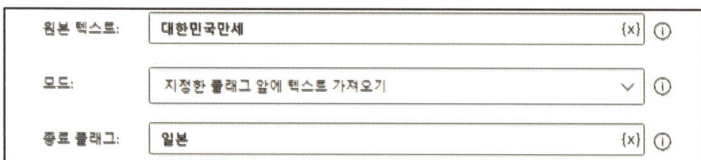

%IsFlagFound%	%CroppedText%
False	

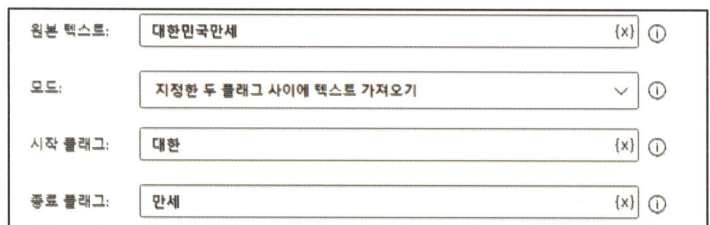

%IsFlagFound%	%CroppedText%
True	민국

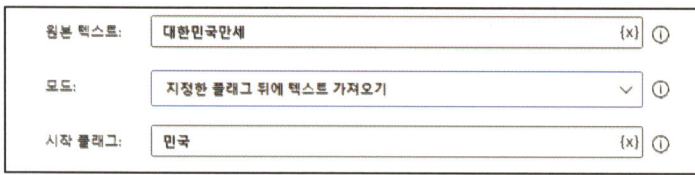

%IsFlagFound%	%CroppedText%
True	만세

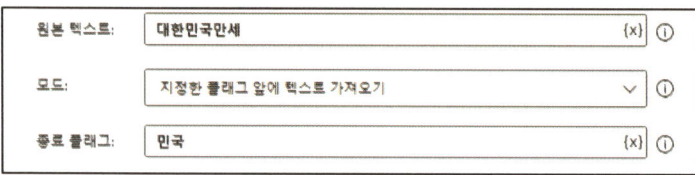

%IsFlagFound%	%CroppedText%
True	대한

텍스트 채우기 (Pad text)

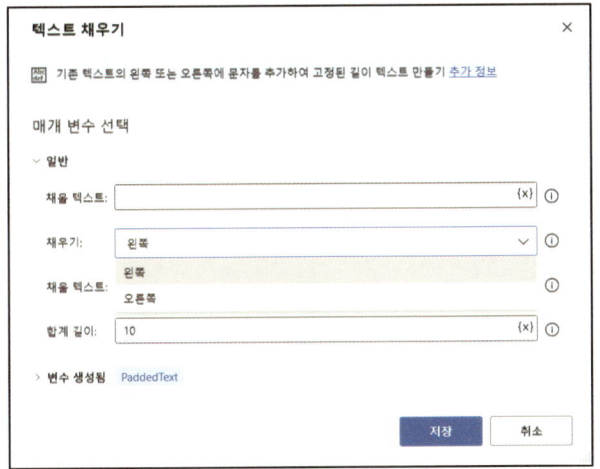

- 텍스트의 길이를 일정하게 유지하기 위해 기존 텍스트의 왼쪽 또는 오른쪽에 특정 문자를 추가하는 기능입니다. 이를 통해 고정된 길이를 가진 문자열을 생성할 수 있습니다.

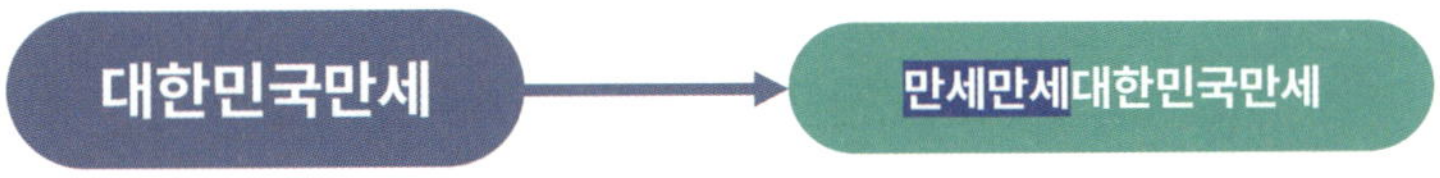

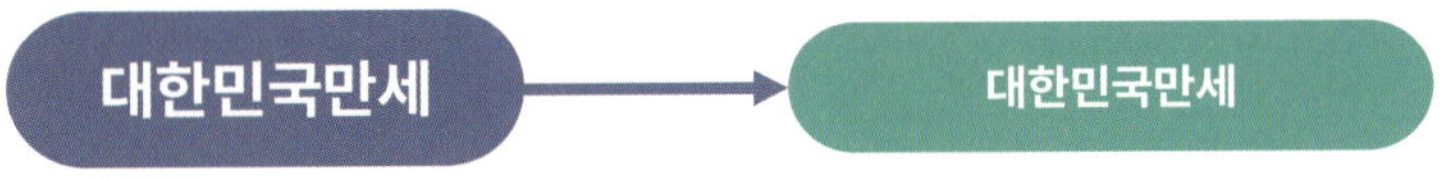

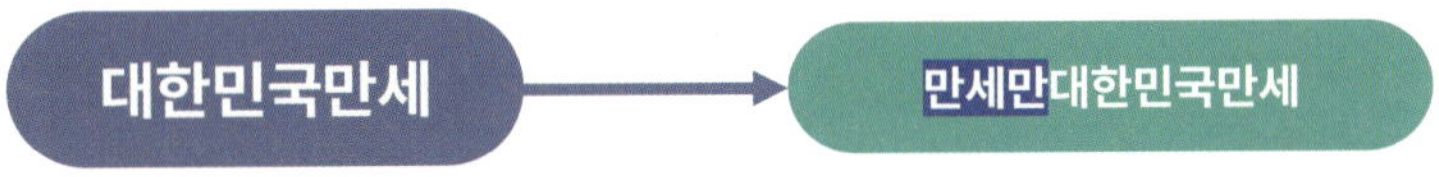

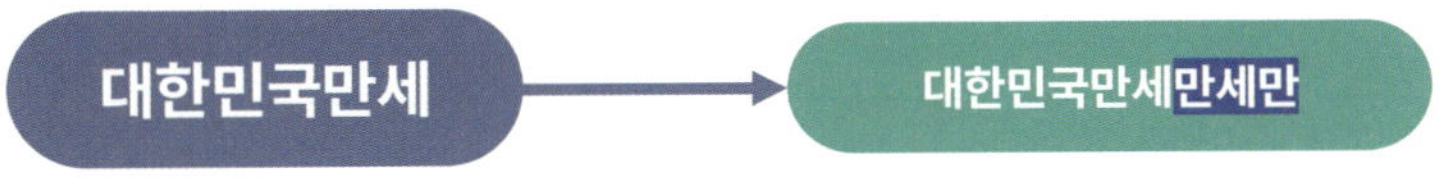

3.6 텍스트

3.6.2 텍스트 작업액션

🎬 텍스트 자르기 (Trim text)

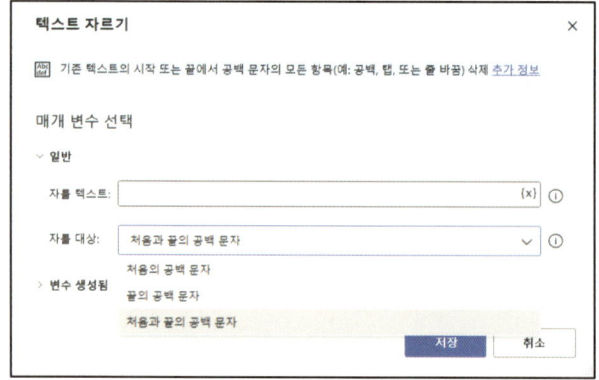

- 기존 텍스트의 앞 또는 뒤에 있는 공백 문자(공백, 탭, 줄 바꿈 등)를 제거하는 기능입니다.

- 공백을 제거하는 또 다른 방법으로 변수 속성에서 [.Trimmed]를 선택할 수 있습니다. 다만 목록이나 데이터 테이블 형식의 데이터는 [.Trimmed]로 공백 제거가 불가능합니다.

- **자를 텍스트 : 대한민국만세** / **자를 대상** : 처음과 끝의 공백 문자

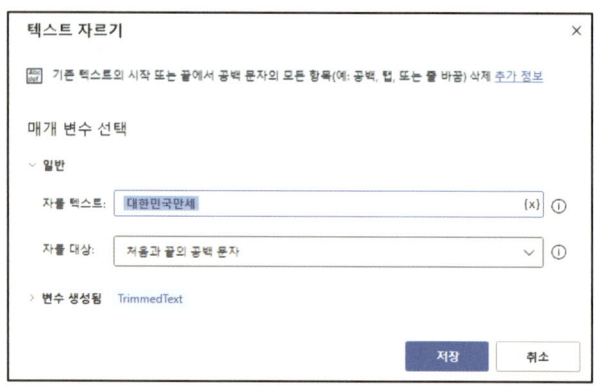

- **자를 텍스트 : 대한민국만세** / **자를 대상** : 처음의 공백 문자

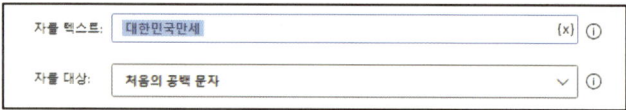

- **자를 텍스트 : 대한민국만세** / **자를 대상** : 끝의 공백 문자

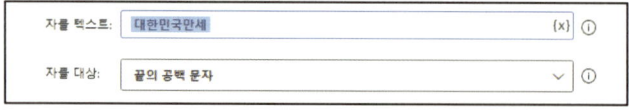

- **자를 텍스트 : 대한민국만세** / **자를 대상** : 처음과 끝의 공백 문자

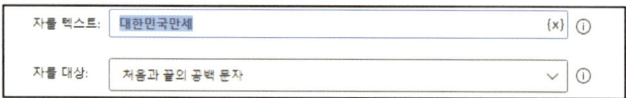

🎬 역방향 텍스트 (Reverse text)

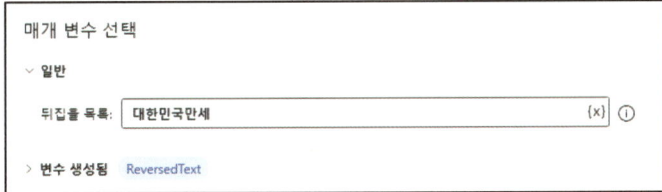

- 텍스트 문자열에서 문자 순서를 바꾸고 싶을 때 사용합니다.

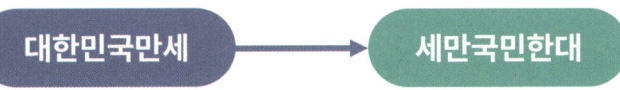

🎬 텍스트 대/소문자 변경 (Change text case)

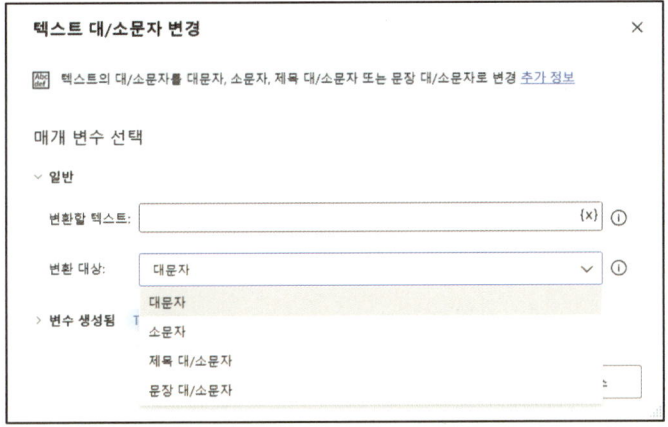

- 텍스트의 대소문자를 일괄적으로 변경하는 기능입니다. 대문자, 소문자, 제목 대/소문자(각 단어의 첫 글자만 대문자), 문장 대/소문자(문장의 첫 글자만 대문자)로 변환할 수 있습니다.

- 대소문자 변환의 또 다른 방법으로는 변수 속성에서 [.ToUpper]나 [.ToLower]를 선택하는 방식도 있습니다.

- 대문자로 변환한 후 문자 길이까지 확인하고 싶다면 [.ToUpper.Length]를 입력해 대문자 변환과 길이 측정을 동시에 수행할 수 있습니다.

변환대상	원본 텍스트 : text to convert
대문자	TEXT TO CONVERT
소문자	text to convert
제목 대/소문자	Text To Convert
문장 대/소문자	Text to convert

🎬 텍스트를 숫자로 변환 (Convert text to number)

- 텍스트로 표현된 숫자를 실제 숫자 값이 담긴 변수로 변환하는 기능입니다. 변환 과정에서 텍스트에 포함된 공백은 무시되지만, 숫자로 변환할 수 없는 문자가 포함된 경우 오류가 발생합니다.

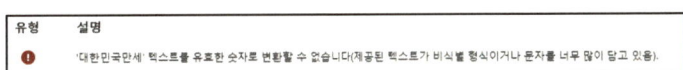

3.6.2 텍스트 작업액션

🎬 숫자를 텍스트로 변환 (Convert number to text)

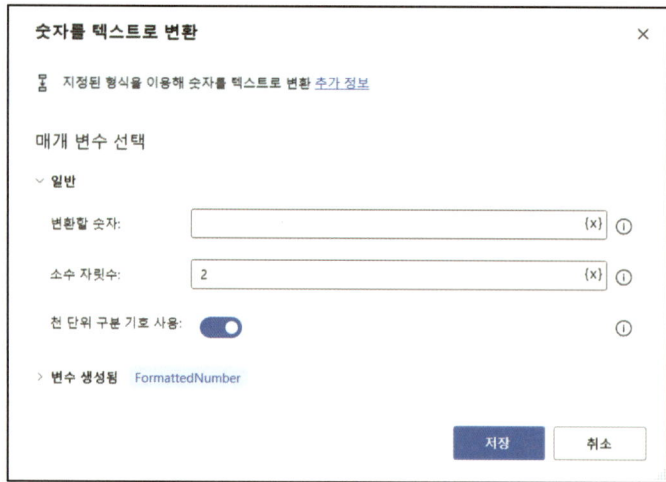

- 숫자를 지정된 형식에 따라 텍스트로 변환하는 기능입니다. 소수점 이하 자릿수를 설정할 수 있으며, 천 단위 구분 기호(쉼표 등)를 사용할지 여부도 지정할 수 있습니다.

🎬 임의의 텍스트 만들기 (Create random text)

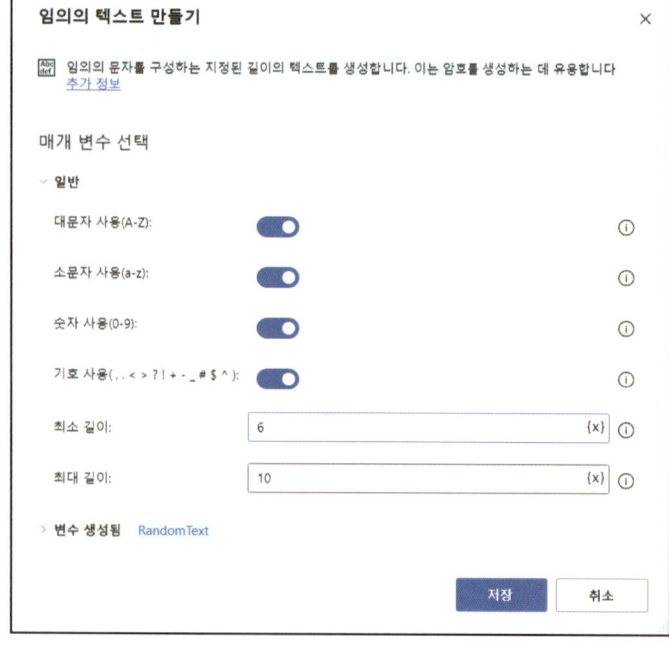

- 임의의 문자 조합으로 이루어진 지정된 길이의 텍스트를 생성하는 기능입니다. 비밀번호 생성처럼 무작위의 문자가 필요한 작업에서 유용하게 활용할 수 있습니다.

🎬 텍스트 대체 (Replace text)

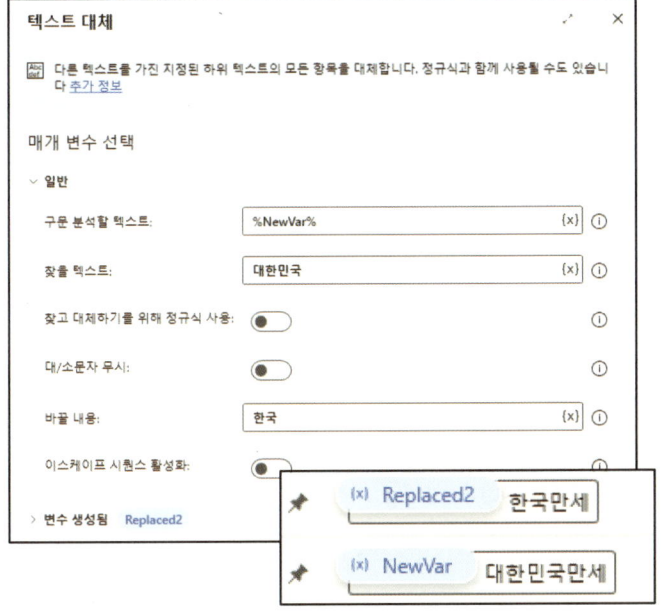

- 텍스트 내의 특정 문자열을 다른 문자열로 일괄 변경하는 기능입니다. 텍스트 수정 또는 일괄 업데이트 작업 시 효율적으로 사용할 수 있습니다.

- 정규식을 활용한 텍스트 대체도 가능합니다. 이때는 '정규식 사용' 옵션을 활성화한 뒤, '찾을 텍스트' 필드에 정규식 패턴을 입력하여 원하는 문자열을 찾아 변경할 수 있습니다. 예를 들어, 정규식 \d는 숫자를 찾아 대체할 때 사용됩니다.

- '이스케이프 시퀀스 활성화' 옵션을 사용하면, 정규 표현식에서 특별한 의미를 갖는 문자(예: \, *, +, ?, |, {, [, (,), ^, $, ., #, 공백 등)를 일반 문자로 취급할 수 있습니다. 이 옵션이 활성화되면 특수 문자도 문자 그대로 인식하여 처리됩니다.

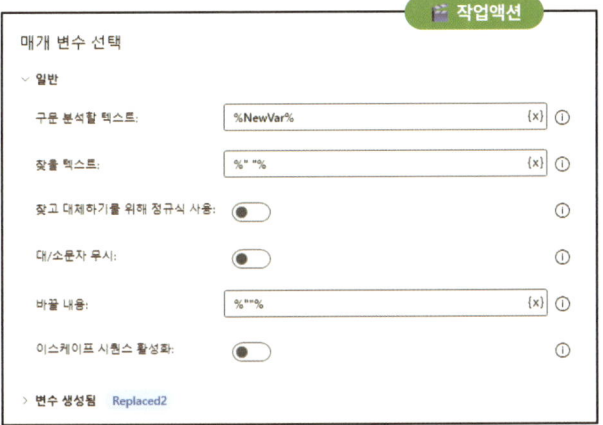

"공백"포함되는 영역을 찾아서 모두 지우기

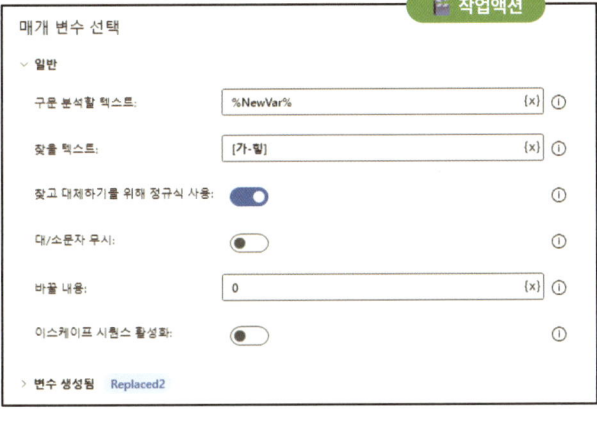

"한글"단어를 찾아서 "0"로 바꾸기

Step 3 - 7 | 목록
Actions - List

3.7.1 목록의 활용

목록은 여러 항목을 하나로 묶은 컬렉션이며, 프로그래밍에서는 일반적으로 단일 차원 배열(Array)로 불립니다. 목록에 포함되는 항목은 텍스트, 숫자 등 다양한 데이터 타입이 될 수 있으며, 입력된 순서대로 저장되고 관리됩니다. 목록을 생성할 때는 '새 목록 만들기' 작업으로 초기 목록을 구성하고, 이후 '목록에 항목 추가' 작업을 사용하여 새 항목을 추가할 수 있습니다. 목록은 데이터를 구조적으로 관리하고, 효율적으로 접근할 수 있게 도와줍니다. 예를 들어, '파일에서 텍스트 읽기' 작업은 텍스트 파일의 각 줄을 목록 형태로 반환하며, '폴더에서 파일 가져오기' 작업은 폴더 내 파일들을 목록으로 반환합니다.

목록의 특정 항목을 참조할 때는 %VariableName[ItemNumber]%표기법을 사용합니다. 여기서 VariableName은 목록 변수를 나타내며, ItemNumber는 해당 항목의 순서를 나타내는 인덱스입니다. 목록의 첫 번째 항목 인덱스는 0부터 시작합니다. 목록의 각 항목에 반복적으로 작업을 수행하려면 '각각의 경우(For Each)' 액션을 사용하여 모든 항목에 대해 지정된 작업을 자동화할 수 있습니다.

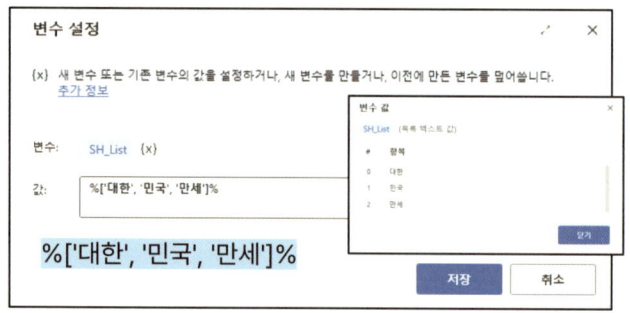
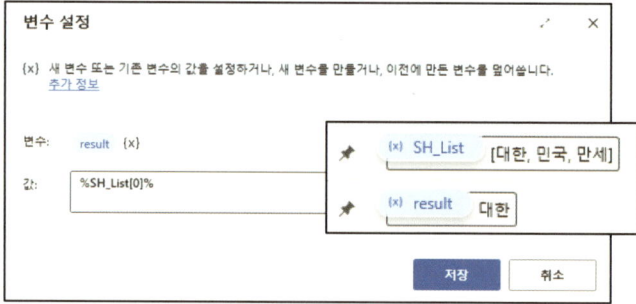

✓ 목록 변수를 선언할 때에는 대괄호 %[ ]% 안에 데이터를 순서대로 작성하면 되며, 특정 데이터를 가져올 때에는 %변수명[인덱스]%로 가져올 수 있습니다.

3.7.2 목록 작업액션

🎬 새 목록 만들기 (Create new list)

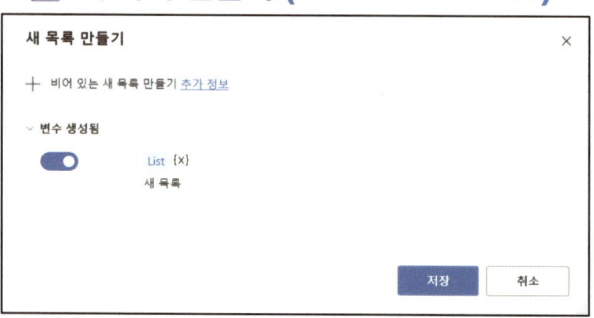

- 새로운 목록 데이터 구조를 생성할 때 사용됩니다. 이 기능을 통해 사용자는 데이터를 담을 새로운 컬렉션을 초기화할 수 있으며, 이 목록은 이후에 다양한 값이나 요소들을 순차적으로 저장하기 위한 용도로 사용됩니다.

🎬 목록 지우기 (Clear list)

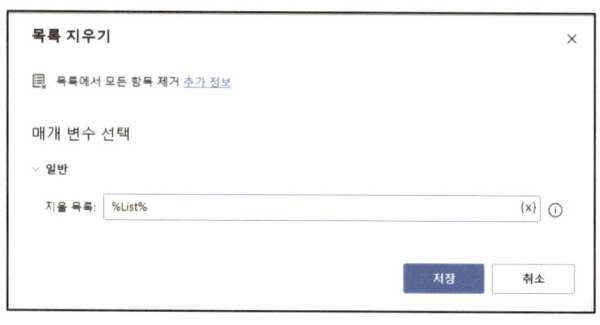

- 지정된 목록 변수 내의 모든 항목을 제거할 때 사용됩니다. 이 기능은 목록을 재사용하고자 할 때 기존에 저장된 데이터를 초기화하는 데 유용합니다.

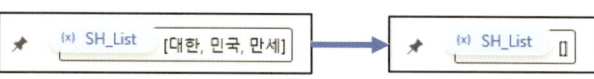

🎬 목록에 항목 추가 (Add item to list)

- 기존 목록 변수(%SH_List%)에 새로운 항목을 추가하는 기능입니다. 예를 들어, ["대한", "민국", "만세"]라는 목록에 "목록"이라는 값을 추가하면 ["대한", "민국", "만세", "독립"]과 같이 목록이 확장됩니다.

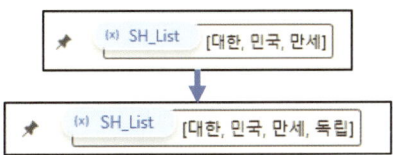

🎬 목록 정렬 (Sort list)

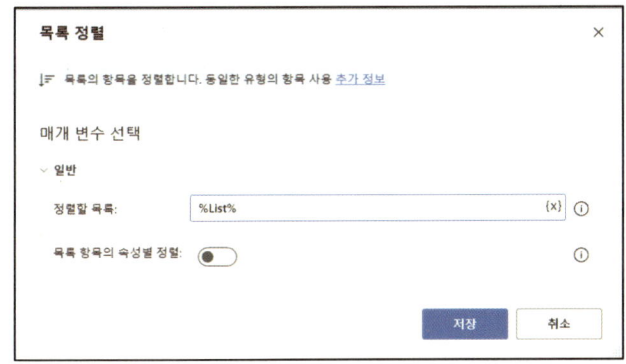

- 지정된 목록 변수(%List%) 내의 항목을 오름차순 또는 내림차순으로 정렬하는 기능입니다. '목록 항목의 속성별 정렬' 옵션을 활성화하면 파일명, 생성 날짜 등 항목의 특정 속성을 기준으로 정렬할 수 있습니다.

🎬 목록 뒤집기 (Reverse list)

- 목록 내 항목의 순서를 반대로 뒤집는 기능입니다. 예를 들어, ["대한", "민국", "만세", "독립"]이라는 목록에 이 기능을 적용하면 ["독립", "만세", "민국", "대한"]과 같이 항목의 순서가 역순으로 변경됩니다.

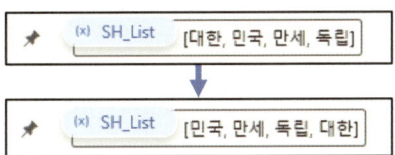

3.7.2 목록 작업액션

📽 목록에서 중복 항목 제거 (Remove duplication items from list)

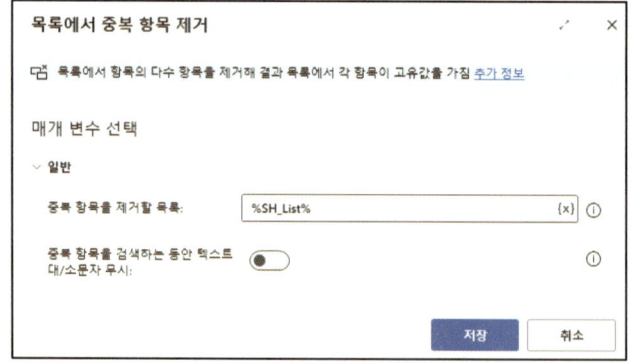

- 목록에서 중복된 모든 항목을 찾아 제거하여 각 항목이 고유하도록 만드는 기능입니다.

📽 목록에서 항목 제거 (Remove item from list)

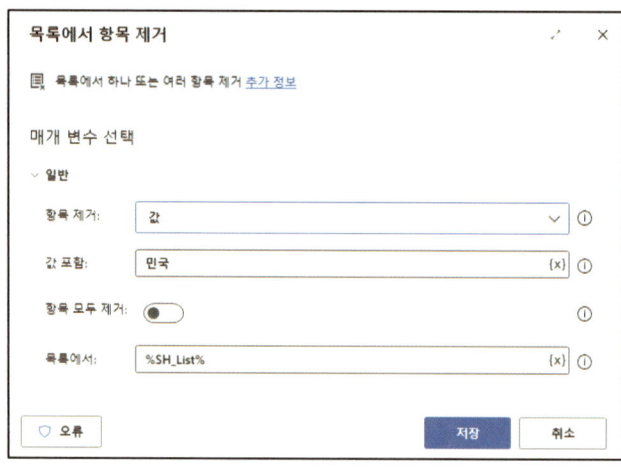

- 지정된 인덱스(색인 번호)나 특정 값을 가진 항목을 목록에서 삭제하는 기능입니다. 만약 '항목 모두 삭제' 옵션을 활성화하지 않으면 중복된 값이 여러 개 있어도 처음 발견된 하나의 항목만 삭제됩니다.

📽 목록 병합 (Merge lists)

- 두 개의 목록을 하나로 합쳐 새로운 목록(OutputList)을 생성하는 기능입니다. 결과로 생성된 목록은 첫 번째 목록 뒤에 두 번째 목록의 항목이 연결되는 형태로 구성됩니다.

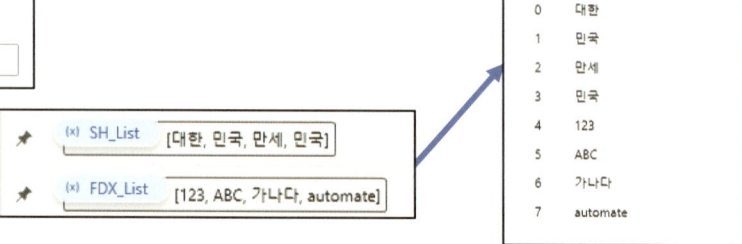

📽 텍스트 참가 (Join text)

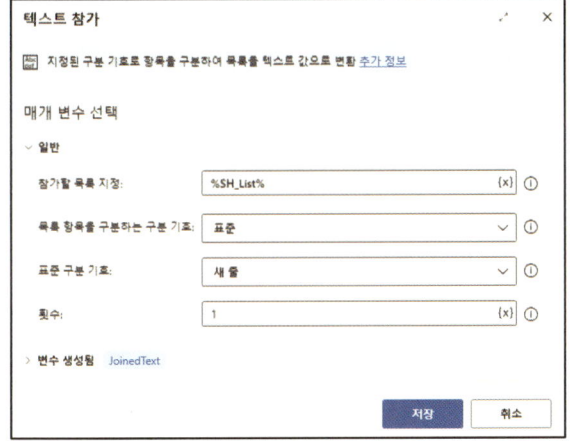

- 목록에 있는 여러 항목을 특정 기준으로 하나의 문자열로 결합하는 기능입니다. 예를 들어 ["대한", "민국", "만세", "민국"] 항목들을 줄바꿈 문자로 연결하면 "대한\n민국\n만세\n민국"과 같은 결과가 생성되며, 이 결과는 JoinedText라는 변수에 저장됩니다.

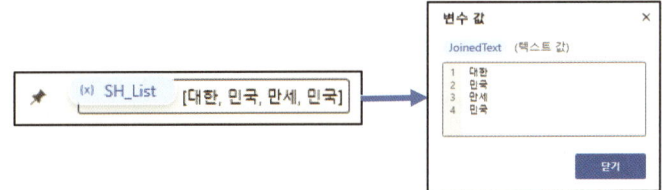

📽 텍스트 나누기 (Split text)

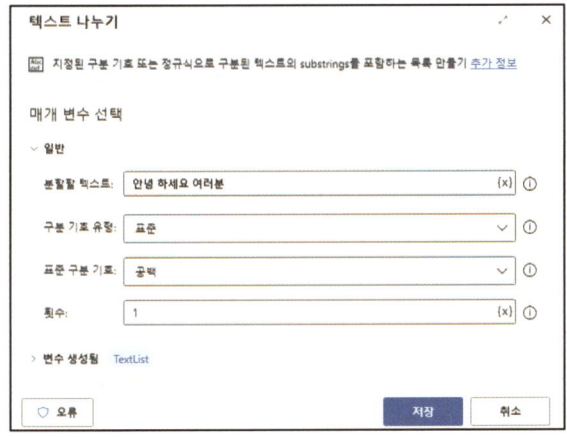

- 하나의 문자열을 정규 표현식 또는 특정 문자 패턴을 기준으로 나누어 여러 개의 부분 문자열로 분리하고, 이를 TextList라는 목록 형태의 변수에 저장하는 기능입니다.

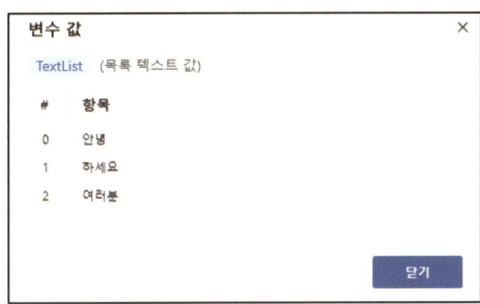

📽 목록 빼기 (Subtract lists)

- 첫 번째 목록(%SH_List%)에서 두 번째 목록(%FDX_List%)에 포함된 항목들을 제외한 나머지 항목만으로 구성된 새로운 목록(ListDifference)을 만드는 기능입니다. 이를 통해 두 목록 간의 차이를 쉽게 확인하고, 첫 번째 목록에만 있는 고유한 항목들을 추출할 수 있습니다.

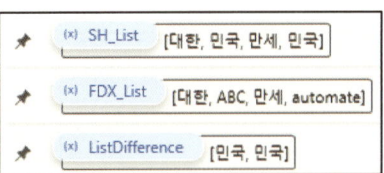

3.7.3 커스텀 오브젝트(Custom object/Dictionary)

🎬 커스텀 오브젝트(Custom object)

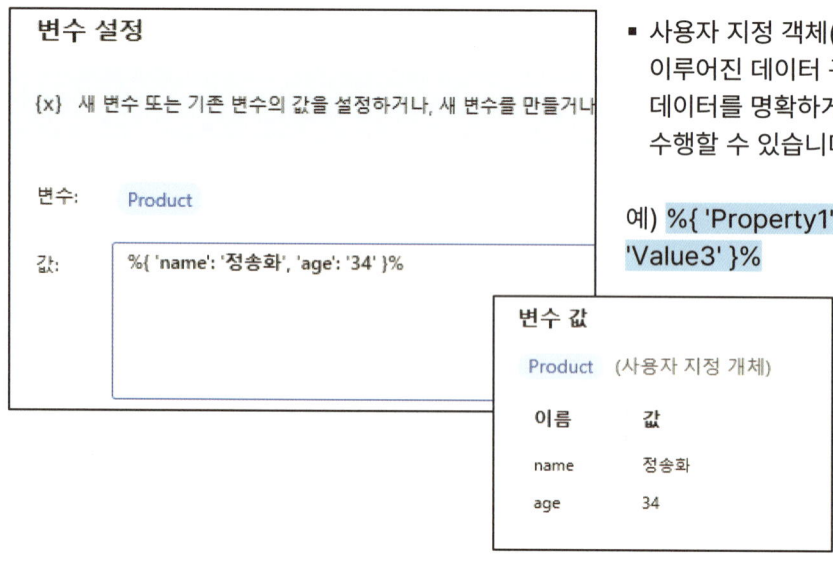

- 사용자 지정 객체(Custom Object)는 속성과 값이 한 쌍으로 이루어진 데이터 구조로, JSON 형식으로 쉽게 변환할 수 있습니다. 데이터를 명확하게 구조화하여 자동화 작업을 더 효율적으로 수행할 수 있습니다. 표현식은 다음과 같은 형식을 사용합니다.

예) %{ 'Property1': 'Value1', 'Property2': 'Value2', 'Property3': 'Value3' }%

특정 속성 값에 액세스 하기

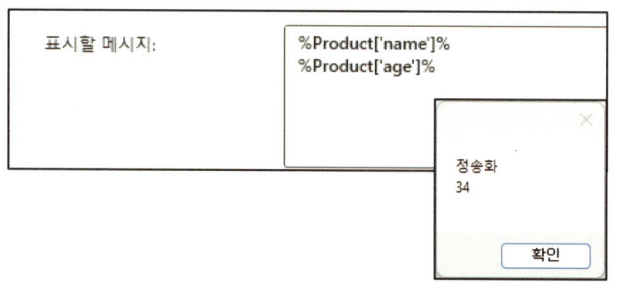

- 객체의 특정 속성 값에 접근할 때는 %변수명[인덱스].속성명% 형태의 표기법을 사용합니다.

예) %UserList[0].Email% → 목록의 첫 번째 항목의 Email 속성 값에 접근합니다.

부울 값 지정하기

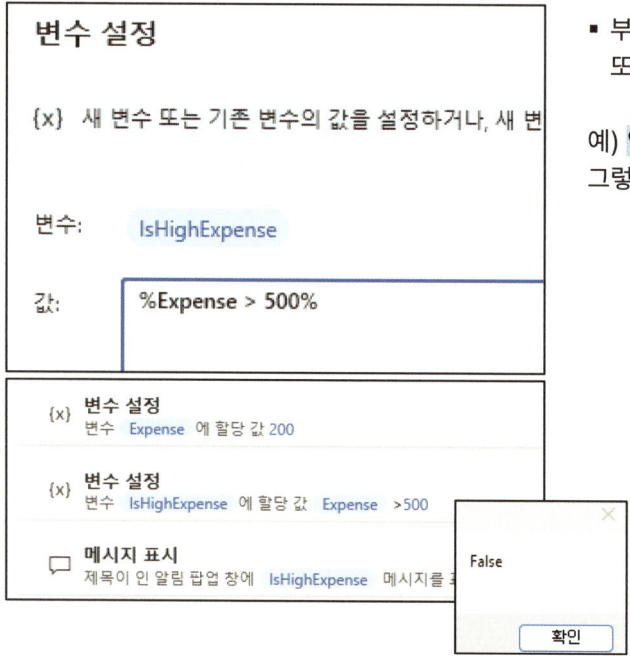

- 부울(Boolean) 값은 논리 연산자 및 변수와 함께 %True% 또는 %False% 결과를 갖는 식으로 지정할 수 있습니다.

예) %Count > 10% → Count 값이 10보다 크면 결과는 %True%, 그렇지 않으면 %False%입니다.

3.7.4 실습 – PDF에서 원하는 영역의 데이터 가져오기

- 실습자료를 해당 링크에서 다운로드를 받고, 압축을 해제합니다.
  http://doc.rpakr.net/cdn/rpakrcom/실습공제신고서.zip

- 공제신고서 3개가 생성 된 것을 확인할 수 있습니다.

📄 공제신고서_1.pdf
📄 공제신고서_2.pdf
📄 공제신고서_3.pdf

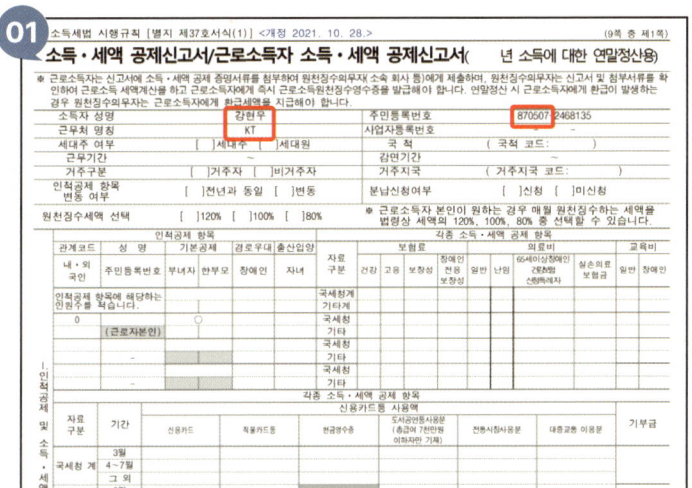

01 공제신고서의 PDF파일에서 가져올 영역의 데이터를 선정합니다.

성명, 생년월일, 근무지를 가져오도록 하겠습니다.

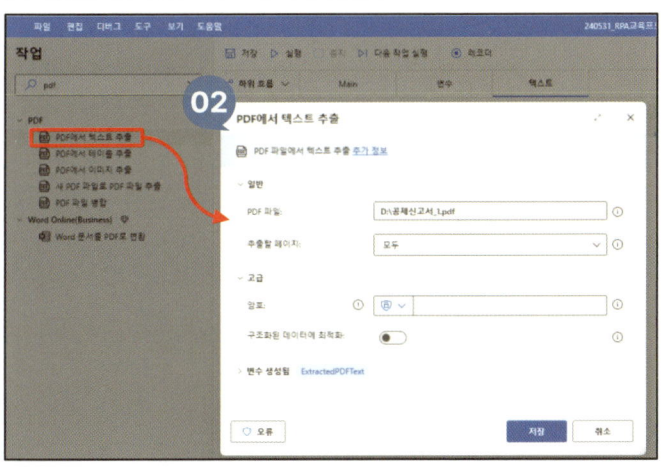

02 우선 1번 PDF (공제신고서1.pdf) 파일을 선택하고 저장버튼을 누르고 텍스트가 어떻게 출력되는지 확인합니다.

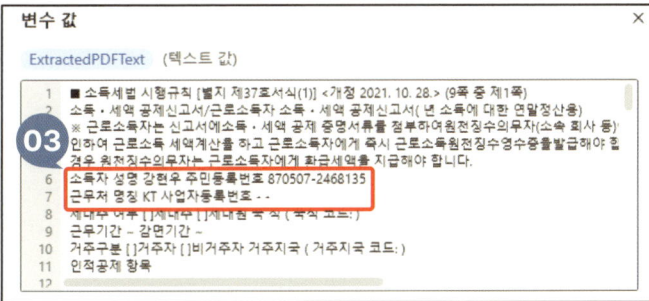

03 추출해야 할 영역(성명, 생년월일, 근무지)를 찾아서 위치를 확인합니다.

성명 앞에는 "소득자 성명", 뒤에는 "주민등록번호"가
생년월일 앞에는 "주민등록번호", 뒤에는 "–"가
근무지 앞에는 "근무처 명칭", 뒤에는
"사업자등록번호"가 존재합니다.

3.7.4 실습 – PDF에서 원하는 영역의 데이터 가져오기

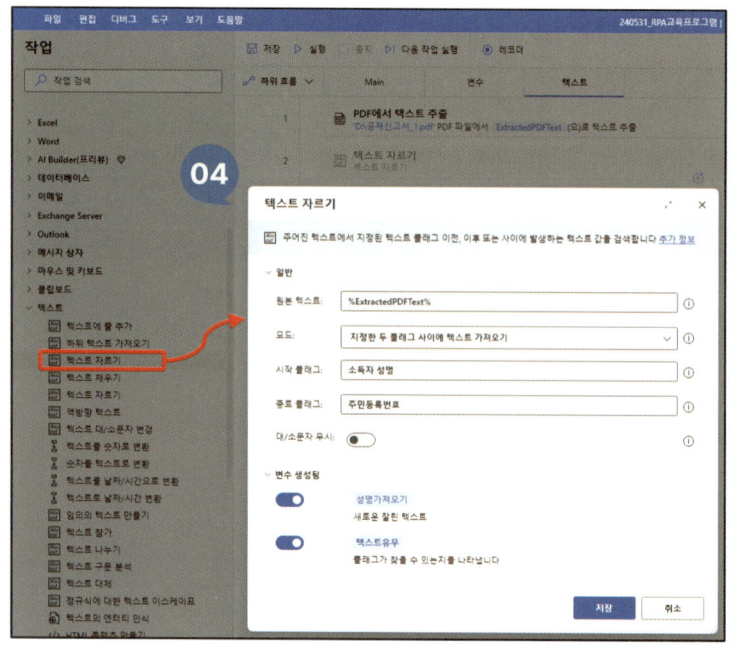

04 | [텍스트]-[텍스트 자르기]를 가져오고, 좌측 이미지의 값처럼 원본텍스트에는 PDF에서 추출한 텍스트를, 모드는 "지정한 두 플래그 사이에 텍스트 가져오기"를 선택합니다.

시작플래그와 종료플래그는 작업순서 3번에서 처럼 앞과 뒤의 텍스트를 입력하여 사이에 있는 성명값을 가져오고, 하단의 변수에는 "성명가져오기", "텍스트유무"로 변경하여 후에 알기 쉽게 변경합니다.

✓ 텍스트 자르기 작업액션은 같은 이름으로 2개가 존재합니다. 위부터 3번째 항목을 선택합니다.

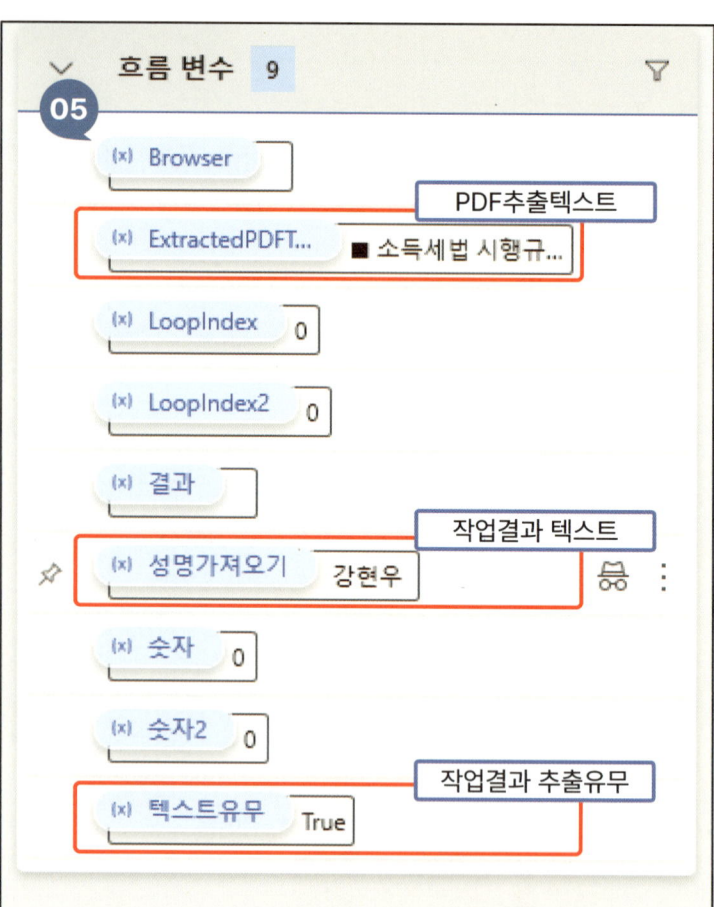

05 | 원하는 성명 데이터 가져오기가 완료되었습니다.

%성명가져오기% 변수에는 이름이,
%텍스트유무% 변수에는 성공, 실패 여부가 저장됩니다.

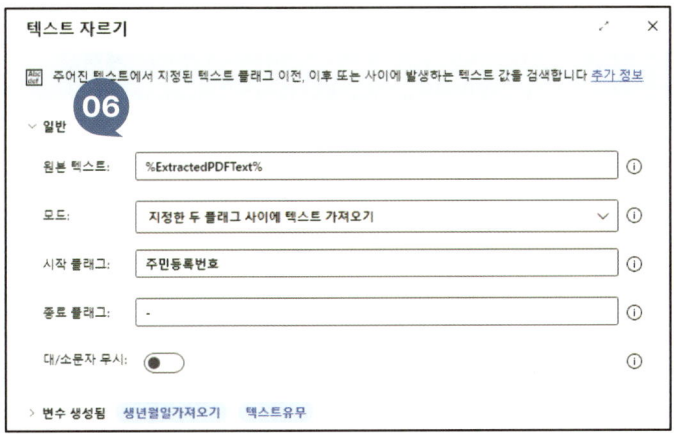 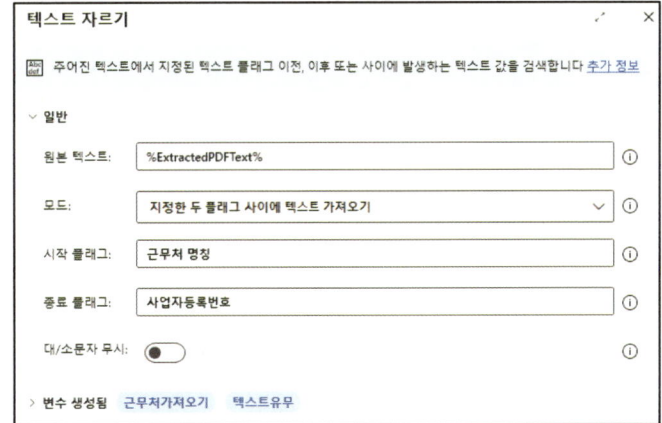

06 | 같은 방식으로 "생년월일", "근무처"를 추출합니다.

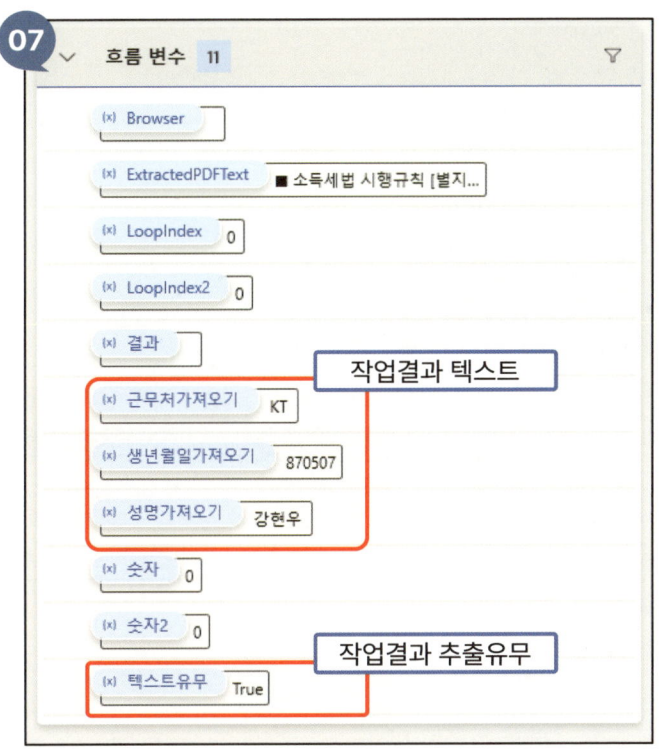

07 | 성명, 근무처, 생년월일 모두 추출이 정상적으로 된 것이 확인 됩니다.

성명_생년월일_근무처 형태로 결과값을 정리하겠습니다.

08 | %성명가져오기%_%생년월일가져오기%_%근무처가져오기%

변수 입력을 하고 실행합니다.

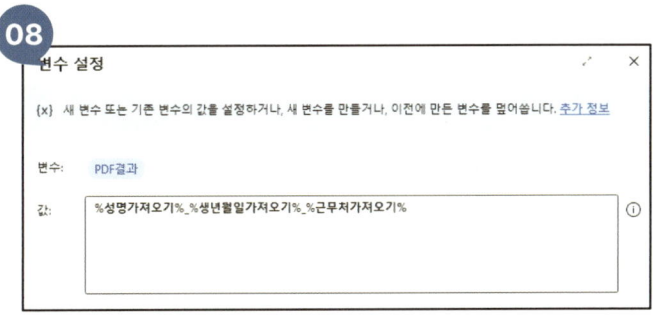

3.7 목록

3.7.4 실습 – PDF에서 원하는 영역의 데이터 가져오기

09 | 원본 PDF에서 공백이 있어서, 결과에는 공백값이 포함 된 것으로 표시가 됩니다. 결과에서 공백값을 제외하도록 하겠습니다.

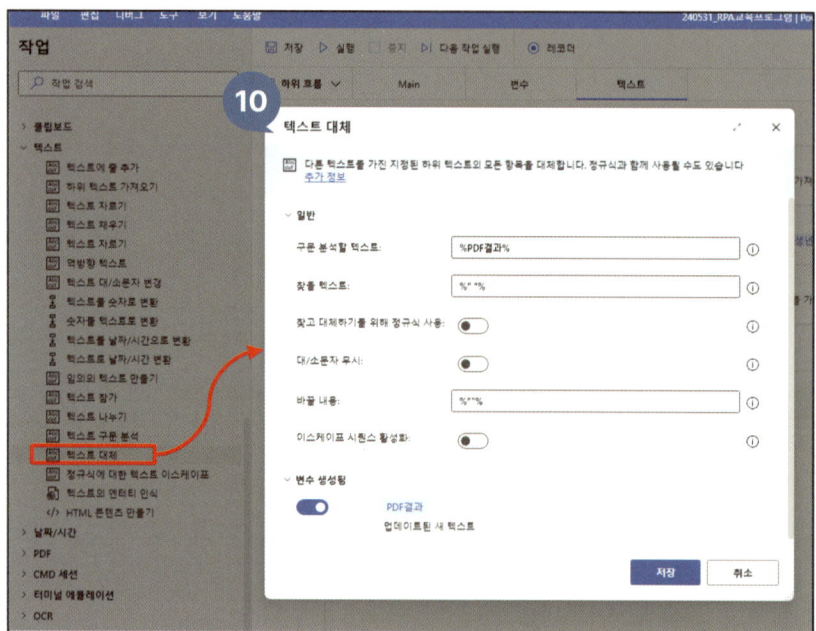

10 | [텍스트]-[텍스트 대체] 작업액션을 통해 특정 텍스트에서 찾아서 바꾸기 기능을 사용 할 수 있습니다.

구문 분석할 텍스트엥
합쳐진 %PDF결과%를 넣고, 찾을 텍스트에 %" "%를,
바꿀 내용으로 %""%를 넣도록 합니다.

%""%은 Null값으로 아무런 값이 없는 것을 표현하는 식이며, %" "%는 빈칸하나를 뜻합니다.

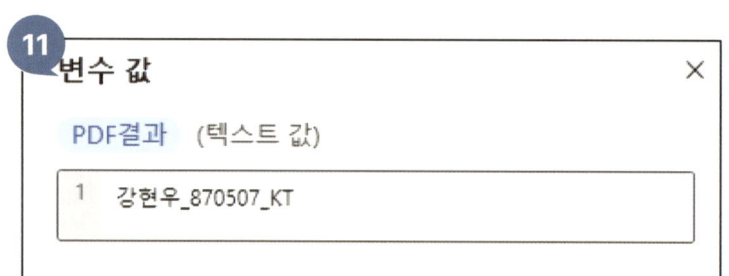

11 | 텍스트 대체 이후 확인해보면 공백값이 사라진 것을 볼 수 있습니다.

기존의 PDF이름에서 %PDF결과% 변수의 이름으로 파일명을 변경해보도록 하겠습니다.

3.7.5 실습 – PDF에서 원하는 영역의 데이터 가져오기 심화

기존에 D드라이브에 있는 PDF파일들은 2페이지가 모두 공백으로 이루어져 있습니다. 모든 PDF에서 2페이지를 삭제하고, 파일명을 이름_생년월일_근무처.pdf로 변경하도록 하겠습니다. 변경이 모두 완료 된 이후 모든 PDF파일을 병합한 파일 하나를 만들고, 모든PDF파일들을 압축(zip)하도록 하겠습니다.

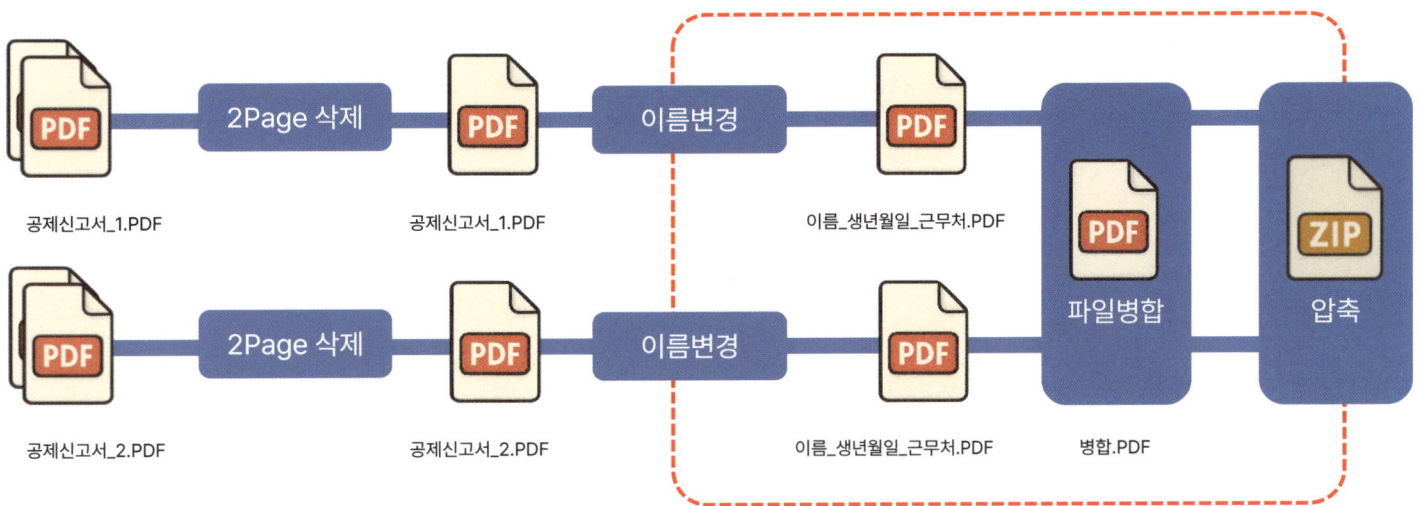

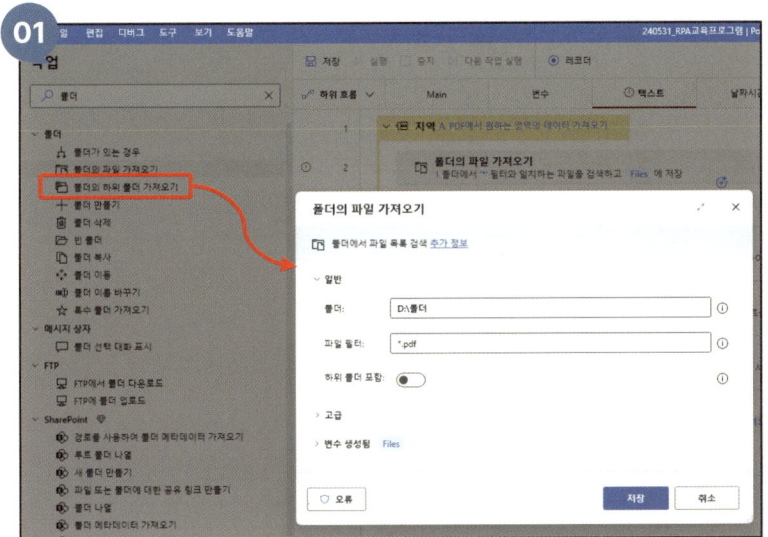

01 다수의 파일을 처리하기 위해서 파일들을 목록 변수로 가져오도록 하겠습니다.

[폴더]-[폴더의 파일 가져오기] 작업액션을 생성 하고 최상단으로 이동합니다.

폴더에는 pdf가 속해있는 폴더를, **파일 필터**에는 *.pdf를 입력합니다.

해당 폴더의 pdf파일을 모두 가져온다는 의미입니다. %Files%라는 변수가 생성됩니다.

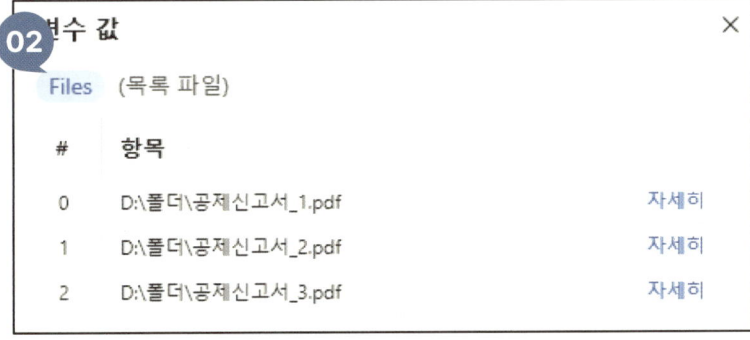

02 %Files% 변수는 목록변수로 목록화 된 다수의 데이터를 저장하는 변수입니다.

해당 변수를 통해서 다수의 데이터를 제어해서 1번파일말고도 2번, 3번 파일도 작업하도록 하겠습니다.

3.7.5 실습 – PDF에서 원하는 영역의 데이터 가져오기 심화

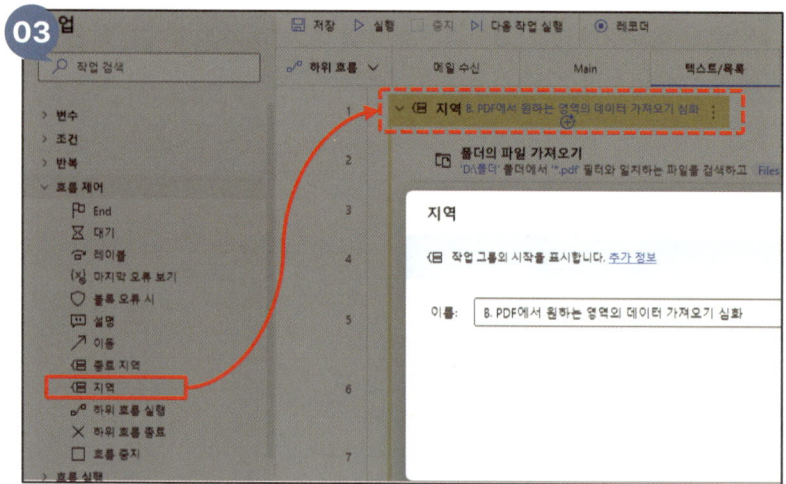

03 | 작업이 많아짐에 따라, [흐름 제어]-[지역] 작업 액션을 통해 작업영역을 구분하도록 하겠습니다.

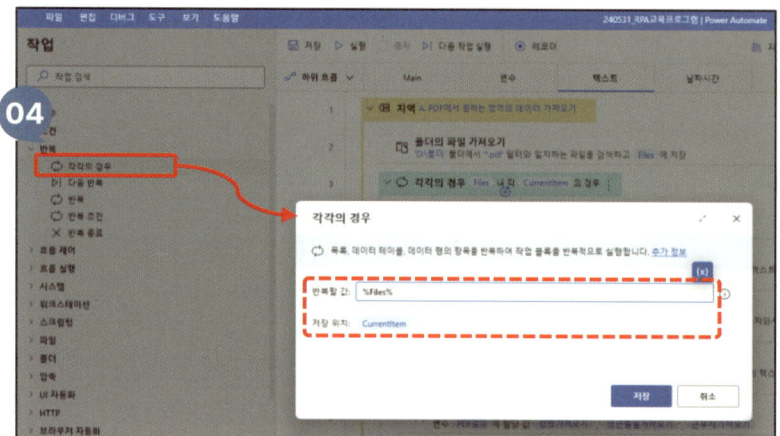

04 | [반복]-[각각의 경우] 작업액션을 사용합니다. 반복할 값에는 %Files% 변수를, 저장위치는 %CurrentItem%을 사용합니다.

[각각의 경우] 작업액션을 통해 목록에 있는 값을 순서대로 %CurrentItem%으로 출력 할 수 있습니다.

1번째 반복 : 공제신고서_1.PDF
2번째 반복 : 공제신고서_2.PDF
3번째 반복 : 공제신고서_3.PDF

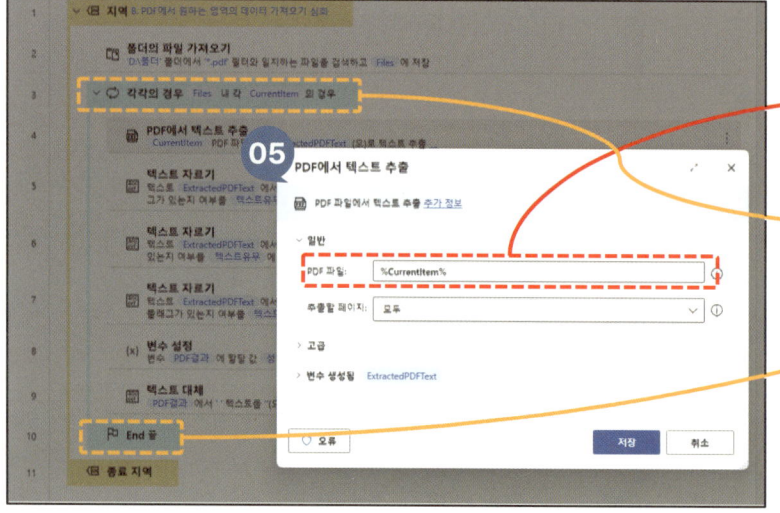

05 | 기존의 [PDF에서 텍스트 추출] 작업액션의 PDF파일 영역을 %CurrentItem% 으로 변경하고 [각각의 경우] 작업액션을 지금까지 만든 흐름 외곽에 배치합니다.

실행하면 파일의 개수 만큼인 3번 반복하면서 작업을 처리 하는 것을 확인할 수 있습니다.

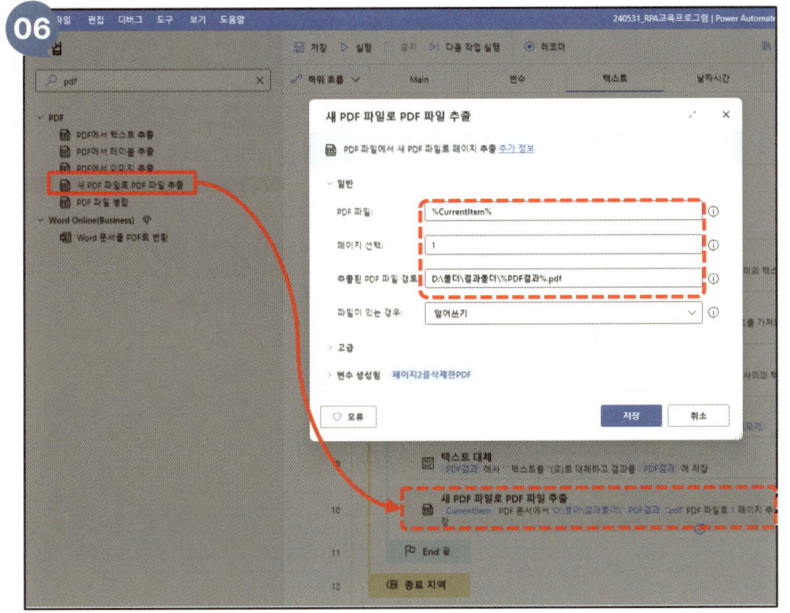

06 | PDF파일을 보면 1~2페이지로 구성되어 있는 것을 확인할 수 있습니다. 2페이지는 여백의 페이지이기 때문에 삭제하고 다음작업으로 진행하도록 하겠습니다.

해당 PDF폴더에 "결과폴더"라는 폴더를 생성합니다.

[PDF]-[새 PDF 파일로 PDF 파일 추출] 작업액션을 디자이너 패널로 가져와서 설정합니다.

PDF파일 : %CurrentItem%
페이지선택 : 1
추출된 PDF 파일 경로 :
D:\폴더\결과폴더\%PDF결과%.pdf

07 | 결과를 보면 각 PDF에서 1페이지만 추출되었고 이름또한 변경 된 것을 볼 수 있습니다.

✓ 파일의 이름 바꾸기만 하고싶다면 [파일]-[파일 이름 바꾸기] 작업 액션을 사용하시기 바랍니다.

08 | 결과폴더를 기준으로 PDF병합 및 압축을 진행해야 해서 최하단 지역(각각의 경우가 끝나고 다음 줄)에 [폴더]-[폴더의 파일 가져오기] 작업액션을 추가로 생성하고 새로 만든 결과폴더의 경로를 입력합니다.

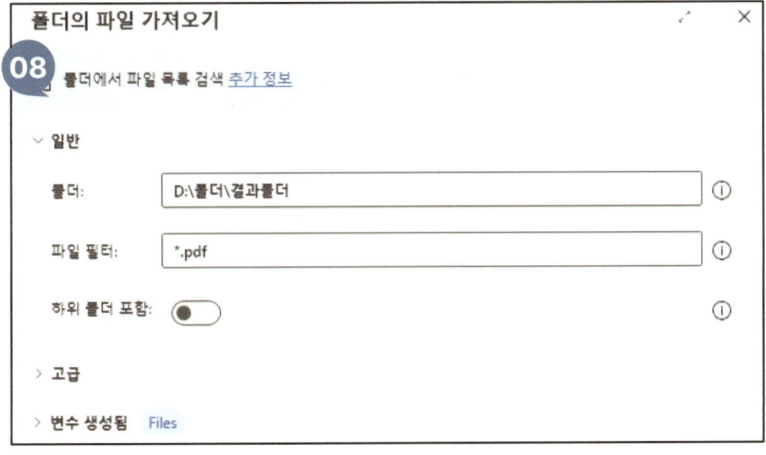

3.7 목록　**129**

3.7.5 실습 – PDF에서 원하는 영역의 데이터 가져오기 심화

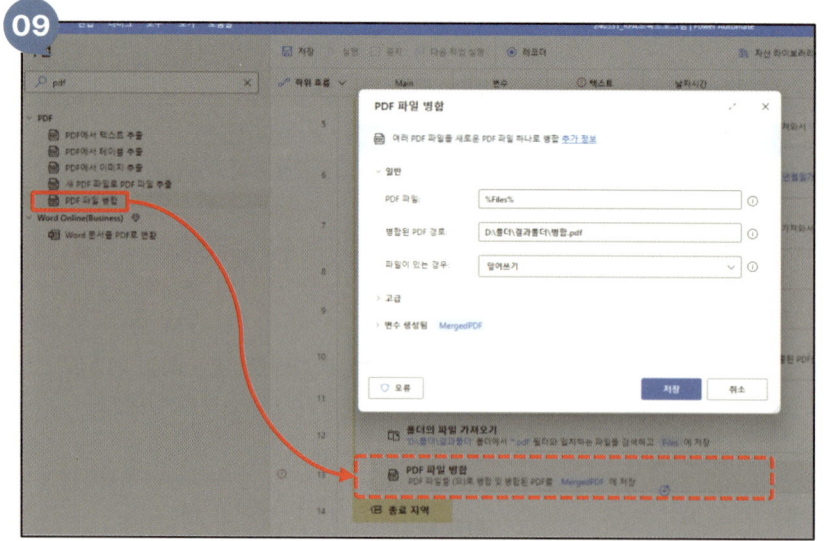

09 | 파일 목록을 가져와서 해당 파일(PDF)을 모두 통합해서 병합합니다.

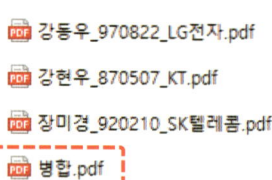

✓ 병합시에 오류가 발생하면 PDF파일병합 작업액션에서 좌측 하단에 [오류] 을 누르고 재시도 정책을 설정하시기 바랍니다.

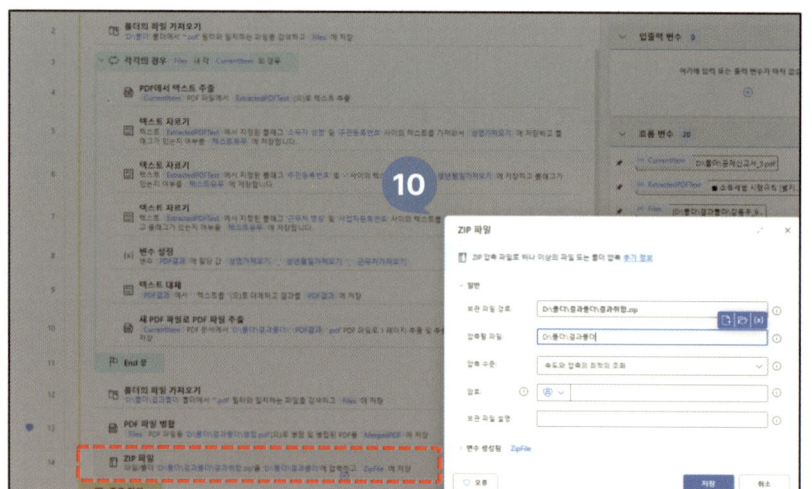

10 | 압축을 진행하도록 하겠습니다. [압축]-[ZIP파일] 작업액션을 통해서 보관 파일 경로 에는 zip파일의 이름을 작성하고, 압축할 파일에는 해당 파일들이 위치한 폴더를 입력하고, 실행하여 모든 작업이 완료된 것을 확인합니다.

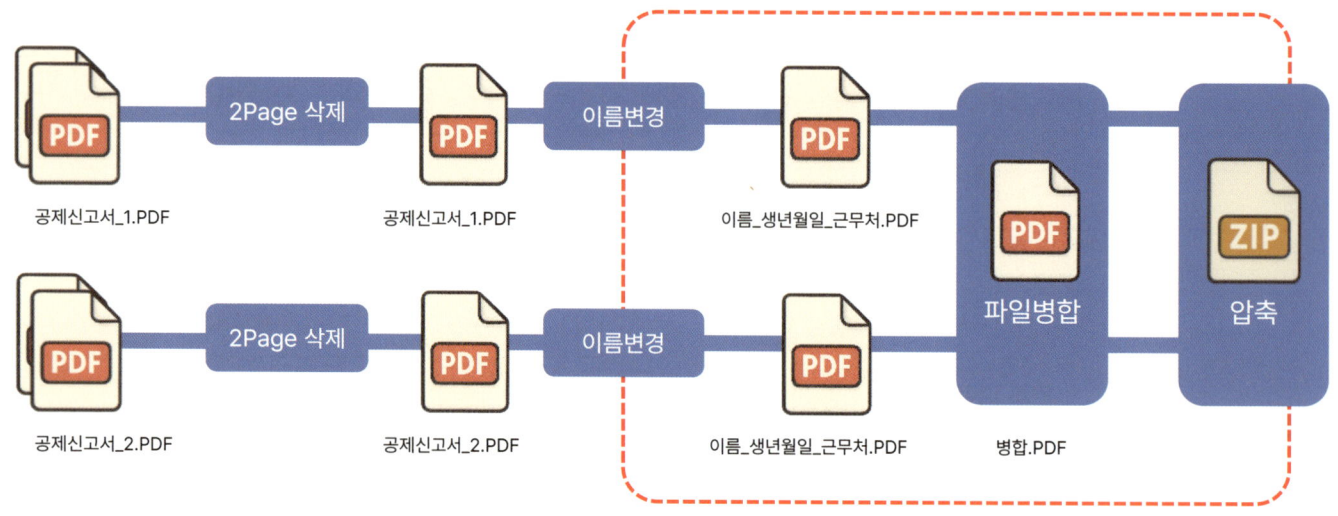

Step 3-8 | 조건과 반복
Conditional Statements and Loops

3.8.1 조건문의 활용

조건문은 프로그램이 다양한 상황에 따라 다르게 동작하도록 하는 규칙입니다. 이 규칙들은 일상생활에서의 예를 통해 이해하기 쉽습니다.

- 조건문 : 조건문은 "만약 (조건)이면, (A)를 하고, 그렇지 않으면 (B)를 한다"와 같은 구조로 이해할 수 있습니다. 예를 들어, "만약 비가 오면, 우산을 들고나가고, 그렇지 않으면 그냥 나간다"와 같은 상황에서, "비가 오는지"가 조건이며, 이 조건에 따라 행동이 달라집니다.
- 조건 분기: 조건 분기는 여러 개의 조건이 있을 때, 각 조건에 따라 다른 동작을 수행하는 규칙입니다. 예를 들어, "날씨가 맑으면 산책을 하고, 비가 오면 영화를 보고, 눈이 오면 눈싸움을 한다"와 같은 상황에서, "날씨 상태"를 조건으로 하여 각기 다른 행동을 결정합니다.

프로그래밍에서도 조건문과 조건 분기를 이용해 이러한 상황을 구현할 수 있습니다. 예를 들어, 성인 여부를 판단하는 프로그램에서 조건문을 사용하면 다음과 같이 작성할 수 있습니다.

- 만약 나이가 18살 이상이면, "성인입니다."를 출력합니다.
- 그렇지 않으면, "미성년자입니다."를 출력합니다.

성적에 따른 등급을 출력하는 프로그램에서 조건 분기를 사용하면 다음과 같이 작성할 수 있습니다.

- 만약 점수가 90점 이상이면, "A등급"을 출력합니다.
- 만약 점수가 80점 이상이면, "B등급"을 출력합니다.
- 만약 점수가 70점 이상이면, "C등급"을 출력합니다.
- 그렇지 않으면, "D등급"을 출력한다.

이처럼 조건문과 조건 분기는 프로그램이 상황에 따라 다른 결과를 내놓도록 도와주는 중요한 역할을 합니다. PAD에서는 보다 쉽게 작업 액션을 통해 조건 처리 및 분기가 가능합니다. PAD에서는 만약(if)과 종료(End)사이 안에서 만약이라는 조건안에 있을 때 해당 코드가 실행됩니다. 조건은 다양한 작업액션이 있지만 우선 3가지를 먼저 설명하겠습니다.

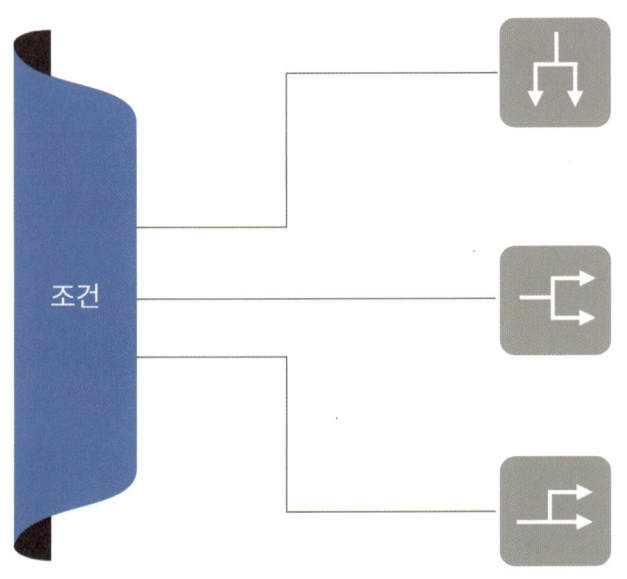

만약 (IF)
조건이 참(true)이라면 실행됩니다. 만약(IF)만 있다면 해당 조건은 종료되지만 다른 조건 분기가 있다면 다른 조건(Else IF, Else)과도 비교합니다.

그렇지 않다면 (Else IF)
만약 조건이 유효하지 않지만 다른 조건이 유효할 때 실행할 논리를 정의합니다. 만약과 end 작업 사이에 배치되어야 합니다.

그 밖의 경우 (Else)
만약과 End 블록 내에 배치되어야 하며 항상 그렇지 않다면 작업 뒤에 배치되어야 합니다. 그 밖의 경우를 사용하면 다른 모든 조건이 유효하지 않을 때 실행됩니다.

3.8.1 조건문의 활용

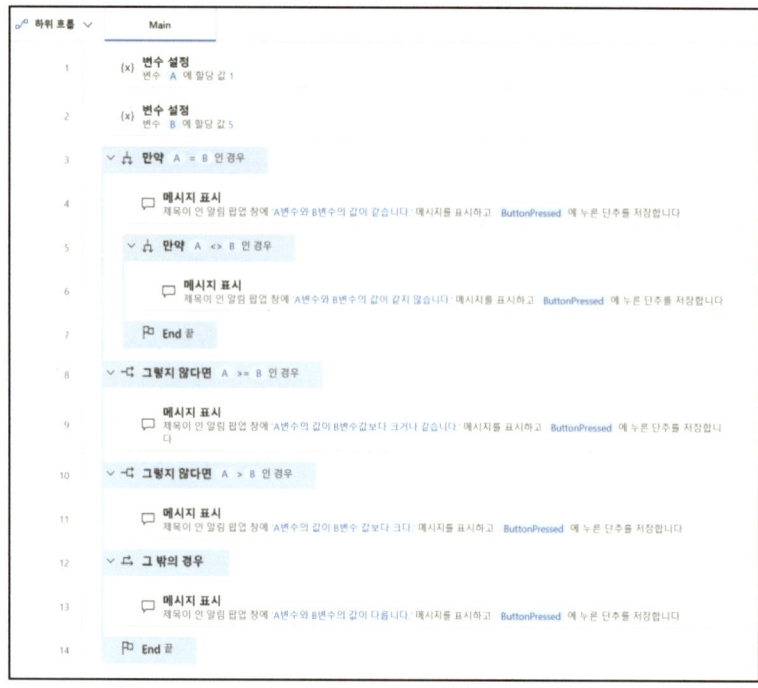

- 예를 들어 아래와 같이 작업액션을 사용하여 변수를 지정해 줄 수 있습니다. 1번 라인에서는 A라는 변수에 1을 할당했고, 2번 라인에서는 B라는 변수에 5를 할당 했습니다.

- 3번 라인에는 만약(IF)이라는 작업을 할당했는데 만약의 조건이 A와 B가 같다면 해당 조건으로 들어가도록 하였습니다. 만약(IF)만 있었다면 조건이 맞지 않기 때문에 바로 종료되겠지만 그렇지 않다면(Else if)와 그 밖의 경우(Else)가 있기 때문에 조건 분기 안에서 계속 타고 내려가게 됩니다.

- 3번 라인) 만약에 A(1)과 B(5)가 같다.

- 5번 라인) 만약에 A(1)과 B(5)가 같다.가 아닐 경우 만약에 A(1)과 B(5)는 틀리다.

- 8번 라인) 만약에 A(1)과 B(5)가 같다.는 아니며, 그렇지 않다면 A(1)은 B(5)보다 크거나 같다.

- 10번 라인) 만약에 A(1)과 B(5)가 같다.는 아니며, 그렇지 않다면 A(1)은 B(5)보다 크거나 같다.도 아니며, 그렇지 않다면 A(1)은 B(5)보다 크다.

- 12번 라인) 위의 모든 조건에 맞지 않으면

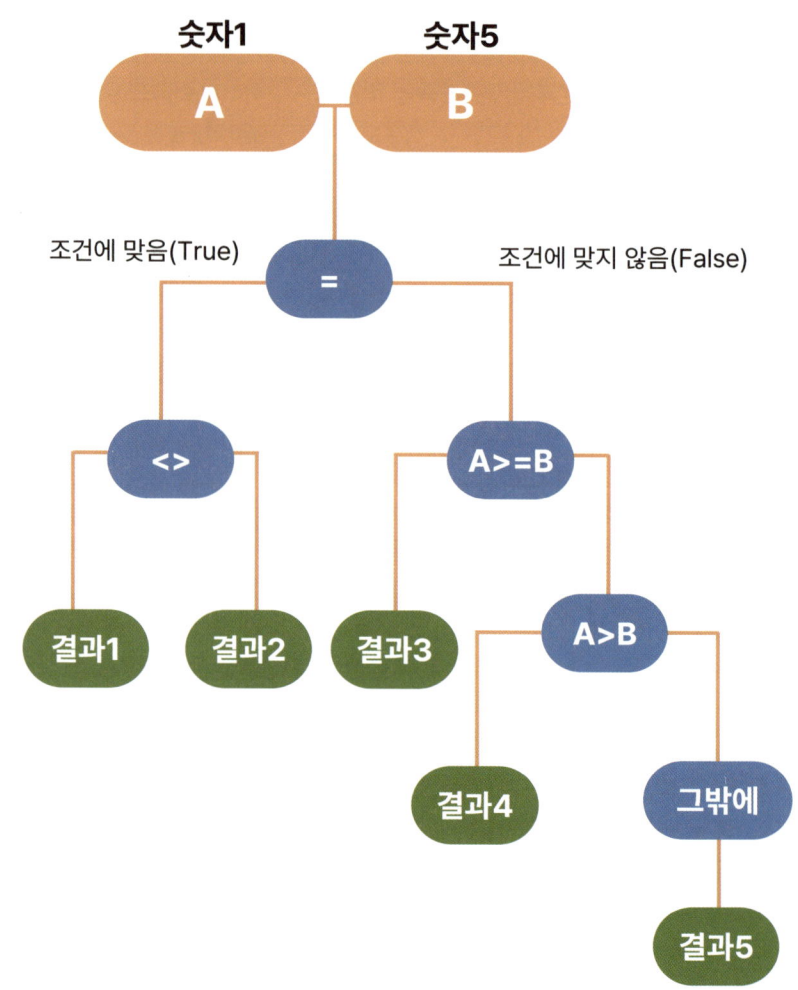

결론적으로 위 코드에서는 결과 5로 도착하게 됩니다.지금은 알아보기 쉽게 1과 5라는 단순한 숫자로 비교하였지만 비교할 수 있는 대상은 다양합니다.

3.8.2 조건문의 표현방법

논리연산식 (대소문자 구분필수)	인수
%StartsWith(arg1,arg2,arg3)%	**문자열이 지정된 값으로 시작하면 True이고, 그렇지 않으면 False입니다.** arg1: 검색할 텍스트 arg2: 검색할 텍스트 arg3: 대소문자 무시/포함(True/False)
%NotStartsWith(arg1,arg2,arg3)%	**문자열이 지정된 값으로 시작하지 않으면 True이고, 시작하면 False입니다.** arg1: 검색할 텍스트 arg2: 검색할 텍스트 arg3: 대소문자 무시/포함(True/False)
%EndsWith(arg1,arg2,arg3)%	**문자열이 지정된 값으로 끝나면 True이고, 그렇지 않으면 False입니다.** arg1: 검색할 텍스트 arg2: 검색할 텍스트 arg3: 대소문자 무시/포함(True/False)
%NotEndsWith(arg1,arg2,arg3)%	**문자열이 지정된 값으로 끝나지 않으면 True이고, 끝나면 False입니다.** arg1: 검색할 텍스트 arg2: 검색할 텍스트 arg3: 대소문자 무시/포함(True/False)
%Contains(arg1,arg2,arg3)%	**문자열이 지정된 값을 포함하면 True이고, 그렇지 않으면 False입니다.** arg1: 검색할 텍스트 arg2: 검색할 텍스트 arg3: 대소문자 무시/포함(True/False)
%NotContains(arg1,arg2,arg3)%	**지정된 값을 포함하지 않으면 True이고, 포함하면 False입니다.** arg1: 검색할 텍스트 arg2: 검색할 텍스트 arg3: 대소문자 무시/포함(True/False)
%IsEmpty(arg1)%	**문자열이 비어있다면 True이고, 그렇지 않으면 False입니다.** arg1: 확인할 텍스트
%IsNotEmpty(arg1)%	**문자열이 비어있지 않다면 True이고, 그렇지 않으면 False입니다.** arg1: 확인할 텍스트

3.8.3 조건문 작업액션

🎬 만약 (IF)

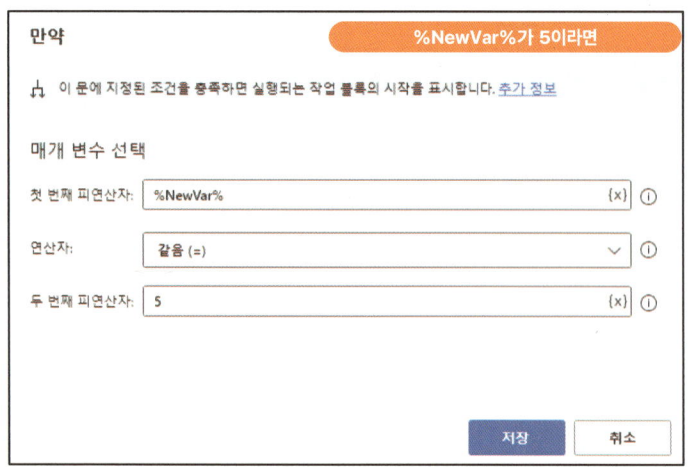

- 조건부 로직을 구현할 때 사용되며, 지정된 조건이 참인지 여부에 따라 다른 작업을 수행하도록 합니다. 이 액션을 사용하여 프로그램의 흐름을 제어할 수 있으며, 조건에 따라 다양한 분기를 만들 수 있습니다.

연산자 (Operator) : 이는 두 값을 비교할 때 사용하는 연산자입니다. 예를 들어 '같음(=)' 연산자는 두 값이 동일한지 비교하며, '보다 큼(>)'은 첫 번째 값이 두 번째 값보다 큰지를 확인합니다. 다른 연산자로는 '보다 작음(<)', '포함', '비어 있음' 등이 있으며, 각각의 연산자는 조건을 평가하는 특정한 방법을 나타냅니다.

첫 번째 피연산자 (First operand) : 비교의 첫 번째 요소로, 이전 작업의 결과, 텍스트, 숫자, 또는 식에서 정의된 변수 또는 값입니다.

두 번째 피연산자 (Second operand) : 첫 번째 피연산자와 비교될 값으로, 이것도 마찬가지로 이전 작업의 결과, 텍스트, 숫자, 또는 식에서 생성된 값이 될 수 있습니다.

이 액션을 사용할 때, 예를 들어 'NewVar' 변수의 값이 '5'인지 확인하고자 한다면, 첫 번째 피연산자에는 %NewVar%를, 연산자에는 '같음(=)'을, 그리고 두 번째 피연산자에는 '5'를 입력합니다.

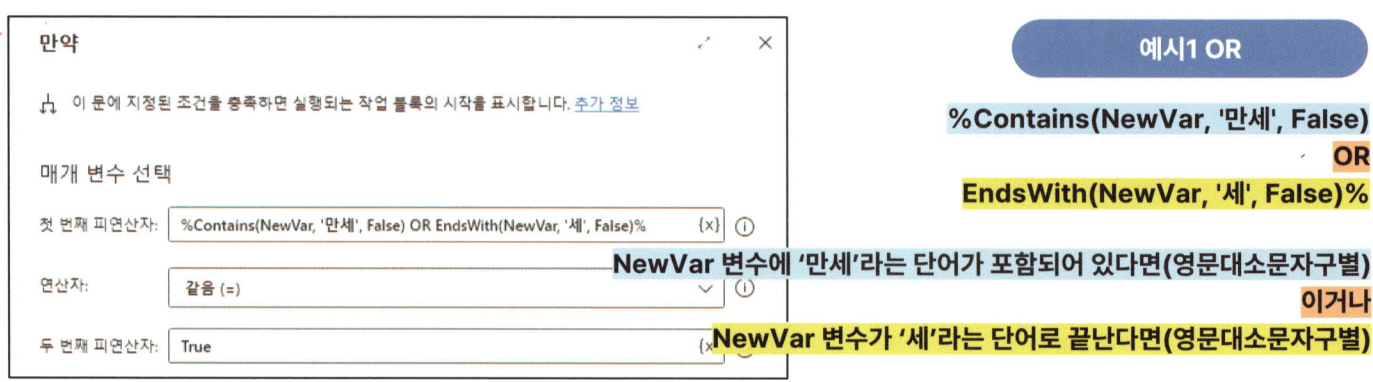

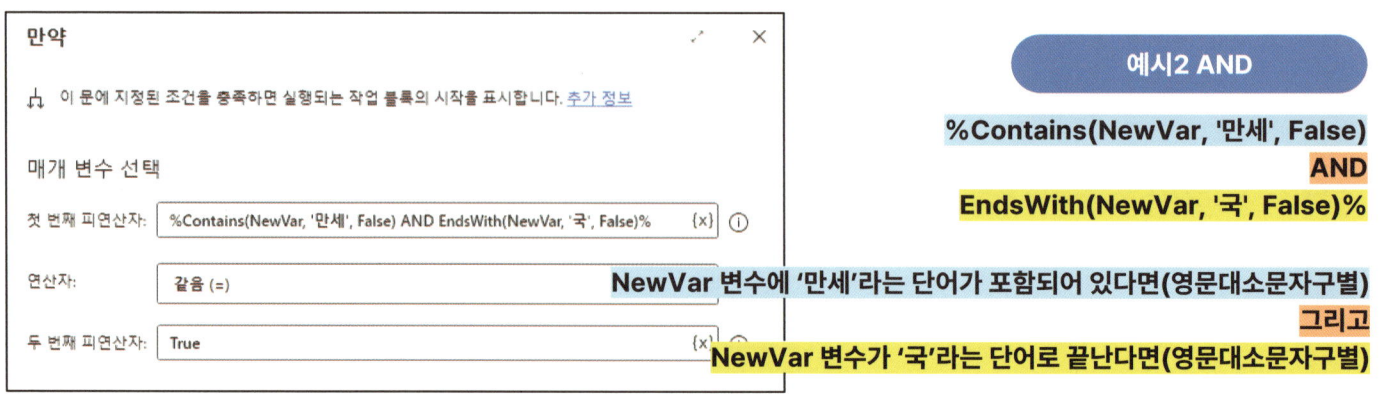

그렇지 않다면 (Else IF)

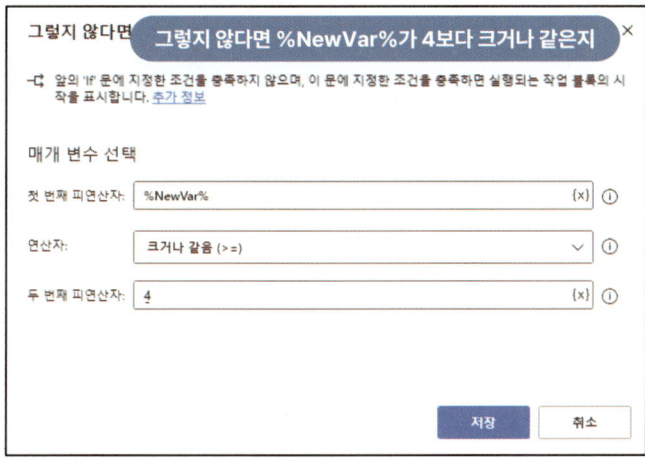

- 해당 작업액션은 복수의 조건을 순차적으로 검사할 때 사용됩니다. 첫 번째 "만약 (If)" 조건이 거짓인 경우, 추가적인 "그렇지 않다면 (Else If)" 조건들을 검사하여 해당 조건이 참일 때만 특정 작업을 수행하도록 합니다.

- 이는 다중 선택 구조를 만들 때 유용하며, 여러 다른 조건 중 하나가 참일 때에만 특정 코드 블록을 실행하고 싶을 때 사용됩니다. 예를 들어, 변수 %NewVar%가 특정 값에 도달했을 때만 특정 작업을 수행하고 싶다면 "그렇지 않다면 (Else If)" 액션을 사용하여 해당 조건을 지정할 수 있습니다.

- 첫 번째 "만약 (If)" 조건이 참이 아니고 %NewVar%의 값이 '4'와 같다면, "그렇지 않다면 (Else If)" 블록에 정의된 작업이 실행됩니다. 이 구조를 통해 프로그램은 더 복잡한 결정을 내릴 수 있으며, 여러 조건을 효과적으로 처리할 수 있습니다.

그 밖의 경우 (Else)

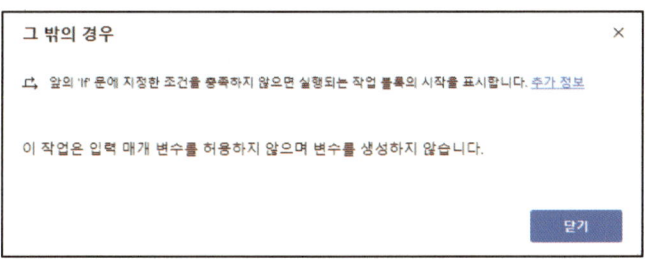

- 조건문에서 "만약 (If)" 또는 "그렇지 않다면 (Else If)" 조건이 모두 거짓일 때 실행되는 명령 블록입니다. 이 부분은 "만약" 문에 지정된 조건과 "그렇지 않다면" 문에 지정된 추가 조건이 모두 충족되지 않을 경우에 마지막으로 고려되는 경우의 수입니다.

- 간단히 말해, "그 밖의 경우"는 모든 조건 검사가 실패했을 때 실행되는 기본 작업을 정의합니다. 이는 프로그래밍에서 조건부 로직을 구성할 때 "마지막 수단"이나 "기본 옵션"으로 사용되며, 모든 조건이 거짓일 때의 기본 동작을 설정하는 데 사용됩니다.

끝 (End)

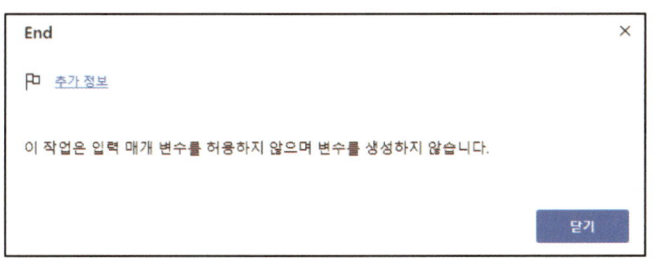

- 조건문이나 루프의 끝을 나타냅니다. 이 구문은 특정 조건부 블록 또는 반복 블록의 논리적인 종료 지점을 명시하며, 더 이상 해당 블록 내의 명령을 실행하지 않음을 의미합니다.

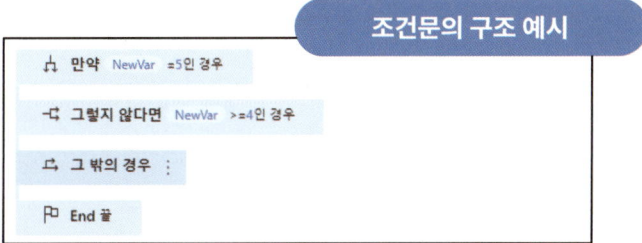

조건문의 구조 예시

3.8.4 다양한 조건문 사용방법

- **폴더가 있는 경우 (If folder exists)**
작업을 실행하기 전에 파일이 존재하는지를 확인합니다. [폴더]에서 [폴더가 있는 경우]를 클릭해 사용할 수 있습니다.

- **파일이 있는 경우 (If file exists)**
작업을 실행하기 전에 파일이 존재하는지를 확인합니다. 이 작업은 파일에 대해 다른 작업을 수행하기 전에 파일이 존재하는지 확인하는 데 사용할 수 있습니다. [파일]에서 [파일이 있는 경우]를 클릭해 사용할 수 있습니다.

- **서비스인 경우 (If service)**
특정 서비스가 실행 중이거나 일시 중지되었거나 중지된 경우 작업 블록을 실행합니다. [Windows 서비스]에서 [서비스인 경우]를 클릭해서 사용할 수 있습니다.

- **프로세스가 진행 중인 경우 (If process)**
특정 Windows 프로세스가 실행 여부에 따라 경우 작업 블록을 실행합니다. [시스템]에서 [프로세스가 진행 중인 경우]를 클릭해서 사용할 수 있습니다.

- **이미지인 경우 (If image)**
화면에 특정 이미지가 있는지, 여부에 따라 작업 블록을 실행합니다. [UI 자동화]에서 [이미지인 경우]를 클릭해서 사용할 수 있습니다.

- **웹 페이지가 다음을 포함하는 경우 (If web page contains)**
웹 페이지에 특정 요소 또는 일부 텍스트가 포함되어 있는지 여부에 따라 작업 블록을 실행합니다. [브라우저 자동화]에서 [웹 페이지가 다음을 포함하는 경우]를 클릭해서 사용할 수 있습니다.

사용 예시

폴더가 존재하는지를 체크한 후 폴더가 존재하지 않을 때 폴더를 생성합니다. 폴더가 존재할 경우 폴더가 존재한다는 로그를 작성 후 다음 작업을 진행합니다.

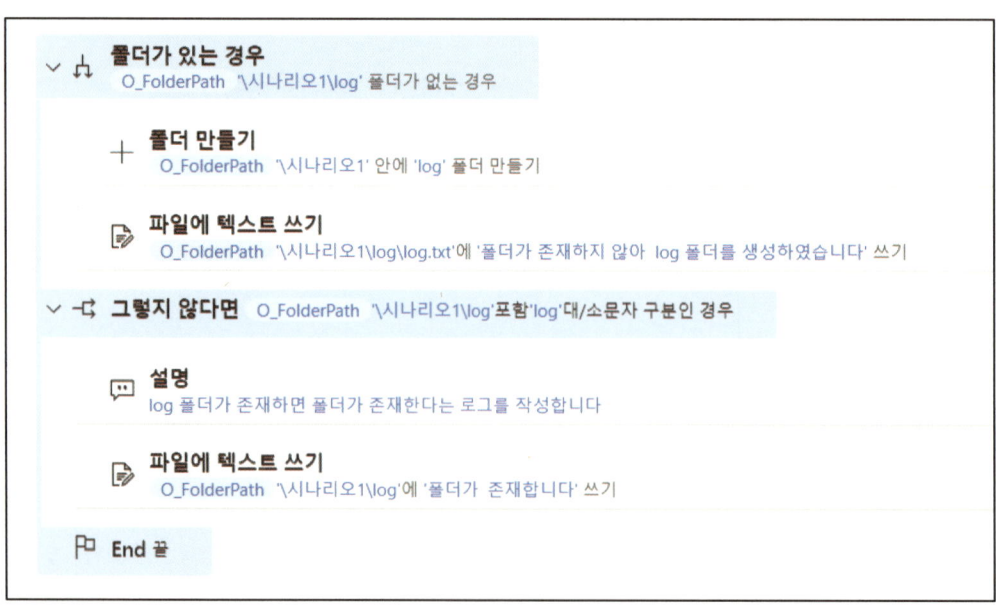

3.8.5 스위치문의 활용

스위치문은 프로그래밍에서 여러 조건 중 하나에 해당하는 코드를 실행하는데 사용되는 구조입니다. 이해하기 쉽게 설명하면, 스위치문은 여러 개의 가능한 상황 중 하나를 선택하는 것과 같습니다. 스위치문은 프로세스 내에서 다양한 상황을 처리하는 데 유용하게 사용됩니다. 예를 들어, 사용자의 입력에 따라 서로 다른 작업을 수행하거나, 데이터 분석 결과에 따라 다른 처리를 적용하는 등의 작업을 수행할 수 있습니다. 스위치문의 기본 구조는 다음과 같습니다.

- 스위치문은 특정 변수나 표현식의 값을 기준으로 작동합니다.
- 각 경우(case)는 해당 변수나 표현식이 어떤 값을 가지고 있는지를 나타냅니다.
- 각 경우에 대해 실행할 코드 블록을 정의합니다.
- 변수나 표현식의 값에 따라 프로그램은 해당하는 경우의 코드 블록을 실행합니다.

스위치문은 조건이 많고 각 조건이 명확한 값을 가질 때 유용하게 사용됩니다. 이렇게 함으로써 코드의 가독성과 효율성을 높일 수 있습니다.

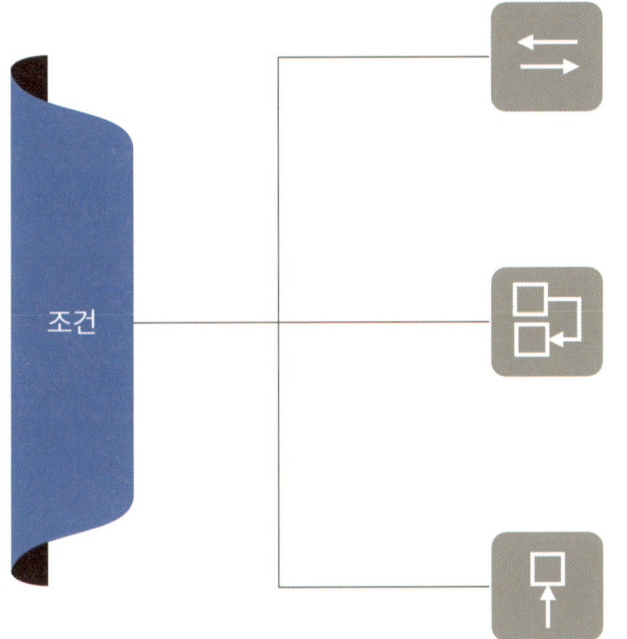

스위치 (Switch)

일반적으로 3개 이상의 정해진 값 중에서 분기해야 하는 논리 구조에는 스위치 구문을 많이 사용합니다. 스위치 구문은 추가한 조건 이외의 경우를 처리하는 기본 케이스를 마지막에 설정해야 합니다.

케이스 (Case)

스위치 블록 내에서 각 케이스는 해당 조건이 참인 경우 실행할 작업 블록을 표시합니다.

기본 케이스(Default case)

스위치 작업 안에서 실행되어야 하며 Case 조건이 유효하지 않을 경우 기본 케이스에서 작업을 실행합니다.

3.8.5 스위치문의 활용

스위치문은 각 상황에 따라 다른 작업을 수행하고자 할 때 유용하게 사용됩니다. 예를 들어 사진처럼 A에 1을 할당하고 스위치, 케이스, 기본 케이스를 작성해 보도록 하겠습니다.

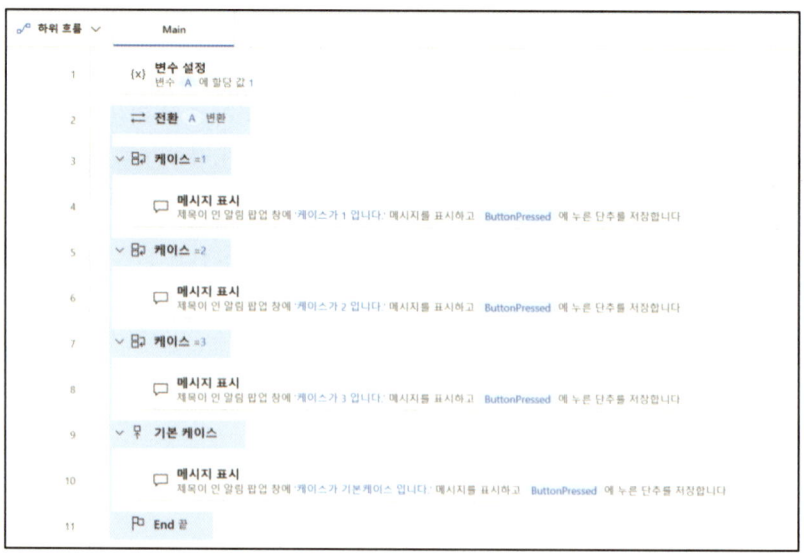

- 2번 라인) 스위치(Switch)문을 시작합니다. A를 기준으로 합니다.

- 3번 라인) 스위치(Switch)문으로 A=1인지 판단합니다. 맞다면 결과 1로 아니라면 다음 스위치 액션을 실행합니다.

- 5번 라인) 스위치(Switch)문으로 A=2인지 판단합니다. 맞다면 결과2로 아니라면 다음 스위치 액션을 실행합니다.

- 7번 라인) 스위치(Switch)문으로 A=3인지 판단합니다. 맞다면 결과3로 아니라면 다음 스위치 액션을 실행합니다.

- 9번 라인) 스위치(Switch)문 안에 있지만 이전의 모든 조건들이 맞지 않는다면 결과4를 출력합니다.

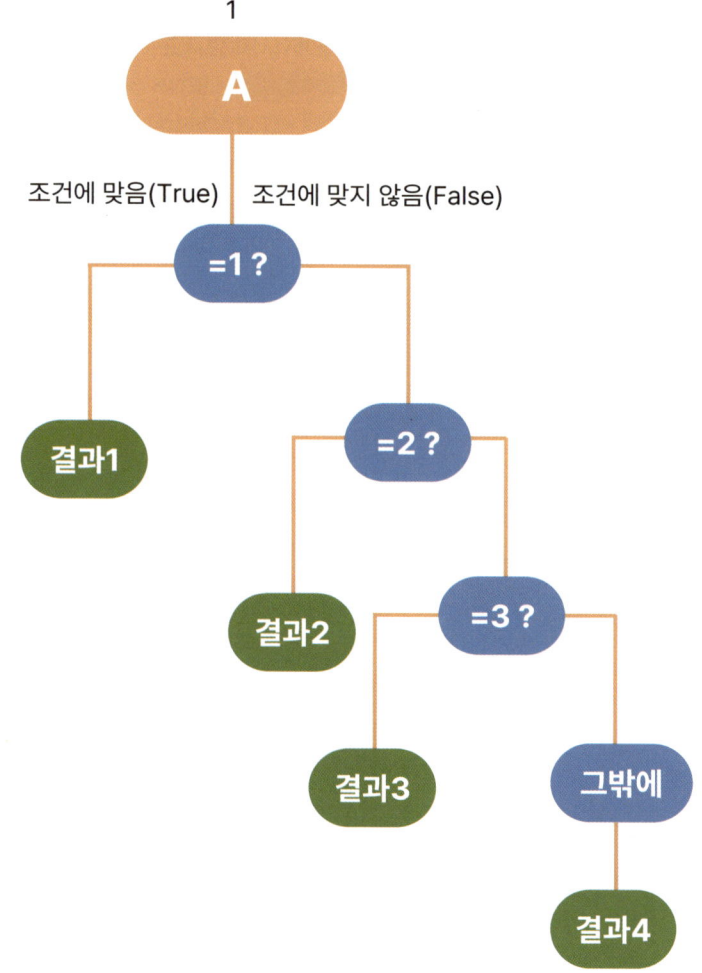

3.8.6 반복문의 활용

반복문은 프로그래밍의 핵심 요소로, 특정 작업을 조건이 충족될 때까지 반복하여 수행하는 데 사용됩니다. 반복문을 활용하면 같은 코드를 여러 번 실행하거나 규칙적인 작업을 간편하고 효율적으로 처리할 수 있습니다. 예를 들어, 엑셀 파일의 모든 데이터를 순차적으로 처리하거나, 지정한 횟수만큼 동일한 작업을 자동으로 반복할 수 있습니다.

반복문 구조는 크게 조건과 반복할 작업 두 부분으로 구성됩니다. 여기서 조건이 충족되는 동안 작업이 반복되며, 조건이 더 이상 만족되지 않으면 반복은 종료됩니다.

조건(Condition) : 반복을 계속할지를 결정하는 기준
반복 작업(Action) : 조건이 참(True)일 때 반복 수행되는 코드

"빵집에서 직원은 오븐에 빵을 넣고 일정 시간 기다린 후 빵을 꺼냅니다. 이후 다음 빵을 넣고 동일한 과정을 반복합니다. 이 작업은 더 이상 구울 빵이 없을 때까지 계속됩니다."

이 사례에서 '더 이상 구울 빵이 없는 상태'가 반복문 종료 조건에 해당하며, '빵을 오븐에 넣고 굽는 과정'이 반복 수행되는 작업 부분에 해당합니다.

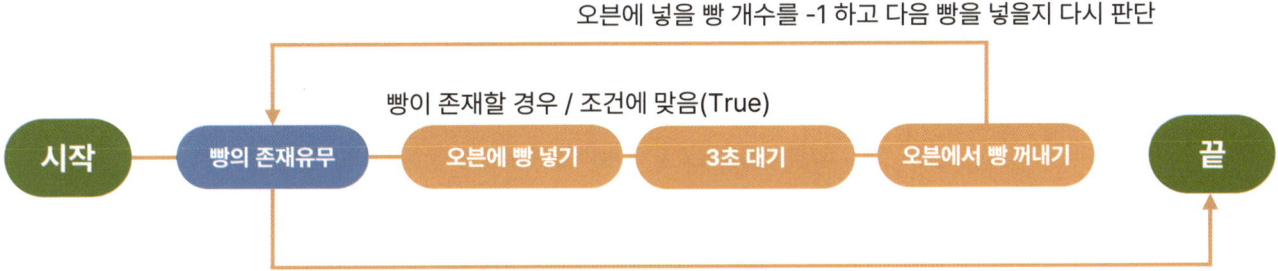

3.8.7 반복문 작업액션

각각의 경우 (For Each)

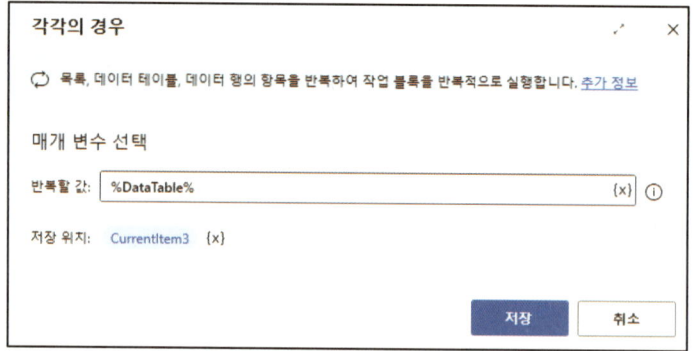

- 데이터 집합, 예를 들어 고객 목록이나 제품 목록과 같은 컬렉션 또는 배열을 순회할 때 활용됩니다. 이를 통해 목록에 있는 각 항목에 동일한 작업을 반복적으로 적용하여 업무의 효율성을 높일 수 있습니다.

- 또한, 엑셀의 모든 행을 순회하면서 데이터를 검토하고 수정하는 등의 데이터 처리 작업에 있어서도 "각각의 경우" 액션을 사용함으로써 각 행에 대한 자동화된 처리를 효과적으로 수행할 수 있습니다.

데이터 테이블 활용

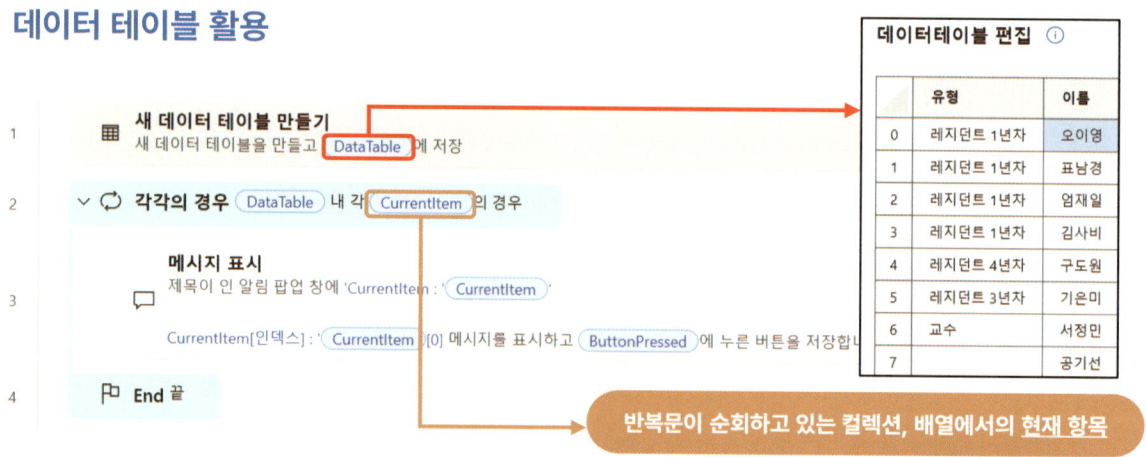

회차	CurrentItem : %CurrentItem%	CurrentItem(인덱스) : %CurrentItem[0]%	CurrentItem("열이름") : %CurrentItem["이름"]%
1회차 결과	레지던트 1년차, 오이영	레지던트 1년차	오이영
2회차 결과	레지던트 1년차, 표남경	레지던트 1년차	표남경
3회차 결과	레지던트 1년차, 김사비	레지던트 1년차	김사비
4회차 결과	레지던트 1년차, 엄재일	레지던트 1년차	엄재일
5회차 결과	레지던트 4년차, 구도원	레지던트 4년차	구도원
6회차 결과	레지던트 3년차, 기은미	레지던트 3년차	기은미
7회차 결과	교수, 서정민	교수	서정민
8회차 결과	, 공기선		공기선
9회차 결과		반복종료	

🎬 반복 (Loop)

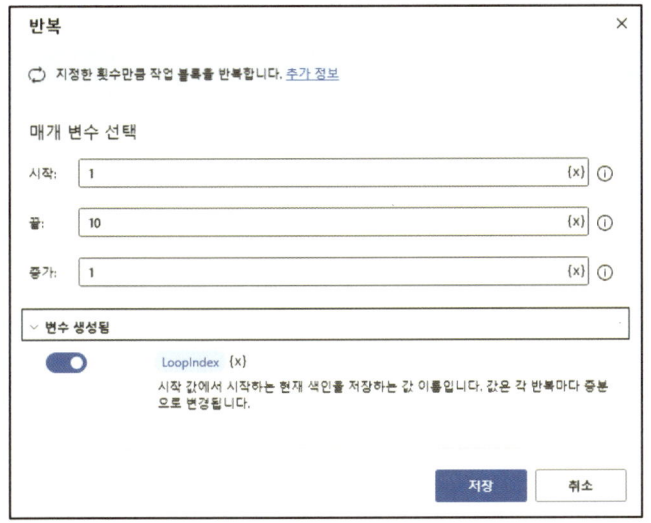

- 지정된 횟수만큼 특정 작업 블록을 실행하는 데 사용되며, 설정된 조건이 거짓이 되거나 종료 지점에 이를 때까지 계속됩니다. 이는 알고 있는 정확한 반복 횟수에 따라 작업을 처리할 때 유용하며, LoopIndex 변수는 현재 어느 반복 단계에 있는지를 추적하는 데 사용됩니다.

🎬 반복 조건 (Loop condition)

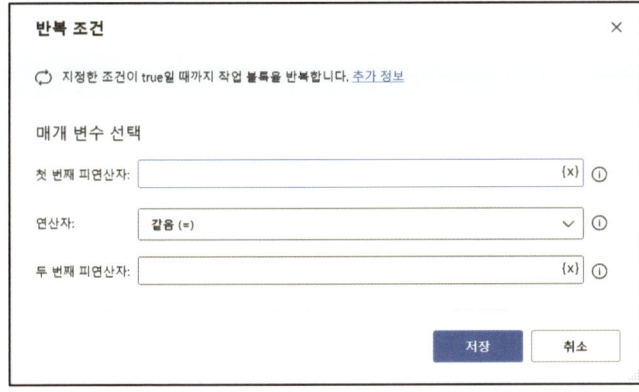

- 반복 조건 작업액션은 조건을 만족하는 동안 반복하고 조건을 만족하지 않으면 반복이 종료됩니다. 기본적으로 조건문이 포함된 반복 구문으로, 주어진 조건에 따라 특정 작업 블록의 실행 여부를 결정합니다.

- 조건이 항상 참으로 평가될 경우, 반복문은 끝나지 않고 무한 루프에 빠질 위험이 있으므로, 조건 설정에 주의가 필요합니다. 조건은 보통 두 개의 피연산자와 비교 연산자로 이루어집니다.

3.8.8 다양한 반복문 사용방법

다음 반복 (Next loop)
- 반복 안에서 사용하며 해당 줄 아래의 로직은 수행하지 않고 다음 반복을 수행하고 싶을 때 사용합니다.

반복 종료 (Exit loop)
- 반복 안에서 사용하며 해당 반복을 빠져나가고 싶을 때 사용합니다.

다음 반복과 반복 종료는 반복 안에서 이루어지는 특정 요소들로 특정 조건이 만족할 때 반복을 중단하고 다음 반복으로 넘어가는 경우에 사용될 수 있습니다. 예를 들어 나는 빵을 1개만 남기고 오븐에 넣고 싶은 특수한 조건이 있을 경우 (혹은 비슷한) 아래와 같이 반복문 안에 조건을 넣어 빵이 1개 일 때 [반복 종료]를 통해 반복을 중단할 수 있습니다. 비슷한 [다음 반복] 기능도 있는데 이 경우 해당 라인일 경우 강제적으로 반복 구간의 첫 번째로 바로 이동하게 됩니다. 결과적으로 아래 코드에서는 14번 라인의 [메시지 표시]는 실행되지 않고 넘어갑니다.

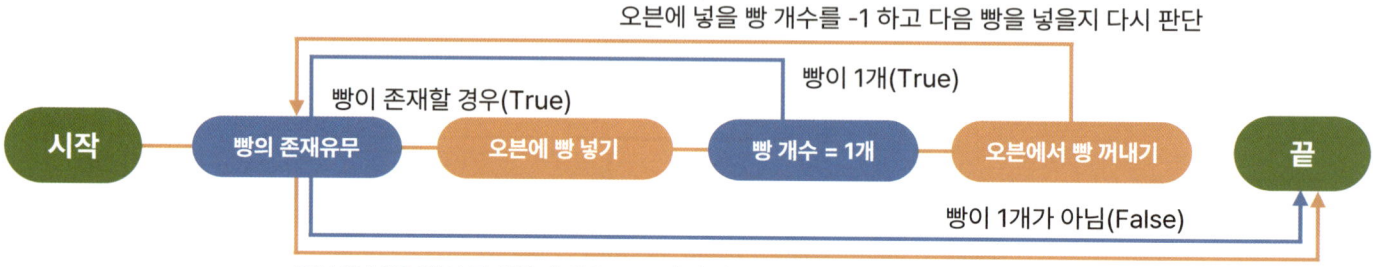

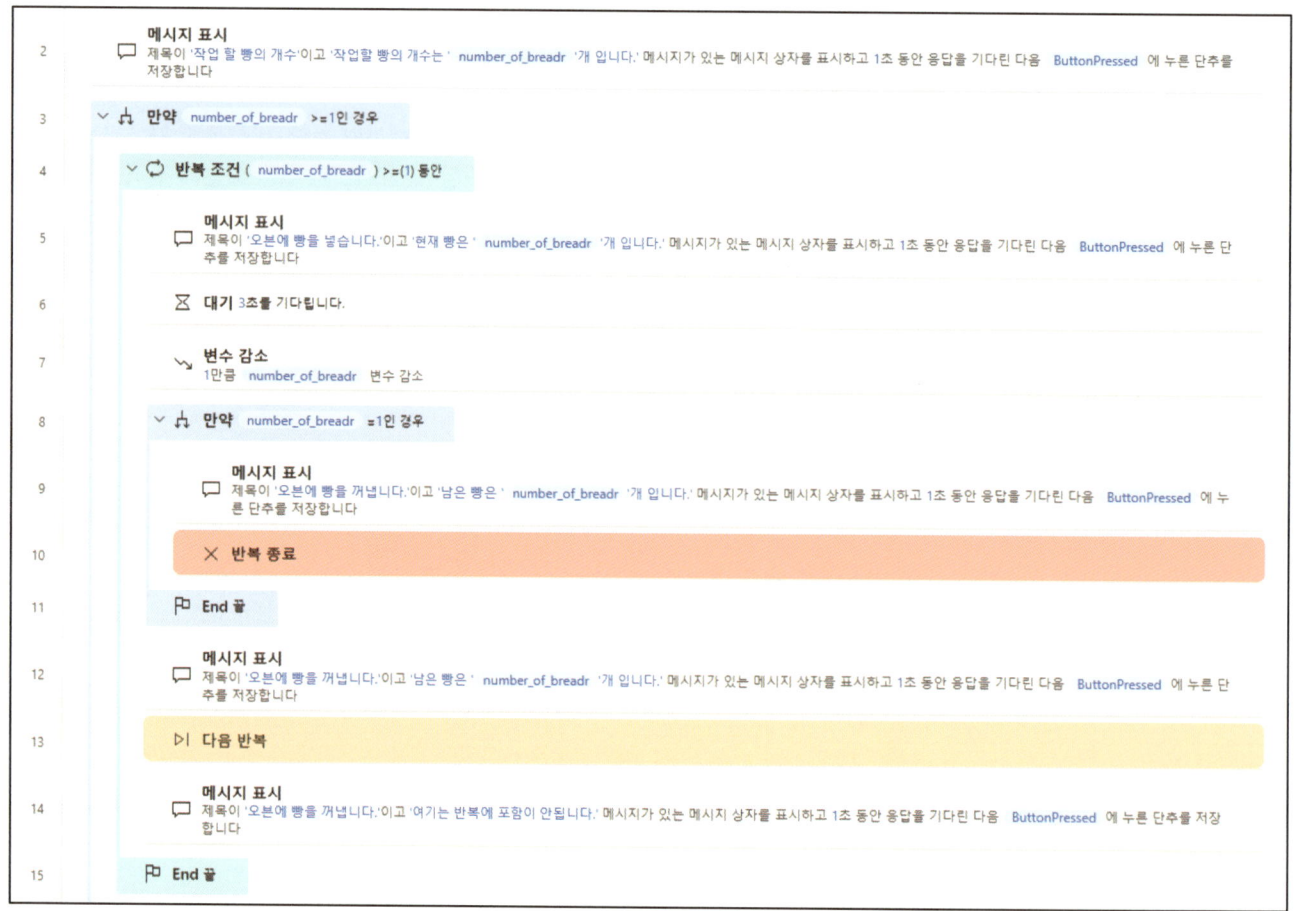

Step 3-9 | 파일/폴더
Actions - File/Folder

3.9.1 파일/폴더 자동화

파일 및 폴더 액션은 RPA 환경에서 업무 효율성을 높이는 핵심적인 기능입니다. 이러한 액션을 잘 활용하면 파일과 폴더 관리 작업을 더욱 간편하게 자동화할 수 있습니다.

파일 작업 액션은 업무 과정에서 자주 발생하는 파일 관련 작업을 자동화하여 업무 시간을 크게 절약해 줍니다. 파일 생성부터 복사, 이동, 삭제는 물론, 파일명 변경과 파일 속성 확인 및 수정 등 디테일한 작업까지 자동으로 처리 가능합니다. 특히 문서 관리나 데이터 백업처럼 자주 반복되는 작업에서 효과를 발휘합니다. 또한 파일 내의 텍스트를 읽거나 특정 내용을 파일에 직접 기록하는 것도 가능해, 데이터 추출이나 기록 업무에서도 유용하게 쓰입니다.

폴더 작업 액션은 파일 시스템을 더욱 체계적으로 관리할 수 있게 해줍니다. 기본적으로 폴더 생성, 복사, 이동, 삭제와 같은 작업을 자동화하며, 폴더명을 변경하거나 폴더의 존재 여부를 손쉽게 파악할 수 있도록 도와줍니다. 특히 폴더 내 파일 목록을 빠르게 검색하고 정리하거나, 특정 폴더의 하위 폴더를 한꺼번에 관리할 수 있어서 데이터가 많은 업무 환경에서 특히 강력한 기능을 발휘합니다.

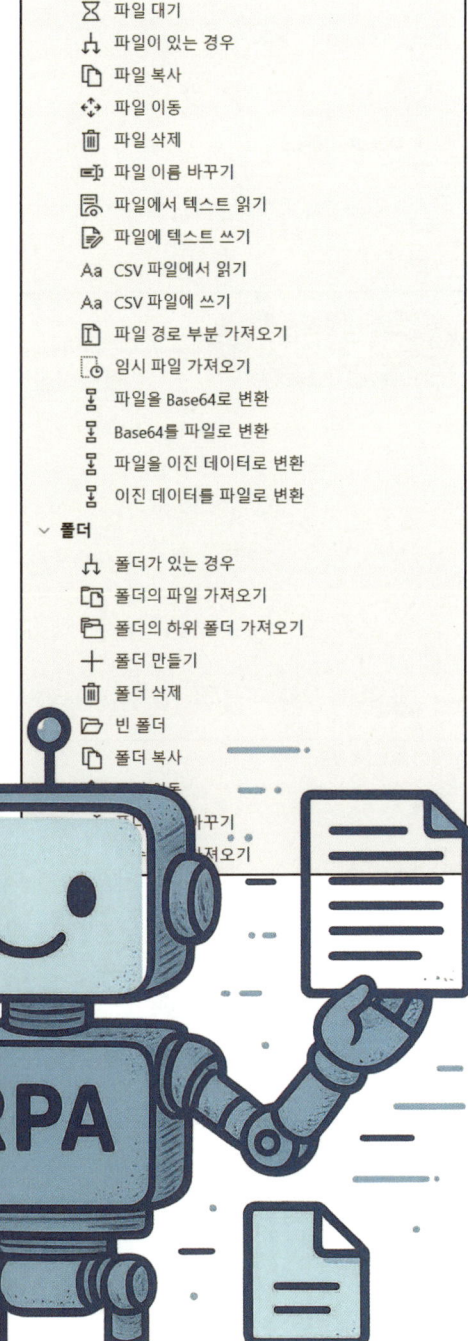

3.9.2 파일/폴더 작업액션

📄 파일 대기 (Wait for file)

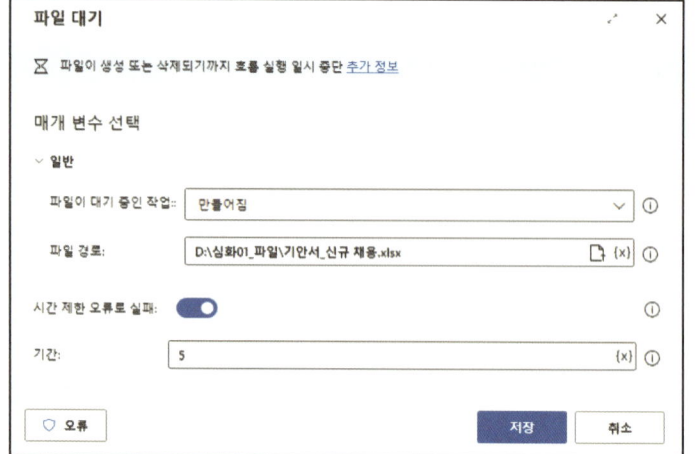

- 파일이 생성되거나 삭제될 때를 대기하며, 특정 파일 경로에 대한 대기를 설정하고, '시간제한 오류' 옵션이 켜져 있을 경우 설정된 시간(초) 동안 작업이 완료되지 않으면 실패로 처리합니다.

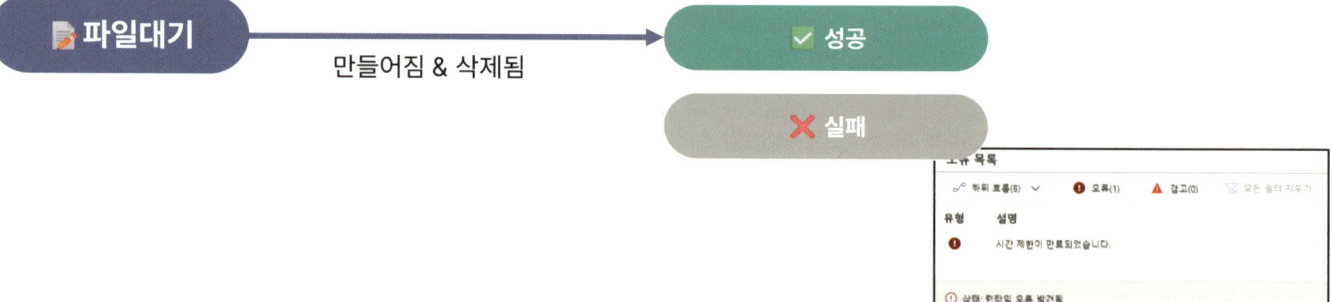

📄 파일이 있는 경우 (If file exists)

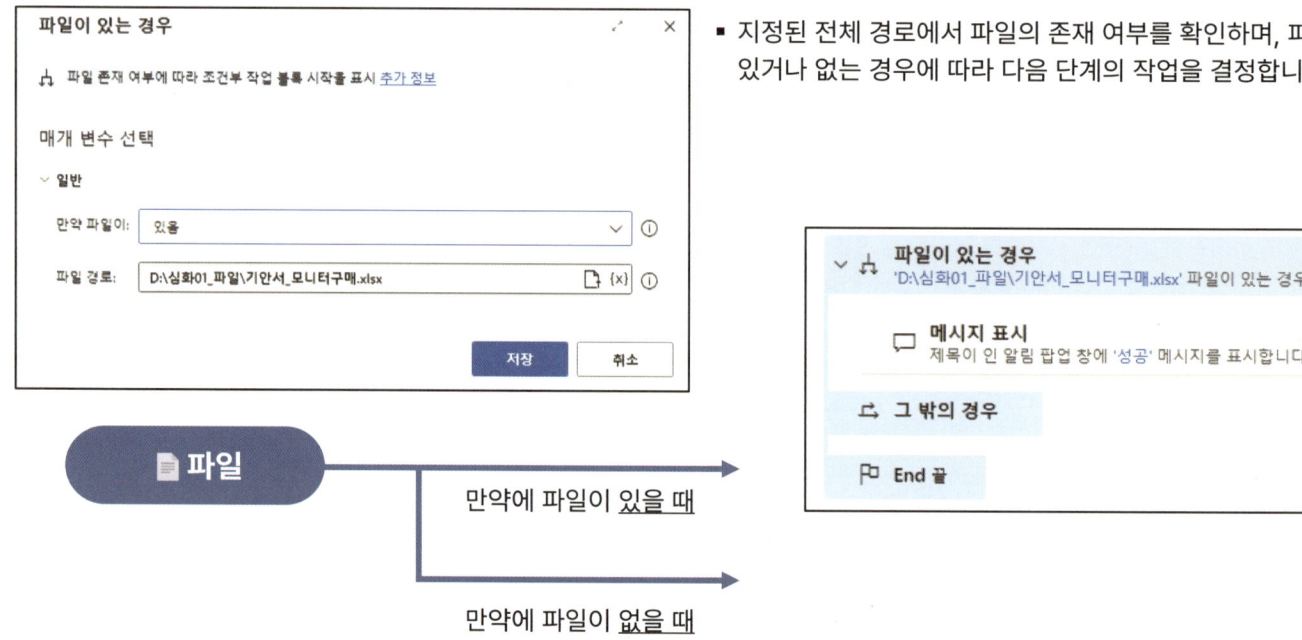

- 지정된 전체 경로에서 파일의 존재 여부를 확인하며, 파일이 있거나 없는 경우에 따라 다음 단계의 작업을 결정합니다.

🎬 파일 복사 (Copy file)

- 지정된 전체 경로의 파일을 복사하여, 복사 파일을 저장할 폴더 경로로 이동시키며, 대상 폴더에 동일한 파일이 존재할 경우에는 아무 작업도 수행하지 않거나 기존 파일을 덮어쓰는 옵션을 제공합니다.

- %CopiedFiles%변수를 생성하여 복사한 파일을 목록형태로 반환 받을 수 있습니다.

🎬 파일 이동 (Move file)

- 지정된 전체 경로의 파일을 다른 위치로 이동시키며, 이동할 파일이 저장될 대상 폴더 경로를 설정하고, 해당 경로에 동일한 파일이 존재하는 경우에는 선택적으로 아무 작업도 수행하지 않거나 기존 파일을 덮어쓸 수 있습니다.

- %MovedFiles%변수를 생성하여 이동한 파일을 목록형태로 반환 받을 수 있습니다.

🎬 파일 삭제 (Delete file)

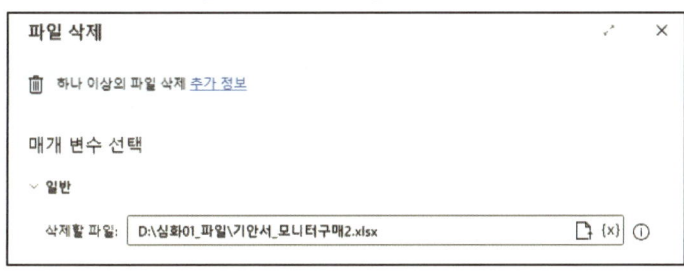

- 지정된 전체 경로의 파일을 삭제합니다. 삭제할 파일의 경로가 정확하지 않거나 파일이 이미 삭제된 경우 오류가 발생합니다.

3.9.2 파일/폴더 작업액션

📁 파일 이름 바꾸기 (Rename file)

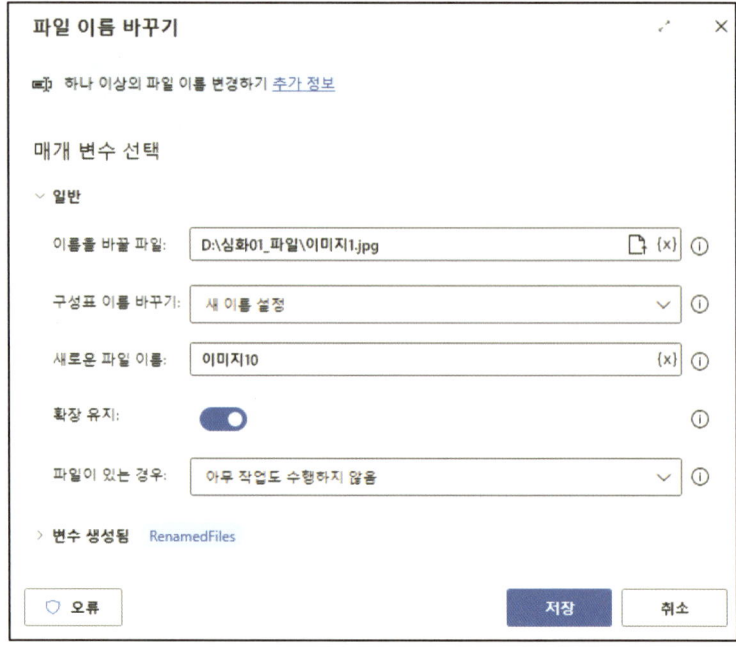

- 지정된 경로의 파일 이름을 변경하며, 구성표 이름 바꾸기 옵션을 통해 새 이름 설정(이름이 변경됨), 텍스트 추가(이름 앞뒤로 추가가능), 텍스트 제거(특정한 텍스트 제거가능), 텍스트 대체(특정한 텍스트로 대체가능), 확장 변경(확장자 변경), 날짜 시간 추가(다양한 날짜시간형태 추가), 순차 만들기(이름 앞 뒤에 번호표시)처럼 다양한 방식으로 이름을 수정할 수 있습니다.

- 이때, 새로운 파일 이름을 지정하고, 필요에 따라 파일 확장자를 유지할 수 있으며, 동일한 이름의 파일이 이미 존재하는 경우에는 아무 작업도 수행하지 않거나 기존 파일을 덮어쓸 수 있습니다.

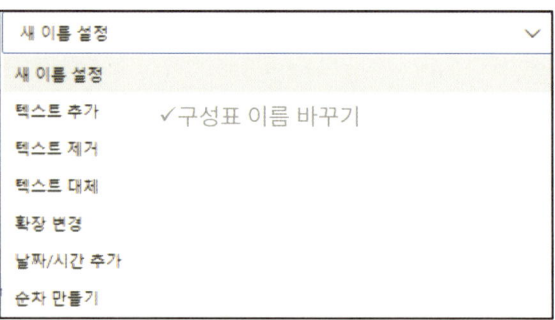

- 사용자가 지정한 파일 경로에서 텍스트를 읽어내고, 읽은 내용을 단일 텍스트 값이나 목록 형태 중 선택하여 **%FileContents%**라는 변수로 결과값을 반환합니다. 이 액션은 읽을 수 있는 텍스트 기반 파일에 적용되며, 텍스트로 변환할 수 없는 파일 형식(예: 이미지나 영상)의 경우 사람이 이해할 수 없는 문자로 반환됩니다.

📄 파일에 텍스트 쓰기 (Write text to file)

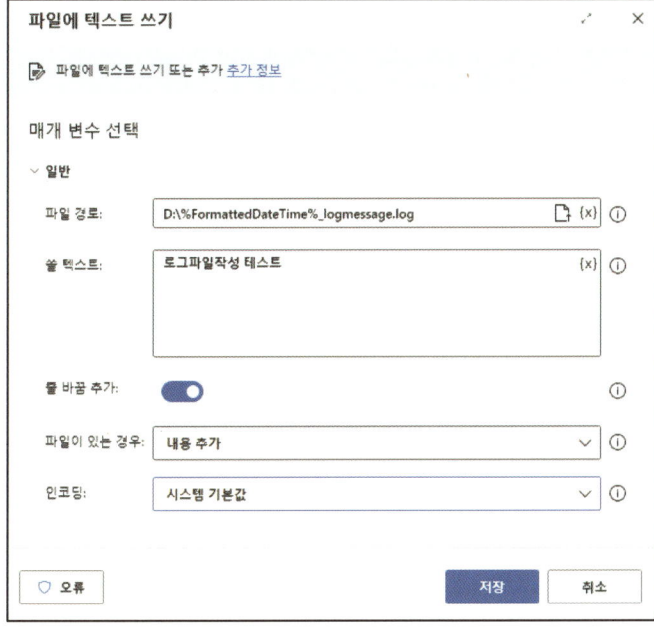

- 텍스트 형식의 파일(예: .txt, .log 등)에 텍스트를 변경하거나 추가하는 기능을 제공합니다. 사용자는 이 액션을 활용하여 코드를 입력함으로써, [현재 날짜]와 같은 정보를 기록하며 실행할 때마다 로그 파일에 정보를 축적하는 로직을 구성할 수 있습니다. 이러한 기능은 파일 기록을 유지하고 추적하는 데 특히 유용합니다.

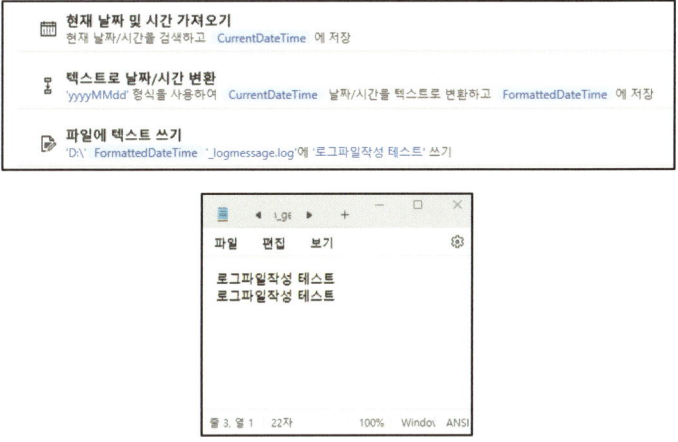

📄 CSV 파일에서 읽기 (Read from CSV file)

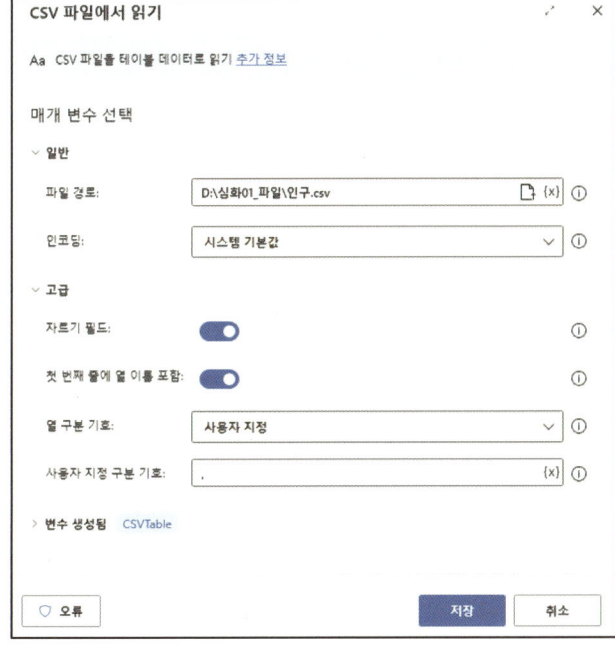

- CSV 형식의 데이터 파일을 읽어서 사용자가 지정한 구분 기호를 기반으로 RPA에서 사용할 수 있는 데이터 테이블 형태로 변환해줍니다. 이 기능을 통해 CSV 파일의 데이터를 효과적으로 분석하고, 다양한 작업에 적용할 수 있습니다.

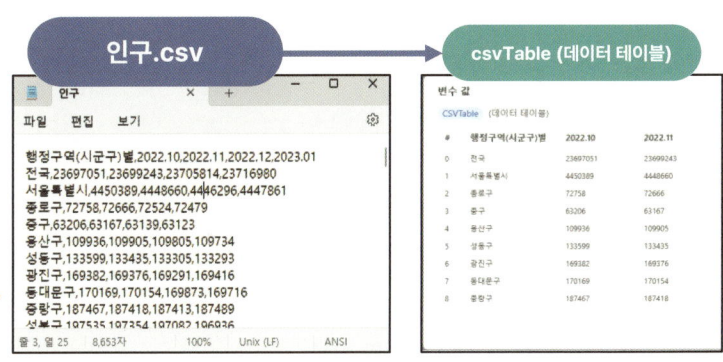

3.9 파일/폴더   **147**

3.9.2 파일/폴더 작업액션

🎬 CSV 파일에서 쓰기 (Write to CSV file)

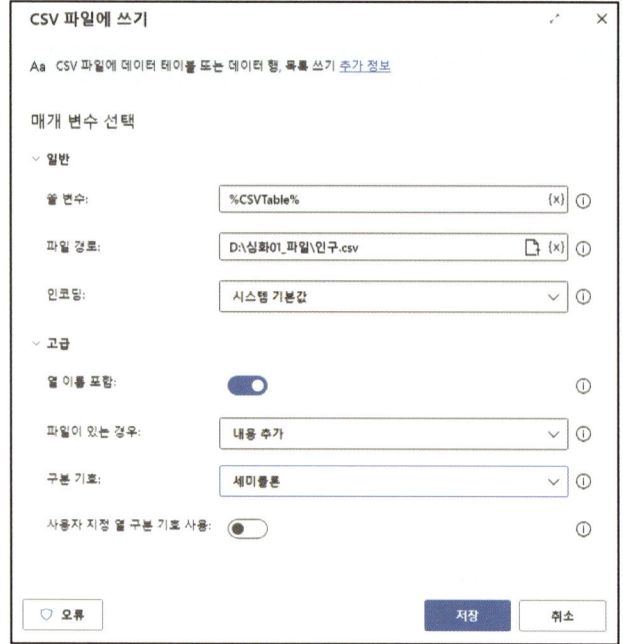

- 데이터 테이블 형태의 정보를 CSV 형식의 파일로 변환하여 저장하는 기능을 제공합니다. 이 작업액션은 Power Automate Desktop에서 처리한 데이터를 CSV 파일로 내보내는데 사용되며, 사용자가 지정한 구분 기호를 이용해 데이터를 적절히 구성하고 저장할 수 있습니다.

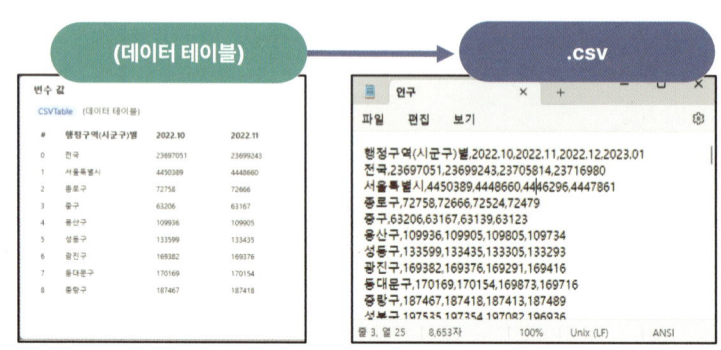

✓ CSV내용을 추가하거나 덮어씌울 수 있습니다.

🎬 파일 경로 부분 가져오기 (Get file path part)

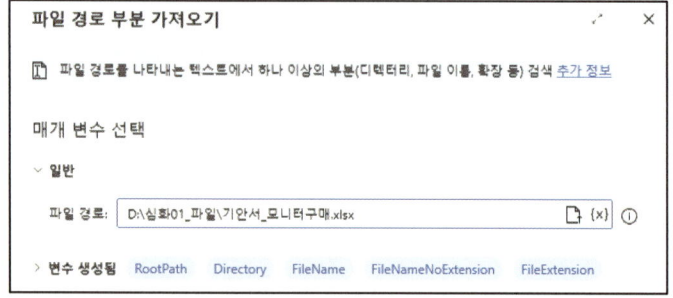

- 주어진 파일 경로에서 파일의 루트 경로, 디렉터리, 파일 이름, 파일 이름에서 확장자를 제외한 부분, 그리고 파일 확장자 등의 세부 정보를 추출할 수 있습니다. 사용자는 이를 통해 파일의 구체적인 위치나 구조에 대한 정보를 얻을 수 있으며, 필요하지 않은 변수는 선택적으로 사용하지 않을 수도 있습니다.

생성 변수	파일 경로 : D:\심화01_파일\기안서_모니터구매.xlsx
루트경로 %RootPath%	D:\
디렉터리 %Directory%	D:\심화01_파일
파일이름 %FileName%	기안서_모니터구매.xlsx
확장자가 없는 파일 이름 %FileNameNoExtension%	기안서_모니터구매
확장자 %FileExtension%	.xlsx

🎬 폴더가 있는 경우 (If folder exists)

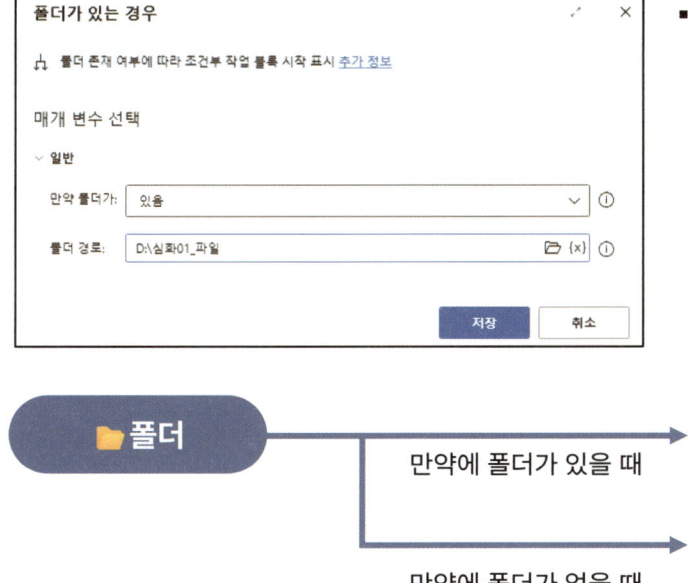

- 지정된 전체 경로에서 폴더의 존재 여부를 확인하며, 폴더가 있거나 없는 경우에 따라 다음 단계의 작업을 결정합니다.

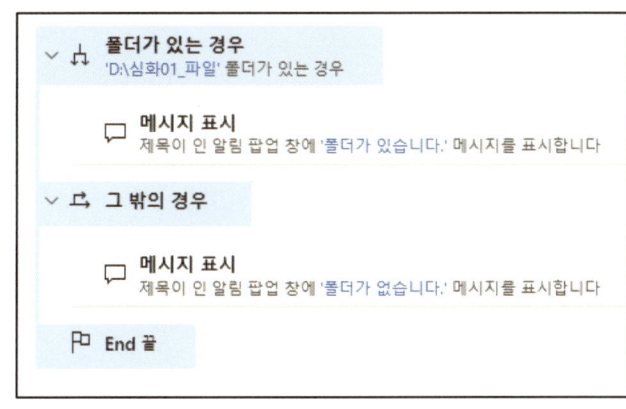

🎬 폴더의 파일 가져오기 (Get files in folder)

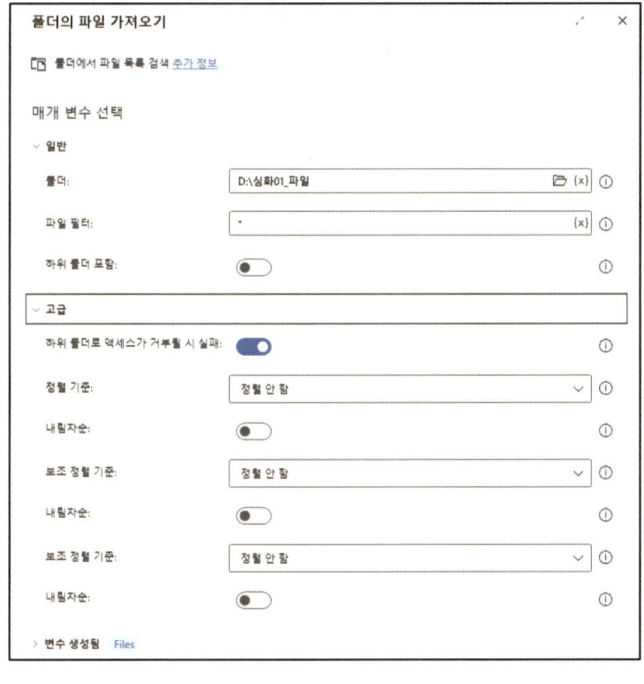

- 지정된 폴더 경로에서 파일을 검색하고 목록화 합니다. 파일 필터를 사용하여 특정 형식의 파일만 선택할 수 있으며, 와일드카드를 활용해 다양한 검색 패턴을 설정할 수 있습니다.

- 예를 들어, '*.pdf;*.xlsx'와 같이 세미콜론을 사용하여 PDF와 Excel 파일만을 대상으로 하거나, '*'를 사용하여 폴더 내의 모든 파일을 가져올 수 있습니다. 또한, 하위 폴더를 포함시킬지 여부를 선택할 수 있으며, 검색된 파일은 'Files'라는 목록 변수로 반환되어 이후의 작업에서 사용할 수 있습니다.

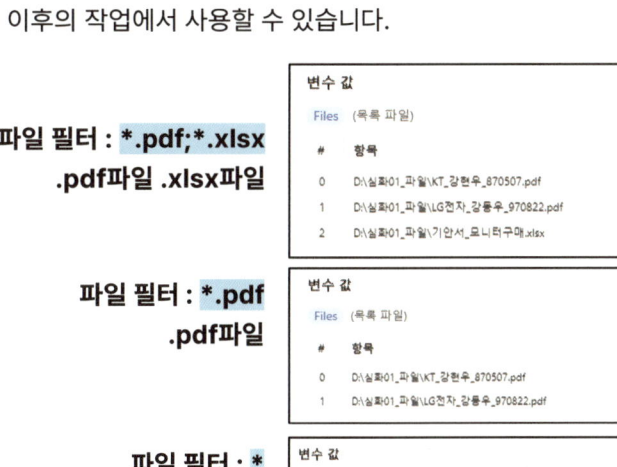

파일 필터 : *.pdf;*.xlsx
.pdf파일 .xlsx파일

파일 필터 : *.pdf
.pdf파일

파일 필터 : *
모든 파일

3.9.2 파일/폴더 작업액션

🎬 폴더의 하위 폴더 가져오기 (Get subfolders in folder)

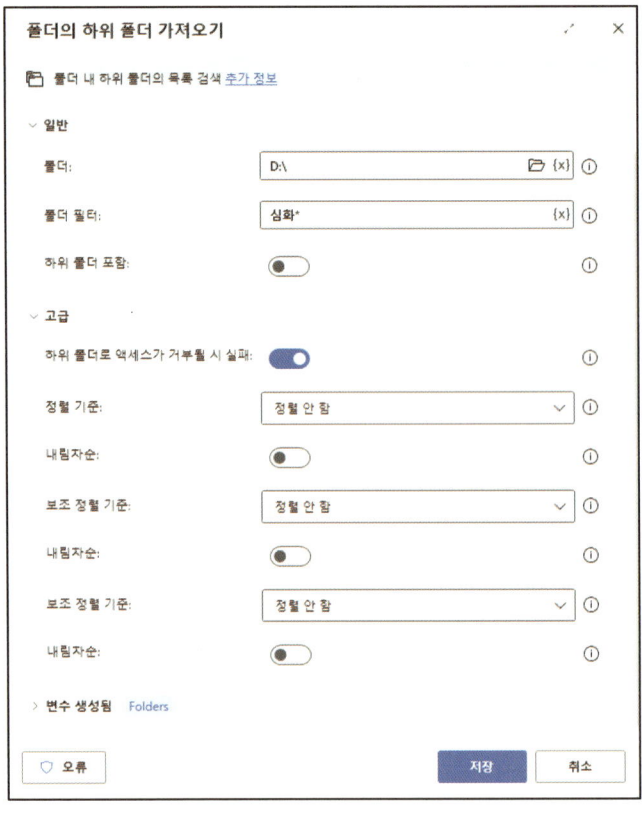

- 사용자가 지정한 폴더 경로에 있는 모든 하위 폴더를 검색합니다. 폴더 필터를 사용하여 특정 패턴이나 텍스트를 포함하는 폴더를 와일드카드로 선별할 수 있습니다.

- 예를 들어, '심화*' 와 같은 와일드카드를 사용하여 'D' 드라이브에 '심화'로 시작하는 모든 폴더의 목록을 가져올 수 있습니다. '하위 폴더 포함' 옵션을 켜면, 지정한 폴더의 모든 계층을 검색할 수 있습니다. 검색 결과는 'Folders'라는 목록 변수에 저장되어 후속 작업에서 활용될 수 있습니다.

🎬 폴더 만들기 (Create folder)

- 지정된 폴더 전체 경로에 새 폴더를 생성합니다. 기존에 폴더가 있어도 오류가 발생하지 않습니다. 사용자는 새로운 폴더의 이름을 지정하며, 작업이 성공적으로 완료되면 생성된 폴더의 경로가 'NewFolder'라는 변수로 반환되어 후속 작업에서 참조할 수 있습니다.

🎬 폴더 삭제 (Delete folder)

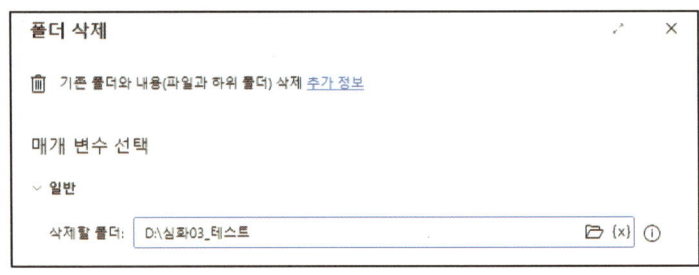

- 사용자가 지정한 폴더 전체 경로의 폴더를 제거합니다. 만약 해당 폴더가 존재하지 않으면 오류가 발생하니 폴더의 존재 유무를 확인하는 단계가 필수적입니다.

빈 폴더 (Empty folder)

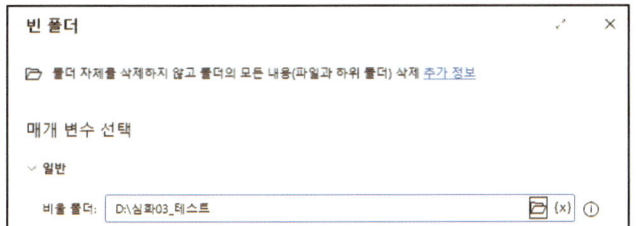

- 지정한 폴더 내부의 모든 파일과 하위 폴더를 삭제하되, 폴더 자체는 유지합니다. 이 작업을 위해 사용자는 비워야 할 폴더의 전체 경로를 제공해야 하며, 지정된 경로의 폴더가 존재하지 않을 경우 오류가 발생합니다. 이 액션은 폴더의 내용을 정리하면서도 폴더의 구조를 보존해야 할 때 유용합니다.

폴더 복사 (Copy folder)

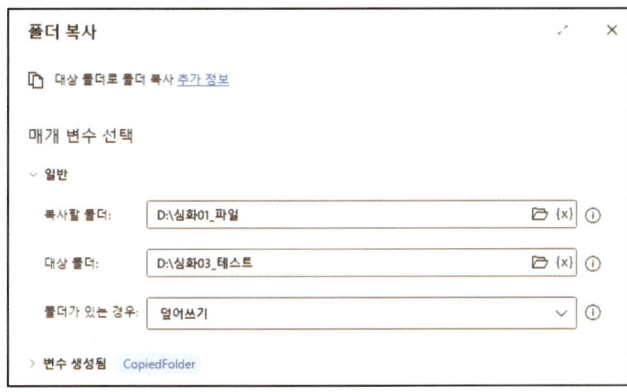

- 지정된 전체 경로에 있는 폴더를 다른 경로로 복사합니다. 사용자는 복사할 폴더의 전체 경로와 복사될 대상 폴더의 전체 경로를 제공해야 합니다.

- 만약 대상 폴더 경로에 동일한 이름의 폴더가 이미 존재한다면, 사용자는 아무 작업도 수행하지 않거나 기존 폴더를 덮어쓰는 옵션 중에서 선택할 수 있습니다. 작업이 완료되면, 대상 폴더 안에 복사할 폴더가 전체 내용과 함께 복사됩니다.

매개 변수	내용
복사할 폴더	D:\심화01_파일
대상 폴더	D:\심화03_테스트
결과	D:\심화03_테스트\심화01_파일

폴더 이동 (Move folder)

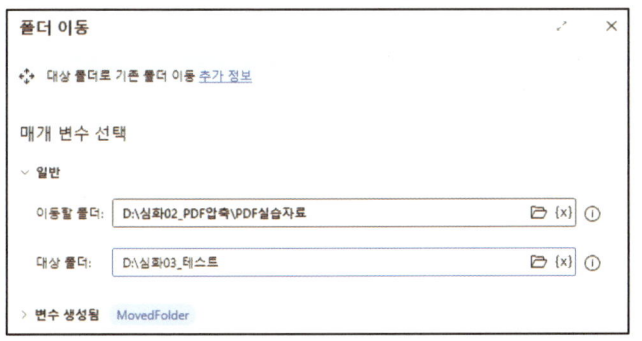

- 사용자가 지정한 전체 경로에 있는 폴더를 다른 위치로 이동합니다. 이때, 이동할 폴더의 전체 경로와 이동될 대상 폴더의 전체 경로를 명확히 지정해야 합니다. 만약 이동하려는 폴더가 존재하지 않을 경우, 오류가 발생합니다. 파일 시스템의 조직화나 디렉터리 구조 변경 시 효율적으로 사용될 수 있습니다.

매개 변수	내용
이동할 폴더	D:\심화02_PDF압축\PDF실습자료
대상 폴더	D:\심화03_테스트
결과	D:\심화03_테스트\PDF실습자료

3.9.2 파일/폴더 작업액션

📁 폴더 이름 바꾸기 (Rename folder)

- 사용자가 지정한 전체 폴더 경로에 있는 폴더의 이름을 변경합니다. 이를 위해 이름을 바꿀 폴더의 전체 경로와 새로운 폴더 이름을 명확하게 지정해야 합니다. 만약 지정된 경로에 폴더가 존재하지 않을 경우, 오류가 발생합니다. 이 액션은 폴더의 이름을 업데이트하거나 보다 명확하게 재구성할 필요가 있을 때 유용하게 사용될 수 있습니다.

매개 변수	내용
이름을 바꿀 폴더	D:\심화03_테스트
새 폴더 이름	심화03_테스트1
결과	D:\심화03_테스트1

📁 특수 폴더 가져오기 (Get special folder)

- 운영 체제에 의해 정의된 특수 폴더의 경로를 가져옵니다. 이 액션을 사용하면, 사용자는 '바탕화면', '문서', '즐겨찾기' 등과 같은 특수 폴더를 선택할 수 있으며, 선택한 특수 폴더의 이름에 따라 해당 경로가 자동으로 입력됩니다. 이 액션은 다양한 특수 폴더를 지원합니다.

- 예를 들어, '프로그램', '개인', '즐겨찾기', '시작', '최근', '보내기', '시작 메뉴', '음악', '바탕 화면', '템플릿', '애플리케이션 데이터', '로컬 애플리케이션 데이터', '인터넷 캐시', '쿠키', '기록', '공용 애플리케이션 데이터', '시스템', '프로그램 파일', '그림', '공용 프로그램 파일'과 같은 중요한 시스템 폴더들의 경로를 쉽게 알아낼 수 있습니다.

3.9.3 절대경로와 상대경로

시스템에서 경로는 파일 또는 디렉터리의 위치를 나타내는 핵심적인 개념입니다. 특히 RPA 개발에서는 데이터 관리와 프로젝트 유지보수를 위해 경로를 정확히 이해하고 적절히 활용하는 것이 중요합니다.

▪ 파일 시스템과 경로
파일 시스템에서 '경로(path)'는 파일이나 폴더의 위치를 지정하는 문자열입니다. 이는 주로 '절대 경로(absolute path)'와 '상대 경로(relative path)' 두 가지 형태로 표현됩니다.

▪ 절대경로와 상대경로
절대경로 : 이는 파일 시스템의 루트 디렉터리부터 시작해 파일 또는 디렉터리까지의 완전한 경로를 나타냅니다. 절대경로는 파일 시스템의 구조에 따라 항상 일정하며, 파일의 위치를 명확히 지정합니다.
상대경로 : 현재 디렉터리를 기준으로 파일 또는 디렉터리의 위치를 나타냅니다. 상대경로는 현재 위치에 따라 변할 수 있으며, 파일 시스템의 일부를 이동하거나 복사할 때 유용합니다.

▪ RPA에서의 경로 활용
RPA 개발에서는 상대 경로 사용이 권장됩니다. 절대 경로는 개발자의 PC 파일 시스템에 종속적이며, 다른 PC에서 실행될 때 무효가 될 수 있습니다. 이는 데이터 접근 실패 및 프로세스 실패로 이어질 수 있습니다. 반면, 상대 경로나 별도의 설정 파일(Config file)을 사용하면, 실행되는 PC의 파일 시스템 구조에 관계없이 작업을 정확히 수행할 수 있습니다. 일반적으로, 'Data' 폴더를 생성하고, 'Output', 'Input', 'Work'와 같은 하위 폴더를 만들어 데이터와 산출물을 관리합니다. 이런 구조와 상대 경로를 활용하면, RPA 로봇은 어느 PC에서든 원활한 작업 수행이 가능합니다.

Power Automate에서는 "특수 폴더 가져오기"라는 작업 액션을 통해 특정 경로를 변수에 담아 사용 할 수 있습니다.

구분	절대경로	상대경로
작업 디렉터리 기준	작업 디렉터리를 기준으로 절대적인 위치	작업 디렉터리를 기준으로 상대적인 위치
예) 서울시청의 위치	서울 중구 세종대로 110	시청역 5번 출구 서울광장 앞쪽 서울도서관 건물
예) Power Automate폴더 Temp폴더 호출 시	"C:\Users\RPA\PowerAutomate\Data\temp"	"Data\Temp\"
예) Windows 파일 Hosts파일 호출 시	"C:\Windows\System32\drivers\etc\hosts"	"..\drivers\etc\hosts"

3.9.4 실습 – 조건문, 반복문을 활용한 파일/폴더 제어

실습 자료 다운로드 받기

- 실습자료를 해당 링크에서 다운로드를 받고, 압축을 해제합니다. https://rpakr.com/교재실습파일
- 압축을 푼 경로는 바탕화면으로 합니다. C:\Users\사용자명\Desktop\RPA실습

A. 특수 폴더 경로 가져오기

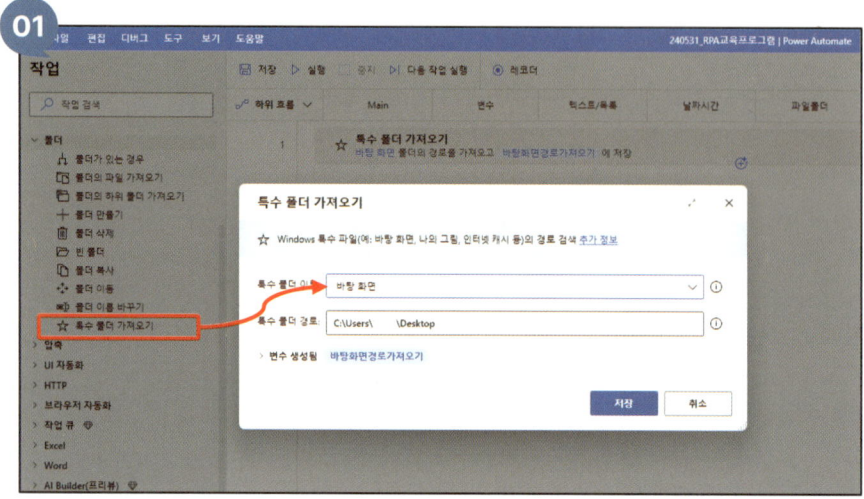

01 [폴더]-[특수 폴더 가져오기]를 통해 사용자별로 변할 수 있는 위치(바탕화면, 문서 등)를 가변적으로 가져와 다른사람의 PC에서도 동일하게 업무를 수행 할 수 있도록 합니다.

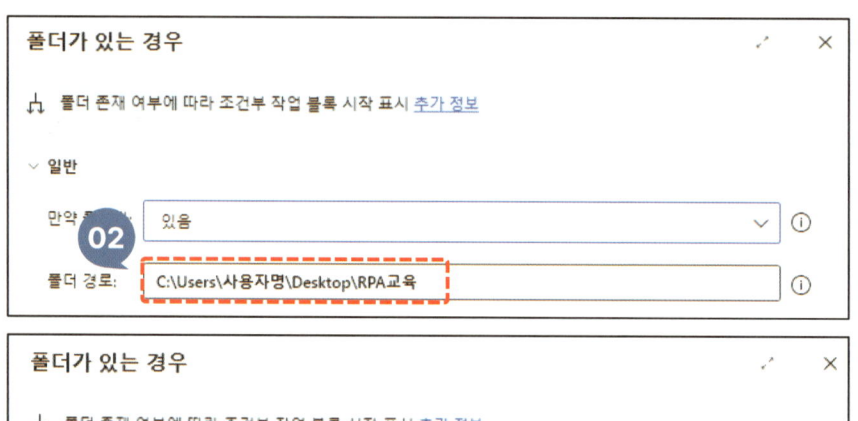

02 바탕화면의 "RPA교육"이라는 폴더를 참조할 때 이전에는 모든 주소를 작성했다면 [특수 폴더 가져오기] 작업액션 을 사용한다면 변수화시켜서 변수와 필요한 폴더명만 사용하면 자동으로 바탕화면의 RPA교육 폴더를 참조하게 됩니다.

모든경로
C:\Users\사용자명\Desktop\RPA교육

변수+경로
%바탕화면경로가져오기%\RPA교육

B. 폴더가 없을 때, 폴더생성하기

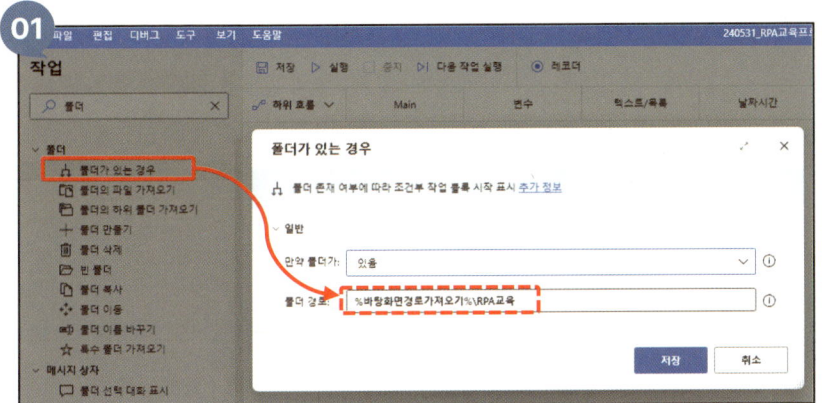

01 | [폴더]-[특수 폴더 가져오기] 작업액션으로 바탕화면 경로를 %바탕화면경로가져오기% 변수로 설정합니다.

[폴더]-[폴더가 있는 경우] 작업액션에서 %바탕화면경로가져오기%\RPA교육을 입력합니다.

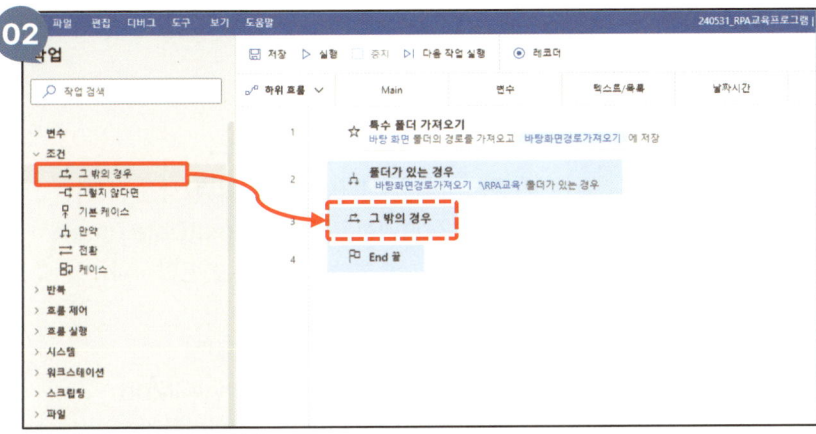

02 | [조건]-[그 밖의 경우(Else)]를 폴더가 있는 경우와 End 끝 사이에 위치시킵니다.

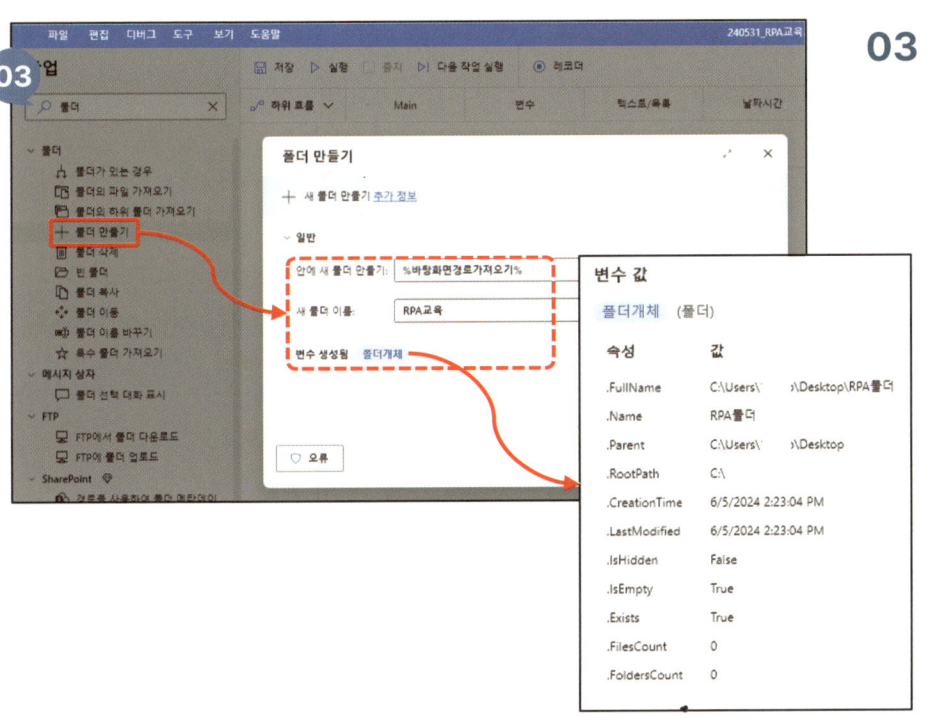

03 | [폴더]-[폴더 만들기] 작업액션을 통해서 바탕화면에 "RPA폴더"를 생성하도록 하고 실행하면 폴더가 없을 때, 폴더가 생성되는 것을 확인할 수 있습니다.

이때 생성되는 변수는 목록형태의 폴더변수로 폴더의 정보를 가지고 있습니다.

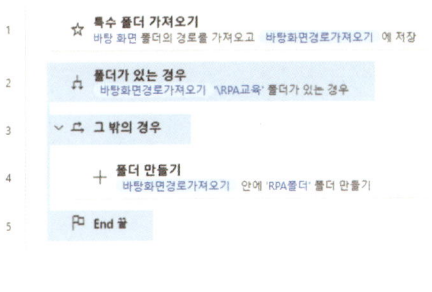

3.9.4 실습 – 조건문, 반복문을 활용한 파일/폴더 제어

C. 텍스트파일에 값 입력하기(로그메시지) 1

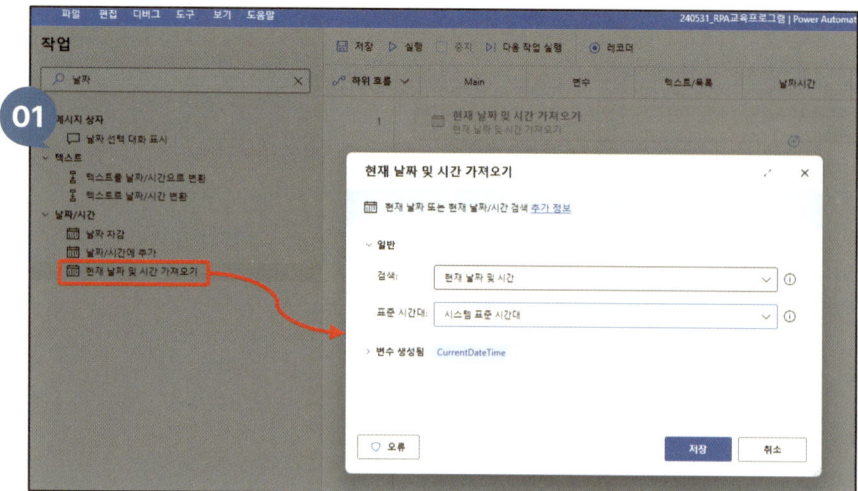

01 | [날짜/시간]-[현재 날짜 및 시간 가져오기] 작업액션을 통해 현재 시간을 %CurrentDateTime%변수에 가져옵니다.

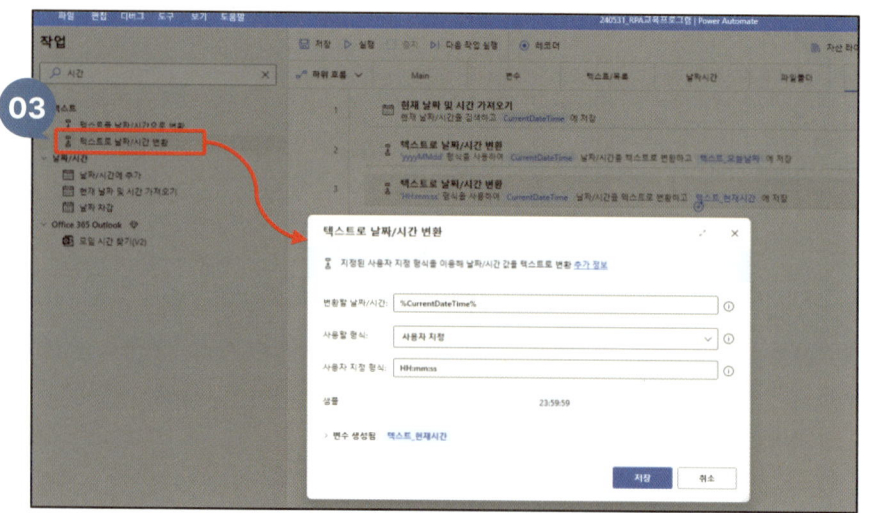

02 | [텍스트]-[텍스트로 날짜/시간 변환] 작업액션으로 %CurrentDateTime% 변수를 텍스트형태로 변환합니다.

사용할 형식 : 사용자 지정
사용자 지정 형식 : yyyyMMdd
반환변수 : %텍스트_오늘날짜%

03 | [텍스트]-[텍스트로 날짜/시간 변환] 작업액션으로 %CurrentDateTime% 변수를 텍스트형태로 변환합니다.

사용할 형식 : 사용자 지정
사용자 지정 형식 : HH:mm:ss
반환변수 : %텍스트_현재시간%

04 | 특수폴더를 통해 바탕화면 경로를 가져오고, 바탕화면에 "로그메시지"라는 폴더가 없다면 만들도록 하겠습니다.

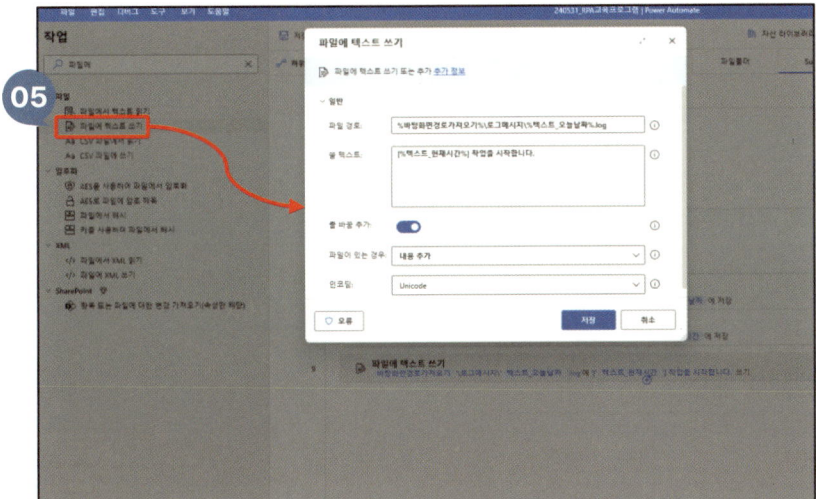

05 | [파일]-[파일에 텍스트 쓰기] 작업액션을 통해 로그메시지의 경로를 지정하고 작성하고, 텍스트도 작성하겠습니다.

다음부터 파일에 텍스트 쓰기 작업액션을 통해 로그메시지를 지속적으로 기록 할 수 있습니다.

파일경로 : %바탕화면경로가져오기%\로그메시지\%텍스트_오늘날짜%.log
쓸 텍스트 : [%텍스트_현재시간%] 작업을 시작합니다.
줄 바꿈 추가 : 선택
파일이 있는 경우 : 내용추가

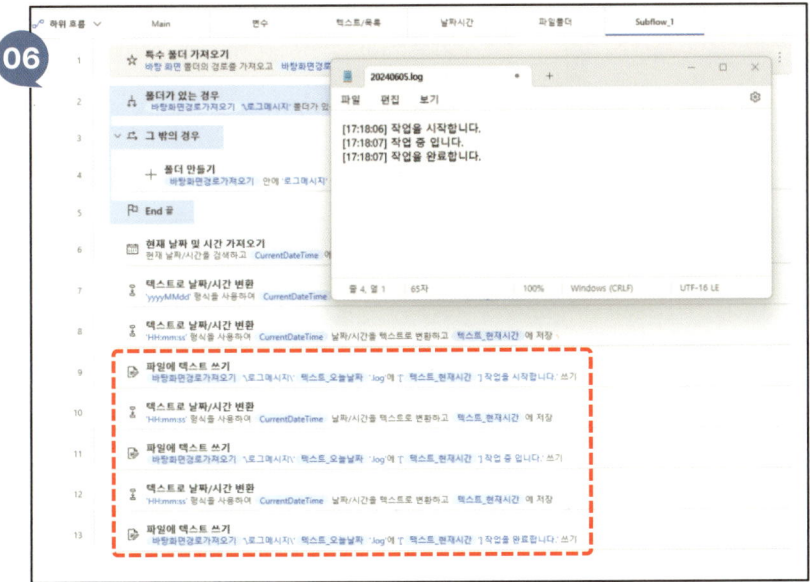

06 | 정상적으로 오늘날짜의 log파일에 로그메시지가 기록 된 것을 확인할 수 있습니다.

주의할 부분은 로그를 기록 할 때 시간은 위에서 정의한 %텍스트_현재시간%을 계속 참조하기 때문에 로그메시지를 작성하기 전에 텍스트로 날짜/시간 변환은 함께 작성해야 됩니다.

3.9.4 실습 – 조건문, 반복문을 활용한 파일/폴더 제어

D. 선택대화상자를 활용하여 폴더 및 파일 선택하기

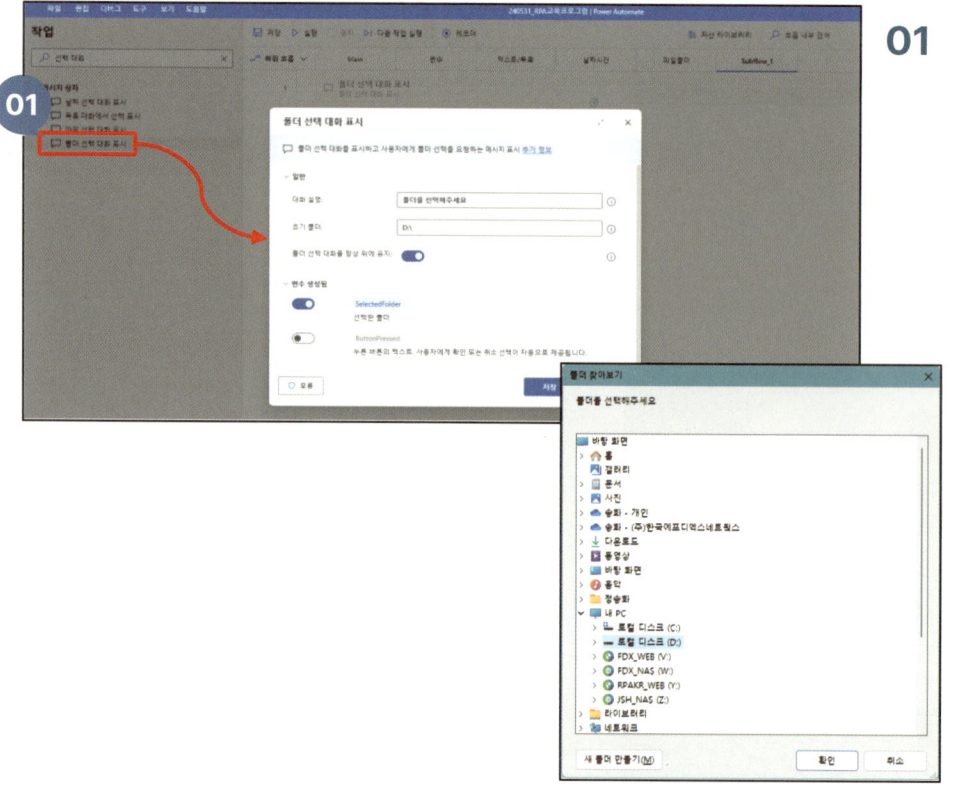

01 | [메시지 상자]-[폴더 선택 대화 표시] 작업액션 에서 사용자에게 폴더주소를 요청하여 입력 받을 수 있습니다.

입력된 변수는 **%SelectedFolder%**으로 불러 올 수 있습니다.

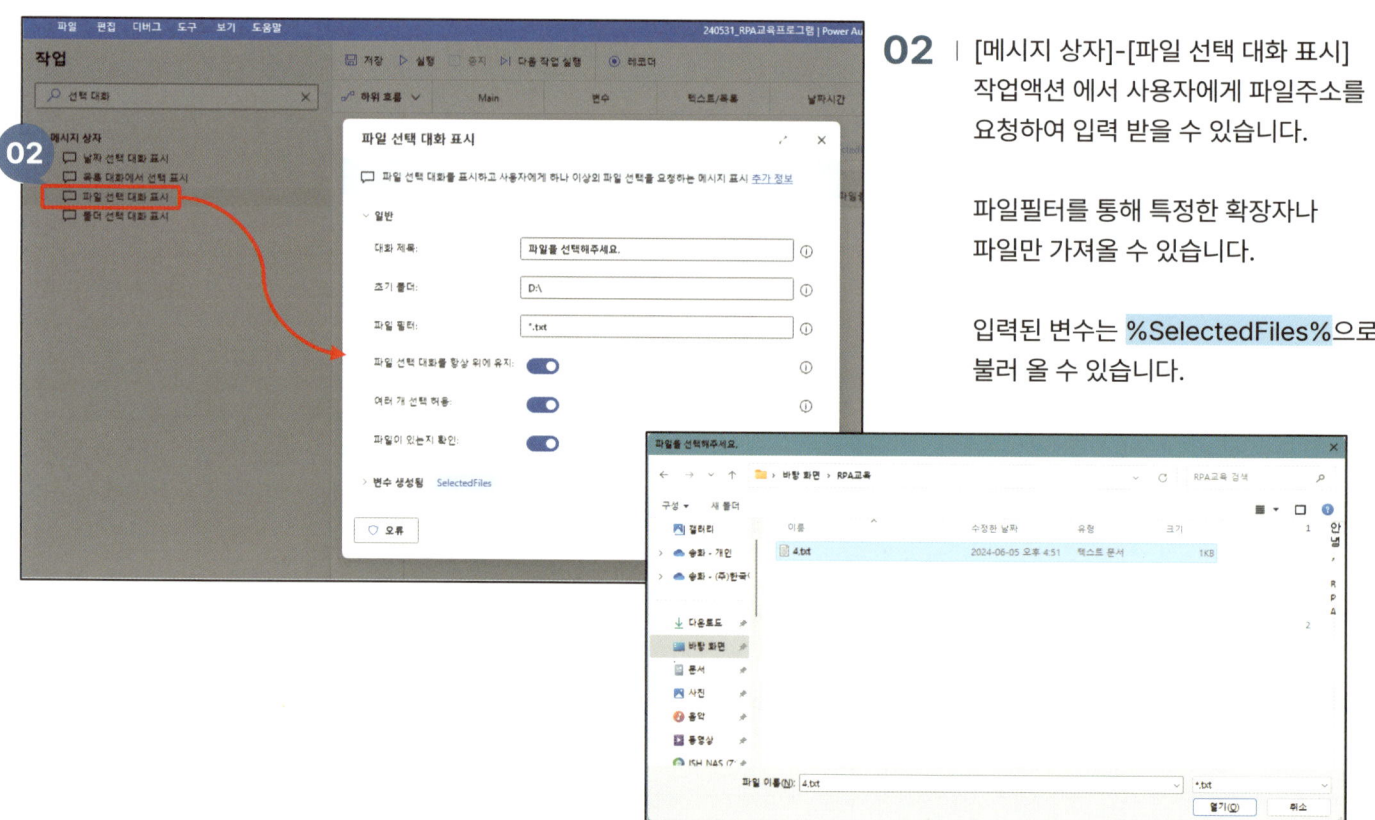

02 | [메시지 상자]-[파일 선택 대화 표시] 작업액션 에서 사용자에게 파일주소를 요청하여 입력 받을 수 있습니다.

파일필터를 통해 특정한 확장자나 파일만 가져올 수 있습니다.

입력된 변수는 **%SelectedFiles%**으로 불러 올 수 있습니다.

E. 파일 생성하기 - RPA폴더에 1.xlsx, 2.ppt, 3.doc, 4.txt 파일을 생성

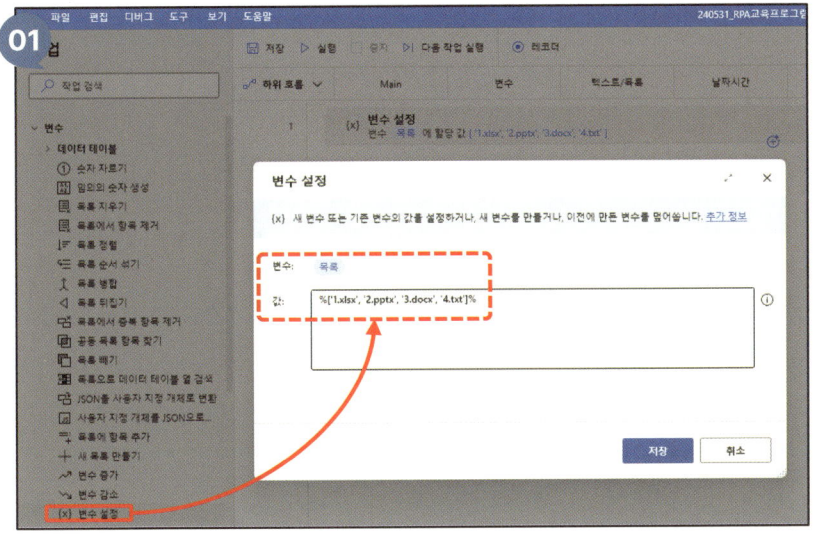

01 | [변수]-[변수 설정] 작업액션으로 변수의 이름은 %목록%이라고 작성하고, 값을 아래와 같이 파일명으로 입력합니다.

%['1.xlsx', '2.pptx', '3.docx', '4.txt']%

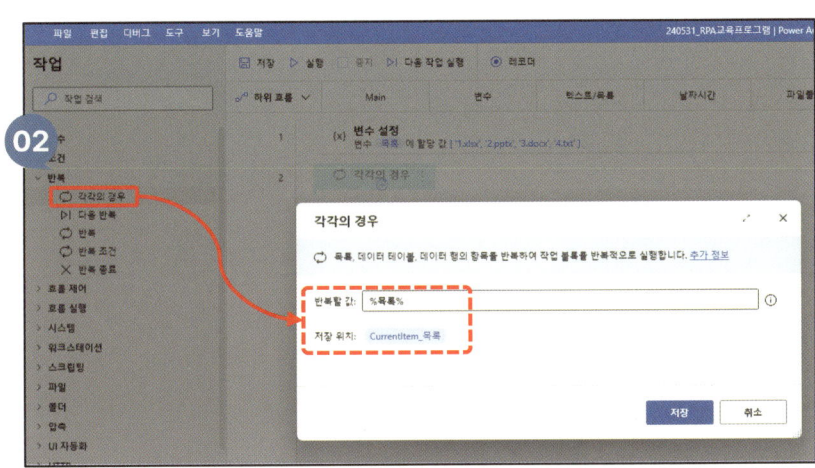

02 | [반복]-[각각의 경우] 작업액션에서 반복할 값은 %목록%이고 저장위치는 %CurrentItem_목록%를 입력합니다.

반복 횟수에 따라 %CurrentItem_목록% 값에는 1.xlsx > 2.pptx > 3.docx > 4.txt 값이 들어갑니다.

03 | 목록 값에서 확장자 조건에 따라 파일을 생성하도록 하겠습니다.

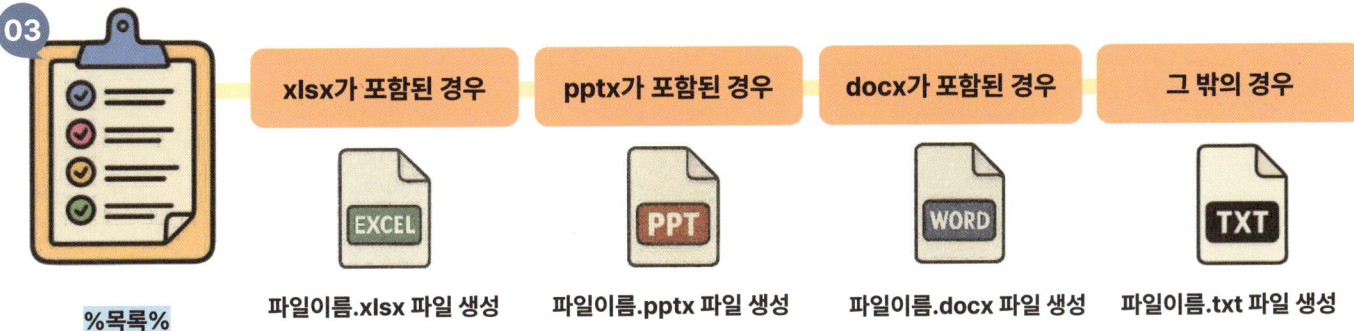

3.9 파일/폴더 **159**

3.9.5 실습 – 조건문, 반복문을 활용한 다양한 파일 생성하기

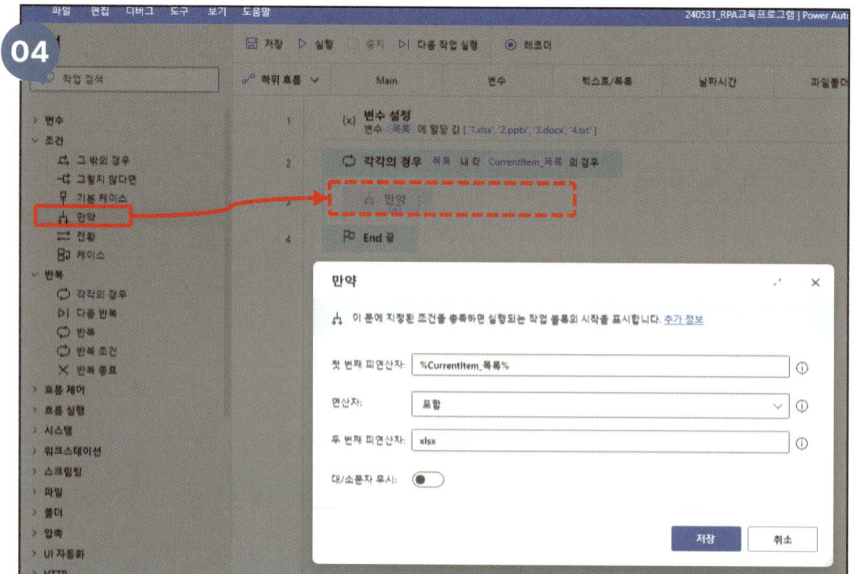

04 | [조건]-[만약(IF)] 작업액션을 선택하고
첫번째 피
연산자 : %CurrentItem_목록%
연산자 : 포함
두 번째 피연산자 : xlsx 를 입력합니다.

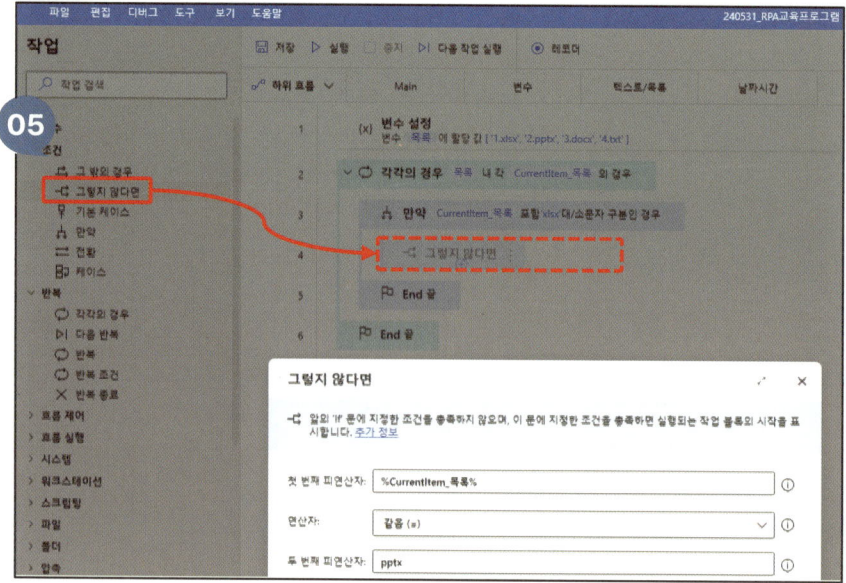

05 | [조건]-[그렇지 않다면(Else if)]
작업액션을 선택하고
첫번째 피
연산자 : %CurrentItem_목록%
연산자 : 포함
두 번째 피연산자 : pptx 를 입력합니다.

06 | pptx와 동일하게 docx인 경우와
모든 조건 외(그 밖의 경우) 작업액션을 생성합니다.

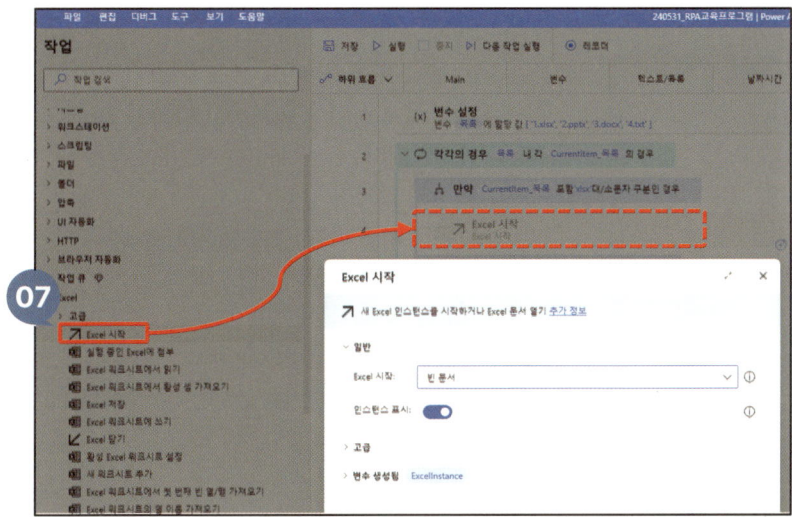

07 | %CurrentItem_목록%값이 xlsx를 포함하고 있다라는 [만약(IF)] 작업액션 아래에 [Excel]-[Excel 시작] 작업액션을 생성하고 Excel 시작 항목을 "빈 문서"로 설정합니다.

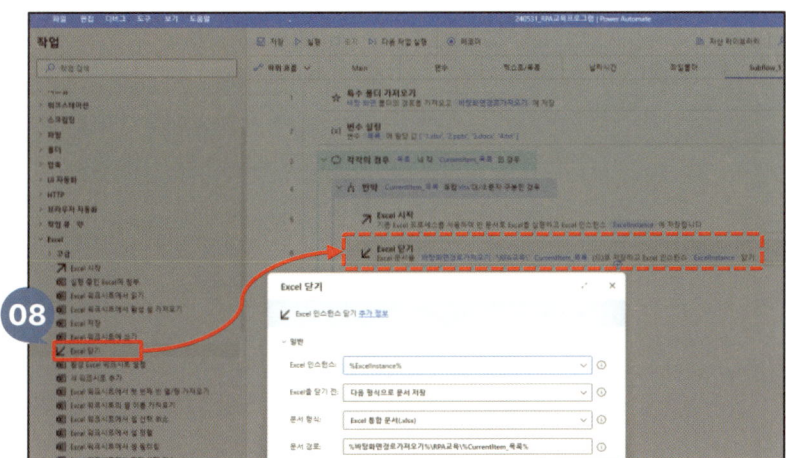

08 | [Excel]-[Excel 닫기] 작업액션을 사용하여 다음 형식으로 문서 저장, Excel 통합문서, 문서경로는 아래와 같이 설정합니다.

%바탕화면경로가져오기%\RPA교육\%CurrentItem_목록%

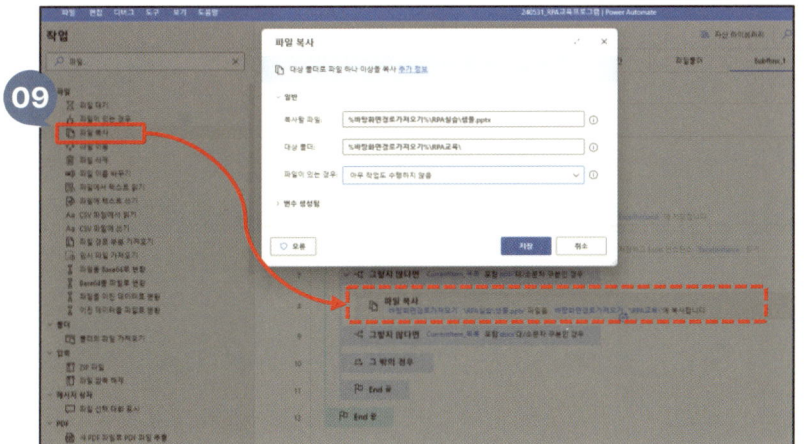

09 | PPTX는 만들 수 있는 직접적인 작업액션이 존재하지 않아 파일복사로 대체하겠습니다.

다운로드 받은 실습자료폴더에서 샘플.pptx를 파일복사하도록 하겠습니다.

복사할파일에는 %바탕화면경로가져오기%\RPA실습\샘플.pptx% 을 입력하고
대상폴더에는 %바탕화면경로가져오기%\RPA교육\을 입력합니다.

변수생성: %CopiedFiles%

3.9.5 실습 – 조건문, 반복문을 활용한 다양한 파일 생성하기

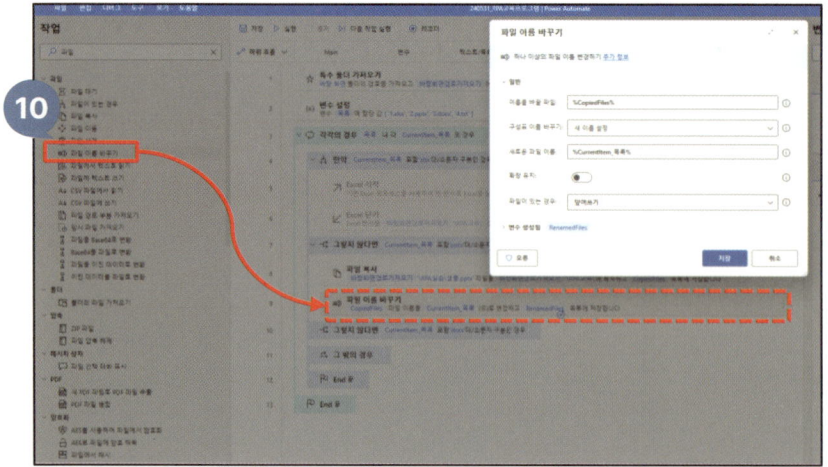

10 [파일]-[파일 이름 바꾸기] 작업액션을 파일 복사 하단에 배치하고 다음과 같이 입력합니다.

이름을 바꿀 파일 : %CopiedFiles%
구성표 이름 바꾸기 : 새 이름 설정
새로운 파일
이름 : %CurrentItem_목록%
확장유지 : 해제
파일이 있는 경우 : 덮어쓰기

✓ %CopiedFiles% 변수는 09번에서 파일복사하는 과정에서 나오는 변수입니다.

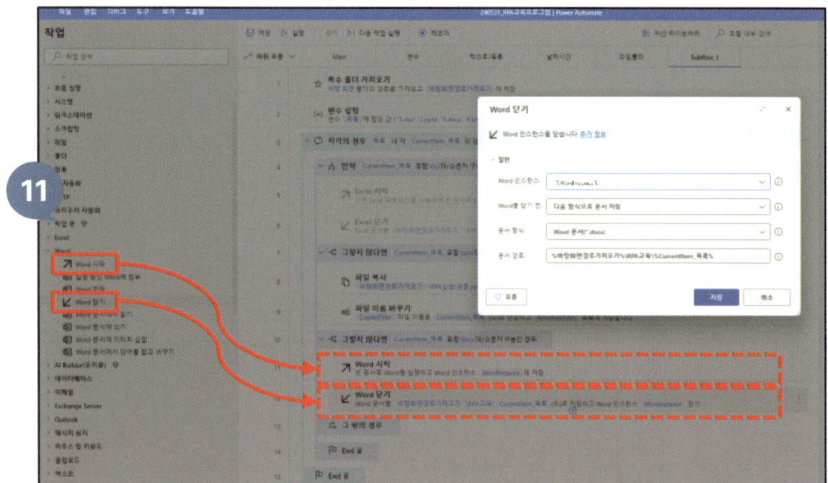

11 Xlsx파일을 처리했을 때와 동일하게. [Word]-[Word 시작]을 통해 word를 실행하고 [Word]-[Word 닫기]를 통해 파일을 저장합니다.

Word를 닫기 전 : 다른 형식으로 문서 저장
문서형식 : Word 문서(*.docx)
문서경로 : %바탕화면경로가져오기%\RPA교육\%CurrentItem_목록%

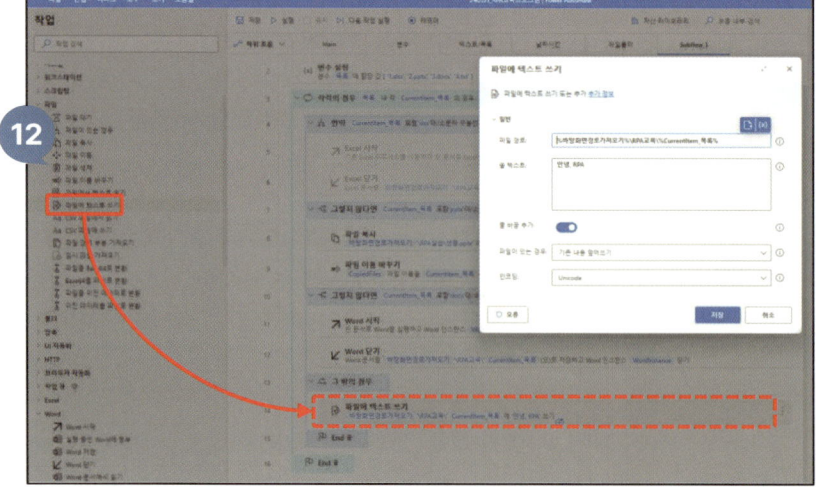

12 마지막으로 그 밖의 경우에는 [파일]-[파일에 텍스트 쓰기] 작업액션을 생성합니다.

파일경로 : %바탕화면경로가져오기%\RPA교육\%CurrentItem_목록%
쓸 텍스트 : 안녕, RPA

실행하면 정상적으로 4개의 파일이 생성된 것을 확인할 수 있습니다.

1.xlsx   2.pptx   3.docx   4.txt

Step 3 - 10 | 데이터 테이블
Actions - Data Table

3.10.1 데이터 테이블의 개념과 활용

데이터 테이블은 행과 열로 구성된 2차원 배열 구조를 가지며, 데이터를 정렬하고 관리하기 쉽게 만드는 데 사용됩니다. 데이터 테이블 액션(작업 액션)를 사용하면, 다양한 데이터 처리 작업을 수행할 수 있습니다. 데이터를 필터링하거나 정렬하고, 열이나 행을 추가, 삭제하는 등의 작업을 손쉽게 할 수 있습니다. 또한, 데이터 테이블 간의 결합이나 병합 작업도 가능합니다.

업무에서는 엑셀 시트에서 데이터를 가져와 데이터 테이블 형태로 변환한 후 필요한 조건에 맞게 정렬하거나 필터링하여 새로운 엑셀 파일로 저장하는 과정이 있습니다. 이를 통해 데이터 분석이나 보고서 작성을 효율적으로 수행할 수 있습니다. 데이터 테이블 액션을 사용하면 업무 처리 과정에서 엑셀로만 데이터를 처리하는 것보다 쉽게 관리하고 효율적으로 처리할 수 있습니다.

Variable value

데이터 테이블이름 → ExcelData (Datatable)

머리글(Header), 열(Column), 행(Row)

#	Product Name	Product Code	Price	Availability	Description
0	Product1	2384	$40	True	This is Product 1
1	Product2	4635	$20	True	This is Product 2
2	Product3	9584	$60	False	This is Product 3
3	Product4	8635	$25	True	This is Product 4
4	Product5	7464	$70	False	This is Product 5
5	Product6	1836	$10	True	This is Product 6

- 데이터 테이블은 RPA에서 데이터를 구조화하고 관리하는 데 사용되는 중요한 요소입니다. 변수에서 직접 추가하거나, '새 데이터 테이블 만들기' 작업을 포함하여, Excel 워크시트에서 데이터를 읽거나, SQL 쿼리를 통해 데이터를 가져오고, 웹 페이지에서 데이터를 추출하는 등의 작업을 통해 데이터 테이블을 생성할 수 있습니다.

- 변수 설정 작업을 사용하거나 프로그래밍의 배열 표기법을 활용하여 데이터 테이블을 직접 구성할 수도 있습니다. 이 표기법은 쉼표로 각 요소를 구분하고, 중괄호로 배열을 묶어 여러 개의 단일 차원 배열을 나타내며, 이를 통해 데이터 테이블의 각 행을 정의합니다. 예를 들어, 제품 목록과 가격을 나타내는 데이터 테이블을 만들고자 할 때, 다음과 같은 형식을 사용할 수 있습니다. %{['Product1', '10 USD'], ['Product2', '20 USD']}% 이 구조는 데이터 테이블의 행을 나타내며, 각 행에는 제품명과 가격이 포함됩니다. 캐럿(^) 구분자를 추가하여 %{ ^['Product1', '10 USD'], ['Product2', '20 USD'] }% 구조로 작성을 하면 머리글(헤더)을 포함시켜서 데이터 테이블을 생성 할 수 있습니다.

3.10 데이터 테이블 **163**

3.10.1 데이터 테이블의 개념과 활용

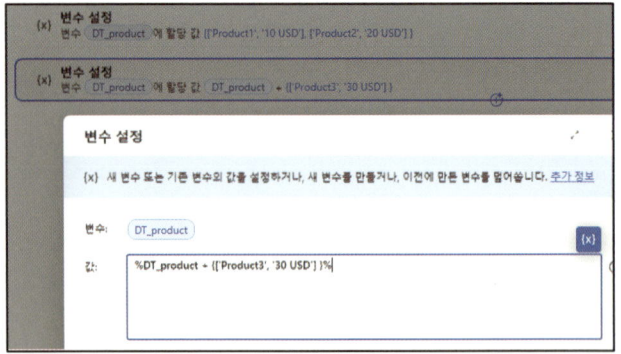

- %DT_product + {['Product3', '30 USD'] }% 와 같은 표현식으로 기존의 데이터 테이블에서 행을 추가 할 수도 있습니다.

데이터 테이블의 데이터를 조회하고 싶다면 %데이터테이블변수명[행번호][열제목]%식을 사용하여 %DT_product[0]['10 USD']% 혹은 %product[0][1]%으로 특정위치의 데이터를 가져올 수 있습니다.

이때 숫자가 0부터 시작하는데, 이는 프로그래밍 언어의 초기 설계에서 비롯된 관습으로 컴퓨터 과학에서 배열이나 리스트 같은 데이터 구조는 메모리에 연속적으로 저장되고, 이 때 첫 번째 요소의 시작점을 가르키는 '기준 주소' 로부터 얼마나 떨어져 있는지 나타내기 위해 인덱스를 사용합니다. 예를 들어 첫 번째 요소는 기준 주소에서 0만큼 떨어진 위치에 있으므로 인덱스 0으로, 두 번째 요소는 첫 번째 요소의 크기만큼 떨어져 있으니 인덱스 1로 되는 식입니다.

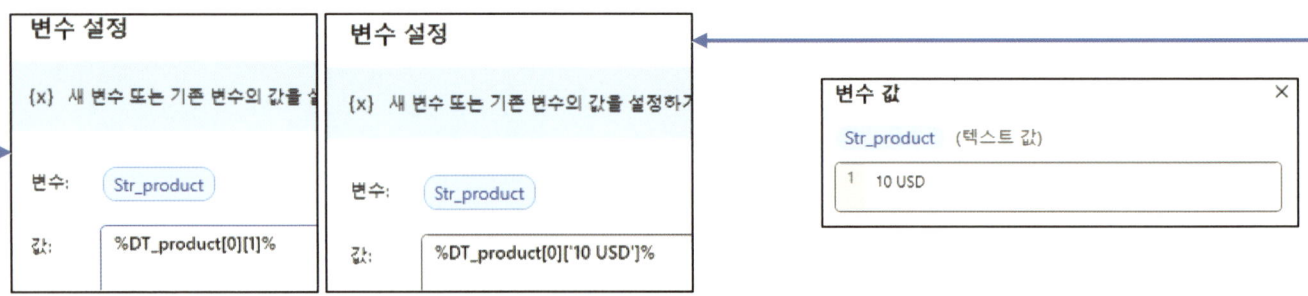

💻 컴퓨터가 인식하는 데이터 테이블

	이름(0)	나이(1)	성별(2)	근무지(3)
1행(0)	0,0	0,1	0,2	0,3
2행(1)	1,0	1,1	1,2	1,3
3행(2)	2,0	2,1	2,2	2,3
4행(3)	3,0	3,1	3,2	3,3
5행(4)	4,0	4,1	4,2	4,3

🧑 사람이 인식하는 데이터 테이블

	이름(1열)	나이(2열)	성별(3열)	근무지(4열)
1행	송화	34	남	독도
2행	진영	35	여	울릉도
3행	영석	36	남	추자도
4행	병영	37	여	안면도
5행	칠빈	20	여	우도

두 개의 표는 데이터 테이블의 인덱싱 방식을 보여주고 있습니다 컴퓨터가 인식하는 데이터 테이블에서는 행과 열이 모두 0부터 시작합니다. 예를 들어, 사람이 인식하는 (1,1)은 송화, (1,2)는 34이지만 컴퓨터가 인식하는 (1,1)은 35, (1,2)는 여 입니다.

3.10.2 다양한 데이터 테이블 사용방법

데이터 테이블 표기법	의미(사용법)
%DataTable[rowNumber]['ColumnName']%	ColumnName 열이름의 rowNumber 행 데이터
%DataTable[rowNumber][index]%	열 번호의 rowNumber 행 데이터
%DataTable.Columns%	데이터 테이블에 있는 모든 열 데이터를 포함하는 컬렉션
%DataTable.RowsCount%	데이터 테이블에 있는 행의 수
%DataTable.Columns.Count%	데이터 테이블에 있는 열의 수
%DataTable.ColumnHeadersRow%	머리글(헤더)의 이름 컬렉션
%DataTable.ColumnHeadersRow.ColumnsCount%	데이터 테이블 머리글(헤더)의 수
%DataTable[0]%	첫 번째 행의 모든 열 데이터를 포함하는 배열

{x} 변수 설정
변수 DT_product 에 할당 값 { ^['제품', '금액'], ['Product1', '10 USD'], ['Product2', '20 USD'] }

{x} 변수 설정
변수 DT_product 에 할당 값 DT_product + {['Product3', '30 USD']}

데이터 테이블 표기	결과
%DT_product[2]['제품']%	Product3
%DT_product[2][1]%	30 USD
%DT_product.Columns%	제품 금액
%DT_product.RowsCount%	3
%DT_product.Columns.Count%	2
%DT_product.ColumnHeadersRow%	제품, 금액
%DT_product.ColumnHeadersRow.ColumnsCount%	2
%DT_product[1]%	Product2, 20 USD

3.10.3 데이터 테이블 작업액션

🎬 새 데이터 테이블 만들기 (Create new data table)

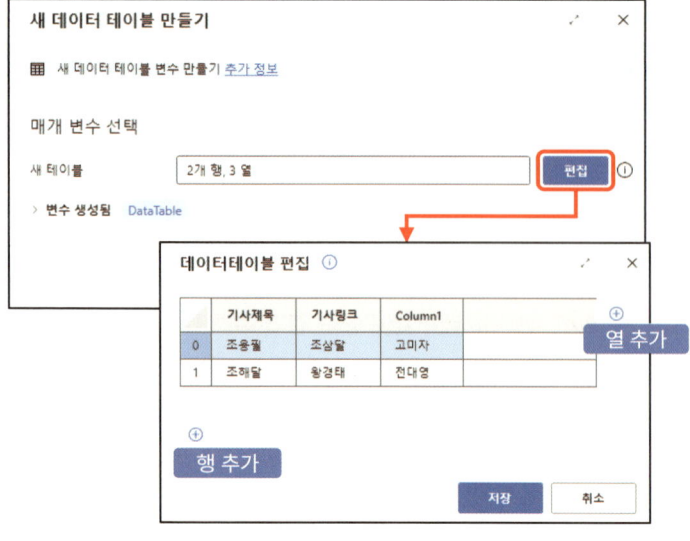

- 데이터를 구조화하고 가공하기 위한 새로운 데이터 테이블을 생성할 수 있습니다. 이 기능에서는 열의 이름과 각 열에 해당하는 데이터 유형을 정의할 수 있으며, 이를 통해 데이터의 입력, 관리 및 조회가 용이한 테이블을 만들 수 있습니다. 예를 들어, 이미지에 나타난 데이터 테이블에서는 '기사제목', '기사링크', 'Column1'라는 3개의 열이 정의되어 있습니다.

- 데이터 테이블 생성 후에는 'DataTable'이라는 변수에 저장되어 프로세스 내에서 참조하고 사용할 수 있습니다.

🎬 데이터 테이블에 행 삽입 (Insert row into data table)

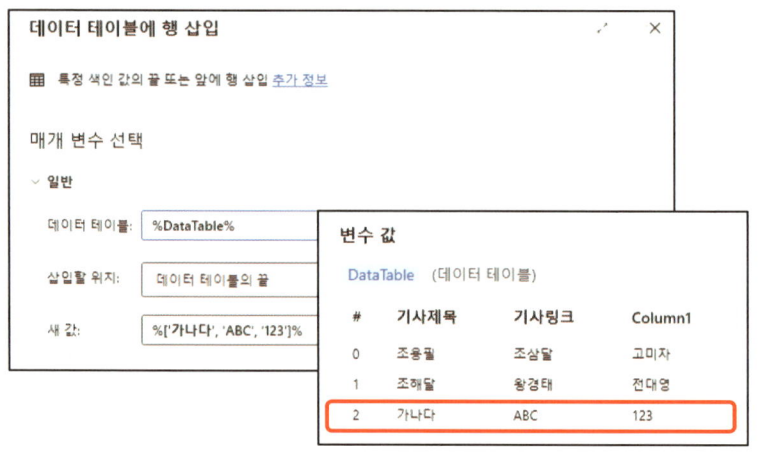

- 기존 데이터 테이블에 새로운 행을 추가할 수 있습니다. 사용자는 데이터 테이블 변수를 선택하고, 삽입할 위치를 지정할 수 있습니다.

- 위치 선택에는 '행 색인 전'을 선택하여 특정 인덱스 위치에 행을 삽입하거나, '데이터 테이블의 끝'을 선택하여 테이블 마지막에 행을 추가하는 옵션이 있습니다. 새 값 입력란에는 삽입될 데이터가 들어가며, 이는 변수나 직접 입력한 값이 될 수 있습니다.

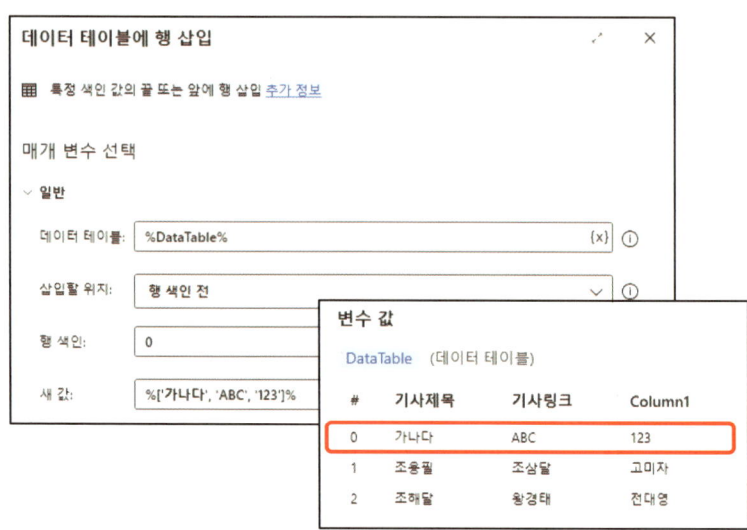

- 특정 데이터 테이블에 '가나다', 'ABC', '123' 이라는 값을 가진 새로운 행을 추가하고자 할 때, '새 값' 필드에 해당 값을 입력하고, 이 행을 데이터 테이블의 끝에 추가하려면 삽입할 위치로 '데이터 테이블의 끝'을 선택합니다.

- 이렇게 하면 데이터 테이블에 새로운 행이 추가되고, 이 행은 데이터 테이블을 참조하는 모든 후속 작업에서 사용할 수 있게 됩니다. 데이터 테이블에 행 삽입에서 데이터부분에 변수를 넣고싶다면 %[변수명A, 변수명B, 변수명C]% 형태로 작성하면 입력이 가능합니다. (따옴표는 입력하지 않습니다.)

🎬 데이터 테이블에서 행 삭제 (Delete row from data table)

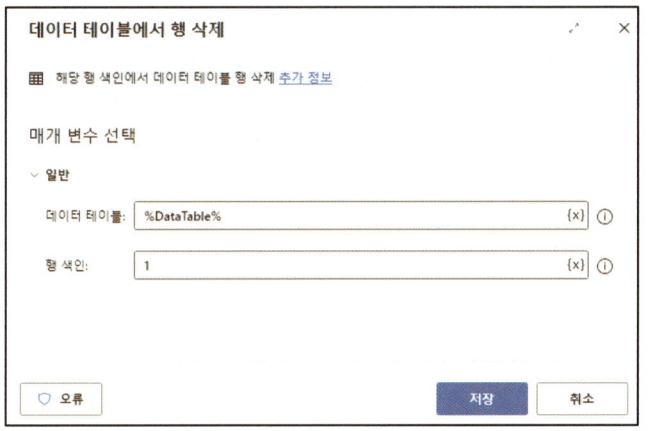

- 지정된 데이터 테이블 변수 내의 특정 행을 삭제할 수 있습니다. 이 작업을 수행하기 위해서는 먼저 '데이터 테이블' 변수를 선택해야 합니다. 그런 다음 '행 색인' 필드에 삭제하고자 하는 행의 색인 번호를 입력합니다. 이 번호는 데이터 테이블의 행을 0부터 시작하는 인덱스로 참조합니다.

- 첫 번째 행을 삭제하려면 행 색인에 '0'을 입력하고, 두 번째 행을 삭제하려면 '1'을 입력합니다. 삭제 작업 후에는 데이터 테이블이 업데이트되며, 해당 행은 더 이상 데이터 테이블에 존재하지 않게 됩니다.

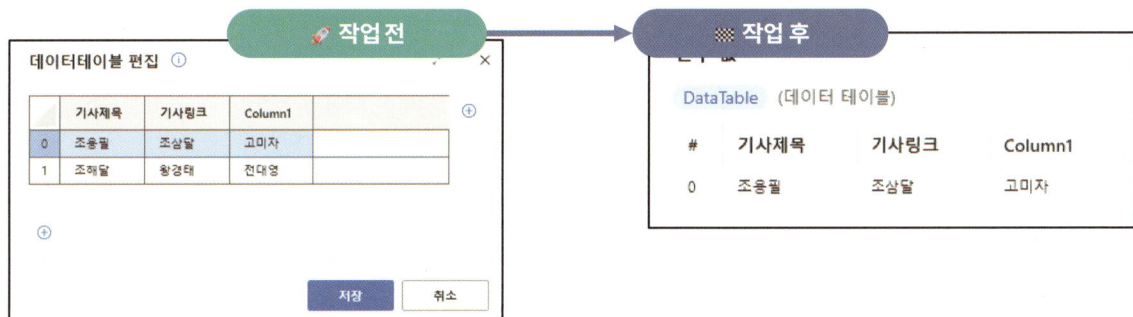

🎬 데이터 테이블 항목 업데이트 (Update data table item)

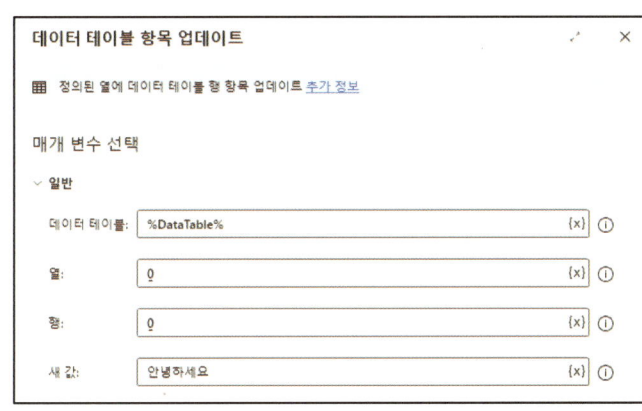

- 데이터 테이블 내의 특정 셀 값을 변경하는 데 사용됩니다. 먼저 '데이터 테이블' 변수를 선택합니다. 그 후, 변경하고자 하는 셀의 '행' 번호와 '열' 번호를 지정합니다. 이 번호들은 데이터 테이블의 인덱스를 나타내며, 0부터 시작합니다.

- 첫 번째 행의 첫 번째 열에 위치한 데이터를 '안녕하세요'로 변경하려면, 행 번호 '0'과 열 번호 '0'을 입력하고, '새 값' 필드에 '안녕하세요'를 입력합니다. 업데이트를 수행한 후에는 데이터 테이블에 저장된 해당 셀의 값이 새로운 값으로 바뀌게 됩니다.

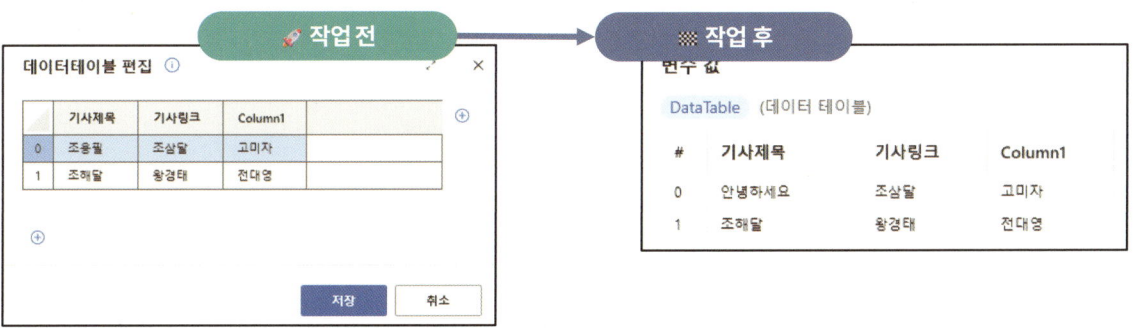

3.10.3 데이터 테이블 작업액션

🎬 데이터 테이블에서 찾기 또는 바꾸기 (Find or replace in data table)

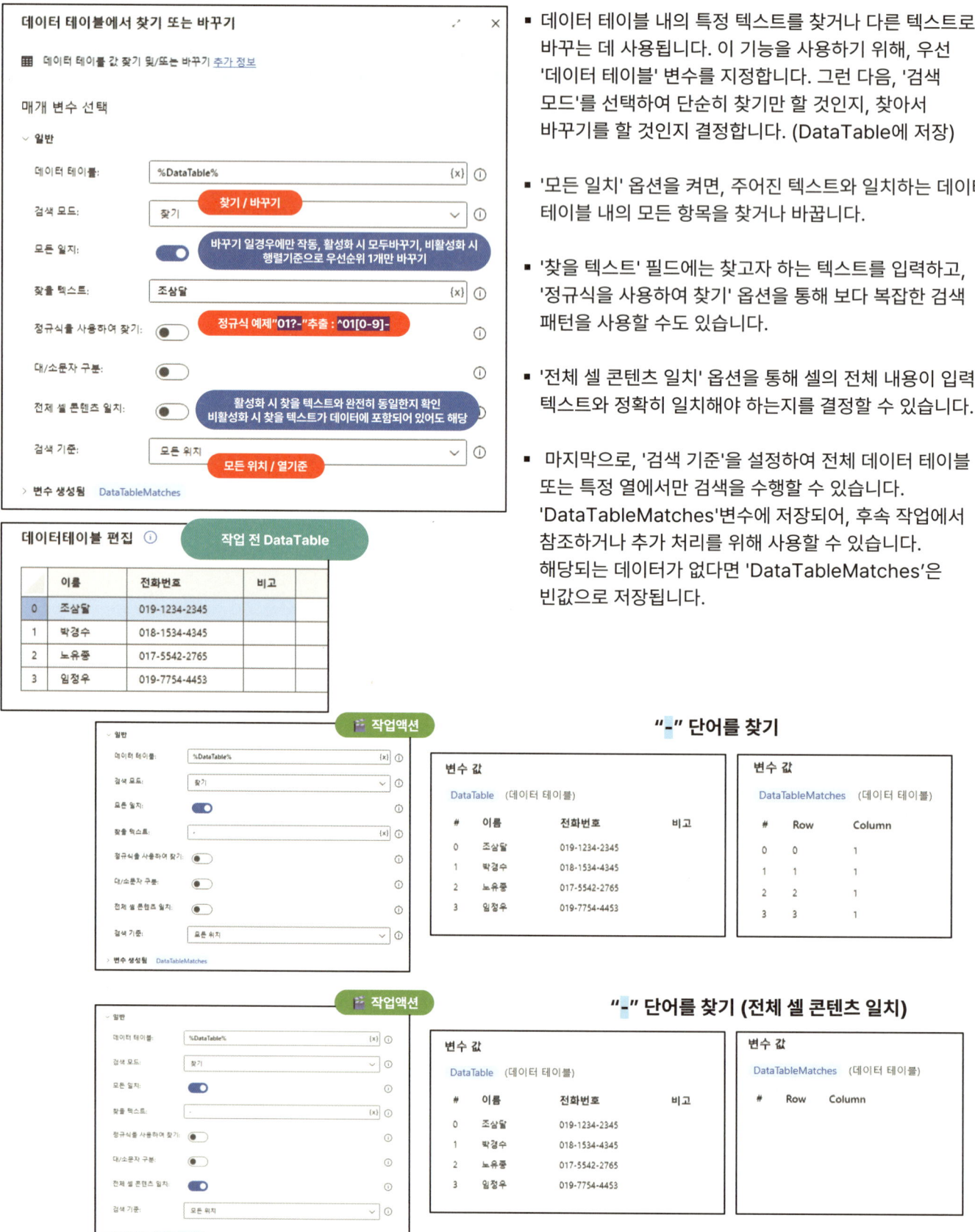

- 데이터 테이블 내의 특정 텍스트를 찾거나 다른 텍스트로 바꾸는 데 사용됩니다. 이 기능을 사용하기 위해, 우선 '데이터 테이블' 변수를 지정합니다. 그런 다음, '검색 모드'를 선택하여 단순히 찾기만 할 것인지, 찾아서 바꾸기를 할 것인지 결정합니다. (DataTable에 저장)

- '모든 일치' 옵션을 켜면, 주어진 텍스트와 일치하는 데이터 테이블 내의 모든 항목을 찾거나 바꿉니다.

- '찾을 텍스트' 필드에는 찾고자 하는 텍스트를 입력하고, '정규식을 사용하여 찾기' 옵션을 통해 보다 복잡한 검색 패턴을 사용할 수도 있습니다.

- '전체 셀 콘텐츠 일치' 옵션을 통해 셀의 전체 내용이 입력한 텍스트와 정확히 일치해야 하는지를 결정할 수 있습니다.

- 마지막으로, '검색 기준'을 설정하여 전체 데이터 테이블 또는 특정 열에서만 검색을 수행할 수 있습니다. 'DataTableMatches'변수에 저장되어, 후속 작업에서 참조하거나 추가 처리를 위해 사용할 수 있습니다. 해당되는 데이터가 없다면 'DataTableMatches'은 빈값으로 저장됩니다.

📽️ 데이터 테이블에서 찾기 또는 바꾸기 (Find or replace in data table)

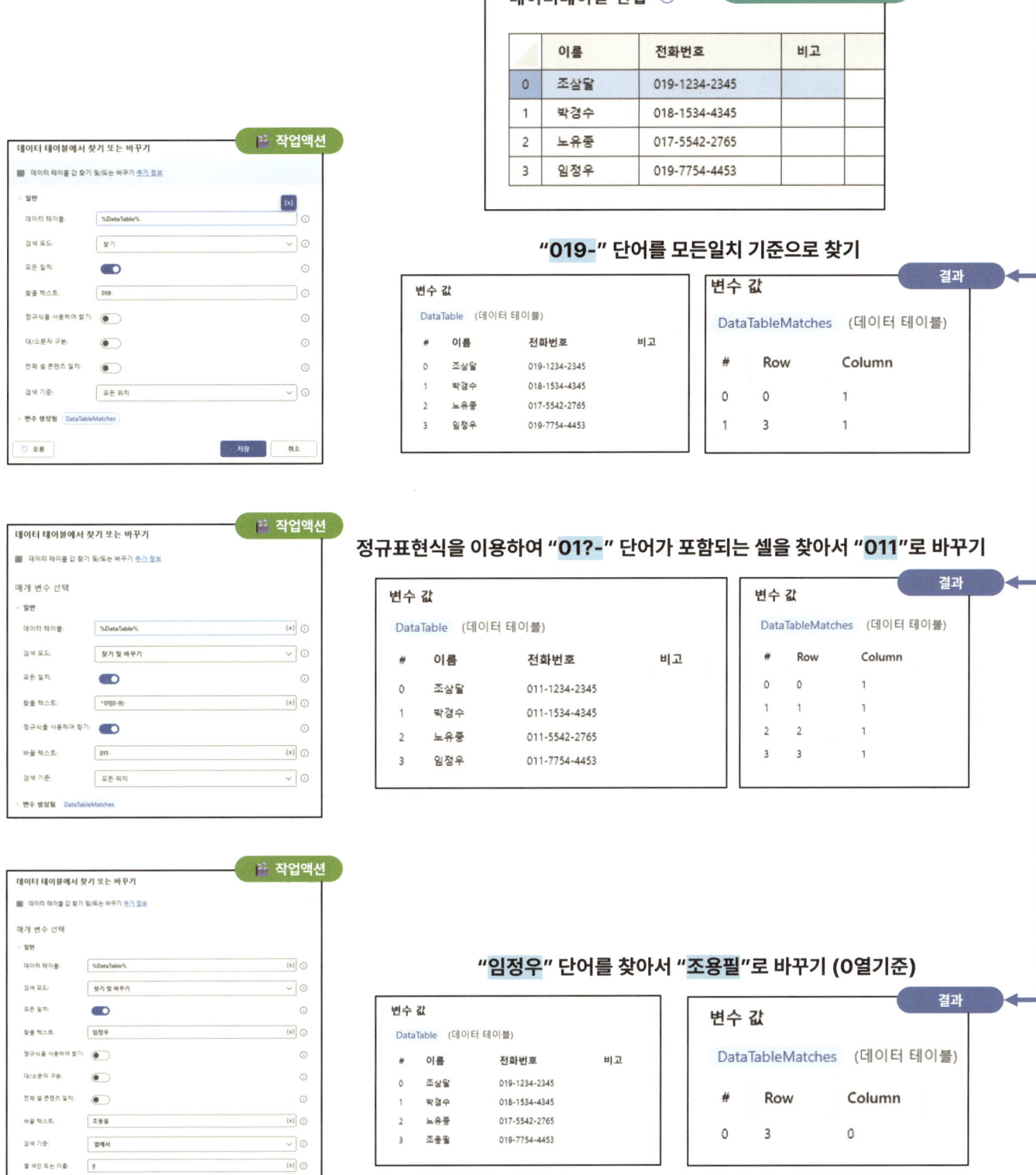

Step 3-11 | 엑셀
Excel Automation

3.11.1 Excel 자동화

Microsoft Excel은 데이터를 저장하고 조작하는 데 중요한 도구로, 대부분의 비즈니스에서 필수적입니다. 특히 영업, 회계, 인사 등 여러 부서에서 대량의 데이터를 처리하는 대규모 조직에서 많이 사용됩니다.

Excel 문서에는 여러 워크시트에 분산된 데이터가 포함되어 있으며, 이를 수동으로 처리하는 것은 시간과 노력이 많이 듭니다. 자동화된 시나리오를 통해 고객 목록 같은 데이터를 기본 파일 구조에 맞게 재구성하고 업데이트할 수 있습니다. 이 과정에서 오류 없이 효율적으로 작업이 이루어질 수 있도록 자동화 솔루션을 설계하는 것이 중요합니다.

3.11.2 Excel의 구조

- **컬럼(Header)** : 엑셀 시트의 첫 번째 행에 위치하며, 각 열의 제목을 나타냅니다. 예에서는 '코드번호', '이름', '생년월일'이 컬럼 제목입니다. 컬럼은 데이터를 분류하고 이해하는 데 도움을 줍니다.

- **데이터(Data)** : 실제로 입력되는 내용들로, 각 셀(cell)에 저장됩니다. 데이터는 컬럼과 행의 교차점에 위치하며, 엑셀 시트에서 다양한 작업과 분석을 수행할 수 있습니다. 예시에서는 사람들의 이름, 코드번호, 생년월일이 데이터로 입력되어 있습니다.

- **열(Column)** : 세로 방향으로 나열된 셀들의 모임으로, 알파벳 문자(A, B, C 등)로 표시됩니다. 각 열은 동일한 유형의 데이터를 포함하며, 예시에서는 '코드번호', '이름', '생년월일'이 각각의 열에 속합니다.

- **행(Row):** 가로 방향으로 나열된 셀들의 모임으로, 숫자(1, 2, 3 등)로 표시됩니다. 각 행은 하나의 데이터 레코드를 나타내며, 예시에서는 한 사람의 코드번호, 이름, 생년월일이 하나의 행에 기록됩니다.

3.11.3 Excel 작업액션

🎬 Excel 시작 (Launch Excel)

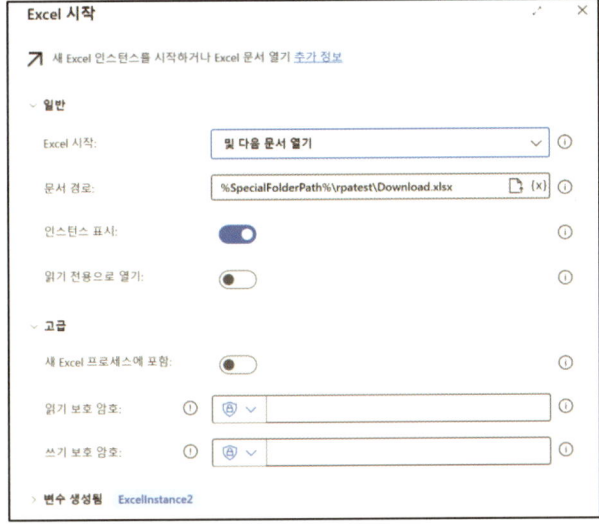

- Excel 파일을 새로 생성하거나 이미 존재하는 파일을 열 수 있습니다. '문서 경로' 필드를 통해 파일의 위치를 지정할 수 있으며, 환경 변수를 사용하여 경로를 동적으로 설정할 수도 있습니다. '인스턴스 표시' 옵션을 활성화하면 작업 중인 인스턴스를 식별할 수 있으며, '읽기 전용으로 열기'를 설정하면 문서를 읽기 전용 모드로 엽니다.

- '새 Excel 프로세스에 포함' 옵션은 Excel 파일을 독립적인 프로세스로 실행할지 결정합니다. 파일이 암호로 보호된 경우 '암호' 필드에 해당 암호를 입력함으로써 접근할 수 있습니다. 만약 파일에 추가 기능이나 매크로가 포함되어 있다면, '추가 기능 및 매크로 로드' 옵션을 사용하여 이들을 활성화할 수 있습니다.

🎬 실행 중인 Excel에 첨부 (Attach to running Excel)

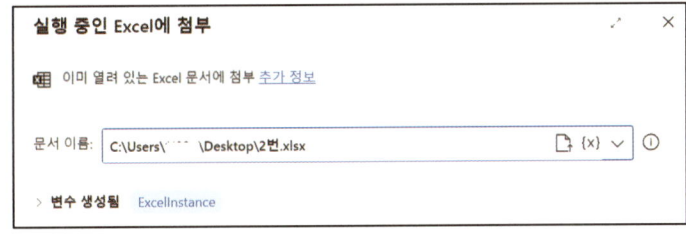

- 이미 열려 있는 Excel 인스턴스에 연결하는 기능입니다. 이 액션을 사용함으로써, 지정된 경로에서 열려 있는 Excel 파일을 지정하고, 해당 인스턴스에 대한 제어를 얻을 수 있습니다.

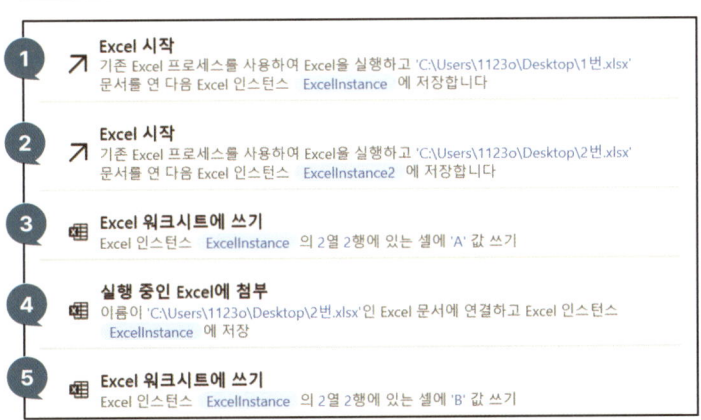

- ✓ 1번.xlsx파일의 2열 2행에는 A가 작성되고
- ✓ 2번.xlsx파일의 2열 2행에는 B가 작성됩니다.

3.11.3 Excel 작업액션

🎬 Excel 저장 (Save Excel)

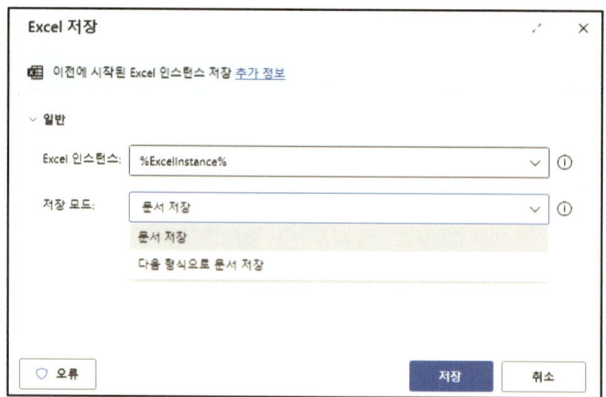

- 이전에 실행한 Excel을 인스턴스를 기준으로 저장 할 수 있습니다.

🎬 Excel 닫기 (Close Excel)

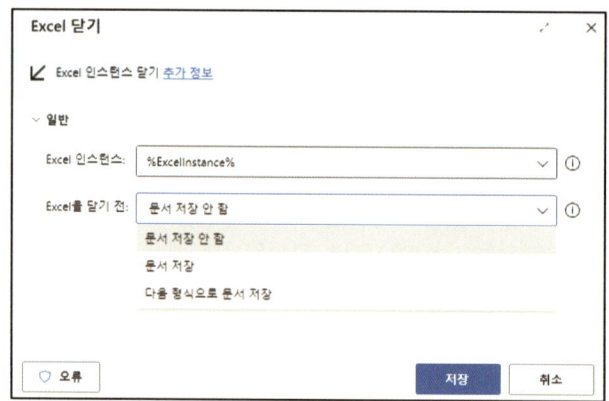

- 이전에 실행한 Excel을 인스턴스 기준으로 닫을 수 있습니다.

📽 Excel 워크시트에서 읽기 (Read from Excel worksheet)

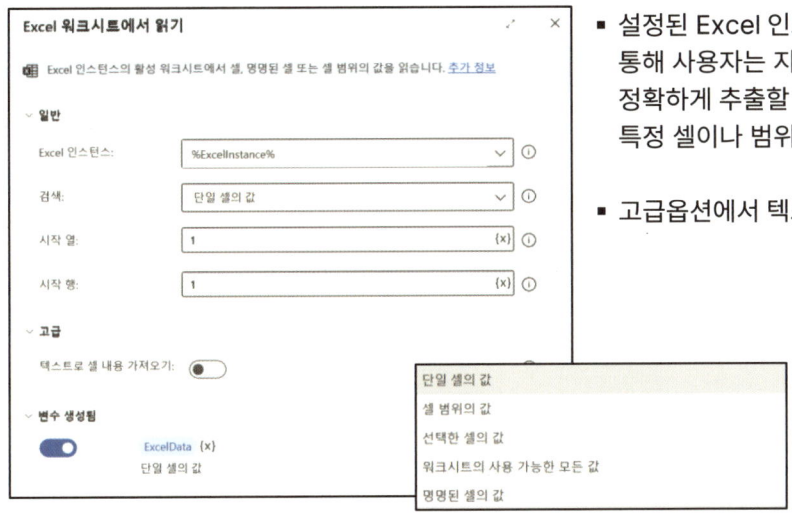

- 설정된 Excel 인스턴스 내의 데이터를 읽을 수 있습니다. 이 작업액션을 통해 사용자는 지정된 Excel 인스턴스에서 특정 범위의 데이터를 빠르고 정확하게 추출할 수 있습니다. '범위' 옵션에서는 데이터를 읽고자 하는 특정 셀이나 범위를 선택할 수 있습니다.

- 고급옵션에서 텍스트형태로 셀 내용을 가져올 수 있습니다.

구분	설명	출력변수
단일 셀의 값	시작 열 : 1.. 2.. A... B... 형태로 입력가능 시작 행 : 1.. 2.. 형태로 입력가능	엑셀의 값에 근접한 변수 유형 (고급에서 텍스트 값으로 선택가능)
셀 범위의 값	시작 열/끝 열 : 1.. 2.. A... B... 형태로 입력가능 시작 행/끝 행 : 1.. 2.. 형태로 입력가능	데이터 테이블 (첫 행을 열이름으로 사용하는 옵션존재)
선택한 셀의 값	선택한 셀의 값이나 범위	데이터 테이블
워크시트의 사용 가능한 모든 값	활성화된 시트의 모든 값	데이터 테이블
명명된 셀의 값	엑셀에서 셀의 이름이 지정된 값	데이터 테이블

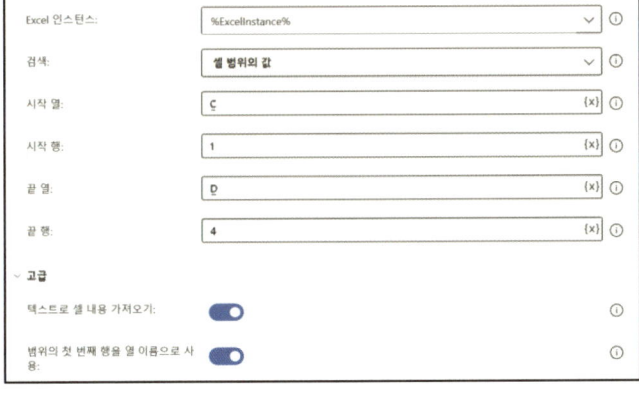

✓셀 범위의 값

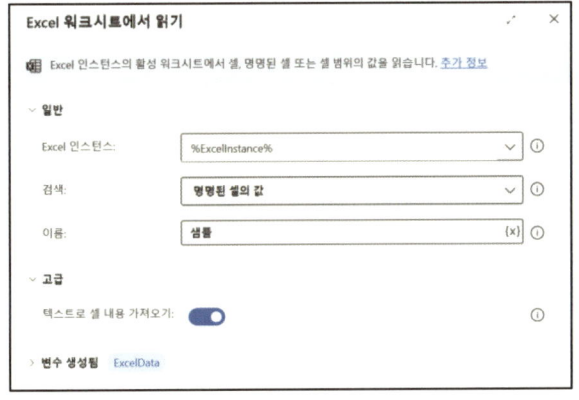

✓명명된 셀의 값

✓ Excel 워크시트의 열 이름 가져오기 작업액션을 사용하면 해당하는 열번호를 확인 가능합니다. 예) 1>A, 2>B, 3>C 반대의 경우는 불가능

3.11.3 Excel 작업액션

🎬 Excel 워크시트에서 활성 셀 가져오기 (Get active cell on Excel worksheet)

- 현재 활성화된 Excel 인스턴스의 활성 셀 위치를 얻는 데 사용됩니다. 활성 셀의 열 인덱스와 행 인덱스를 확인할 수 있습니다.

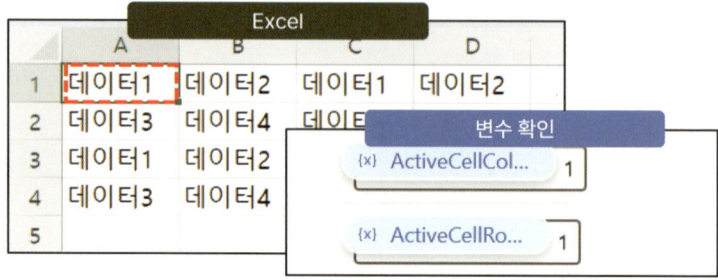

🎬 Excel 워크시트에 쓰기 (Write to Excel worksheet)

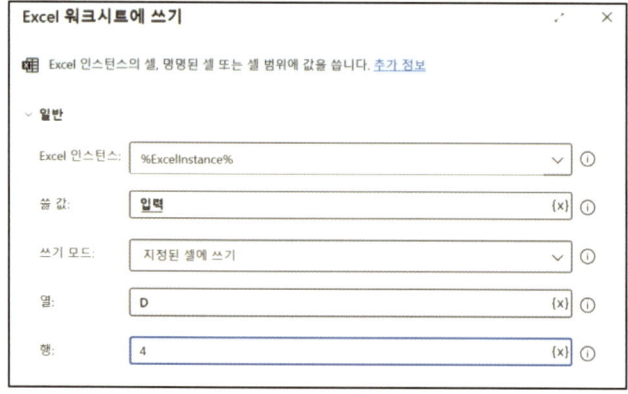

- 지정된 Excel 인스턴스의 특정 셀에 단일 텍스트 혹은 데이터 테이블 변수 값을 입력할 수 있습니다. 이 작업을 통해 데이터를 Excel 시트에 자동으로 기록할 수 있으며, 이는 데이터 로깅, 보고서 생성, 데이터 집계 등 다양한 작업에 활용할 수 있습니다.

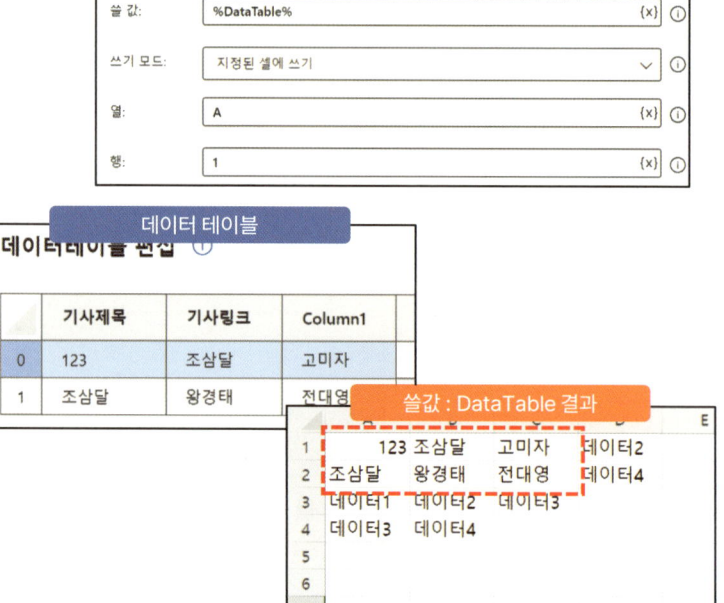

🎬 활성 Excel 워크시트 설정 (Set active Excel worksheet)

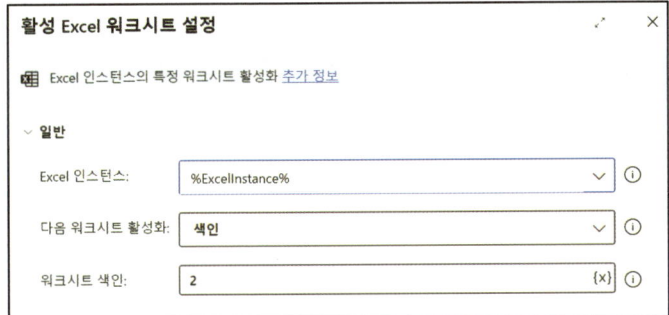

- 특정 Excel 인스턴스의 워크시트를 활성화하는 데 사용됩니다. 이 기능을 통해 자동화 스크립트는 특정 작업을 수행할 특정 시트를 선택하고 그 시트를 작업 중인 시트로 설정할 수 있습니다.

- 시트 이름으로 설정하는 경우, 시트의 정확한 이름을 입력해야 하며, 색인으로 설정하는 경우, 워크시트의 순서를 나타내는 숫자를 입력합니다. 색인은 1부터 시작하며, Excel 파일 내 첫 번째 워크시트가 1로 계산됩니다.

🎬 새 워크시트 추가 (Add new worksheet)

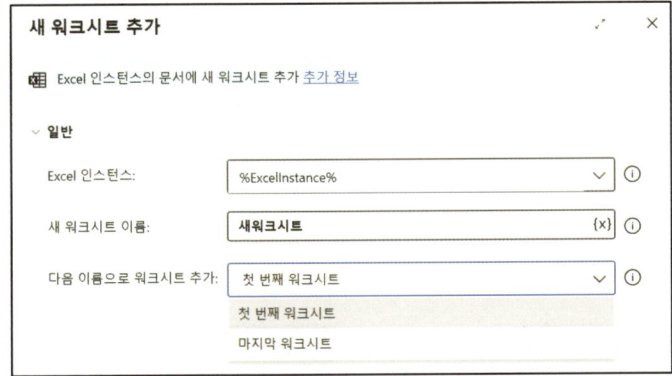

- 특정 Excel 인스턴스에 새로운 워크시트를 추가하는 데 사용됩니다. 워크시트의 추가 위치를 Excel 워크북의 맨 앞이나 맨 뒤 중에서 선택할 수 있습니다.

🎬 Excel 워크시트에서 첫 번째 빈 열/행 가져오기 (Get first free column/row from Excel worksheet)

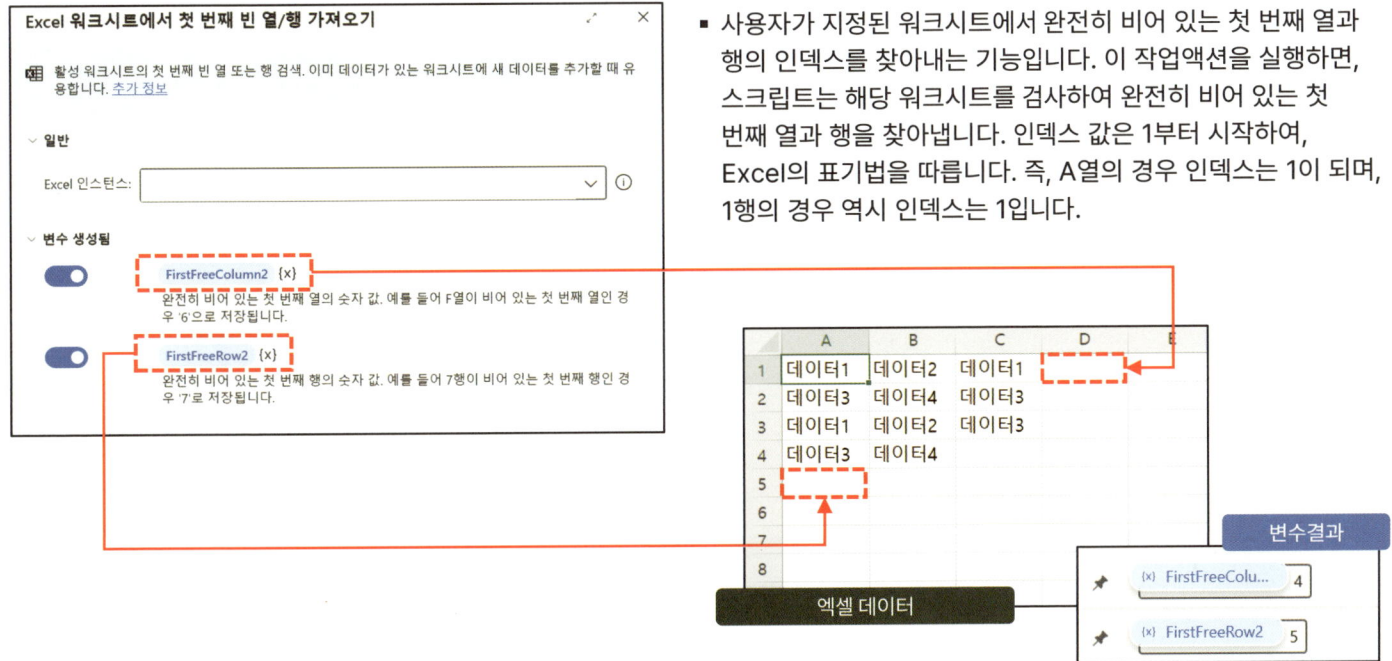

- 사용자가 지정된 워크시트에서 완전히 비어 있는 첫 번째 열과 행의 인덱스를 찾아내는 기능입니다. 이 작업액션을 실행하면, 스크립트는 해당 워크시트를 검사하여 완전히 비어 있는 첫 번째 열과 행을 찾아냅니다. 인덱스 값은 1부터 시작하여, Excel의 표기법을 따릅니다. 즉, A열의 경우 인덱스는 1이 되며, 1행의 경우 역시 인덱스는 1입니다.

3.11.3 Excel 작업액션

🎬 모든 Excel 워크시트 가져오기 (Get all Excel worksheets)

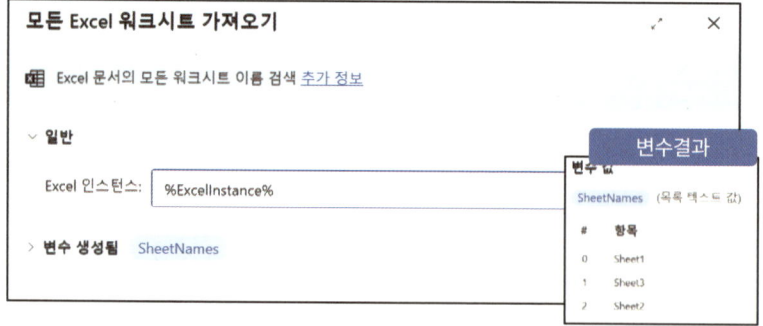

- Excel 인스턴스에 포함된 모든 워크시트의 이름을 목록 형태로 추출하는 기능을 제공합니다. 이 작업액션을 사용하면, 워크시트 이름들을 텍스트 값의 목록으로 반환 받을 수 있습니다

🎬 Excel 워크시트에서 행 삭제 (Delete row from Excel worksheet)

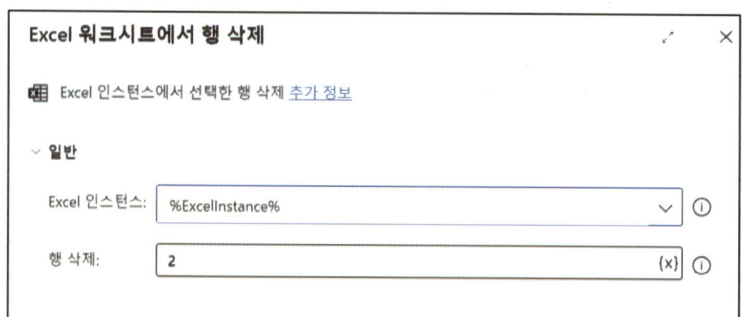

- Excel 워크시트에서 지정된 색인에 해당하는 행을 삭제할 수 있습니다. 이 작업액션을 실행하면 선택된 행이 워크시트에서 제거되며, 해당 행 아래에 있던 데이터는 자동으로 위로 이동하여 빈 공간을 채웁니다.

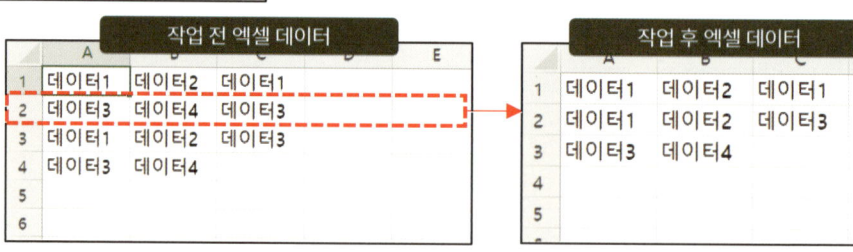

🎬 Excel 워크시트에서 열의 첫 번째 빈 행 가져오기 (Get first free row on column from Excel worksheet)

- Excel 인스턴스에서 해당 지정된 열이나 색인 기준(1부터 시작)에서 가장 첫 번째 빈 행을 가져옵니다.

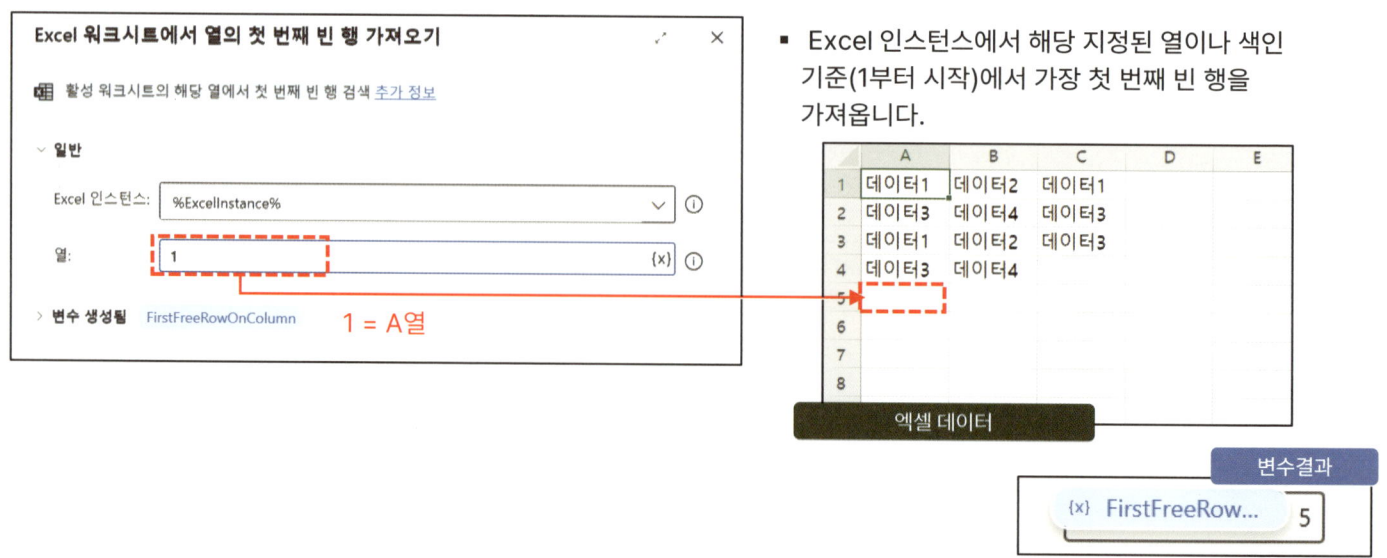

📽 Excel 워크시트에서 셀 찾기 및 바꾸기 (Find and replace cells in Excel worksheet)

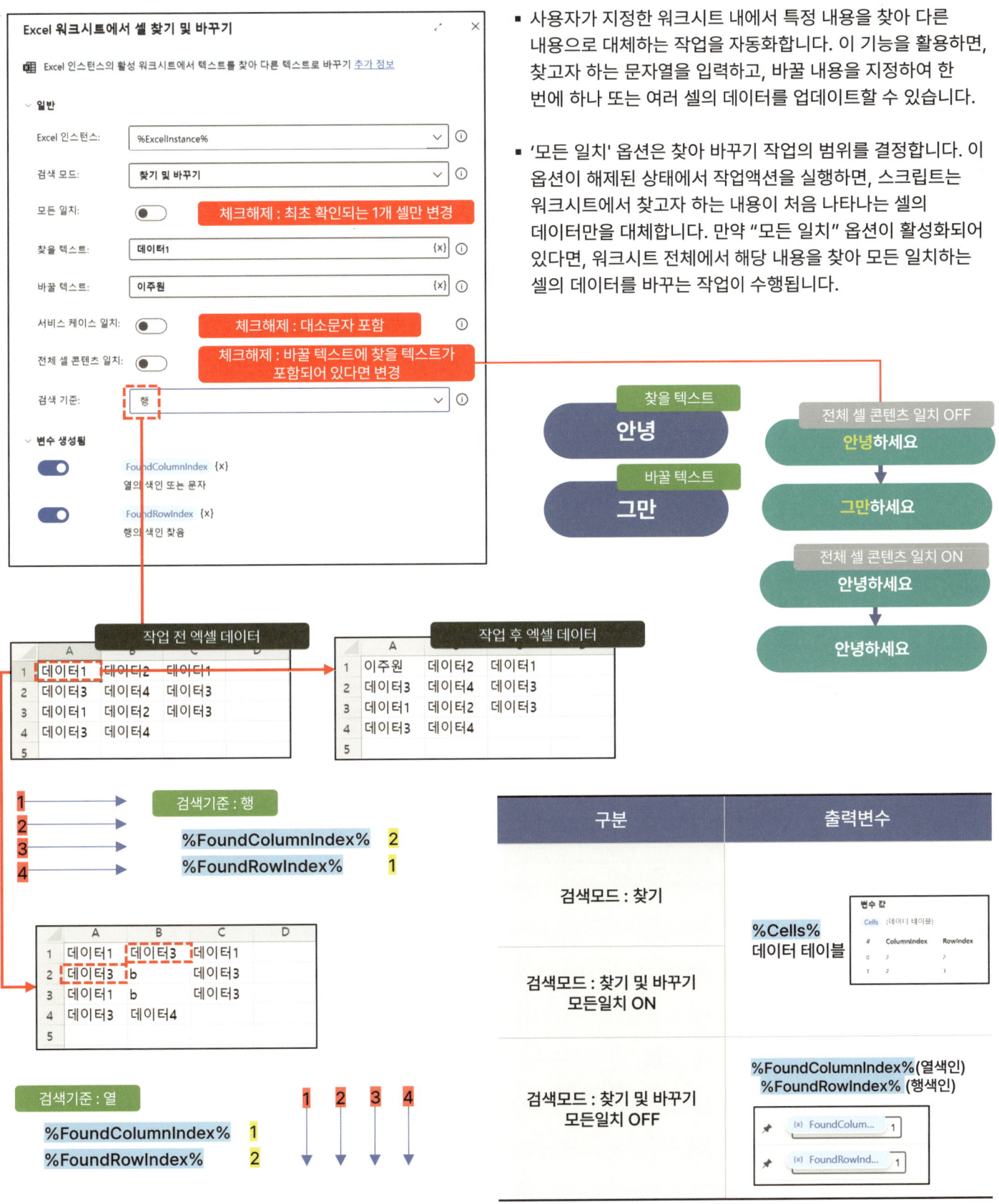

- 사용자가 지정한 워크시트 내에서 특정 내용을 찾아 다른 내용으로 대체하는 작업을 자동화합니다. 이 기능을 활용하면, 찾고자 하는 문자열을 입력하고, 바꿀 내용을 지정하여 한 번에 하나 또는 여러 셀의 데이터를 업데이트할 수 있습니다.

- '모든 일치' 옵션은 찾아 바꾸기 작업의 범위를 결정합니다. 이 옵션이 해제된 상태에서 작업액션을 실행하면, 스크립트는 워크시트에서 찾고자 하는 내용이 처음 나타나는 셀의 데이터만을 대체합니다. 만약 "모든 일치" 옵션이 활성화되어 있다면, 워크시트 전체에서 해당 내용을 찾아 모든 일치하는 셀의 데이터를 바꾸는 작업이 수행됩니다.

3.11.4 실습 – Excel 실행 및 저장, 닫기

Power Automate Desktop에서 엑셀을 실행하는 방법은 빈 문서를 열어 시작하는 경우, 저장되어 있는 파일을 열어 시작하는 경우, 그리고 저장되어 있는 파일이 이미 열려 있을 때 시작하는 경우가 있습니다.

1. Excel 실행방법 - 빈 문서를 열어 시작하는 경우

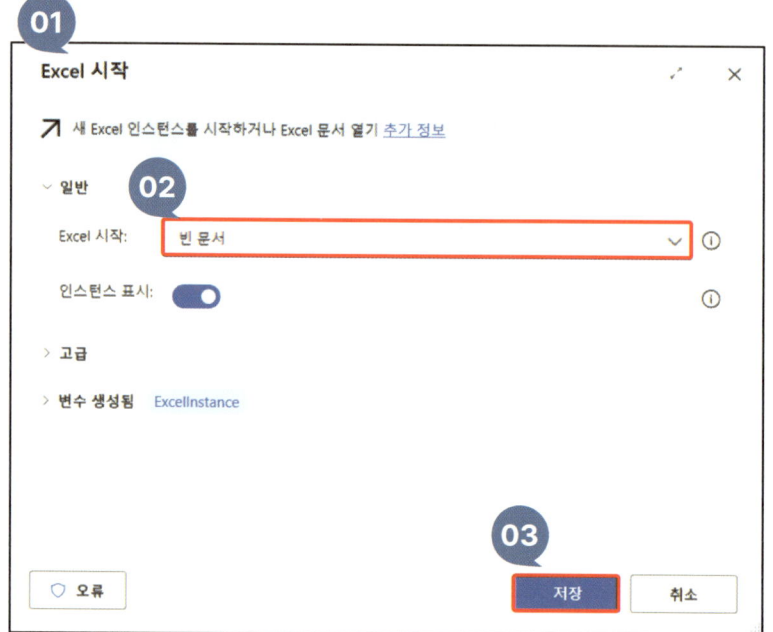

01 | [Excel]-[Excel 시작] 작업액션 끌어오기

02 | '빈 문서' 선택

03 | '저장' 버튼 클릭

2. Excel 실행방법 - 저장되어 있는 파일을 열어 시작하는 경우

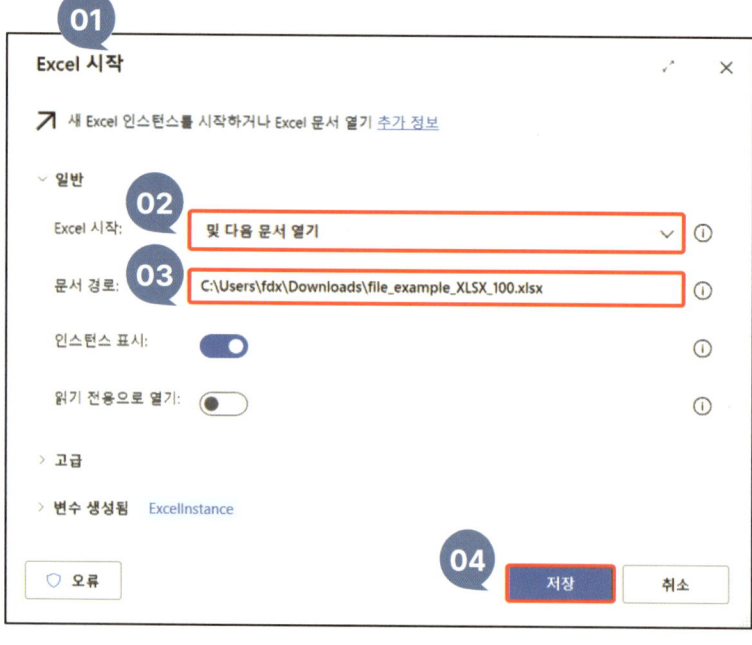

01 | [Excel]-[Excel 시작] 작업액션 끌어오기

02 | '및 다음 문서 열기' 선택

03 | 저장되어 있는 엑셀파일의 경로 입력

04 | '저장' 버튼 클릭

3. Excel 실행방법 - 저장되어 있는 파일이 열려 있을 때 시작하는 경우

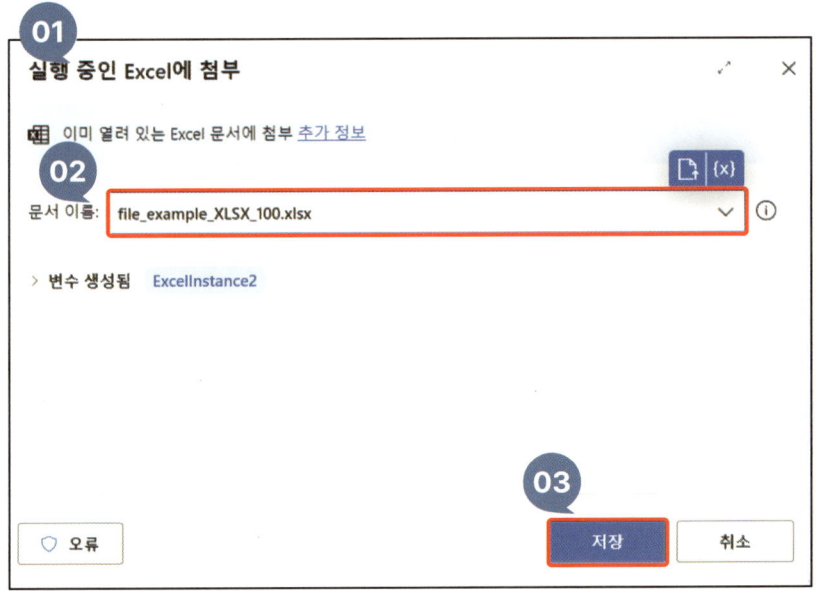

01 | [Excel]-[실행 중인 Excel에 첨부] 작업액션 끌어오기

02 | 저장되어 있는 엑셀 파일의 제목 또는 경로 입력

03 | '저장' 버튼 클릭

3.11.4 실습 – Excel 실행 및 저장, 닫기

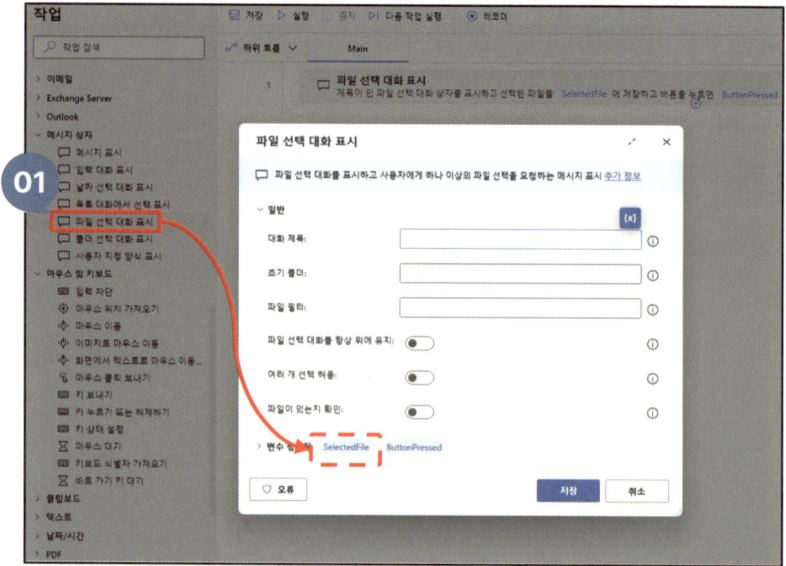

01 | 작업패널에서 [메시지 상자]-[파일 선택 대화 표시] 작업액션을 디자이너 패널로 이동합니다.

%SelectedFile%변수가 생성되는데 파일변수로 파일을 선택하면 Excel파일이 열릴 수 있도록 하겠습니다.

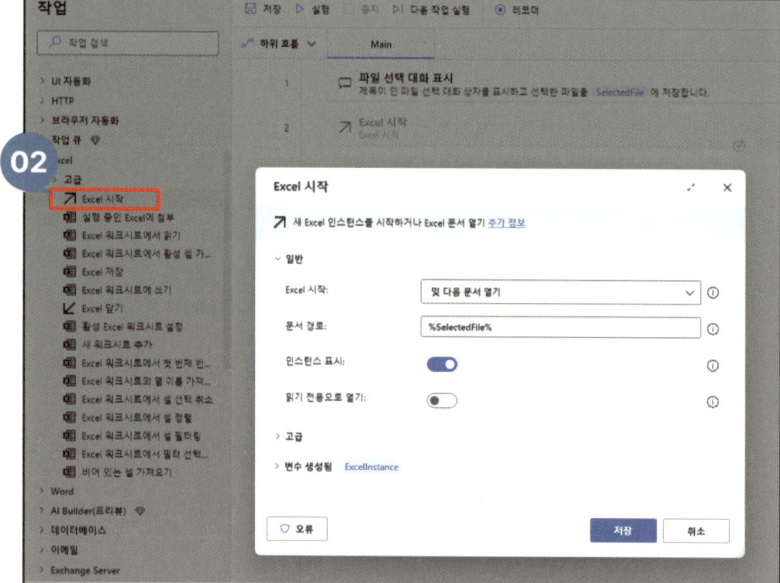

02 | 작업패널에서 [Excel]-[Excel시작] 작업액션으로 Excel을 시작하겠습니다.

문서경로에 파일 선택 대화 표시에서 가져온 %SelectedFile%변수를 넣어서 사용자가 선택한 파일을 실행하도록 하겠습니다.

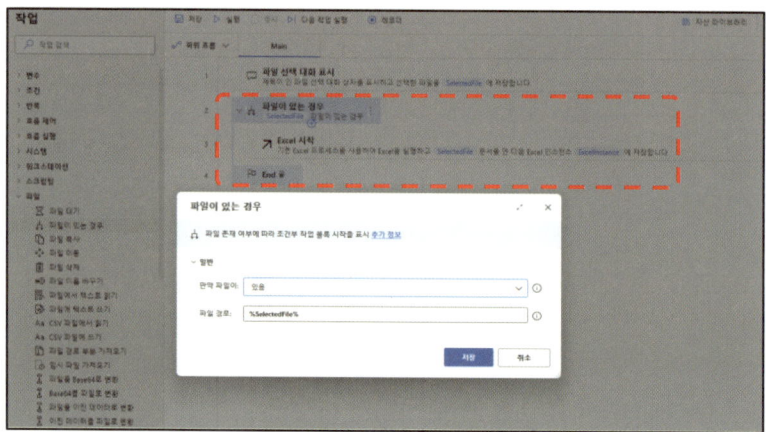

03 | 작업패널에서 [파일]-[파일이 있는 경우] 작업액션을 사용하여 파일이 삭제되거나 없는 경우에는 실행되지 않도록 예외처리를 합니다.

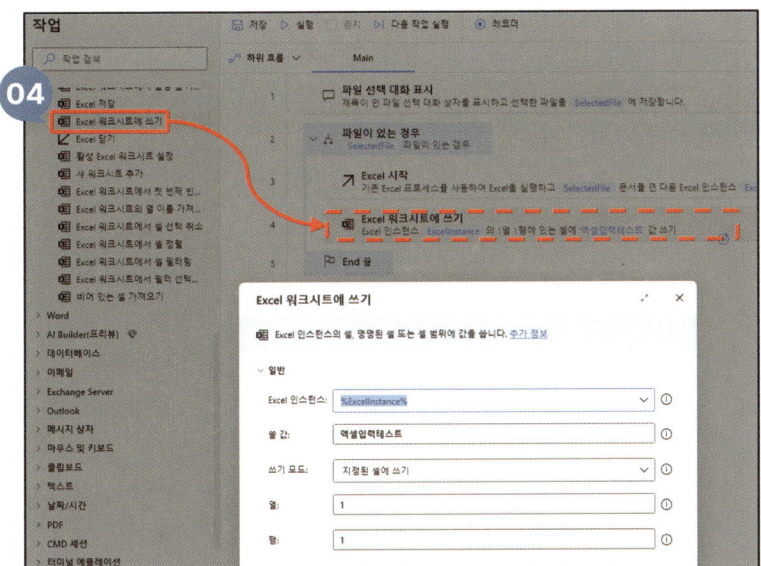

04 | 작업패널에서 [Excel]-[Excel 워크시트에 쓰기] 작업액션을 디자이너 패널로 이동합니다.

문자 엑셀입력테스트를 엑셀 1열(A열)의 1행에 작성합니다.

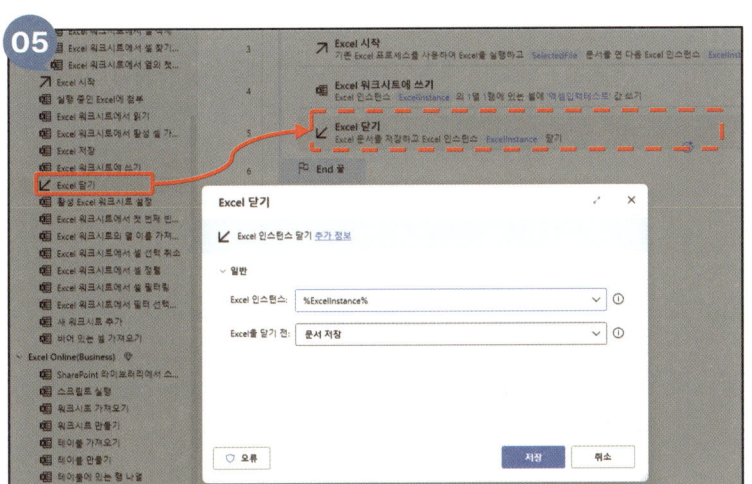

05 | [Excel]-[Excel 닫기] 작업액션을 Excel 워크시트에 쓰기 아래에 배치하여 작업을 마무리 합니다.

문서저장을 누르면 불러온 Excel파일의 위치 그대로 저장됩니다.

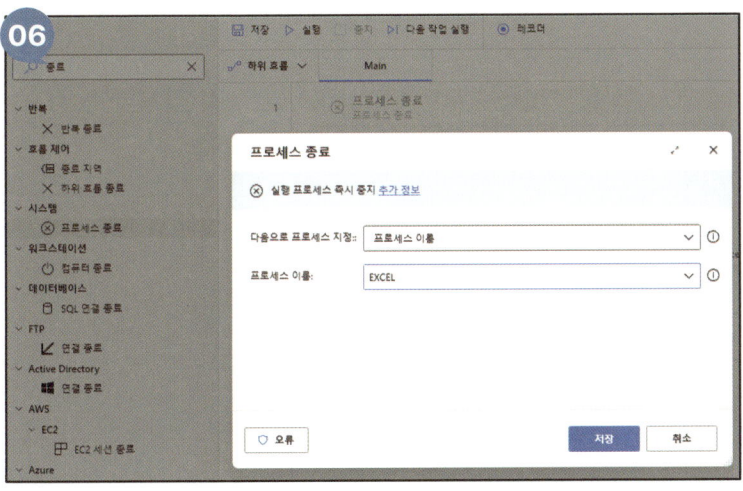

06 | [시스템]-[프로세스 종료]를 첫번째 라인에 배치하고 "EXCEL"을 입력하면 실행중인 모든 Excel 프로세스가 종료되고 작업이 시작되어 안정성이 향상 됩니다.

3.11.5 실습 – Excel 데이터 읽기 (문자/테이블)

A. Excel에서 데이터 읽기 (특정 셀 읽기)

- 실습자료를 해당 링크에서 다운로드를 받고, 압축을 해제합니다. https://rpakr.com/교재실습파일
- 압축을 푼 경로는 바탕화면으로 합니다. C:\Users\사용자명\Desktop\RPA실습
- 1개 파일을 참조로 작업을 시작합니다. C:\Users\사용자명\Desktop\RPA실습\엑셀실습.xlsx

01 [폴더]-[특수 폴더 가져오기] 작업액션으로 바탕화면의 경로를 %SpecialFolderPath%으로 가져옵니다.

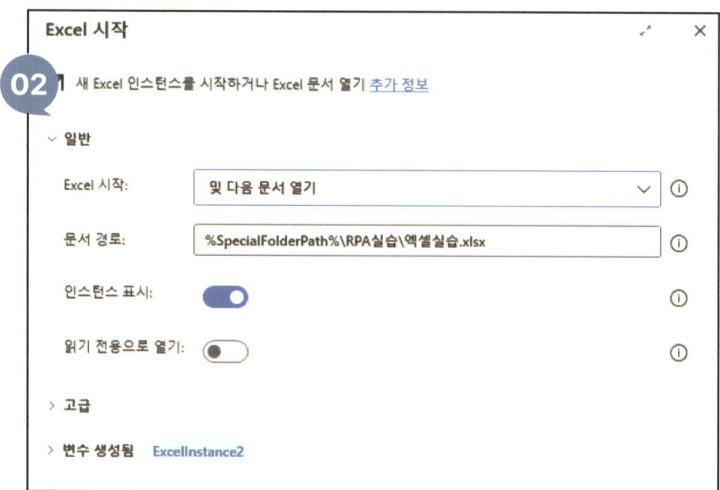

02 [Excel]-[Excel 시작] 작업액션에서 Excel 시작옵션을 및 다음 문서 열기, 문서경로를 %SpecialFolderPath%\RPA실습\엑셀실습.xlsx 으로 설정합니다.

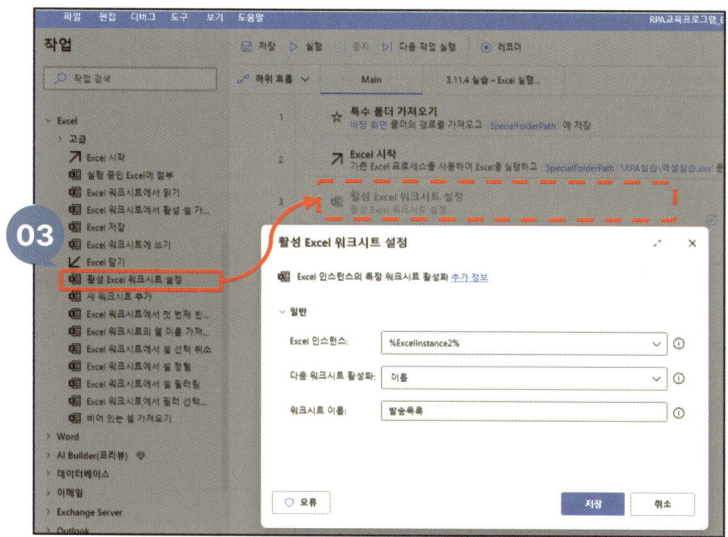

03 [Excel]-[활성 Excel 워크시트 설정] 작업액션에서 작업을 진행할 워크시트로 이동합니다.

다음 워크시트 활성화 옵션을 "이름"이 아닌 "색인"으로 지정하면 1부터 시트 순서대로 입력하면 됩니다. 예를 들어 "정보입력"시트는 1, "발송목록"시트는 2 입니다.

04 | [Excel]-[Excel 워크시트에서 읽기] 작업액션으로 B열 2행 셀의 데이터를 가져옵니다.

가져온 데이터는 %ExcelData%에 저장됩니다.

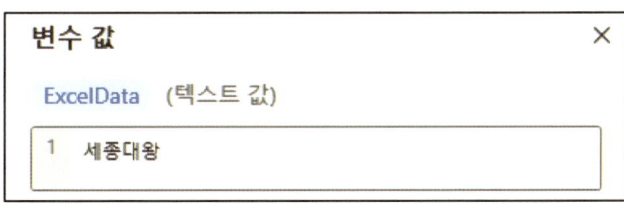

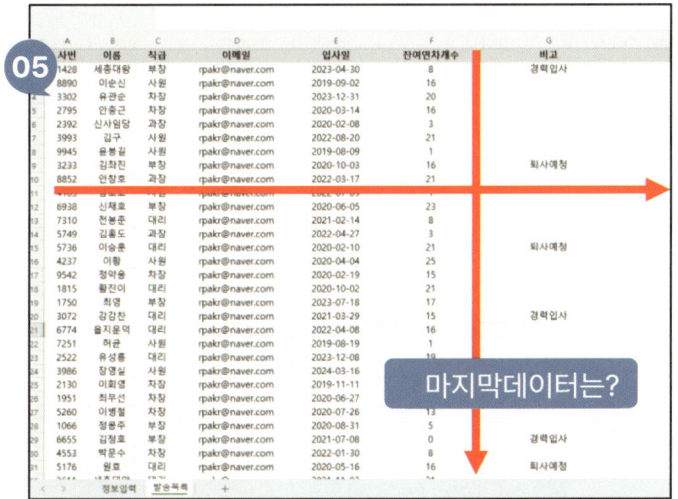

05 | 4번처럼 B2셀로 고정하면 데이터가 없거나, 데이터의 양이 많은 가변적인 상황이 발생 할 경우 대처할 수가 없습니다.

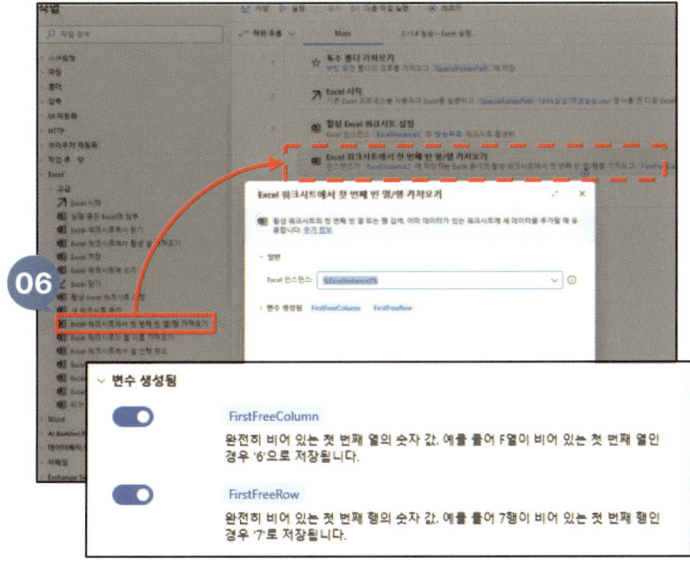

06 | [Excel]-[Excel 워크시트에서 첫 번째 빈 열/행 가져오기] 작업액션을 통해서 데이터의 끝을 찾을 수 있습니다. 변수가 2개가 생성되는데 %FirstFreeColumn%는 마지막 열이, %FirstFreeRow%는 마지막 행이 표시됩니다. 주의 할 점은 데이터가 있는 마지막 셀이 아니라, 데이터가 있는 마지막 셀의 다음 셀 번호입니다.

예를 들어 아래의 결과는 열데이터는 8개가 있는 상태이고, 행데이터는 61개가 있는 상태입니다.

3.11 Excel   183

3.11.5 실습 – Excel 데이터 읽기 (문자/테이블)

B. Excel에서 데이터 읽기 (특정 열의 데이터를 문자형태로 순차적으로 가져오기)

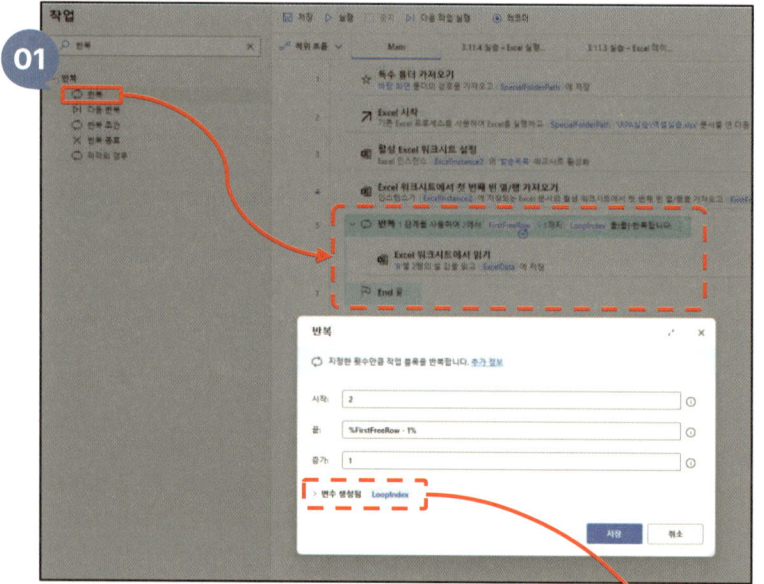

00 | 다수의 데이터를 읽을 때에는 크게 2가지 방법이 있는데, 방금 전 실습처럼 셀을 하나하나 읽는 방법과 엑셀의 표데이터를 RPA에서 사용 할 수 있도록 데이터 테이블 형태로 읽는 방법이 있습니다. 우선은 셀을 하나하나 열 단위로 읽는 방법을 배워보도록 하겠습니다.

01 | [반복]-[반복] 작업액션을 Excel 워크시트에서 읽기 앞 뒤로 배치합니다. 1행은 헤더 데이터이므로 2행부터 읽기 위해서 시작을 2로 하였고, 끝은 %FirstFreeRow%의 데이터가 마지막 데이터보다 1 많기때문에 -1을 하였습니다.

시작 : 2
끝 : %FirstFreeRow - 1%
증가 : 1

02 | 6번라인의 [Excel 워크시트에서 읽기]의 시작 행을 반복에서 생성한 %LoopIndex%로 입력합니다.

그럼 순서대로 B2, B3, B4 .... B60, B61 으로 데이터를 읽습니다. 반복문 안에 다음 작업(웹이나 앱에 데이터를 입력하거나 메일을 발송)을 넣으면 엑셀데이터를 활용한 반복작업이 가능합니다.

C. Excel에서 데이터 읽기 (다수 열의 데이터를 테이블형태로 가져오기)

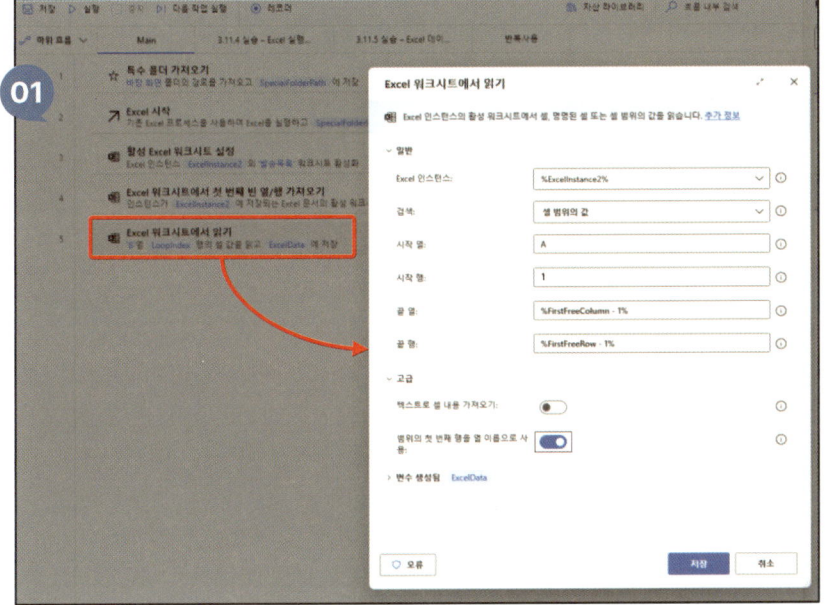

01 | [Excel 워크시트에서 읽기] 작업액션에서 검색옵션을 "셀 범위의 값"으로 변경합니다.

그럼 하나의 셀을 가져오는 방식에서 표데이터를 가져오는 방식으로 변경되는데 시작 열과 시작 행, 끝 열과 끝 행으로 데이터 영역을 지정 할 수 있습니다.

시작 열은 첫데이터가 있는 "A"열을 (혹은 1) 시작 행은 헤더 데이터인 "1"행을 입력합니다. 끝 열과 끝 행에는 이전의 [Excel 워크시트에서 첫 번째 빈 열/행 가져오기] 의 생성변수인 %FirstFreeColumn%와 %FirstFreeRow%를 활용하여 -1씩 하여 적용합니다.

마지막으로 "범위의 첫 번째 행을 열 이름으로 사용"을 체크합니다.

02 | %ExcelData% 데이터 테이블 변수를 확인해보면 Excel의 데이터가 정상적으로 입력된 것을 확인할 수 있습니다.

03 | [반복]-[각각의 경우] 작업액션을 사용해서 Excel에서 생성한 %ExcelData%변수를 반복할 값에 입력합니다.

3.11 Excel   **185**

3.11.5 실습 – Excel 데이터 읽기 (문자/테이블)

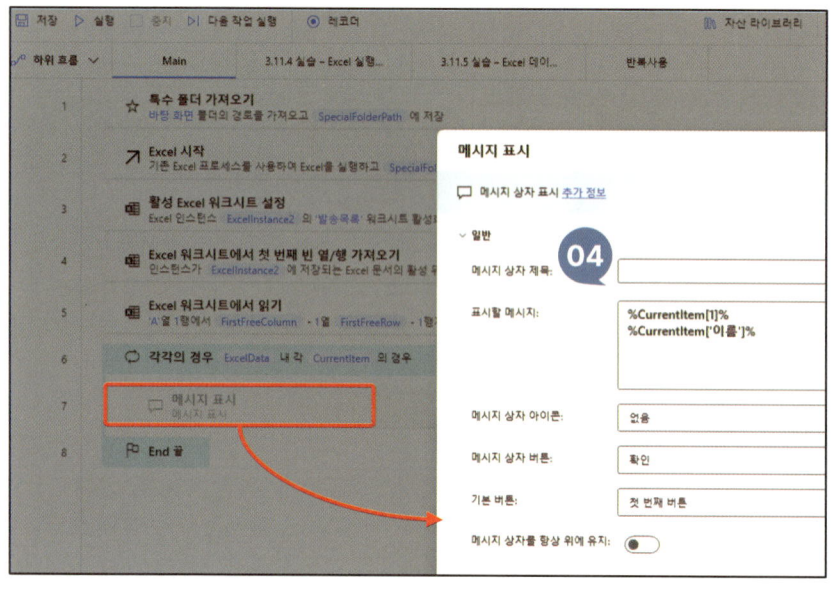

04 | [각각의 경우] 작업액션 사이에 메시지 표시 를 넣고 아래와 같이 작성하도록 하겠습니다.

%CurrentItem[1]%
%CurrentItem['이름']%

대괄호 사이에 인덱스번호나 컬럼명(열이름) 을 넣으면 현재 해당하는 행의 데이터를 가져옵니다.

실행을 해서 확인해보면 해당 열의 데이터가 순서대로 출력되는 것을 확인할 수 있습니다. 이 데이터를 앱이나 웹, 다른 업무도구에 활용 할 수 있습니다. 새로운 Excel을 만들어서 해당 데이터를 저장해보도록 하겠습니다.

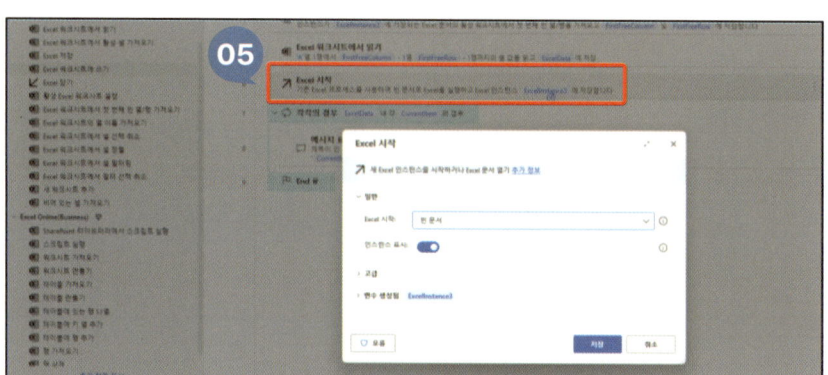

05 | [Excel 시작]작업액션을 [Excel 워크시트에서 읽기] 아래에 배치합니다.

빈 문서로 열고 새로운 인스턴스로 열도록
하겠습니다. %ExcelInstance3%

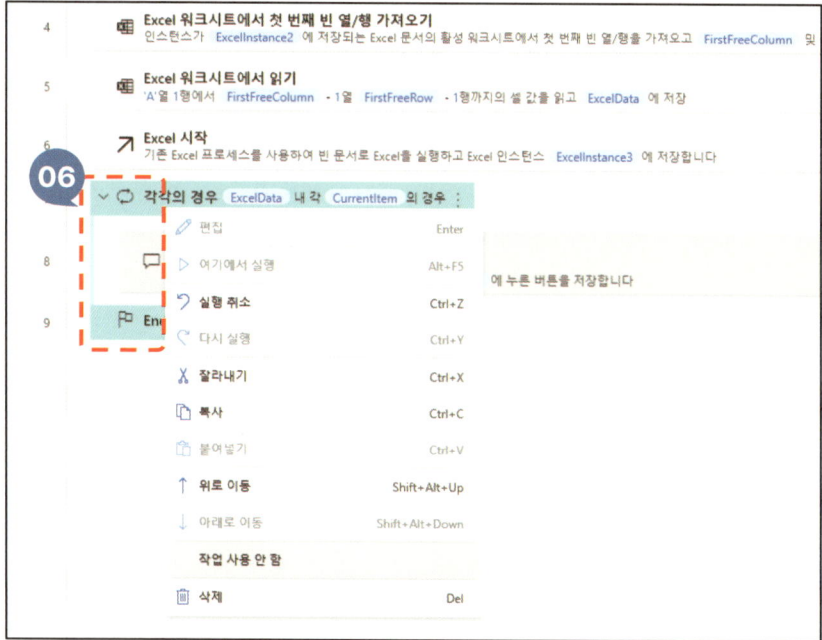

06 | [각각의 경우] 작업액션 7~9번 라인을 모두 잡고 마우스 오른쪽 버튼을 누르고 "작업사용 안함"을 클릭합니다.

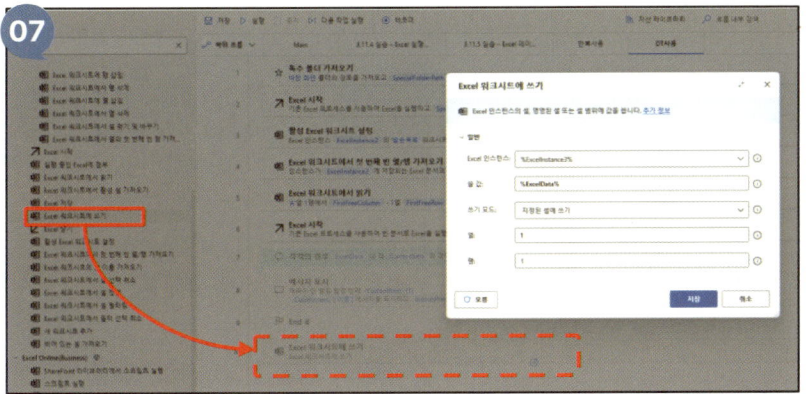

07 [Excel 워크시트에 쓰기] 작업액션으로 Excel인스턴스를 %ExcelInstance3%, 쓸 값을 %ExcelData%, 쓰기 모드는 지정된 셀에 쓰기, 열1행1 셀을 선택합니다.

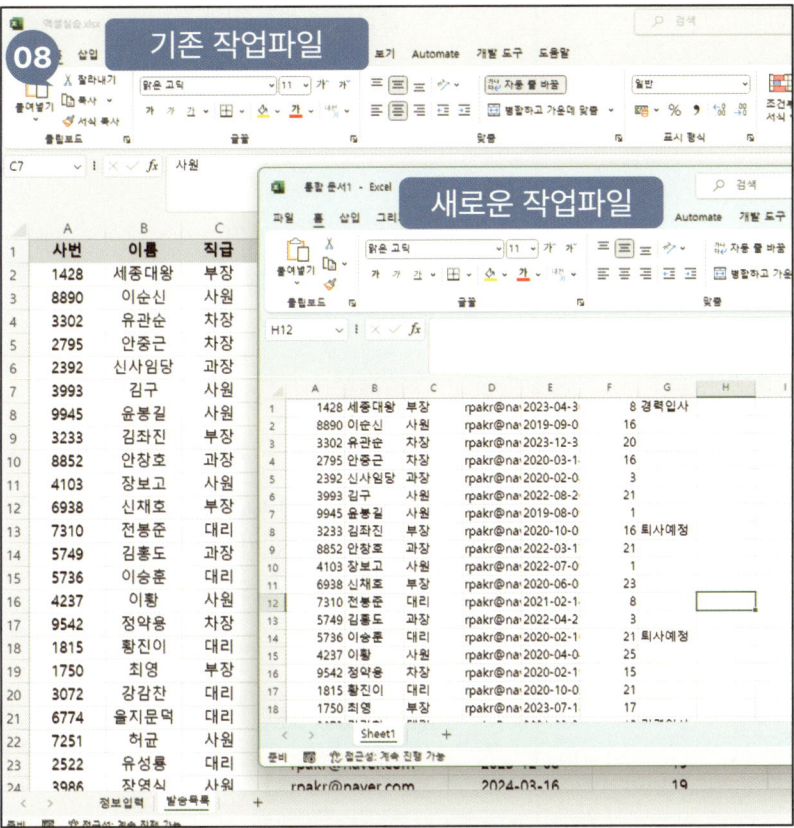

08 실행하면 새로운 통합문서가 열리고 데이터 테이블을 정상적으로 삽입하는 것을 확인할 수 있습니다. 데이터 테이블의 값만 입력되기 때문에 헤더값(사번, 이름, 직급 등)은 포함이 되지 않습니다.

3.11.6 실습 – 국세청 Excel 자료 취합

실습내용

- C:\Users\사용자명\Desktop\RPA실습\국세청\국세청_근로소득.xlsx에 국세청_세액정보.xlsx 내용 합치기 (정답파일 참조)
- H열에 "1인당 급여" 생성 후 100,000,000 * 인원(C열) / 총급여(B열) 수식 적용 후 통화원표시(₩) 단축키 Ctrl+Shift+4

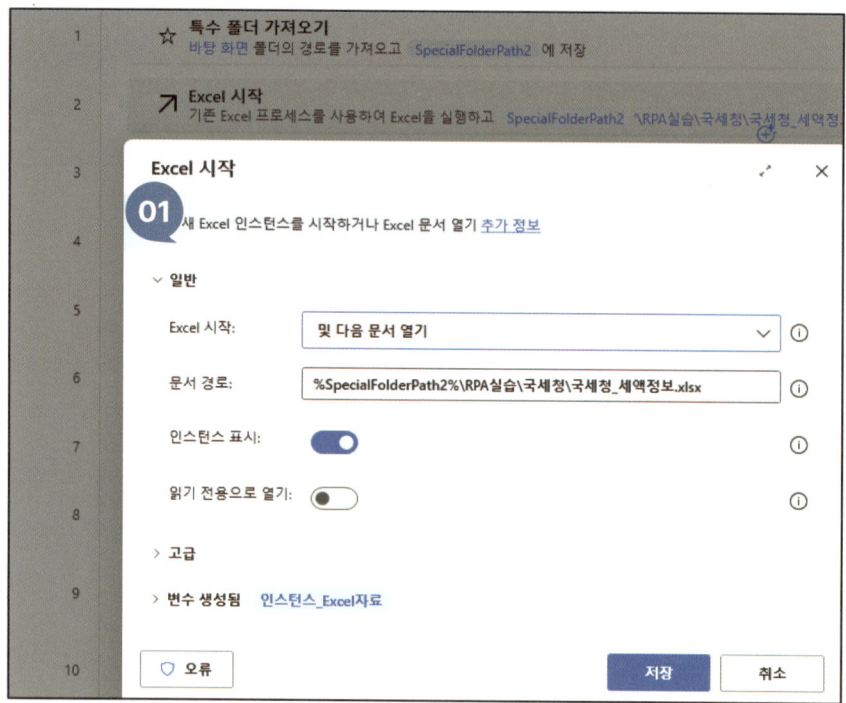

01 [특수 폴더 가져오기] 작업액션으로 바탕화면의 경로를 가져옵니다.

자료Excel과 정답Excel 2개를 만들어서 작업하도록 하겠습니다. 세액정보는 자료로, 근로소득은 정답으로 설정합니다.

02 Excel의 2번째 시트에 자료들이 있기 때문에 Excel파일이 열리고 2번째 시트를 바라보도록 설정합니다.

03 작업Excel에서 모든 데이터를 읽어서 %데이터_Excel자료% 데이터 테이블 변수에 저장합니다.

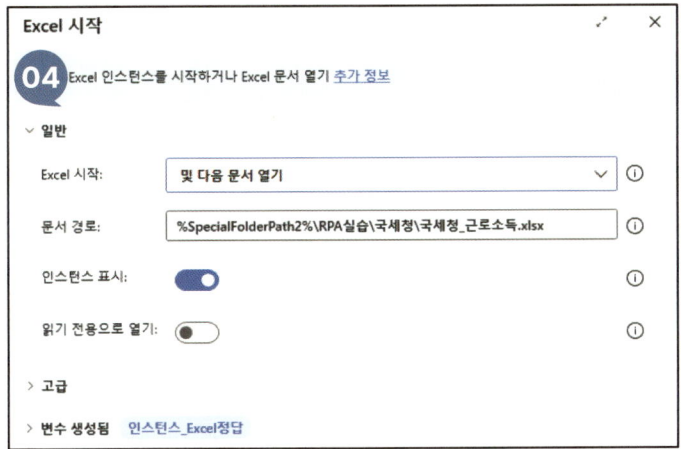

04 | 자료를 붙여넣을 근로소득 파일을 열고, 인스턴스를 정답으로 설정합니다.

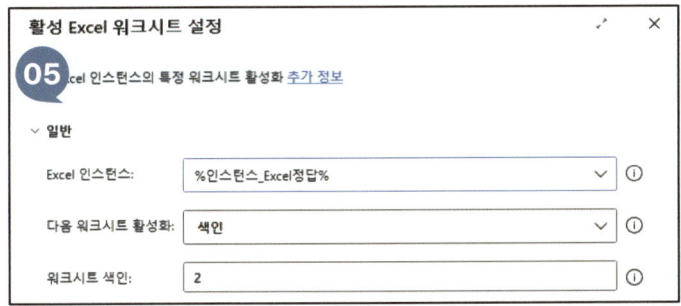

05 | 마찬가지로 Excel의 2번째 시트에 자료들이 있기 때문에 Excel파일이 열리고 2번째 시트를 바라보도록 설정합니다.

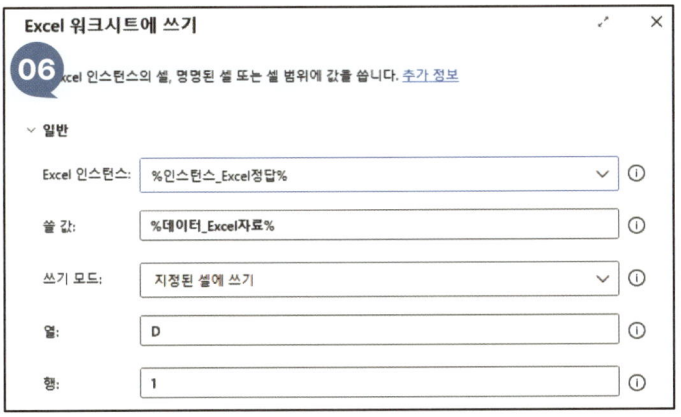

06 | D1열부터 데이터를 채워넣어야하기 때문에 D1에 기존 자료데이터를 넣도록 하겠습니다.

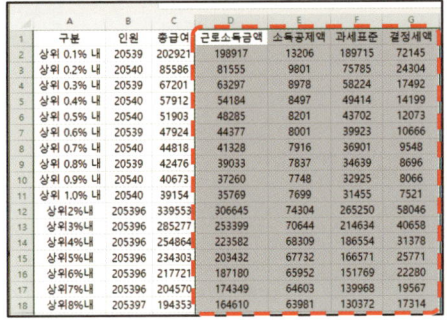

07 | [Excel 닫기] 작업액션으로 자료 인스턴스 엑셀세션을 종료합니다.

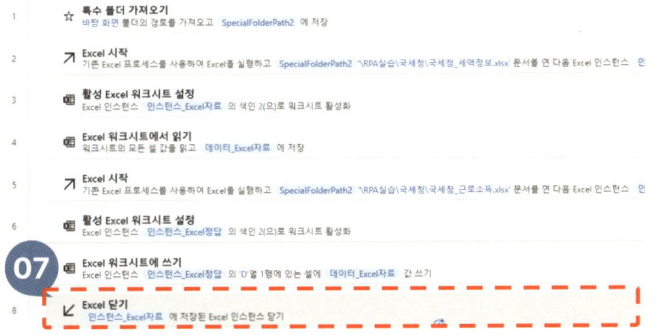

3.11 Excel 189

3.11.6 실습 – 국세청 Excel 자료 취합

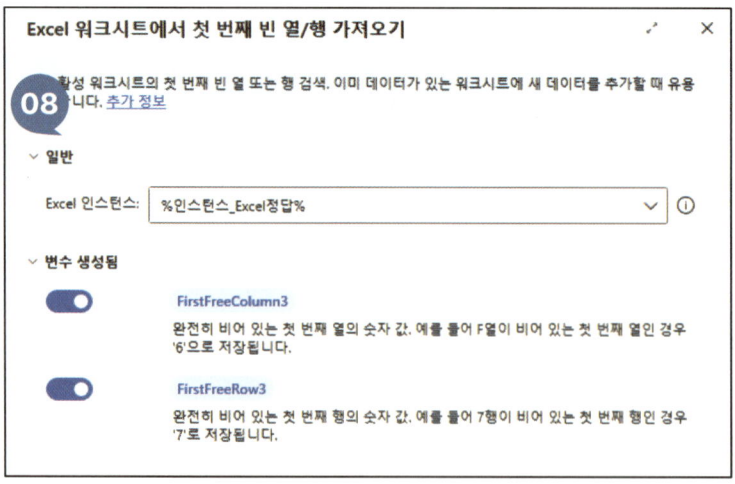

08 | 다음으로 1인당 급여 열을 추가하도록 하겠습니다. 작업할 영역을 확인하기 위해서 [Excel 워크시트에서 첫 번째 빈 열/행 가져오기] 작업액션을 사용해서 %FirstFreeColumn3%과 %FirstFreeRow3% 변수를 생성하도록 하겠습니다.

%FirstFreeColumn3%은 8, %FirstFreeRow3%은 111이 나옵니다.

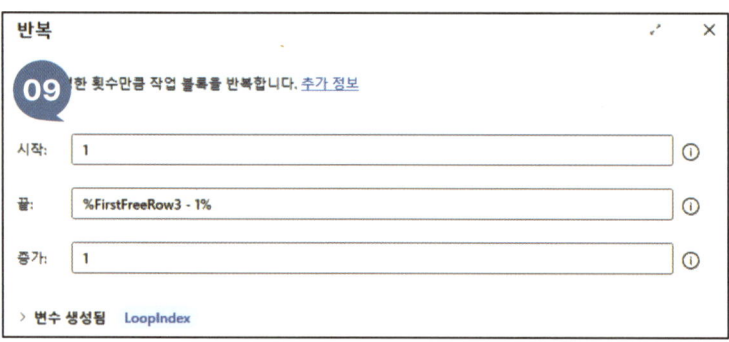

09 | [반복] 작업을 통해서 빈 값 바로 전까지 입력 작업을 진행합니다. 만약 %LoopIndex%가 1이면, (첫번째 작업이라면) 1인당 급여 라는 값을 마지막행의 1행에 작성하고, 그밖의 경우에는 조건에 명시된 수식을 입력합니다.

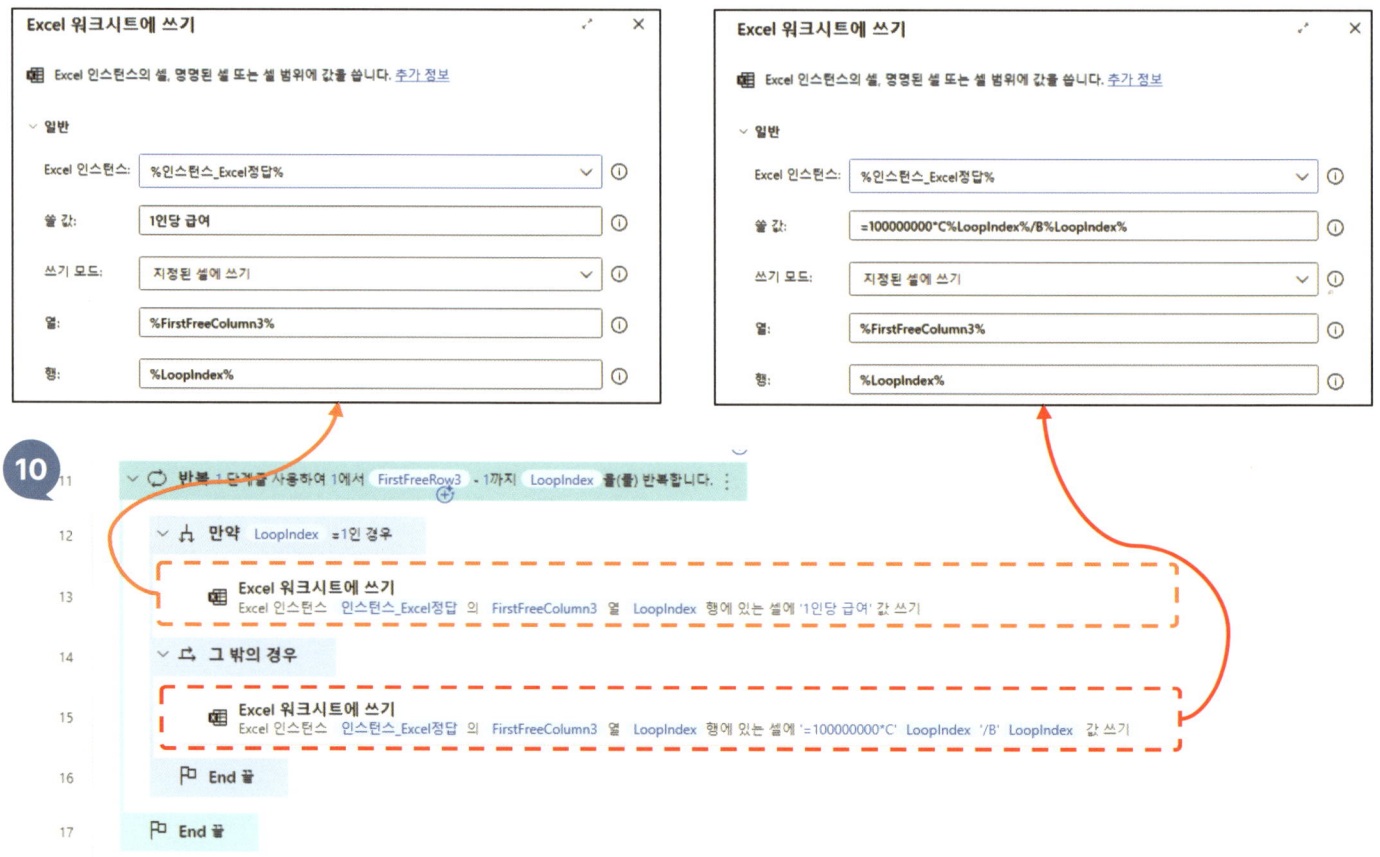

190   3.11 Excel

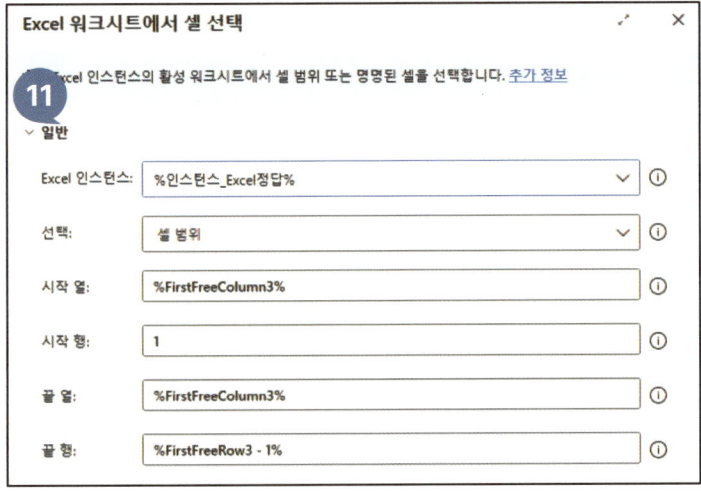

11 1인당 급여 열의 셀서식 형태가 원화표시가 아니라 일반 텍스트로 표시되어 있어 범위 선택 후 단축키를 통해 셀서식을 통화원표시(₩)로 변경하겠습니다.

작업 할 1인당 급여 범위를 선택합니다.

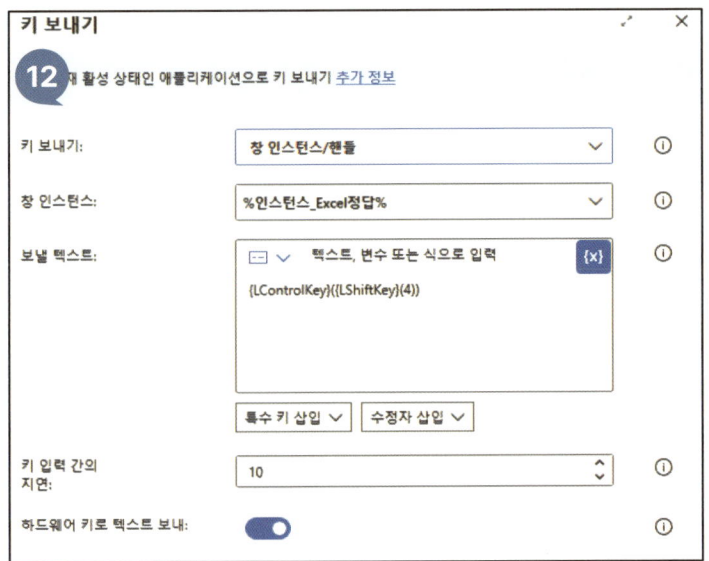

12 키 보내기 작업액션으로 통화원표시 단축키를 입력합니다. {LControlKey}({LShiftKey}(4))

Ctrl + Shift + 4

✓ 3key이상 입력이 필요 할 경우 단축키가 짧게 입력되는 경우 괄호사용으로, 단축키가 길게 입력되는경우 [키 누르기와 해제하기] 작업액션을 사용하시기 바랍니다.
✓ 단축키 사이트 : https://rpakr.com/card/key

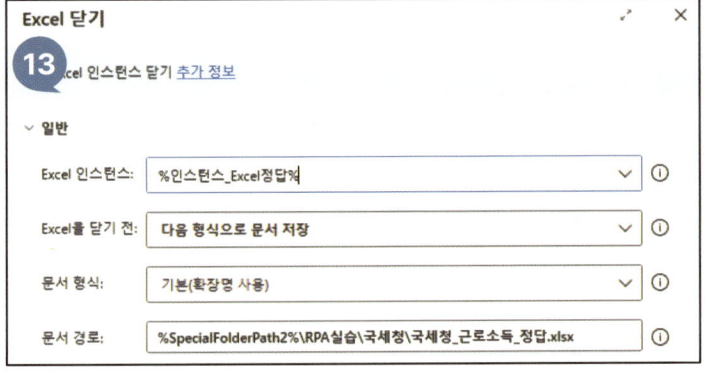

13 [대기] 작업액션으로 3초 대기 후, [Excel 닫기] 작업액션으로 정답파일을 저장합니다.

3.11 Excel   191

3.11.6 실습 – 국세청 Excel 자료 취합 (답지)

3.11.7 실습 – 도로교통공단 Excel 데이터 정제

실습내용

- C:\Users\사용자명\Desktop\RPA실습\도로교통공단\도로교통공단_교통사고통계.xlsx
- 기타시트 삭제 / 모든 시트에 사고건수 열과, 목요일 행을 삭제하기 / 통합 시트에 데이터를 모두 취합 / 내용 중 "고속국도"라는 이름을 모두 "고속도로"로 변경 / 통합 시트의 이름을 "보고"로 변경 후 저장하기

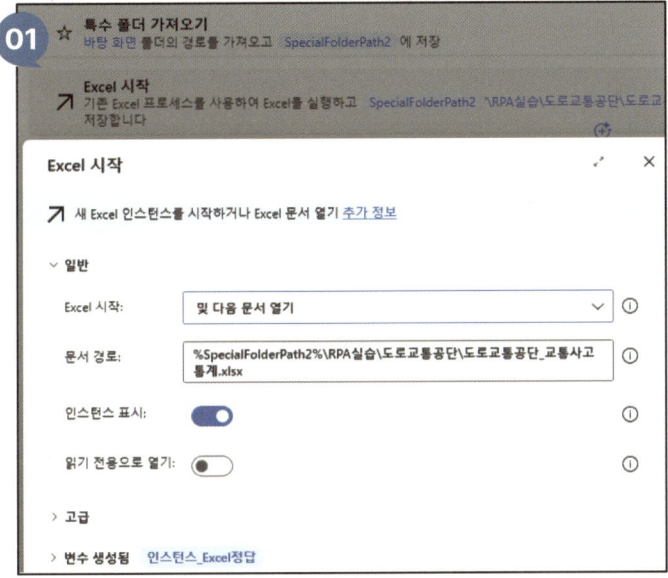

01 | [특수 폴더 가져오기] 작업액션으로 바탕화면의 경로를 가져옵니다.

관리할 Excel파일이 하나이고 모든 데이터는 시트에 있으니 인스턴스 이름은 %인스턴스_Excel정답%으로 시작하겠습니다.

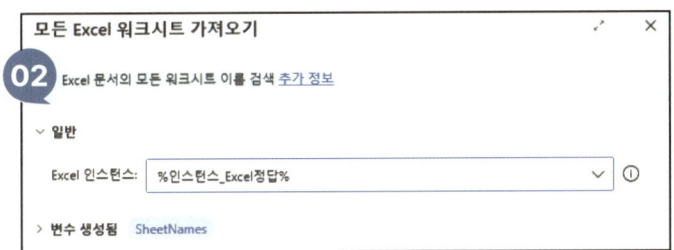

02 | [모든 Excel 워크시트 가져오기] 작업액션으로 Excel파일의 워크시트를 %SheetNames% 목록변수로 가져옵니다.

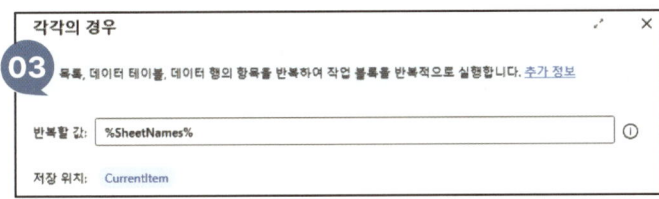

03 | [각각의 경우] 작업액션으로 각 시트별로 반복 될 수 있도록 합니다.

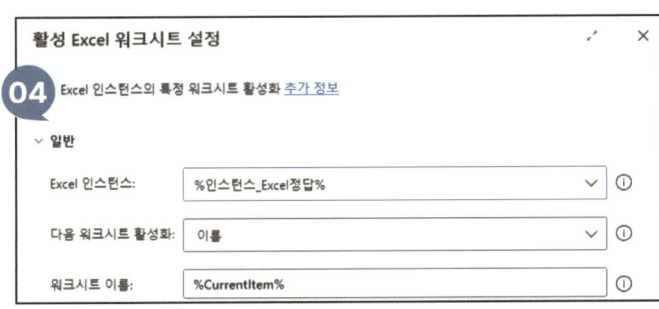

04 | [활성 Excel 워크시트 설정]으로 현재 %CurrentItem% 이 활성화 되도록 합니다. 예를 들어 %CurrentItem%이 일반국도라면 "일반국도" 시트를, %CurrentItem%가 지방도라면 "지방도" 시트를 활성화 합니다.

3.11.7 실습 – 도로교통공단 Excel 데이터 정제

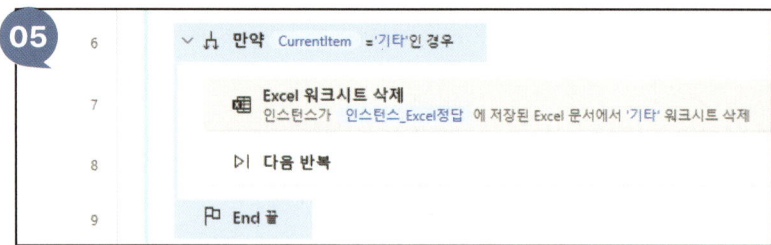

05 만약에 %CurrentItem%이 "기타" 라면 [Excel 워크시트 삭제] 작업액션으로 기타 시트를 삭제합니다.

그리고 작업을 계속 할 수 있도록 [다음 반복] 작업액션을 배치합니다.

06 [Excel 워크시트에서 셀 찾기 및 바꾸기] 작업액션을 통해 사고건수가 있는 열의 위치를 찾습니다. 열의 위치는 %FoundColumnIndex%변수로 생성됩니다.

07 [만약(IF)]에 %FoundColumnIndex%변수가 0이라면 (셀을 찾을 수 없다면) 작업이 이루어지지 않도록 같지않음(<>) 연산자를 사용하여 0이 아닐 때에만 해당 열이 삭제 되도록 조건문을 작성합니다.

행 삭제 작업(목요일) 조건도 작업을 진행합니다.

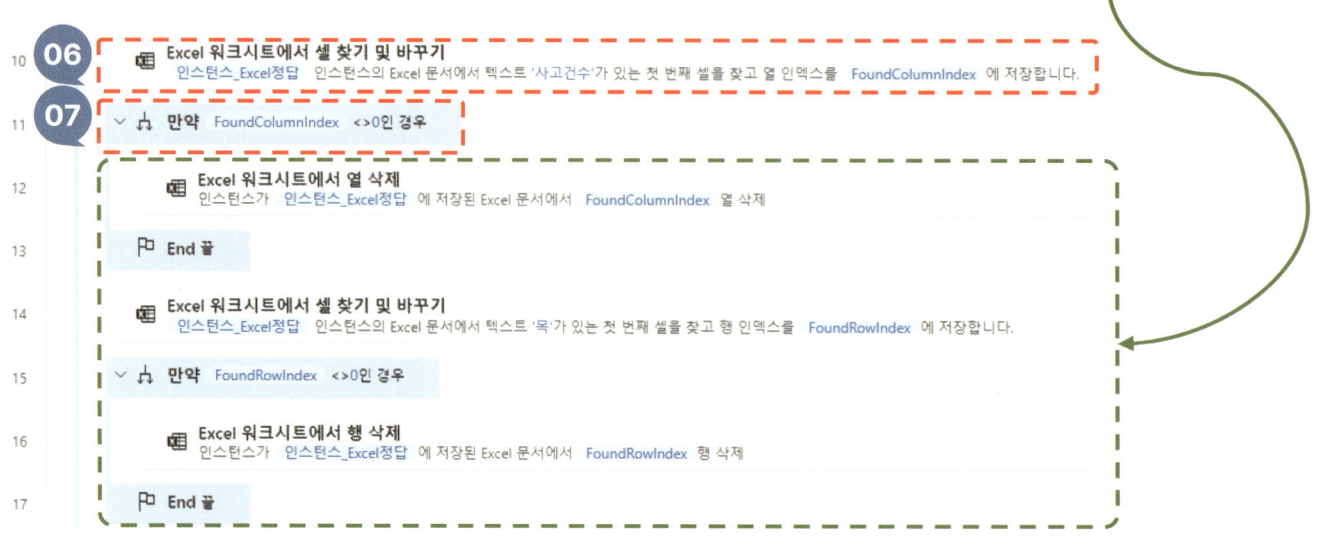

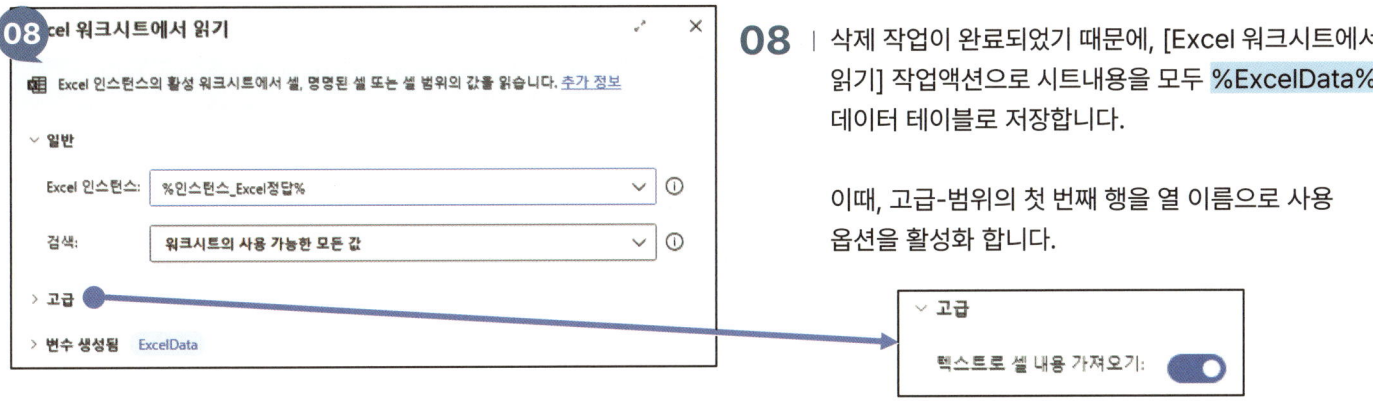

08 | 삭제 작업이 완료되었기 때문에, [Excel 워크시트에서 읽기] 작업액션으로 시트내용을 모두 %ExcelData% 데이터 테이블로 저장합니다.

이때, 고급-범위의 첫 번째 행을 열 이름으로 사용 옵션을 활성화 합니다.

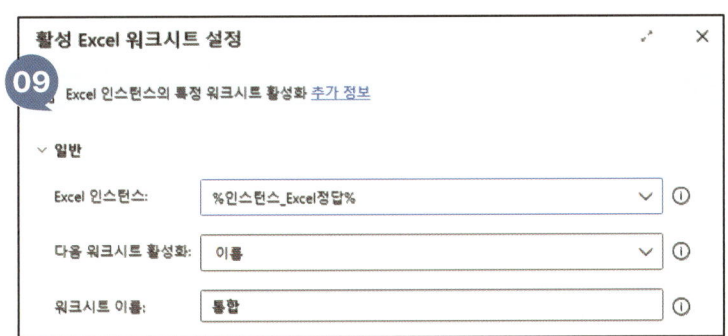

09 | [활성 Excel 워크시트 설정]으로 자료를 붙여넣을 시트인 "통합" 시트를 활성화 합니다.

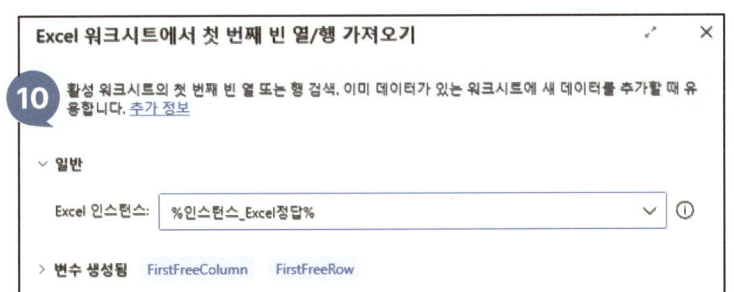

10 | 통합 시트에 자료를 붙여넣기 전 기존 자료 하단에 붙여넣기 위해 마지막 자료 위치를 확인합니다.

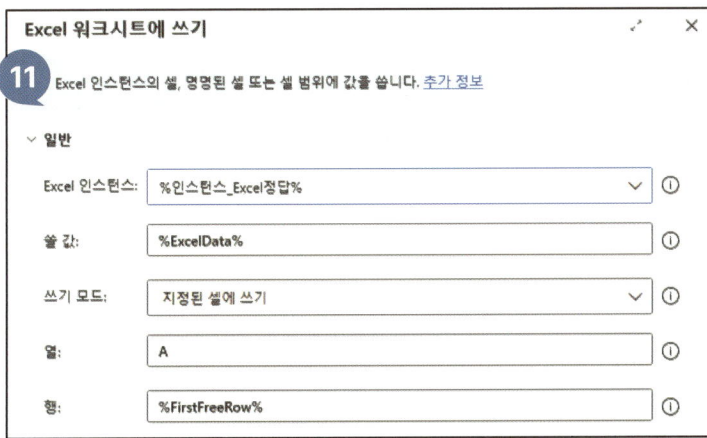

11 | [Excel 워크시트에 쓰기] 작업액션으로 A열의 마지막 빈값 행 위치에 기존 시트 자료 %ExcelData% 데이터 테이블을 붙여넣겠습니다.

3.11.7 실습 – 도로교통공단 Excel 데이터 정제

12 | [End 끝] 작업액션으로 반복문을 종료하고, [활성 Excel 워크시트 설정] 작업액션으로 다시 통합 워크시트를 활성화 합니다.

13 | [Excel 워크시트 이름 변경] 작업액션으로 기존의 "통합" 시트의 이름을 "보고"로 변경합니다.

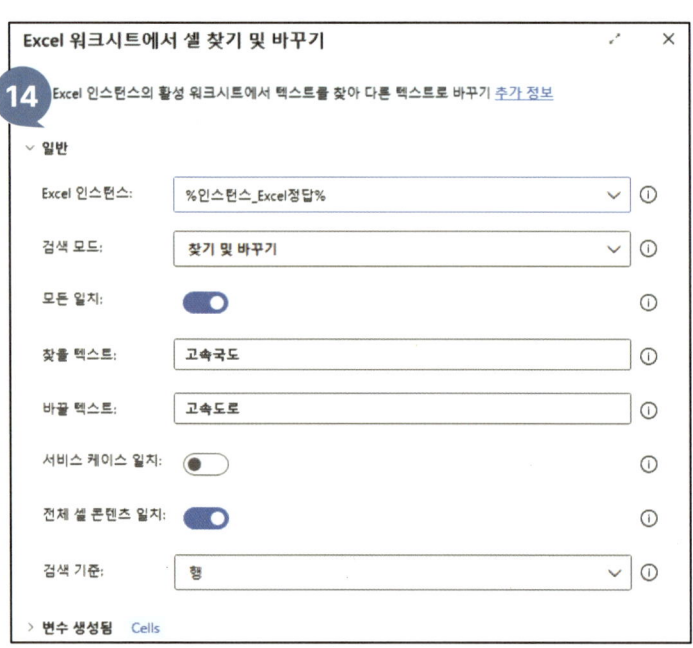

14 | [Excel 워크시트에서 셀 찾기 및 바꾸기] 작업액션으로 검색 모드를 "찾기 및 바꾸기", "모든 일치"와 "전체 셀 콘텐츠 일치"를 설정하고 찾을 텍스트에 "고속국도", 바꿀 텍스트에 "고속도로"를 입력하고 저장을 누릅니다.

196   3.11 Excel

3.11.7 실습 – 도로교통공단 Excel 데이터 정제 (답지)

1. **특수 폴더 가져오기**
   바탕 화면 폴더의 경로를 가져오고 `SpecialFolderPath2` 에 저장

2. **Excel 시작**
   기존 Excel 프로세스를 사용하여 Excel을 실행하고 `SpecialFolderPath2` '\RPA실습\도로교통공단\도로교통공단_교통사고통계.xlsx' 문서를 연 다음 Excel 인스턴스 `인스턴스_Excel정답` 에 저장합니다

3. **모든 Excel 워크시트 가져오기**
   `인스턴스_Excel정답` 에 인스턴스가 저장된 Excel 문서의 모든 워크시트 이름을 가져오고 시트 이름 목록을 `SheetNames` 에 출력합니다.

4. **각각의 경우** `SheetNames` 내 각 `CurrentItem` 의 경우

5.   **활성 Excel 워크시트 설정**
       Excel 인스턴스 `인스턴스_Excel정답` 의 `CurrentItem` 워크시트 활성화

6.   **만약** `CurrentItem` ='기타'인 경우

7.   **Excel 워크시트 삭제**
           인스턴스가 `인스턴스_Excel정답` 에 저장된 Excel 문서에서 '기타' 워크시트 삭제

8.   **다음 반복**

9.   **End 끝**

10.   **Excel 워크시트에서 셀 찾기 및 바꾸기**
        `인스턴스_Excel정답` 인스턴스의 Excel 문서에서 텍스트 '사고건수'가 있는 첫 번째 셀을 찾고 열 인덱스를 `FoundColumnIndex` 에 저장합니다.

11.   **만약** `FoundColumnIndex` <>0인 경우

12.   **Excel 워크시트에서 열 삭제**
            인스턴스가 `인스턴스_Excel정답` 에 저장된 Excel 문서에서 `FoundColumnIndex` 열 삭제

13.   **End 끝**

14.   **Excel 워크시트에서 셀 찾기 및 바꾸기**
        `인스턴스_Excel정답` 인스턴스의 Excel 문서에서 텍스트 '목'가 있는 첫 번째 셀을 찾고 행 인덱스를 `FoundRowIndex` 에 저장합니다.

15.   **만약** `FoundRowIndex` <>0인 경우

16.   **Excel 워크시트에서 행 삭제**
            인스턴스가 `인스턴스_Excel정답` 에 저장된 Excel 문서에서 `FoundRowIndex` 행 삭제

17.   **End 끝**

18.   **Excel 워크시트에서 읽기**
        워크시트의 모든 셀 값을 읽고 `ExcelData` 에 저장

19.   **활성 Excel 워크시트 설정**
        Excel 인스턴스 `인스턴스_Excel정답` 의 '통합' 워크시트 활성화

20.   **Excel 워크시트에서 첫 번째 빈 열/행 가져오기**
        인스턴스가 `인스턴스_Excel정답` 에 저장되는 Excel 문서의 활성 워크시트에서 첫 번째 빈 열/행을 가져오고 `FirstFreeColumn` 및 `FirstFreeRow` 에 저장합니다

21.   **Excel 워크시트에 쓰기**
        Excel 인스턴스 `인스턴스_Excel정답` 의 'A'열 `FirstFreeRow` 행에 있는 셀에 `ExcelData` 값 쓰기

22. **End 끝**

23. **활성 Excel 워크시트 설정**
    Excel 인스턴스 `인스턴스_Excel정답` 의 '통합' 워크시트 활성화

24. **Excel 워크시트 이름 변경**
    인스턴스가 `인스턴스_Excel정답` 에 저장된 Excel 문서에서 '통합' 워크시트 이름 변경

25. **Excel 워크시트에서 셀 찾기 및 바꾸기**
    텍스트가 '고속국도'인 모든 셀을 찾아 `인스턴스_Excel정답` 인스턴스의 Excel 문서에서 '고속도로'로 바꾸고 열/행 인덱스를 `Cells` 에 저장합니다.

3.11.8 실습 – 인구동향 Excel 행렬전환

실습내용

- C:\Users\사용자명\Desktop\RPA실습\인구동향\2021_인구동향.xlsx, 2022_인구동향.xlsx, 2023_인구동향.xlsx, 2024_인구동향.xlsx
- 새로 엑셀파일을 만들고 첫번째 시트에 "보고", 두번째 시트 부터 "2021", "2022", "2023", "2024" 생성 후 자료이동
- 현재 시도별로 정렬(3~20행)되어있는 데이터를 행렬전환하여 출생아수(B열)~조이혼율(K열) 기준으로 정렬

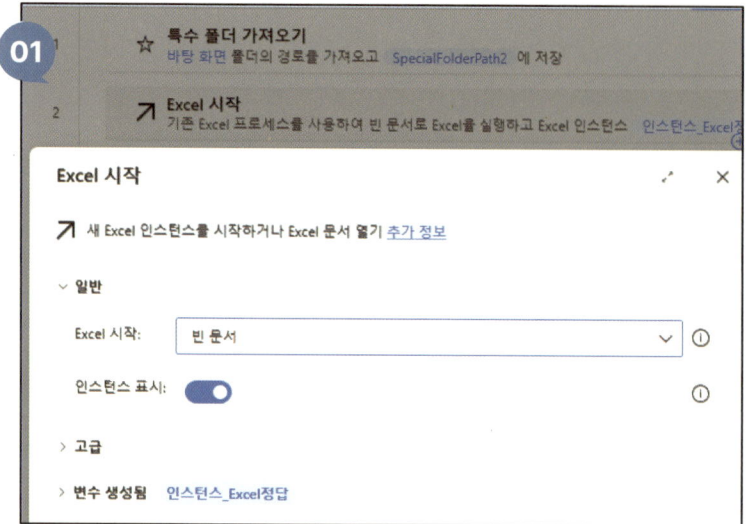

01 ｜ [특수 폴더 가져오기] 작업액션으로 바탕화면 경로를 저장합니다. %SpecialFolderPath2%

4개의 엑셀파일의 데이터를 저장할 빈 문서를 생성합니다. %인스턴스_Excel정답%

02 ｜ 새문서를 만들면 기본적으로 Sheet1이라는 시트가 생성되기 때문에 해당 시트를 "보고"라는 이름의 시트로 이름변경 하도록 하겠습니다.

03 ｜ [반복]을 통해 2021_인구동향.xlsx 부터 2024_인구동향.xlsx까지 4개의 파일을 불러오도록 하겠습니다.

%반복_년도%

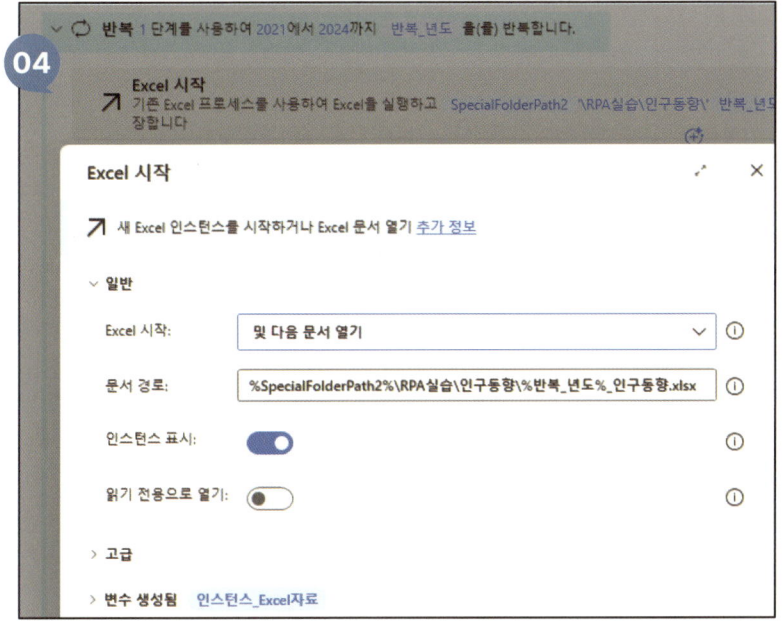

04 [Excel 시작] 작업액션으로 문서경로를 %SpecialFolderPath2%\RPA실습\인구동향\%반복_년도%_인구동향.xlsx 으로 설정합니다.

인스턴스는 %인스턴스_Excel자료%으로 설정하도록 하겠습니다.

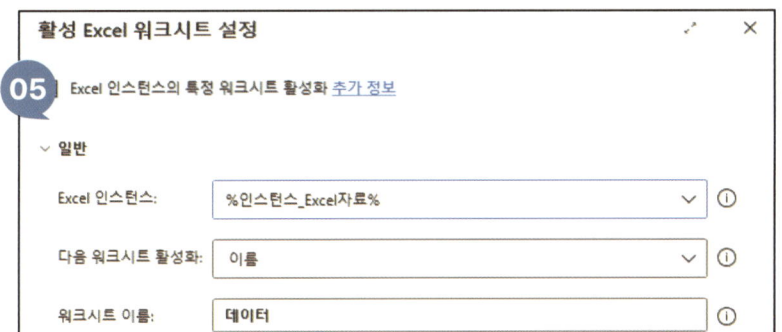

05 [활성 Excel 워크시트 설정] 작업액션으로 데이터가 있는 시트인 "데이터" 시트를 활성화 합니다.

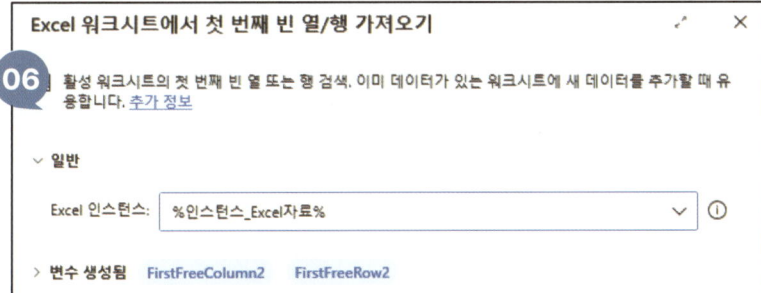

06 [Excel 워크시트에서 첫 번째 빈 열/행 가져오기] 작업액션으로 첫 번째 빈 열과 행 정보를 가져옵니다.

2024.Xlsx 데이터의 개수파악결과
%FirstFreeColumn2%= 32
%FirstFreeRow2%= 21

07 각 데이터는 월별로 열이 10개씩 존재하고, A열과, 1, 2열은 헤더입니다. 1월의 데이터는 변경할 필요가 없으니 2월 데이터부터 보자면 고정적으로 열번호12 ~ 열번호21, 22~31으로 반복되는 것을 알 수 있습니다.

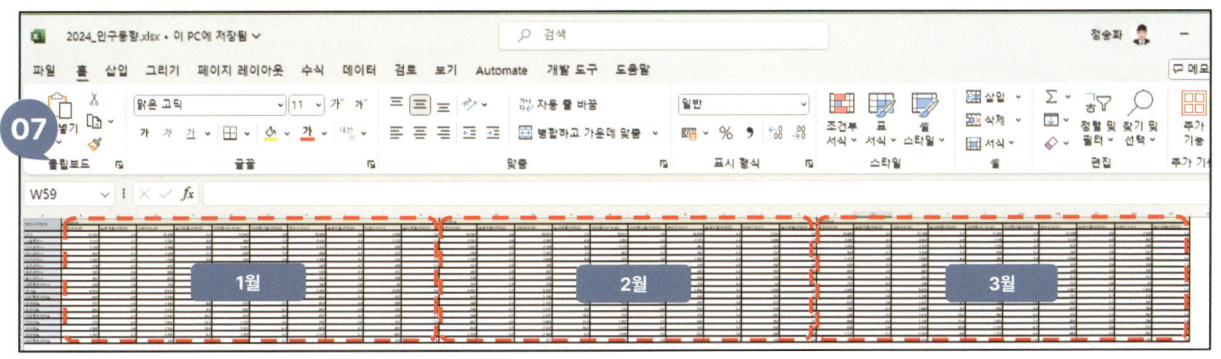

3.11.8 실습 – 인구동향 Excel 행렬전환

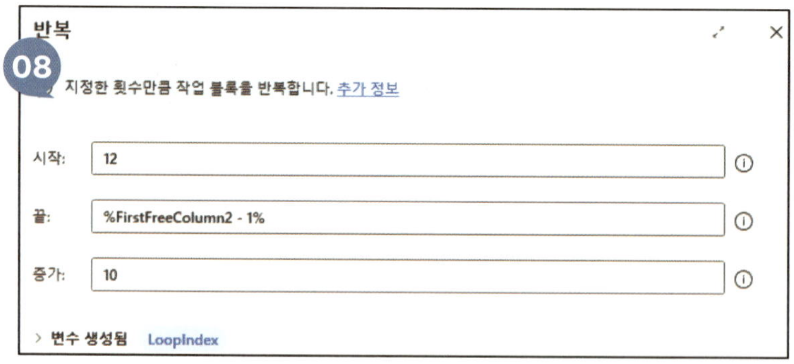

08 반복되는 구간을 확인했으니, 작업 할 영역을 [반복] 작업액션으로 지정하겠습니다.

시작 : 12
끝 : %FirstFreeColumn2 - 1%
증가 : 10

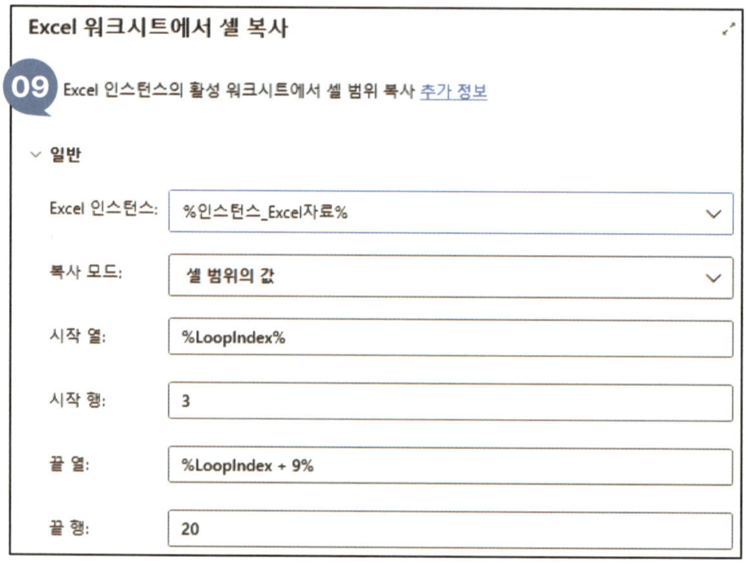

09 [Excel 워크시트에서 셀 복사] 작업액션으로 복사 할 범위를 지정하도록 하겠습니다. %LoopIndex%는 1회차에 12, 2회차에 22, 3회차에 32... 연속됩니다.

1회 : 12열 3행 부터 21열 20행 까지 복사합니다.
2회 : 22열 3행 부터 31열 20행 까지 복사합니다.

...
...
... 반복

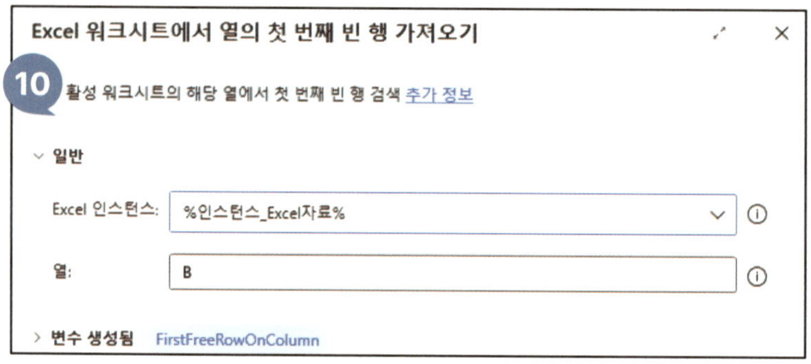

10 [Excel 워크시트에서 열의 첫 번째 빈 행 가져오기] 작업액션을 통해서 다음 데이터를 붙여넣을 행 번호를 찾습니다.

%FirstFreeRowOnColumn%

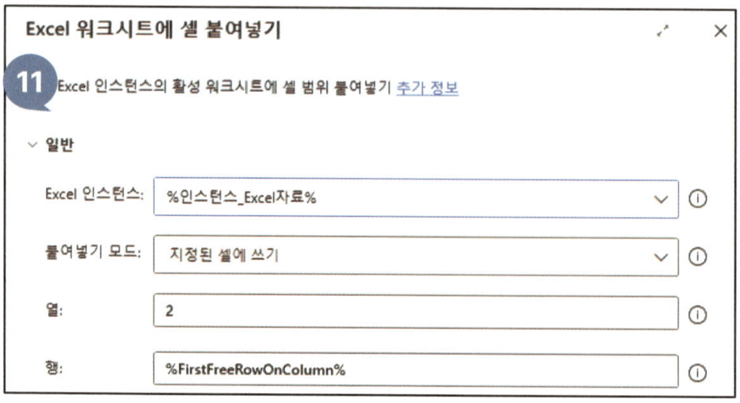

11 [Excel 워크시트에 셀 붙여넣기]로 우측에서 하단으로 순서대로 데이터를 붙여넣습니다.

열 : 2 혹은 B
행 : %FirstFreeRowOnColumn%

[End 끝] 작업액션으로 반복을 종료합니다.

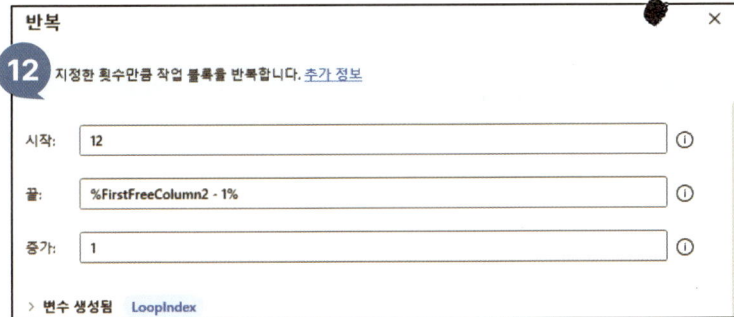

12 [반복] 작업액션으로 복사 완료 후 필요 없어진 남은 데이터를 삭제하도록 하겠습니다. 데이터가 없을 때까지 삭제하기 위해서 마지막열 번호까지 반복합니다.

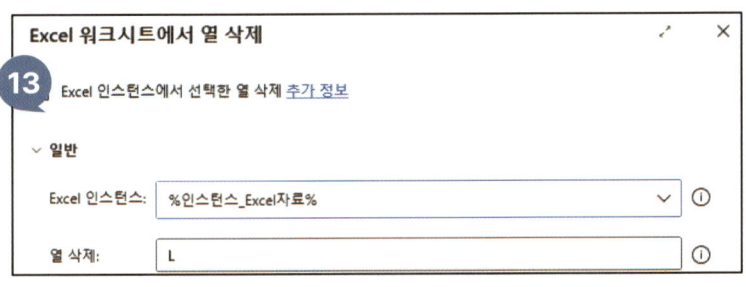

13 [Excel 워크시트에서 열 삭제] 작업액션으로 반복문 안에 열을 삭제합니다.

삭제할 열의 값이 고정적이라 "L"로 지정하였고, 대신에 "12"를 작성해도 됩니다.

가변적이라면 연산식을 사용해도 무관합니다.

14 반복문안에 반복문이 생성되다보니 복잡 할 수 있어 현재까지 만들어진 내용을 보여드리도록 하겠습니다.

3.11.8 실습 – 인구동향 Excel 행렬전환

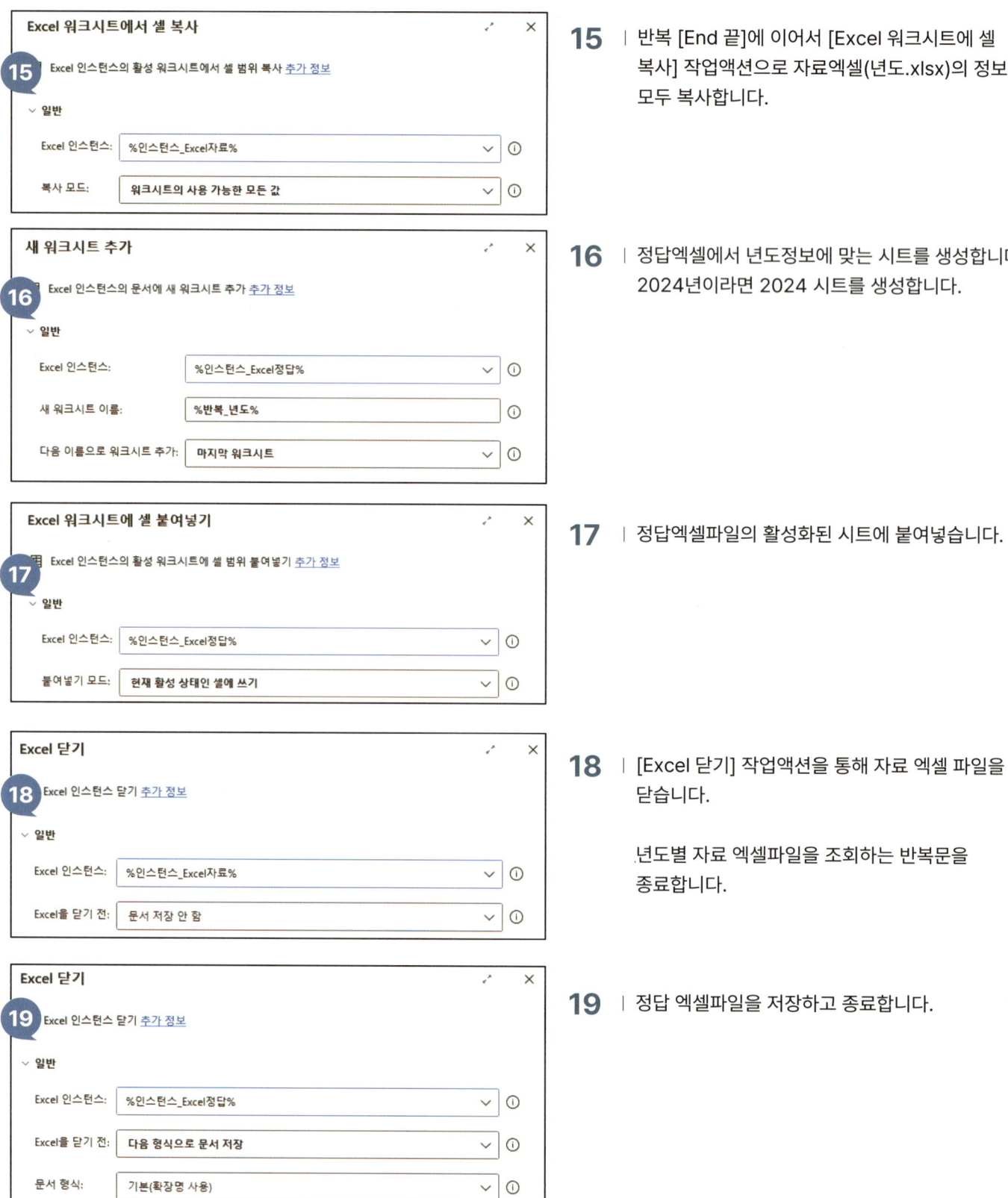

15 | 반복 [End 끝]에 이어서 [Excel 워크시트에 셀 복사] 작업액션으로 자료엑셀(년도.xlsx)의 정보를 모두 복사합니다.

16 | 정답엑셀에서 년도정보에 맞는 시트를 생성합니다. 2024년이라면 2024 시트를 생성합니다.

17 | 정답엑셀파일의 활성화된 시트에 붙여넣습니다.

18 | [Excel 닫기] 작업액션을 통해 자료 엑셀 파일을 닫습니다.

년도별 자료 엑셀파일을 조회하는 반복문을 종료합니다.

19 | 정답 엑셀파일을 저장하고 종료합니다.

3.11.8 실습 – 인구동향 Excel 행렬전환 (답지)

3.11.9 Excel 매크로 사용

🎬 Excel 매크로 실행 (Run Excel macro) .xlsm 바이너리 파일

Excel 매크로는 Excel에서 반복되는 작업을 자동화하기 위해 사용되는 스크립트 또는 프로그램입니다. Visual Basic for Applications (VBA) 언어를 사용하여 작성되며, 사용자가 수행하는 동작을 기록하여 나중에 동일한 작업을 자동으로 반복 실행할 수 있게 합니다.

Microsoft365 Excel 사전 설정방법 : 파일 > 옵션 > 보안센터 > 보안센터 설정 클릭 > 매크로 설정 > **VBA매크로 사용 클릭**, **VBA 프로젝트 개체 모델에 안전하게 액세스할 수 있음 클릭 후 확인**

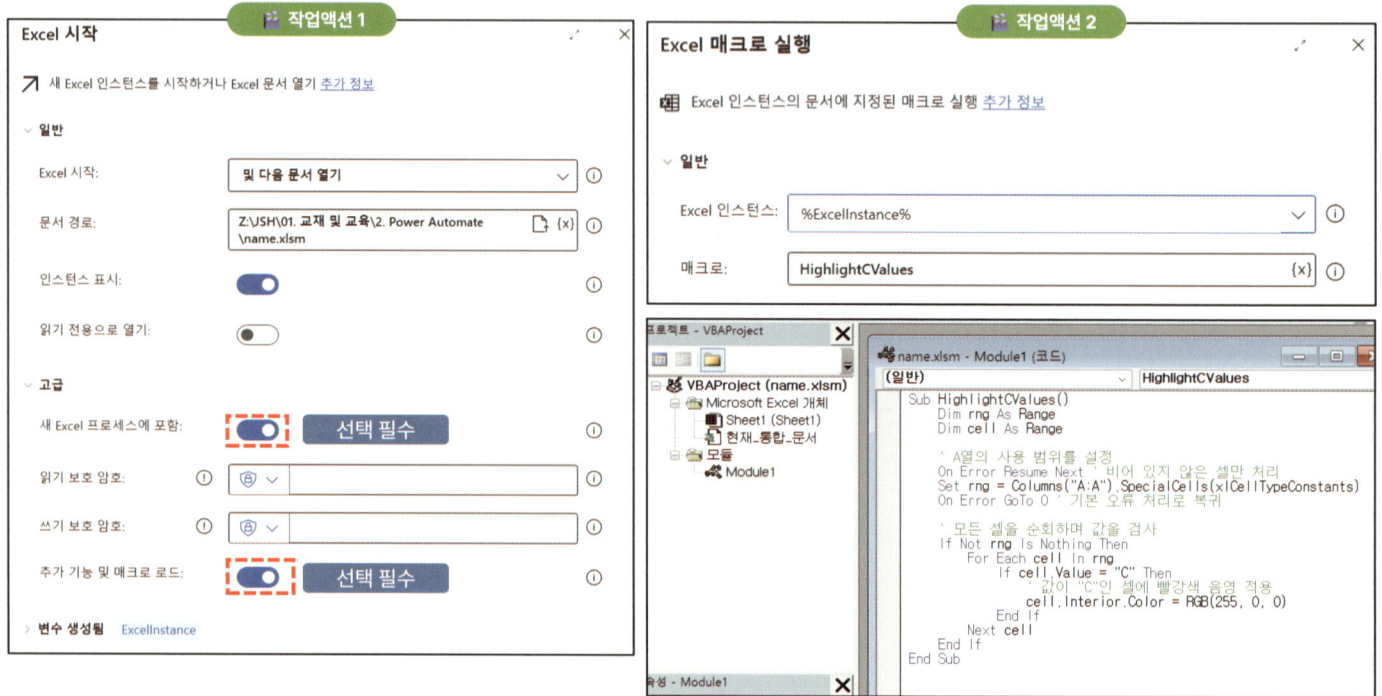

매크로 입력방법

매크로 : 매크로명
매크로(인수1개) : 매크로명; 인수1이름
매크로(인수2개) : 매크로명; 인수1이름; 인수2이름
매크로(변수) : 매크로명; %인수1이름%

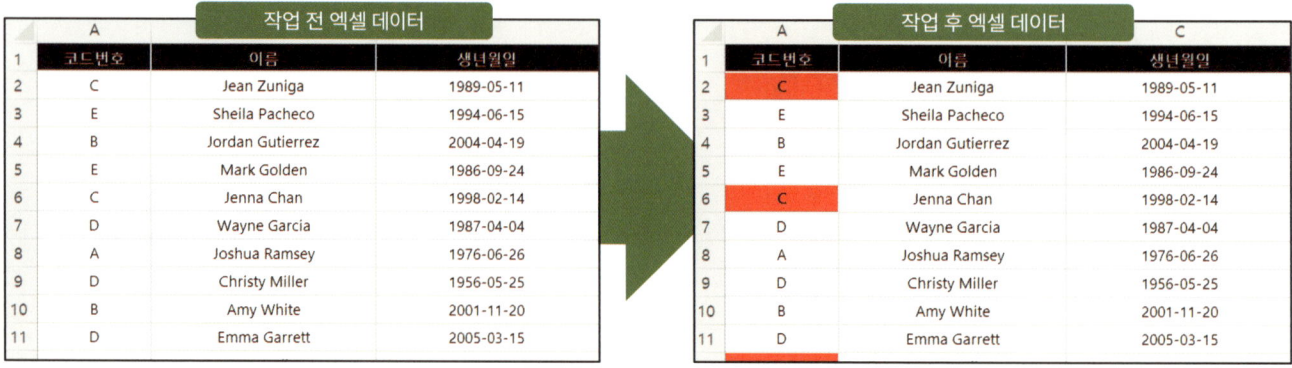

🎬 Excel 매크로 실행 (Run Excel macro) - .xlsm 파일 로드

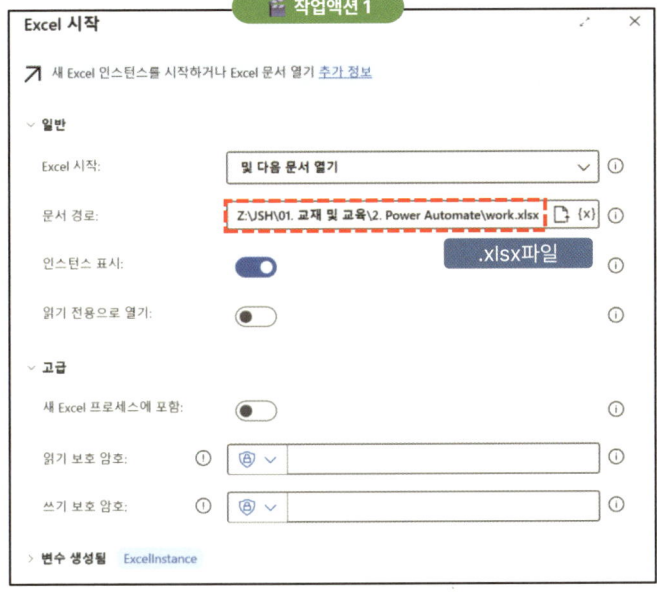

✓ .xlsm파일을 로드하여 매크로를 실행할 때에는 [문서]폴더 내에 .xlsm파일이 존재해야 합니다.

✓ 매크로를 사용할 때에는 매크로 내에서 오류가 발생하면 예외처리를 할 수 없기 때문에 매크로내에서 오류가 발생하지 않도록 코드를 작성해야 합니다.

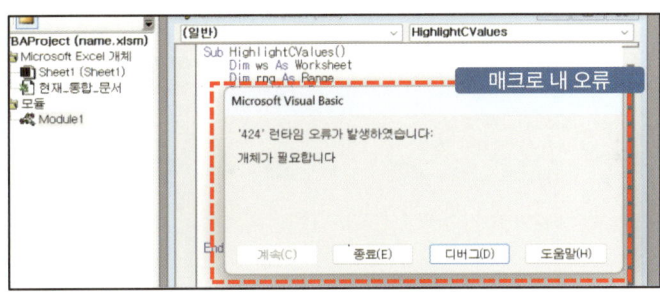

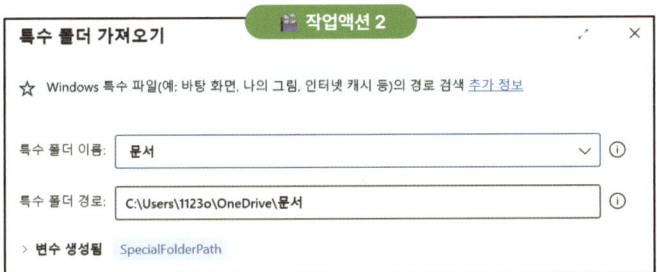

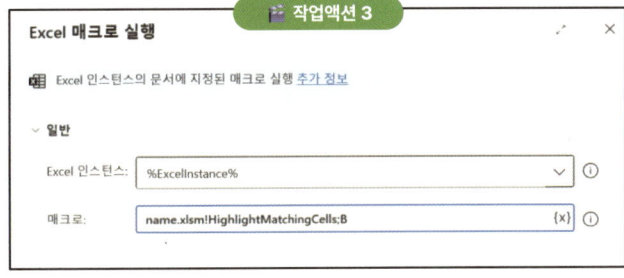

매크로 입력방법

매크로 : 매크로파일명.xlsm!매크로명
매크로(인수1개) : 매크로파일명.xlsm!매크로명;인수1이름
매크로(인수2개) : 매크로파일명.xlsm!매크로명;인수1이름;인수2이름
매크로(변수) : 매크로파일명.xlsm!매크로명;%인수1이름%

Step 3-12 | UI/브라우저 자동화
Actions - UI/Browser Automation

3.12.1 UI/브라우저 자동화

UI(User Interface)는 사용자가 응용 프로그램과 상호 작용하는 데 사용되는 입력 필드, 버튼, 메뉴 등으로 구성된 화면 또는 시스템을 의미합니다. 이러한 인터페이스는 사용자와 응용 프로그램 간의 원활한 상호 작용을 가능하게 설계되었습니다. UI 자동화는, 간단히 말해, 컴퓨터에서 실행되는 응용 프로그램의 사용자 인터페이스 작업을 자동으로 수행하는 기술입니다.

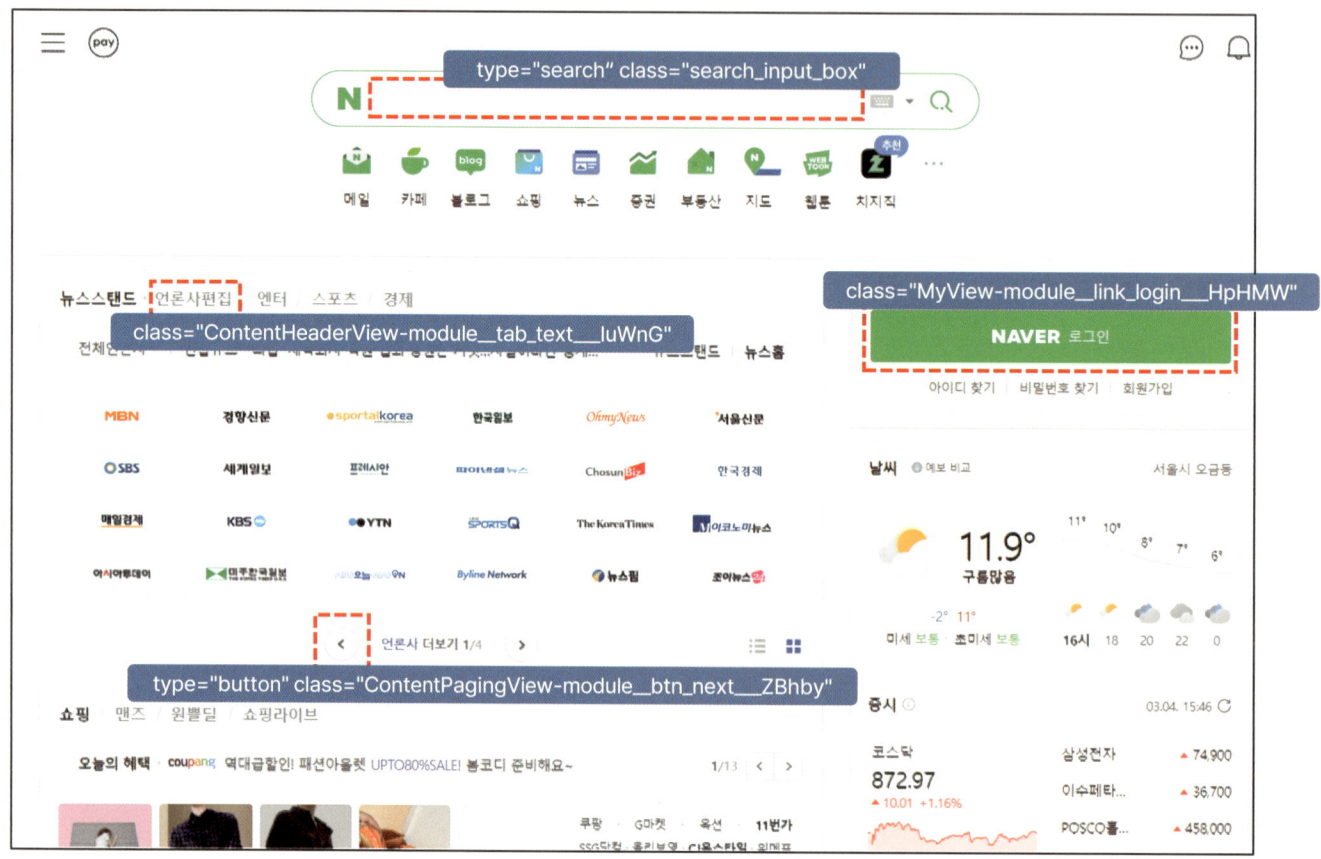

위 이미지는 웹 페이지의 다양한 사용자 인터페이스(UI) 요소들을 보여줍니다. 각각의 요소는 고유한 HTML 태그와 클래스 이름으로 식별됩니다. 예를 들어, 검색창은 'type="search"' 태그와 'class="search_input_box"' 클래스를, 로그인 버튼은 'class="MyView-module_link_login_HpHMW"' 클래스를 사용합니다. 페이지 내비게이션 버튼도 'type="button"' 태그와 'class="ContentPagingView_module_btn_next_ZBhby"' 클래스로 표시됩니다.

PAD를 활용하면 이러한 웹 요소들을 대상으로 자동화된 작업을 설정할 수 있습니다. 예컨대, PAD를 이용하여 검색창에 자동으로 특정 키워드를 입력하고, 로그인 버튼을 클릭하며, 페이지 내비게이션 버튼으로 웹 페이지 내에서 이동하는 스크립트를 구현할 수 있습니다. PAD는 웹 페이지의 요소를 HTML 태그나 클래스 이름과 같은 식별자로 인식하고, 이를 기반으로 해당 요소와 상호 작용하는 자동화 스크립트를 생성합니다. 이러한 기능은 반복적인 브라우징 작업을 자동화하여 사용자의 작업 효율을 크게 향상시킬 수 있습니다.

UI 자동화를 수행하기 위해서는, 자동화하고자 하는 요소의 속성을 명확히 설정하여 PAD가 응용 프로그램 내의 해당 요소를 정확히 식별하도록 해야 합니다. 이러한 과정은 UI 자동화의 정확도와 신뢰성을 높이는 데 핵심적입니다.

3.12.2 UI/브라우저 자동화 – 구성

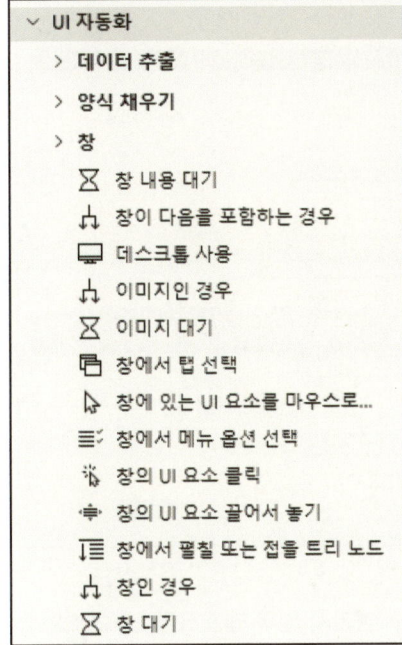

▲ UI자동화 작업액션

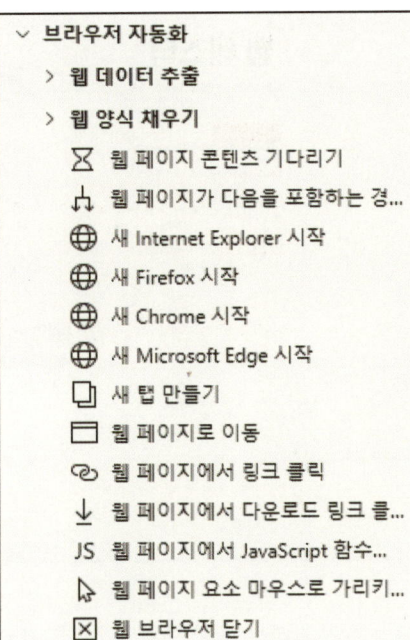

▲ 브라우저 작업액션

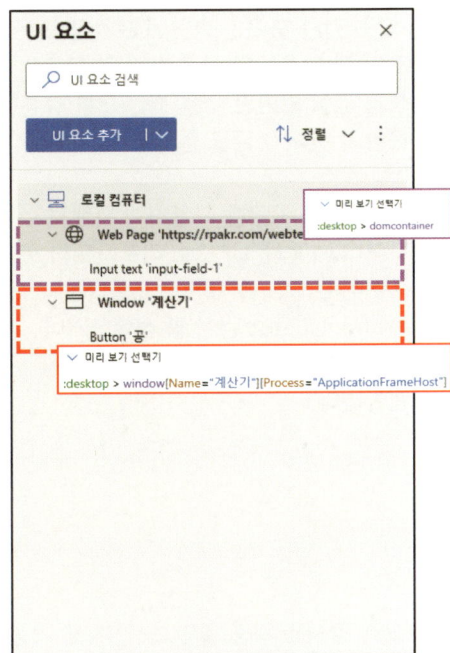

▲ UI 요소 (앱과 웹브라우저)

RPA는 이미지 인식이나 절대 좌표에 의존하지 않고, UI 요소를 활용하여 애플리케이션 및 웹 페이지와 상호 작용합니다. 대부분의 UI 및 브라우저 자동화 작업에서 이러한 요소들은 입력으로써 활용되어 창이나 웹 페이지 내에서 특정 요소를 식별합니다. UI 자동화는 애플리케이션에서, 브라우저 자동화는 웹 브라우저에서 주로 사용됩니다. 웹 브라우저는 '인스턴스'라고 불리는 식별 가능한 핸들을 통해 특정 정보를 정확하게 식별하고 제어하는 데 사용됩니다. 예를 들어, A, B, C 세 개의 웹 브라우저 작업이 진행 중일 때, RPA는 어느 브라우저를 조작할지를 명확히 지시받아야 합니다. 웹 브라우저 인스턴스는 실행 시 생성되며, '인스턴스' 라는 유형의 변수로 저장되어 관리됩니다.

생성된 UI 요소들은 UI 요소 탭에 저장되며, UI와 웹은 별도의 아이콘으로 구분되어 관리됩니다. 또한, 유지보수의 용이성을 위해, 개발 과정에서 다른 사람이 쉽게 식별할 수 있도록 명명 규칙을 따라 이름을 변경하는 것이 좋습니다. 이렇게 함으로써 이름이 명확하고 일관성 있는 상태로 유지됩니다.

선택기는 화면(상위 요소)와 개별 UI 요소(하위 요소) 간의 관계를 형성합니다. 이 관계는 주소에 따라 자동으로 정의되며, 화면과 요소가 이에 따라 생성됩니다. 생성된 요소들은 더블클릭하여 선택기 옵션으로 진입할 수 있습니다. 정렬 기능을 사용하여 더 이상 사용하지 않는 요소를 정리하고 삭제할 수 있습니다.

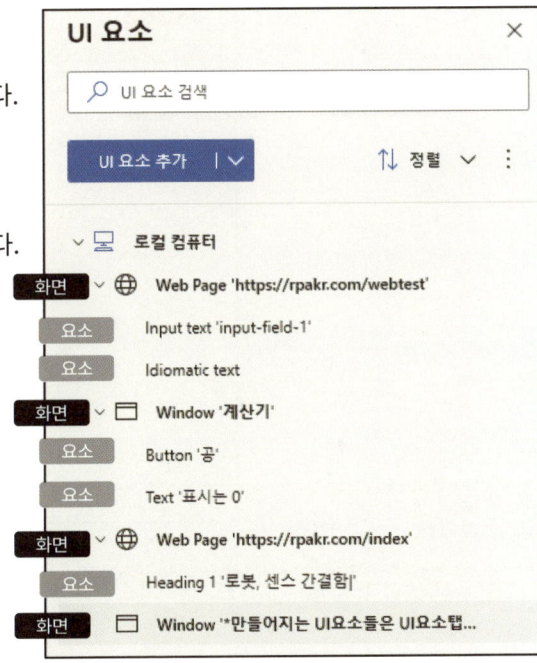

'UI 요소 추가' 버튼을 클릭하면, 사용자는 UI 요소를 수동으로 추가할 수 있습니다. 아래쪽 화살표 버튼을 누르면 '화면' 설정과 'UI 요소 검사'를 진행할 수 있어, 이를 통해 사용자 인터페이스를 더욱 세밀하게 조정할 수 있습니다.

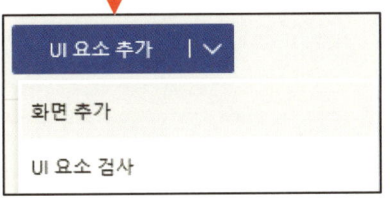

3.12.3 UI/브라우저 자동화 – UI요소검사

UI 요소 검사 도구는 화면에 표시된 모든 UI 요소의 계층 구조를 살펴보고, 각 요소의 특성과 값을 확인한 다음, 데스크톱 흐름에 활용하기 위해 이들을 캡처할 수 있습니다.

UI 요소 검사 도구를 사용하기 위해서 디자이너 내에서 'UI 요소 리포지토리'로 이동하여 UI요소 추가에서 드롭다운 메뉴에서 'UI 요소 검사'를 선택하거나 상단메뉴에서 [도구]-[UI 요소 검사]를 선택합니다.

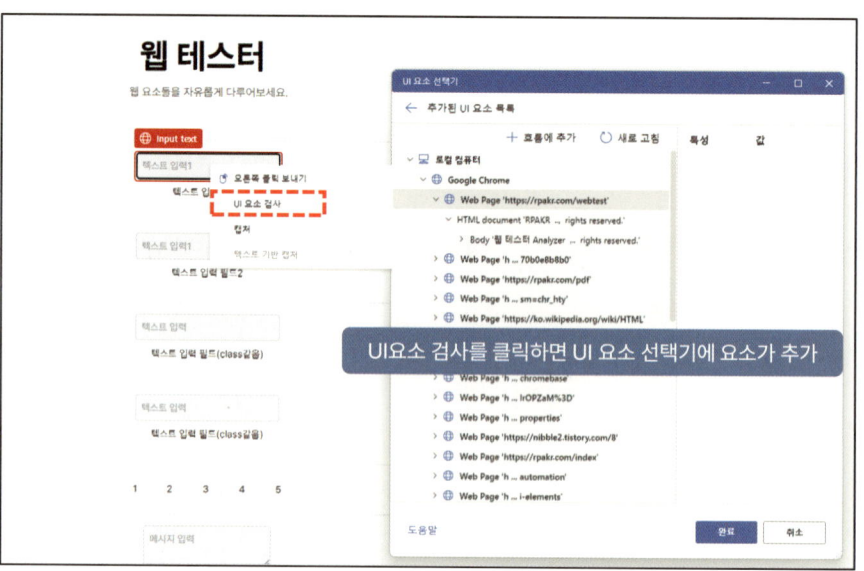

UI 요소 검사 도구를 열면, 모든 사용 가능한 UI 요소를 포함하는 계층 구조 트리가 나타납니다. 여기서 웹과 데스크톱 UI 요소는 각각의 아이콘으로 구분되며, 웹 UI는 각 브라우저 별로 탭이 상위 UI 요소로 구분되어 쉽게 탐색할 수 있게 표시됩니다. 주의할 점은, 탭 자체는 실제 UI 요소가 아니라는 것입니다. 트리의 UI 요소 옆에 있는 확장 아이콘을 클릭하면, 모든 하위 UI 요소가 로드되어 표시됩니다. 마우스로 요소 위에 올리면, 요소가 빨간색 테두리로 강조되며 이름이 나타납니다. 마우스 오른쪽 클릭으로 UI 요소 검사, 캡처, 텍스트 기반 캡처 등의 작업을 수행할 수 있으며, 'UI 요소 검사' 버튼을 누르면 선택된 요소가 요소 선택기에 추가됩니다.

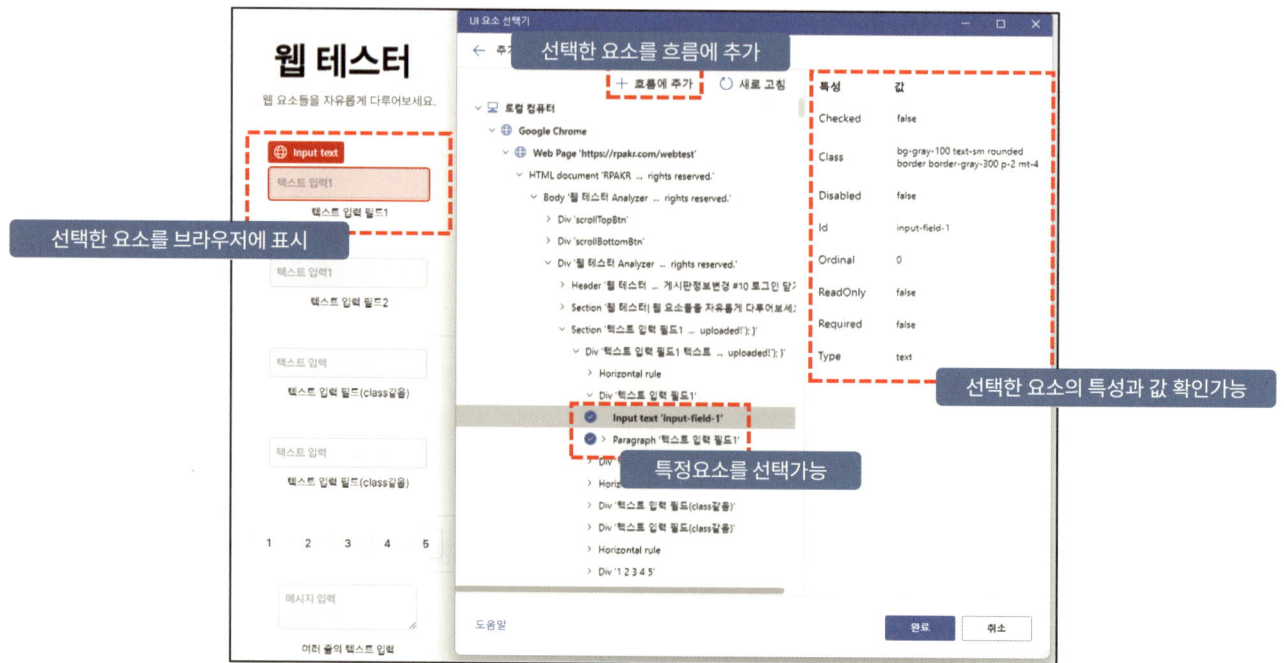

✓ 웹 확장 프로그램을 필수로 설치해야 합니다. 최소화된 화면이나 Citrix또는 RDS를 통해 연결된 가상데스크톱은 표시되지 않습니다.

3.12.4 브라우저 자동화 작업액션

🎬 웹 페이지에서 데이터 추출 (Extract data from web page)

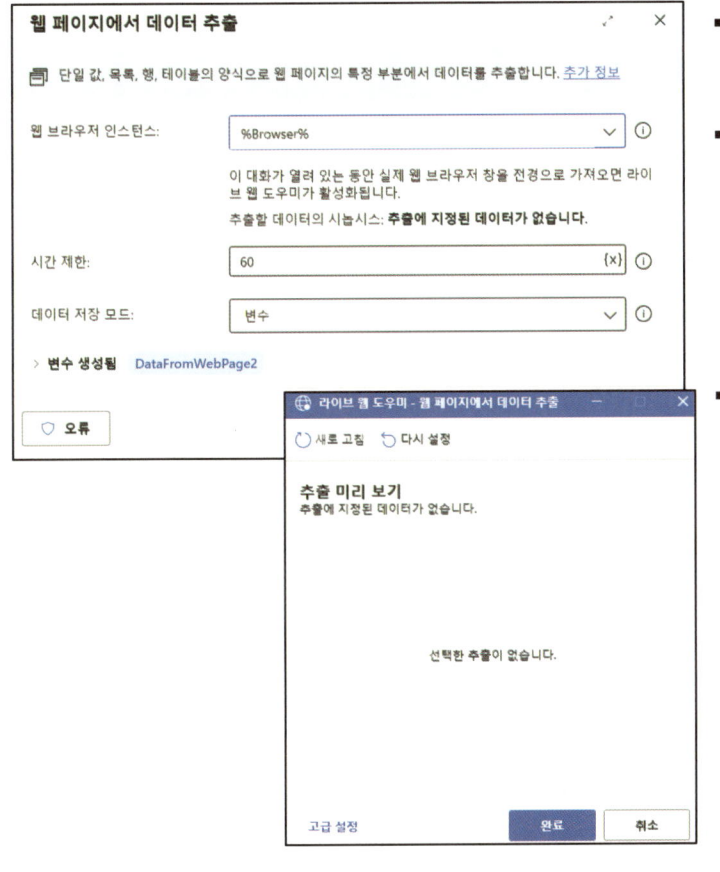

- 웹 페이지 전체 또는 특정 웹 페이지 요소로부터 필요한 데이터를 추출할 수 있습니다.

- 이 작업을 통해 데이터를 추출하기 위해서는 작업액션창을 닫지 않고 활성화 해놓은 상태에서 웹 브라우저의 세션을 사용하며, 이는 %Browser%와 같이 동적 변수를 통해 지정됩니다. 사용자는 웹 페이지의 상세 내용을 직접 명시하거나 필요한 데이터가 위치한 웹 페이지 내의 요소에 대한 정보를 입력하여 데이터 추출을 수행할 수 있습니다.

- 작업액션창이 활성화 된 상태에서 웹 브라우저로 전환하면 라이브 웹 도우미 창이 나오며, 이 때 추출 작업을 통해 텍스트 또는 테이블을 추출 할 수 있습니다.

🎬 웹 페이지의 세부정보 가져오기 (Get details of web page)

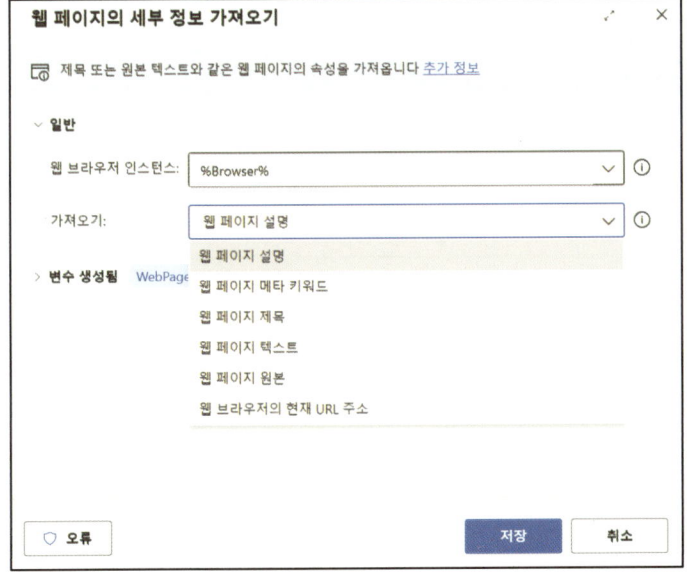

- 브라우저 인스턴스를 통해 웹 페이지의 다양한 정보를 추출할 수 있습니다. 이 작업을 활용함으로써, 사용자는 웹 페이지의 설명, 메타 키워드, 제목, 텍스트, 소스 코드, 또는 URL 주소 등을 포함한 웹 페이지의 여러 세부 사항에 접근할 수 있습니다.

- **설명** : name="description" 태그 정보
- **메타 키워드** : name="keywords" 태그 정보
- **제목** : 웹페이지의 title 태그를 가져옵니다.
- **텍스트** : html을 제외한 순수한 모든 텍스트
- **원본** : html소스
- **현재 URL 주소** : URL주소

3.12.4 브라우저 자동화 작업액션

🎬 웹 페이지 요소의 세부 정보 가져오기 (Get details of element on web page)

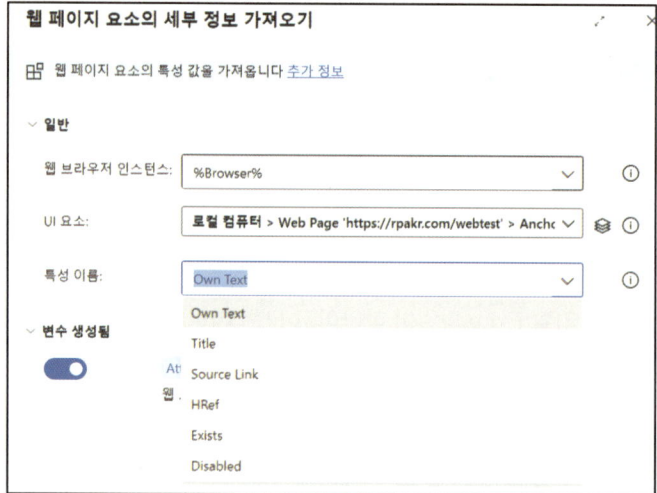

- 특정 웹 페이지 내 UI 요소의 속성 값을 추출하는 데 사용됩니다. 이 작업을 수행하기 위해, 먼저 작업할 웹 브라우저 인스턴스를 %Browser%와 같은 변수를 통해 지정합니다. 그 후, '웹 페이지 요소' 옵션을 사용하여 세부 정보를 가져올 UI 요소를 선택합니다.

- **Own Text** : 텍스트 값
- **Title** : 요소의 title 속성 값
- **Source Link** : 이미지 요소의 src 또는 링크속성 값
- **Href** : 링크속성(href) 값
- **Exists** : 요소가 존재하면 True, 존재하지 않으면 False
- **Disabled** : 요소가 비활성화된 상태면 True, 활성화면 False

🎬 웹 페이지의 스크린샷 캡처 (Take screenshot of web page)

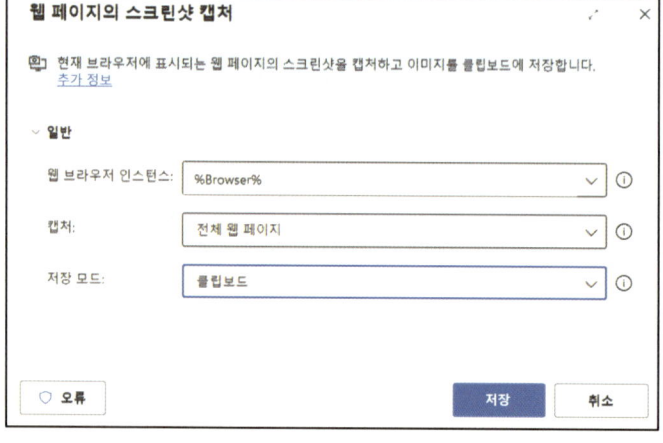

- 현재 브라우저에 표시된 웹 페이지의 이미지를 파일 또는 클립보드에 저장하는 데 사용됩니다. 이 활동을 수행하기 위해서는 먼저 작업할 웹 브라우저 인스턴스를 지정해야 합니다. 사용자는 %Browser%와 같은 변수를 사용하여 해당 인스턴스를 선택할 수 있습니다.

- 캡처 유형에서는 '전체 웹 페이지' 또는 웹 페이지 내 '특정 요소'를 캡처할 것인지 결정할 수 있으며, '저장 모드' 옵션을 통해 이미지를 파일에 저장할지 아니면 클립보드에 저장할지 선택할 수 있습니다. 만약 파일에 저장하는 경우, 이미지 파일의 저장 경로와 파일 형식을 지정해야 합니다.

✓ 지원확장자 BMP, EMF, EXIF, GIF, JPG, PNG, TIFF, WMF

🎬 웹 페이지 확인란 상태 설정 (Set check box state on web page)

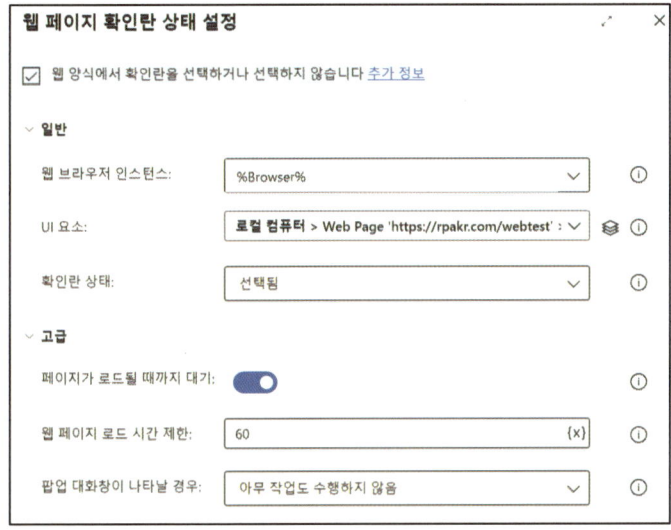

- 웹 페이지에서 확인란의 상태를 설정하는 활동을 통해 사용자는 웹 양식의 특정 확인란을 선택하거나 선택을 취소할 수 있습니다. 이 작업을 수행하기 위해 사용자는 먼저 작업할 웹 브라우저 인스턴스를 '%Browser%'와 같은 변수를 사용하여 지정합니다. 그 후, 상태를 설정할 확인란을 나타내는 UI 요소를 선택합니다. 사용자는 '확인란 상태' 옵션에서 '선택됨' 또는 '선택되지 않음'을 선택하여 확인란의 상태를 변경할 수 있습니다.

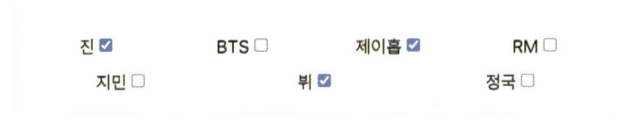

🎬 웹 페이지 라디오 버튼 선택 (Select radio button on web page)

- 웹 양식 내에서 특정 라디오 버튼을 자동으로 선택할 수 있습니다.
- 작업할 웹 브라우저 인스턴스를 변수를 통해 지정하고, 선택하고자 하는 라디오 버튼을 나타내는 UI 요소를 선택합니다.

🎬 웹 페이지 드롭다운 목록 값 설정 (Set drop-down list value on web page)

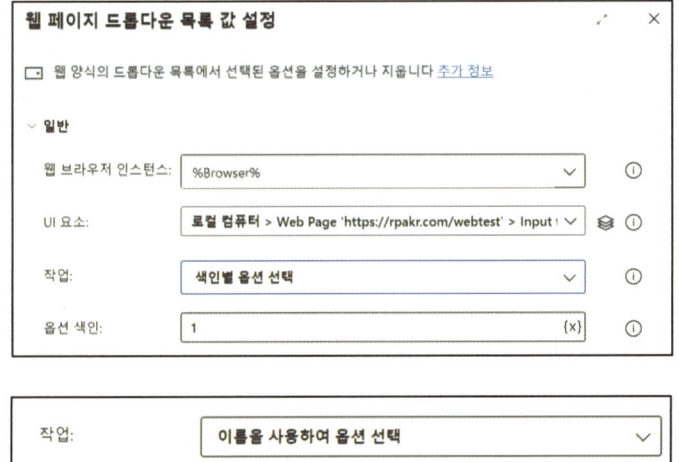

- 웹 양식 내 드롭다운 목록에서 특정 옵션을 선택하게 해줍니다. 이를 위해, 사용자는 웹 브라우저 인스턴스를 지정하고, 해당 드롭다운 목록을 나타내는 UI 요소를 선택합니다.

- 선택된 옵션은 드롭다운 목록 내의 값 또는 사용자가 입력한 특정 값에 따라 설정될 수 있습니다. 이 활동을 통해 웹 양식의 드롭다운 목록을 자동으로 조작하여 원하는 옵션을 선택하거나 기존에 선택된 옵션을 지울 수 있습니다.

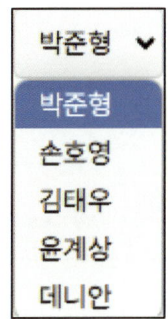

3.12.4 브라우저 자동화 작업액션

🎬 웹 페이지 콘텐츠 기다리기 (Wait for web page content)

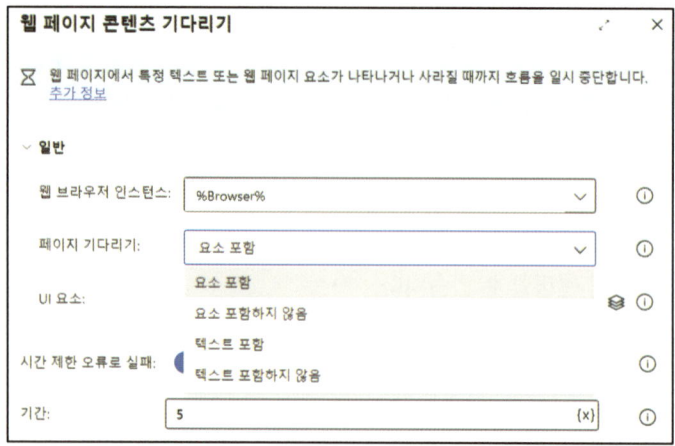

- 특정 웹 페이지 요소나 텍스트가 로드되어 나타나거나 사라질 때까지 자동화 흐름을 일시 중단시키는 기능입니다. 사용자는 작업할 웹 브라우저 인스턴스를 지정한 후, 웹 페이지에서 대기할 요소나 텍스트의 출현 또는 사라짐을 기다립니다.

- 이 활동은 웹 페이지의 로딩 시간이 변동적이거나 동적 콘텐츠가 포함된 페이지를 자동화할 때 유용합니다, 특히 요소가 비동기적으로 로드되는 경우에 필요합니다. 사용자는 대기 시간을 초 단위로 설정하여, 해당 기간 동안 원하는 요소나 텍스트의 상태 변경을 확인할 수 있습니다.

🎬 웹 페이지가 다음을 포함하는 경우 (If web page contains)

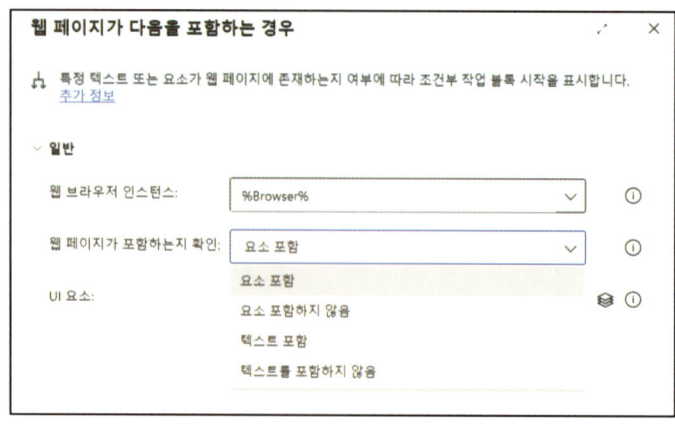

- 해당 작업액션은 조건부 로직을 구현하는 데 사용됩니다. 웹 브라우저 인스턴스 내에서 지정된 요소나 텍스트가 포함되어 있는지를 검사하고, 이에 기반하여 다음 작업을 결정할 수 있습니다.

- 사용자는 웹 브라우저 인스턴스 변수를 선택하고, 웹 페이지에서 확인하고자 하는 특정 UI 요소나 텍스트 값을 지정합니다. 만약 원하는 요소나 텍스트가 페이지에 존재한다면, 자동화된 흐름은 설정된 조건에 따라 다음 단계로 진행될 수 있습니다. 이 기능은 웹 자동화에서 조건부 결정을 필요로 하는 시나리오, 예를 들어 로그인 성공 여부를 확인하거나 특정 데이터의 존재를 검증하는 데 유용하게 사용됩니다.

🎬 새 Chrome 시작 (Launch new Chrome)

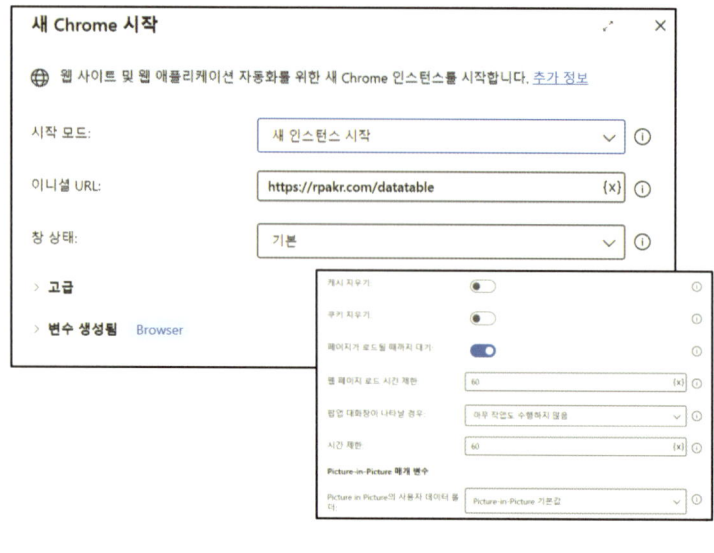

- 새 Chrome 인스턴스 시작 활동을 사용하여 사용자는 새 웹 사이트 또는 웹 애플리케이션을 자동화하기 위한 새로운 Chrome 브라우저 세션을 시작할 수 있습니다. 이 활동은 특정 URL로 바로 이동하고, 브라우저의 창 상태를 관리하며, 캐시와 쿠키를 명확하게 하는 옵션을 제공합니다.

- 페이지 로드 완료 후에 흐름을 계속할지 여부를 결정하고, 지정된 시간 내에 페이지가 로드되지 않을 경우 타임아웃을 설정할 수 있습니다.

🎬 웹 페이지로 이동 (Go to web page)

- 지정된 웹 브라우저 인스턴스에서 새로운 URL로 이동하거나, 이전이나 다음 페이지로의 탐색, 혹은 현재 페이지의 새로 고침을 수행합니다.

🎬 웹 페이지에서 링크 클릭 (Click link on web page)

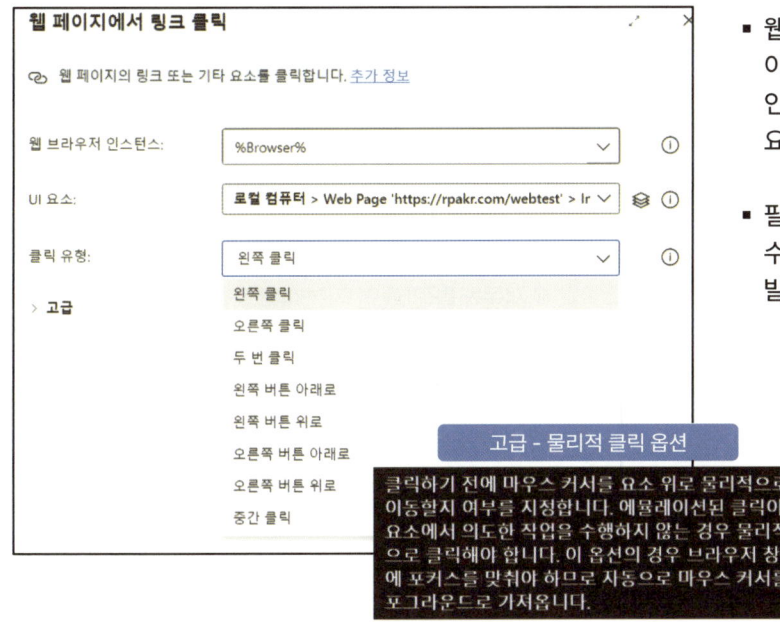

- 웹 페이지의 특정 UI 요소나 링크를 클릭할 수 있습니다. 이 활동을 설정하기 위해 먼저 작업할 웹 브라우저 인스턴스를 선택합니다. 그 후에 클릭할 웹 페이지의 UI 요소를 지정하고, 클릭 유형을 선택합니다.

- 필요에 따라, 마우스 커서를 물리적으로 움직여 클릭을 수행할지 아니면 소프트웨어적으로 클릭 이벤트를 발생시킬지를 결정할 수 있습니다.

🎬 웹 페이지에서 다운로드 링크 클릭 (Click download link on web page)

- 사용자가 웹 페이지의 특정 UI 요소를 클릭하여 파일을 다운로드할 수 있도록 합니다. 웹 브라우저 인스턴스를 지정하고, 클릭할 웹 페이지의 UI 요소를 선택합니다.

- 그다음, 다운로드할 파일을 저장할 목적지 폴더를 지정합니다. 파일 다운로드 프로세스를 자동화하여, 사용자가 수동으로 각 파일을 다운로드하는 번거로움 없이 웹 자동화를 가능케 합니다.

3.12.5 UI자동화 작업액션

🎬 창의 세부 정보 가져오기 (Get details of window)

- 창의 속성, 예를 들어 제목이나 소스 텍스트 등을 쉽게 추출할 수 있습니다. 이 기능은 특정 창에 대한 세부 정보를 필요로 할 때 유용하며, 'Window' 입력 매개변수를 통해 세부 정보를 가져올 대상 창을 지정합니다.

- 또한 '창 속성' 드롭다운 메뉴를 사용하여 '창 제목 가져오기', '창 텍스트 가져오기', '창 위치 및 크기 가져오기', '프로세스 이름 가져오기' 등 원하는 속성을 선택할 수 있습니다. '맨 앞으로 가져오기' 옵션을 활성화하면 작업 실행 중 창을 화면 전면으로 가져와 UI 요소와 상호작용할 수 있지만, 이 옵션을 비활성화할 경우 작업이 백그라운드에서 수행되어 스크린 상의 스크롤이 필요한 작업에는 모든 요소가 정확히 추출되지 않을 수 있습니다.

🎬 창에서 UI 요소의 세부 정보 가져오기 (Get details of the UI element in window)

- 어떤 창에 있는 UI 요소의 특정 특성 값을 추출할 수 있습니다. 이 작업액션에서는 'UI 요소' 입력 매개 변수를 사용하여 정보를 추출할 UI 요소를 지정합니다. '특성 이름' 드롭 다운을 통해 사용자는 '자체 텍스트', '존재 여부', '위치 및 크기', '활성화 여부'와 같은 다양한 특성 중에서 추출하고자 하는 값을 선택할 수 있습니다.

- '맨 앞으로 가져오기' 설정은 UI 요소가 포함된 창을 사용자의 화면 맨 앞으로 가져와 작업을 수행할지 여부를 결정합니다. 이 설정이 비활성화되면, 작업액션은 백그라운드에서 실행되어 UI 요소와의 상호작용이 필요한 경우 일부 요소가 정확히 추출되지 않을 수도 있습니다.

🎬 창의 UI 요소 클릭 (Click UI element in window)

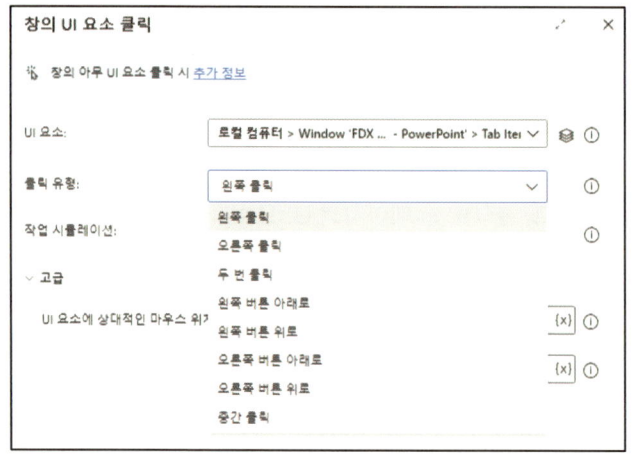

- 특정 UI 요소를 마우스로 클릭하는 동작을 자동화할 수 있게 해줍니다. 사용자는 'UI 요소' 입력 매개 변수를 통해 클릭할 대상 UI 요소를 정의합니다. '클릭 유형' 옵션에서는 다양한 클릭 동작 중 하나를 선택할 수 있으며, 이에는 '왼쪽 클릭', '오른쪽 클릭', '더블 클릭', '가운데 클릭' 등이 포함됩니다. '작업 시뮬레이션' 기능을 활성화하면 실제화면이동이 이루어지지 않고도 동작작업을 진행 할 수 있지만 왼쪽버튼만 적용되거나 특정한 요소들을 적용되지 않을 수 있습니다.

- 고급옵션을 통해 클릭할 UI 요소 내의 특정 섹션을 지정할 수 있고, 'Offset X' 및 'Offset Y' 값을 설정하여 클릭 위치를 미세 조정할 수 있습니다.

🎬 창에서 데이터 추출 (Extract data from window)

- 창의 특정 부분에서 데이터를 단일 값이나 목록, 혹은 테이블 형태로 추출하는 기능을 제공합니다. 사용자는 'Window' 입력 매개 변수를 통해 데이터를 추출할 창을 지정할 수 있습니다. 맨 앞으로 가져오기 옵션을 사용하면, 추출된 데이터를 Excel 스프레드시트 혹은 변수와 같은 다른 형태로 저장할 수 있습니다.

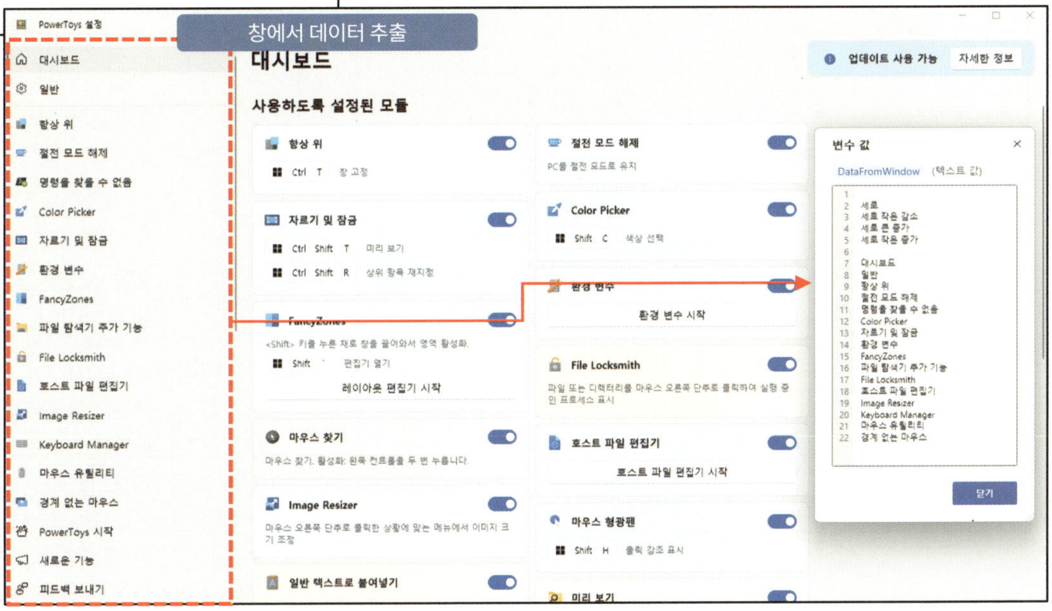

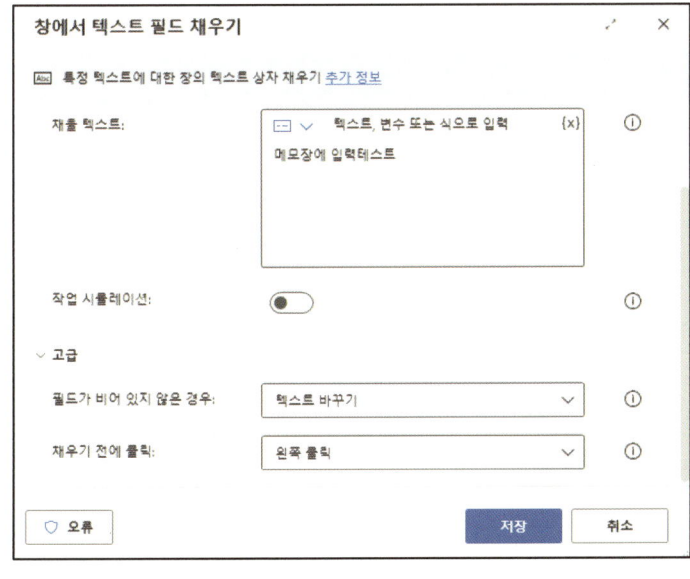

🎬 창에서 텍스트 필드 채우기 (Populate text field in window)

- 지정된 텍스트로 창의 텍스트 상자를 자동으로 채울 수 있습니다. 사용자는 'Text box' 입력 매개 변수에 채울 텍스트 상자 UI 요소를 지정하고, '채울 텍스트' 입력란에는 해당 필드에 입력할 텍스트 값을 직접 입력합니다. '작업 시뮬레이션' 옵션을 활성화하면 실제 키보드 입력을 시뮬레이션하여 텍스트를 채울 수 있으며, 이는 화면에 초점을 맞출 필요 없이 백그라운드에서도 작업을 수행할 수 있게 합니다.

- 고급 옵션을 통해 이미 텍스트가 있는 필드의 경우 기존 내용을 대체할지, 아니면 추가할지를 선택할 수 있습니다. 마지막으로 채우기 전에 클릭 설정을 통해 텍스트를 채우기 전에 필드를 클릭할지 여부를 결정할 수 있습니다.

3.12.5 UI자동화 작업액션

🎬 창 가져오기 (Get window)

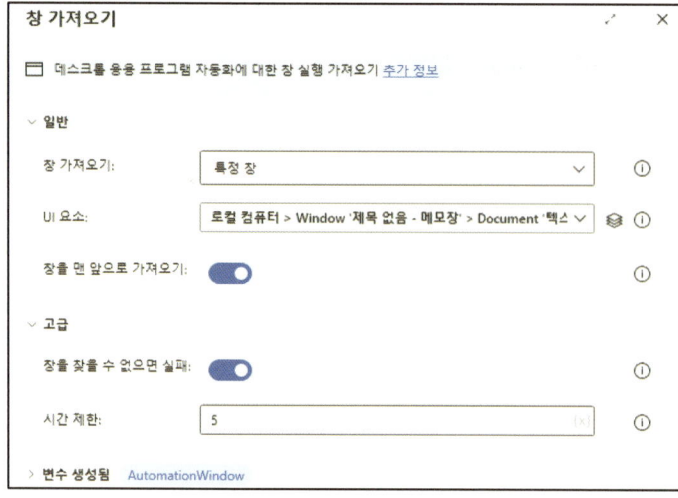

- 데스크톱 애플리케이션의 특정 창을 검색하고 이를 자동화 스크립트의 제어로 가져옵니다. 사용자는 실행 중인 애플리케이션의 특정 창을 선택하거나 현재 활성 창을 대상으로 설정할 수 있습니다.

- 창을 맨 앞으로 가져오는 옵션을 활성화하면 해당 창이 사용자 화면의 맨 앞으로 이동하고, 만약 지정된 시간 내에 창을 찾지 못하면 활동이 실패로 간주됩니다.

🎬 창 포커스 (Focus window)

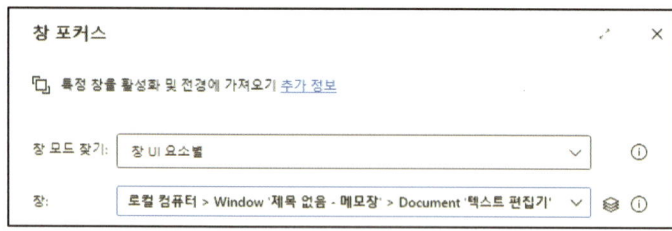

- 특정 데스크톱 창을 활성화하고 전면에 가져올 수 있습니다. 이 작업을 위해, 사용자는 창을 식별할 방법을 선택합니다; 이는 창의 UI 요소, 인스턴스, 제목 또는 클래스를 기반으로 할 수 있습니다. 선택된 방법에 따라, 사용자는 해당 창의 UI 요소 선택기를 입력하거나, 창의 제목에 와일드카드를 사용하여 정의하거나, 창 인스턴스 또는 핸들 번호를 제공하거나, 창의 클래스 이름을 입력할 수 있습니다. 이 활동은 사용자가 특정 창을 쉽게 찾아 작업을 수행할 수 있게 합니다.

🎬 창 내용 대기 (Wait for window content)

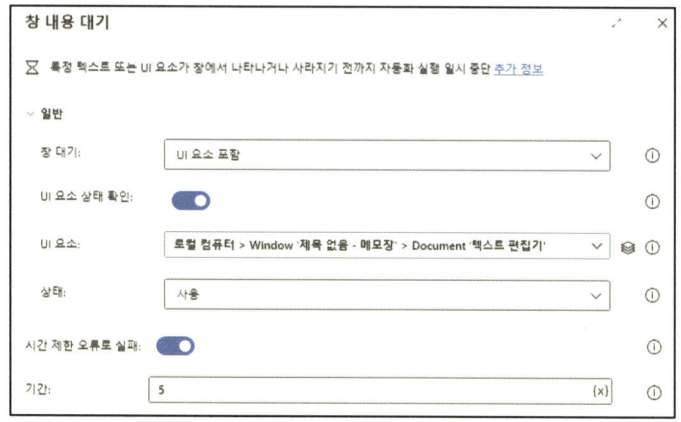

- 특정 텍스트 또는 UI 요소가 애플리케이션 창 내에 나타나거나 사라질 때까지 자동화를 일시 중단하도록 설계되었습니다. 사용자는 이 활동을 통해 애플리케이션의 로딩 시간이나 동적 콘텐츠의 로딩을 기다리는 등의 상황에서 정확한 타이밍에 자동화 작업을 이어갈 수 있습니다. 사용자는 대상 창을 선택하고, 창 내에서 확인하려는 텍스트 또는 UI 요소를 지정합니다. 상태 확인 옵션을 통해 해당 요소가 사용 가능한 상태인지도 검사할 수 있으며, 지정된 시간(초) 동안 해당 상태가 만족될 때까지 기다립니다.

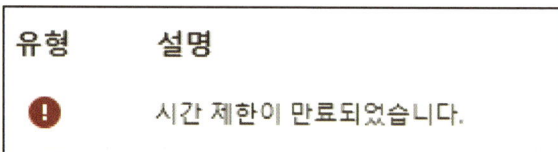

🎬 창이 다음을 포함하는 경우 (If window contains)

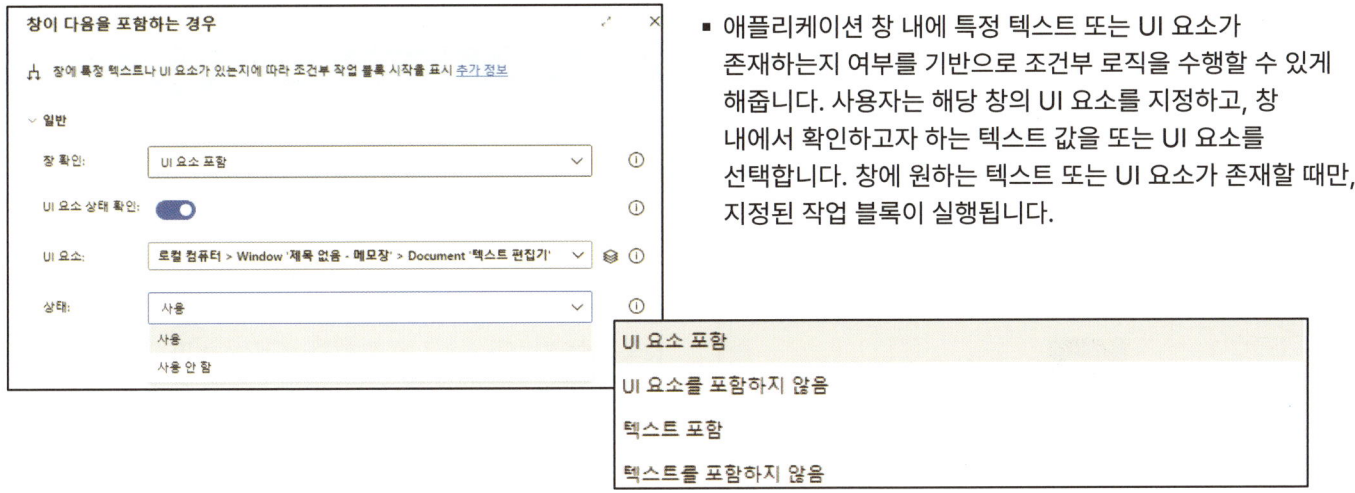

- 애플리케이션 창 내에 특정 텍스트 또는 UI 요소가 존재하는지 여부를 기반으로 조건부 로직을 수행할 수 있게 해줍니다. 사용자는 해당 창의 UI 요소를 지정하고, 창 내에서 확인하고자 하는 텍스트 값을 또는 UI 요소를 선택합니다. 창에 원하는 텍스트 또는 UI 요소가 존재할 때만, 지정된 작업 블록이 실행됩니다.

🎬 창인 경우 (If window)

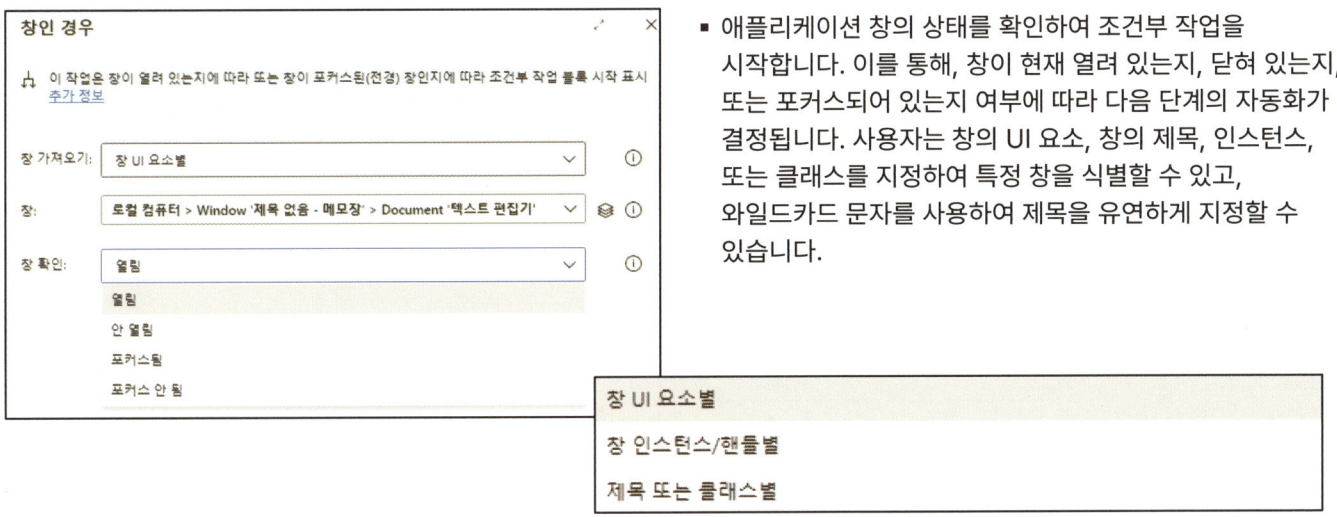

- 애플리케이션 창의 상태를 확인하여 조건부 작업을 시작합니다. 이를 통해, 창이 현재 열려 있는지, 닫혀 있는지, 또는 포커스되어 있는지 여부에 따라 다음 단계의 자동화가 결정됩니다. 사용자는 창의 UI 요소, 창의 제목, 인스턴스, 또는 클래스를 지정하여 특정 창을 식별할 수 있고, 와일드카드 문자를 사용하여 제목을 유연하게 지정할 수 있습니다.

🎬 창 대기 (Wait for window)

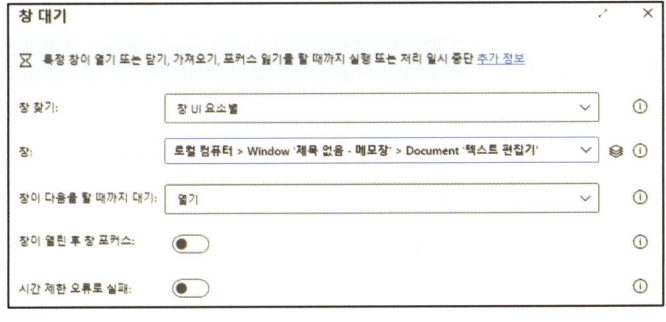

- 자동화 프로세스가 특정 창의 상태 변화를 감지할 때까지 대기하도록 설정할 수 있습니다. 이를 통해 사용자는 애플리케이션 창이 열리기를 기다리거나, 창이 닫히거나, 특정 창이 전경에 오를 때까지 또는 포커스를 잃을 때까지 프로세스의 진행을 일시 중지할 수 있습니다. 사용자는 창을 식별하기 위해 UI 요소, 제목, 인스턴스 또는 클래스를 사용하여 창을 지정할 수 있으며, 이벤트에 대한 기다림 상태를 선택합니다. 창이 열린 후에는 선택적으로 그 창을 전경으로 가져오도록 설정할 수 있습니다.

3.12.6 UI자동화 작업액션(이미지)

이미지

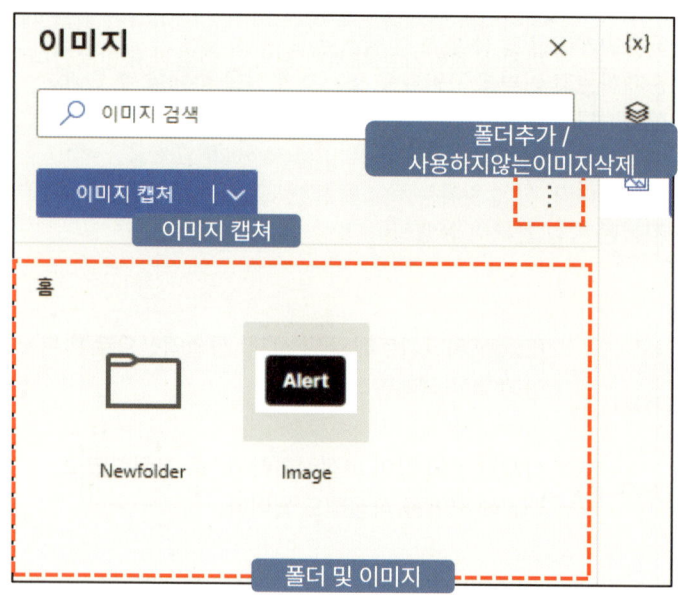

- 이미지를 사용하여 자동화를 구현할 때는 먼저 '이미지 탭'에서 새 이미지를 캡처합니다. 캡처하려는 영역을 커서로 클릭하여 드래그함 으로써, 이미지를 높은 정밀도로 캡처할 수 있으며, 타이머 설정을 통해 지연 시간을 두고 이미지를 캡처할 수도 있습니다. 캡처한 이미지에 이름을 부여하고, 흐름에 추가하여 관리할 수 있습니다.

- 필요하지 않은 이미지는 '사용하지 않는 이미지 제거' 옵션을 통해 삭제할 수 있고, 폴더를 생성하여 이미지를 관리하는 것도 가능합니다. 이미지를 캡처한 후에는 '이미지로 마우스 이동'과 같은 작업에서 해당 이미지를 사용할 수 있습니다. 또한, '이미지 일치 알고리즘'을 선택하여 작업의 정밀도를 조절할 수 있으며, '허용 범위' 설정을 통해 이미지 인식의 정밀도에 영향을 줄 수 있습니다.

✓ 기본 알고리즘은 200x200픽셀 미만의 이미지에서 더 나은 결과를 얻는 반면 고급 알고리즘은 더 큰 이미지에서 더 효과적이며 색상 변경에 더 강력합니다.
✓ 한번 생성된 이미지는 로컬에서 관리되지 않기 때문에 폴더로 이동 할 수 없습니다. 폴더 내에 이미지를 구성하고 싶다면, 폴더 내에서 이미지 캡쳐를 진행해야 합니다.

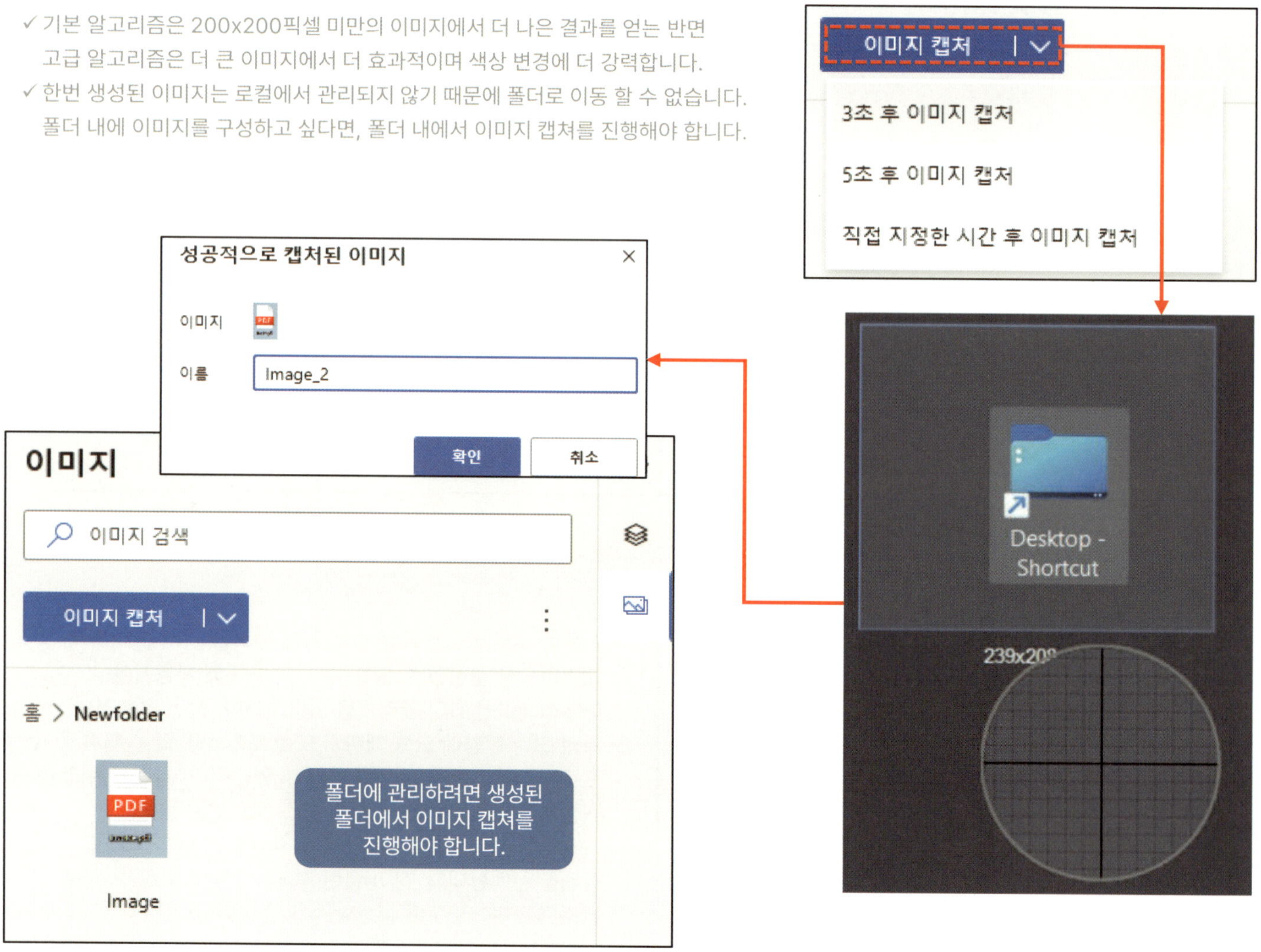

🎬 이미지인 경우 (If image)

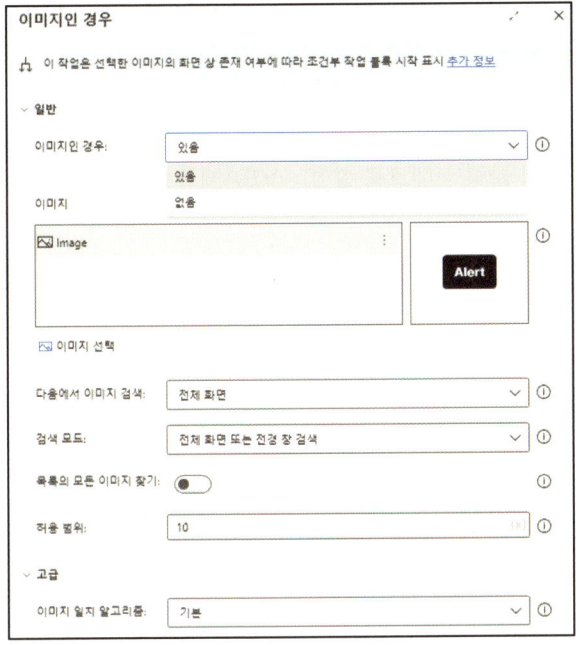

- 사용자가 지정한 이미지가 화면에 표시되는지를 확인할 수 있습니다. 이 기능은 주어진 이미지가 시스템의 전체 화면이나 전경 창에 나타나는지를 검사하여, 해당 이미지의 출현 여부에 따라 다음 자동화 단계로 넘어갈지 결정하는 조건부 논리 구성에 유용합니다.

- 사용자는 검색하고자 하는 이미지를 지정하고, 이미지가 나타나야 하는 화면 영역(전체 화면 또는 특정 창)을 선택합니다. 또한, 이미지 검색 시 고려할 허용 오차를 설정하여 이미지 인식의 정확도를 조절할 수 있습니다. 이러한 설정을 통해 자동화된 태스크가 GUI 요소와 상호 작용하는 과정을 더욱 정교하게 조절할 수 있습니다.

🎬 이미지 대기 (Wait for image)

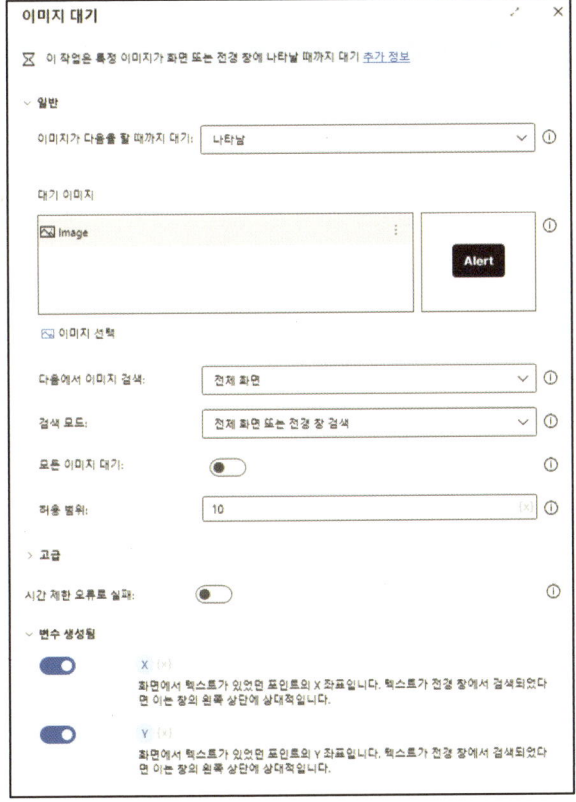

- 사용자는 지정된 이미지가 화면에 나타나거나 사라질 때까지 자동화의 실행을 일시 중단할 수 있으며, 이미지 기반 자동화 시나리오에서 중요한 작업으로 활용됩니다.

3.12 UI/브라우저 자동화 **219**

3.12.7 실습 - 텍스트입력 및 버튼클릭

실습내용

- 테스트 웹사이트 (https://rpakr.com/webtest)에서 실습 진행
- 텍스트 입력필드1의 입력필드에 "안녕하세요"라는 텍스트를 입력하고 하단의 [1]버튼을 클릭하는 시나리오 입니다.

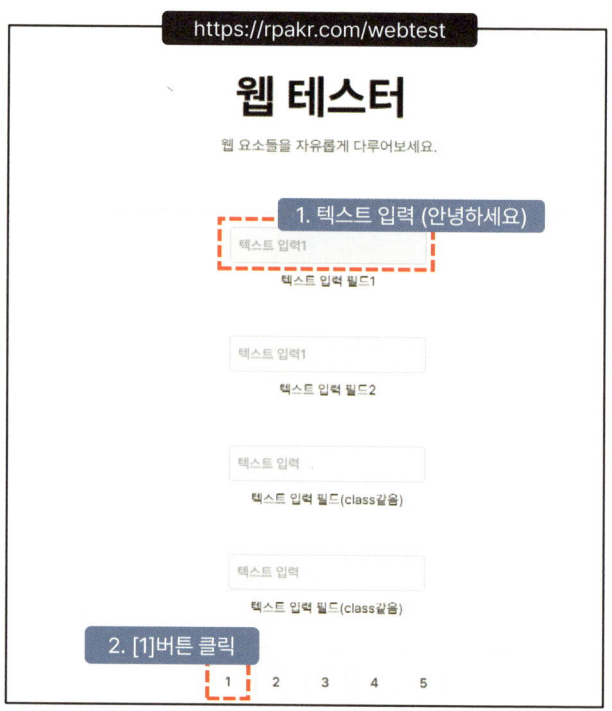

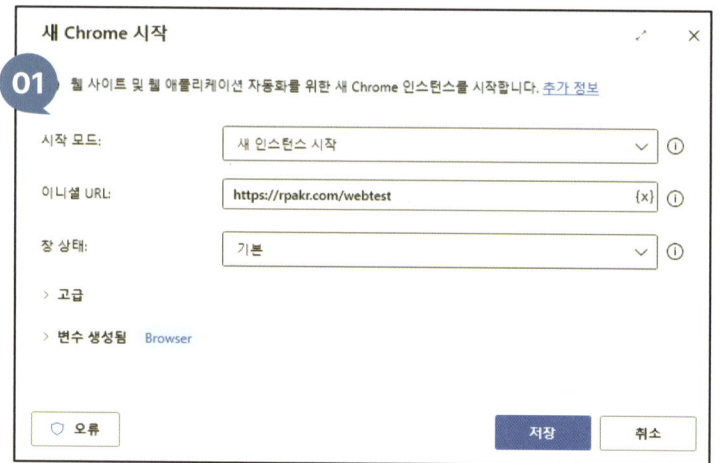

01 [새 Chrome 시작] 작업액션으로 해당 URL을 시작합니다. 시작모드는 새 인스턴스 시작으로 합니다.

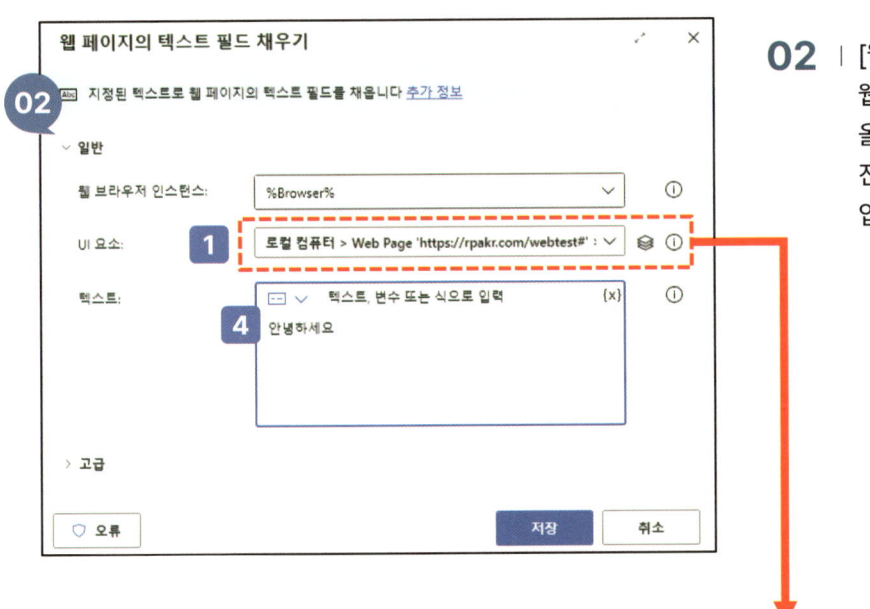

02 | [웹 페이지의 텍스트 필드 채우기] 작업액션으로 웹 테스터에 텍스트박스 영역에 마우스를 올리고 Ctrl+마우스 오른쪽 클릭을 통해 캡쳐를 진행합니다. 캡쳐 후 텍스트에 "안녕하세요"를 입력합니다.

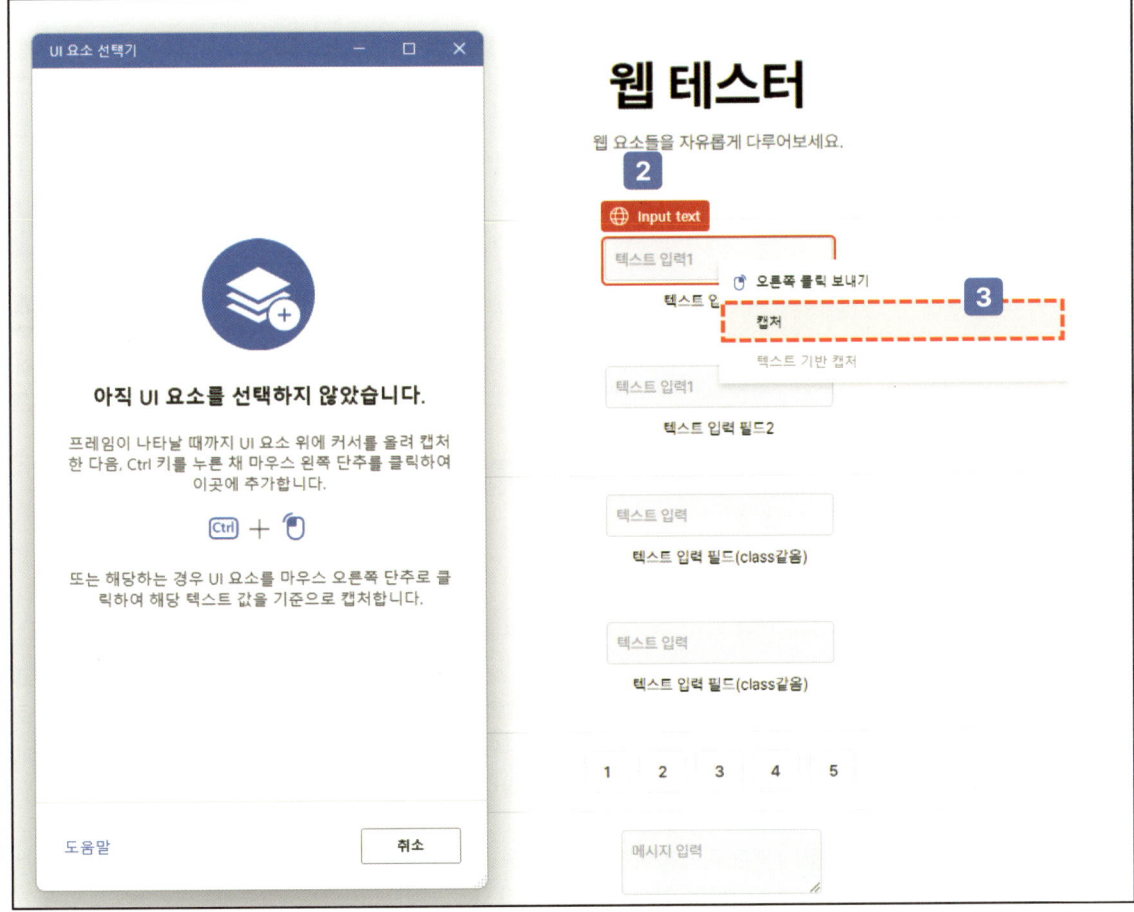

3.12 UI/브라우저 자동화   221

3.12.7 실습 - 텍스트입력 및 버튼클릭

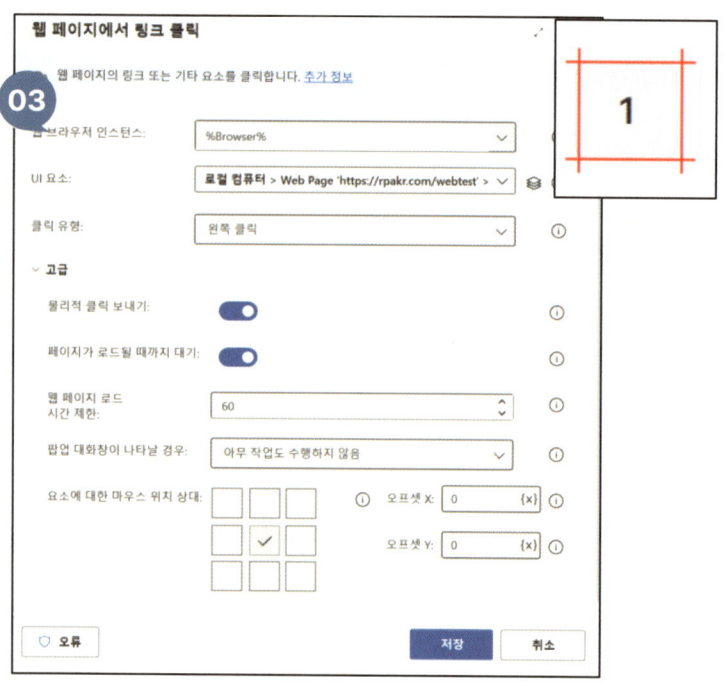

03 | [웹 페이지 버튼 누르기] 혹은 [웹 페이지에서 링크 클릭] 작업액션을 통해서 1번 버튼을 선택합니다.

이 둘의 차이점은 버튼은 단순히 버튼요소를 누르는 행위를 하며, 링크는 버튼에 있는 링크를 가져와서 다양한 작업(왼쪽 클릭, 오른쪽 클릭, 가상 클릭 등)을 할 수 있습니다.

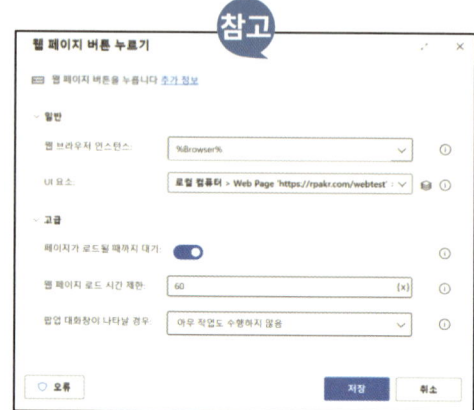

- 실행결과를 보면 정상적으로 텍스트박스에 "안녕하세요"를 입력하고 1번버튼을 클릭하는 것을 볼 수 있습니다.

04 | UI요소 탭에서 Anchor '1' 의 요소를 오른쪽 클릭하여 [선택기] 창에 접속하도록 하겠습니다. 요소의 이름은 친숙한 이름으로 PAD에서 자동으로 설정됩니다. 원한다면 규칙을 정해서 변경도 가능합니다.

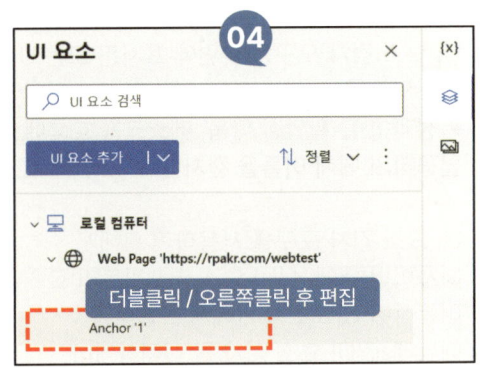

✓ 브라우저 내에서의 영역이나 요소에 따라 UI 자동화와 브라우저 자동화의 선택 여부가 달라집니다. 예를 들어, 브라우저의 탭이나 새로 고침, 주소 표시줄 부분, 다운로드 팝업, 업로드 팝업 부분은 UI 자동화로 제어되는 경우가 많습니다. 반면에 나머지 요소들은 주로 브라우저 자동화에서 제어됩니다.

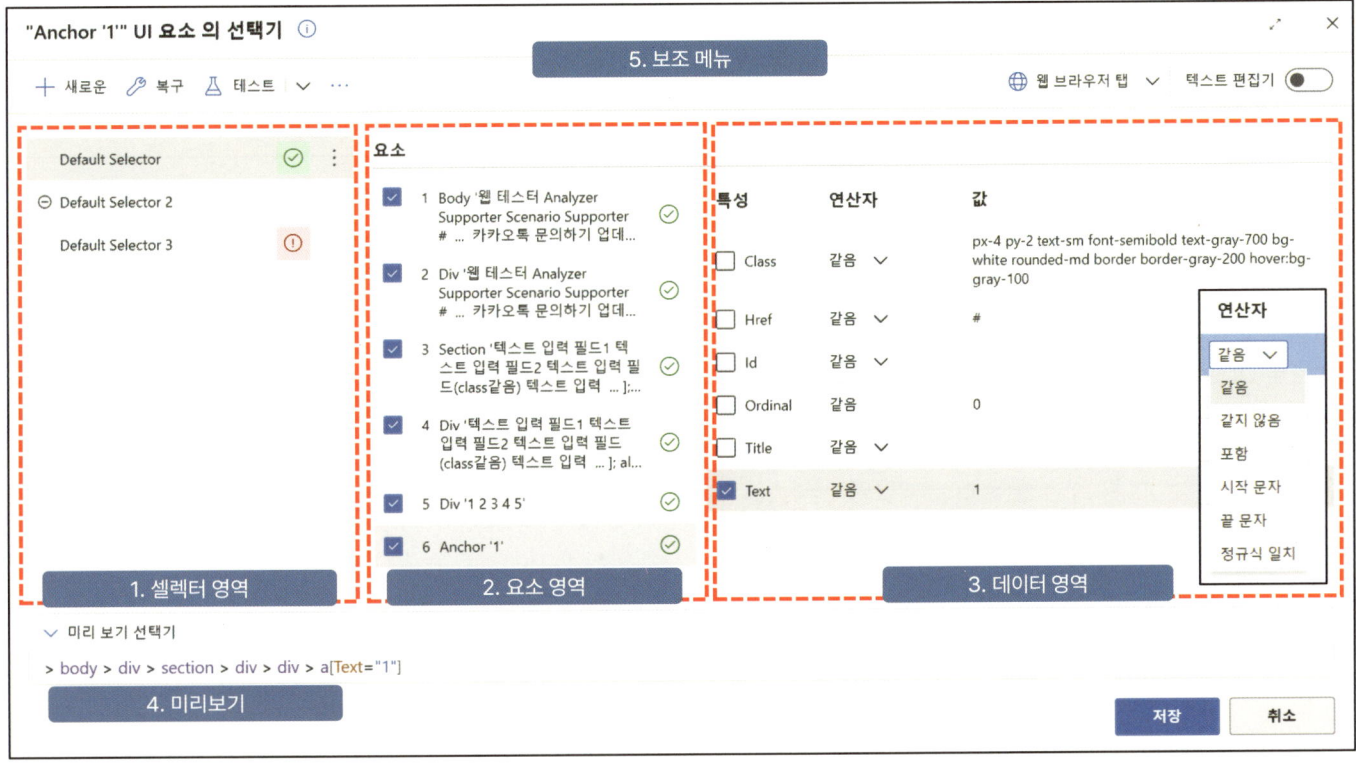

1. **셀렉터 영역** : 여기서는 선택기를 추가, 이름 변경, 또는 테스트할 수 있습니다. 선택기는 최상위부터 순차적으로 실행되며, 실패 시 정의된 순서에 따라 다음 선택기로 넘어갑니다.
2. **요소 영역** : 각 요소는 해당 특성 속성(body, div, section 등)에 따라 명확하게 정의되어 있으며, 계층적 구조를 통해 현재 선택된 요소가 어떤 상위 요소에 포함되어 있는지와 그 상호작용을 받는지를 쉽게 확인할 수 있습니다.
3. **데이터 영역** : 특정 UI 요소를 식별하기 위해 '특성', '연산자', '값'을 설정하고 이를 통해 계층적으로 구조화된 요소 경로를 'body > div > section > div > div > a[Text="1"]' 형태의 선택자 문자열로 미리 보고 상세하게 조정할 수 있게 합니다. 연산자와 값을 통해서 변화하는 상황에 대처하여 유동적인 요소 선택이 가능합니다.
4. **미리보기 영역** : 선택기에서 '>' 표기법은 선택한 요소들의 계층 구조를 나타내는 데 사용됩니다. 각 요소는 바로 앞의 요소에 속해 있으며, 다음 형식으로 표현됩니다.
element[Attribute1="Attribute1Name"][Attribute2="Attribute2Name"]... 웹 선택기와 데스크탑 선택기는 구조와 기능 면에서 유사합니다. 그러나 주요 차이점은 사용 가능한 속성의 종류에 있습니다. 웹 선택기는 HTML 속성을 활용하는 반면, 데스크탑 선택기는 애플리케이션의 디자인에 따라 다양한 속성을 사용합니다.
5. **보조 메뉴** : +버튼을 통해서 셀렉터를 추가하거나, 복구를 통해서 새롭게 셀렉터를 잡을 수 있고, 테스트를 통해서 선택기가 정상적으로 작동하는지 확인할 수 있습니다.

3.12.8 실습 - 버튼요소 순서클릭

실습내용

- 웹사이트 (https://rpakr.com/webtest)에서 실습 진행 웹 사이트에서 버튼을 순서대로 입력해보도록 하겠습니다.

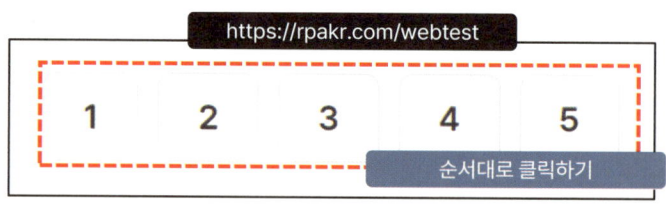

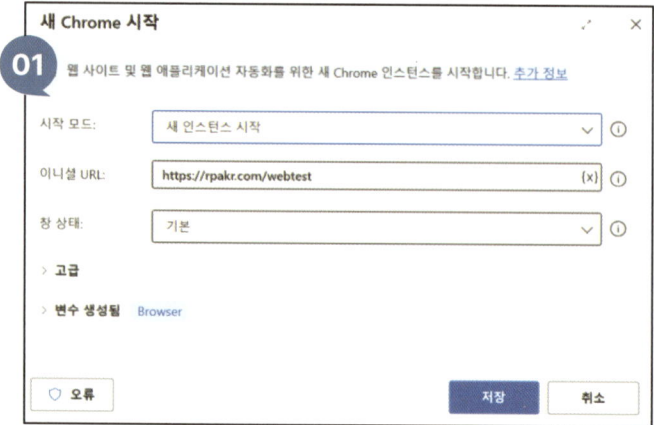

01 | [새 Chrome 시작] 작업액션으로 URL을 시작합니다.

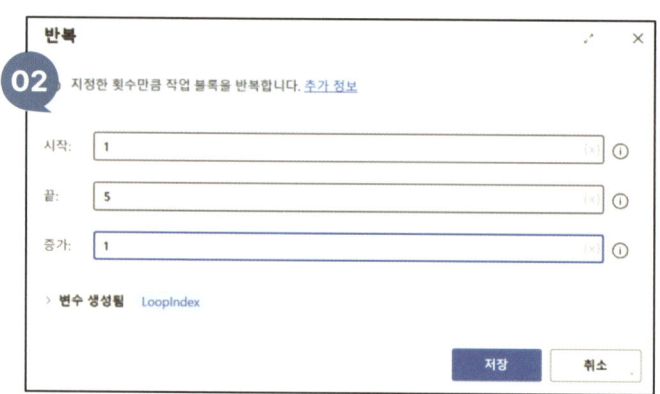

02 | [반복] 작업액션을 추가하여 증감 1로 반복을 5회 시도하겠습니다.

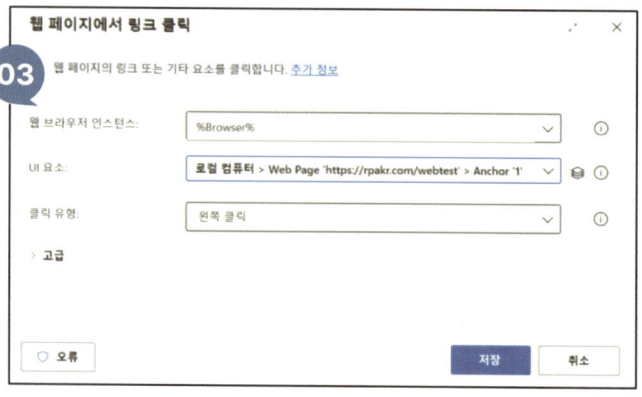

03 | 웹 사이트에서 버튼을 순서대로 입력해 보겠습니다. [웹 페이지에서 링크 클릭] 작업액션으로 웹 페이지에서 1 버튼에 마우스를 놓고 Ctrl + 🖱 버튼을 클릭 합니다.

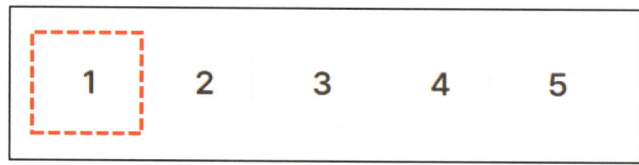

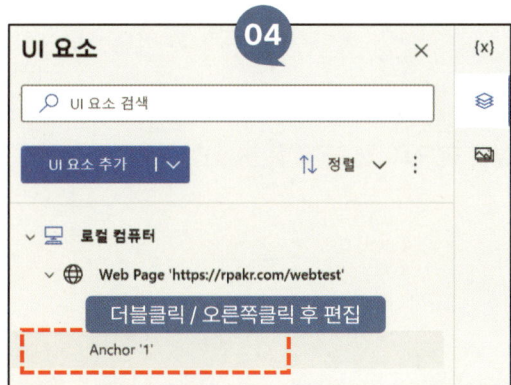

04 | UI요소에서 방금 선택한 Anchor '1'을 더블클릭 하거나, 오른쪽클릭 후 편집 버튼을 눌러 선택기에 진입합니다.

05 | 선택기에서 Anchor '1'의 Text의 값에서 변수를 증감되는 **%LoopIndex%** 로 선택합니다.

✓ 변수가 증감되면서 순서대로 버튼을 클릭하게 됩니다.

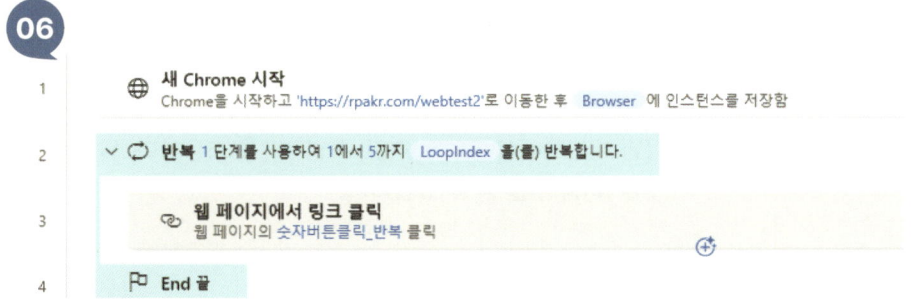

06 | UI요소에서 유지보수를 위해서 Anchor '1'의 이름을 숫자버튼클릭_반복 으로 변경하였습니다.

3.12.9 실습 - 테이블 데이터 추출

실습내용

1. 새 Chrome시작으로 웹사이트를 시작합니다. https://rpakr.com/datatable
2. 웹 페이지에서 데이터 추출 작업액션을 생성합니다. 그리고 데이터를 추출하고 싶은 창으로 순차적으로 이동합니다.

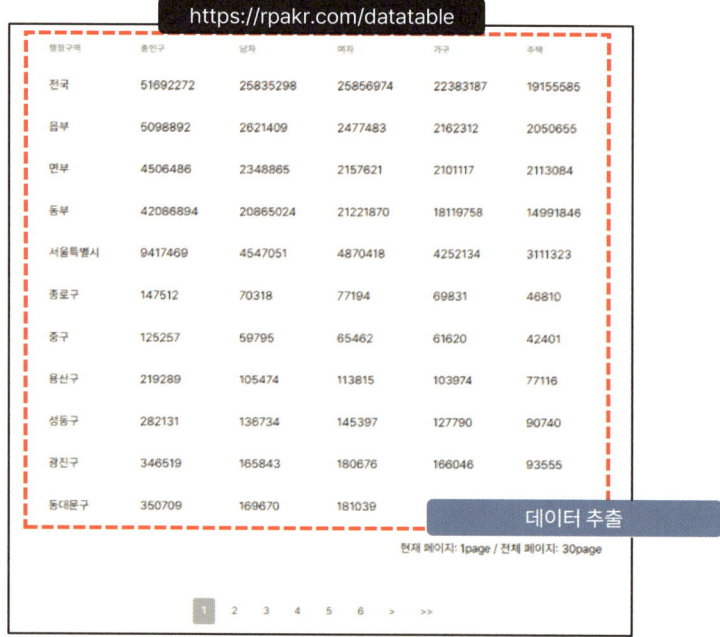

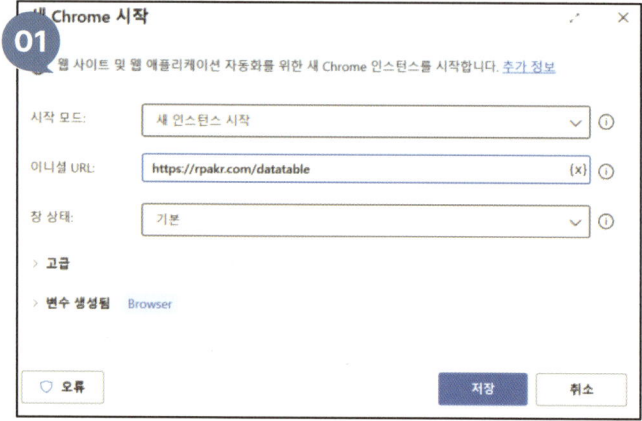

01 | [새 Chrome 시작] 작업액션으로 URL을 시작합니다.

https://rpakr.com/datatable

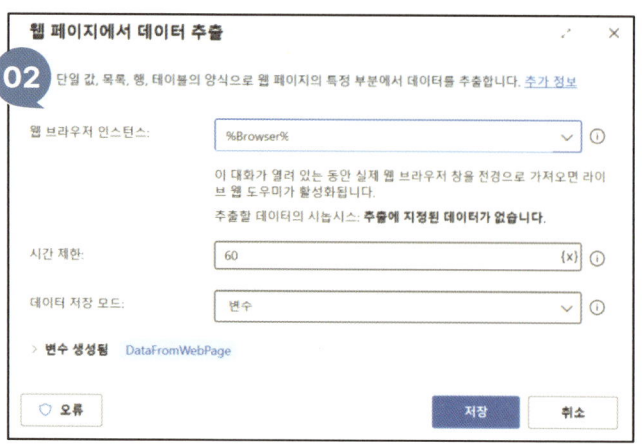

02 | [웹 페이지에서 데이터 추출] 작업액션을 사용하여, 원하는 데이터를 추출 할 수 있습니다.

03 | 가장 상단의 행정구역 부분에 마우스를 올리면 빨강색 테두리가 나오는데 이때, 마우스 오른쪽 클릭하여 전체 HTML 테이블 추출을 클릭합니다. 요소 값 추출을 누르면 단일 데이터를 선택 할 수 있으며 2개 이상의 요소 값 추출에서 패턴이 발견되면 패턴에 따라 데이터 테이블 형태로 추출이 가능합니다. (예를 들어 행정구역 열 데이터만 가져올 수 있습니다.)

04 | 라이브 웹 도우미에 미리보기 데이터가 나오는데 정상적으로 데이터가 확인되었다면, 하단의 ">" 버튼에서 오른쪽 버튼을 클릭하여 요소를 페이지 선택기로 설정을 선택합니다. 해당 옵션을 선택하면 라이브 웹 도우미-고급옵션에 페이징 사용이 설정되는 것을 확인할 수 있습니다.

3.12.9 실습 - 테이블 데이터 추출

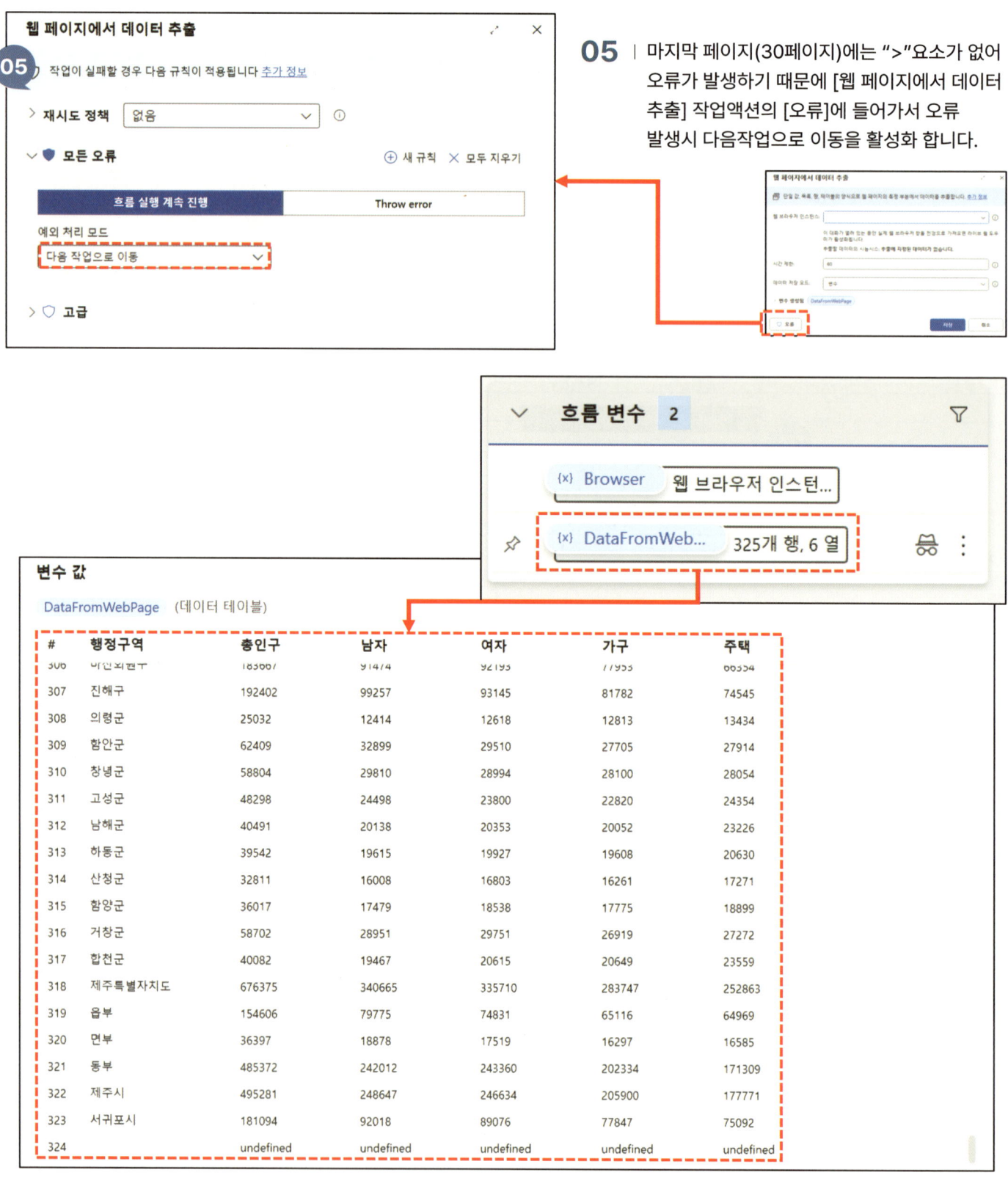

05 | 마지막 페이지(30페이지)에는 ">"요소가 없어 오류가 발생하기 때문에 [웹 페이지에서 데이터 추출] 작업액션의 [오류]에 들어가서 오류 발생시 다음작업으로 이동을 활성화 합니다.

06 | 정상적으로 %DataFromWebPage% 데이터 테이블 변수에 데이터가 입력된 것을 확인할 수 있습니다.

3.12.10 실습 - 드롭박스의 데이터를 목록값으로 가져오기

실습내용

1. 새 Chrome시작으로 웹사이트를 시작합니다. https://rpakr.com/webtest2
2. 하단의 멤버선택 드롭박스의 데이터를 모두 목록변수 형태로 가져옵니다.

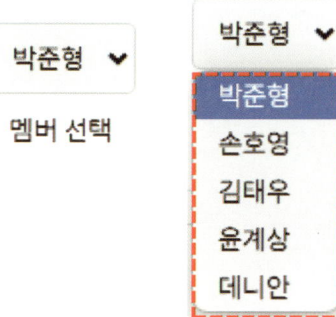

01 │ [새 Chrome 시작] 작업액션으로 URL을 시작합니다.

https://rpakr.com/webtest2

02 │ [웹 페이지에서 데이터 추출] 작업액션을 사용하여, 원하는 데이터를 추출 할 수 있습니다. 작업액션 창을 끄지 않고 추출을 원하는 웹페이지로 이동합니다.

03 │ 라이브 웹 도우미 팝업이 뜨면 고급 설정을 클릭합니다.

3.12 내/브라우저 자동화   229

3.12.10 실습 - 드롭박스의 데이터를 목록값으로 가져오기

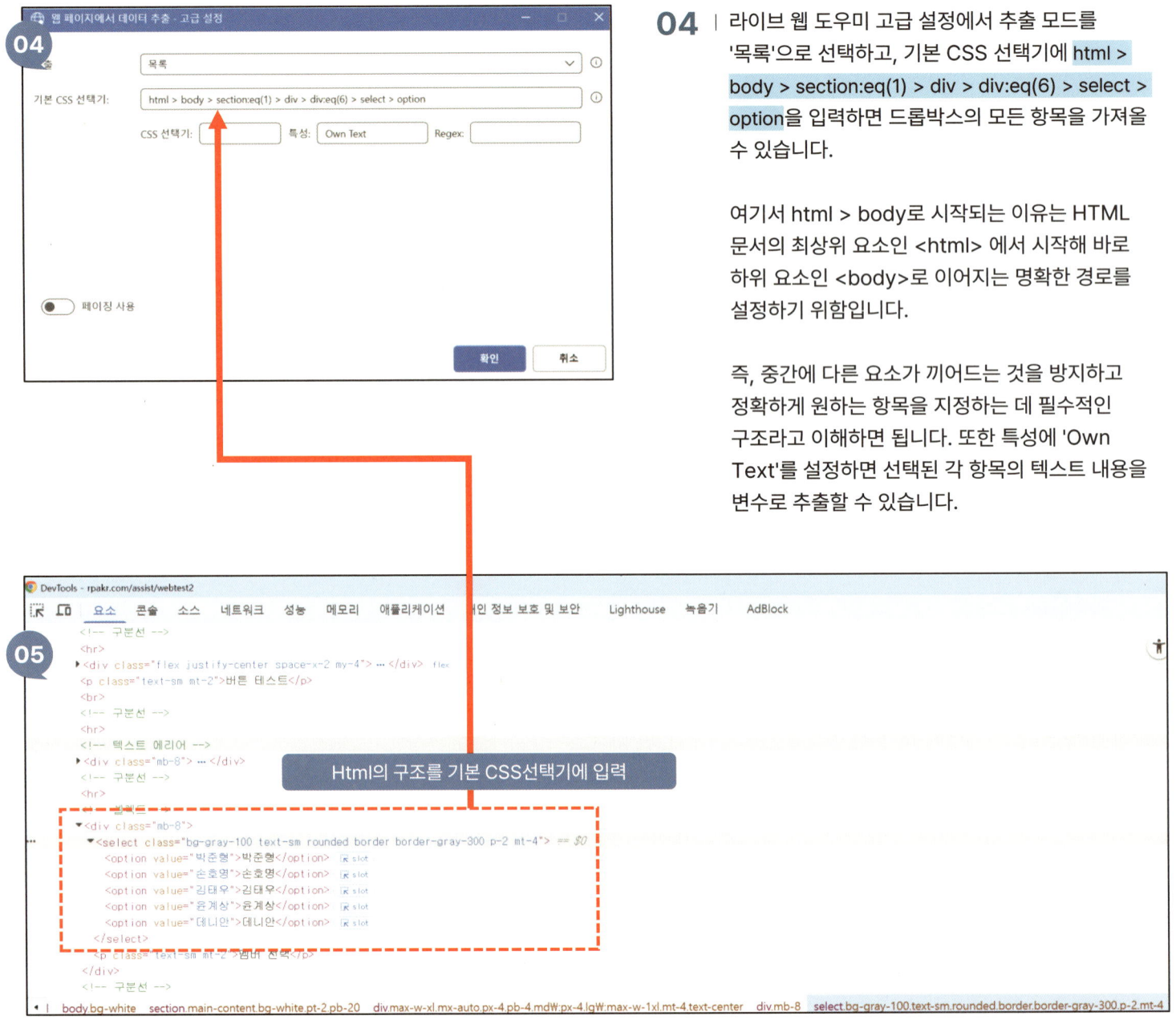

04 라이브 웹 도우미 고급 설정에서 추출 모드를 '목록'으로 선택하고, 기본 CSS 선택기에 html > body > section:eq(1) > div > div:eq(6) > select > option을 입력하면 드롭박스의 모든 항목을 가져올 수 있습니다.

여기서 html > body로 시작되는 이유는 HTML 문서의 최상위 요소인 <html> 에서 시작해 바로 하위 요소인 <body>로 이어지는 명확한 경로를 설정하기 위함입니다.

즉, 중간에 다른 요소가 끼어드는 것을 방지하고 정확하게 원하는 항목을 지정하는 데 필수적인 구조라고 이해하면 됩니다. 또한 특성에 'Own Text'를 설정하면 선택된 각 항목의 텍스트 내용을 변수로 추출할 수 있습니다.

05 CSS선택자에 입력된 정보는 드롭박스의 html코드로, PAD에서는 특정 요소를 선택하기 위한 규칙을 통해 정보를 크롤링 할 수 있습니다. (웹 브라우저에서 개발자 도구로 진입하기 위해서는 웹 브라우저에서 F12 단축키를 입력합니다.)

✓ CSS 선택자는 HTML 문서에서 특정 요소를 선택하기 위한 규칙입니다. 이 선택자를 통해 웹 페이지의 특정 부분을 스타일링하거나, 웹 스크래핑 도구를 사용해 데이터를 추출할 수 있습니다. 특히 웹에서는 ID선택자를 통해서 특정 요소를 고유하게 식별 할 수 있으며, 클래스식별자를 통해서 그룹화하여 한 요소에 여러 개의 클래스를 적용하여 RPA에서는 반복 작업을 수행 할 때 유용하게 쓰일 수 있습니다.

3.12.11 실습 – 웹사이트에서 데이터 입출력하기

실습내용

- **접속주소 :** https://rpakr.com/lab/data_io
- **실습데이터 :** 실습03_데이터입출력_YYMM.xlsx

1. 엑셀 데이터 입력 : 엑셀의 데이터(업체명, 품목, 일시, 이메일, 연락처)를 RPA로 저장합니다.
2. 웹 데이터 입력 : 데이터입출력 웹페이지의 해당 입력 필드에 옮겨 입력합니다.
3. 코드 생성 : 모든 데이터 입력이 완료되면, 웹페이지 상의 '확인' 버튼을 클릭합니다. 각 항목에 대한 고유 코드가 생성됩니다.
4. 코드 복사 및 붙여넣기 : 생성된 코드를 복사한 후, 엑셀 문서의 '상품코드' 열에 해당 코드를 붙여 넣습니다.
5. 데이터 입력 반복 : '초기화' 버튼을 클릭하여 웹페이지의 입력 필드를 초기 상태로 되돌립니다. 그 후, 다음 데이터 세트에 대해 동일한 과정(1단계부터 3단계)을 반복합니다. 모든 데이터가 입력되고 각각의 코드가 엑셀 문서에 기록될 때까지 이 과정을 계속 진행합니다.

- 해당 실습 내용은 '종료날짜필수'와 '로딩시간' 옵션을 모두 비활성화한 상태입니다.
- '종료날짜필수' 옵션 활성화 시, 종료날짜 입력 상자에 시작날짜 년월의 마지막 날을 작성해야합니다.
   예) 시작날짜: 2024-11-17
   　　　종료날짜: 2024-11-30

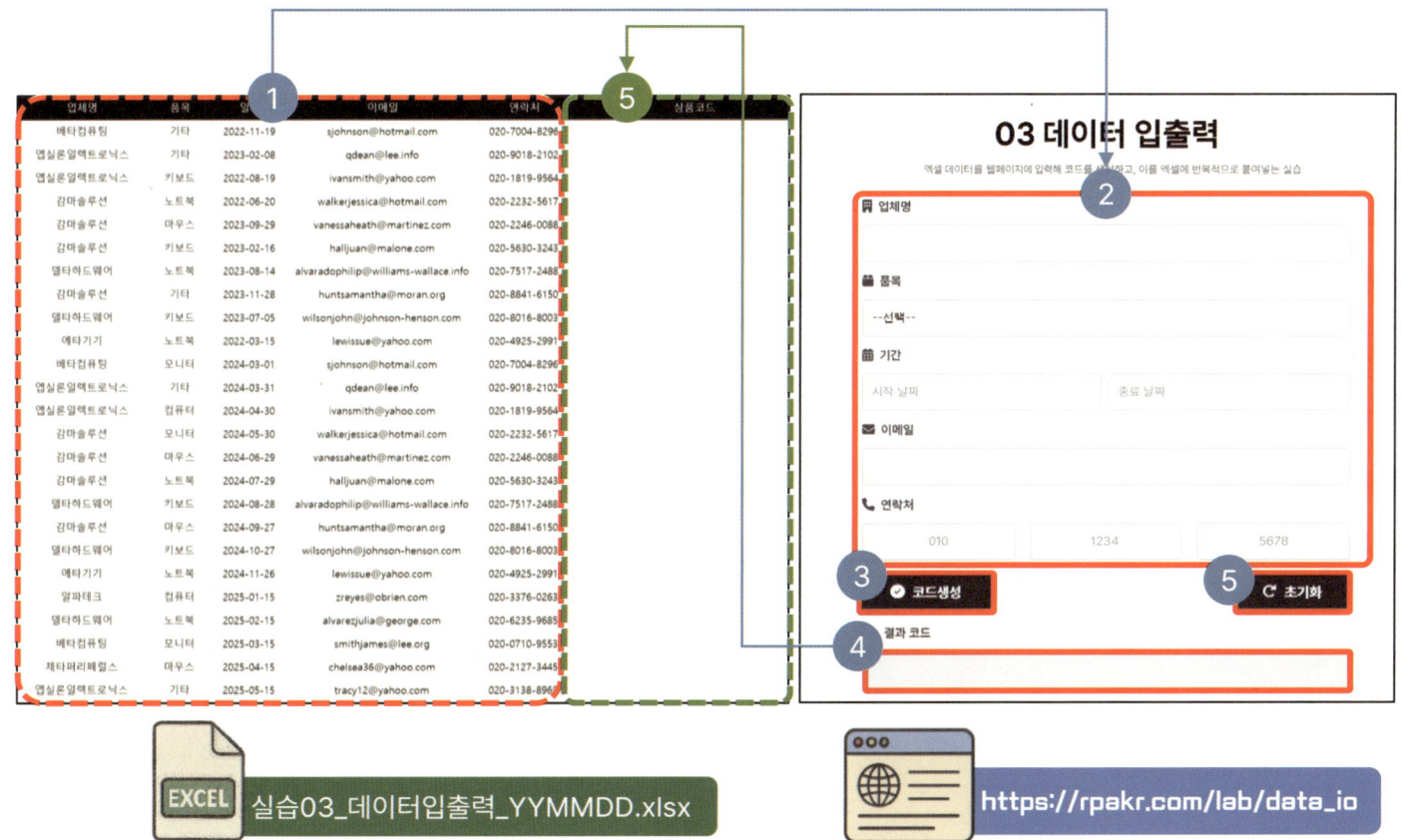

3.12.11 실습 – 웹사이트에서 데이터 입출력하기

01 ｜ [특수 폴더 가져오기]로 바탕화면 경로를 변수로 생성합니다.

[새 Chrome 시작] 작업액션으로 URL접속 합니다. https://rpakr.com/lab/data_io

02 ｜ [Excel 시작] 작업액션으로 실습데이터 Excel 파일을 실행합니다.

03 ｜ [Excel 워크시트에서 첫 번째 빈 열/행 가져오기] 작업액션을 추가합니다.

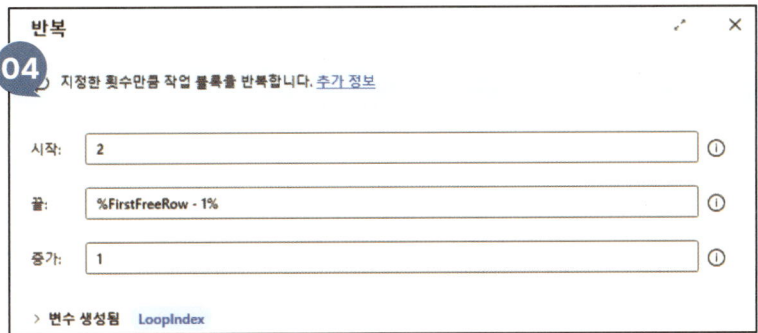

04 [반복] 작업액션으로 데이터 시작 행인 2부터 데이터의 최초 빈 행인 %FirstFreeRow%에서 -1을 해서 마지막 행을 찾아 실제 처리 할 데이터만 반복 할 수 있도록 합니다.

05 [반복] 작업액션 이후 [Excel 워크시트에서 읽기] 작업액션으로 A부터 E열까지 %LoopIndex%행의 데이터를 가지고 %A_업체명% %B_품목% %C_일시% %D_이메일% %E_연락처% 으로 변수를 생성합니다.

06 [웹 페이지의 텍스트 필드 채우기] 작업 액션을 통해 UI 요소에서 [UI요소 추가] 아이콘을 클릭합니다.

텍스트 항목에는 %A_업체명%을 입력합니다.
같은방식으로 %C_일시%, %D_이메일%를 입력합니다.

3.12.11 실습 – 웹사이트에서 데이터 입출력하기

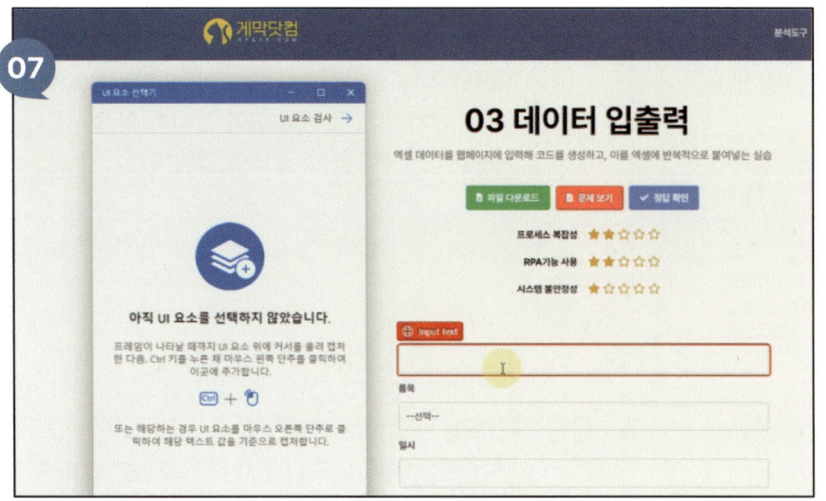

07 텍스트를 입력 할 폼에 마우스를 올리고 빨강색 테두리가 생기면 Ctrl + 🖱 을 눌러 캡쳐합니다.

캡쳐가 완료되면 UI요소 탭에 요소로 항목이 추가됩니다.

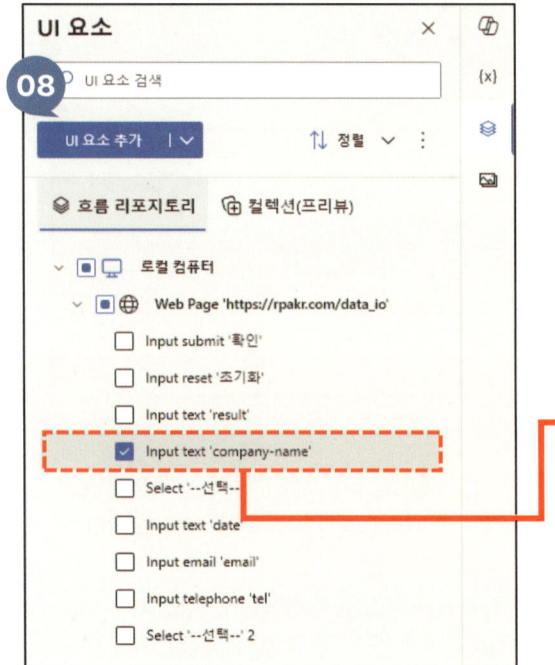

08 UI요소 탭에 요소가 추가 된 것을 확인할 수 있습니다. 더블클릭을 하거나 Enter키를 누르면 선택기 창이 나오며 조금 더 상세한 설정이 가능합니다.

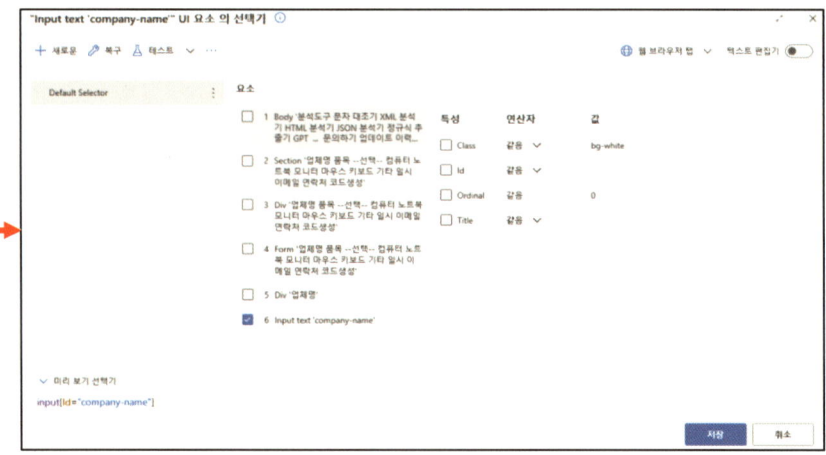

09 품목 항목과 같은 드롭다운 메뉴의 경우에는 [웹 페이지 드롭다운 목록 값 설정] 작업액션을 사용하 여 항목을 선택 할 수 있습니다.

옵션이름에 %B_품목%을 입력합니다.

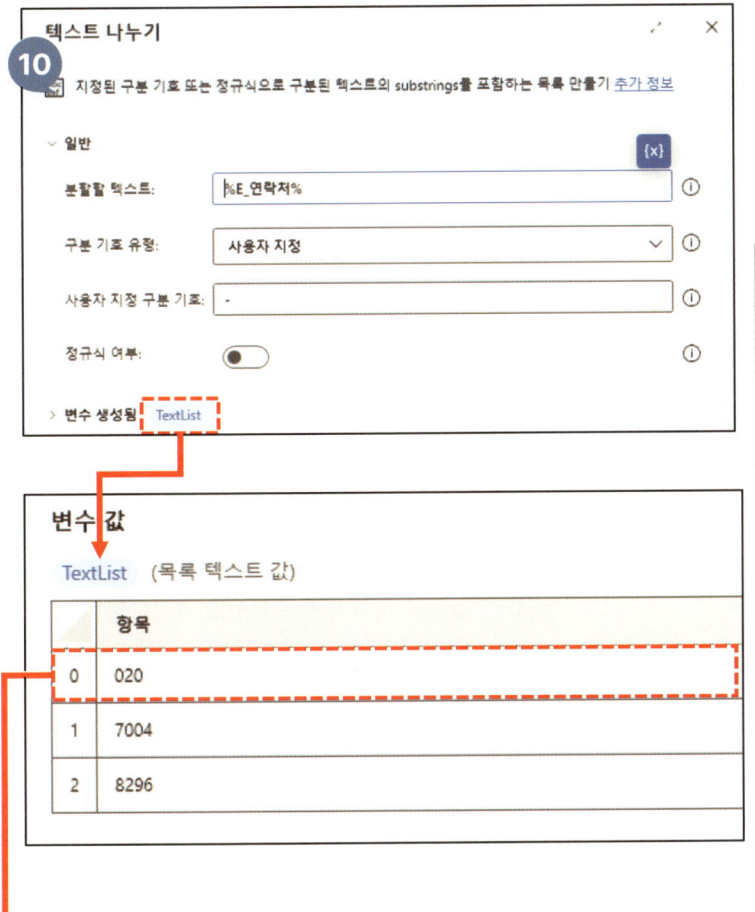

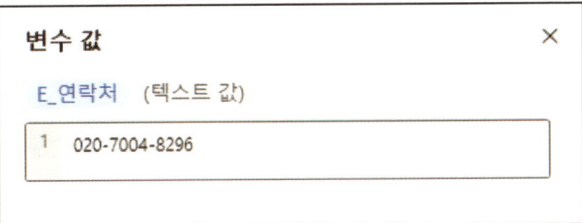

10 | [텍스트 나누기] 작업액션은 특정 문자열을 기준으로 텍스트를 나누어 목록 형태의 결과를 도출합니다.

'-'를 기준으로 연락처를 분리합니다.

11 | 텍스트 필드를 채울 때, 입력되는 값은 나눠진 연락처 하나의 값입니다. 대괄호와 인덱스 값으로 설정할 수 있습니다.

첫 번째 값은 %TextList[0]%입니다.

3.12.11 실습 – 웹사이트에서 데이터 입출력하기

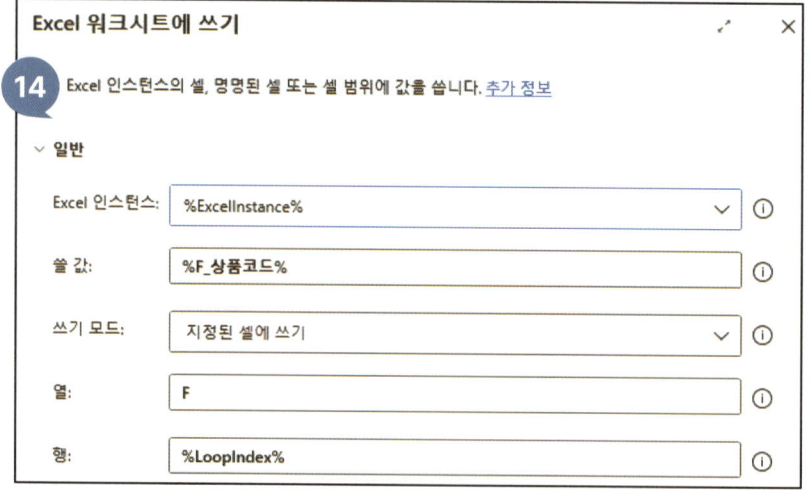

12 | [확인]이나 [초기화]같은 버튼요소를 누르기 위해서는 [웹 페이지에서 링크 클릭] 작업액션을 사용해서 UI 요소를 클릭 할 수 있습니다.

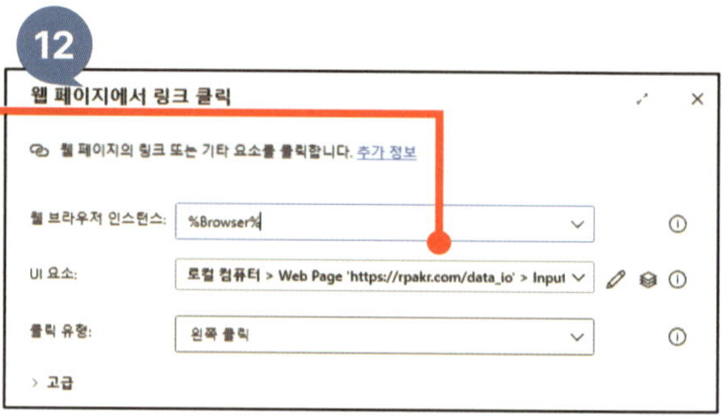

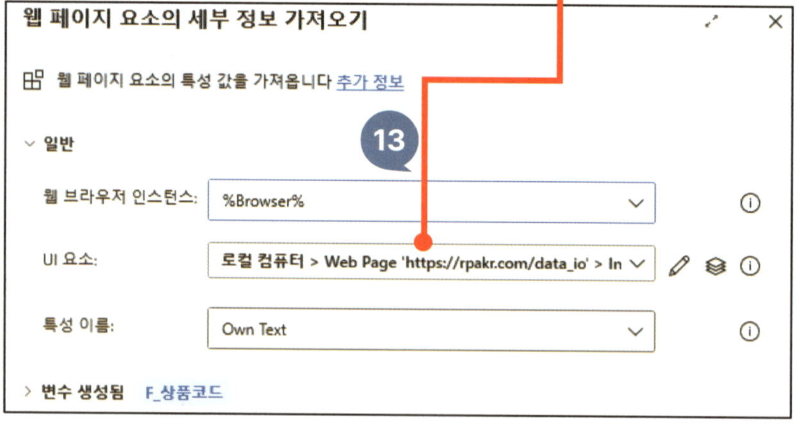

13 | UI요소에서 텍스트요소를 가져오기 위해서는 [웹 페이지 요소의 세부 정보 가져오기] 작업액션을 사용 할 수 있으며, 특성에 Own Text를 선택하면 웹 페이지에 표시되는 텍스트를 변수로 가져 올 수 있습니다.

실습에서는 %F_상품코드%로 텍스트 정보를 가져오도록 하겠습니다.

14 | [Excel 워크시트에 쓰기] 작업액션으로 11번에서 가져온 텍스트 정보를 엑셀의 F열 %LoopIndex%행 에 입력합니다.

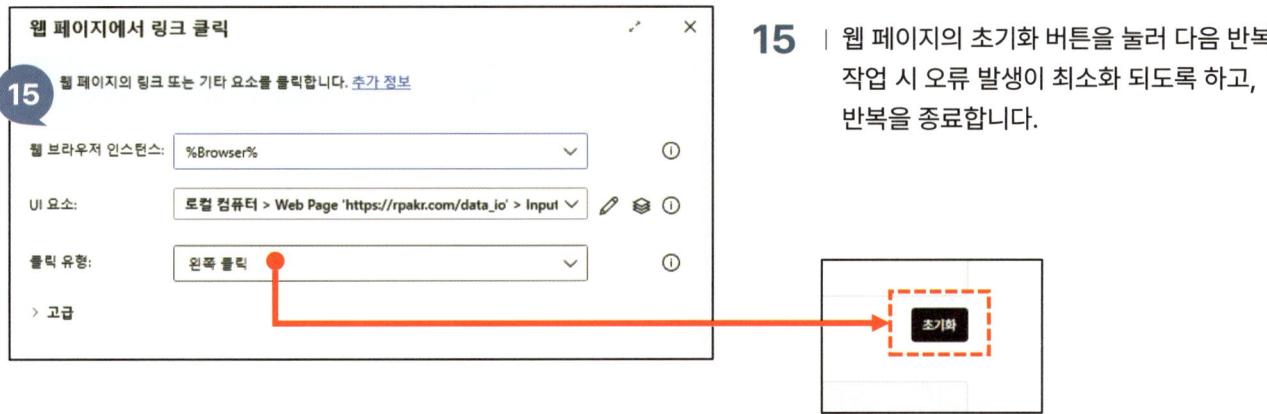

15 | 웹 페이지의 초기화 버튼을 눌러 다음 반복 작업 시 오류 발생이 최소화 되도록 하고, 반복을 종료합니다.

Step 3 - 13 | RPA와 웹개발
Robotic Process Automation with web development

RPA를 통해 업무를 자동화할 때, 프로그래밍은 단순한 반복 작업을 넘어 복잡한 업무 프로세스를 효율적으로 관리하는 핵심 역할을 합니다. 특히 간단한 클릭이나 데이터 입력 수준에서 벗어나, 실제 현업에서 사용하는 웹사이트나 사내 시스템과 연동해 보다 강력한 자동화를 구현할 수 있습니다.

이를 위해서는 웹 개발에 대한 기초적인 이해가 중요합니다. 웹 개발은 크게 프론트엔드와 백엔드로 나뉘는데, 프론트엔드는 화면과 같은 사용자 인터페이스를 담당하고, 백엔드는 데이터를 처리하거나 시스템의 핵심 기능을 수행합니다. 현업에서 RPA로 자동화를 시도할 때, 웹 브라우저에서 이루어지는 작업들은 프론트엔드를 통해 이루어지고, 이때 데이터를 저장하거나 불러오는 작업은 백엔드와 연결되어 있습니다. 현업 담당자 입장에서는 RPA가 프론트엔드와 백엔드를 연결하는 API라는 통로를 활용해 더욱 효율적이고 안정적인 업무 자동화를 구축할 수 있게 되는 것입니다.

3.13.1 프론트엔드(Front-end)와 백엔드(Back-end)

프론트엔드는 웹 애플리케이션에서 사용자가 직접 보는 화면, 즉 사용자 인터페이스(UI)를 의미합니다. 화면의 레이아웃이나 디자인, 버튼, 입력창, 텍스트 등 사용자가 웹사이트에서 눈으로 확인하고 클릭하거나 입력할 수 있는 모든 부분이 포함됩니다. 프론트엔드는 HTML, CSS, JavaScript와 같은 웹 기술을 활용하여 구축되며, 사용자가 직관적이고 편리하게 사이트를 이용할 수 있도록 하는 역할을 합니다.

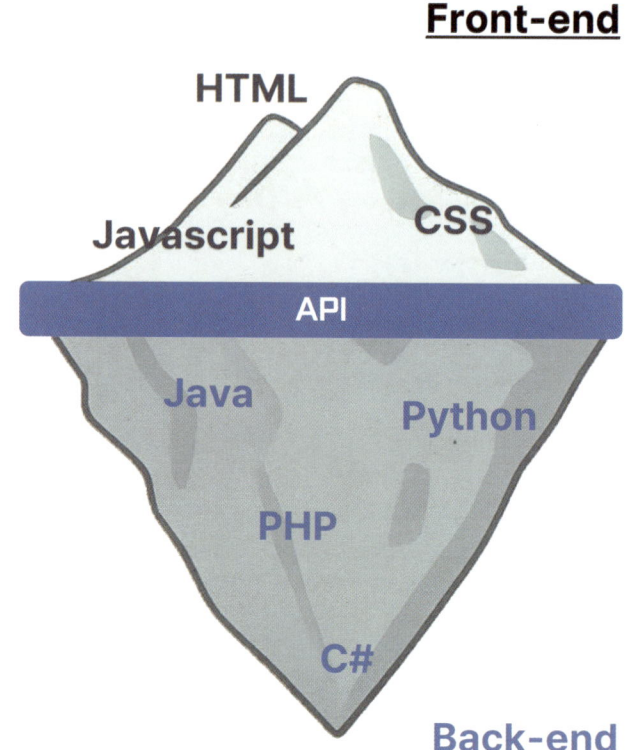

백엔드는 웹 애플리케이션의 서버 측을 담당하는 부분으로, 사용자가 직접 볼 수 없는 영역입니다. 주로 서버에서 실행되며, 데이터베이스 관리, 로직 처리, 사용자 인증 등 웹사이트의 핵심적인 기능을 처리합니다. 즉, 사용자가 입력하거나 요청한 데이터를 처리하고 저장하여 프론트엔드에서 필요한 정보를 제공하는 역할을 맡습니다. 백엔드 개발에는 Python, Java, PHP, C#, Node.js 등의 프로그래밍 언어가 사용되며, 웹사이트를 안정적으로 운영하는 데 꼭 필요한 부분입니다.

여기서 중요한 것은 프론트엔드와 백엔드가 서로 독립적으로 존재하는 것이 아니라 API(Application Programming Interface)를 통해 긴밀히 연결되어 있다는 점입니다. API는 마치 두 시스템을 이어주는 다리와 같아서, 프론트엔드에서 사용자가 입력한 정보를 백엔드로 전달하고, 백엔드에서 처리된 결과를 다시 프론트엔드에 보내주는 소통의 통로 역할을 합니다.

결국 프론트엔드와 백엔드는 서로 보완적인 관계이며, 이 둘이 효과적으로 결합되어 사용자가 원하는 웹 애플리케이션을 완성합니다. 프론트엔드는 사용자의 직접적인 상호작용을 가능하게 하고, 백엔드는 그 뒤에서 데이터를 안정적으로 처리함으로써 웹사이트 전체가 원활히 운영될 수 있도록 지원합니다.

3.13.2 프론트엔드(Front-end)

프론트엔드 개발은 웹사이트에서 사용자가 직접 보고 상호작용하는 화면, 즉 사용자 인터페이스(UI)를 만드는 과정입니다. 웹 페이지에서 보이는 다양한 시각적 요소와 사용자의 편리한 경험을 책임지는 중요한 역할을 합니다. 이를 구현하기 위해 개발자는 주로 HTML, CSS, JavaScript라는 세 가지 핵심 기술을 활용합니다. 이 기술들은 각각 웹 페이지의 구조, 디자인, 동작 기능을 담당하며 서로 긴밀히 연결됩니다.

먼저 HTML은 웹 페이지의 기본 골격을 만듭니다. 건물에 비유하면 구조물을 세우는 것과 같아서, 콘텐츠가 어디에 배치될지 정하고 이를 브라우저가 이해할 수 있도록 구성합니다. CSS는 이 구조에 색상, 글꼴, 레이아웃 등의 스타일을 적용하여 사용자에게 시각적으로 매력적인 화면을 제공하는 역할을 합니다. 마지막으로 JavaScript는 웹 페이지를 생동감 있게 만들어 사용자가 버튼을 클릭하거나 입력값을 넣을 때, 즉각적으로 반응하고 상호작용할 수 있도록 도와줍니다.

3.13.3 HTML (HyperText Markup Language)

HTML은 웹 페이지의 구조를 정의하는 마크업(Markup) 언어입니다. 웹사이트에서 볼 수 있는 모든 텍스트, 이미지, 링크 등의 요소들은 기본적으로 HTML로 구성됩니다. 즉, HTML은 웹 페이지가 화면에 나타나기 위한 콘텐츠의 뼈대를 만드는 언어이며, 웹 브라우저는 HTML 문서를 읽고 이를 화면에 표시합니다.

HTML은 '태그(tag)'라는 요소를 사용하여 콘텐츠를 구성하고 배치합니다. 예를 들어, <h1> 태그는 페이지의 큰 제목을 나타내고, <p> 태그는 문단을 구분하며, <a> 태그는 클릭하면 다른 페이지나 웹사이트로 이동하는 링크를 만듭니다. 이러한 태그들은 서로 결합하여 복잡한 웹 페이지 구조를 이루고, 웹 브라우저는 이 구조를 해석하여 우리가 볼 수 있는 형태로 보여줍니다.

HTML은 단지 텍스트와 이미지만 표시하는 데 그치지 않고, 사용자로부터 입력을 받는 폼(Form)을 만들거나, <div> 태그를 사용해 페이지를 의미 있는 여러 섹션으로 나누는 등 다양한 역할을 수행합니다. 이렇게 웹 페이지의 콘텐츠를 명확하고 효율적으로 배치할 수 있게 하는 것이 HTML의 핵심적인 기능입니다. HTML은 웹 개발의 기초이며, 이 위에 CSS와 JavaScript가 각각 스타일과 동적 기능을 추가하면서 더욱 완성도 높은 웹 페이지를 만들어 냅니다. 따라서 HTML을 제대로 이해하는 것이 웹 개발자로 가는 첫 번째 단계라 할 수 있습니다.

✓ **HTML은 매우 간단하고 직관적인 마크업 언어로, 웹 페이지의 구조를 정의하는 데 사용됩니다. HTML 파일은 메모장, 텍스트 편집기, 또는 전문적인 프로그래밍 도구인 Visual Studio Code(VS Code)와 같은 다양한 소프트웨어를 사용하여 작성할 수 있습니다.**

1. **메모장 또는 텍스트 편집기 사용하기** – 가장 기본적인 방법으로, 메모장이나 기본 텍스트 편집기를 사용해 HTML 코드를 작성할 수 있습니다. 새 파일을 열고, 코드를 작성하고 .html 확장자로 저장한 후, 브라우저에서 파일을 열면 웹 페이지로 표시됩니다.

2. **프로그래밍 도구(VS Code 등) 사용하기** - Visual Studio Code(VS Code)와 같은 프로그래밍 도구는 HTML 코드를 작성하는 데 매우 유용합니다. 이 도구들은 문법 강조, 자동 완성, 실시간 미리보기 등의 기능을 제공하여 코드 작성과 디버깅을 쉽게 할 수 있게 도와줍니다.

3.13.3 HTML (HyperText Markup Language)

<html>: HTML 문서의 시작을 나타내며, 이 태그 안에 모든 HTML 요소가 포함됩니다. </html> 태그로 문서를 종료합니다.

<head>: 문서의 메타데이터를 포함하는 부분입니다. 여기에는 문서의 문자 인코딩, 제목, 스타일시트 및 스크립트 파일의 링크, 기타 메타 정보가 들어갑니다. 이 부분은 웹 페이지의 표시에는 직접적으로 나타나지 않지만, 브라우저와 검색 엔진이 페이지를 이해하고 처리하는 데 중요한 정보를 제공합니다.

<meta charset="UTF-8">: 문서의 문자 인코딩을 정의합니다. UTF-8은 전 세계 대부분의 언어를 지원하는 표준 인코딩 방식입니다.

<title>: 문서의 제목을 정의합니다. 이 제목은 브라우저의 탭이나 윈도우 상단에 표시됩니다.

<body>: 웹 페이지의 실제 콘텐츠가 위치하는 부분입니다. 사용자가 화면에서 직접 볼 수 있는 텍스트, 이미지, 링크, 비디오 등 모든 요소는 이 태그 안에 포함됩니다. <body> 태그 안에 다양한 HTML 태그를 사용하여 페이지의 콘텐츠를 구성합니다.

요소	설명	사용 예
<h1> ~ <h6>	제목(Heading) 요소. <h1>이 가장 크고 중요한 제목, <h6>이 가장 작은 제목을 나타냅니다	<h1>페이지 제목</h1>
<p>	문단을 정의하는 요소	<p>이것은 문단입니다</p>
<a>	하이퍼링크를 생성하는 요소로, 다른 페이지나 리소스로 이동	<a href="https://example.com">Example 링크</a>
<img>	이미지를 삽입하는 요소	<img src="image.jpg" alt="이미지 설명">
<ul>	순서 없는 리스트(불릿 리스트)를 만듭니다	<ul><li>아이템 1</li><li>아이템 2</li></ul>
<ol>	순서 있는 리스트(번호 리스트)를 만듭니다	<ol><li>첫 번째</li><li>두 번째</li></ol>
<li>	리스트 항목을 나타내는 요소	<ul><li>아이템 1</li><li>아이템 2</li></ul>
<div>	블록 레벨 요소로, 콘텐츠를 구획하는 데 사용됩니다	<div><p>이 구역의 문단입니다</p></div>
<span>	인라인 요소로, 텍스트의 일부분을 그룹화하거나 스타일링할 때 사용됩니다	<span style="color: red;">빨간 텍스트</span>
<form>	사용자 입력을 받아 서버로 전송할 수 있는 폼을 정의합니다	<form action="/submit"><input type="text"></form>
<input>	폼 안에 사용되는 입력 요소로, 다양한 유형의 사용자 입력을 받습니다	<input type="text" placeholder="이름을 입력하세요">
<button>	클릭 가능한 버튼을 만듭니다	<button type="submit">제출</button>
<table>	테이블을 정의하는 요소로, 행과 열을 포함한 데이터를 표시합니다	<table><tr><th>헤더</th><td>데이터</td></tr></table>
<tr>	테이블의 행(row)을 정의합니다	<tr><td>데이터 1</td><td>데이터 2</td></tr>
<th>	테이블의 헤더 셀을 정의합니다	<th>헤더 셀</th>
<td>	테이블의 데이터 셀을 정의합니다	<td>데이터 셀</td>

3.13.4 CSS(Cascading Style Sheets)

CSS(Cascading Style Sheets)는 웹 페이지의 스타일과 디자인을 지정하는 언어입니다. HTML이 웹 페이지의 기본 구조를 제공한다면, CSS는 그 구조를 시각적으로 아름답고 사용자 친화적으로 꾸며주는 역할을 합니다. 예를 들어 텍스트의 색상과 크기, 글꼴 선택부터 페이지 전체의 레이아웃과 여백, 테두리, 배경 이미지까지 다양한 스타일을 자유롭게 적용할 수 있습니다.

CSS는 웹 페이지의 전체적인 시각적 완성도를 책임지는 도구로, 웹사이트의 일관된 디자인을 유지하는 데 큰 역할을 합니다. 특히 다양한 화면 크기와 기기에 따라 유연하게 대응하는 '반응형 웹 디자인(Responsive Web Design)'을 구현하는 데 필수적입니다. 또한 CSS로 간단한 애니메이션이나 전환 효과를 추가하면, 웹 페이지가 더 매끄럽고 생동감 있게 표현되어 사용자의 흥미와 집중도를 높일 수 있습니다.

CSS의 적용 방법

1. **인라인 스타일(In-line Style)** : 인라인 스타일은 HTML 요소 내에 직접 스타일을 작성하는 방법입니다. 간단한 스타일을 적용할 때 유용하지만, 코드의 유지보수가 어려워 대규모 프로젝트에서는 잘 사용되지 않습니다.

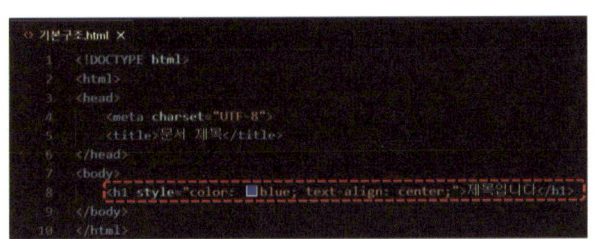
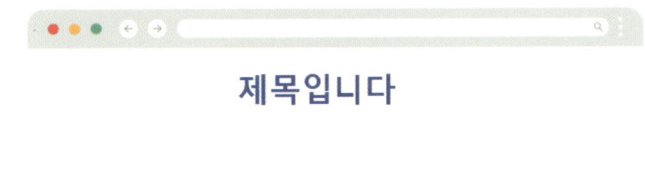

2. **내부 스타일 시트(Internal Style Sheet)** : 내부 스타일 시트는 HTML 문서의 <head> 태그 내에 <style> 태그를 사용하여 스타일을 정의하는 방법입니다. 한 페이지 내에서 여러 요소를 스타일링할 때 사용되며, 코드가 한 문서에 모여 있어 관리가 편리한 경우도 있습니다.

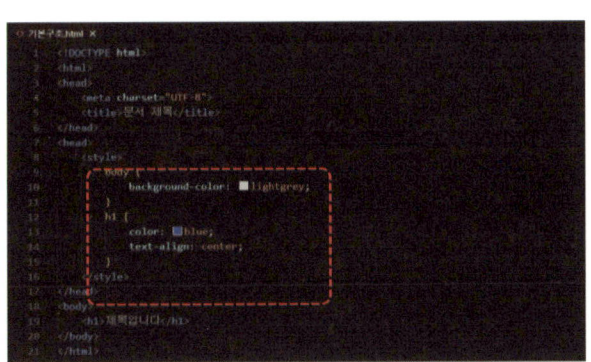

3. **외부 스타일 시트(External Style Sheet)** : 외부 스타일 시트는 별도의 CSS 파일을 만들어 여러 HTML 문서에서 공통으로 사용할 수 있는 방식입니다. 이 방법은 가장 권장되는 방식으로, 유지보수가 용이하고 여러 페이지에서 동일한 스타일을 쉽게 적용할 수 있습니다.

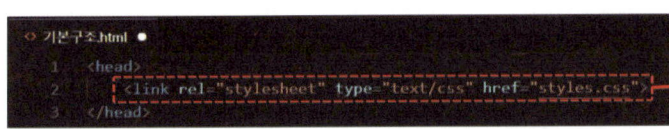

3.13.5 자바스크립트(JavaScript)

자바스크립트(JavaScript)는 웹 페이지에 다양한 기능과 사용자와의 상호작용을 추가하는 프로그래밍 언어로, 웹 개발에서 매우 중요한 역할을 합니다. HTML이 웹 페이지의 구조를 만들고, CSS가 그 구조를 시각적으로 꾸며준다면, 자바스크립트는 사용자가 페이지와 직접 소통할 수 있도록 동적인 요소를 더하는 역할을 합니다. 예를 들어, 사용자의 클릭, 입력, 스크롤과 같은 행동에 실시간으로 반응하는 웹 페이지를 만들 때 자바스크립트가 핵심적으로 활용됩니다.

자바스크립트를 이용하면 웹 페이지는 단순히 정보를 보여주는 것을 넘어 실시간 데이터 처리, 입력값 검증, 애니메이션 효과 등 복잡한 기능을 구현할 수 있습니다. 특히 최근의 웹 애플리케이션은 거의 모두 자바스크립트를 기반으로 상호작용을 강화하고 사용자 경험을 향상시키고 있습니다.

한편 자바스크립트는 브라우저에서만 쓰이는 것이 아니라, Node.js와 같은 서버 환경에서도 사용할 수 있어서, 하나의 언어로 프론트엔드와 백엔드를 모두 관리하는 것이 가능해졌습니다. 이를 통해 개발자는 더욱 빠르고 효율적으로 전체 웹 애플리케이션을 설계할 수 있으며, 관리와 유지보수도 훨씬 수월해졌습니다. 또한 React, Angular, Vue.js와 같은 다양한 프레임워크와 라이브러리를 이용하면 대규모 웹 프로젝트에서도 일관성을 유지하면서 빠르게 개발할 수 있습니다.

JavaScript 의 적용 방법

1. **인라인 스타일(In-line Style)** : 인라인 스크립트는 HTML 요소 내에 자바스크립트 코드를 직접 작성하는 방법입니다. 이 방법은 간단한 스크립트를 실행할 때 유용하지만, 유지보수성이 떨어지고 코드의 가독성이 낮아질 수 있습니다.

2. **내부 스크립트(Internal Script)** : 내부 스크립트는 HTML 문서의 <head> 또는 <body> 태그 내에 <script> 태그를 사용하여 자바스크립트 코드를 작성하는 방법입니다. 이 방법은 한 페이지 내에서 여러 자바스크립트 코드를 작성할 때 유용합니다.

3. **외부 스크립트(External Script)** : 외부 스크립트는 자바스크립트 코드를 별도의 .js 파일로 작성하고, HTML 문서에서 이 파일을 <script> 태그로 불러오는 방법입니다. 이 방법은 자바스크립트 코드를 여러 HTML 파일에서 공유할 수 있어, 유지보수성과 재사용성을 높여줍니다.

# Step 3 - 14 | 아웃룩(이메일)
Outlook(Email)

3.14.1 Outlook 자동화

아웃룩 액션은 Microsoft Outlook과 연동하여 이메일 관리를 자동화함으로써 업무 효율을 증진시키는 데 중요한 역할을 합니다. 이 액션들을 통해 사용자는 이메일을 송수신하고, 내용을 읽거나 상태를 업데이트하는 등의 다양한 이메일 관련 작업을 자동화할 수 있습니다. 첨부 파일을 다운로드하거나, 특정 폴더로 메일을 정리하는 작업 또한 손쉽게 처리됩니다.

실제 업무 상황에서는, 특정 키워드가 포함된 이메일을 검색하여 엑셀로 정보를 집계하거나, 이메일에 첨부된 문서를 자동으로 로컬에 저장하는 등의 작업을 예로 들 수 있습니다. 이메일 알림을 자동 발송하는 기능도 아웃룩 액션을 이용해 구현 가능하여, 일련의 이메일 작업들을 더욱 신속하고 정확하게 수행할 수 있게 됩니다.

3.14.2 HTML

이전 과정에서 배운 HTML을 활용하면 Outlook 메일 메시지를 더욱 다채롭고 효과적으로 꾸밀 수 있습니다. 단순히 텍스트 위주의 평범한 이메일을 넘어서, 회사의 로고와 이미지, 버튼, 색상 강조, 표와 같은 다양한 요소들을 추가하여 받는 사람의 시선을 사로잡는 멋진 메시지를 만들 수 있습니다. 또한 중요한 내용을 강조하거나 시각적으로 구성하여 정보 전달력을 높이고, 보다 전문적이고 세련된 인상을 줄 수 있습니다.

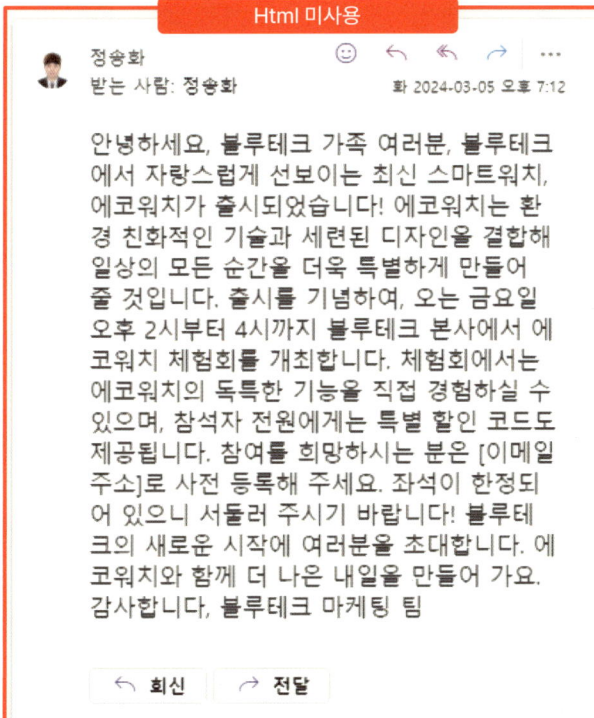

3.14.2 HTML

```
1   <!-- 제목 -->
2   <h1>환영합니다!</h1>
3
4   <!-- 내용 -->
5   <p>이것은 <strong>교육용 이메일</strong>의 예시입니다.</p>
6
7   <!-- 굵게 -->
8   <p><strong>중요한 내용</strong>을 굵게 표시할 수 있습니다.</p>
9
10  <!-- 밑줄 -->
11  <p><u>밑줄이 있는 텍스트</u>도 포함할 수 있습니다.</p>
12
13  <!-- 링크 -->
14  <p>더 많은 정보를 원하시면, <a href="https://rpakr.com">여기를 클릭</a>하세요.</p>
15
16  <!-- 이미지 -->
17  <img src="https://rpakr.com/data/cat.png" alt="예시 이미지">
18
```

<h1> 태그는 제목을 위해 사용됩니다. 이메일의 가장 중요한 메시지나 인사말을 표시할 때 사용할 수 있습니다.
<p> 태그는 일반 텍스트 내용을 위해 사용됩니다. 내용을 구성할 때는 여러 <p> 태그를 사용하여 다양한 문단으로 나눌 수 있습니다.
<strong> 태그는 텍스트를 굵게 만들어 주어 특정 부분을 강조할 때 사용됩니다.
<u> 태그는 텍스트에 밑줄을 그어 강조하고 싶을 때 사용합니다.
<a> 태그는 링크를 생성할 때 사용됩니다. href 속성에 URL을 지정하여 사용자가 클릭하면 해당 주소로 이동하게 할 수 있습니다.
<img> 태그는 이메일에 이미지를 포함시킬 때 사용됩니다. src 속성에 이미지 URL을 지정하고, alt 속성에는 이미지가 로드되지 않을 경우를 대비한 대체 텍스트를 제공합니다.

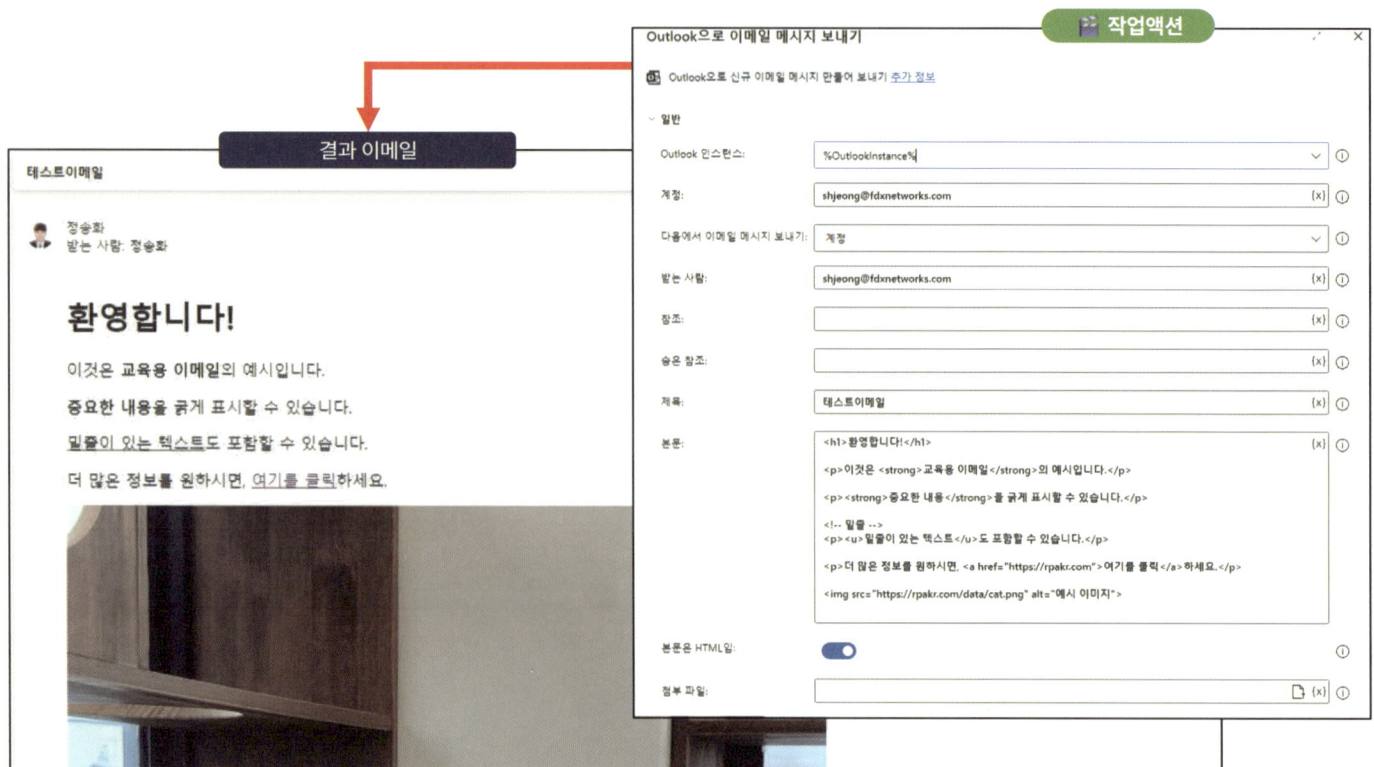

3.14.3 이메일 작업 액션

🎬 Outlook 시작 (Launch Outlook)

- Outlook 시작 및 새로운 Outlook 인스턴스를 생성합니다. SharePoint, Teams, Outlook 등 MS제품군과 계정연결 할 경우 하나의 계정으로만 연결 할 수 있으며, 다른 PC에서 업무를 수행 할 경우 계정 연결을 다시 해야 합니다.

🎬 Outlook으로 이메일 메시지 보내기 (Send email message through Outlook)

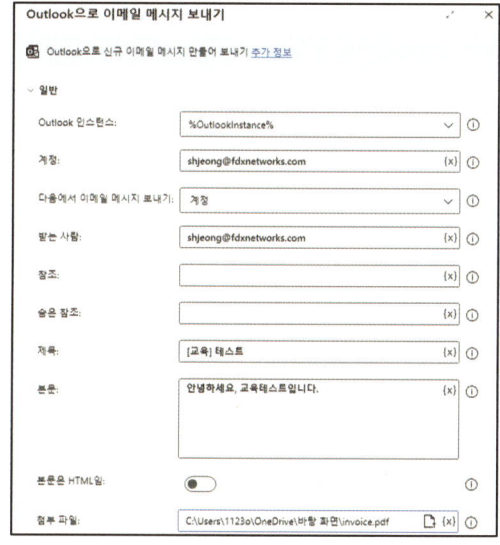

- Outlook 인스턴스 변수를 사용하며 이메일을 보낼 수 있습니다. 또한, 사용자는 다른 사서함이나 공유된 계정을 이용하여 이메일을 보낼 수도 있습니다. 이메일의 수신자, 참조, 숨은 참조를 지정할 수 있고, 이메일의 제목과 본문을 입력합니다. 본문은 HTML 형식으로 작성할 수 있는 옵션도 제공되며, 필요한 경우 하나 이상의 파일을 첨부하여 이메일과 함께 보낼 수 있습니다.

✓ 2개 이상의 파일을 첨부하려면 파일명1 콜론 파일명2 형태로 처리합니다.

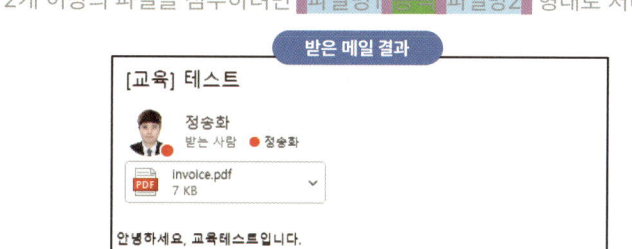

🎬 Outlook에서 이메일 메시지 검색 (Retrieve email messages from Outlook)

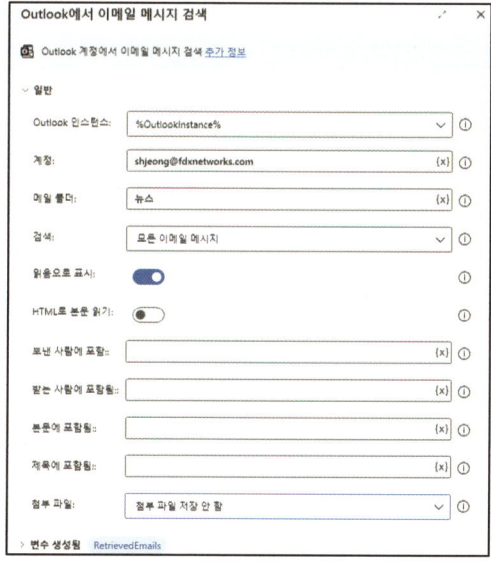

- 이메일의 발신자, 수신자, 제목, 본문 내용을 기준으로 상세 검색을 수행할 수 있으며, 결과를 변수에 저장하여 후속 작업에 활용합니다. 특정 메일 폴더를 지정하여, 예를 들어 읽지 않은 메일만 필터링하는 등의 추가 옵션을 적용할 수 있습니다. 이를 통해 메일이 수신되었을 때 자동으로 특정 하위 작업을 실행하는 자동화를 설정할 수 있습니다.

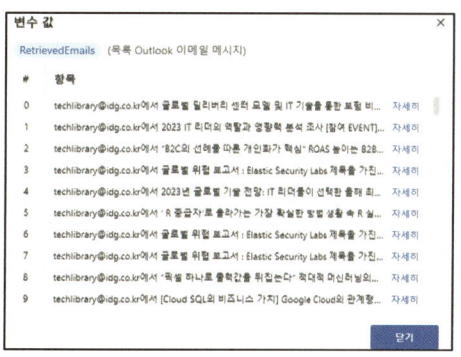

3.14.3 이메일 작업 액션

🎬 이메일 메시지 검색 (Retrieve email messages)

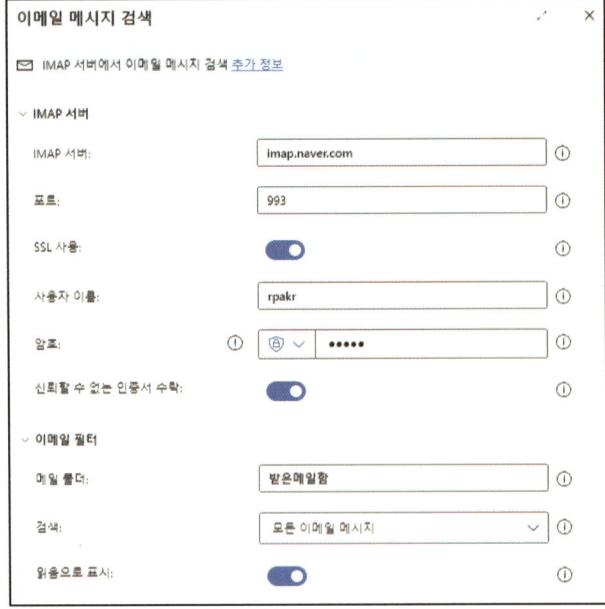

- IMAP서버를 통해 이메일을 수신 받을 수 있으며, 이메일 필터 탭에서 보다 상세한 검색옵션과 첨부파일 유무에 따라 다운로드 받을 수 있습니다.

- 회사나 이메일 제공업체에 따라 서버 주소 및 포트, SSL사용 여부는 달라 질 수 있습니다.

출력 - 목록이메일메시지 %RetrievedEmails%

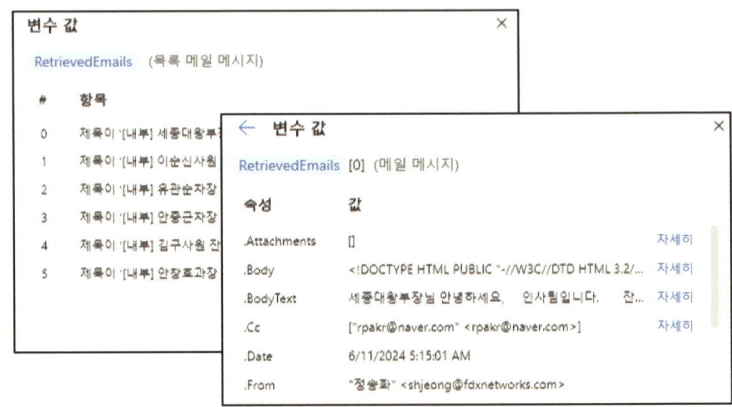

🎬 이메일 메시지 처리 (Process email messages)

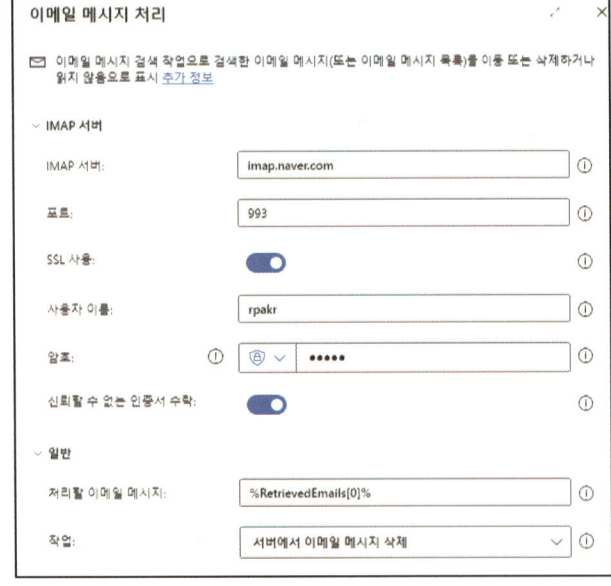

- 서버에 있는 이메일을 IMAP서버를 통해서 삭제하거나, 다른 폴더로 이동하거나, 읽지 않음으로 표시 할 수 있습니다.

처리할 이메일 메시지 %RetrievedEmails[인덱스]%

작업

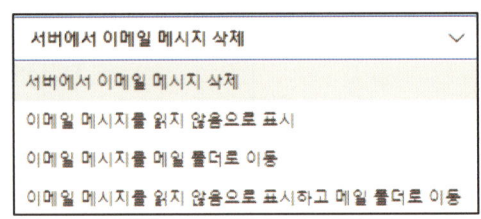

🎬 이메일 보내기 (Send email)

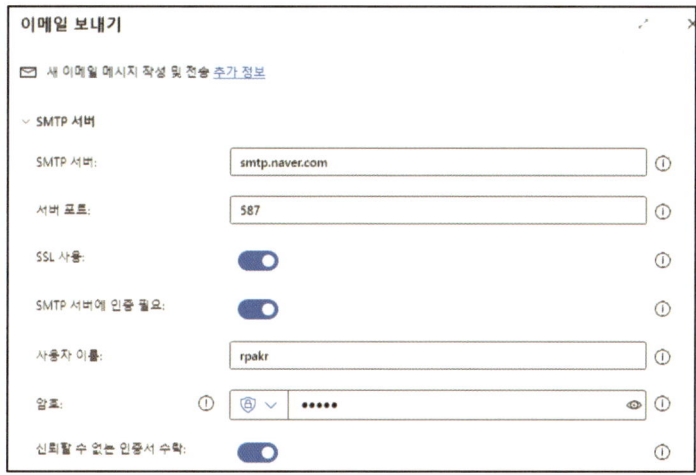

- SMTP서버를 통해 이메일을 발송 할 수 있으며, 일반 탭에서 보낸사람, 발신자 표시 이름, 받는사람, 참조, 숨은 참조, 제목, 본문(html 사용가능) 첨부파일을 입력 할 수 있습니다.

- 회사나 이메일 제공업체에 따라 서버 주소 및 포트, SSL사용 여부는 달라 질 수 있습니다.

- 보내기 이후, 대기 시간을 주지 않으면 팝업이 발생 할 수 있는데, 일정시간(네트워크나 사양에 따라 3~10초) 대기 시간을 추천합니다.

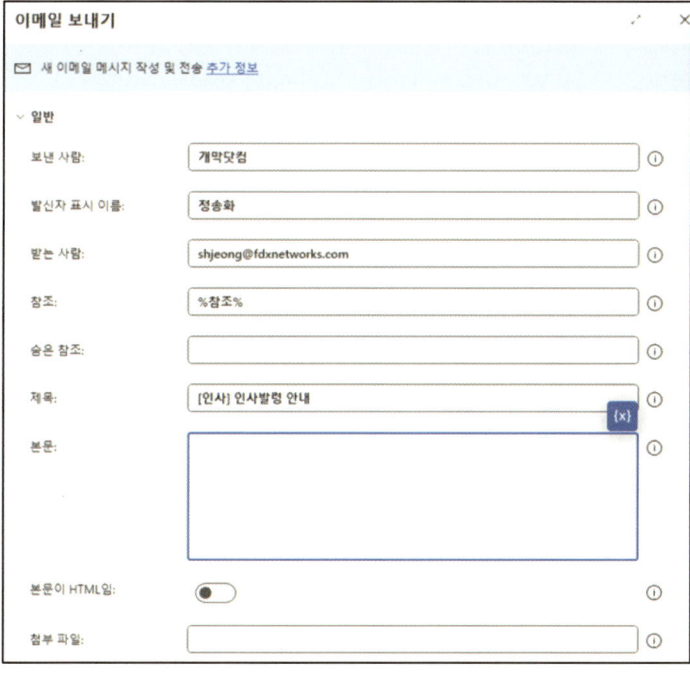

3.14.4 SMTP와 IMAP

1. SMTP (Simple Mail Transfer Protocol)

SMTP는 이메일을 발신할 때 사용되는 프로토콜로, 클라이언트에서 서버로 이메일을 전송하고, 서버들 간에 이메일을 전송하는 역할을 합니다. 주요 기능으로는 이메일 발신과 서버 간 이메일 전송이 있으며, 기본 포트 번호는 25번, 보안 포트 번호는 587번 (STARTTLS)과 465번 (SSL/TLS)입니다.

2. IMAP (Internet Message Access Protocol)

IMAP는 이메일을 수신할 때 사용되는 프로토콜로, 클라이언트가 서버에 저장된 이메일을 읽고 관리할 수 있게 합니다. 주요 기능으로는 이메일 수신, 서버 동기화, 폴더 관리가 있으며, 기본 포트 번호는 143번, 보안 포트 번호는 993번 (SSL/TLS)입니다.

3. POP3 (Post Office Protocol 3)

POP3는 이메일을 수신할 때 사용되는 프로토콜로, 이메일을 서버에서 클라이언트로 다운로드하여 로컬에서 관리할 수 있게 합니다. 주요 기능으로는 이메일 다운로드와 오프라인 액세스가 있으며, 기본 포트 번호는 110번, 보안 포트 번호는 995번 (SSL/TLS)입니다.

4. 주요 이메일 제공업체

- 주요 이메일 제공업체의 정보는 외부/내부, 기업환경에 따라 변경 될 수 있습니다.

[Naver Mail]
https://mail.naver.com/v2/settings/smtp
SMTP 서버: smtp.naver.com
기본 포트: 465, 587 (SSL/TLS)
IMAP 서버: imap.naver.com
기본 포트: 993 (SSL/TLS)
POP3 서버: pop.naver.com
기본 포트: 995 (SSL/TLS)

[Outlook]
https://outlook.office.com/mail/options/mail/accounts
SMTP 서버: smtp.office365.com
기본 포트: 587 (STARTTLS)
IMAP 서버: outlook.office365.com
기본 포트: 993 (SSL/TLS)
POP3 서버: outlook.office365.com
기본 포트: 995 (SSL/TLS)

[Google Gmail]
https://mail.google.com/mail/u/0/#settings/fwdandpop
SMTP 서버: smtp.gmail.com
기본 포트: 465 (SSL/TLS), 587 (STARTTLS)
IMAP 서버: imap.gmail.com
기본 포트: 993 (SSL/TLS)
POP3 서버: pop.gmail.com
기본 포트: 995 (SSL/TLS)

3.14.5 실습 - Outlook을 이용하여 메일 보내기

사전준비사항

- 실습자료를 해당 링크에서 다운로드를 받고, 압축을 해제합니다. https://rpakr.com/교재실습파일
- 압축을 푼 경로는 바탕화면으로 합니다. C:\Users\사용자명\Desktop\RPA실습
- 2개 파일을 참조로 작업을 시작합니다. C:\Users\사용자명\Desktop\RPA실습\엑셀실습.xlsx 연차안내.pdf

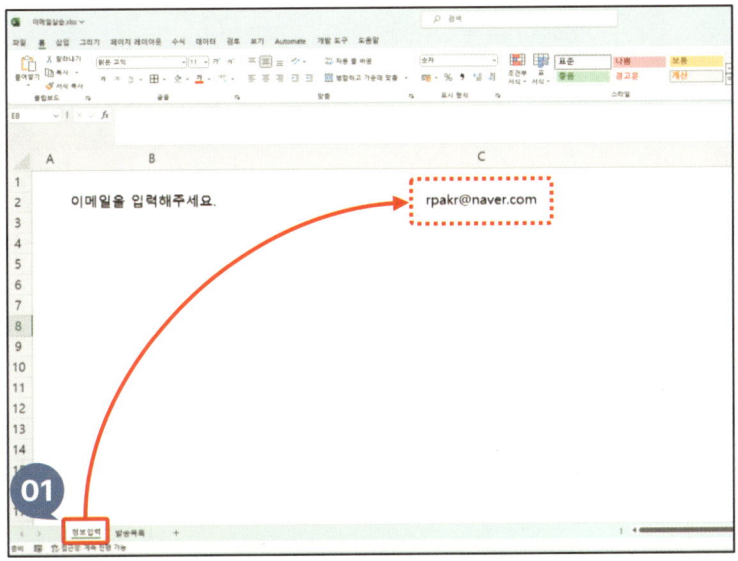

01 | 엑셀실습.xlsx 파일을 열고 "정보입력" 시트에서 본인의 이메일을 입력합니다. (C2셀)

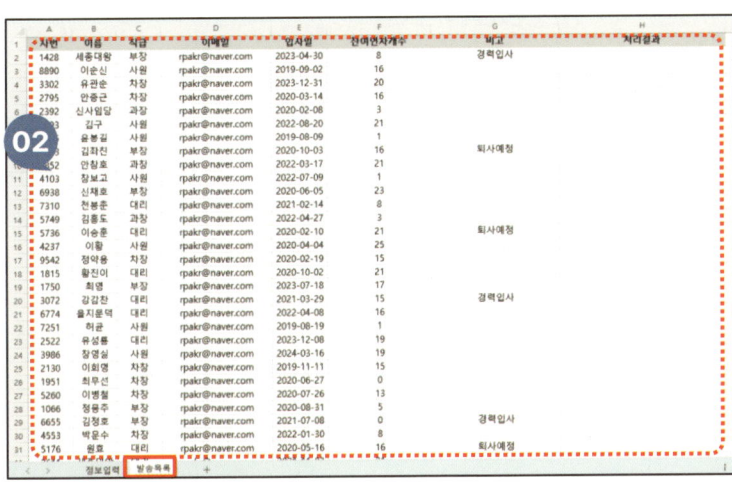

02 | "발송목록"시트를 열고 데이터를 확인합니다. 업무 규칙을 사전에 설정하겠습니다.

- 경력입사인 경우 추가로 참조에 D열 이메일을 작성합니다.
- 퇴사예정인 경우 메일을 발송하지 않습니다.
- 잔여 연차가 3개 이하인경우에는 제목 말머리를 [내부]대신 [긴급]으로 표시합니다.
- 잔여연차가 10개 이상인경우에는 연차안내.pdf 파일을 첨부하여 발송합니다.
- 처리결과는 H열에 "발송", "미발송"으로 작성 후 해당 Excel파일을 본인메일로 발송합니다.

받는사람 : D열 이메일
참조 : D열 이메일(선택)
제목 : [내부]B열이름+C열직급 잔여연차 안내메일
예) [내부] 이순신사원님 잔여연차 안내메일

본문 :
이름 직급님 안녕하세요,
인사팀입니다.

잔여연차 안내드리니 확인 부탁드립니다.
입사일 : %입사일%, 잔여연차 : %잔여연차%

감사합니다.

3.14.5 실습 - Outlook을 이용하여 메일 보내기

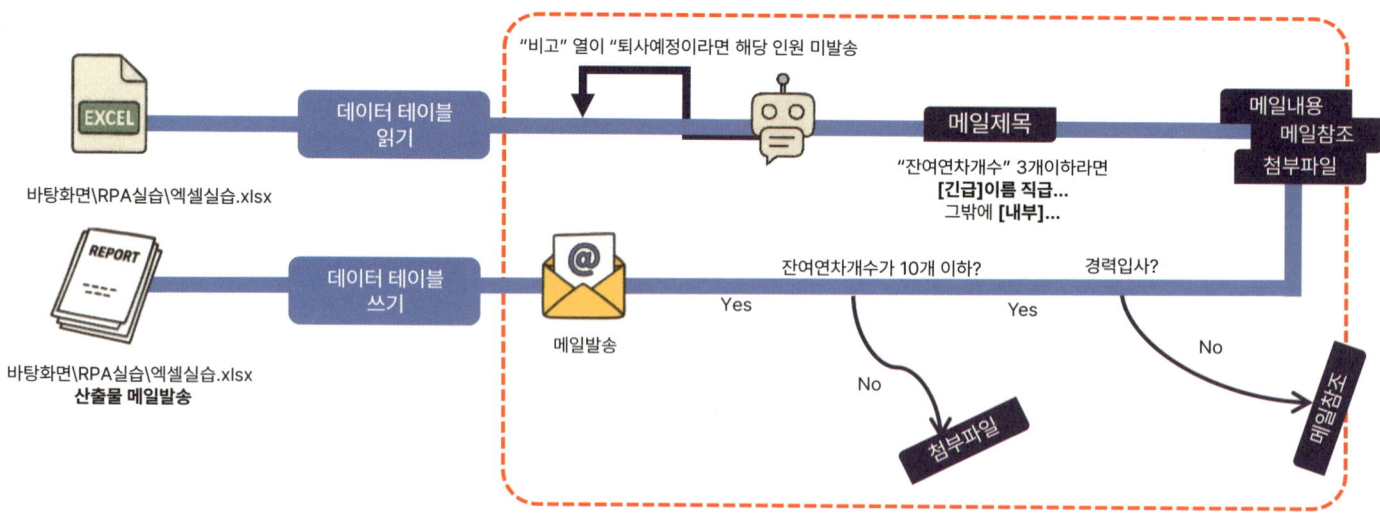

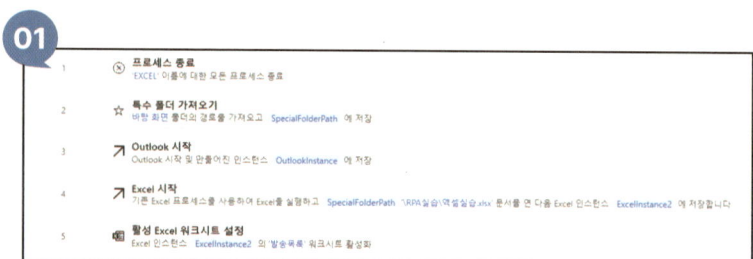

01 초기 설정을 진행하겠습니다.

[프로세스 종료] : EXCEL
[특수폴더 가져오기] : 바탕화면 %SpecialFolderPath%
[Outlook시작] : OutlookInstance
[Excel 시작] : %SpecialFolderPath%\RPA실습\엑셀실습.xlsx
[활성 Excel 워크시트 설정] : 발송목록

02 [Excel]-[Excel 워크시트에서 읽기] 작업액션에서 발송목록 워크시트의 모든 값을 %ExcelData% 데이터 테이블 변수로 읽어옵니다.

고급-텍스트로 셀 내용 가져오기, 범위의 첫 번째 행을 열 이름으로 사용을 선택합니다.

03 사용 할 변수들을 미리 할당합니다.

%메일제목%의 값 %""%
%메일내용%의 값 %""%
%행번호%의 값 0

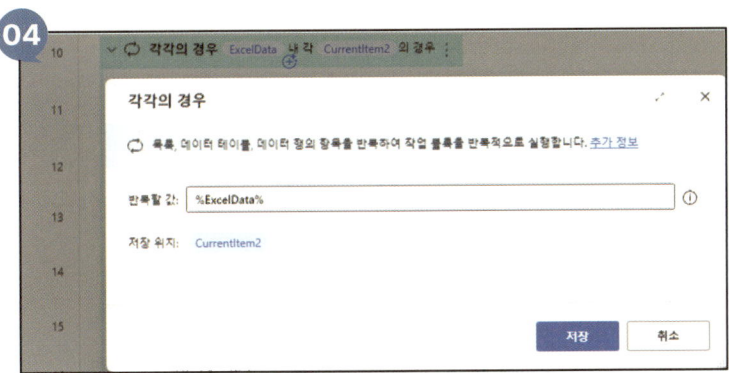

04 [반복]-[각각의 경우] 작업액션을 통해 Excel 워크시트에서 읽어온 %ExcelData% 데이터 테이블을 %CurrentItem%을 통해 반복합니다.

05 "비고"열이 퇴사예정인 경우에는 다음반복으로 넘어갑니다.

데이터 테이블은 인덱스가 0부터 시작되기 때문에 %ExcelData[행번호][7]%에 먼저 "미발송"을 할당하고 행번호를 증감시킵니다.

06 "잔여연차개수"가 3개 이하인 경우에는 제목을 [내부]가 아닌 [긴급]이므로 3개 이하인 경우 [긴급].... 그밖에는 [내부]... 로 작성하겠습니다.

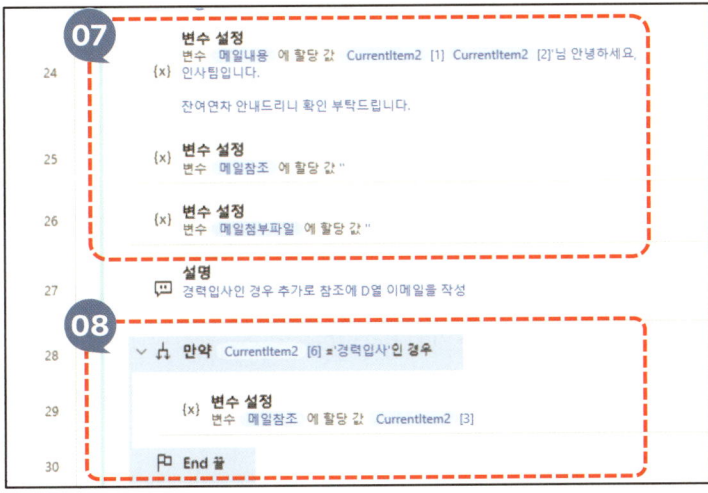

07 %메일내용%에 사전에 정의된 메일 내용을 작성합니다.

%CurrentItem2[1]%%CurrentItem2[2]%님 안녕하세요, 인사팀입니다.
잔여연차 안내드리니 확인 부탁드립니다.
입사일 : %CurrentItem2[4]% 잔여연차 : %CurrentItem2[5]%

08 "비고"열이 경력인사인 경우에는 메일참조에 값을 넣어줍니다. (메일)

3.14.5 실습 - Outlook을 이용하여 메일 보내기

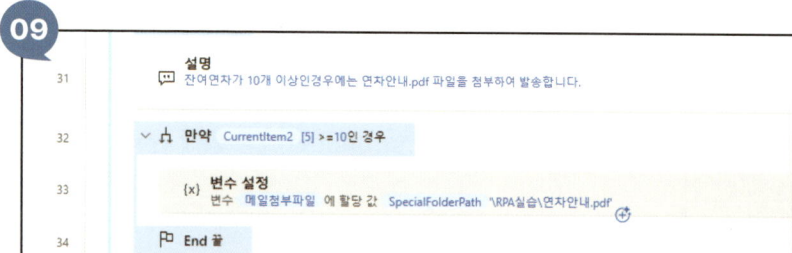

09 만약 "잔여연차개수"가 10개 이상인 경우에는 첨부파일의 값을 활성화하겠습니다.

%메일첨부파일%
%SpecialFolderPath%\RPA실습\연차안내.pdf

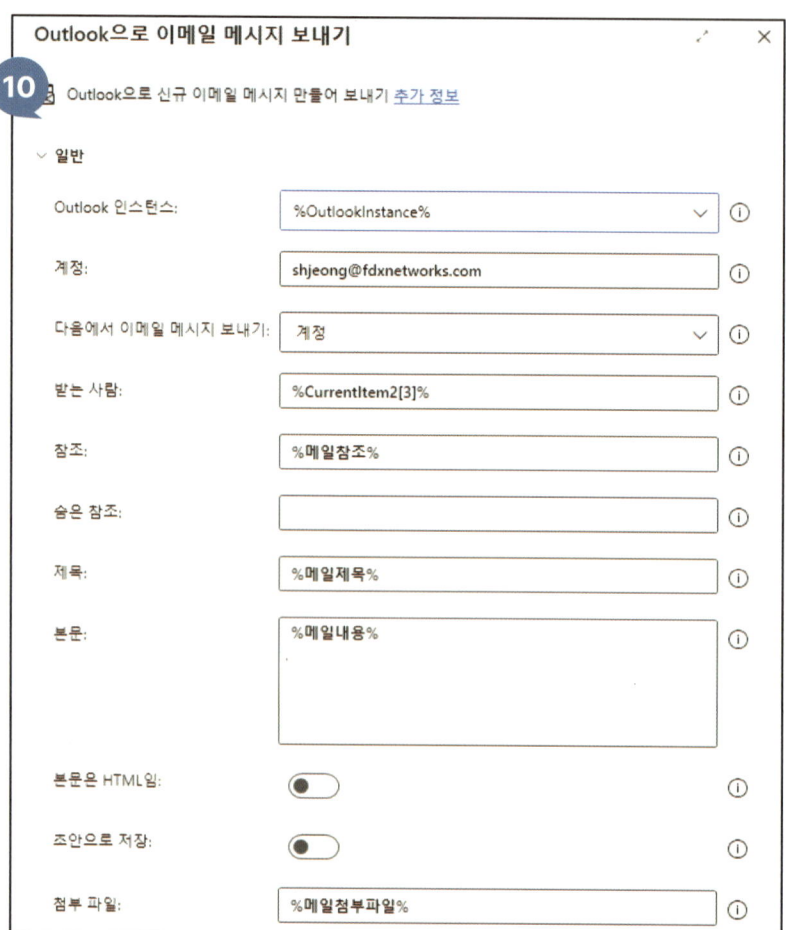

10 현재까지 요건이 만족한다면 [Outlook]-[Outlook에서 이메일 메시지 보내기] 작업액션을 통해 메일을 발송합니다.

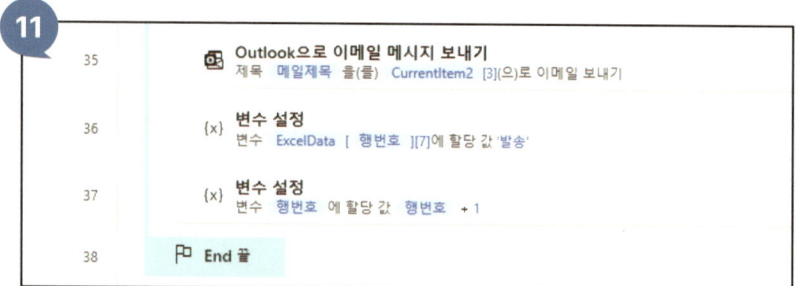

11 메일 발송 이후 %ExcelData[행번호][7]% 데이터 테이블에 발송결과("발송")를 기록합니다. 마지막으로 행번호를 증감시켜줍니다.

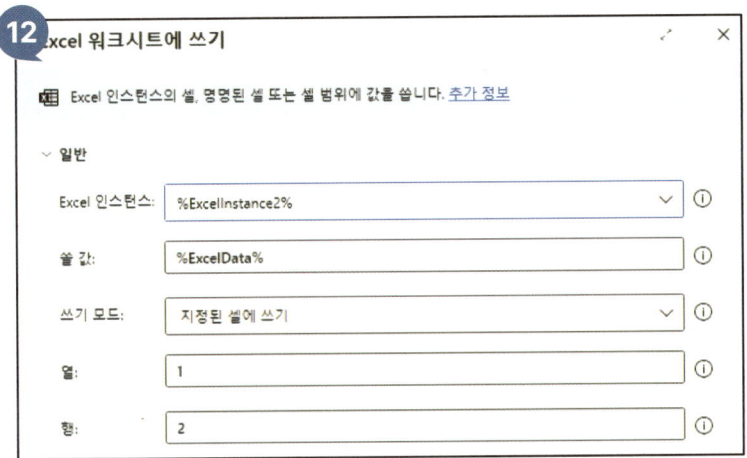

12 | [Excel]-[Excel 워크시트에 쓰기] 작업액션을 통해 작업결과 데이터 테이블인 %ExcelData%를 엑셀의 A열 2행에 붙여넣습니다. (데이터 테이블을 가져올 때 1열을 헤더값으로 가져왔으므로)

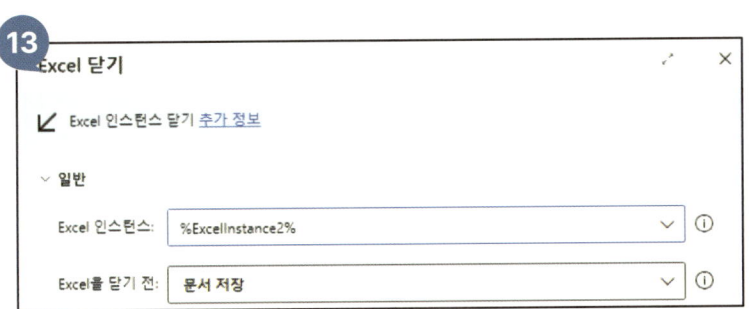

13 | [Excel]-[Excel 닫기] 작업액션을 통해 문서를 저장하고 종료합니다.

14 | [Outlook]-[Outlook으로 이메일 메시지 보내기] 작업액션으로 메일발송 후 정리된 Excel파일을 관리자에게 발송합니다.

3.14.5 실습 - Outlook을 이용하여 메일 보내기

결과확인

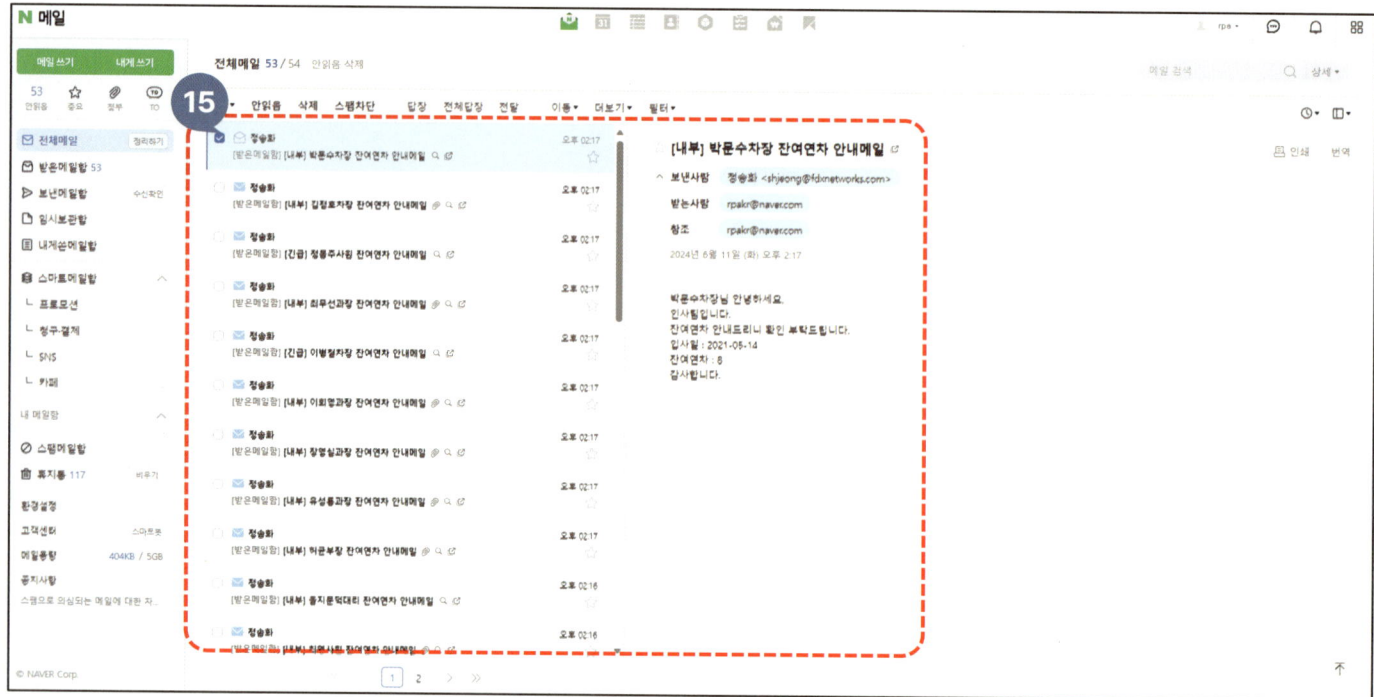

15 | 정상적으로 사용자들에게 메일이 규칙에 맞게 발송 된 것을 확인할 수 있습니다.

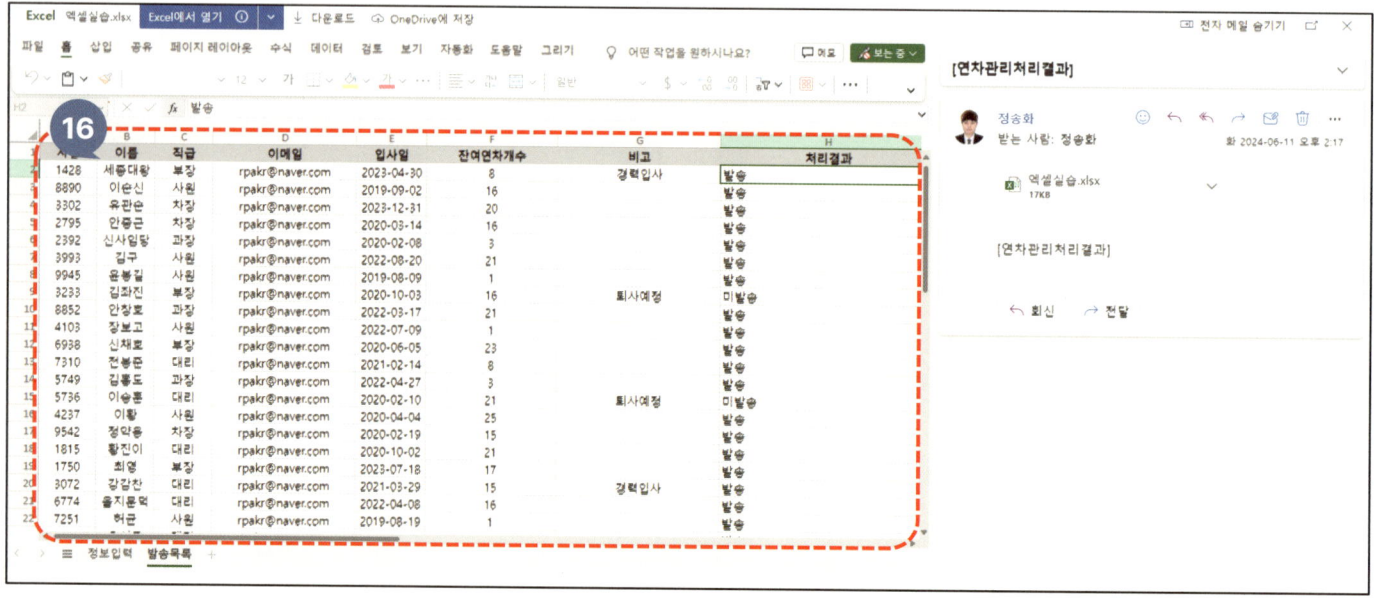

16 | 관리자에게도 정상적으로 처리 결과가 발송되었습니다.

3.14.6 실습 – 네이버 메일 수신 받기

사전준비사항

- 네이버 메일에서 IMAP/SMTP 설정 메뉴로 접속하여 서버 및 포트정보를 확인하고 사용함을 체크합니다.
  (https://mail.naver.com/v2/settings/smtp/imap) C:\Users\사용자명\Desktop\RPA실습\메일입력.xlsx

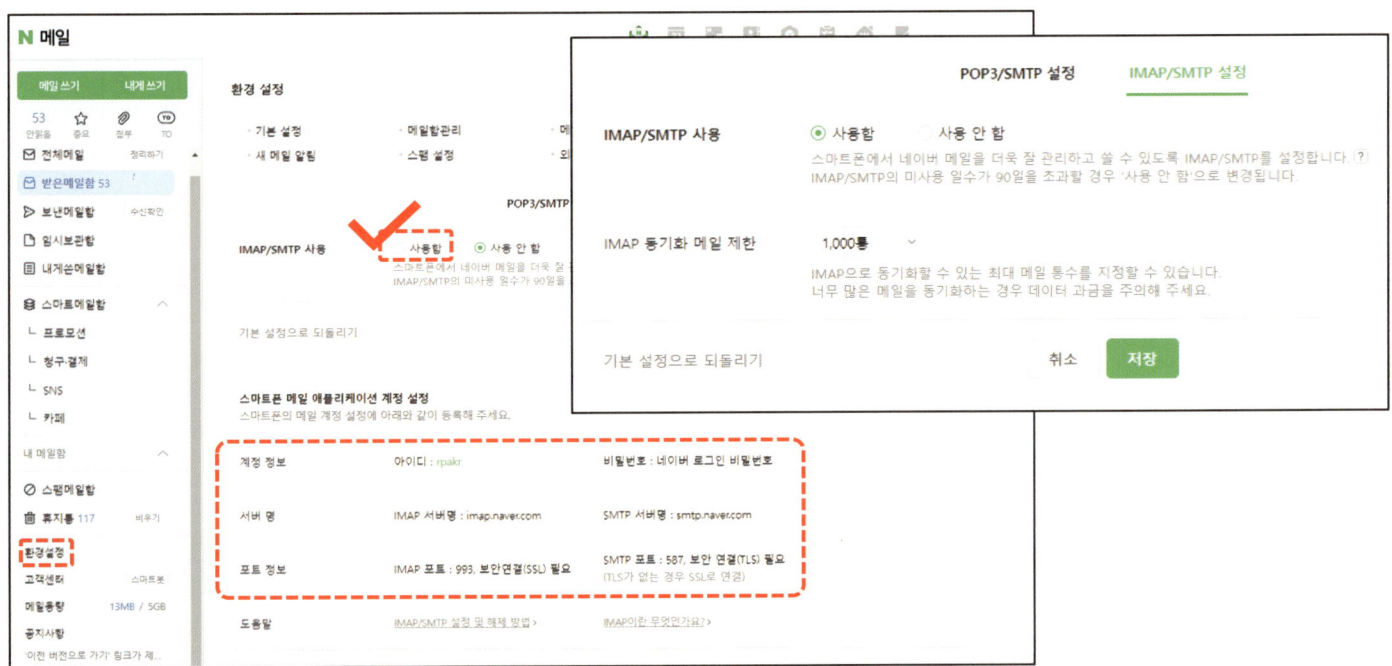

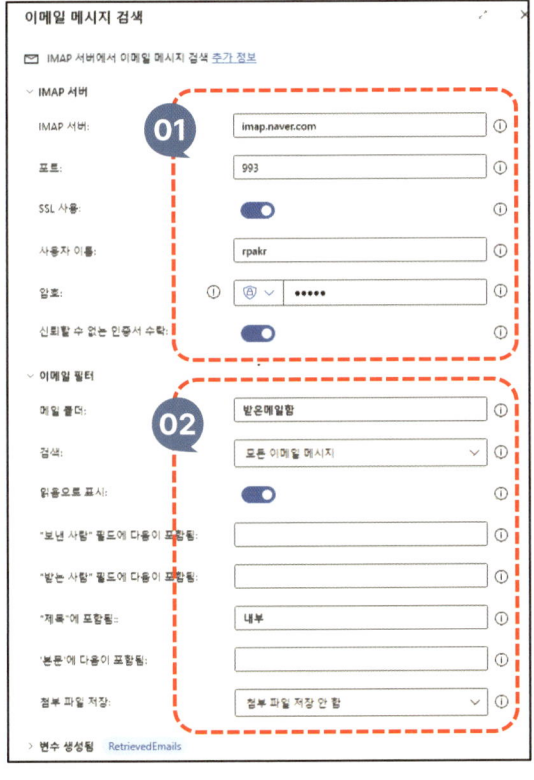

01 | [이메일]-[이메일 메시지 검색] 작업액션에서 사전설정을 통해 얻은 IMAP서버 주소(imap.naver.com)와 포트번호(993), SSL사용여부(사용), 사용자이름, 비밀번호를 입력합니다.

이 때 비밀번호를 변수가 아닌 비밀번호 유형 으로 입력한다면 내부 PC의 고유값으로 저장되기 때문에 다른 PC에서는 새롭게 설정해야 합니다.

02 | 이메일 필터 탭을 확인하면 메일 폴더를 선택 할 수 있는데, 네이버 메일함의 이름을 그대로 입력하고, "제목"에 포함됨 항목을 "내부"로 입력합니다. 다른 키워드로 검색하고 싶다면 다른 키워드로 입력하여도 무방합니다.

변수생성 : %RetrievedEmails%

3.14.6 실습 – 네이버 메일 수신 받기

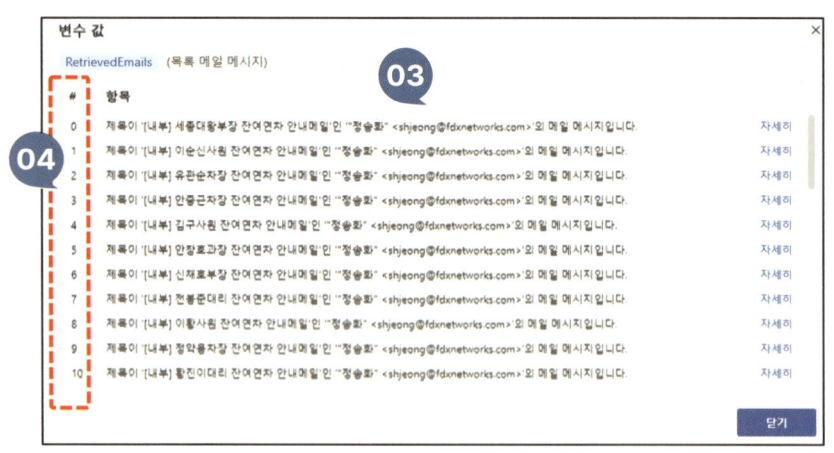

03 흐름을 실행 후 %RetrievedEmails% 변수를 확인해보면 목록 메일 메시지 형태로 구성되어 있는 것을 확인할 수 있습니다.

04 메일에는 0번부터 순서가 나열되어 있어 목록 변수와 같이 %변수[인덱스값]%으로 변수 값 제어가 가능합니다.

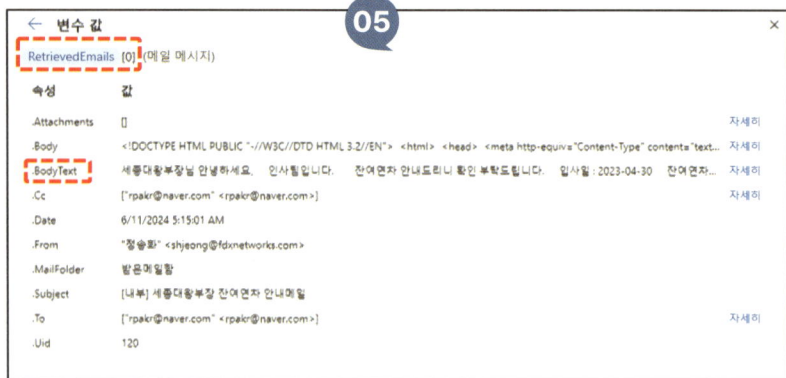

05 0번 인덱스의 메일에서 오른쪽 자세히 텍스트를 눌러보면 또 다른 속성 값을 확인할 수 있습니다. 속성 값을 확인하고 %변수[인덱스값]['속성값']% 으로 메일에서 원하는 값을 가져 올 수 있습니다. 예를 들어 첫번째 메일의 메일 본문정보를 가져오고 싶다면 아래와 같이 입력합니다.

%RetrievedEmails[0]['BodyText']%

06 [특수 폴더 가져오기]로 바탕화면의 경로를 가져와서 메일입력.xlsx파일을 [Excel 시작] 작업 액션으로 시작합니다.
파일경로 : %SpecialFolderPath%\RPA실습\메일입력.xlsx

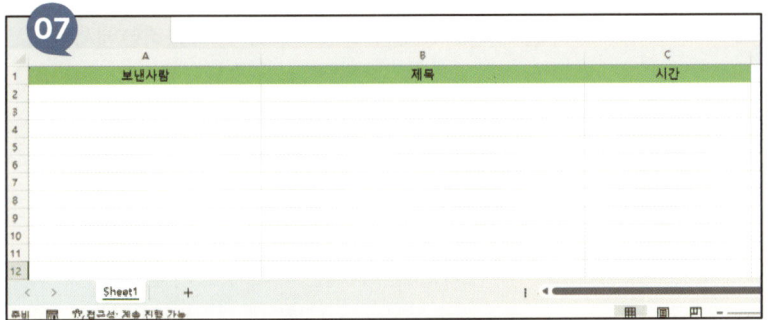

07 Excel 파일을 열면 Sheet1에 A열에 보낸사람, B열에 제목, C열에 시간이 있습니다. 해당 정보를 미리 %RetrievedEmails% 변수에서 찾아서 메모합니다.

보낸사람 : From
제목 : Subject
시간 : Date

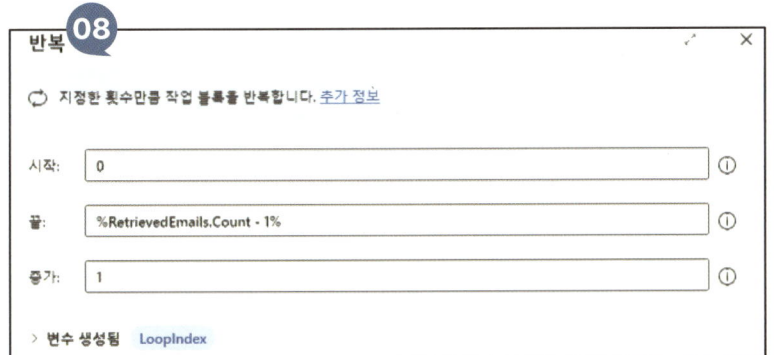

08 [반복]을 사용하여 이메일 메시지 검색을 통해 가져온 모든 이메일 개수를 순차적으로 반복합니다. %RetrievedEmails.Count% 를 통해 마지막 인덱스 번호를 알 수 있습니다.

-1을 한 이유는 %RetrievedEmails%의 인덱스가 0부터 시작되기 때문에 마지막 인덱스번호는 모든 이메일 개수 – 1 이 됩니다.

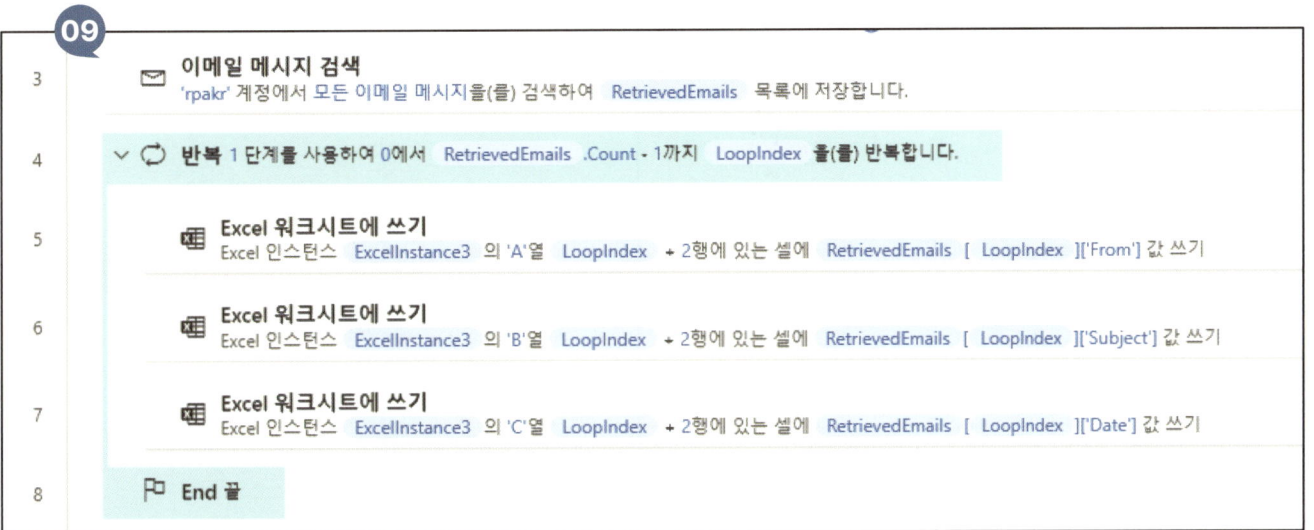

09 [Excel 워크시트에 쓰기] 작업액션으로
A열 보낸사람에는 %RetrievedEmails[LoopIndex]['From']% 값을,
B열 제목에는 %RetrievedEmails[LoopIndex]['Subject']%값을,
C열 시간에는 %RetrievedEmails[LoopIndex]['Date']% 값을 작성합니다.

3.14.6 실습 – 네이버 메일 수신 받기

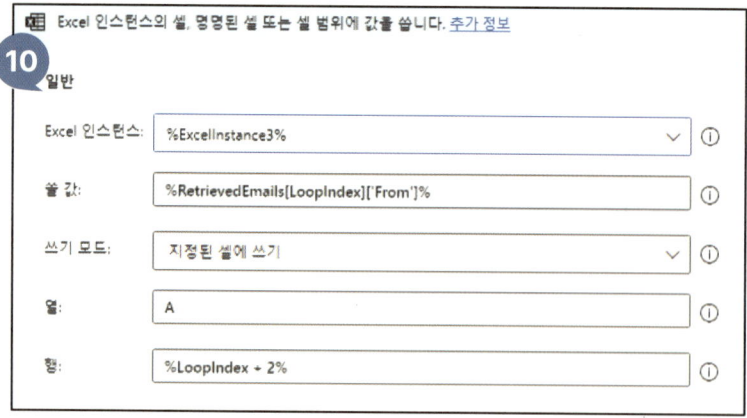

10 | [Excel 워크시트에 쓰기] 작업액션에서
행은 %LoopIndex + 2%으로 설정했습니다.

LoopIndex는 RetrievedEmails의 인덱스
값을 가지고 반복을 수행중이기 때문에
Excel에 기록하려면 +1을 해야하고, 추가로
Excel에 1행에는 헤더가 있기 때문에
최종적으로는 +2를 한 것 입니다.

A, B, C열 작업을 위해 3개의 작업액션으로
동일하게 작업을 진행합니다.

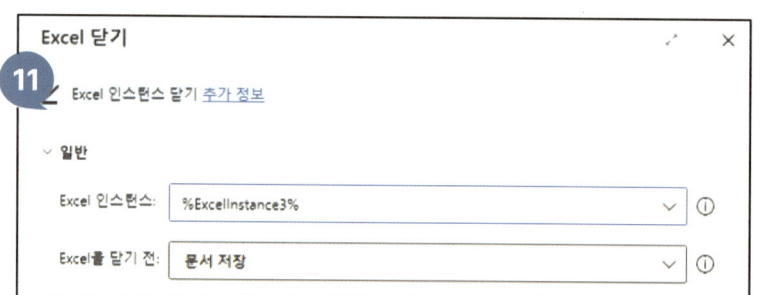

11 | 문서를 저장하고 흐름을 실행하겠습니다.

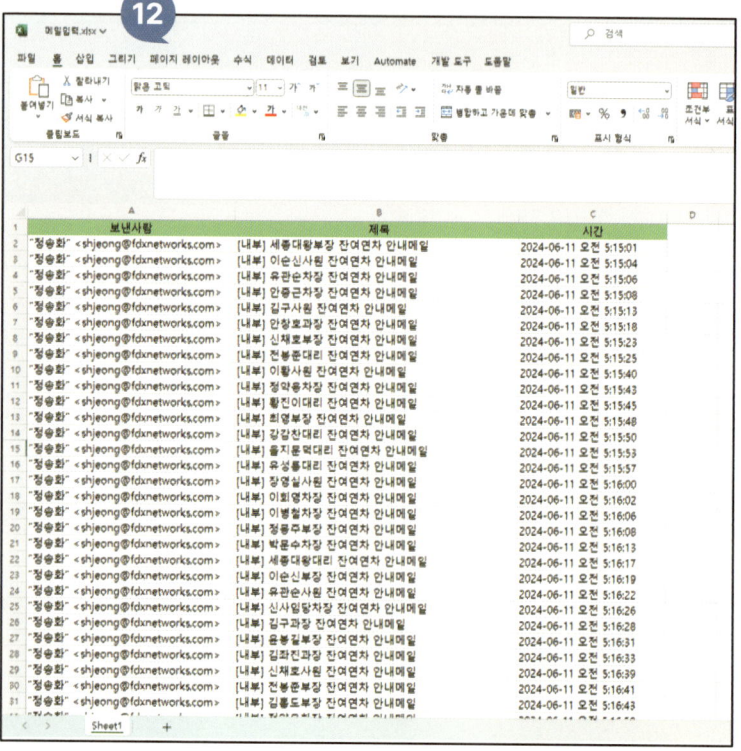

12 | 정상적으로 메일에서 가져온 데이터가
Excel에 입력 된 것을 확인할 수 있습니다.

3.14.7 실습 - HTML으로 이미지 첨부하기

01 [변수]-[변수 설정] 작업액션에 이미지의 경로를 입력합니다. 변수의 이름을 **%파일경로%**로 지정합니다.

02 [파일]-[파일 경로 부분 가져오기] 작업액션에 파일경로를 1번에서 설정한 **%파일경로%**로 설정합니다. **%FileName%** 변수가 생성됩니다.

03 [Outlook]-[Outlook 시작] 작업액션을 통해 세션을 가지고 진행합니다. **%OutlookInstance%**

04 [Outlook]-[Outlook 이메일 메시지 보내기] 작업액션을 통해 메일을 발송합니다.

첨부파일에는 이미지 경로 변수를 지정합니다. 본문은 아래와 같이 입력합니다.
`<img src='cid:%FileName%'>`

2개 이상의 파일은 다음과 같이 입력합니다.
"**%변수명%**"**공백**"**%변수명%**"

결과 이메일

※ 개인의 계정 및 Outlook을 활용해야함으로 별도의 답안 텍스트 파일은 제공되지 않습니다.

Step 3 - 15 | 팀즈
Teams

3.15.1 Teams

Microsoft Teams와 Power Automate Desktop을 결합하면, 반복적이고 번거로운 업무를 자동화하고 협업 환경의 효율성을 극대화할 수 있습니다.

Teams 내에서 반복되는 작업을 자동화하면 팀원들이 본래의 업무에 더욱 집중할 수 있습니다. 예컨대 매일 정해진 시간에 보고서를 특정 채널에 자동 게시하거나, 외부에서 업데이트된 데이터를 바로 Teams에 알림으로 보내는 등의 작업을 손쉽게 처리할 수 있습니다. 또한, 신입 직원이 팀에 추가되었을 때 자동으로 환영 메시지를 전달하거나, 입사 안내 자료를 보내주는 온보딩 프로세스 역시 자동화를 통해 빠르고 효과적으로 진행할 수 있습니다.

특히 Power Automate Desktop은 Teams뿐만 아니라 Excel, Outlook, SharePoint 등 다양한 Microsoft 제품과의 호환성이 뛰어나, 복잡한 데이터 처리나 통합 워크플로도 손쉽게 구현할 수 있습니다. 예를 들어, 외부 시스템의 데이터를 자동으로 가져와 Excel에서 분석하고, 결과를 Teams 채널에 공유하거나 이메일 알림을 자동 전송하는 과정도 원클릭으로 설정 가능합니다.

연결 참조
Teams의 사용을 위해서는 사용할 Teams의 계정과 연동해야 합니다. 해당 '연결 참조'는 다음의 기능을 수행합니다.
1. 인증관리
2. 워크플로우 통합: Teams에서 수행할 작업 정의
3. 다양한 작업 액션 지원
4. 관리 용이성

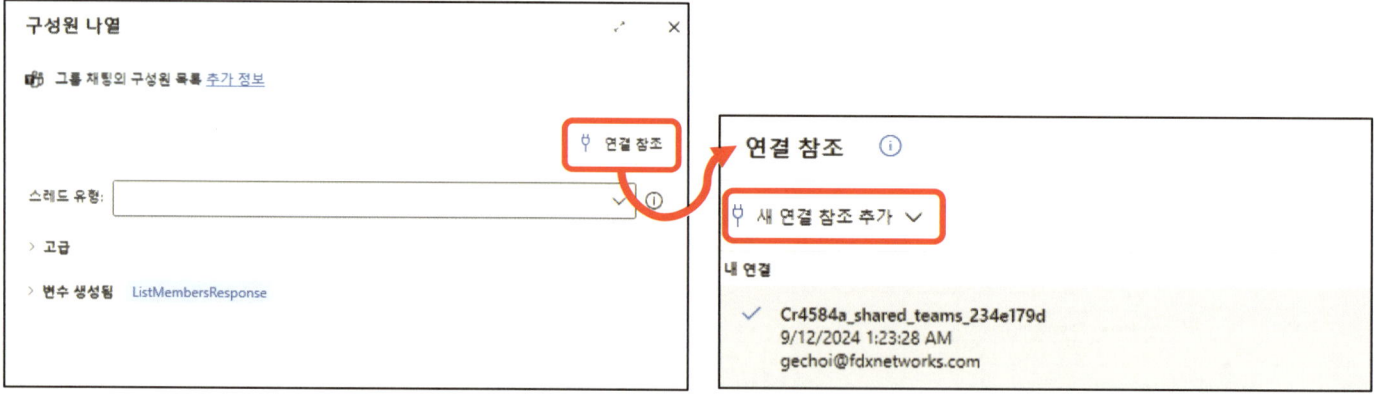

Teams 용어 정리

3.15.2 Teams 작업액션 결과 편집

Power Automate Desktop의 [구성원 나열] 작업액션은 Teams나 그룹의 구성원을 한 번에 출력해 주지만, 결과물이 매우 방대할 수 있어 데이터를 원하는 형태로 처리하거나 조건별로 정리하는 방법을 이해할 필요가 있습니다.

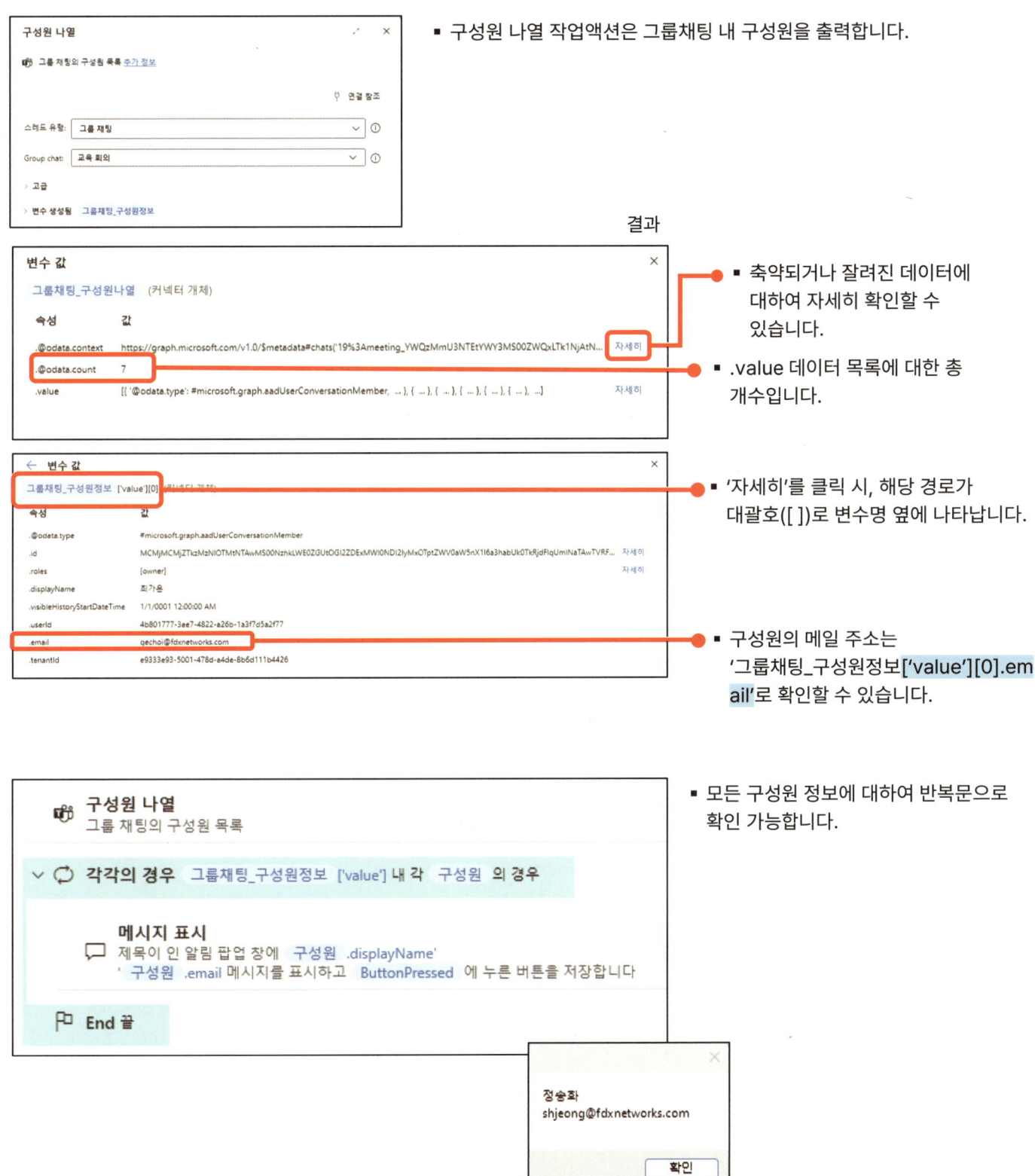

- 구성원 나열 작업액션은 그룹채팅 내 구성원을 출력합니다.

- 축약되거나 잘려진 데이터에 대하여 자세히 확인할 수 있습니다.

- .value 데이터 목록에 대한 총 개수입니다.

- '자세히'를 클릭 시, 해당 경로가 대괄호([ ])로 변수명 옆에 나타납니다.

- 구성원의 메일 주소는 '그룹채팅_구성원정보['value'][0].email'로 확인할 수 있습니다.

- 모든 구성원 정보에 대하여 반복문으로 확인 가능합니다.

3.15.3 Teams 작업액션

🎬 팀 나열 (List teams)

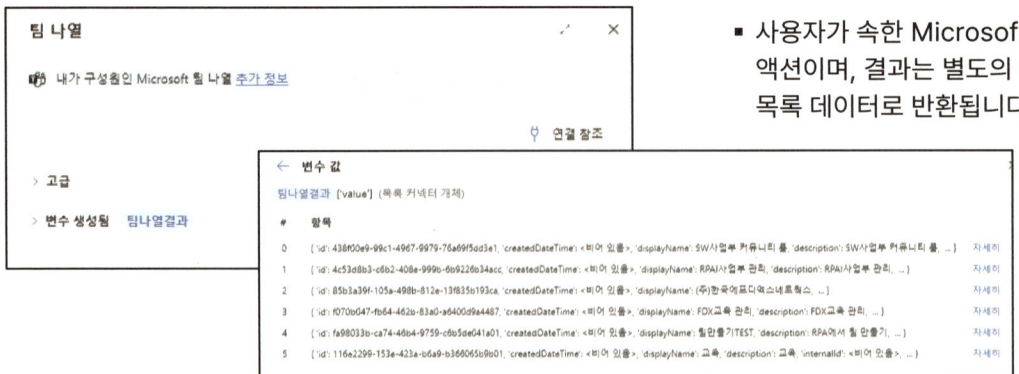

- 사용자가 속한 Microsoft Teams의 목록을 가져오는 액션이며, 결과는 별도의 추가 처리 없이 JSON 형식의 목록 데이터로 반환됩니다.

🎬 팀 가져오기 (Get a team)

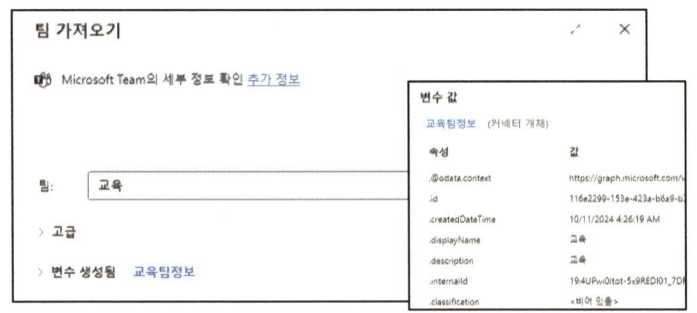

- 팀에 대한 세부 정보를 출력하는 액션으로, 팀의 설정값을 포함한 상세 정보가 커넥터 개체로 제공됩니다.

🎬 팀 만들기 (Create a team)

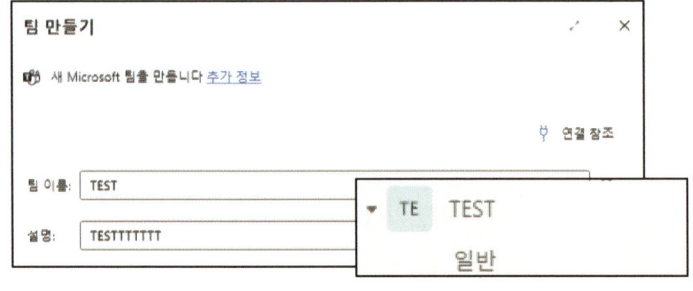

- [팀 만들기] 작업액션은 '팀 이름' 옵션의 이름으로 팀을 생성합니다. 기본적으로, '일반' 채널이 생성됩니다.

🎬 팀 구성원 추가 (Add a member to a team)

- 팀에 구성원을 추가하는 기능으로 한 계정 씩 추가하는 작업으로 다수의 인원을 한 번에 추가하지 못하니 주의가 필요합니다.

🎬 채널 만들기 (Create a channel)

- 채널을 생성할 수 있습니다. 채널을 만들 팀과 채널의 이름을 설정합니다. 결과값(채널만들기_response)는 생성완료(혹은 실패) 후, 결과를 출력합니다.

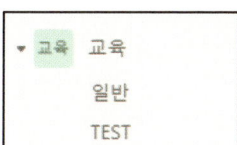

🎬 채팅 만들기 (Create a chat)

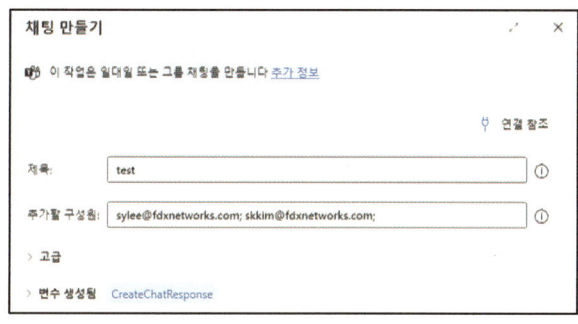

- [채팅 만들기] 작업액션에서는 일대일 혹은 그룹 채팅을 새로 생성할 수 있으며, 다수의 사람과 채팅을 만들 경우 세미콜론(;)으로 구분합니다.

🎬 채팅 또는 채널에서 메시지 게시 (Post message in chat or channel)

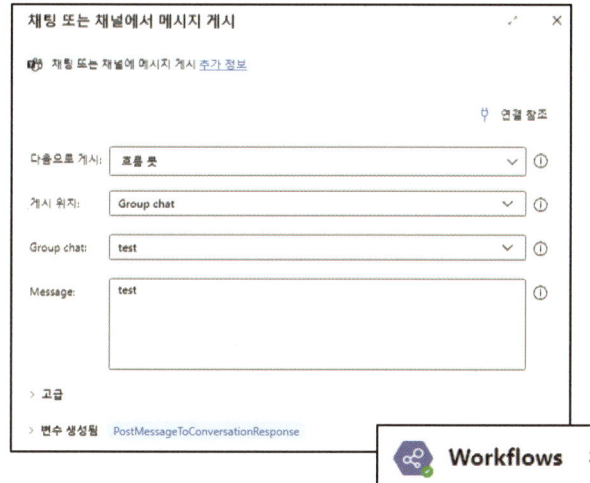

- 채팅 또는 채널에 자동으로 메시지 게시가 가능합니다.
- '다음으로 게시' 옵션에서 사용자(연결 참조로 연결된 사용자) 혹은 흐름 봇으로 설정할 수 있습니다.
- '게시 위치' 옵션은 크게 두가지로 채널과 채팅이 있습니다. 흐름 봇에 한정하여 흐름 봇이 개인에게 메시지를 전송합니다.
- 그룹 채팅, 채널 등 선택에 맞게 위치를 선택, Message 옵션에서 문구를 작성합니다.

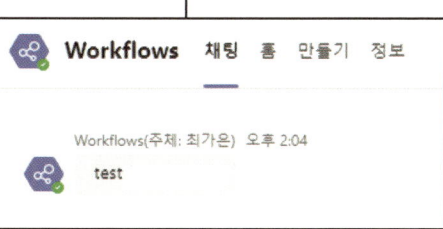

▲ 흐름 봇으로 채팅 게시

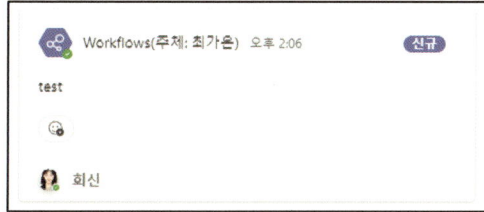

▲ 흐름 봇으로 채널 게시물 게시

3.15.3 Teams 작업액션

🎬 사용자에 대한 @멘션 토큰 가져오기 (Get an @mention token for a user)

- '사용자' 옵션의 계정에 대한 멘션 토큰을 가져오는 작업액션입니다. 결과는 아래와 같이 출력됩니다.

- 해당 게시물은 [채팅 또는 채널에서 메시지 게시]를 활용한 게시물입니다.

- 계정을 그대로 쓸 때는 업로드 된 게시물에서 멘션이 되지 않지만, 해당 액션을 사용할 시, 제대로 되는 것을 확인할 수 있습니다.

🎬 메시지 가져오기 (Get messages)

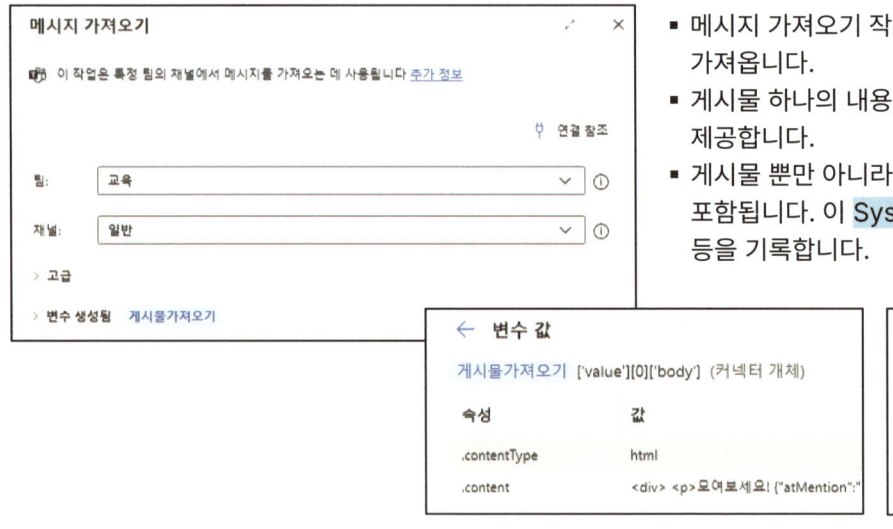

- 메시지 가져오기 작업 액션은 특정 채널에서 메시지를 가져옵니다.
- 게시물 하나의 내용, 멘션된 사람, 태그 등 다양한 정보를 제공합니다.
- 게시물 뿐만 아니라 SystemEventMessage 또한 결과에 포함됩니다. 이 SystemEventMessage는 채널의 생성, 변경 등을 기록합니다.

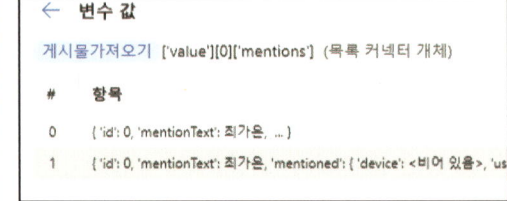

🎬 구성원 나열 (List members)

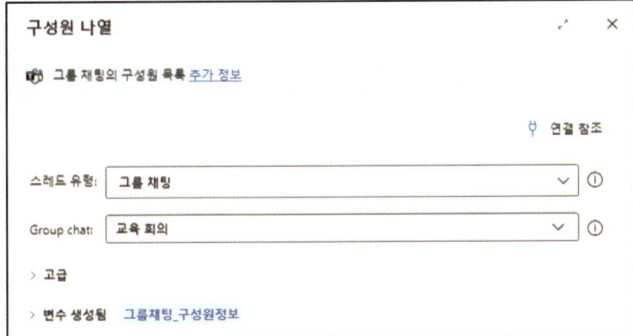

- [구성원 나열]은 '그룹 채팅'에 관한 정보를 제공하는 작업액션입니다. 해당 작업액션을 실행 할 시, 하단의 '그룹채팅_구성원정보' 이미지와과 같이 결과값이 도출됩니다.

🎬 채널 나열 (List channels)

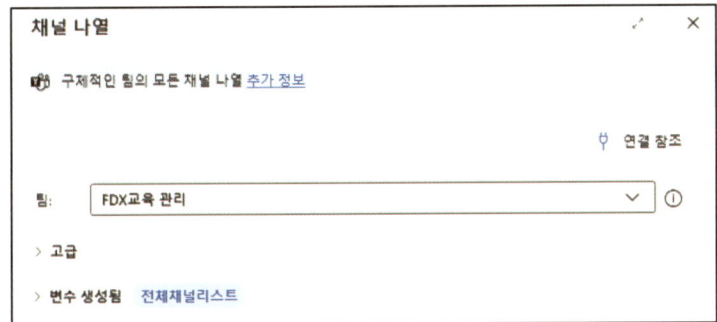

- [채널 나열] 작업액션은 특정 팀에 대한 모든 채널을 나열합니다.
- 해당 결과 화면은 전체 결과에서 채널명이 확인되도록 속성안에서 캡처한 값이며, 실제로 팀의 채널 중 하나인 관리그룹이 보이는 것을 확인할 수 있습니다.

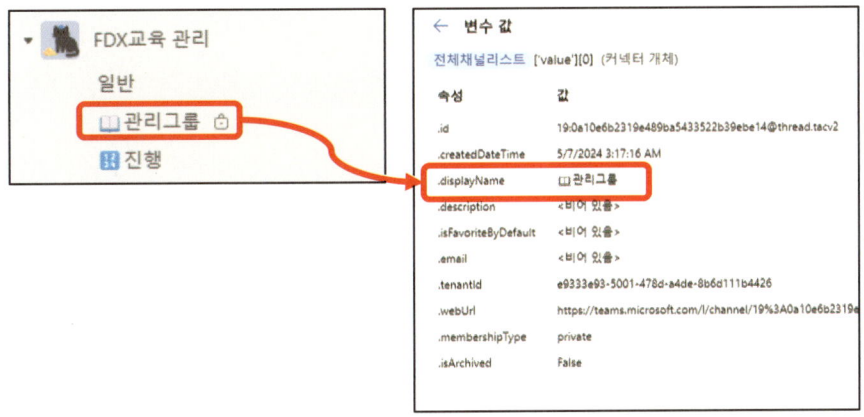

3.15.4 Teams 실습

실습내용

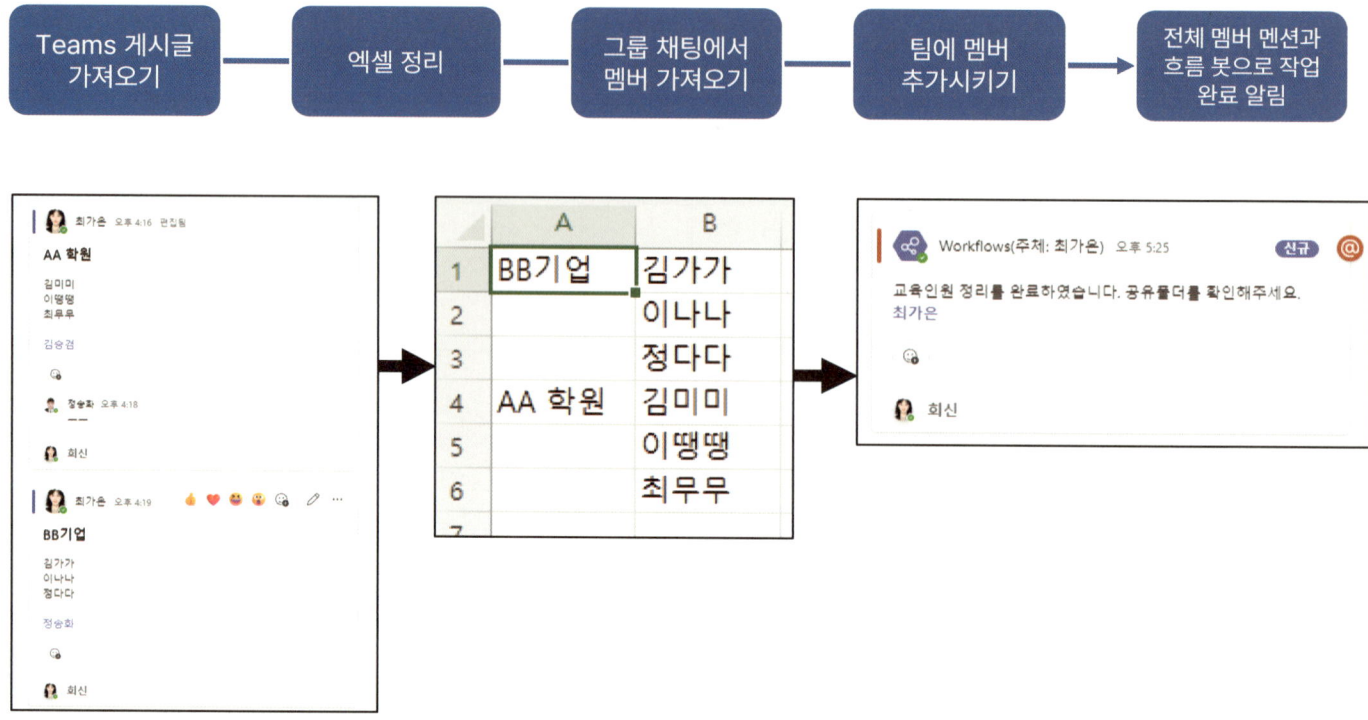

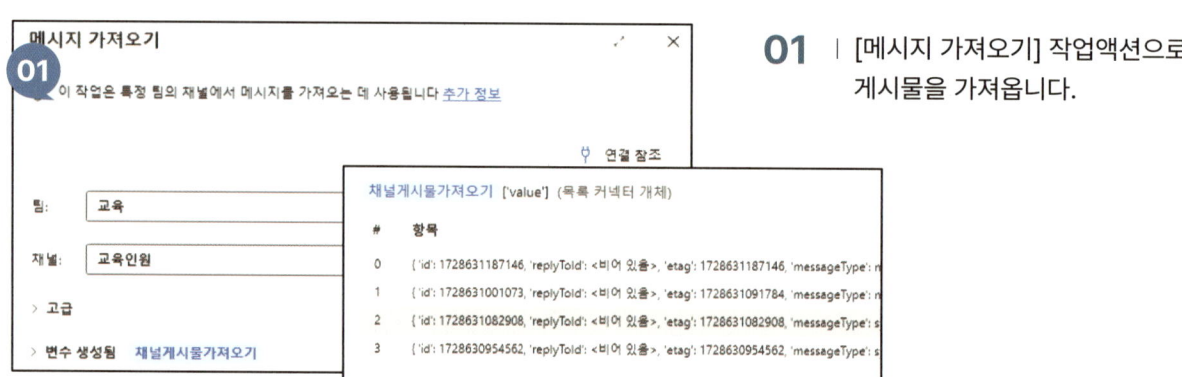

01 | [메시지 가져오기] 작업액션으로 채널의 모든 게시물을 가져옵니다.

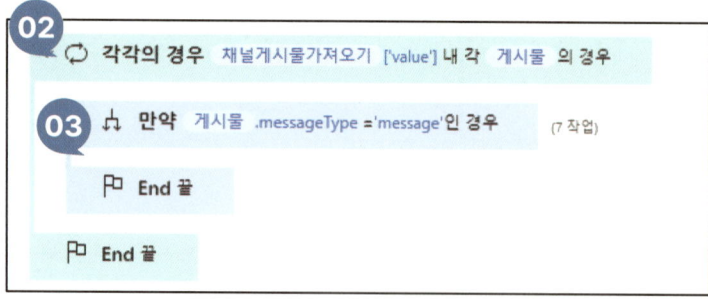

02 | %채널게시물가져오기['value']% 목록을 하나씩 반복하며 '게시물'로 필요한 값을 사용할 수 있도록 합니다.

03 | 목록 중, %게시물.messageType% 속성값이 'message'인 목록이 실제 우리 눈에 보이는 게시글이므로 조건문을 사용합니다.

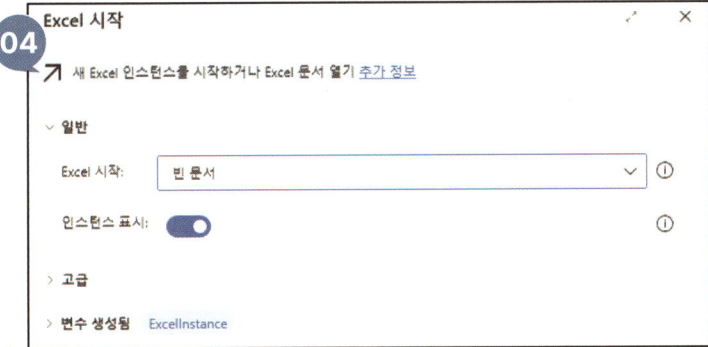

04 | 반복문 전, 게시물을 기록할 엑셀 파일을 시작합니다.

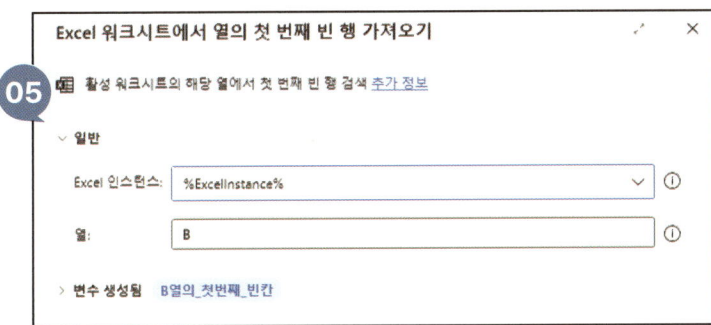

05 | A열에 게시물의 제목, B열에 게시물의 본문을 한 줄씩 작성할 예정입니다. B열의 빈 칸이 몇 번째 행인지 찾고 'B열의_첫번째 빈칸'에 저장합니다.

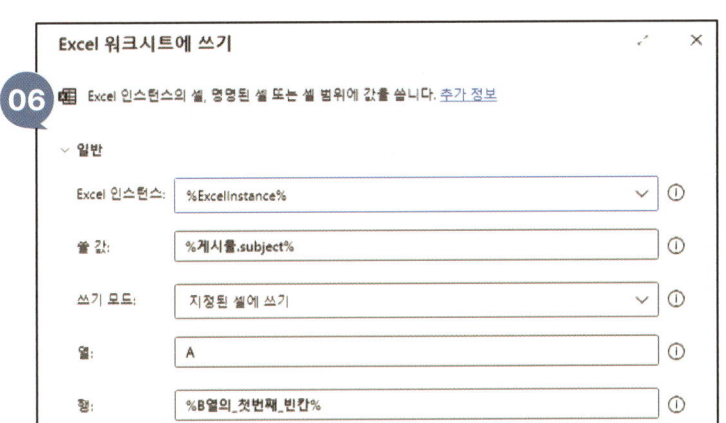

06 | 게시글의 제목은 %게시물.subject% 입니다.
A열에 작성합니다.
행은 %B열의_첫번째_빈칸%으로 설정합니다.

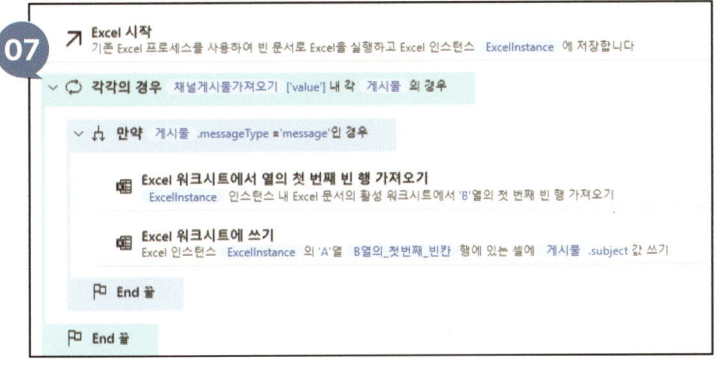

07 | 다음은 [메시지 가져오기] 작업액션 다음의 이때까지 진행 상황입니다.

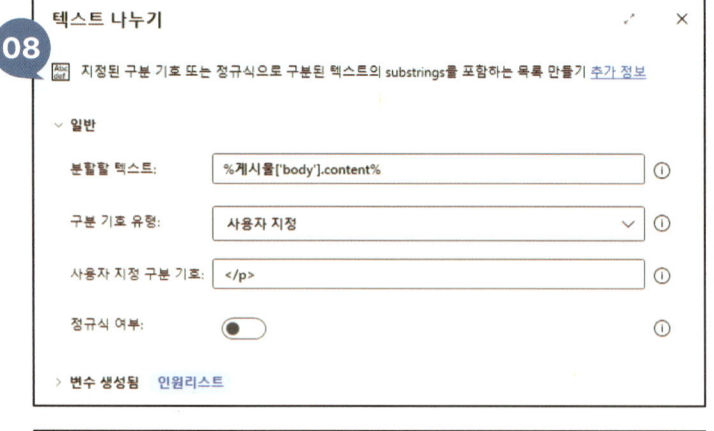

08 게시글의 본문은 한 줄마다 <p>와 </p> 사이에 존재합니다. 한 줄씩 끊기 위해 </p>를 기준으로 본문을 나눈 후, '인원리스트'에 저장합니다.

09 생성한 인원리스트를 반복문을 통해 0부터 인원리스트의 마지막 인덱스를 표시하는 %인원리스트.Count-1%까지 반복합니다.

10 리스트에서 원하는 본문은 <p> 뒤에 존재합니다. [텍스트 자르기] 작업액션으로 본문만 가져옵니다.

11 [Excel 워크시트에 쓰기] 작업액션으로 앞서 도출한 %이름%을 엑셀워크 시트에 작성할 수 있습니다.

B열의 첫 번째 빈 칸부터 한 행씩 내려가며 작성함으로 %B열의_첫번째_빈칸+LoopIndex% 을 행에 넣습니다.

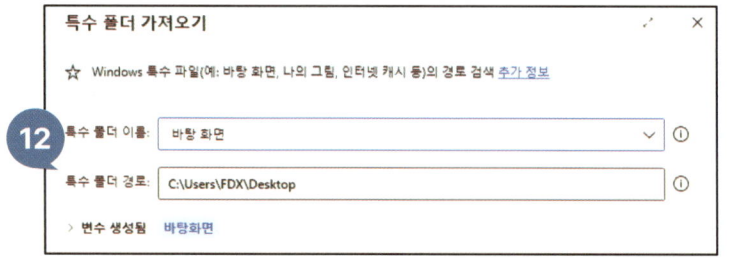

12 [특수 폴더 가져오기] 작업액션으로 상대위치로 엑셀파일 저장 위치를 정할 수 있습니다.

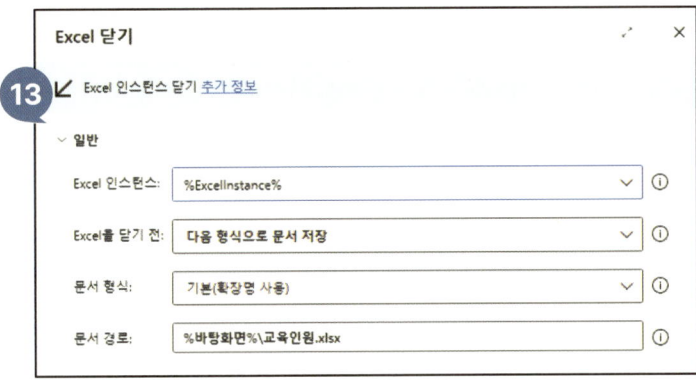

13 이번 실습에서는 바탕화면에 엑셀파일을 저장하겠습니다.

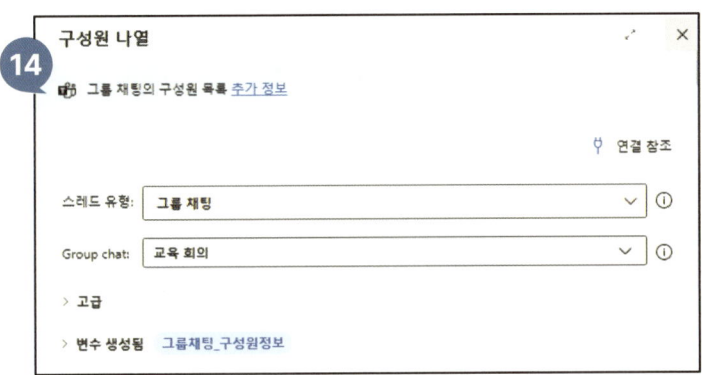

14 [구성원 나열] 작업액션은 결과값으로 특정 그룹 채팅에 대한 구성원 정보를 나열합니다.

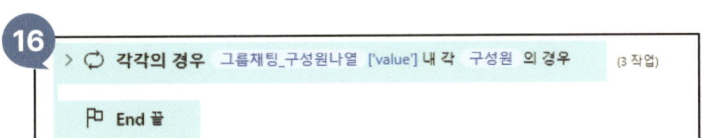

16 %그룹채팅_구성원나열['value']% 목록을 반복합니다.

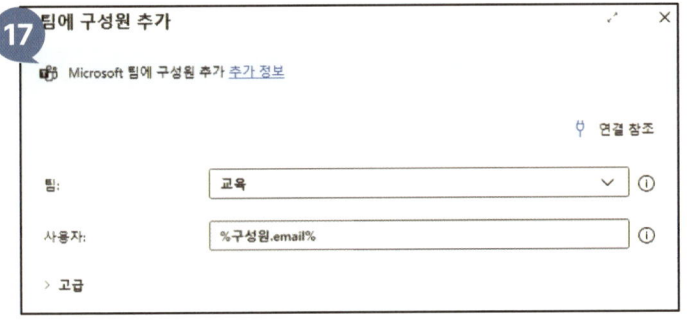

17 [팀에 구성원 추가] 작업액션으로 구성원의 이메일 주소, %구성원.email%으로 구성원을 추가합니다.

3.15.4 Teams 실습

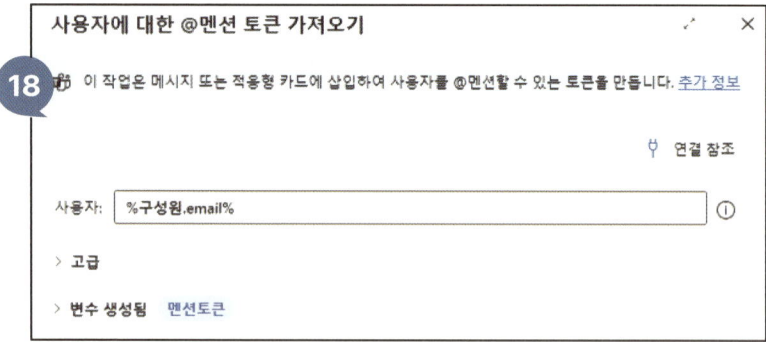

18 ┃ [사용자에 대한 @멘션 토큰 가져오기] 작업액션으로 멘션을 하기 위한 토큰을 생성할 수 있습니다. 사용자 옵션에 %구성원.email%을 넣습니다.

19 ┃ 다수의 사람을 멘션하기 위해 변수에 앞서 제작한 멘션 토큰을 모두 넣습니다.
%멘션%, %멘션토큰.atMention%으로 변수에 저장할 수 있습니다.

20 ┃ 게시글에서 멘션 설정을 위한 진행 코드 입니다.

21 ┃ 흐름 봇으로 흐름 진행 완료 알림 게시글을 남길 것입니다.

원하는 알림 내용과 %멘션토큰%을 작성합니다. 가져온 게시글이 존재하는 채널 외 다른 채널에 업로드합니다.

3.15.4 Teams 실습 (답지)

1. **메시지 가져오기**
   이 작업은 특정 팀의 채널에서 메시지를 가져오는 데 사용됩니다

2. **Excel 시작**
   기존 Excel 프로세스를 사용하여 빈 문서로 Excel을 실행하고 Excel 인스턴스 ExcelInstance 에 저장합니다

3. **각각의 경우** 채널게시물가져오기 ['value'] 내 각 게시물 의 경우

4.   **만약** 게시물 .messageType ='message'인 경우

5.   **Excel 워크시트에서 열의 첫 번째 빈 행 가져오기**
           ExcelInstance 인스턴스 내 Excel 문서의 활성 워크시트에서 'B'열의 첫 번째 빈 행 가져오기

6.   **Excel 워크시트에 쓰기**
           Excel 인스턴스 ExcelInstance 의 'A'열 B열의_첫번째_빈칸 행에 있는 셀에 게시물 .subject 값 쓰기

7.   **텍스트 나누기**
           구분 기호 '</p>'로 텍스트 요소를 구분하여 게시물 ['body'].content 텍스트를 나누고 인원리스트 목록에 저장합니다

8.   **반복** 1 단계를 사용하여 0에서 인원리스트 .Count - 1까지 LoopIndex 을(를) 반복합니다.

9.   **텍스트 자르기**
               텍스트 인원리스트 [LoopIndex]에서 지정된 플래그 '<p>' 뒤에 있는 텍스트를 가져와서 이름 에 저장합니다.

10.   **Excel 워크시트에 쓰기**
               Excel 인스턴스 ExcelInstance 의 'B'열 B열의_첫번째_빈칸 + LoopIndex 행에 있는 셀에 이름 값 쓰기

11.   **End 끝**

12.   **End 끝**

13. **End 끝**

14. **특수 폴더 가져오기**
    바탕 화면 폴더의 경로를 가져오고 바탕화면 에 저장

15. **Excel 닫기**
    Excel 문서를 바탕화면 '\교육인원.xlsx'(으)로 저장하고 Excel 인스턴스 ExcelInstance 닫기

16. **구성원 나열**
    그룹 채팅의 구성원 목록

17. **변수 설정**
    변수 멘션 에 할당 값 ''

18. **각각의 경우** 그룹채팅_구성원나열 ['value'] 내 각 구성원 의 경우

19.   **팀에 구성원 추가**
        Microsoft 팀에 구성원 추가

20.   **사용자에 대한 @멘션 토큰 가져오기**
        이 작업은 메시지 또는 적응형 카드에 삽입하여 사용자를 @멘션할 수 있는 토큰을 만듭니다.

21.   **변수 설정**
        변수 멘션 에 할당 값 멘션 멘션토큰 .atMention

22. **End 끝**

23. **채팅 또는 채널에서 메시지 게시**
    채팅 또는 채널에 메시지 게시

※ 개인의 계정 및 Teams를 활용해야함으로 별도의 답안 텍스트 파일은 제공되지 않습니다.

Step 3-16 | SAP
System Analysis Program Development

3.16.1 SAP란?

SAP(System Analysis Program Development)"를 의미하는 1972년 독일에서 설립된 글로벌 소프트웨어 기업으로, 기업용 애플리케이션 소프트웨어 분야에서 세계적인 선도주자입니다. SAP는 전사적 자원 관리(ERP) 소프트웨어의 글로벌 표준을 확립하였으며, 현재는 인공지능(AI), 머신러닝, 인메모리 컴퓨팅(데이터를 디스크가 아닌 메모리에 저장하여 빠른 처리 속도를 가능하게 하는 기술)등 첨단 기술을 통합한 SAP S/4HANA를 통해 기업의 디지털 전환을 지원하고 있습니다. S/4HANA는 SAP의 차세대 ERP 시스템으로, 인메모리 컴퓨팅 기술을 활용하여 실시간 데이터 처리와 고급 분석 기능을 제공합니다.

3.16.2 SAP에서 RPA활용하기

SAP 자동화를 위해 RPA를 활용하는 네 가지 방법을 하나로 묶어 소개하자면, SAP GUI에서 RPA 작업 액션을 사용하여 자동화하는 방법, VBScript를 활용하여 세밀한 제어를 구현하는 방법, 노코드 툴(RPA 레코딩 툴)을 사용하여 프로그래밍 없이 자동화를 구현하는 방법, 그리고 SAP Recording기능을 활용하여 스크립트를 생성하고 실행하는 방법이 있으며, 이 네 가지를 통해 다양한 수준과 방식으로 SAP 자동화를 실현할 수 있습니다. 교재에서는 RPA 작업 액션을 사용하여 SAP를 자동화 하는 방법에 대해서 이야기해보도록 하겠습니다.

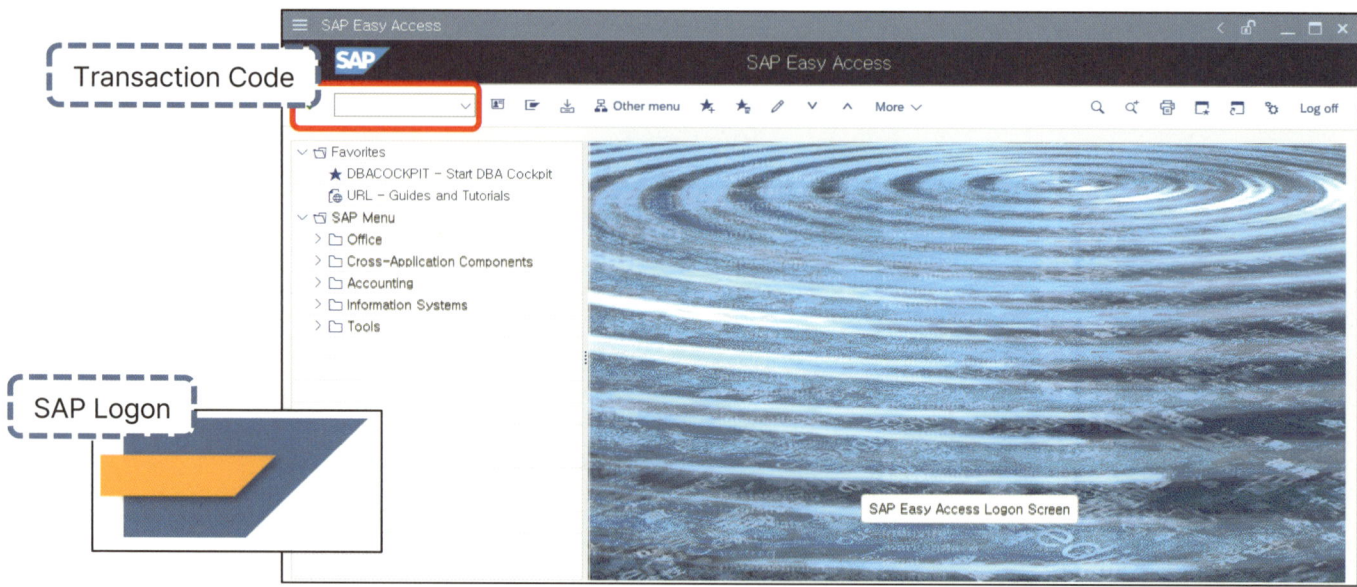

3.16.3 트랜잭션과 트랜잭션 코드(T-Code)

트랜잭션은 SAP에서 특정 업무를 수행하기 위한 하나의 작업 단위또는 절차를 의미합니다. 예를 들어, 주문 생성, 재고 조회, 결제 처리 등이 있습니다. 각 트랜잭션은 SAP 시스템 내에서 특정 기능을 수행하며, 사용자는 이를 통해 필요한 정보를 입력하고 결과를 확인할 수 있습니다.

트랜잭션 코드는 이러한 트랜잭션을 빠르고 쉽게 실행하기 위한 고유한 코드입니다. 일반적으로 영문자와 숫자로 구성되어 있으며, 사용자가 SAP 시스템에 로그인한 후 해당 트랜잭션 코드를 입력하면 즉시 관련 기능으로 이동할 수 있습니다. 예를 들어, "SE16"은 데이터베이스 테이블을 조회하기 위한 트랜잭션 코드입니다. 이런 트랜잭션 코드를 사용하면 복잡한 메뉴를 일일이 탐색하지 않고도 필요한 작업을 빠르게 수행할 수 있습니다.

3.16.4 SAP 작업액션

🎬 SAP 시작 (Launch SAP)

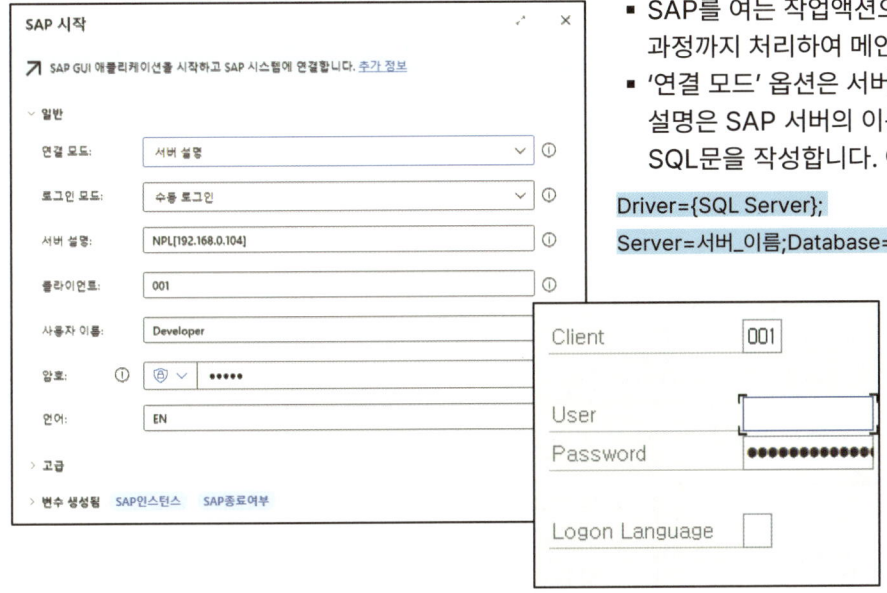

- SAP를 여는 작업액션으로 새로운 세션을 시작합니다. 로그인 과정까지 처리하여 메인 페이지를 열리게 합니다.
- '연결 모드' 옵션은 서버 설명과 서버 연결 문자열 두 가지이며, 서버 설명은 SAP 서버의 이름을, 서버 연결 문자열은 서버와 관련된 SQL문을 작성합니다. 아래는 SQL문 예시입니다.

  Driver={SQL Server};
  Server=서버_이름;Database=데이터베이스_이름;Uid=사용자_이름;Pwd=비밀번호;

- '로그인 모드' 옵션에서 Single Sign On 옵션은 한 번의 로그인 후 재로그인 없이 계속 접속할 수 있는 SAP 설정입니다.

- 수동 로그인의 경우, '클라이언트', '사용자 이름', '암호', '언어' 옵션은 실제 로그인과 동일하게 작성합니다.

🎬 새 SAP 세션 만들기 (Create new SAP session)

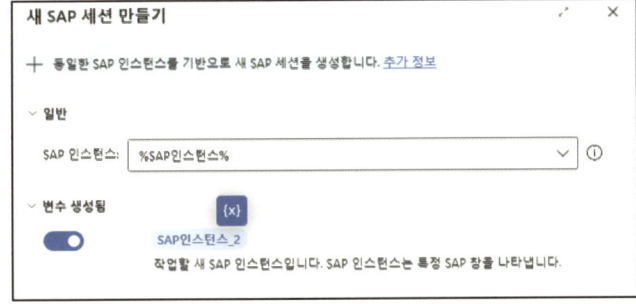

- [SAP 시작]과 동일한 SAP 세션을 시작하는 작업액션입니다. 하지만 이를 사용하기 위해서 [SAP 시작] 작업액션으로 앞서 이미 설정된 SAP 인스턴스가 존재해야 합니다.

- 해당 작업액션은 앞서 만든 SAP인스턴스가 종료되었을 때, 혹은 동시에 두개의 인스턴스를 다루고 싶을 때 둘 다 가능합니다.

🎬 첨부 (Attach)

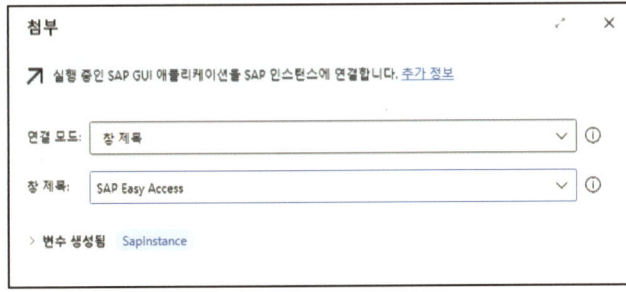

- [첨부] 작업액션은 [새 Chrome 시작] 작업액션의 '실행 중인 인스턴스를 첨부' 옵션과 유사한 기능입니다. 이미 시작되어 실행되고 있는 SAP의 세션을 인식하여 RPA가 실행할 수 있도록 합니다.

- 인식 방법은 '창 제목'과 전경 또는 '마지막으로 활성화된 항목' 두 가지 방법이 있습니다. '창 제목'의 경우 개발 시, 사용하고 싶은 SAP 세션은 실행한 상태라면 자동으로 인식하여 '창 제목'의 목록에 나타납니다.

3.16.4 SAP 작업액션

🎬 SAP 트랜잭션 시작 (Start SAP transaction)

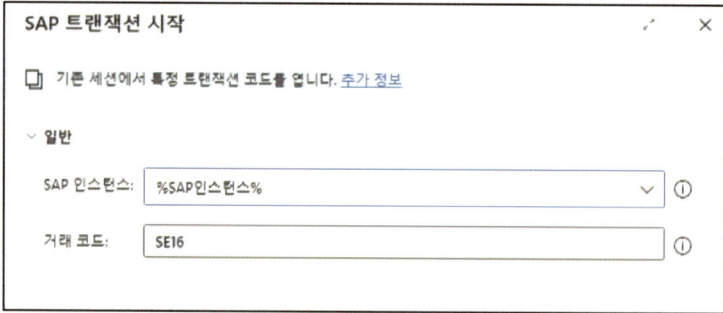

- [SAP 트랜잭션 시작] 세션에 트랜잭션 코드를 자동으로 입력하여 해당 트랜잭션을 시작하도록 하는 작업액션 입니다.

- 거래 코드에 사용할 트랜잭션 코드를 작성합니다.

🎬 SAP 거래 종료 (End SAP transaction)

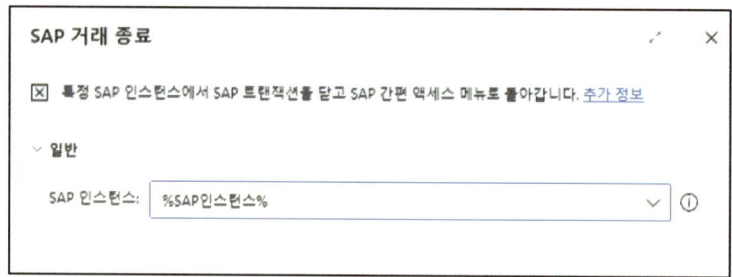

- 트랜잭션 코드를 입력하여 일련의 과정이 끝난 후, 해당 트랜잭션을 종료하는 작업액션 입니다. 해당 작업액션은 그저 트랜잭션만 끝낼 뿐, 세션을 종료하지 않습니다.

- 만약, 다음 트랜잭션을 진행하고 싶다면 새로운 SAP 세션 시작을 하지 않고, 바로 [SAP 트랜잭션 시작] 작업액션으로 다음작업을 진행합니다.

🎬 SAP 연결 닫기 (Close SAP connection)

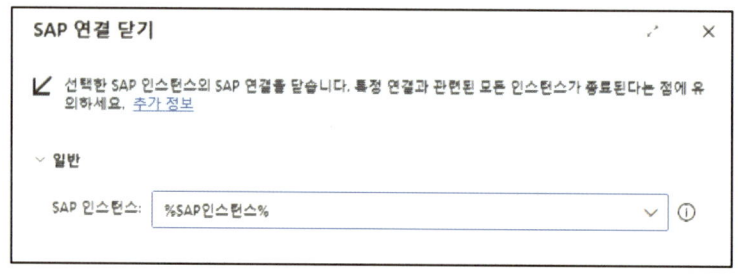

- 세션을 종료하여 아예 SAP 창을 닫는 액션입니다. 모든 작업이 끝났다면 사용하여 깔끔하게 마무리할 수 있습니다.

🎬 SAP UI 요소 클릭 (Click SAP UI element)

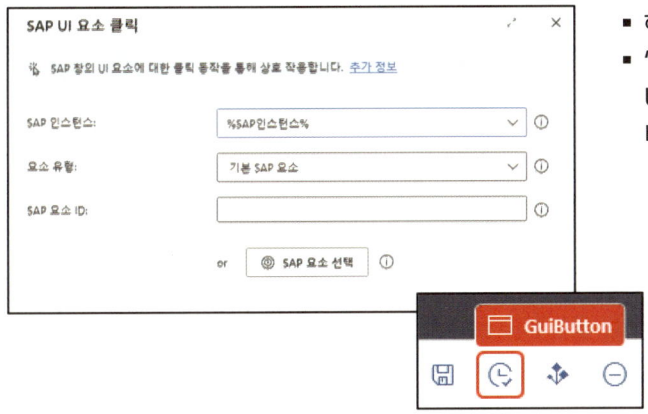

- 해당 작업 액션은 SAP의 UI요소에 대하여 클릭을 진행합니다.
- 'SAP 요소 ID'옵션에서 SAP 요소 선택 버튼을 통해 클릭을 원하는 UI요소를 선택합니다. 직접 ID를 넣는 방법도 있지만, 비효율적이기에 UI를 선택하는 방향을 추천합니다.

🎬 SAP 텍스트 필드 요소 채우기 (Populate SAP text field element)

- [SAP 텍스트 필드 요소 채우기] 작업액션은 실행하고 있는 SAP 세션의 텍스트 필드에 내용을 작성합니다.
- '채울 텍스트' 옵션에 텍스트를 작성할 수 있습니다.
- '필드가 비어 있지 않을 경우' 옵션에서 선택하여 기존 텍스트를 아예 삭제한 후, 요구하는 텍스트만 채울 것인지, 혹은 기존 텍스트 뒤에 붙여 작성할 것인지 선택할 수 있습니다.
- 'SAP 요소 ID' 옵션에서 텍스트가 작성될 UI 또한 결정합니다.

🎬 SAP UI 요소의 세부 정보 가져오기 (Get details of SAP UI element)

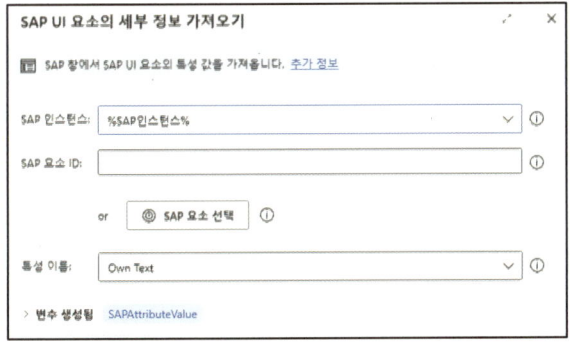

- 작업액션으로 SAP 화면 요소의 특정 값을 가져올 수 있습니다.
- '특성 이름' 속성값 입력을 통해 원하는 특성을 선택합니다.

3.16 SAP   275

Step 3 - 17 | 흐름 제어와 예외처리
Flow Control / Exception Handling

3.17.1 흐름 제어의 활용

Power Automate Desktop의 흐름에는 다양한 흐름제어 기능이 내장되어 있습니다. 단순히 편의성을 증대 시켜주는 용도로 사용되는 작업액션들도 있지만, 없으면 RPA운영 자체를 하지 못할 수도 있는 작업 액션들도 있습니다.

3.17.2 흐름제어 작업액션

🎬 데스크톱 흐름 실행 (Run desktop flow)

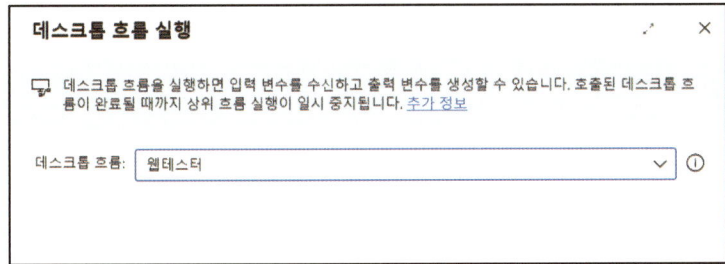

- 가장 큰 단위인 데스크톱 흐름을 호출하고 변수를 입력하거나 출력 할 수 있습니다. 호출된 흐름은 항상 상위 흐름과 동일한 Windows 세션에서 실행됩니다.

🎬 하위 흐름 실행 (Run subflow)

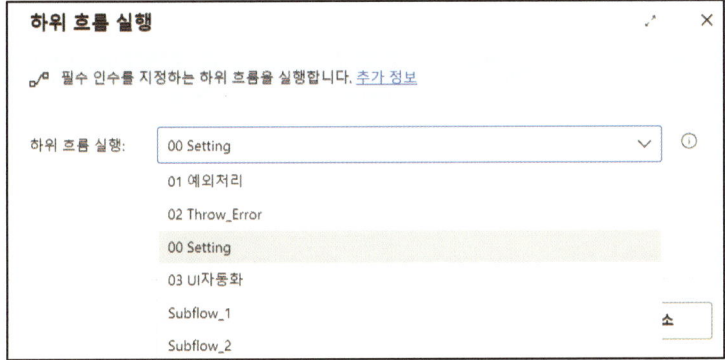

- 데스크톱 흐름의 하위 흐름을 호출합니다.

🎬 지역(Region)

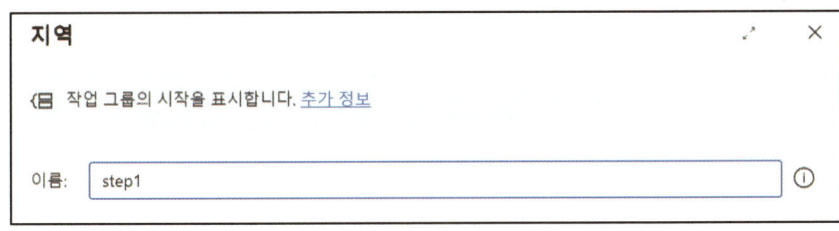

- 해당 흐름 내에서 구분하기 편리하게 나눠 놓은 그룹입니다.

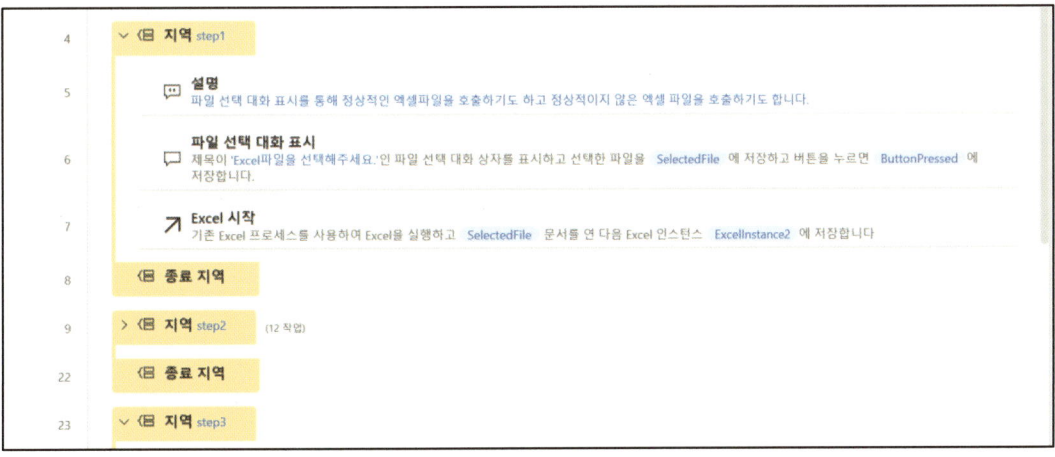

3.17.3 예외처리의 중요성

예외 처리의 중요성은 자동화 프로세스의 안정성과 신뢰성을 높이는 데 큰 역할을 합니다. 실제 업무 환경에서는 예기치 않은 상황이나 오류가 발생할 수 있기 때문에, 이러한 상황에 대비하여 예외 처리를 구현하는 것이 중요합니다. 예외 처리를 통해 오류가 발생했을 때 프로세스가 중단되지 않도록 하여 업무 효율성을 높이고, 오류 발생 원인을 파악하고 수정할 수 있는 기회를 제공합니다. 따라서, 예외 처리는 자동화 프로세스의 성공적인 실행을 보장하는 데 필수적인 요소입니다.

- **블록 오류 시(Try Catch)** : 블록 오류 시(Try Catch) 액션은 오류가 발생할 수 있는 코드 블록을 실행하고 오류가 발생하면 해당 오류를 처리하는 데 사용됩니다. "Try" 부분에는 오류가 발생할 가능성이 있는 작업을 배치하고, 설정을 통해 "Catch" 부분에서 오류가 발생했을 때 변수설정이나 특정 흐름으로 이동하도록 할 수 있습니다. 이를 통해 오류가 발생하면 프로세스가 중단되지 않고, 대신 오류를 처리하거나 기록하는 작업을 수행할 수 있습니다.

- **작업액션 옵션 종료를 사용한 예외 처리** : 특정한 작업액션에는 옵션에 별도의 예외처리를 할 수 있는 기능이 내장되어 있습니다. 내장된 기능을 통해 해당 작업액션에서 오류가 발생 할 경우 대처 할 수 있습니다.

- **조건문을 활용한 예외 처리** : 조건문을 사용하여 프로세스의 특정 단계에서 오류가 발생했는지 확인하고, 오류 발생 시 적절한 처리를 수행할 수 있습니다. 예를 들어, 웹 페이지의 특정 요소를 찾지 못했을 때 오류 메시지를 기록하거나, 프로세스를 중단하거나, 다른 작업을 수행하도록 설정할 수 있습니다.

- PAD에서 예외 처리를 사용하면 프로세스의 안정성과 신뢰성을 향상시킬 수 있습니다. 오류가 발생했을 때 프로세스가 중단되지 않도록 하여 업무 효율성을 높이고, 오류 발생 원인을 파악하고 수정할 수 있는 기회를 제공합니다.

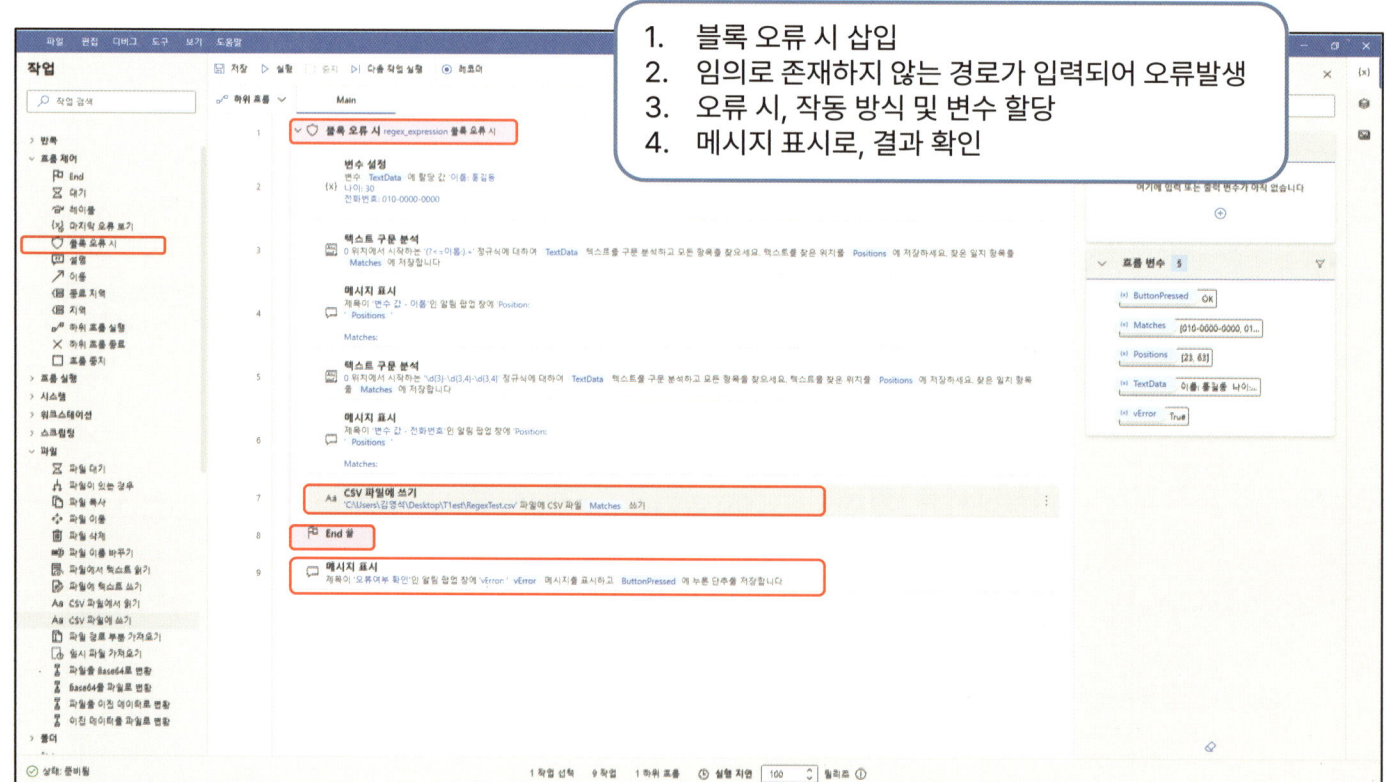

1. 블록 오류 시 삽입
2. 임의로 존재하지 않는 경로가 입력되어 오류발생
3. 오류 시, 작동 방식 및 변수 할당
4. 메시지 표시로, 결과 확인

3.17.4 예외처리 – 비즈니스 에러와 시스템 에러

예외처리 - 비즈니스 에러(Business Exception)

비즈니스 에러는 데이터 무결성 문제와 프로세스 정합성 문제에 관련됩니다. 이것은 "Business Rule Exception"으로도 알려져 있습니다. 즉, 데이터가 규칙을 준수하지 않거나 프로세스가 예상대로 실행되지 않는 경우에 발생합니다. 이 때, 우리가 예상한 데이터 형식이 아니거나 필요한 데이터가 누락된 경우, 비즈니스 예외가 발생합니다.

비즈니스 에러 유형
1. 잘못된 데이터 형식
시스템이 날짜를 YYYY-MM-DD 형식으로 기대하지만, 실제 입력 데이터는 MM-DD-YYYY 형식인 경우, 이것은 비즈니스 에러로 간주됩니다.

2. 누락된 필수 데이터
특정 필드가 비어 있을 경우 이는 비즈니스 예외를 일으킬 수 있습니다. 예를 들어, 주문 시스템에서 주문 정보가 누락된 경우, RPA는 이를 비즈니스 예외로 간주하고 작업을 중지할 수 있습니다.

3. 예상치 못한 데이터 값
신용 카드 번호를 입력할 때 16자리 숫자를 기대하지만, 실제 입력 데이터는 15자리인 경우 이것은 비즈니스 에러로 간주됩니다.

예외처리 - 시스템 에러(Application Exception)

- 시스템 에러는 프로그램에서 예상치 못한 문제로 발생하는 에러로, "Application Exception" 또는 "System Exception"으로 불립니다. 이러한 문제는 대개 시스템 자원이 고갈되거나 외부 시스템에 접속할 수 없는 등의 기술적인 문제에 기인합니다.

- 보통 RPA에서는 이러한 시스템 에러가 발생하면 정해진 횟수만큼 작업을 재시도합니다. 그러나 문제가 계속되면, RPA는 작업을 중지하고 사용자에게 이러한 오류에 대해 알립니다.

- Application Exception은 특정 시스템이 점검 등의 이유로 접속되지 않는 것을 어떤 특정 값으로 확인할 수 있는 경우에도 사용됩니다. 세션이 종료되면 작업이 불가능해 고의로 에러를 발생시키고 새롭게 시도를 해야 하는 경우에도 사용됩니다.

시스템 에러 유형
1. 네트워크 문제
RPA는 네트워크 서버에 연결해야 하는데, 네트워크 연결이 끊어진 경우 시스템 예외가 발생합니다.

2. 리소스 부족
시스템 메모리가 부족하거나 디스크 공간이 부족한 경우, 이것은 시스템 예외로 간주됩니다.

3. 시스템 점검/다운타임
작업이 데이터베이스에 액세스해야 하는데, 데이터베이스가 점검 중인 경우, 이것은 시스템 예외로 간주됩니다.

3.17.5 디자인 타임 오류, 런타임 오류

RPA에서는 오류 처리는 개발 및 실행 과정에서 발생하는 다양한 오류와 경고를 식별하고 대응하는 데 필수적입니다. 개발 및 운영함에 있어 크게 두 가지 유형의 오류가 발생할 수 있습니다.

디자인 타임 오류

- 디자인 타임 오류는 데스크톱 흐름의 구성에 문제가 있을 때 발생합니다. 개발 단계에서 나타나며, 이로 인해 흐름이 실행되는 것을 방지합니다. 경고는 흐름 실행을 방해하지 않지만, 주의가 필요한 문제를 나타냅니다. 예를 들어, 잠재적으로 무한 반복을 초래할 수 있는 하위 흐름 재귀 등이 이에 해당합니다.

예) 필수 입력란이 비워져 있거나, 변수가 정의되지 않은 경우.

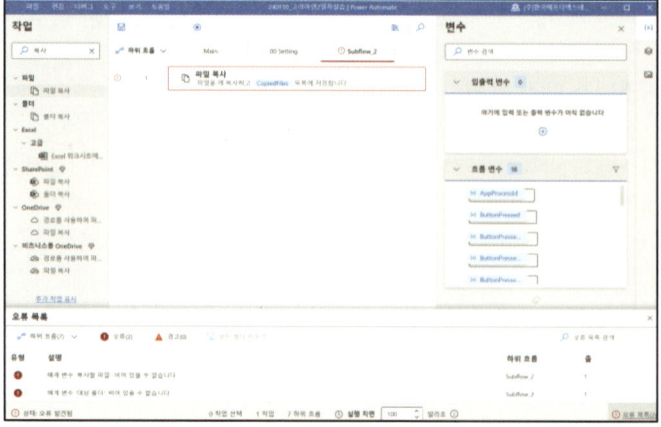

런타임 오류

- 실행 중에 발생하는 오류로, 흐름의 실패를 초래할 수 있습니다. 오류 처리 옵션을 통해 이러한 오류가 흐름의 실패로 이어지지 않도록 대비할 수 있습니다.

예) 잘못된 파일 경로, 접근 불가능한 리소스 등.

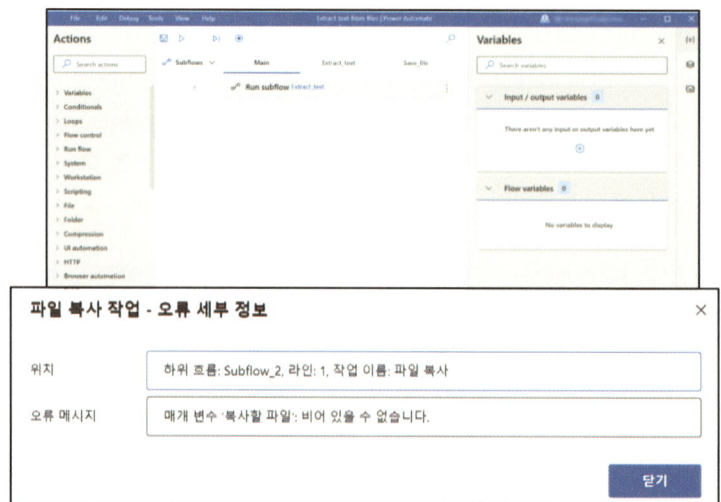

오류 및 경고 표시

오류가 감지되면, 흐름 디자이너는 해당 작업 옆에 오류 아이콘과 함께 팝업 창을 통해 관련 정보를 제공합니다. 디자인 타임 오류의 경우, 오류에 대한 설명이 작업 모드에 직접 표시됩니다. 이는 문제를 식별하고 신속하게 수정하는 데 도움을 줍니다.

3.17.6 블록 에러 시 (On block error)

블록 에러 시 작업액션은 오류 처리 블록의 시작을 표시하고, 오류가 발생할 가능성이 있는 코드 부분을 정의합니다. 그룹화 처리 할 수 있으며 오류 발생 시 다양한 옵션을 제공하고 있습니다.

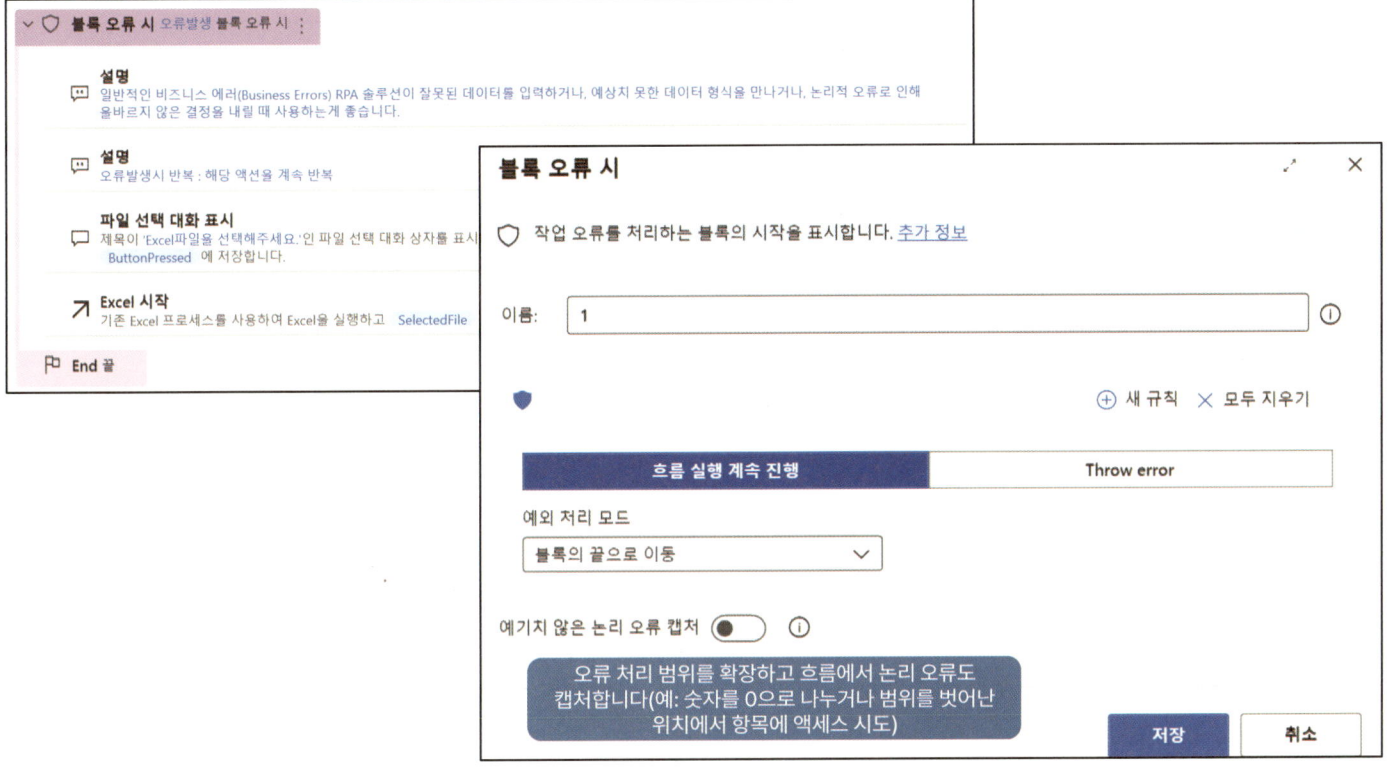

규칙

- 하위흐름 실행 : 생성한 하위 흐름을 실행합니다.
- 변수 : 원하는 변수에 원하는 값을 입력합니다.

예외 처리 모드

- 다음 작업으로 이동 : 오류가 발생한 작업을 건너뜁니다.
- 작업 반복 : 작업을 반복합니다.
- 레이블로 이동 : 사용자가 지정한 레이블로 이동합니다.
- 블록의 시작으로 이동 : 블록 오류 시 의 처음으로 이동합니다.
- 블록의 끝으로 이동 : 블록 오류 시 끝으로 이동합니다.

Throw Error

- Throw Error는 사용자가 의도적으로 오류를 발생시키기 위해 사용합니다. 발생 시 처음으로 이동 합니다.

3.17.7 작업액션 자체 에러 처리

하나의 작업액션에서 오류가 발생 했을 때 예외처리 할 수 있는 옵션입니다. 모든 작업액션들이 지원하지는 않습니다. 코드 라인 왼쪽에 보이는 파랑방패 모양이 자체 에러 처리가 적용되었다는 표시 입니다.

- [프로세스 종료] 혹은 [PDF병합] 등 일부 작업액션이 올바르게 설정되었지만 오류가 발생하는 경우 자체 에러처리를 통해 작업의 연속성을 보장 할 수 있습니다.

- 블록 오류시와 마찬가지로 재시도 정책 및 예외처리 모드가 존재합니다. 차이점으로는 고급 옵션에 해당 작업액션에 조금 더 맞춤화된 옵션이 제공된다는 점과 오류 발생 시 변수나 하위 흐름으로 이동하는 옵션 대신에 상세한 재시도 정책이 있다는 점 입니다.

3.17.8 마지막 오류 보기 (LastError)

마지막 오류 보기 작업 액션을 통해 마지막 오류를 %LastError%변수에 담아 출력 할 수 있습니다.

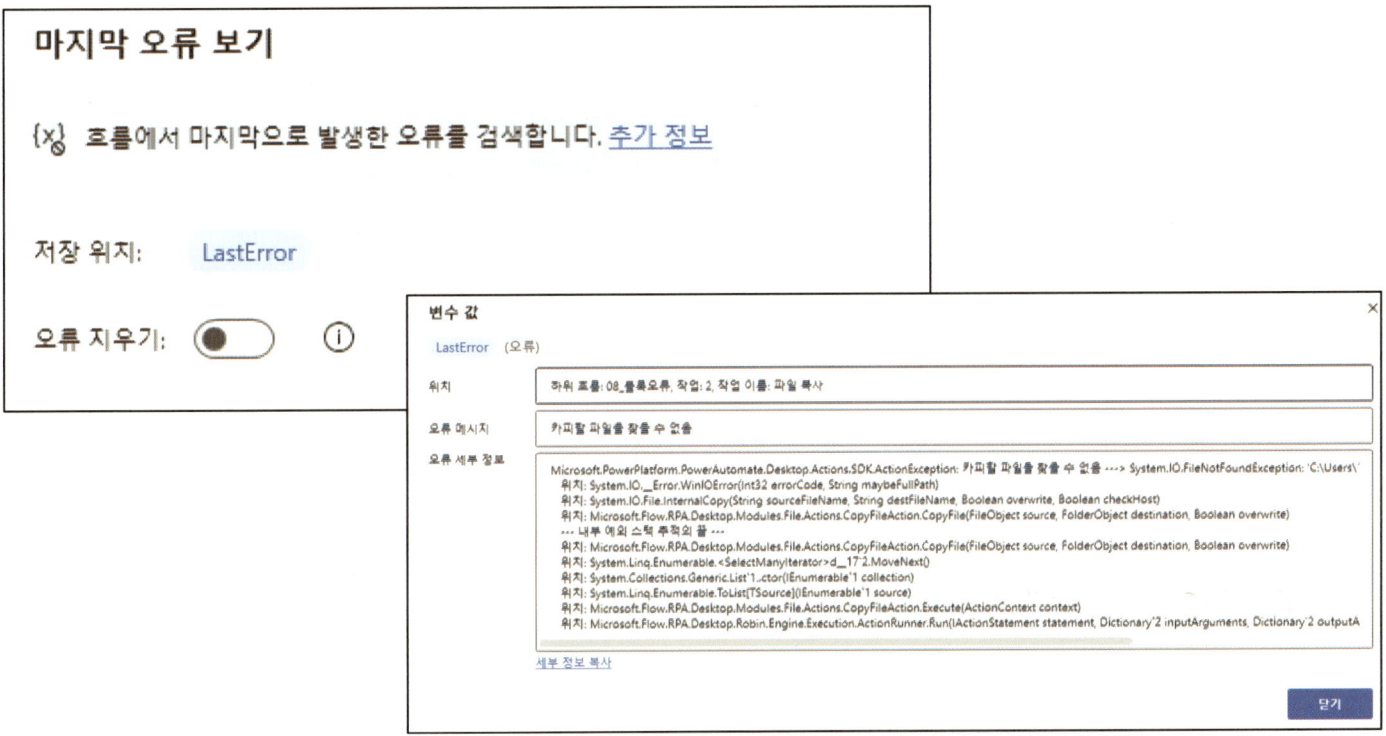

3.17.9 실습 – 예외처리하기

실습내용

- 접속주소 : https://rpakr.com/lab/data_io
- 실습데이터 : 실습03_데이터입출력_YYMM.xlsx

1. **엑셀 데이터 입력** : 엑셀의 데이터(업체명, 품목, 일시, 이메일, 연락처)를 RPA로 저장합니다.
2. **웹 데이터 입력** : 데이터입출력 웹페이지의 해당 입력 필드에 옮겨 입력합니다.
3. **코드 생성** : 모든 데이터 입력이 완료되면, 웹페이지 상의 '확인' 버튼을 클릭합니다. 각 항목에 대한 고유 코드가 생성됩니다.
4. **코드 복사 및 붙여넣기** : 생성된 코드를 복사한 후, 엑셀 문서의 '상품코드' 열에 해당 코드를 붙여넣습니다.
5. **데이터 입력 반복** : '초기화' 버튼을 클릭하여 웹페이지의 입력 필드를 초기 상태로 되돌립니다. 그 후, 다음 데이터 세트에 대해 동일한 과정(1단계부터 3단계)을 반복합니다. 모든 데이터가 입력되고 각각의 코드가 엑셀 문서에 기록될 때까지 이 과정을 계속 진행합니다.
6. **중간에 데이터가 없는 경우 해당 행의 데이터는 처리하지 않습니다.**

3.12.11 실습 – 웹사이트에서 데이터 입출력하기에서 실습한 내용을 바탕으로 이어서 진행하도록 하겠습니다.

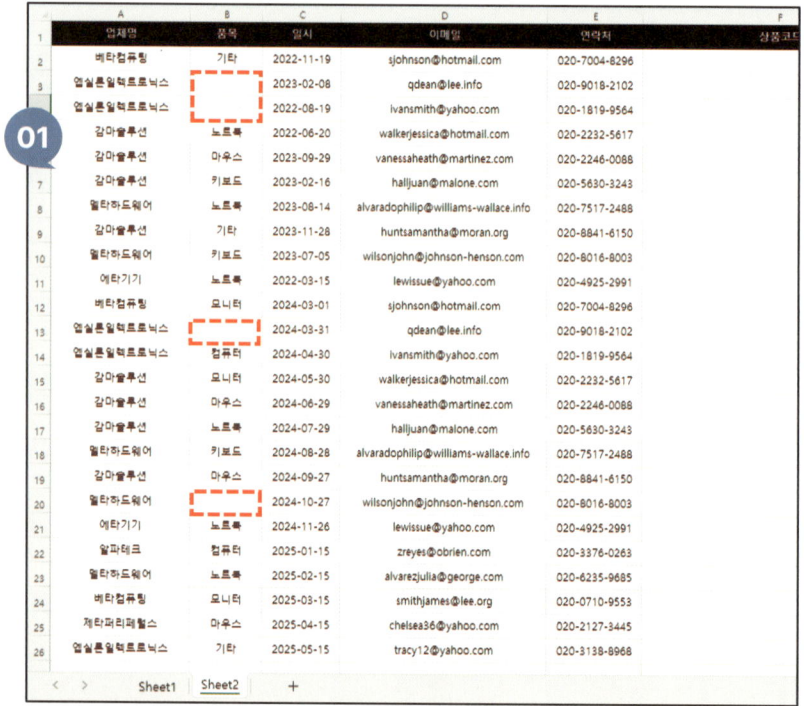

01 Sheet2를 보면 데이터 일부분이 미입력 된 것을 확인할 수 있습니다.

해당 경우에는 데이터 처리가 어렵기 때문에 데이터 처리를 하지 않고 상품코드에 "처리불가"라고 적도록 하겠습니다.

02 [활성 Excel 워크시트 설정]을 Excel 시작 하단에 배치해서 RPA실행 시 시트2번이 수행되도록 합니다.

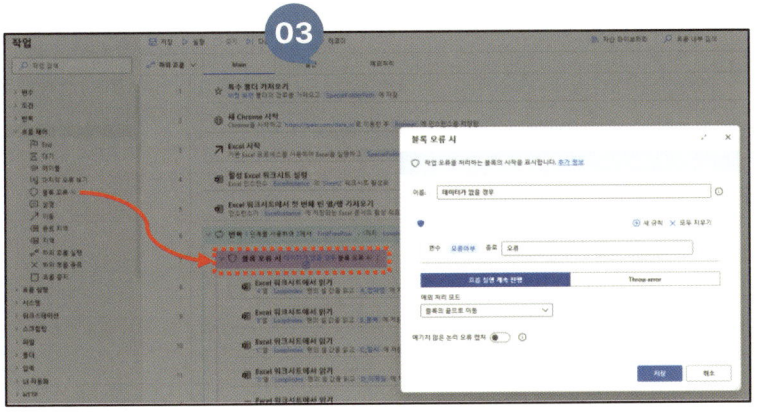

03 | [흐름 제어]-[블록 오류 시] 작업액션을 반복문 제일 처음으로 이동시켜 배치하고 [새 규칙]을 누르고 **%오류여부%**라는 변수를 생성합니다. 오류가 발생했을 때에는 **%오류여부%**에 "오류"라는 값을 부여합니다.

오류가 발생했을 때에는 `흐름 실행 계속 진행` 이 되도록 설정하고 예외 처리 모드는 "블록의 끝으로 이동"으로 설정하도록 하겠습니다.

04 | [웹 페이지 요소의 세부 정보 가져오기] 작업액션 다음에 블록 오류 시의 종료를 합니다. 작업에서 블록 오류 시 사이에 있는 작업액션에서 오류가 발생한다면 **%오류여부%**의 변수값은 "오류"가 될 것 입니다.

05 | [만약(IF)] **%오류여부%**가 "오류" 일 경우에는 **%오류여부%** 변수를 초기화 하고 엑셀에 처리불가 라는 텍스트를 입력합니다.

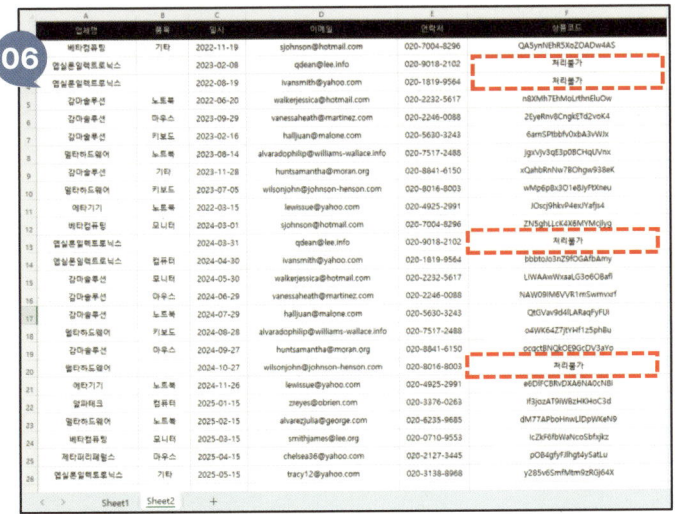

06 | 실행해보면 품목이 없는 항목에서 오류가 발생하고, 엑셀에 처리불가 라고 작성하고, 다음 항목을 처리하는 것을 볼 수 있습니다.

노코드로 완성하는 RPA업무자동화 – 실무편

마이크로소프트
파워오토메이트

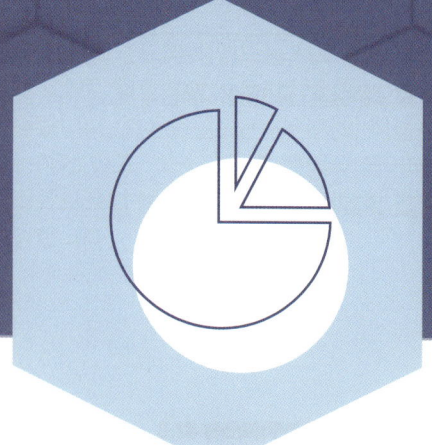

PART 04
Power Automate Desktop 실무

4.1 관리자 권한 실행
4.2 [DPA] 머신설정 및 스케줄 실행하기
4.3 [DPA] 업무 흐름 공유하기
4.4 Windows 스케줄러로 PAD실행하기
4.5 Power Fx
4.6 프로그램 언어전환하기
4.7 Picture in Picture 기능 사용하기
4.8 마우스/키보드/클립보드
4.9 PDF/압축
4.10 시스템(프로세스, 워크스테이션)
4.11 정규표현식
4.12 HTTP(API)
4.13 데이터베이스
4.14 암호화
4.15 스크립팅

Step 4-1 | 관리자 권한 실행
Running programs as Administrator

4.1.1 관리자 권한으로 실행하기

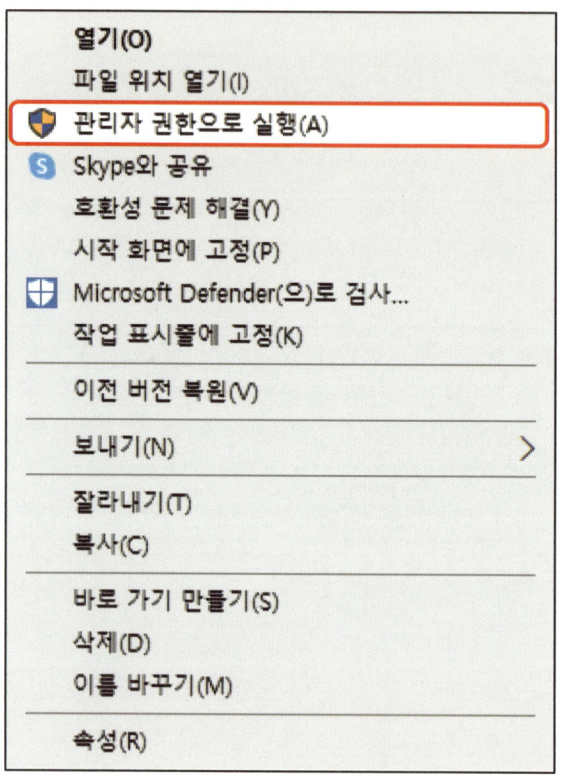

관리자 권한으로 실행
- PAD 아이콘을 선택하고 마우스 오른쪽 버튼을 클릭한 다음 메뉴 [관리자 권한으로 실행]을 이용하는 것입니다. PAD를 실행할 때마다 메뉴를 선택해야 하기 때문에 불편함이 있습니다.

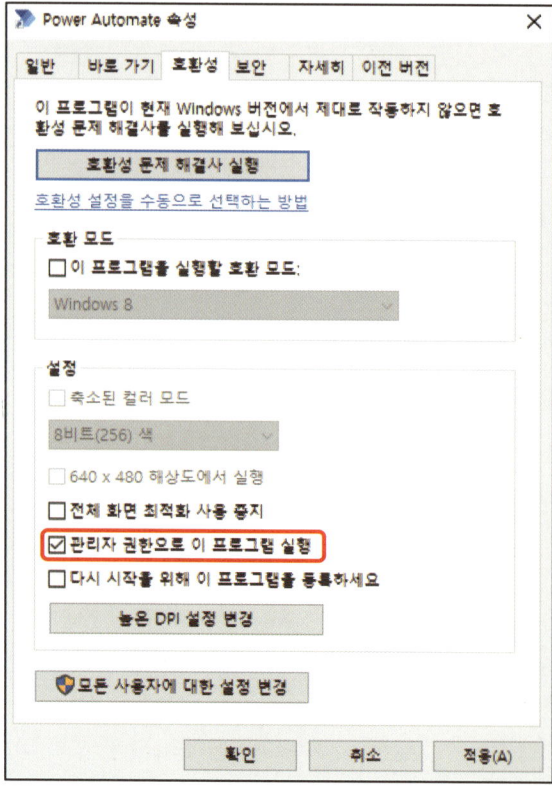

프로그램 속성을 변경
- 바탕화면에서 아이콘을 오른쪽 마우스로 클릭한 후 [속성]을 선택합니다. [호환성] 을 클릭 후 관리자 권한으로 이 프로그램 실행]을 체크해 주고 [적용]을 누릅니다. 프로그램 속성을 변경한 후에는 바로 가기 아이콘을 삭제하고 다시 생성하는 것이 좋습니다. 관리자 모드임을 나타내는 방패가 추가 됩니다.

- PAD를 관리자 모드로 실행하면 "이 앱이 디바이스를 변경할 수 있도록 허용하시겠어요?"라고 묻는 팝업이 열릴 때 <예>를 누르고 진행합니다. 입력 차단 기능이 제대로 작동하지 않으면 PC를 재부팅하거나 관리자 권한을 가진 새로운 계정을 생성한 후에 시도해야 할 수도 있습니다.

Step 4 - 2 | [DPA] 머신 설정 및 스케줄 실행하기
Machine setting and schedule execution

4.2.1 머신 설정하기

머신은 데스크톱 프로세스를 자동화하기 위해 사용되는 물리적 또는 가상의 장치입니다. 컴퓨터를 Power Automate에 연결하면 미리 정의된 일정과 같은 사용 가능한 트리거를 활용하여 데스크톱 자동화를 즉시 시작할 수 있습니다. 머신을 Power Automate와 클라우드에 직접 연결하면 RPA(로봇 프로세스 자동화)의 모든 기능을 활용할 수 있습니다.

직접 연결은 머신을 클라우드에 연결하는 가장 간단한 방법으로, 데스크톱용 Power Automate의 최신 버전에 로그인하면 컴퓨터가 자동으로 등록됩니다. 등록이 완료되면, 클라우드 흐름에서 바로 연결을 생성할 수 있습니다.

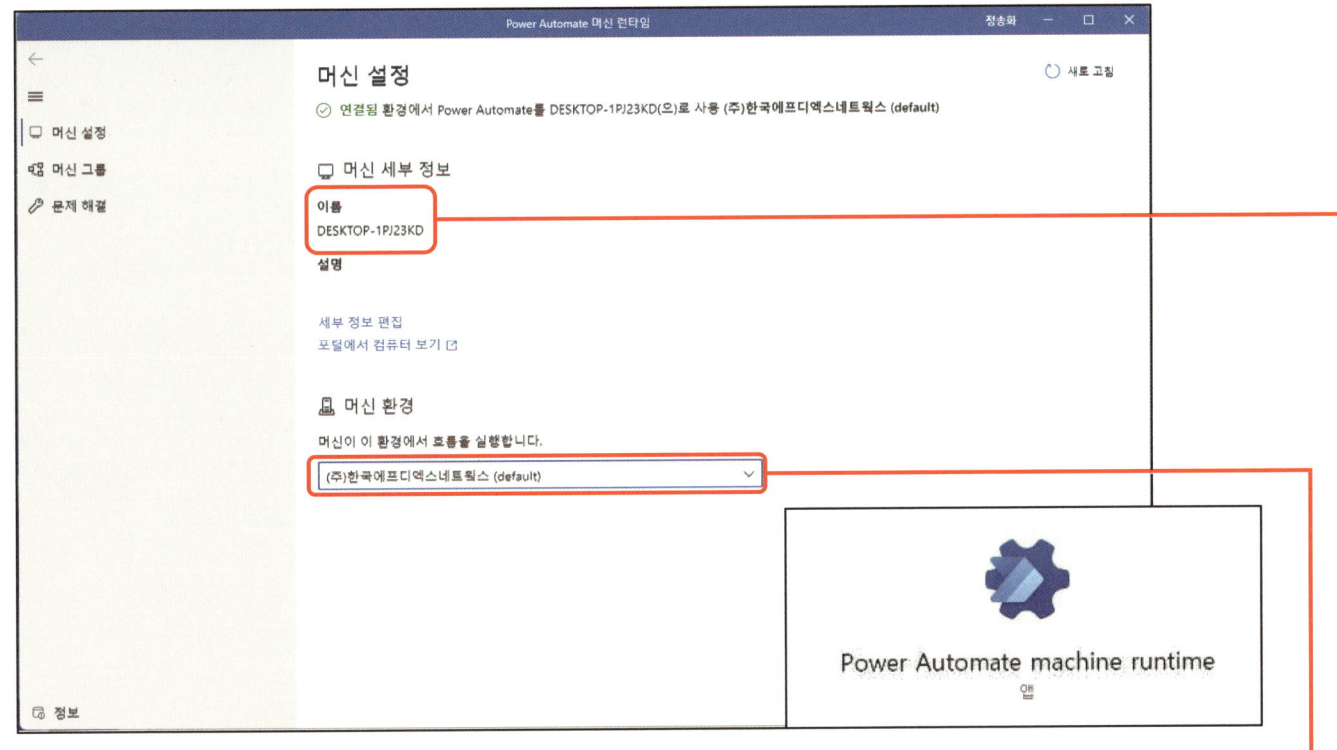

- Power Automate machine runtime 앱을 통해서 머신 설정을 진행 할 수 있습니다. 머신이 속한 환경을 선택하거나, 머신의 그룹을 지정 할 수 있으며 모든 관리는 powerautomate.com에서 할 수 있습니다.

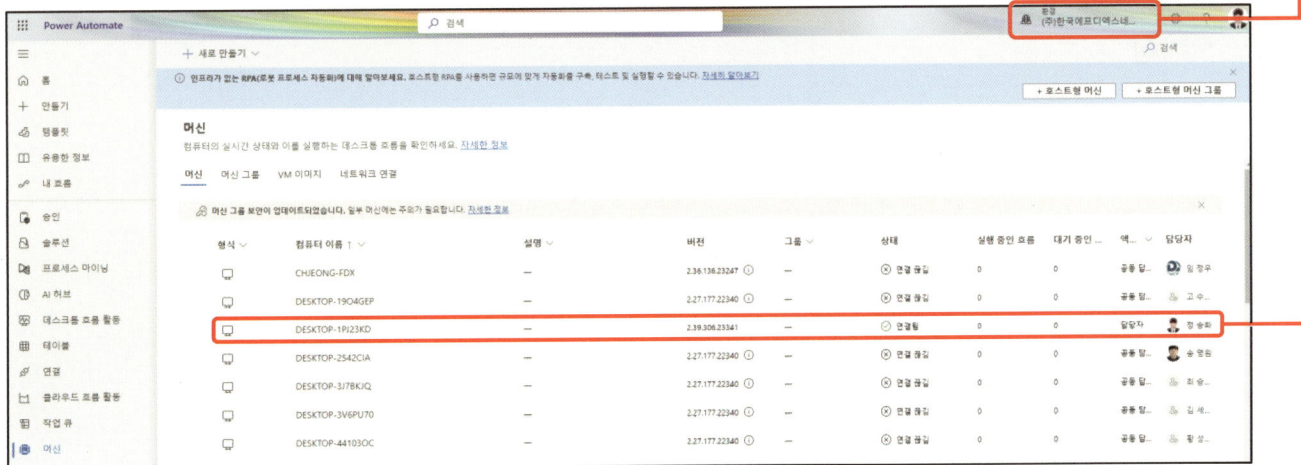

✓ 설치 시 Windows Home 에서는 머신 런타임 설치 옵션이 제공되지 않으며, Windows Pro OS이상에서만 머신 설정이 가능합니다.

4.2.2 스케줄로 업무 실행

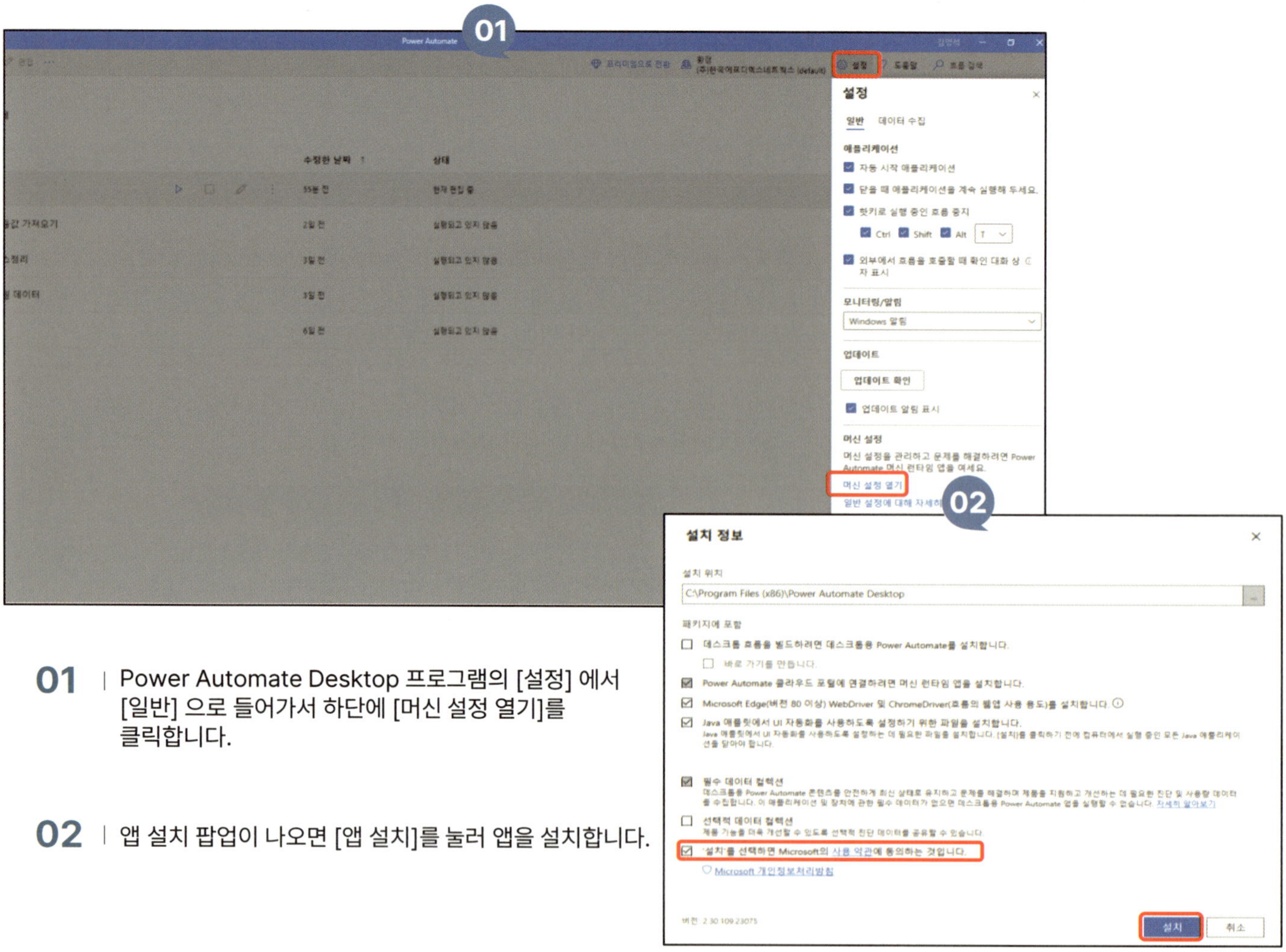

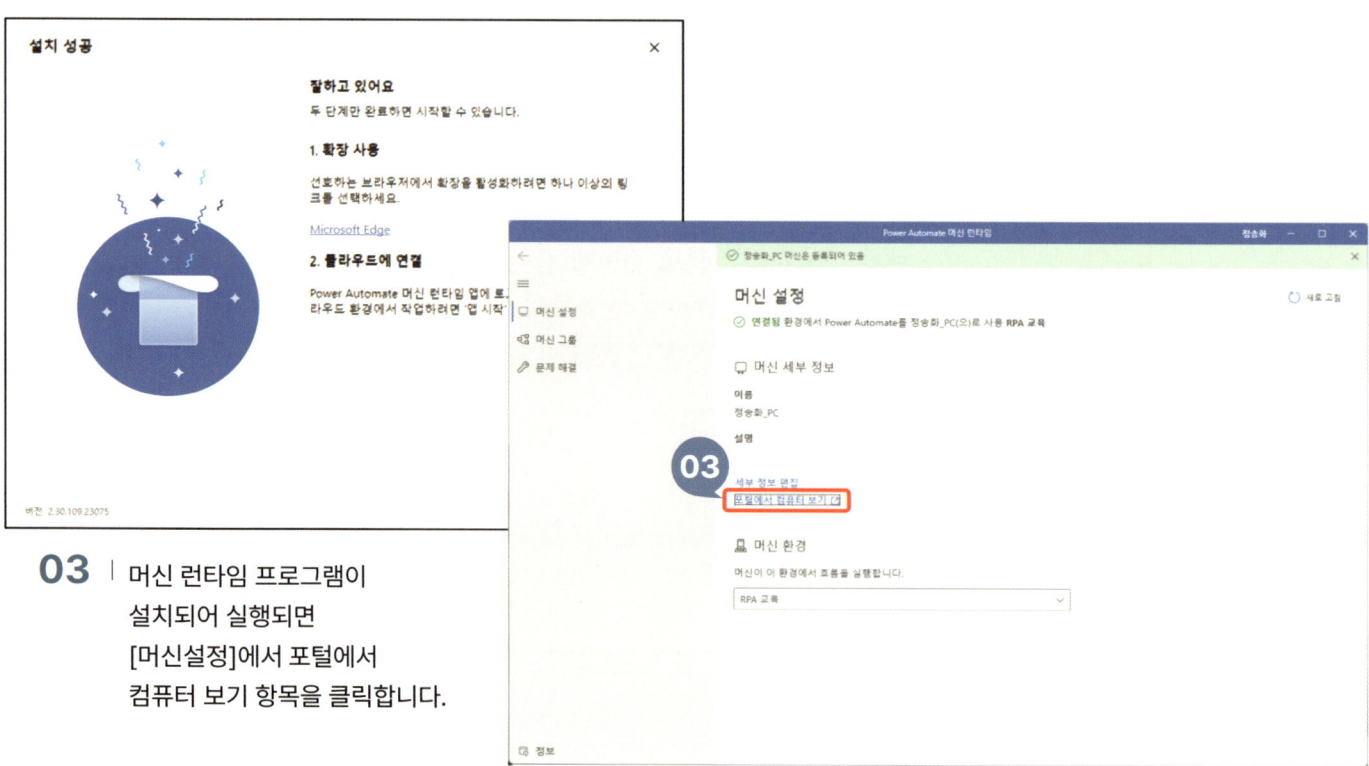

01 | Power Automate Desktop 프로그램의 [설정] 에서 [일반] 으로 들어가서 하단에 [머신 설정 열기]를 클릭합니다.

02 | 앱 설치 팝업이 나오면 [앱 설치]를 눌러 앱을 설치합니다.

03 | 머신 런타임 프로그램이 설치되어 실행되면 [머신설정]에서 포털에서 컴퓨터 보기 항목을 클릭합니다.

✓ Windows Home 에서는 머신 런타임 설치 옵션이 제공되지 않으며, Windows Pro OS이상에서만 머신 설정이 가능합니다.

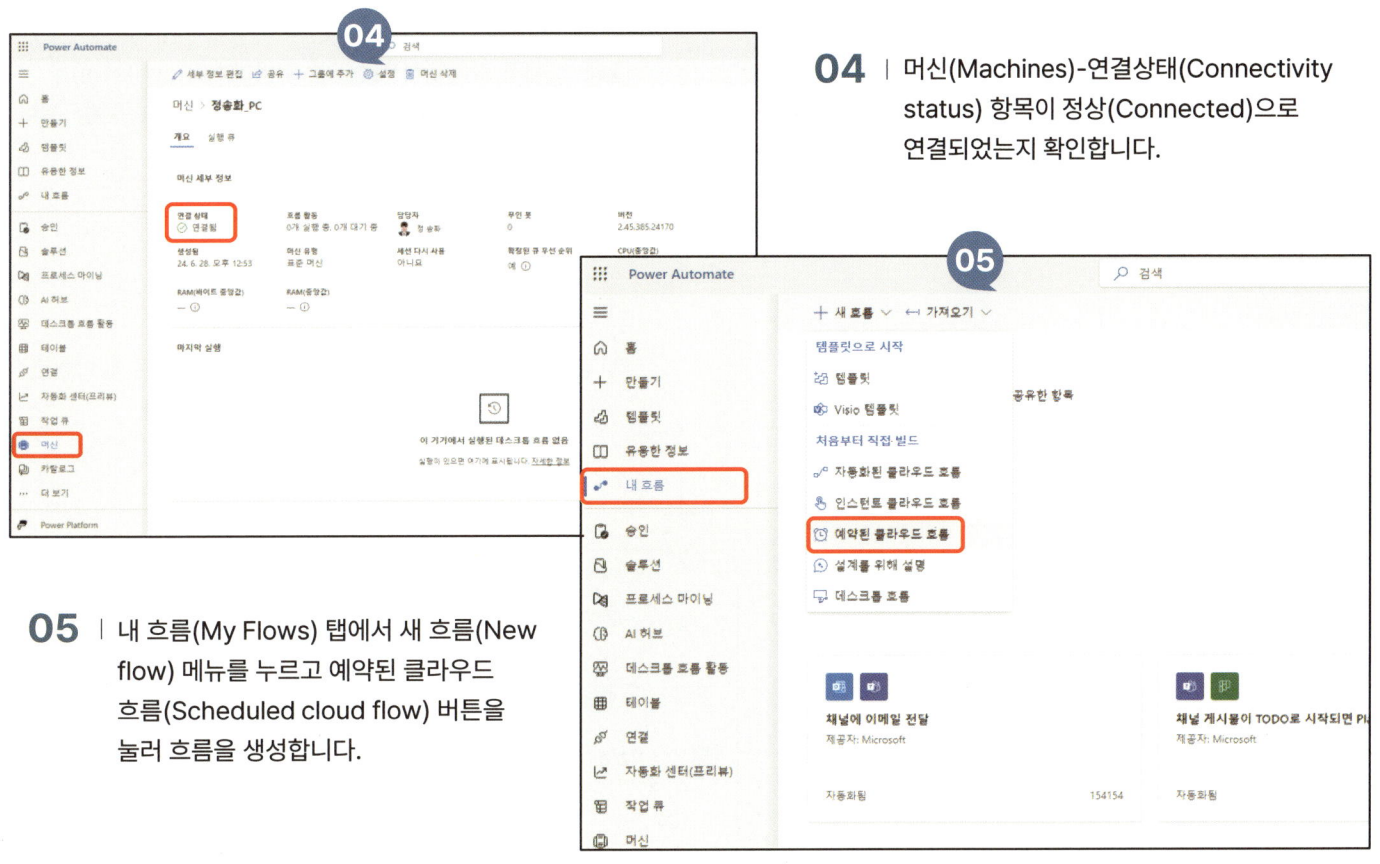

04 | 머신(Machines)-연결상태(Connectivity status) 항목이 정상(Connected)으로 연결되었는지 확인합니다.

05 | 내 흐름(My Flows) 탭에서 새 흐름(New flow) 메뉴를 누르고 예약된 클라우드 흐름(Scheduled cloud flow) 버튼을 눌러 흐름을 생성합니다.

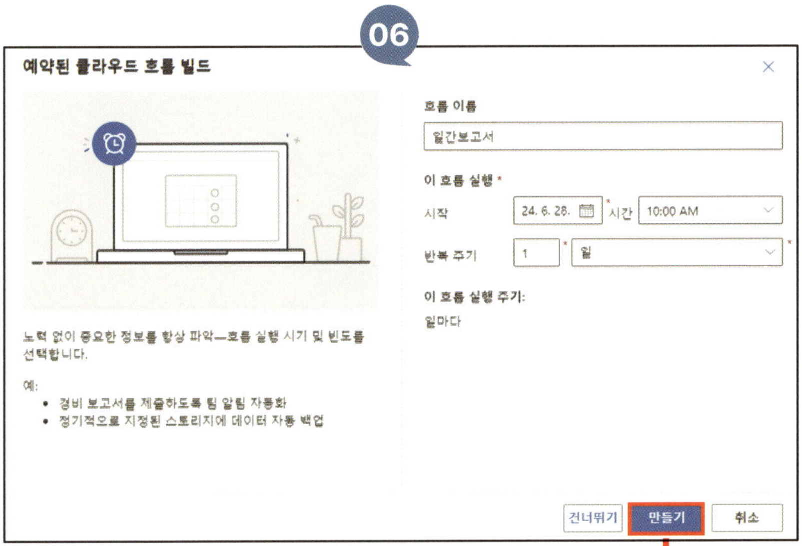

06 | 흐름 이름(Flow name)을 입력하고 수행 시작 시간과 반복주기 설정을 진행 후 만들기(Create) 버튼을 누르면 아래와 같은 흐름이 생성됩니다.

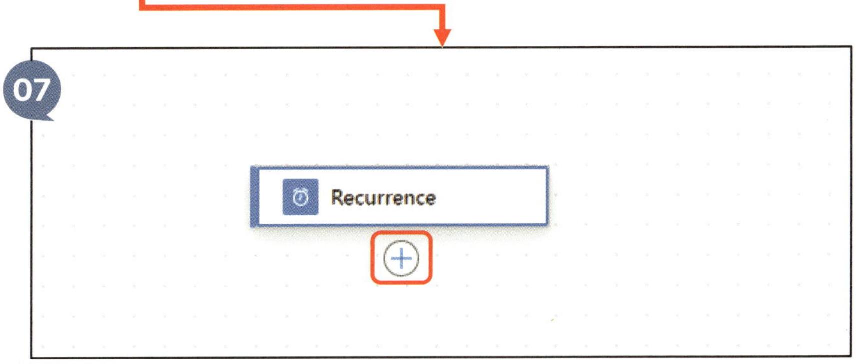

07 | 액션 하단의 + 버튼을 선택하여 다음 단계로 이동합니다.

4.2 [DPA] 머신 설정 및 스케줄 실행하기

4.2.2 스케줄로 업무 실행

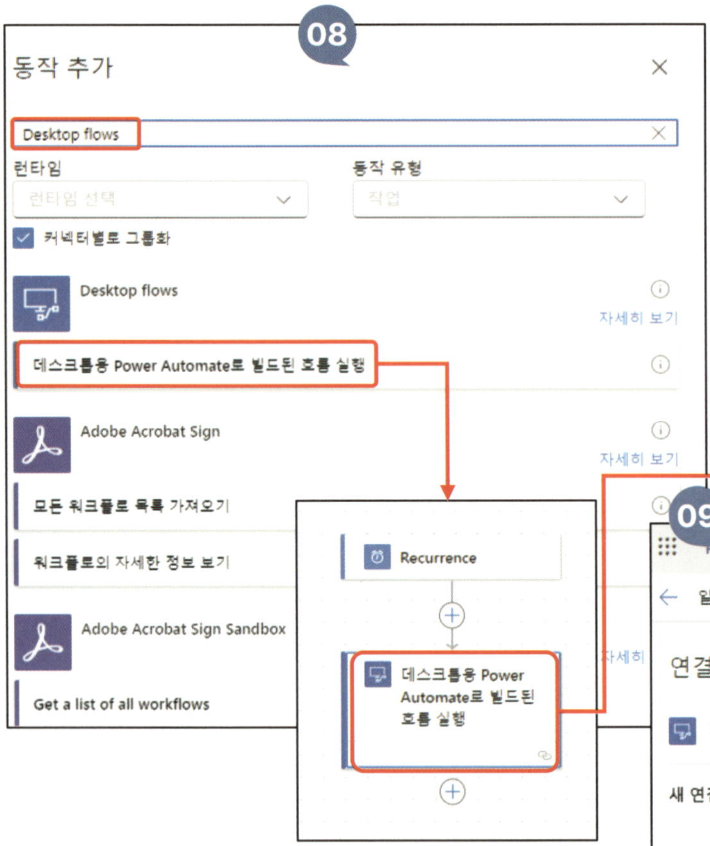

08 동작 추가에서 데스크톱 흐름(Desktop flows)을 검색하고 **데스크톱용 Power Automate로 빌드된 흐름 실행**항목을 선택합니다.

09 연결이름을 설정하고 연결을(사용자 이름 및 암호로 연결) 선택합니다. 머신은 이전에 설정한 머신이름으로 설정합니다.

10 연결만들기 설정에서 도메인 및 사용자 이름 부분은 명령 프롬프트 프로그램에서 "Whoami" 명령어로 확인이 가능합니다.

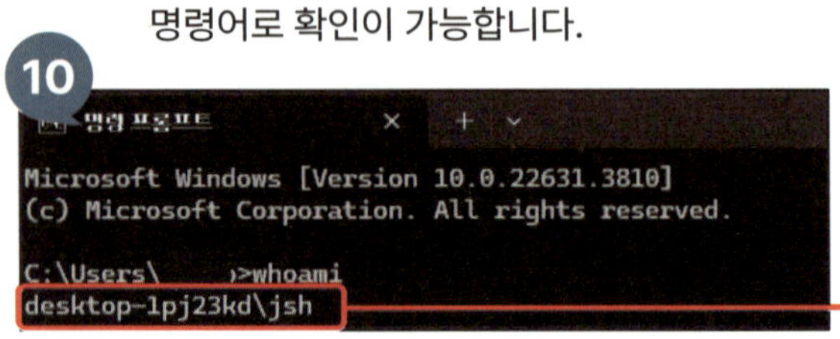

11 매개변수에서 실행할 데스크톱 흐름(RPA)를 선택하고 실행모드를 선택합니다.

무인(로그인한 컴퓨터에 실행) : 로그오프 상태인 PC에서 수행가능
유인(로그인했을 때 실행) : 로그인 된 잠금해제된 PC에서 수행가능

12 | [내 흐름]-[클라우드 흐름]에 들어가면 스케줄링 하거나 특정한 조건으로 트리거한 흐름들을 한눈에 보고 관리 할 수 있습니다.

Step 4-3 | [DPA] 업무 흐름 공유하기
Workflow Sharing

4.3.1 흐름 공유의 중요성

업무 흐름 공유 및 공통 모듈 사용은 업무 효율성을 높이고, 협업을 강화하며, 품질과 일관성을 유지하는 동시에 지속 가능한 개발을 촉진하는 중요한 요소입니다. 이는 재사용성 증가, 오류 최소화, 유지보수 용이성, 지식 전달 향상을 통해 비용 절감, 팀 간의 이해도 향상, 프로젝트의 안정성 강화, 그리고 전체 팀의 역량 강화에 기여합니다.

- 공통된 작업이나 프로세스를 모듈화하여, 한 번 개발된 로직을 다양한 프로젝트에서 재사용할 수 있습니다. 이는 개발 시간을 단축하고, 일관성을 유지하며, 비용을 절감하는 데 기여합니다.

- 공통의 작업 방식을 채택함으로써 팀원들은 서로의 작업을 더 쉽게 이해하고, 협업을 통해 효율적으로 문제를 해결할 수 있습니다.

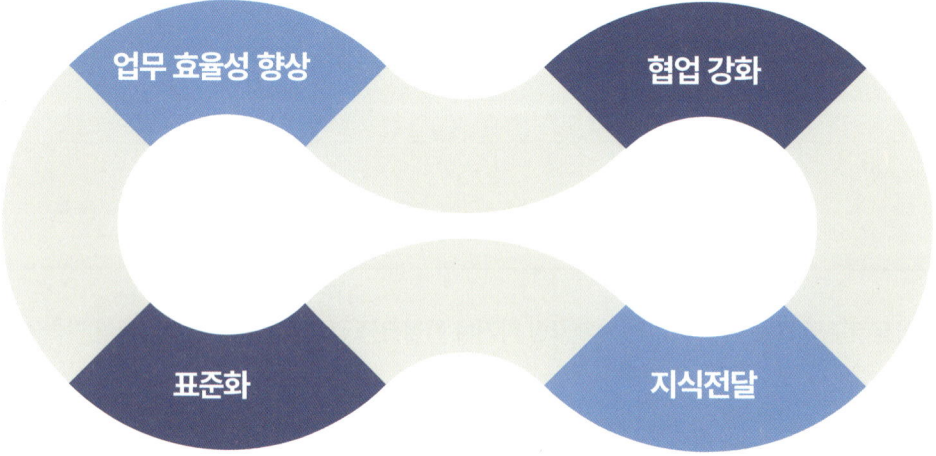

- 업무 흐름의 공유와 모듈화는 프로세스의 표준화를 촉진합니다. 표준화된 접근 방식은 프로젝트 간 일관성을 보장하고, 새로운 팀원이나 외부 이해관계자가 작업을 이해하고 관리하기 쉽게 만듭니다.

- 업무 흐름의 공유는 지식 전달의 효과적인 수단이 됩니다. 새로운 팀원들은 공유된 업무 흐름을 통해 기존의 베스트 프랙티스와 패턴을 쉽게 습득할 수 있습니다.

4.3.2 파일 공유 : 솔루션 가져오기

- 파일 공유 : 공동 작업자 추가 방법은 make.Powerautomate.com 에 접속합니다.

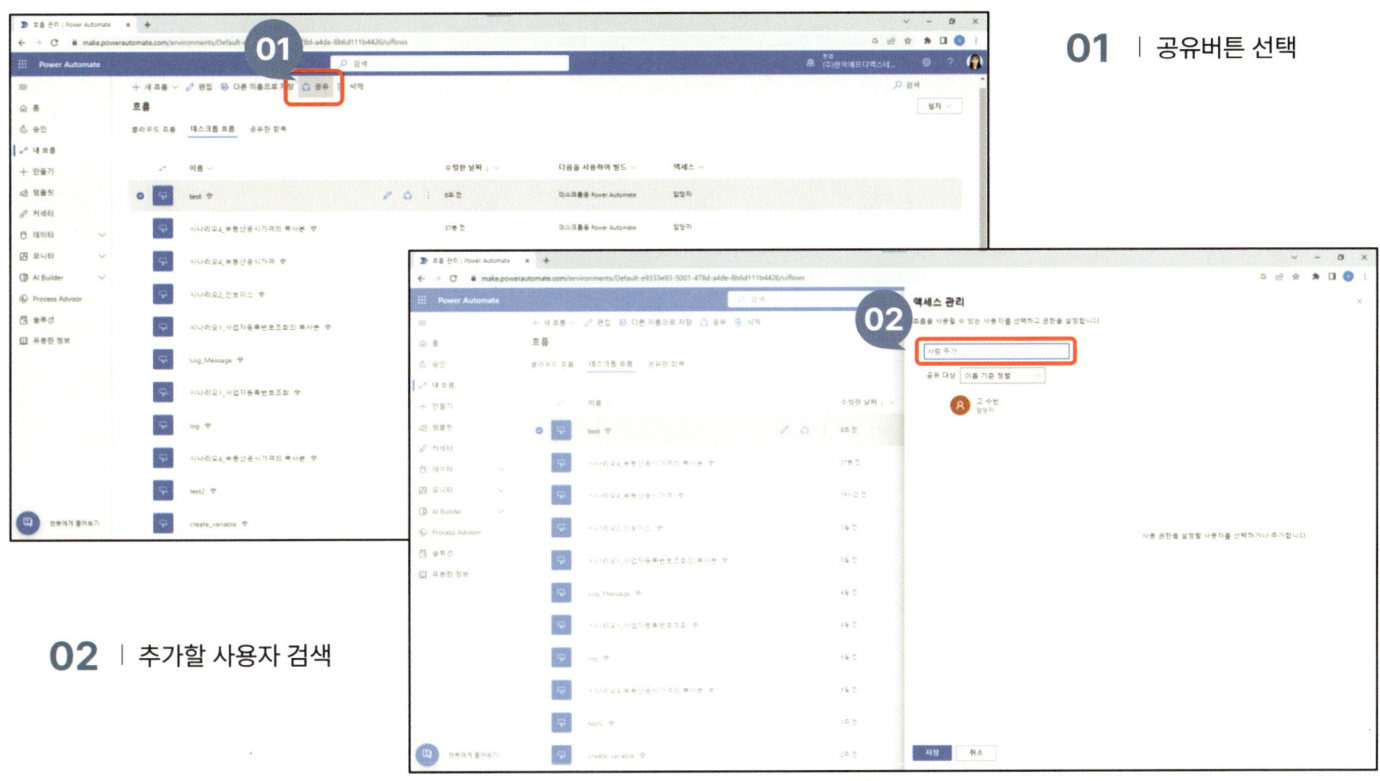

01 | 공유버튼 선택

02 | 추가할 사용자 검색

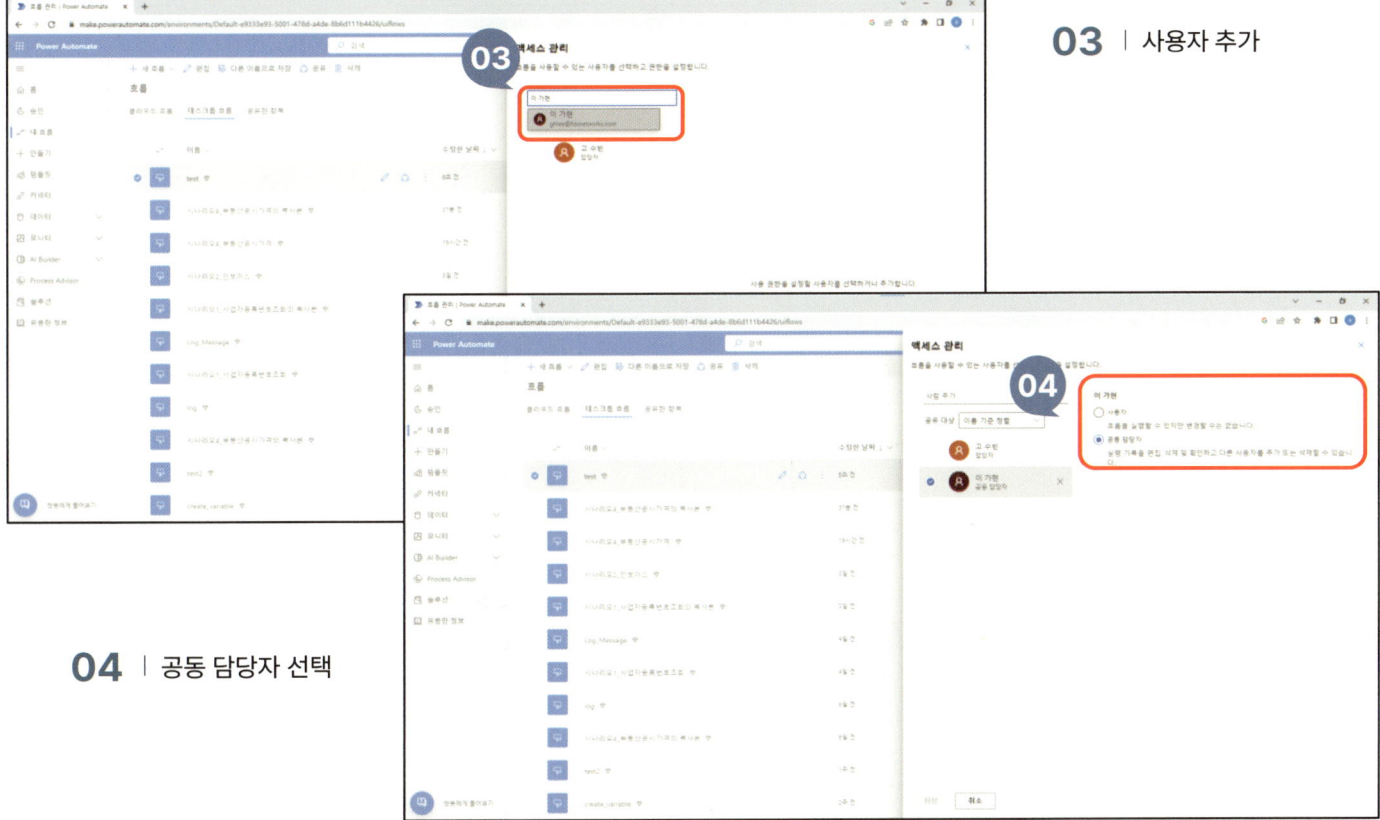

03 | 사용자 추가

04 | 공동 담당자 선택

4.3.3 파일 공유 : 솔루션 내보내기 (파일 형태)

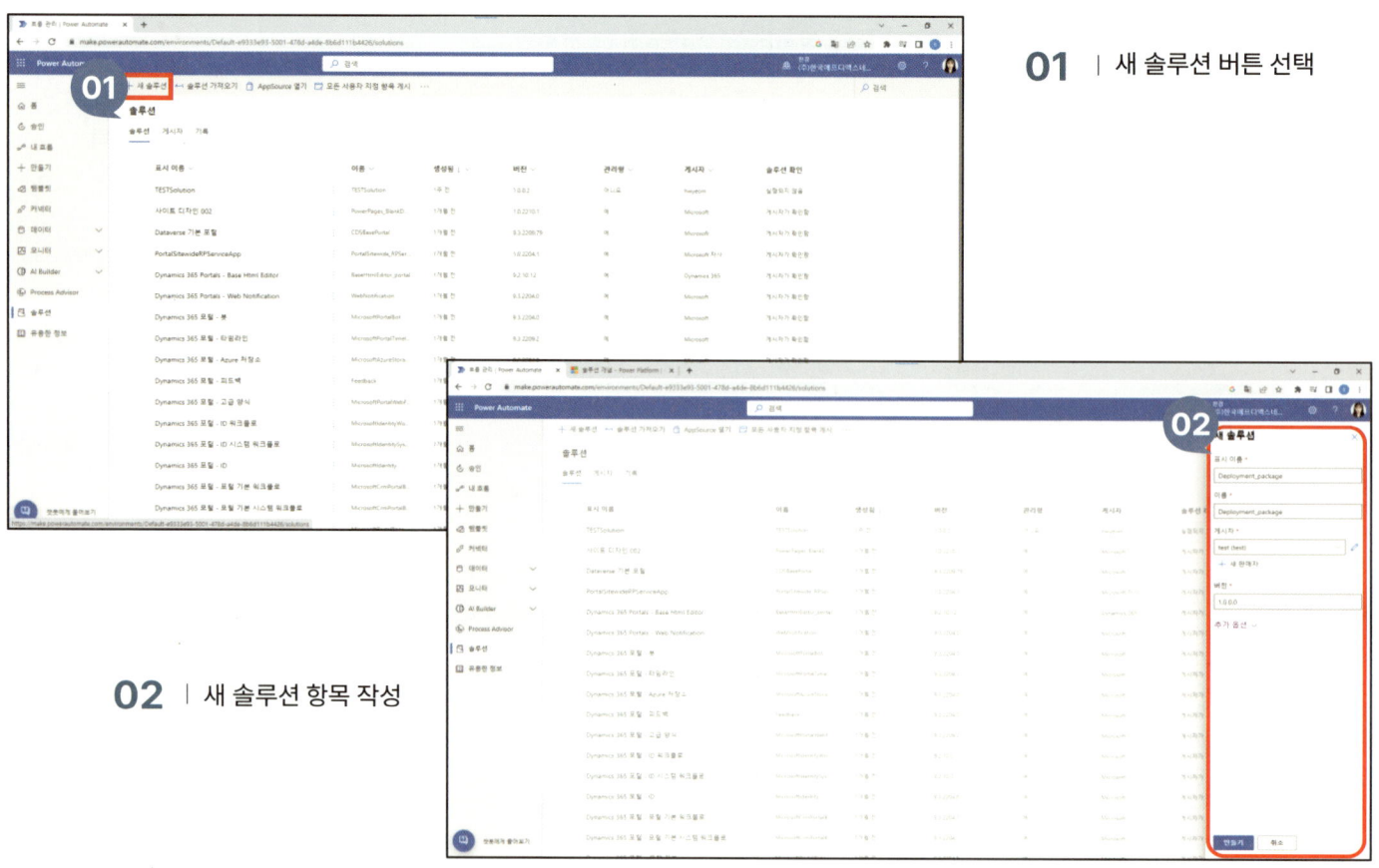

01 | 새 솔루션 버튼 선택

02 | 새 솔루션 항목 작성

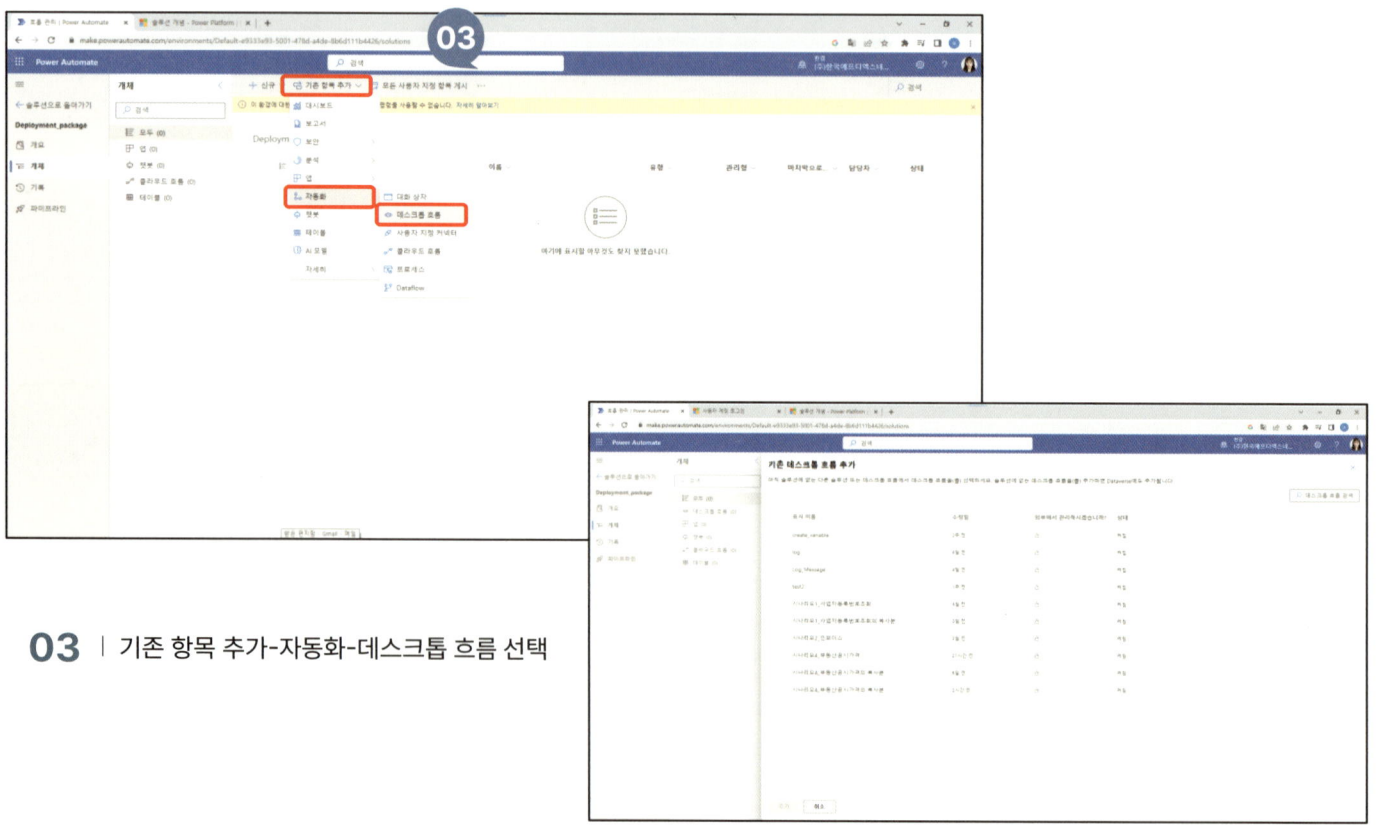

03 | 기존 항목 추가-자동화-데스크톱 흐름 선택

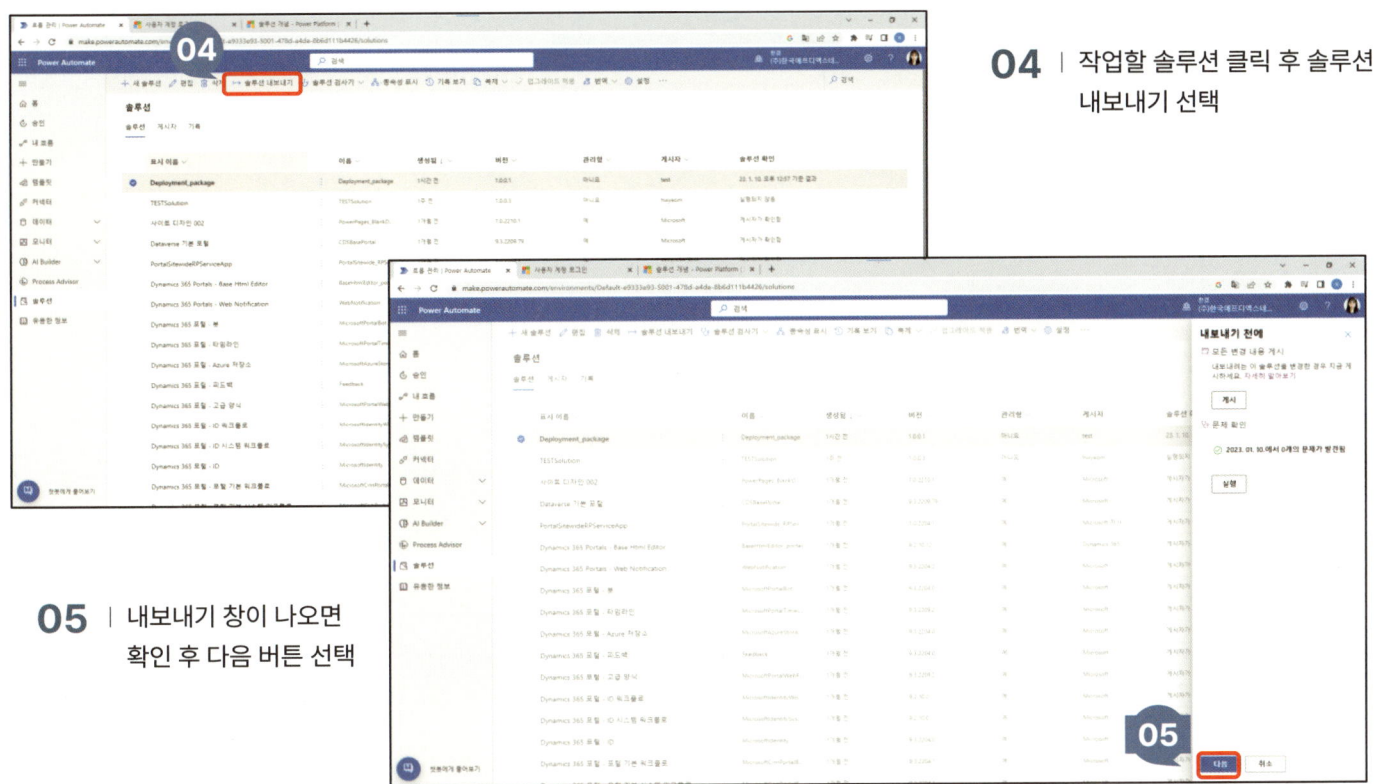

04 | 작업할 솔루션 클릭 후 솔루션 내보내기 선택

05 | 내보내기 창이 나오면 확인 후 다음 버튼 선택

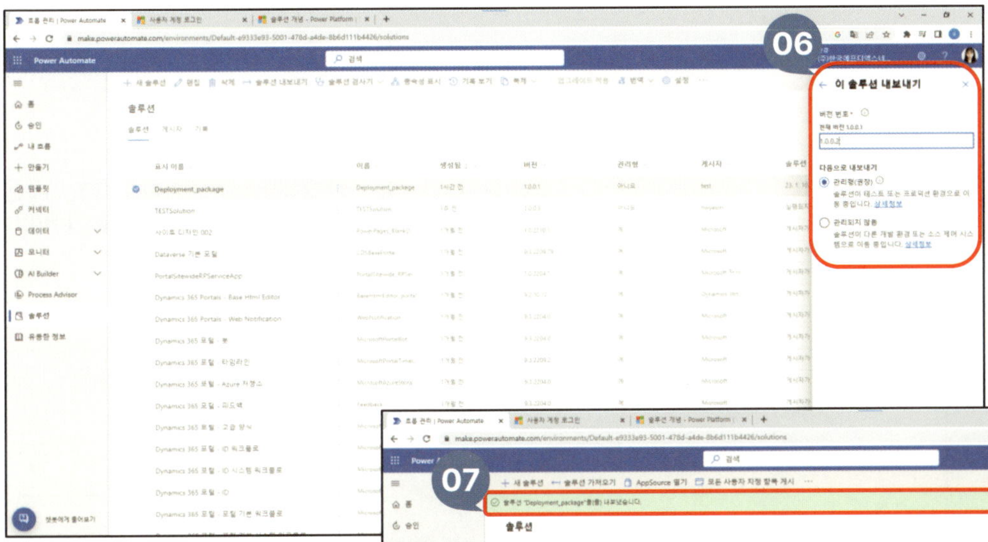

06 | 이 솔루션 내보내기 창에서 버전을 입력하고 내보내기를 선택합니다.

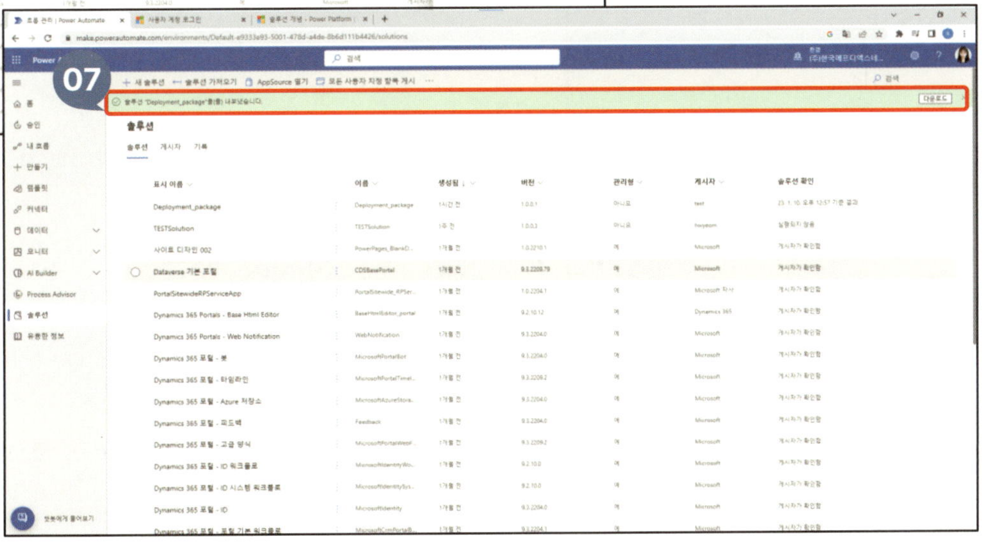

07 | 상단에 초록색 영역이 나오면 다운로드 버튼을 선택합니다.

4.3 [DPA] 업무 흐름 공유하기   **297**

4.3.4 파일 공유 : 솔루션 가져오기 (파일 형태)

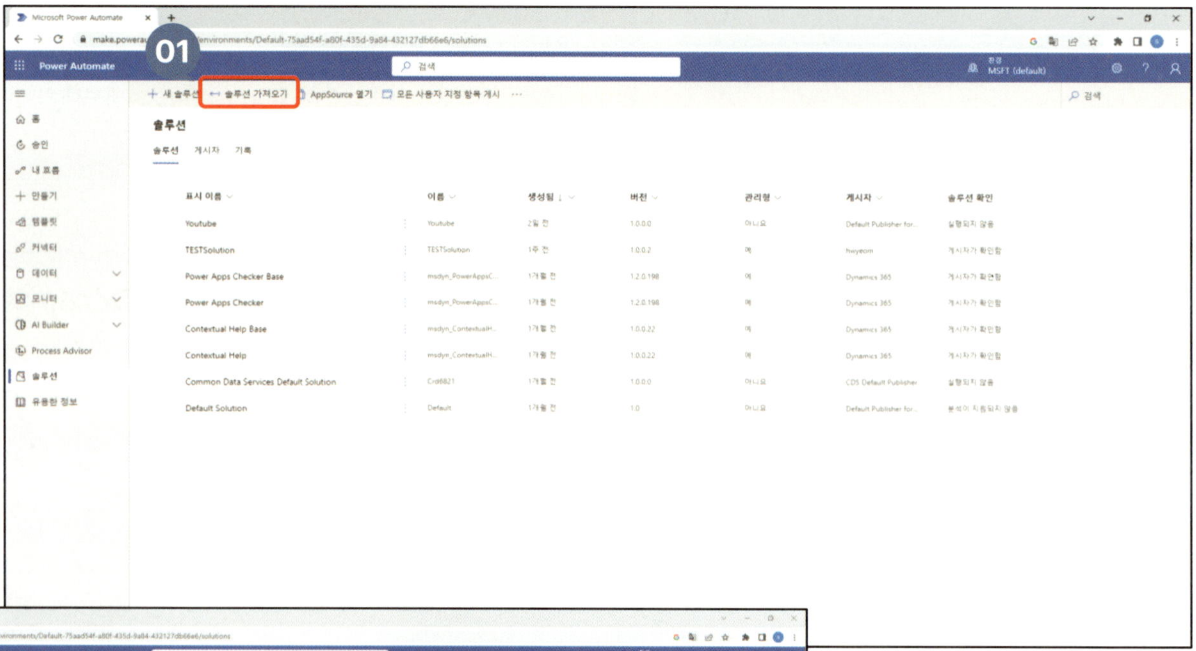

01 | 솔루션 가져오기 버튼을 선택합니다.

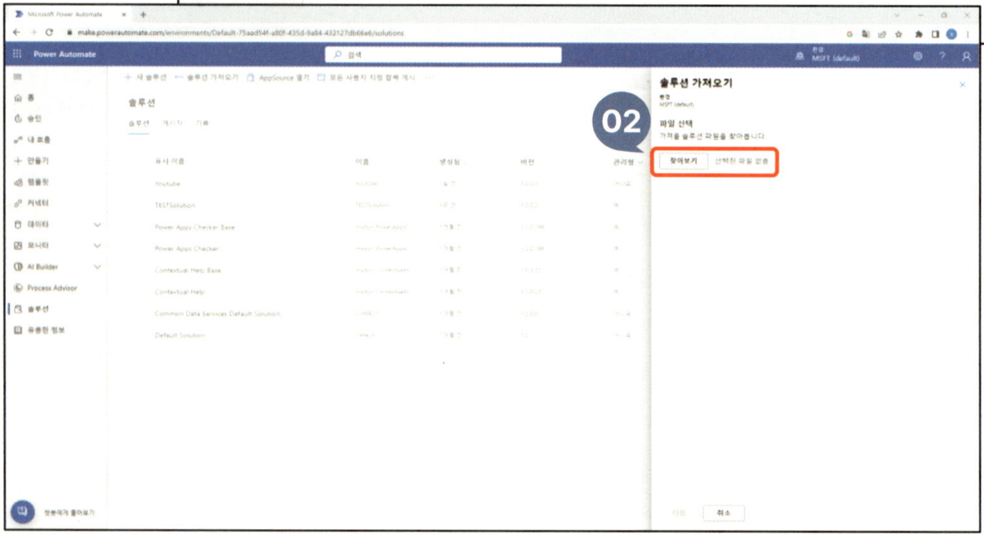

02 | 솔루션 가져오기 창이 나오면 찾아보기 버튼을 선택합니다.

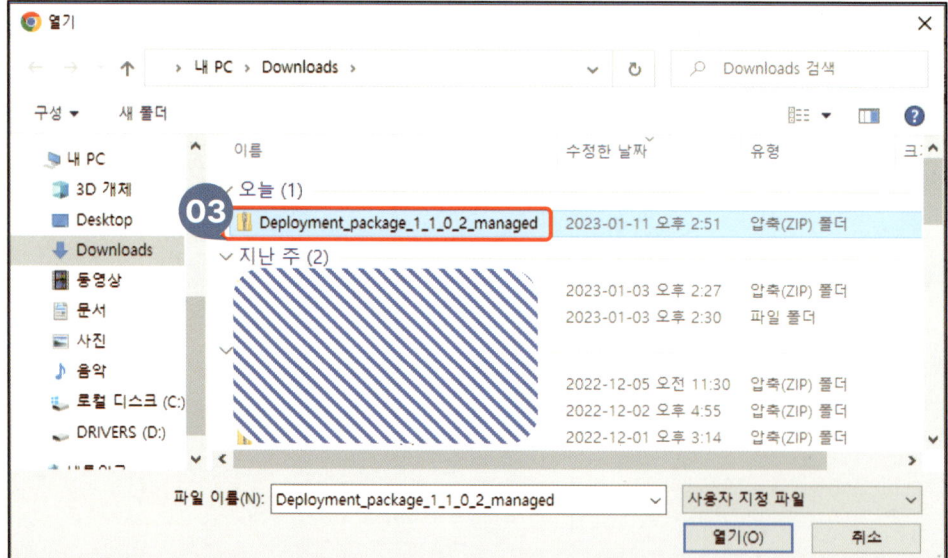

03 | 가져올 솔루션을 선택하고 열기를 선택합니다.

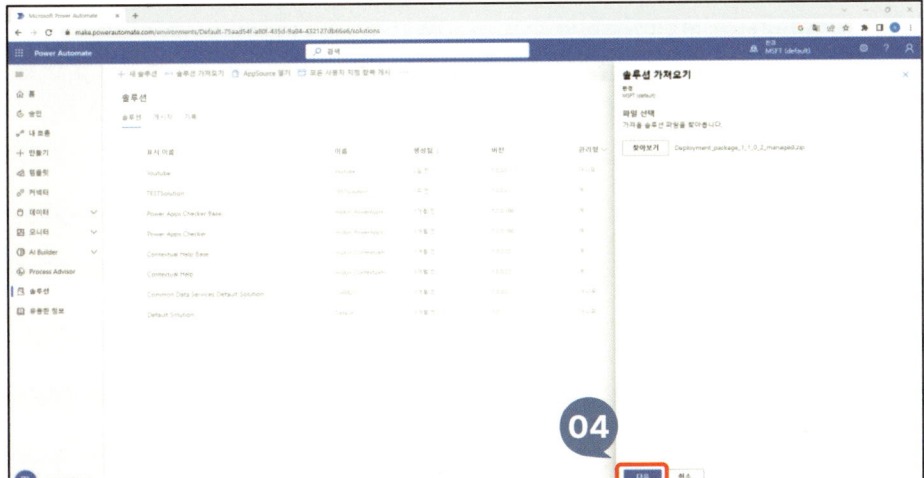

04 | 다음 버튼을 선택합니다.

05 | 가져오기 버튼을 선택합니다.

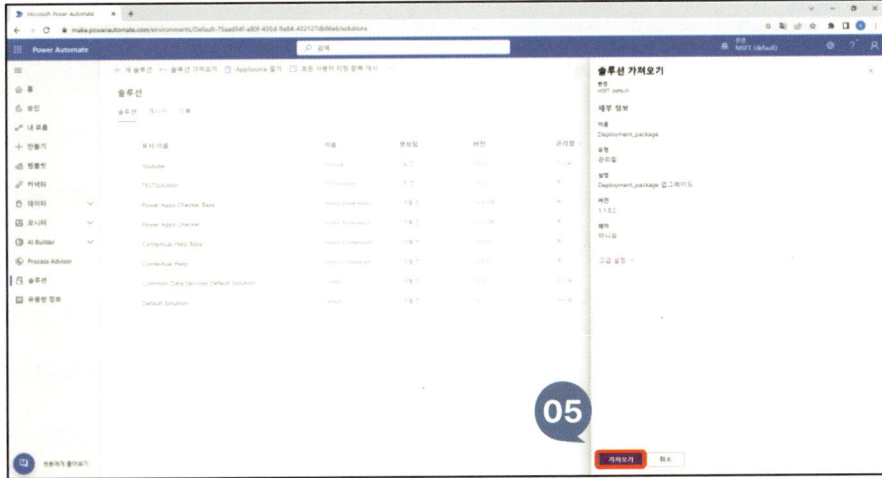

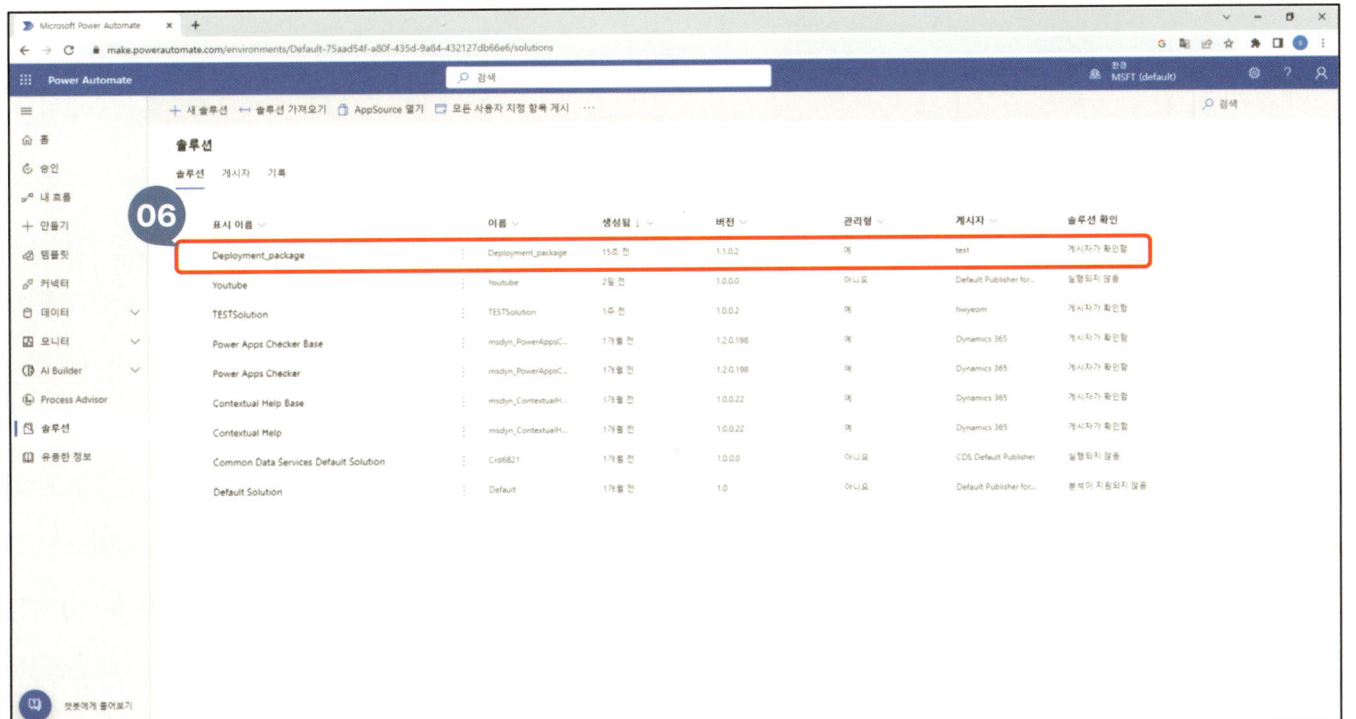

06 | 솔루션이 추가된 것을 확인할 수 있습니다.

4.3 [DPA] 업무 흐름 공유하기 **299**

4.3.5 Robin Language

Robin Language은 RPA (Robotic Process Automation) 분야에 특화된 오픈 소스 프로그래밍 언어입니다. 이 언어는 2019년에 개발되어 공개되었으며, 자동화 프로세스를 작성하기 위한 전용 언어로 설계되었습니다. Robin의 주요 목표는 RPA 개발을 더 쉽고 효율적으로 만들어 주는 것이며, RPA 엔지니어들이 간편하게 작업을 수행할 수 있도록 지원합니다. 아래와 같은 특징을 가지고 있습니다.

특화된 도메인
Robin은 일반적인 프로그래밍 언어와 달리 RPA 도메인에 특화되어 있어, 자동화 작업에 필요한 기능들을 직관적이고 효율적으로 사용할 수 있습니다.

오픈 소스
Robin은 오픈 소스 프로젝트로, 사용자들이 소스 코드를 자유롭게 사용, 수정 및 배포할 수 있습니다. 이로 인해 사용자들은 Robin을 자신의 요구에 맞게 확장할 수 있고, 개발자들은 새로운 기능을 추가하거나 기존 기능을 개선할 수 있습니다.

간결한 구문
Robin은 간결하고 이해하기 쉬운 구문을 사용하여, 엔지니어들이 빠르게 스크립트를 작성하고 테스트할 수 있습니다.

호환성
Robin은 다양한 RPA 플랫폼과 호환되도록 설계되었습니다. 이를 통해 사용자들은 자신이 선호하는 RPA 플랫폼에서 Robin 스크립트를 실행할 수 있습니다.

Robin Language를 사용하여 백업 및 불러오기
- 복사할 자동화 흐름에서 마우스 우측 클릭 후 복사하여 메모장 또는 메일에 바로 복사할 수 있습니다.
- 메인 흐름이 아닌 하위 흐름이 있을 경우 동일하게 복사할 수 있습니다.
- 해당 코드를 자동화 흐름 탭에서 붙여넣기 합니다.
- 사용하지 않은 요소들은 복사되지 않습니다.

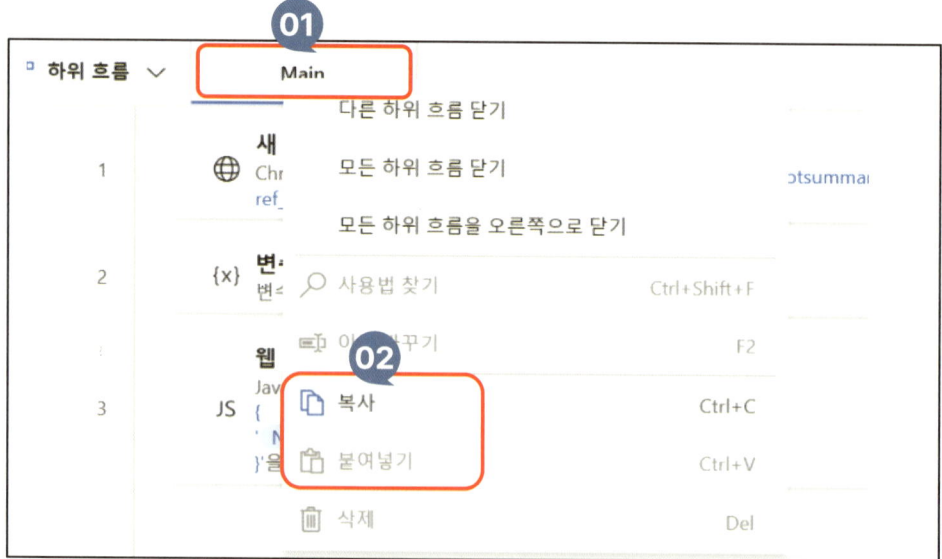

01 | 마우스 우측 버튼 클릭

02 | 복사 또는 붙여넣기

Step 4-4 | Windows 작업 스케줄러로 PAD실행하기
Run PAD using Windows Task Scheduler

4.4.1 Windows 작업 스케줄러로 PAD실행하기

사용자가 시스템의 Windows 작업 스케줄러를 활용하여 RPA 플로우를 자동으로 실행하도록 설정하는 방법을 소개합니다. 이 기능을 통해, 특정 시간이 되었을 때나 정해진 조건을 만족하는 경우에 RPA 흐름이 자동으로 작동하게 할 수 있습니다.

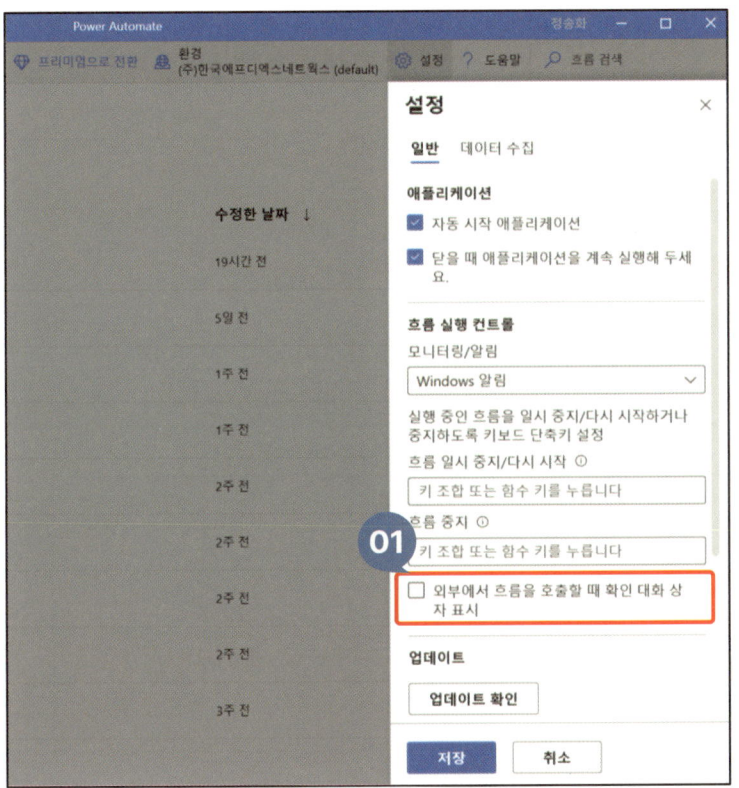

01 | Power Automate [설정]-[일반]에서 외부에서 흐름을 호출할 때 확인 대화 상자 표시 체크를 해제합니다.

02 | 스케줄링을 원하는 흐름에서 ⋮ 아이콘을 누르고 속성을 클릭하여 흐름 속성에 들어가고 세부정보 탭에서 실행URL을 복사합니다.

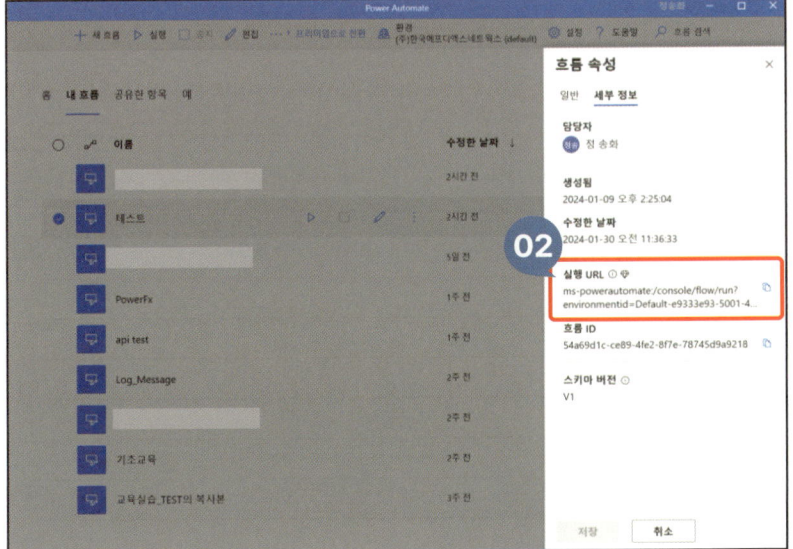

4.4.1 Windows 작업 스케줄러로 PAD실행하기

03 | 작업스케줄러를 실행시켜서 [기본 작업 만들기 마법사]를 실행시키고 이름과 스케줄을 입력합니다.

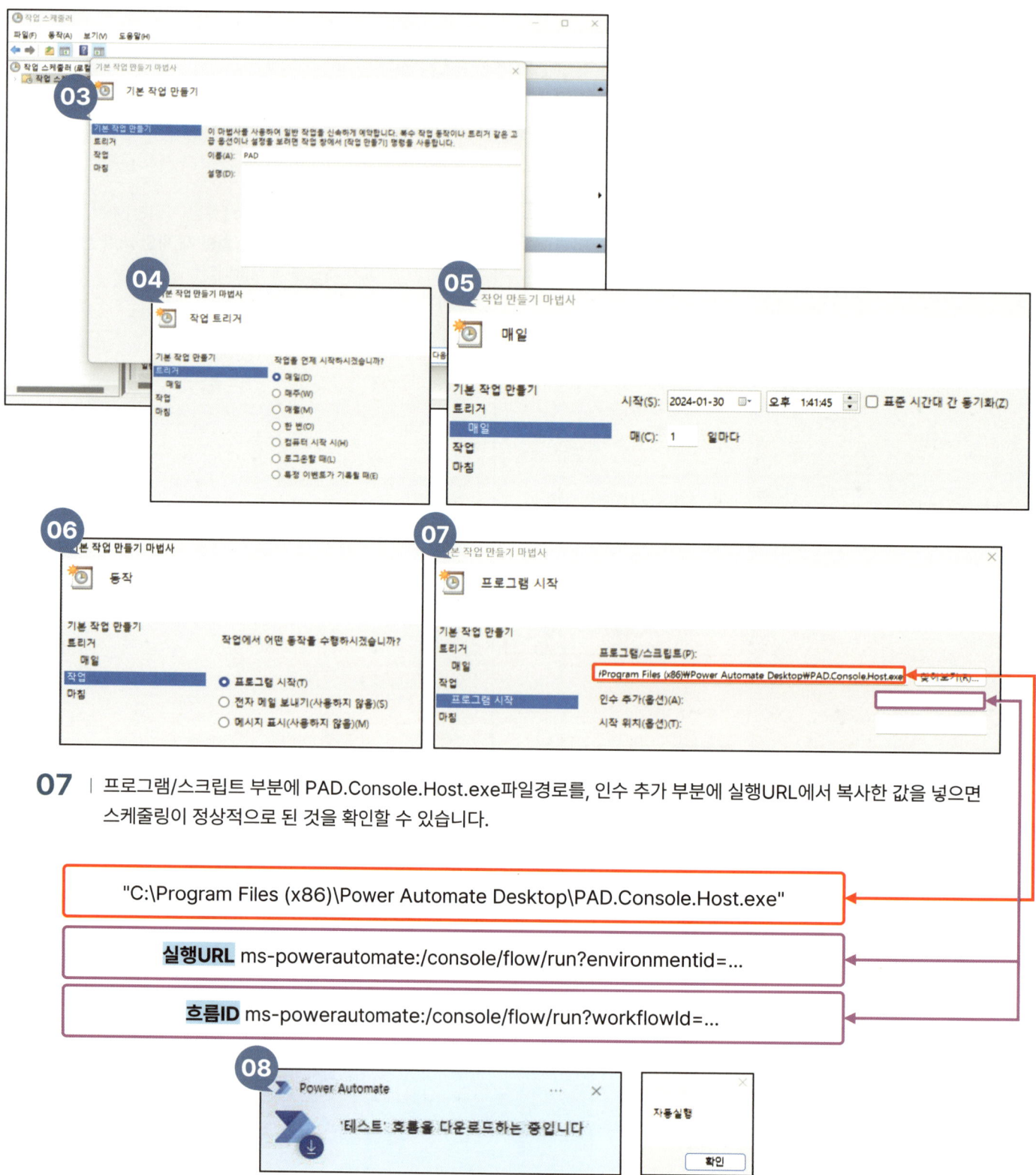

07 | 프로그램/스크립트 부분에 PAD.Console.Host.exe파일경로를, 인수 추가 부분에 실행URL에서 복사한 값을 넣으면 스케줄링이 정상적으로 된 것을 확인할 수 있습니다.

"C:\Program Files (x86)\Power Automate Desktop\PAD.Console.Host.exe"

실행URL ms-powerautomate:/console/flow/run?environmentid=...

흐름ID ms-powerautomate:/console/flow/run?workflowId=...

08 | 정해준 스케줄에 맞춰 흐름이 다운로드되어 실행됩니다.

Step 4-5 | Power Fx
Microsoft Power Platform 내에서 사용되는 로우 코드 언어

4.5.1 Power Fx

Power FX는 Microsoft Power Platform에서 활용되는 로우 코드 프로그래밍 언어로, 그 범용성과 강력함은 물론, 사용자가 원하는 결과를 직접 명시하는 직관적이고 기능 중심의 특성을 지닙니다. 이 언어는 사용자 친화적인 텍스트 형태로 표현되며, Excel의 수식 입력란이나 Visual Studio Code의 텍스트 창과 같은 친숙한 인터페이스를 통해 코드를 직접 작성할 수 있습니다. "로우 코드"의 "로우(low)"는 이 언어의 간결함과 사용의 용이성을 반영하며, 모든 사용자가 일반적인 프로그래밍 작업을 더 쉽게 수행할 수 있게 합니다.

4.5.2 PAD에서 Power Fx 사용하기

Power Automate Desktop에서 새 흐름을 만들 때 Power Fx 사용을 체크하면 Power Fx언어를 사용하여 자동화업무를 개발 할 수 있습니다. 기존의 PAD와는 다르게 변수에서 대소문자를 구분하며, 0(0)이 아닌 1(1)기반의 배열 인덱싱을 사용합니다. 25년 5월 기준으로 정식 버전으로 업데이트 되었습니다.

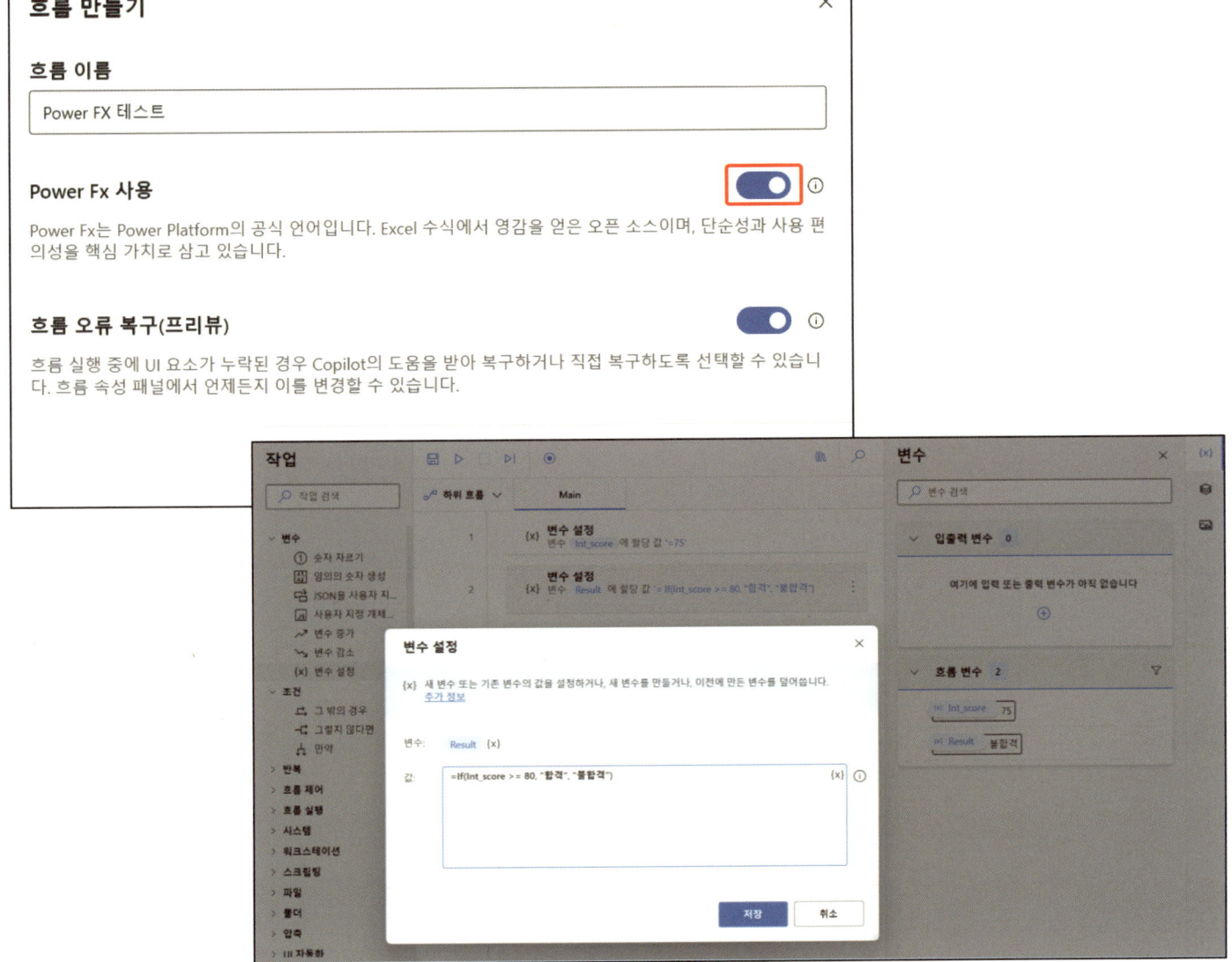

Step 4-6 | Power Automate Desktop 언어 전환하기
How to Change Language in Power Automate Desktop

4.6.1 언어 전환하기

기본적으로 PAD에서는 운영체제의 언어를 따라 가지만 필요한 경우 레지스트리(Registry)를 변경하여 프로그램에서 사용하는 언어를 변경 할 수 있습니다. 레지스트리 편집기를 사용 할 경우 보안 및 환경에 영향을 끼칠 수 있으니 **권장하지 않습니다.**

1) C:\Windows\regedit.exe 으로 레지스트리 편집기를 실행합니다.
2) 컴퓨터\HKEY_CURRENT_USER\Control Panel\International\User Profile 경로의 Languages를 ko에서 en-US으로 변경합니다. (한국어 > 영어)

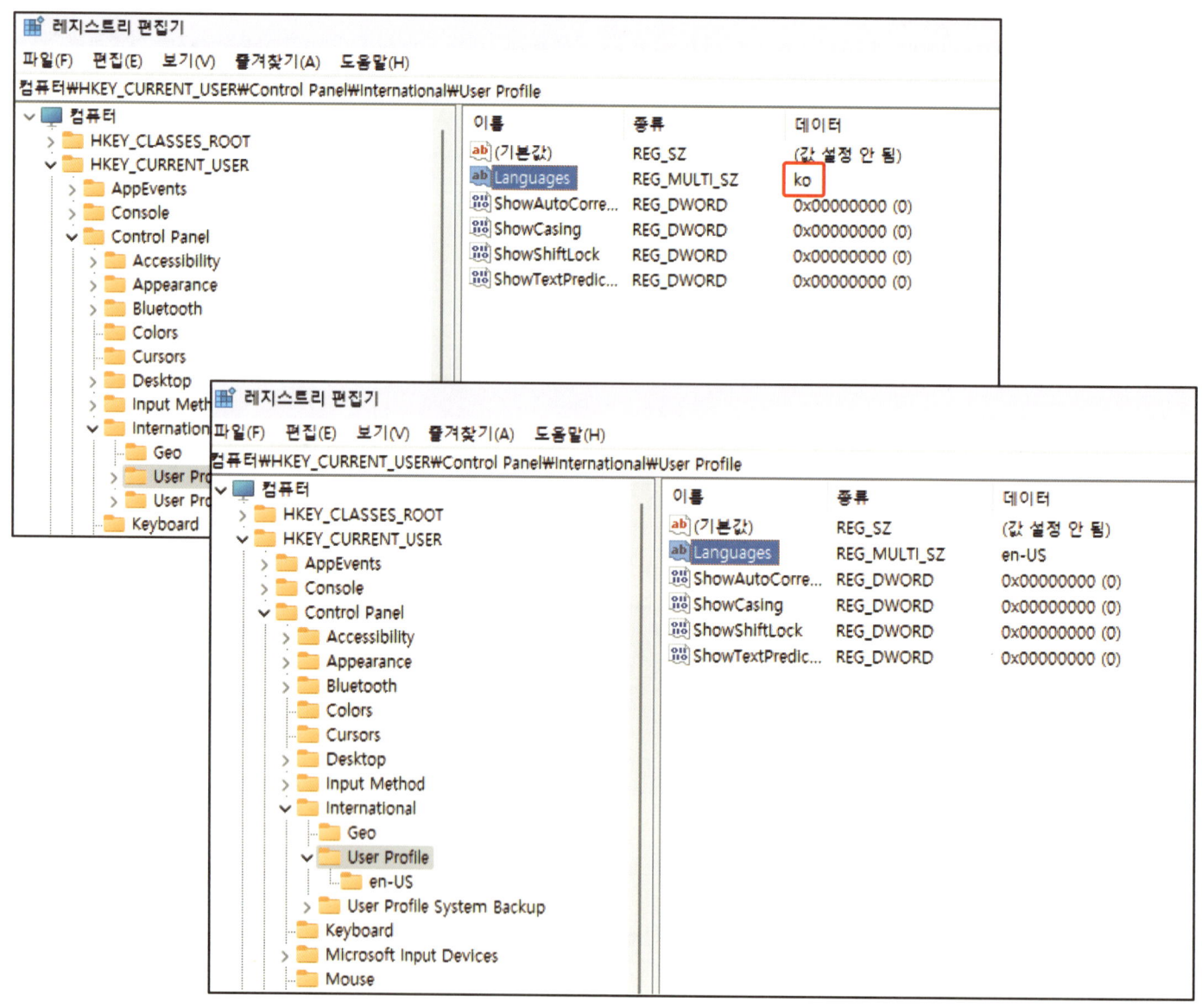

Step 4 - 7 | Picture In Picture 기능 사용하기
Picture In Picture

4.7.1 Picture In Picture

Picture In Picture (PIP) 기능을 사용하면, 데스크톱 환경을 복제한 가상 창 내에서 자동화된 작업을 실행할 수 있게 됩니다. 이 가상 창은 원본 데스크톱과 동일한 환경을 제공하며, 여기서 실행되는 UI 기반의 데스크톱 흐름은 사용자의 실제 작업 공간에 영향을 주지 않습니다. 사용자는 PIP 모드에서 자동화가 진행되는 동안 원본 데스크톱에서 다른 작업을 계속할 수 있습니다. 로그인이 중복으로 지원되지 않는 환경에서는 제한적일 수 있습니다.

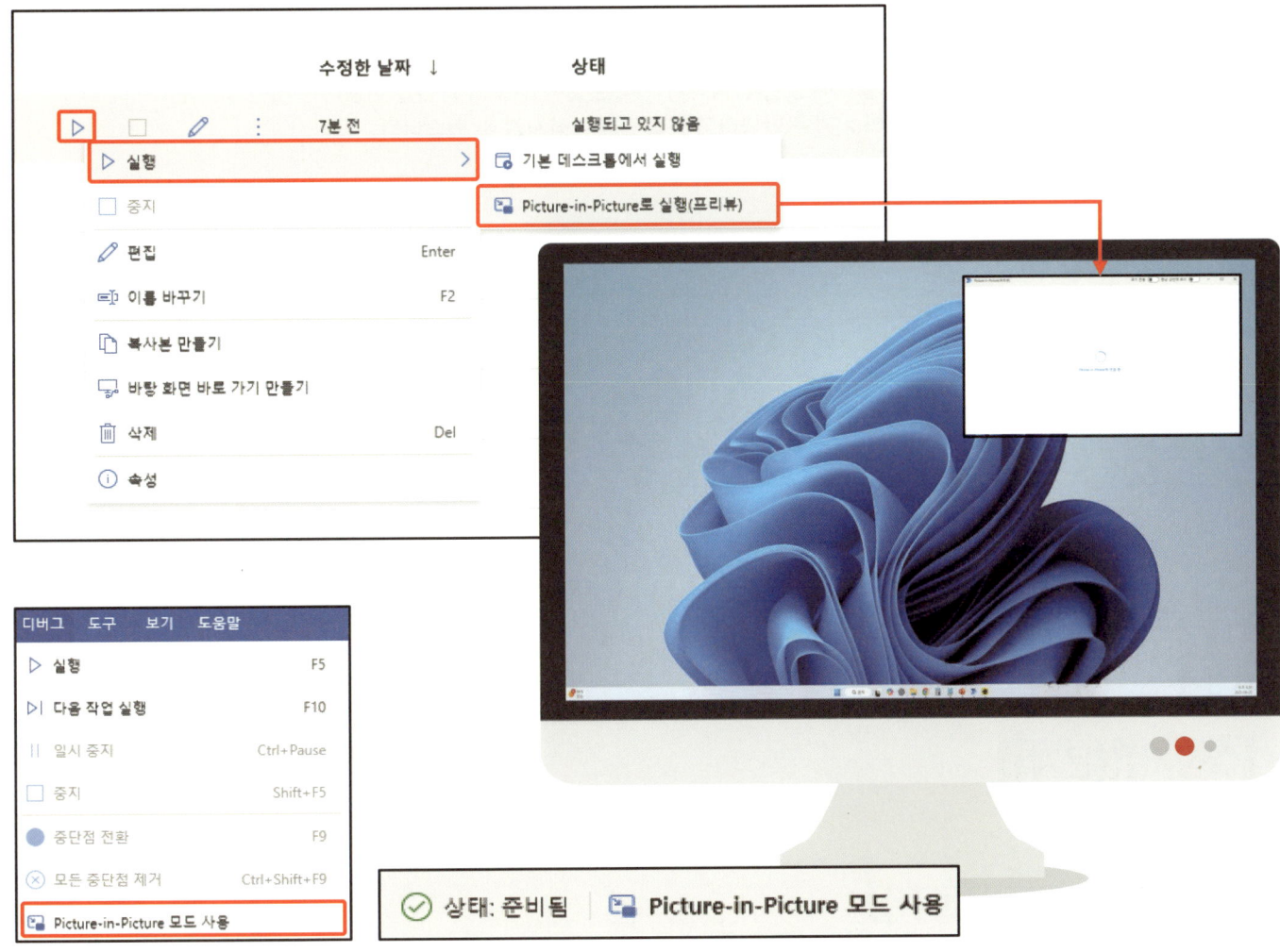

- ✓ 사용가능OS : Windows 10(Pro 또는 Enterprise), Windows 11(Pro 또는 Enterprise), Windows Server 2016, Windows Server 2019 또는 Windows Server 2022
- ✓ Power Automate Premium 플랜이 필요하거나 종량제 환경에 대한 액세스가 필요합니다.
- ✓ Computer Configuration\Windows Settings\Security Settings\Local Policies\User Rights Assignment\Allow Log On Locally (설정 경로: 컴퓨터 구성 \ Windows 설정 \ 보안 설정 \ 로컬 정책 \ 사용자 권한 할당 \ 로컬로 로그온 허용)
- ✓ Computer Configuration\Windows Settings\Security Settings\Local Policies\User Rights Assignment\Access this computer from the network (컴퓨터 구성 \ Windows 설정 \ 보안 설정 \ 로컬 정책 \ 사용자 권한 할당 \ 네트워크에서 이 컴퓨터에 액세스)

Step 4-8 | 마우스/키보드/클립보드
Actions - Mouse/Keyboard/Clipboard

4.8.1 마우스/키보드/클립보드 자동화

마우스, 키보드, 클립보드 작업을 포함하여 광범위한 작업액션을 제공합니다. 이러한 작업액션은 사용자의 물리적 조작 없이도 시스템 클립보드의 내용을 조작하거나 추출하는 등의 작업을 자동화할 수 있게 해줍니다. 예를 들어, '클립보드 텍스트 가져오기' 작업액션을 사용하면 클립보드의 내용을 쉽게 변수에 저장할 수 있고, '클립보드 텍스트 설정' 작업액션을 통해 클립보드에 새로운 텍스트를 할당할 수 있습니다.

마우스와 키보드 관련 작업액션은 업무 자동화에서 중요한 역할을 하며, 사용자의 물리적인 클릭이나 키 입력을 모방하여 다양한 작업을 자동으로 수행할 수 있도록 해줍니다. 웹 사이트나 애플리케이션에서의 데이터 입력과 같은 기업의 일상적인 업무에 필수적입니다. 사용자가 직접 특정 필드에 값을 입력하거나 버튼 클릭을 통해 화면을 이동하는 대신, 이러한 작업액션들이 그 역할을 대신하여 업무 처리 시간을 단축하고 정확도를 향상시킬 수 있습니다.

✓ 권한 없는 액세스를 방지하려면 Power Automate는 자동으로 응용 프로그램과 동일하거나 더 높은 권한으로 실행되어야 합니다. 마우스 클릭 보내기를 사용하여 높은 권한으로 실행되는 응용 프로그램과 상호 작용하려면 Power Automate를 관리자권한으로 실행합니다.

✓ 키를 수정자로 사용하려면 두 키 모두에 중괄호 표기법을 사용하면 됩니다.

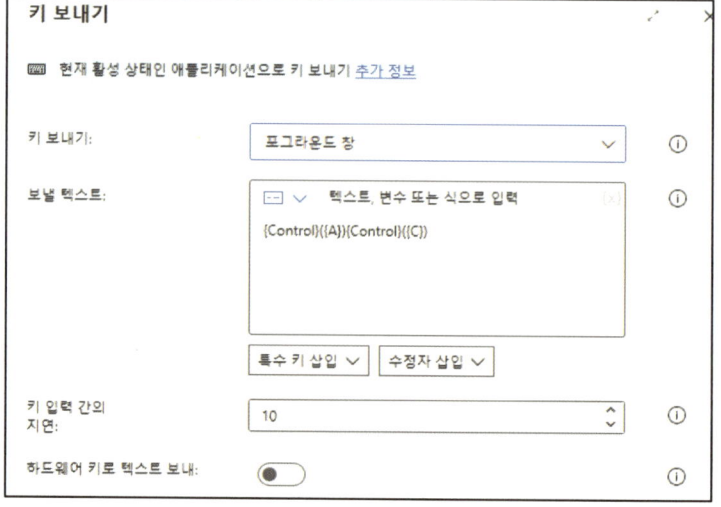

{특수키}
{Up}

{수정자}({문자})
{Control}({C})

{수정자}({수정자}(문자))
{LControlKey}({LShiftKey}(C))

4.8.2 마우스/키보드/클립보드 작업액션

🎬 클립보드 텍스트 가져오기 (Get clipboard text)

- 시스템 클립보드에 현재 저장된 텍스트를 검색할 수 있습니다. 이 작업액션을 사용함으로써, 웹 페이지, 문서 또는 기타 응용 프로그램에서 복사된 텍스트를 자동화 흐름 내의 변수로 쉽게 캡처하고 전송할 수 있습니다. "클립보드 텍스트 가져오기"를 통해 추출된 클립보드 내용을 후속 자동화 첨부 할 수 있습니다.

🎬 클립보드 텍스트 설정 (Set clipboard text)

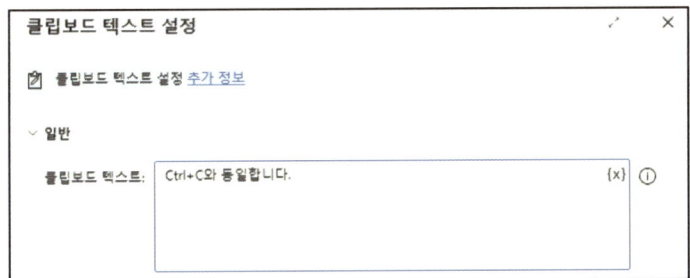

- 지정한 텍스트를 시스템 클립보드에 저장하는 기능을 수행합니다. 이 작업액션을 사용하면 문자열, 숫자, 날짜 등 다양한 데이터를 클립보드에 복사할 수 있으며, 이렇게 설정된 텍스트는 다른 응용 프로그램으로 붙여넣기가 가능합니다.

🎬 클립보드 내용 지우기 (Clear clipboard contents)

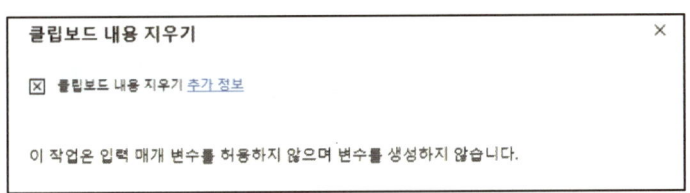

- 클립보드의 내용을 지웁니다.

4.8.2 마우스/키보드/클립보드 작업액션

🎬 이미지로 마우스 이동 (Move mouse to image)

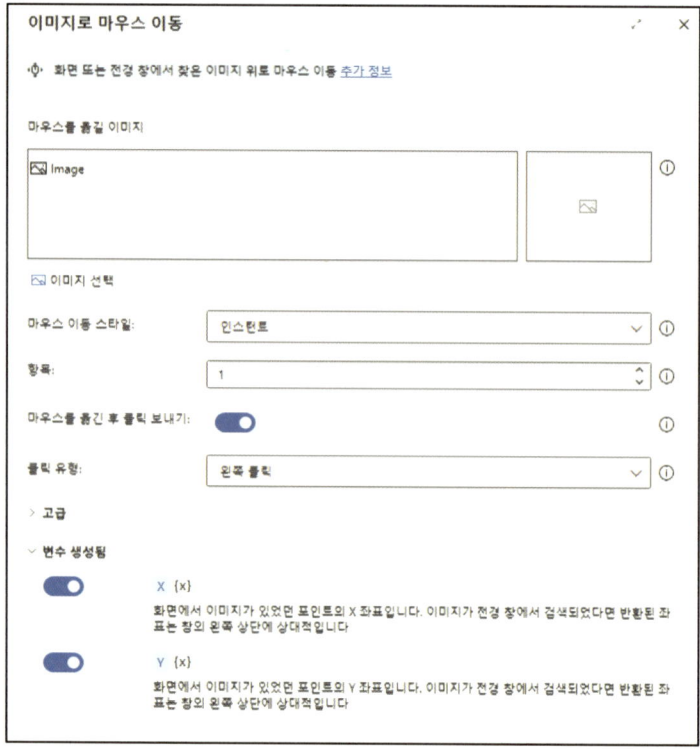

- 화면 또는 애플리케이션의 특정 이미지 위로 마우스 포인터를 이동시키는 작업을 수행합니다. 사용자는 이미지 목록에서 마우스를 옮길 대상 이미지를 선택하고, 이동 스타일을 '인스턴트' 또는 여러 애니메이션 옵션 중에서 선택하여 마우스 이동 방식을 지정할 수 있습니다. 원하는 이미지에 도달한 후 선택적으로 마우스 클릭을 수행할 수 있으며, 이때 클릭 유형(예: 왼쪽 클릭, 오른쪽 클릭 등)을 지정할 수 있습니다.

- 이미지가 화면에 나타나기를 기다리는 옵션을 포함하여, 주어진 시간 안에 이미지를 찾지 못할 경우 실패로 간주하게 할 수 있습니다. 또한, 이미지 일치 알고리즘을 선택하여 기본 또는 고급 검색 방식을 사용할 수 있으며, 이미지 내에서 마우스가 위치할 상대적인 위치를 센터, 코너 등으로 지정할 수 있습니다. 사용자는 검색할 이미지의 정확한 위치를 좌표를 통해 더 세밀하게 지정하고, 허용 범위 값을 통해 이미지 인식의 정밀도를 조절할 수도 있습니다.

✓ 기본 알고리즘은 200x200픽셀 미만의 이미지에서 더 나은 결과를 얻는 반면 고급 알고리즘은 더 큰 이미지에서 더 효과적이며 색상 변경에 더 강력합니다.
✓ 한번 생성된 이미지는 로컬에서 관리되지 않기 때문에 폴더로 이동 할 수 없습니다. 폴더 내에 이미지를 구성하고 싶다면, 폴더 내에서 이미지 캡쳐를 진행해야 합니다.

🎬 마우스 위치 가져오기 (Get mouse position)

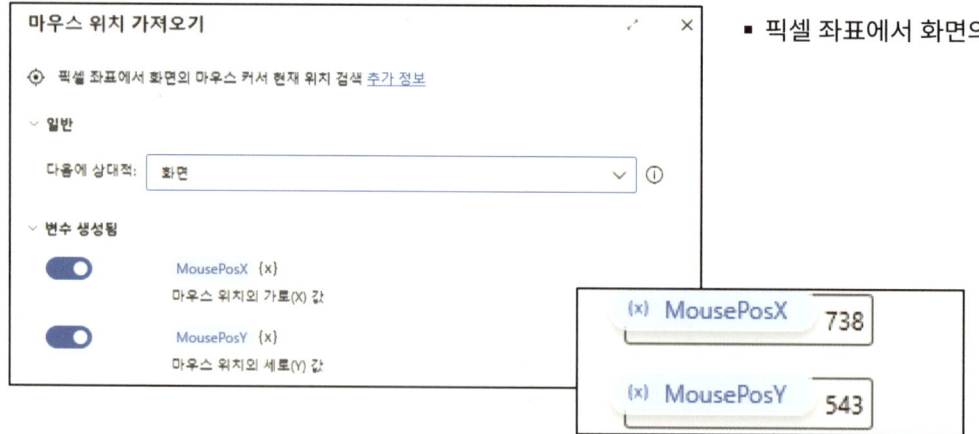

- 픽셀 좌표에서 화면의 마우스 커서 현재 위치를 검색합니다.

🎬 마우스 클릭 보내기 (Send mouse click)

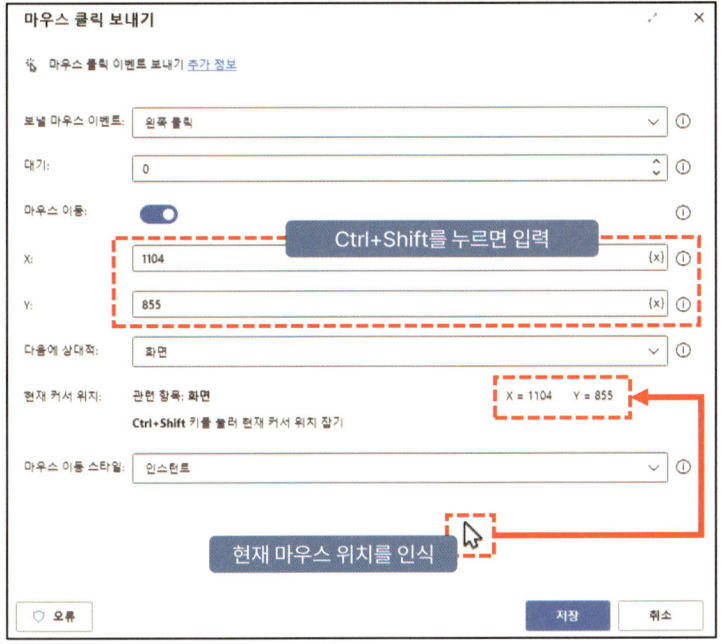

- 사용자의 대신 마우스 클릭을 자동화하여 수행하는 기능을 제공합니다. 이 작업액션을 통해 지정된 마우스 이벤트를 보낼 수 있으며, 왼쪽 클릭부터 오른쪽 클릭, 더블 클릭 등 다양한 클릭 옵션을 지원합니다. 마우스 이벤트와 함께 마우스 위치를 이동할지 여부도 선택할 수 있습니다.

- X와 Y 좌표를 사용하여 화면에서의 정확한 위치를 지정하고, 이는 화면 전체, 활성 창 또는 현재 마우스 위치에 상대적으로 설정될 수 있습니다. 또한, 마우스 이동 스타일은 즉시 이동에서부터 여러 속도의 애니메이션 이동까지 다양한 옵션을 제공하여 사용자의 필요에 맞게 마우스 동작을 커스터마이징 할 수 있습니다.

🎬 키 보내기 (Send keys)

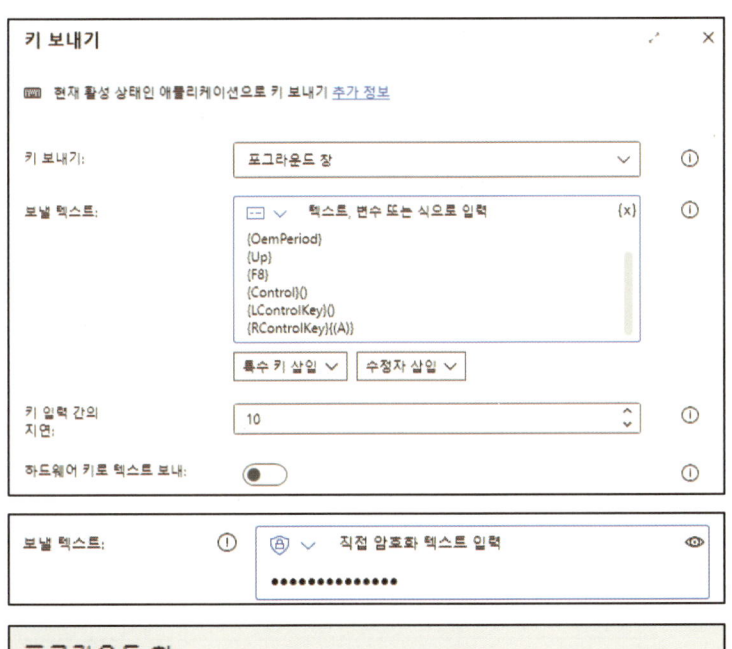

- 현재 활성 상태인 어플리케이션에 키 입력을 자동으로 보낼 수 있습니다. 사용자는 이 작업액션을 통해 포그라운드 창이나 지정된 UI 요소, 창 인스턴스, 혹은 특정 제목 또는 클래스를 가진 창에 키 입력을 할 수 있습니다. 보낼 텍스트를 직접 입력하거나 텍스트 변수 값을 사용하여 애플리케이션으로 전송되며, 각 키 입력 사이에 지연 시간을 밀리초 단위로 설정하여 입력 오류를 최소화할 수 있습니다.

- 추가적으로, "하드웨어 키로 텍스트 보내기" 옵션을 사용하면 키보드의 물리적 키 입력을 에뮬레이트하여 전체 텍스트를 보낼 수 있어, 애플리케이션에서 실제 사용자의 키보드 사용과 동일한 효과를 낼 수 있습니다.

✓ 포그라운드 창은 활성 상태인 창을 의미합니다.

Step 4-9 | PDF/압축
Portable Document Format/Compression

4.9.1 PDF와 압축

PDF 작업 액션을 통해 PDF 파일을 생성, 편집, 병합, 분할하거나 특정 페이지를 추출하는 등의 작업을 수행할 수 있습니다. 또한, PDF 내의 텍스트를 읽거나 편집할 수 있으며, PDF 문서의 보안 설정을 조정하는 기능도 포함됩니다. 이러한 PDF 작업 액션은 문서 관리와 데이터 처리 업무를 효율적으로 수행하는 데 큰 도움이 됩니다. 또한 압축 작업 액션을 통한 압축과 압축 해제 기능으로 다수의 파일을 손쉽게 관리 할 수 있습니다.

4.9.2 압축 작업액션

파일 압축 해제 (Unzip files)

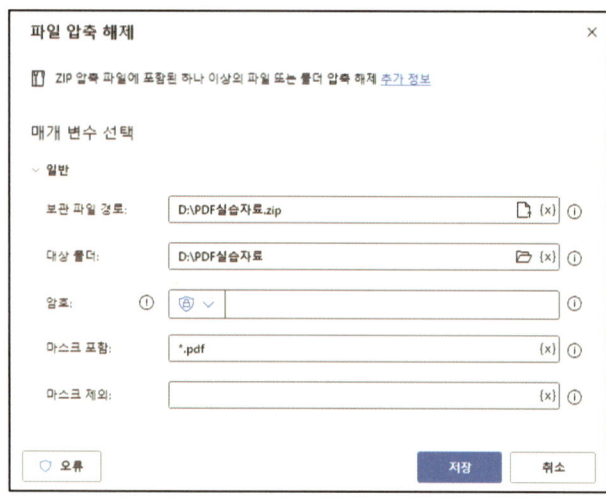

- 보관 파일 경로에서 ZIP파일을 선택하고 해당하는 폴더명을 입력하면 ZIP파일의 압축을 해제합니다.

- 마스크 포함의 경우 ZIP파일에서 해당되는 파일만(예시에서는 *.pdf로 끝나는 파일) 추출하며, 마스크 제외의 경우 해당하는 파일은 제외하고 압축을 해제 합니다.

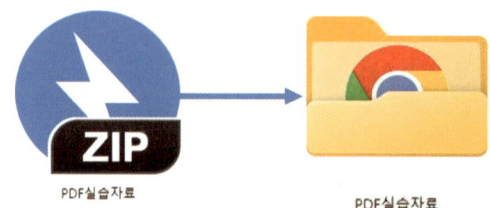

✓ 다중파일 및 확장자는 세미콜론(;)으로 구별합니다. *.txt;*.pdf

ZIP 파일 (Zip files)

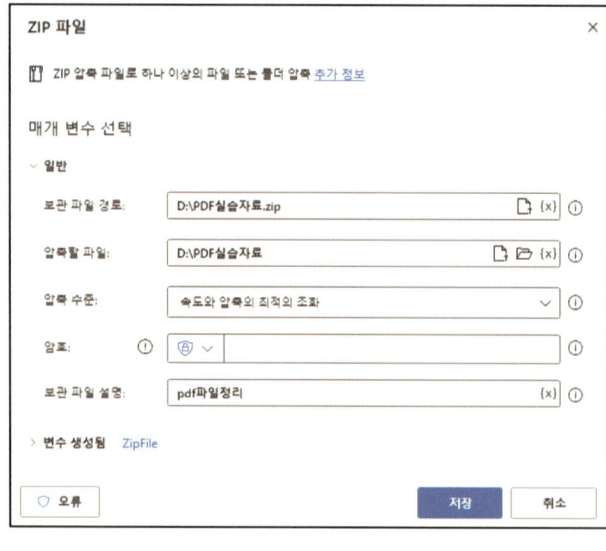

- 압축할 파일에서 해당하는 폴더를 선택하고, 보관 파일 경로에서 저장할 ZIP파일 경로를 선택합니다. 루트 디렉터리(최 상단 C, D드라이브 등)은 선택이 되지 않습니다.

✓ 폴더 외에도 다중파일도 지정 가능합니다.

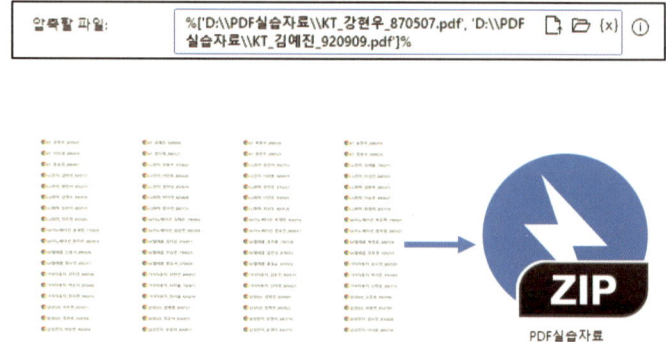

📁 PDF에서 텍스트 추출 (Extract text from PDF)

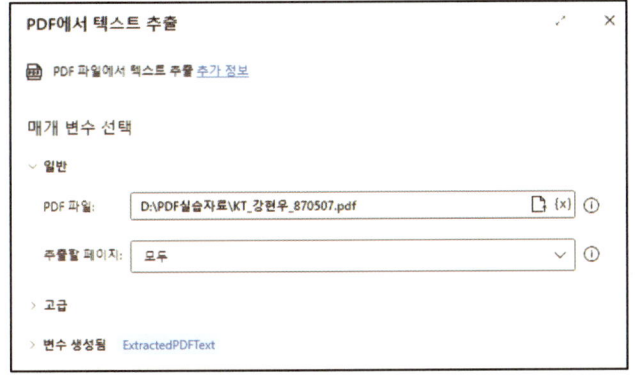

- 선택한 PDF파일에서 텍스트를 추출합니다. 추출할 페이지를 단일 또는 범위, 모든 페이지 등을 선택하여 할 수 있습니다.

✓ PDF에서 텍스트 추출 작업액션과 텍스트 자르기 작업액션을 조합하여 사용하면 특정한 영역에 있는 정보 예를 들어 상단의 문서에 주민등록번호 앞자리를 가져오고 싶다면 주민등록번호와 – 사이의 값을 가져오는 자동화 작업을 구성 할 수 있습니다.

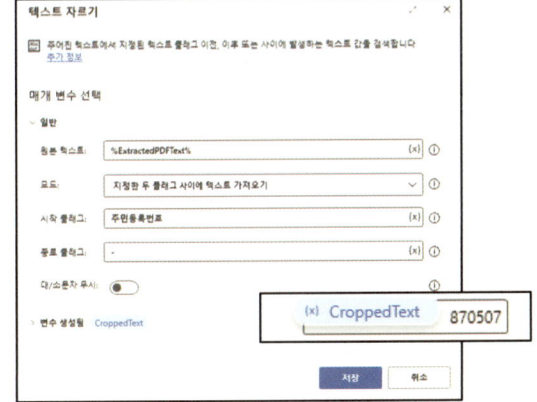

4.9.3 PDF 작업액션

📄 PDF에서 테이블 추출 (Extract tables from PDF)

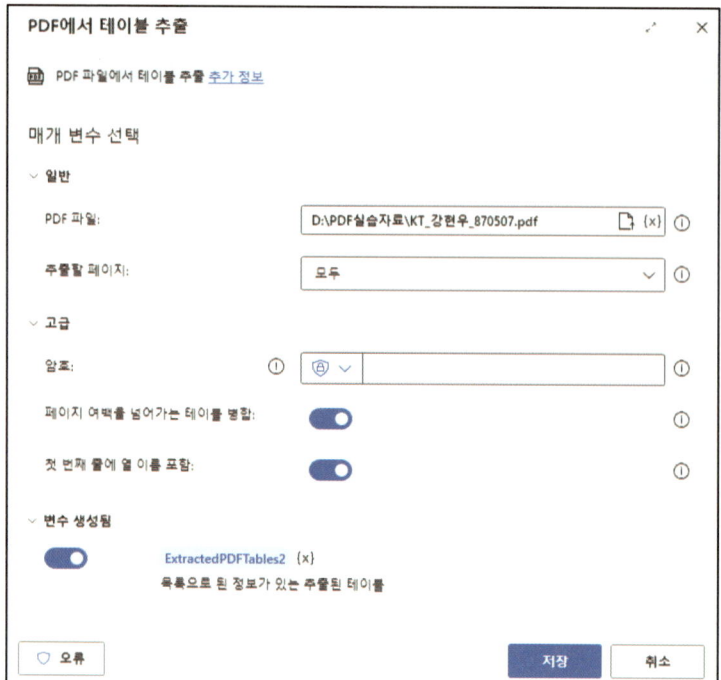

- 선택한 PDF파일에서 데이터 테이블을 추출합니다. 추출할 페이지를 단일 또는 범위, 모든 페이지 등을 선택하여 할 수 있습니다.

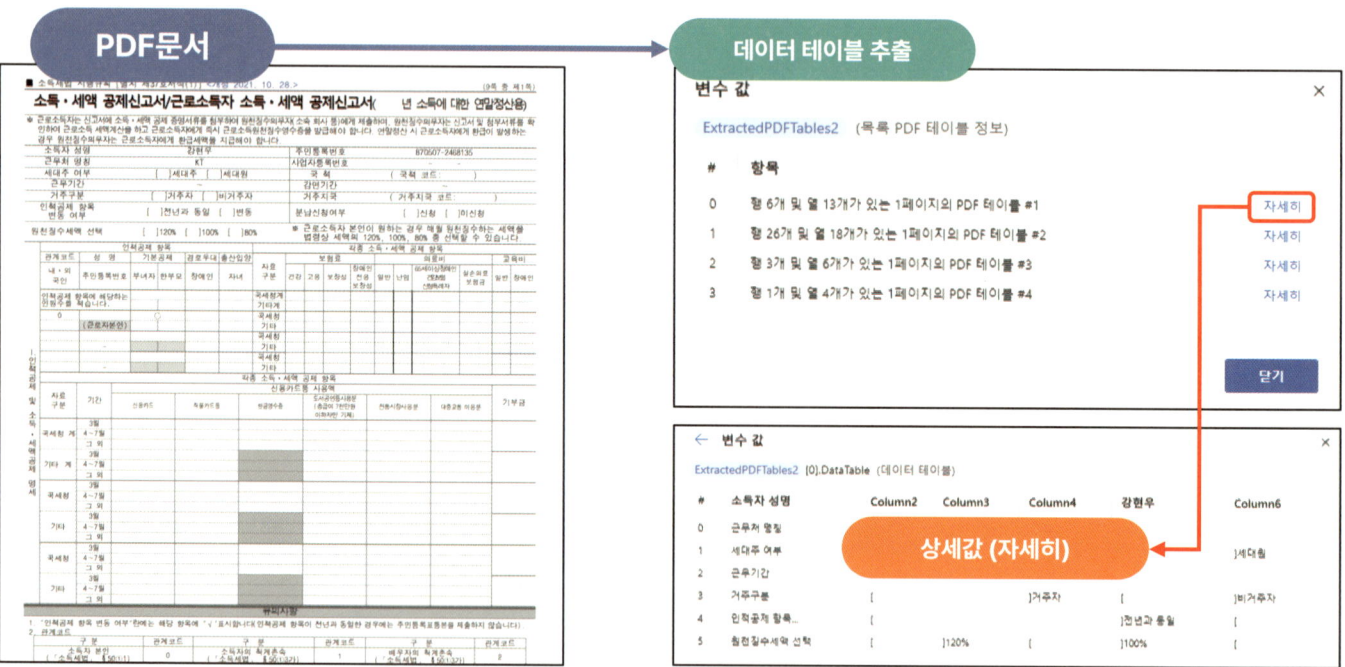

🎬 PDF에서 이미지 추출 (Extract images from PDF)

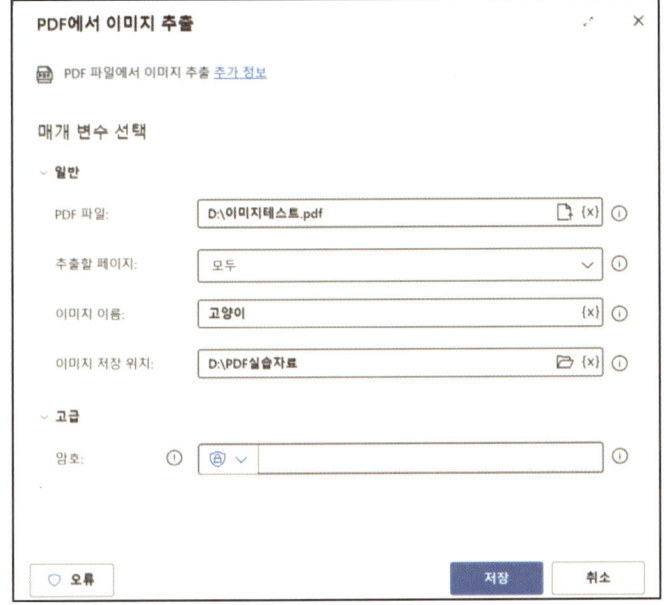

- 선택한 PDF파일에서 이미지를 추출합니다. 추출할 페이지를 단일 또는 범위, 모든 페이지 등을 선택하여 할 수 있습니다.

- 이미지가 없는 경우 별도의 오류를 내지 않고 아무런 결과없이 작업을 완료하게 됩니다.

4.9.3 PDF 작업액션

📄 새 PDF 파일로 PDF 파일 추출 (Extract PDF file pages to new PDF file)

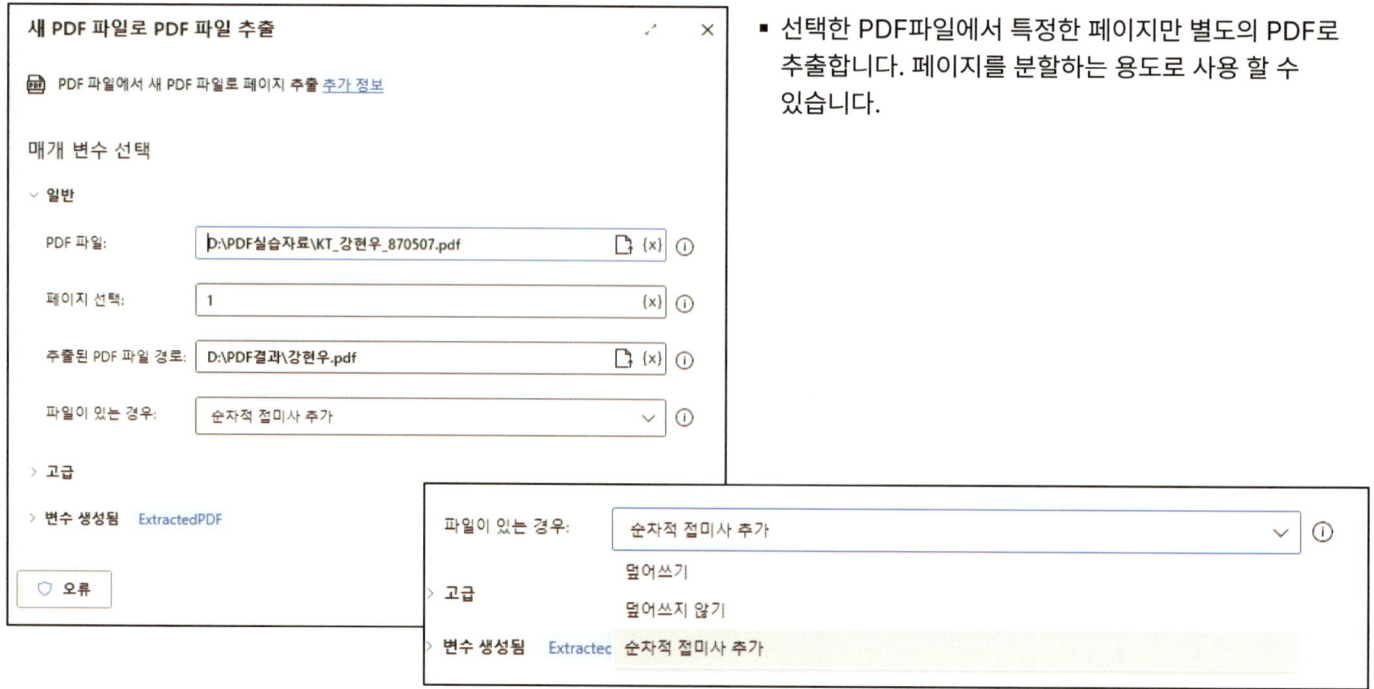

- 선택한 PDF파일에서 특정한 페이지만 별도의 PDF로 추출합니다. 페이지를 분할하는 용도로 사용 할 수 있습니다.

✓ 순차적 접미사 추가 : 해당 파일이 있다면 파일명 (숫자) 형태로 기존파일을 수정하지 않고 추가 생성합니다. 예) PDF파일.pdf, PDF파일 (2).pdf ...

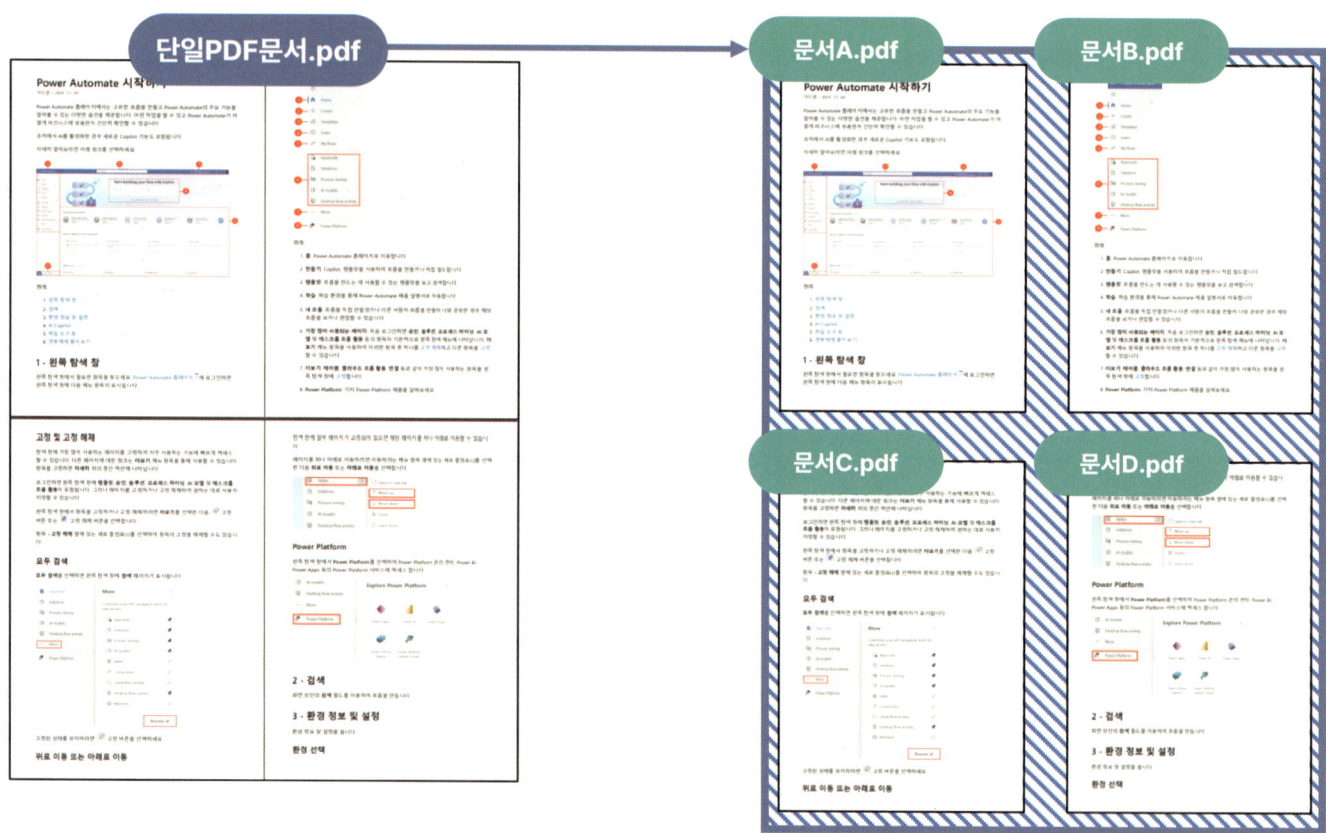

📽 PDF파일 병합 (Merge PDF files)

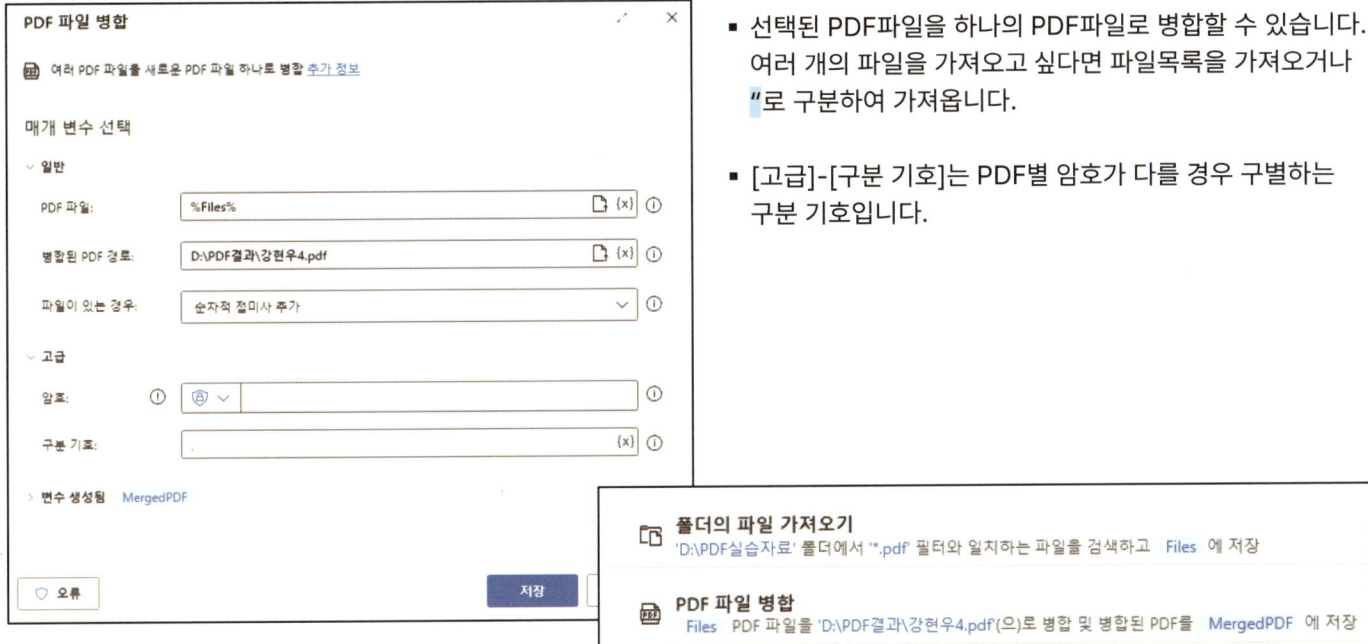

- 선택된 PDF파일을 하나의 PDF파일로 병합할 수 있습니다. 여러 개의 파일을 가져오고 싶다면 파일목록을 가져오거나 "로 구분하여 가져옵니다.

- [고급]-[구분 기호]는 PDF별 암호가 다를 경우 구별하는 구분 기호입니다.

✓ 파일병합에서 특정 폴더의 특정파일을 가져오고 싶다면 [폴더의 파일 가져오기] 작업액션을 통해서 파일명목록을 가져와서 사용 할 수 있습니다.

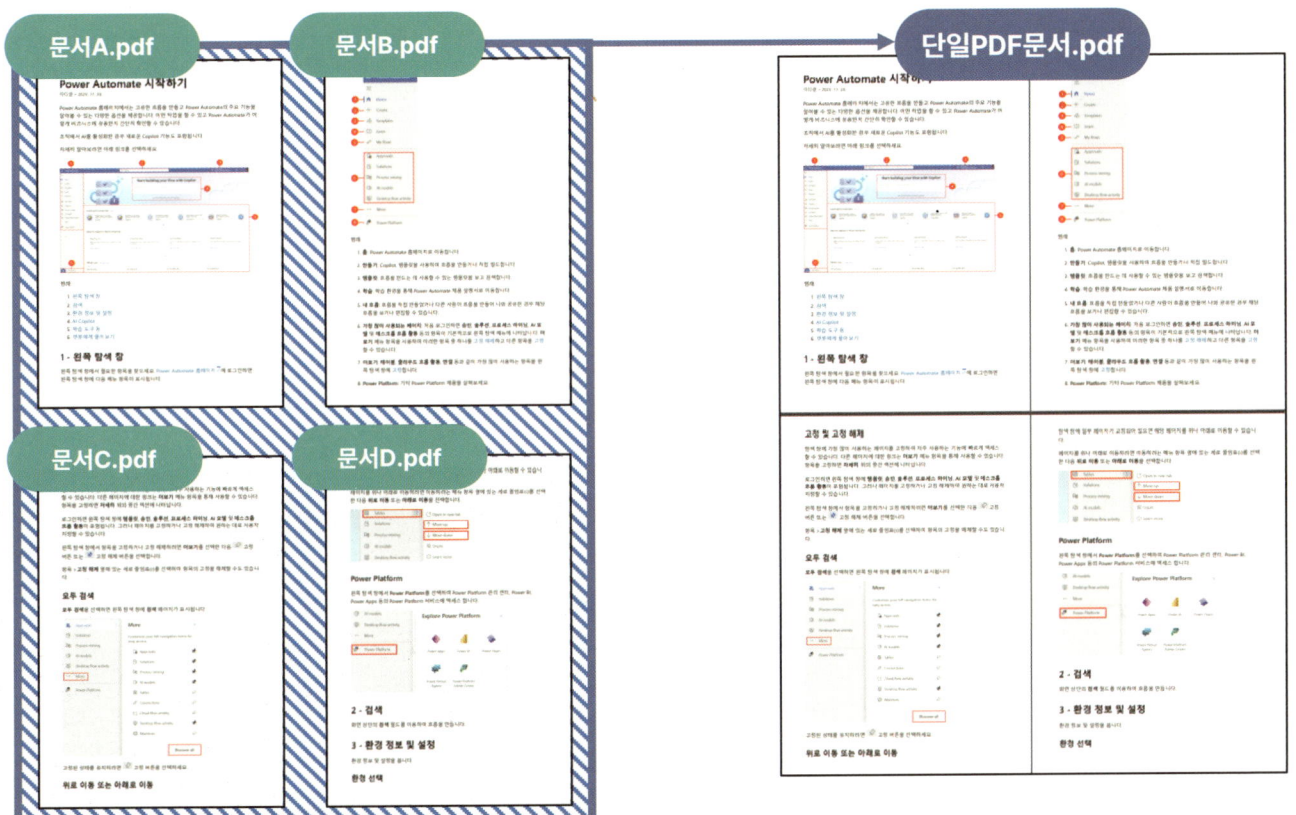

4.9 PDF/압축 **315**

Step 4 - 10 | 시스템
Actions - System

4.10.1 시스템 제어방법

Power Automate Desktop의 시스템 액션을 사용하면 프로그램을 실행하거나 강제로 종료할 수 있습니다. 이러한 기능은 특히 자동화된 프로세스의 일부로 다양한 응용 프로그램을 제어하는 데 유용합니다.

프로그램을 실행하는 액션을 사용하면, 특정 프로그램이나 애플리케이션을 시작할 수 있습니다. 반대로, 프로그램을 강제로 종료하는 액션은 실행 중인 프로세스를 멈추게 할 수 있습니다. 이때, 특정 프로세스를 식별하고 관리하기 위한 방법이 필요합니다. 프로세스의 이름이나 PID(프로세스 식별자)를 확인하는 방법은 작업 관리자를 이용하거나 명령 프롬프트를 이용하는 방법이 있습니다.

▪ **작업 관리자 사용**
Windows 작업 관리자를 열고 '프로세스' 탭을 확인합니다.
이곳에서 실행 중인 프로그램의 목록을 볼 수 있으며, 각 프로그램의 이름과 PID를 확인할 수 있습니다.

▪ **명령 프롬프트(CMD)에서 'tasklist' 명령어 사용**
시작에서 CMD(명령 프롬프트)를 열고 'tasklist' 명령어를 입력합니다.
이 명령은 현재 실행 중인 모든 프로세스의 리스트와 함께 각 프로세스의 이름과 PID를 표시합니다.

이러한 방법을 통해 확인한 프로세스 이름이나 PID를 PAD의 프로그램 실행 또는 강제 종료 액션에 사용함으로써, 자동화된 프로세스를 보다 효과적으로 관리할 수 있습니다.

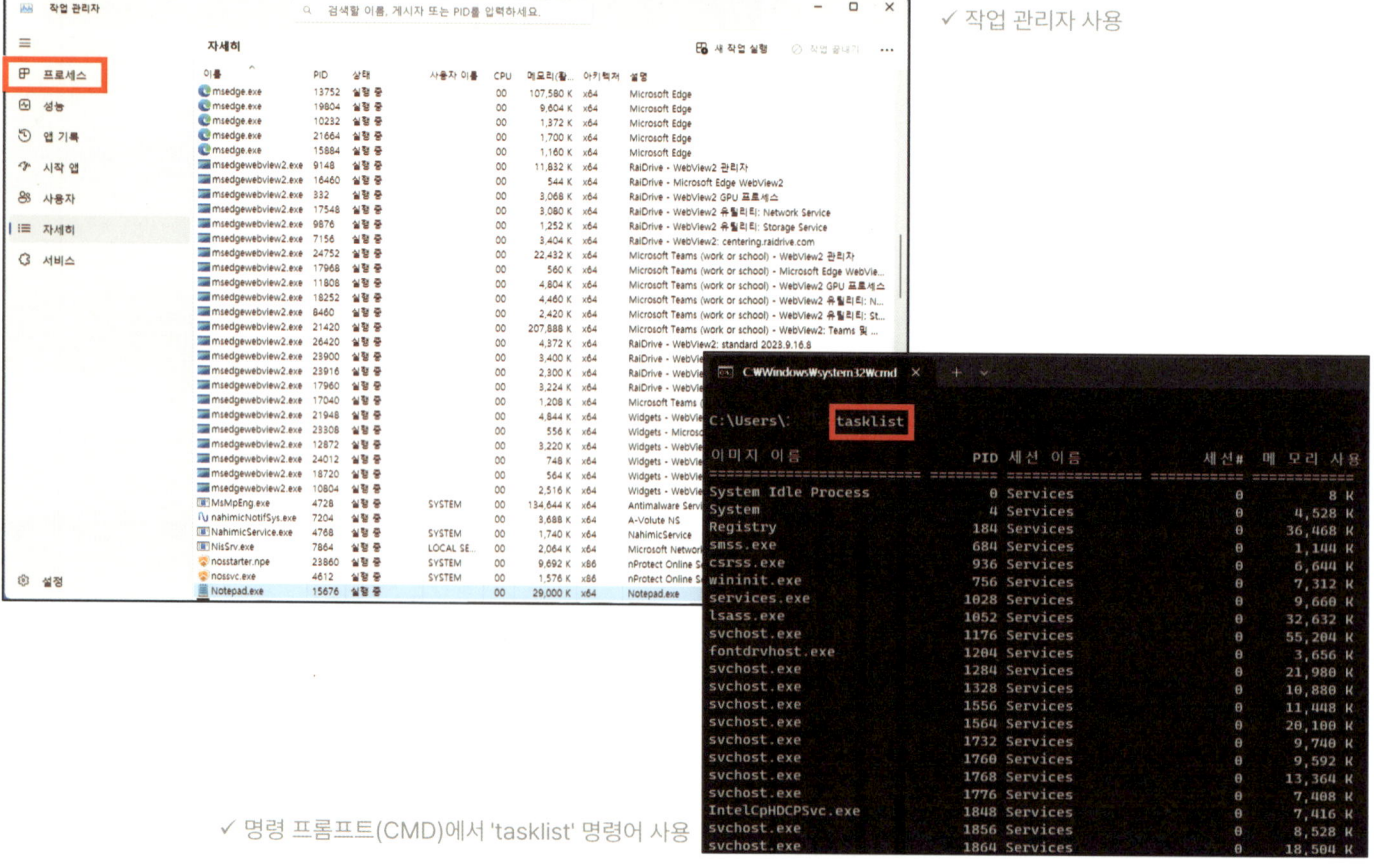

✓ 작업 관리자 사용

✓ 명령 프롬프트(CMD)에서 'tasklist' 명령어 사용

4.10.2 시스템 작업액션

🎬 프로세스 대기 (Wait for process)

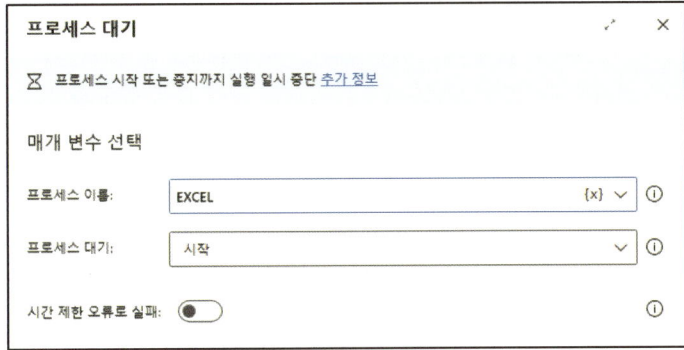

- 특정 프로세스의 시작이나 중지를 기다리는 기능을 제공합니다. 사용자는 확인하고자 하는 프로세스의 이름을 선택하거나 직접 입력할 수 있습니다. 이후 '프로세스 대기' 옵션을 설정하여 해당 프로세스가 시작되기를 기다리거나, 이미 실행 중인 프로세스가 중지되기를 기다릴 수 있습니다. 또한, '시간제한 오류로 실패' 옵션을 활성화하여 특정 시간 내에 프로세스의 시작 또는 중지가 감지되지 않을 경우 작업을 실패로 처리할 수 있습니다. 이 때 '기간' 옵션을 통해 대기할 시간(초)을 설정할 수 있습니다.

- 자동화된 작업 흐름에서 특정 프로세스의 실행 여부를 기반으로 다음 단계의 작업을 진행하거나 중단할 필요가 있을 때 매우 유용합니다. 예를 들어, 특정 애플리케이션이 시작되기를 기다린 후 추가 작업을 실행하거나, 특정 프로세스가 종료될 때까지 다른 작업을 일시 중지하는 등의 상황에서 활용할 수 있습니다.

🎬 프로세스가 진행 중인 경우 (If process)

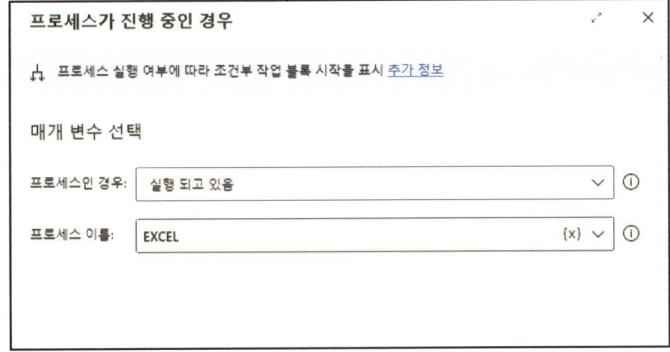

- 특정 프로세스가 실행 중인지 여부를 확인하고, 그에 따라 조건부 작업을 수행할 수 있는 기능을 제공합니다. 이 액션을 사용하면 '프로세스가 실행되고 있음' 또는 '프로세스가 실행되고 있지 않음'을 기준으로 다음 단계의 작업을 결정할 수 있습니다.

- 이 액션은 조건문과 함께 사용될 수 있으며, 이를 통해 보다 복잡한 로직을 구현할 수 있습니다. 예를 들어, 특정 프로세스가 실행 중일 때만 특정 작업을 실행하거나, 프로세스가 실행되고 있지 않을 때 다른 작업을 시작하는 등의 조건부 흐름을 설정할 수 있습니다.

- '프로세스가 진행 중인 경우' 액션을 활용하면, 자동화된 프로세스를 보다 효과적으로 관리하고 제어할 수 있으며, 업무 흐름을 정교하게 조정할 수 있습니다.

4.10.2 시스템 작업액션

🎬 응용 프로그램 실행 (Run application)

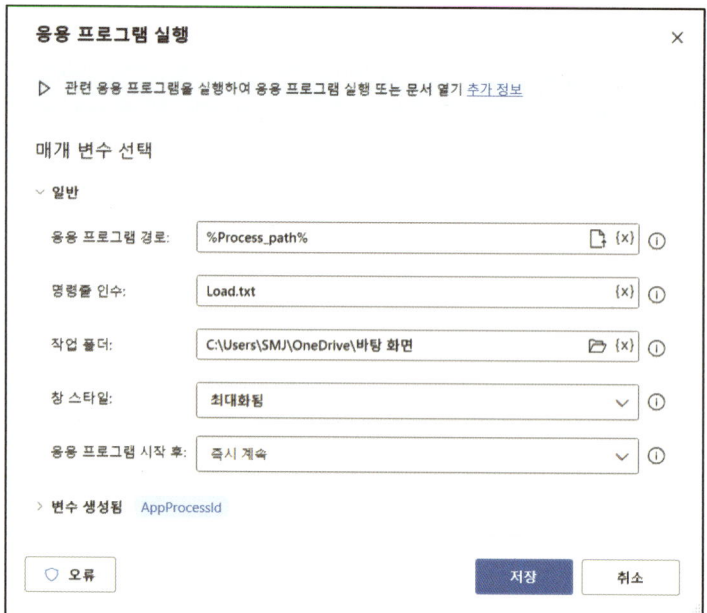

- 사용자는 주어진 경로에서 원하는 응용 프로그램을 실행할 수 있습니다. 예를 들어, Notepad를 실행하면서 'Load.txt'라는 특정 텍스트 파일을 열기 위해 명령 줄 인수에 'Load.txt'를 입력할 수 있습니다. 이는 필수적인 값이 아니므로, 명령 줄 인수 없이 응용 프로그램을 단순히 실행하는 것도 가능합니다.

- 창의 스타일을 '일반', '숨김', '최대화됨', '최소화됨' 중에서 선택하고, 응용 프로그램이 로드되거나 완료될 때까지의 대기 옵션을 설정함으로써, 자동화된 작업 흐름에 맞춰 프로세스의 실행을 정밀하게 관리할 수 있습니다.

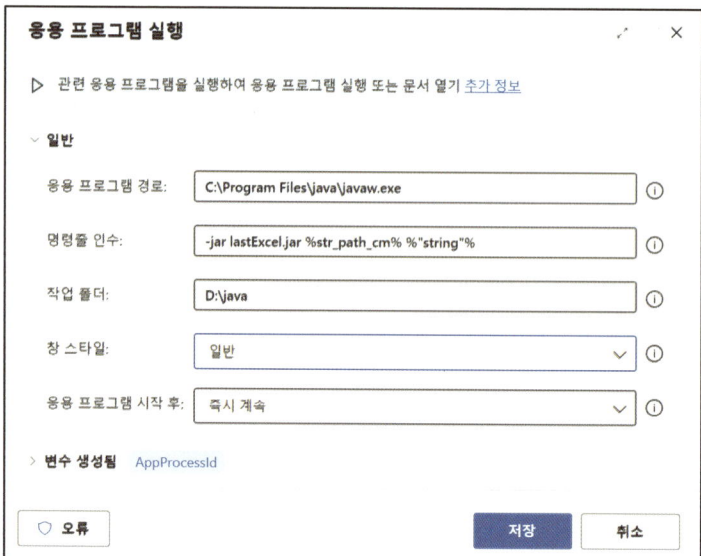

- 응용 프로그램 실행 작업액션에서 명령줄 인수를 넘겨줄 때에는 경로와 공백 문자와 쌍따옴표(")를 양쪽에 붙여 변수 및 텍스트 값을 넘겨 줄 수 있습니다.

- 프로그램 간의 충돌로 [응용 프로그램 실행]으로 실행되지 않는 경우에는 [PowerShell 스크립트 실행] 작업액션을 사용하여 대체 할 수 있습니다.

프로세스 종료 (Terminate process)

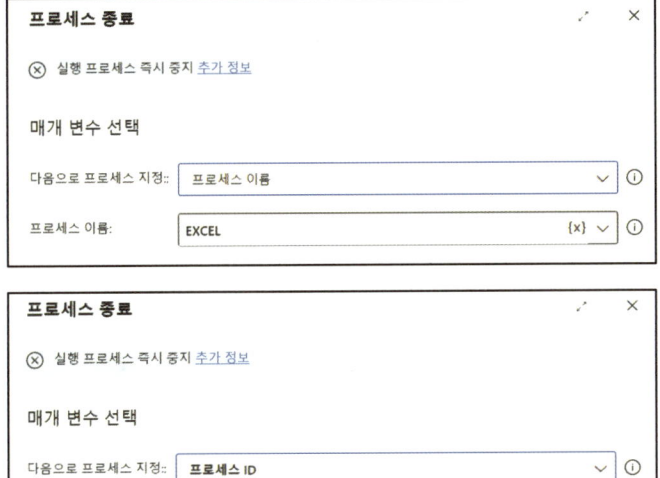

- 작업 관리자에 나타나는 특정 프로세스를 강제로 종료하는 기능을 제공합니다. 이 액션을 사용하여, 프로세스 이름 또는 프로세스 ID(PID)를 기반으로 특정 프로세스를 선택하고 종료할 수 있습니다.

- 프로세스가 실행 중인 상태에서 RPA가 실행될 경우 오류가 발생할 수 있어, 사람의 관여 없이 작동하는 무인 로봇의 경우에는 RPA 작업의 시작과 종료 시점에 '프로세스 종료 (Terminate process)' 액션을 추가하여 사용하기도 합니다. 이는 RPA가 중복되거나 충돌하는 프로세스로 인한 오류를 방지하고, 자동화된 작업의 안정성을 보장하는 데 도움이 됩니다.

DOS 명령 실행 (Run DOS command)

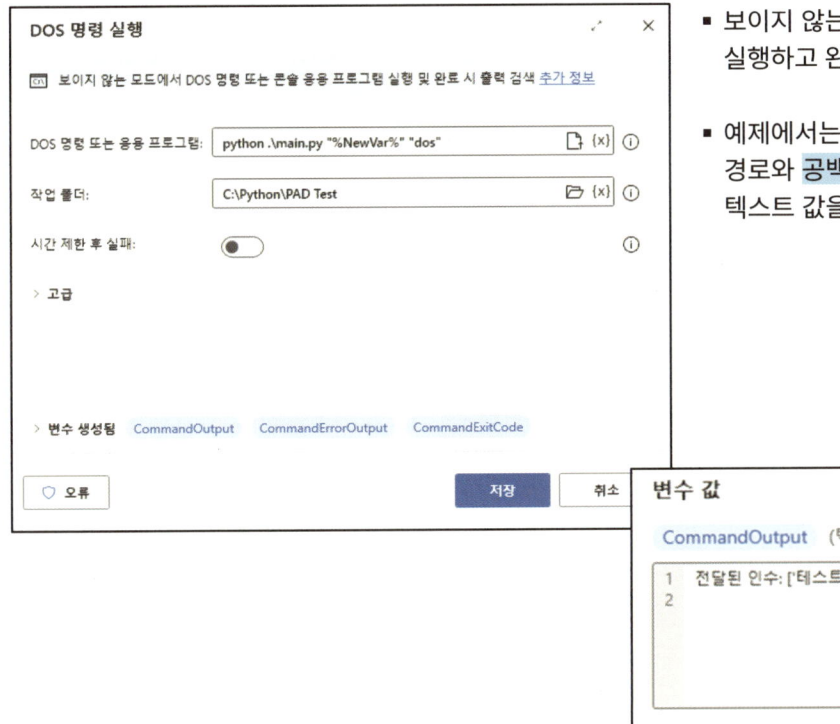

- 보이지 않는 모드에서 DOS 명령 또는 콘솔 애플리케이션을 실행하고 완료 시 출력을 검색합니다.

- 예제에서는 .py파일을 실행시키며 인수를 넘겨줄 때에는 경로와 공백 문자와 쌍따옴표(")를 양쪽에 붙여 변수 및 텍스트 값을 넘겨 줄 수 있습니다.

4.10 시스템   **319**

4.10.2 시스템 작업액션

🎬 Windows 환경 변수 가져오기 (Get Windows environment variable)

- 시스템에 설정된 환경 변수의 값을 검색합니다. 사용자는 '환경 변수 이름'을 입력하여, 예를 들어 'OS', 'OneDrive', 혹은 다양한 경로 정보와 같은 환경 변수를 지정할 수 있습니다.

- 환경 변수의 값을 가져와서 %EnvironmentVariableValue% 라는 변수에 할당하고, 이를 반환하여 후속 작업에서 사용할 수 있게 합니다. 이 기능은 시스템의 구성 정보를 활용하거나, 파일 경로와 같은 중요한 설정을 자동화 스크립트 내에서 참조할 때 특히 유용합니다.

🎬 Windows 환경 변수 설정 (Set Windows environment variable)

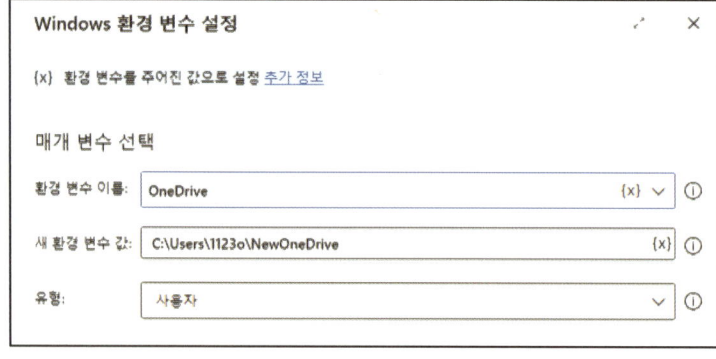

- 사용자가 지정한 값을 새 환경 변수로 설정하거나 기존 환경 변수를 수정하는 데 사용됩니다. 예를 들어, 'OneDrive'라는 환경 변수 이름을 선택하고 해당 변수의 값으로 'C:\Users\사용자명\NewOneDrive'를 설정할 수 있습니다.

- 유형을 '사용자' 또는 '시스템'으로 지정하여 환경 변수의 적용 범위를 결정할 수 있으며, 이를 통해 시스템 전체 또는 특정 사용자에 대한 환경 설정을 관리할 수 있습니다.

🎬 Windows 환경 변수 삭제 (Delete Windows environment variable)

- 시스템에 설정된 특정 환경 변수를 제거하는 기능을 수행합니다. 사용자는 삭제하고자 하는 '환경 변수 이름'을 지정하고, 해당 변수가 '사용자' 환경 변수인지 '시스템' 환경 변수인지를 선택하여 유형을 명시합니다. 이 액션을 통해, 더 이상 필요하지 않거나 오래된 환경 변수를 정리하여 시스템 설정을 최신 상태로 유지할 수 있습니다.

4.10.3 워크스테이션 작업액션

🎬 워크스테이션 – 문서인쇄 (Print document)

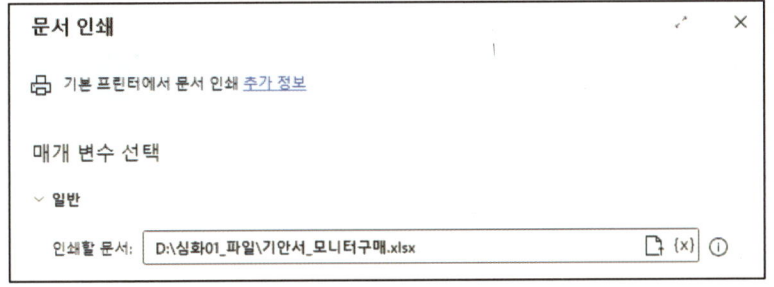

- 인쇄할 문서를 선택하고 인쇄하는 기능을 제공합니다. 이 액션은 특정 문서 파일을 선택하고, 기본 프린터를 사용하여 해당 문서를 인쇄할 수 있도록 합니다.

- 자동화된 프로세스의 일환으로 주기적인 보고서를 인쇄하거나, 사용자의 입력에 따라 특정 문서를 인쇄하는 등의 작업을 손쉽게 설정할 수 있습니다. 또한, '기본 프린터 액션'과 함께 사용하여 프린터 선택 및 설정 과정을 자동화할 수 있어, 사용자가 매번 프린터 설정을 조정할 필요 없이 원하는 문서를 간편하게 인쇄할 수 있습니다.

🎬 워크스테이션 – 스크린샷 촬영 (Take screenshot)

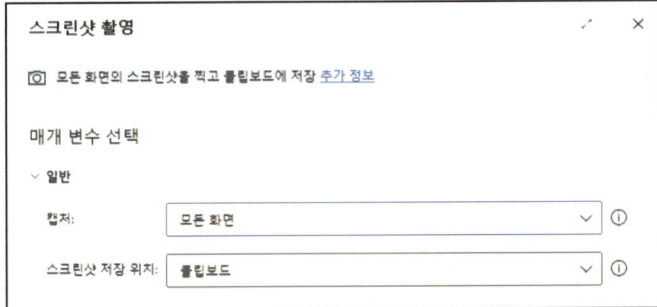

- 사용자가 설정한 캡처 영역에 따라 화면을 캡처하는 기능을 제공합니다. 캡처 영역으로는 '모든 화면', '기본 화면', '화면 선택', '전경 창' 중에서 선택할 수 있습니다. 캡처된 스크린샷은 '클립보드'에 저장하거나 '파일' 형태로 저장할 수 있습니다.

- 특히 오류가 발생했을 때 상황을 기록하거나, 중요한 작업의 진행 과정 또는 결과를 문서화하는 데 유용합니다. 예를 들어, 자동화된 프로세스에서 예기치 않은 오류가 발생했을 때 해당 화면을 캡처하여 오류 분석에 활용하거나, 중요한 업무 진행 단계에서 스크린샷을 활용하여 로그처럼 관리 할 수 있습니다.

Step 4-11 | 정규표현식
Regular Expression

4.11.1 정규표현식

정규표현식은 레귤러 익스프레션(Regular Expression)으로 불리며 레직스(regex)라고 줄여 불리기도 합니다. 불규칙한 자연어 데이터 속에서 특정한 패턴이나 정보를 추출해야 하는 상황이 많은데, 이를 단순한 조건문(if)이나 반복적인 메서드(method)만으로 처리하다 보면 코드는 복잡해지고, 리소스 낭비가 발생하기 쉽습니다.

정규표현식은 이러한 문제를 해결하기 위한 효율적인 패턴 검색 도구로, 실제로 어떻게 구성되며 어떤 결과를 도출하는지 확인해 보겠습니다. 문자열 내에서 특정 규칙(패턴)을 간단하게 정의하고 검색, 추출, 대체하는 데 사용됩니다. 자연어 처리뿐 아니라, 이메일 형식, 전화번호, 날짜(년월일) 등 정형화된 데이터를 검증하거나 필터링할 때도 매우 유용하게 쓰입니다. 다양한 프로그래밍 언어에서 지원되며, 작은 코드로 강력한 문자열 제어가 가능하다는 점에서 많은 개발자들이 즐겨 사용하는 도구 중 하나입니다. 이제 아래 예제를 통해, 정규식이 실제로 어떻게 구성되며 어떤 결과를 도출하는지 확인해 보겠습니다.

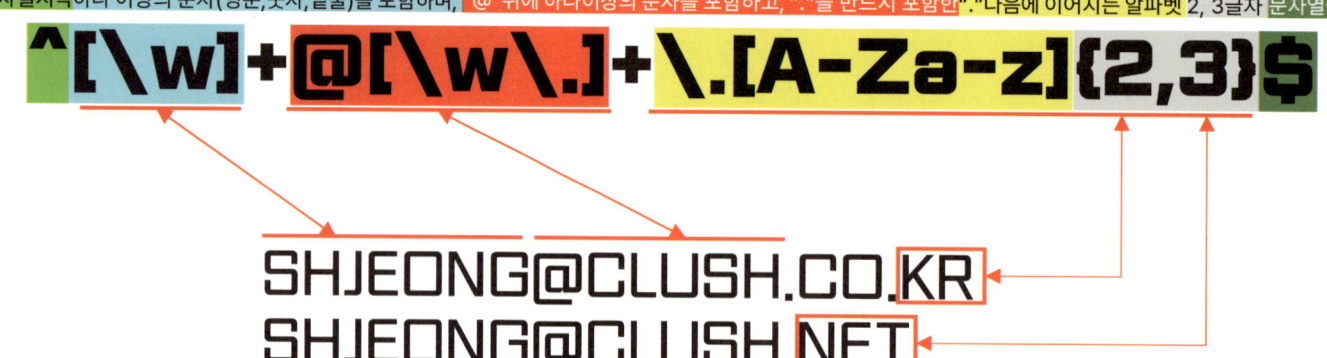

정규식	의미	정규식	의미
^	문자열의 시작	+	앞 항목이 1회이상 반복됨
[\w]	알파벳+숫자+_ 을 포함	\.	마침표문자(".") 자체를 의미
@	@를 의미	[A-Za-z] {2,3}	알파벳 2~3글자
[\w\.]	알파벳+문자+_ 뒤에 .을 포함	$	문자열의 마지막

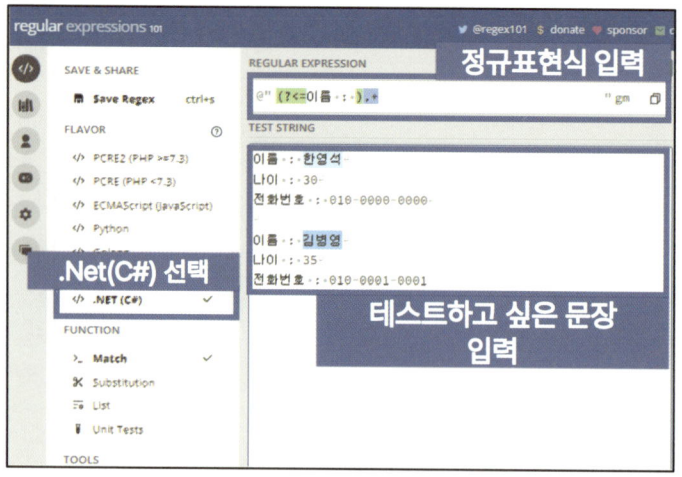

정규표현식은 웹사이트(https://regex101.com)에서 미리 체험해 볼 수 있습니다.

정규식에 (?<=이름 :).+ 을 입력하고 아래 문자를 정규식 패턴에 해당하는 값을 찾습니다.

이름 : 한영석
나이 : 30
전화번호 : 010-0000-0000

이름 : 김병영
나이 : 20
전화번호 : 010-0001-0000

4.11.2 정규표현식 작업액션의 종류

정규표현식은 문자열에서 특정 패턴을 찾거나 검증하는 데 사용되는 강력한 도구입니다. 정규표현식은 복잡한 문자열 패턴을 대표하는 방식으로, 프로세스 내에서 문자열 검색, 일치, 교체 및 추출 작업을 수행할 때 유용하게 사용됩니다. 작업액션으로 "텍스트 구문 분석", "텍스트 대체", "텍스트 나누기" 3가지 텍스트 작업 등에서 활용할 수 있습니다.

텍스트 구문 분석 (Parse text)
- 주어진 문자열에서 정규표현식 패턴과 일치 확인하며, 일치하는 결과가 있으면, 일치한 값을 출력 변수에 저장합니다. 문자열에서 원하는 정보를 추출할 수 있습니다.

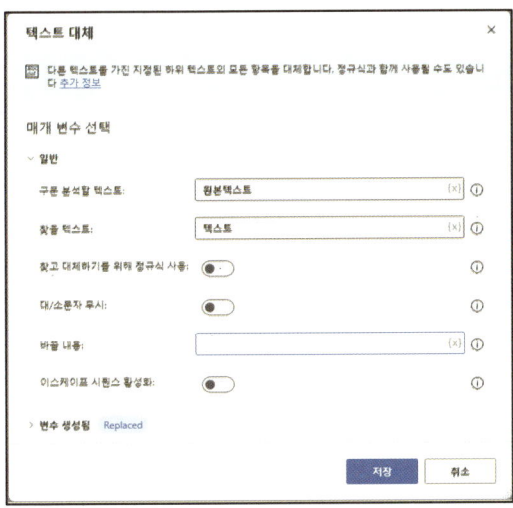

텍스트 대체 (Replace text)
- 주어진 문자열에서 정규표현식 패턴과 일치하는 부분을 찾아 대체 텍스트로 교체합니다. 문자열에서 특정 패턴을 수정하거나 제거할 수 있습니다.

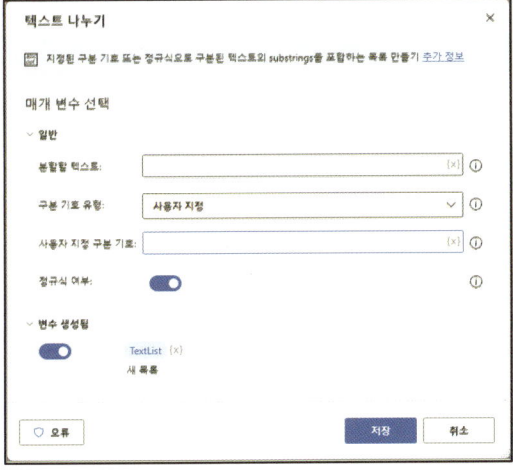

텍스트 나누기 (Split text)
- 주어진 문자열을 정규표현식 패턴을 기준으로 분할하고 분할된 결과는 출력 변수에 저장되며, 리스트 형태로 제공합니다. 문자열을 여러 부분으로 나누어 처리할 수 있습니다.

4.11.3 PAD에서 정규표현식 활용하기

%TextData%라는 변수를 생성하고 정규식 여부 부분을 활성화합니다. 다음으로 찾을 텍스트 항목에 (?<=이름 :).+ 이라고 입력합니다. 해당 정규식의 의미는 "이름 : "다음에 오는 문자열을 찾는 것으로 아래 예제의 데이터에서 이름만 가져올 수 있습니다.

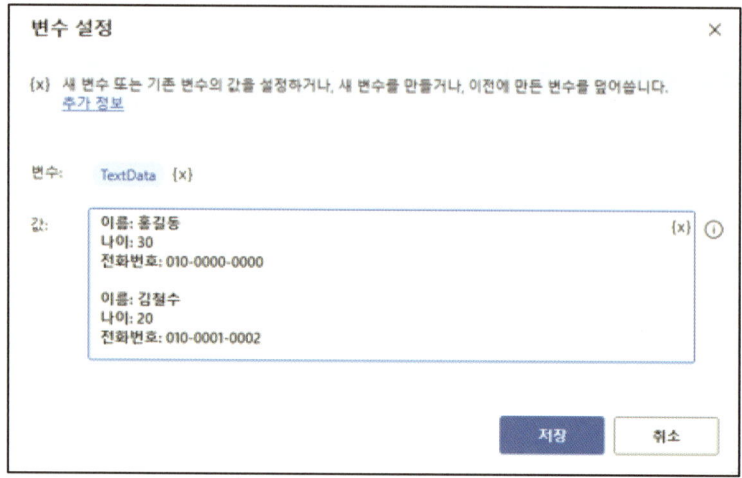

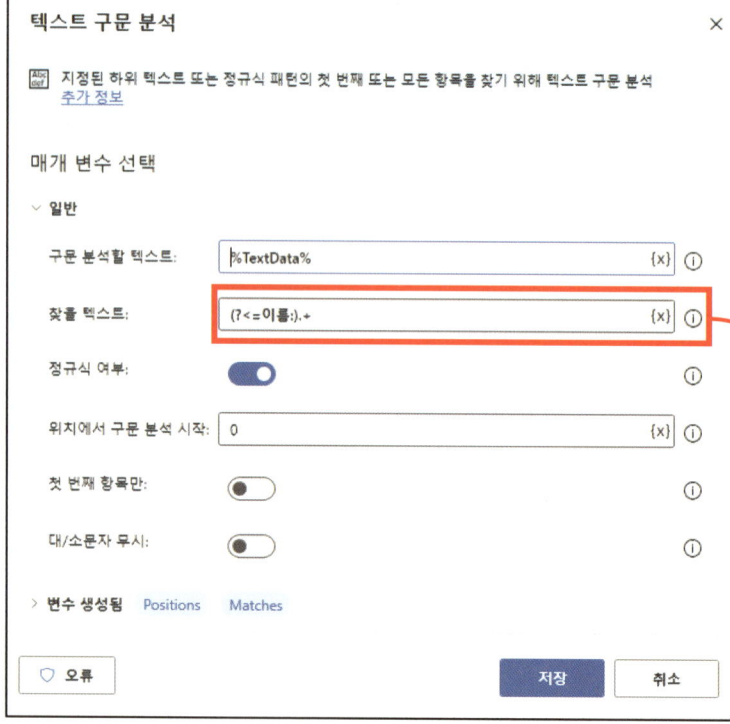

<정규식 추가 풀이>
. : 모든 문자
.+ : 모든 문자 하나 이상에 매칭

<출력 변수>
Positions : 정규식으로 텍스트를 찾은 위치
Matches : 정규식으로 찾은 텍스트

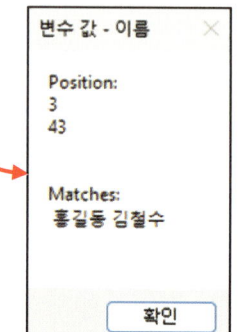

4.11.4 정규표현식 (전방/후방 탐색 지정)

정규표현식의 네 가지 탐색 기법은 긍정 및 부정 전방 탐색과 후방 탐색으로 구분되며, 각각 일치하거나 일치하지 않는 패턴을 찾아 결과에 포함 시키지 않는 정규표현식의 고급 기능입니다.

<예 제>
고양이 요미는 너무 귀엽다.
강아지 요미는 너무 무섭다.
강아지 요미를 귀여워한다.
고양이 요미를 무서워한다.

부정형 전방 탐색 (Negative Lookahead)

형식 : (?!패턴) / 요미(?!는)
특징 : 주어진 패턴을 만족하지 않는지 확인하지만, 일치하지 않는 부분이 결과에 포함되지 않습니다. 패턴이 아닌 부분이 나오기 직전까지 검색이 중단됩니다.

<결 과>
고양이 요미는 너무 귀엽다.
강아지 요미는 너무 무섭다.
강아지 요미를 귀여워한다.
고양이 요미를 무서워한다.

긍정형 전방 탐색 (Positive Lookahead)

형식 : (?=패턴) / 요미(?=는)
특징 : 주어진 패턴을 만족하는지 확인하지만, 일치하는 부분이 결과에 포함되지 않습니다. 다시 말해, 패턴이 나오기 직전까지 검색이 중단됩니다.

<결 과>
고양이 요미는 너무 귀엽다.
강아지 요미는 너무 무섭다.
강아지 요미를 귀여워한다.
고양이 요미를 무서워한다.

부정형 후방 탐색 (Negative Lookbehind)

형식 : (?<!패턴) / (?<!고양이\s)요미
특징 : 주어진 패턴을 만족하지 않는지 확인하지만, 일치하지 않는 부분이 결과에 포함되지 않습니다. 패턴이 아닌 부분이 나온 후부터 검색이 시작됩니다.

<결 과>
고양이 요미는 너무 귀엽다.
강아지 요미는 너무 무섭다.
강아지 요미를 귀여워한다.
고양이 요미를 무서워한다.

긍정형 후방 탐색 (Positive Lookbehind)

형식 : (?<=패턴) / (?<=고양이\s)요미
특징 : 주어진 패턴을 만족하는지 확인하지만, 일치하는 부분이 결과에 포함되지 않습니다. 다만, 패턴이 나온 후부터 검색이 시작됩니다.

<결 과>
고양이 요미는 너무 귀엽다.
강아지 요미는 너무 무섭다.
강아지 요미를 귀여워한다.
고양이 요미를 무서워한다.

4.11.5 정규표현식 사용 예제

정규표현식	의미(사용법)
[0-9]	모든 숫자 매칭
[가-힣]	모든 완성형 한글만 매칭
[ㄱ-ㅎ]	모든 한글 자음만 매칭
[ㅏ-ㅣ]	모든 한글 모음만 매칭
[ㄱ-ㅎ가-힣]	한글 자음 또는 완성형 한글 단일문자 매칭
[A-Za-z]{2,3}$	영문자 2~3글자로 이루어진 문자열의 끝에 매칭
[0-9]{4}	모든 숫자 4글자만 선택 (뒤 기준)
[a-z][A-Z]	소문자로 시작하며, 대문자로 끝나는 문자
[a-z]|[A-Z]	모든 알파벳 소문자와 알파벳 대문자 단일문자에 매칭

정규표현식(수량자)	의미(사용법)
{n}	정확히 n번 반복되는 경우에만 매칭
{n,}	n번 이상 반복될 경우 매칭
{n, m}	n번 이상 m번 이하 반복될 경우 매칭
*	0번 이상 반복될 경우 매칭 ({0,}과 동일)
+	1번 이상 반복될 경우 매칭 ({1,}과 동일)
?	0번 또는 1번만 매칭되는 경우 ({0,1}과 동일)

정규표현식	의미(사용법)
[~!@#$%^&*()_+]	지정된 특수문자 중 하나와 일치
^x	문자열의 시작에서 x가 있는 경우 매칭
x$	문자열의 끝이 x인 경우 매칭
.x	아무 문자 1개 뒤에 x가 오는 경우 매칭
x?	x가 0번 또는 1번 나올 경우 매칭 ({0,1} 동일)
x*	x가 0번 이상 반복될 경우 매칭 ({0,} 동일)
(x)(?:y)	x는 그룹으로 처리, y는 그룹이 아닌 단순 패턴
x|y	OR을 표현하며 x 또는 y 중 하나와 매칭
[xy]	x 또는 y 문자 중 하나와 매칭
[^xy]	x, y를 제외한 문자와 매칭 (제외문자셋)
[x-z]	x부터 z 사이 문자 중 하나와 매칭 (x, y, z중 하나)
(x)	x를 하나의 그룹으로 묶음 (캡처 그룹)
(x)(y)	그룹들의 집합을 표현하며 순서대로 관리
\^	Escape를 표현하며 특수문자 ^를 문자로 그대로 인식
\b	단어의 시작 또는 끝 위치에 매칭 (예: 단어 앞뒤 공백이나 구두점 경계)
\B	단어 안쪽 위치에 매칭 (즉, 단어 중간 글자 사이)
\d (반대 \D)	숫자 문자 / 숫자가 아닌 문자
\s (반대 \S)	스페이스, 탭, 개행 등 공백 문자 매칭 / 그 외 문자
\w (반대 \W)	영문자, 숫자, 밑줄 / 그 외 문자

4.11.6 자주 사용하는 정규표현식

정규표현식	의미(사용법)
[a-zA-Z0-9._%%+-]+@[a-zA-Z0-9.-]+\.[a-zA-Z]{2,}	이메일 (local-part@domain.com)

[a-zA-Z0-9._%+-]+ : 이메일의 사용자 이름(local-part)이 영문 대소문자(a-zA-Z), 숫자(0-9), 점(.), 밑줄(_), 퍼센트(%), 더하기(+), 빼기(-)로 시작하며 하나 이상 있어야 함을 의미합니다.
@ : 사용자 이름과 도메인을 구분하는 기호입니다.
[a-zA-Z0-9.-]+ : 도메인 이름이 영문 대소문자, 숫자, 점, 빼기로 구성되어 있음을 나타냅니다.
\. : 리터럴 점(.)을 의미하며, 도메인 이름과 최상위 도메인(TLD)을 구분하는 데 사용됩니다.
[a-zA-Z]{2,} : 최상위 도메인이 최소 2개의 영문자로 끝나야 함을 나타냅니다.

정규표현식	의미(사용법)
\d{4}-(0[1-9]|1[0-2])-(0[1-9]|[12][0-9]|3[01])	날짜 형태 검증 (yyyy-MM-dd)

^\d{4} : 문자열의 시작에서 네 자리 숫자(연도)가 오는 것을 의미합니다.
-(0[1-9]|1[0-2]) : 연도 다음에 오는 하이픈과 두 자리 숫자(월)를 검사합니다. 여기서 월은 01부터 12까지의 값을 가질 수 있습니다.
-(0[1-9]|[12][0-9]|3[01])$: 마지막 부분은 또 다른 하이픈과 두 자리 숫자(일)를 검사합니다. 여기서 일은 01부터 31까지의 값을 가질 수 있다고 가정합니다.

정규표현식	의미(사용법)
[가-힣]{2,5}	한글 이름 검증 (2~5글자)

[가-힣] : 유니코드 한글 자모 범위를 나타내며, '가'부터 '힣'까지 한글 전체 문자를 포함합니다.
{2,5} : 한글 문자가 최소 2개에서 최대 5개까지 있어야 함을 나타냅니다.

정규표현식	의미(사용법)
(?:[01]\d|2[0-3]):(?:[0-5]\d):(?:[0-5]\d)	시간 형태 검증(HH:mm:ss)

(?:[01]\d|2[0-3]): 시를 나타내며, 00부터 19까지 또는 20부터 23까지의 값을 허용합니다.
: : 시와 분을, 분과 초를 구분하는 콜론입니다.
(?:[0-5]\d): 분을 나타내며, 00부터 59까지의 값을 허용합니다.
(?:[0-5]\d): 초를 나타내며, 역시 00부터 59까지의 값을 허용합니다.

정규표현식	의미(사용법)
(?=.*[a-zA-Z])(?=.*[가-힣]).+	영문과 한글의 혼합 검증

(?=.*[a-zA-Z]) : 긍정형 전방 탐색을 사용하여 문자열 내에 최소한 하나 이상의 영문자(a-z, A-Z)가 있음을 확인합니다.
(?=.*[가-힣]) : 긍정형 전방 탐색을 사용하여 문자열 내에 최소한 하나 이상의 한글 문자(가-힣)가 있음을 확인합니다.
.+ : 하나 이상의 어떤 문자도 일치시킵니다. 이는 문자열에 최소한 하나의 문자가 있어야 함을 의미합니다.

정규표현식	의미(사용법)
(특별시|도|군)	특정문자 3가지로 끝나는 정규식 (특별시 or 도 or 군)
\s{5}	공백 문자 5개
.{2,5}	문자 2~5글자
\d{2}$|^\d{5}	숫자 2개 or 5개
[A-Za-z]{5}\s[A-Za-z]+	영문자 5글자 + 공백 문자 1개 + 영문자
[A-Za-z0-9]+	영문자와 숫자조합
[\u4E00-\u9FFF]{3}	한자 3글자

Step 4 - 12 | HTTP (API)
Actions - HTTP

4.12.1 HTTP(API)의 활용

HTTP 작업을 통해 사용자는 웹 API와 상호작용하고, 다양한 데이터 및 파일 업로드 및 다운로드 작업을 포함한 웹 요청을 손쉽게 보낼 수 있습니다. API와의 통신을 위해 POST, GET, PUT, DELETE 등의 메서드를 사용하는 웹 서비스 호출 작업을 활용하게 됩니다. 이를 위해서는 서비스의 URL과 요청에 적합한 HTTP 메서드를 작업 속성에 정확히 명시해야 합니다. 요청 및 응답에 사용될 콘텐츠 형식으로는 XML과 JSON 등이 선택될 수 있으며, API 문서에 명시된 대로 사용자 지정 헤더와 요청 본문을 구성해야 합니다.

인증이 필요한 웹 서비스의 경우, 고급 설정에서 제공되는 필드를 통해 자격 증명을 입력할 수 있으며, 웹 서비스 호출의 결과는 'WebServiceResponse'라는 변수에 저장됩니다. 결과물이 파일일 경우 이를 로컬 시스템에 저장할 수 있는 옵션도 제공됩니다. 웹 콘텐츠를 다운로드하기 위한 '웹에서 다운로드' 작업도 있으며, 이는 특정 웹 페이지나 파일의 URL을 입력하고 적절한 HTTP 메서드를 선택하여 사용합니다. 인증이 필요한 경우에도 고급 설정에서 자격 증명을 입력할 수 있습니다. 다운로드한 텍스트는 'WebPageText'라는 변수에, 파일은 사용자가 지정한 로컬 경로에 저장됩니다.

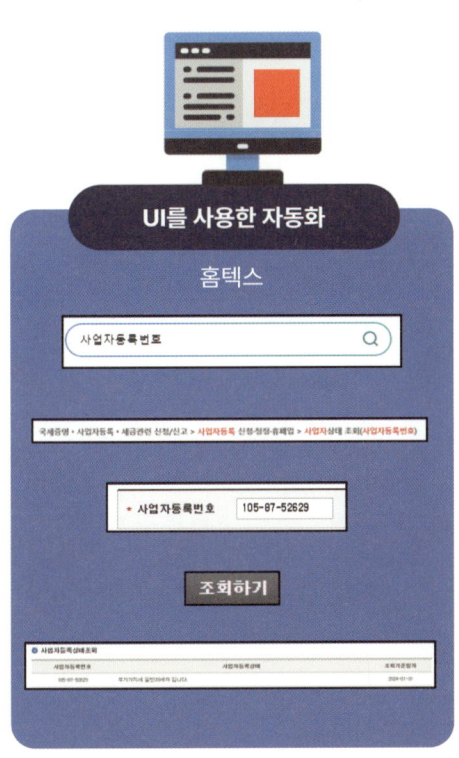

예를 들어보자면 사업자등록번호를 이용해 사업자등록 상태를 확인하는 작업을 할 때, 홈택스 웹사이트에서 수동으로 정보를 조회하고 데이터를 수집하는 대신, 공공데이터포털의 API 서비스를 활용하면 일관된 데이터 포맷(예: JSON, XML)으로 자동화된 방식으로 신속하게 데이터를 수신할 수 있습니다.

✓ 수동 UI 작업은 인터페이스 변경 시 오류 발생 가능성이 있고 다수의 단계를 거쳐야 하므로 시간 소모가 큽니다. 반면, API 사용은 안정적인 데이터 접근을 보장하며, 작업 처리 속도를 대폭 향상시킵니다.

4.12.2 실습 - 공공데이터 포탈에서 데이터 가져와서 가공하기

01 공공데이터 포탈에 접속하여 로그인 후 "국세청_사업자등록정보 진위확인 및 상태조회 서비스"에 접속하여 "활용신청" 버튼을 클릭 합니다. https://www.data.go.kr/tcs/dss/selectApiDataDetailView.do?publicDataPk=15081808

02 승인 후 마이페이지에서 [데이터 활용]-[Open API]-[활용신청 현황]을 클릭하여 신청 한 국세청 사업자등록정보 진위확인 상태조회 서비스를 선택합니다.

03 | 페이지 하단의 발급받은 인증키를 복사합니다.

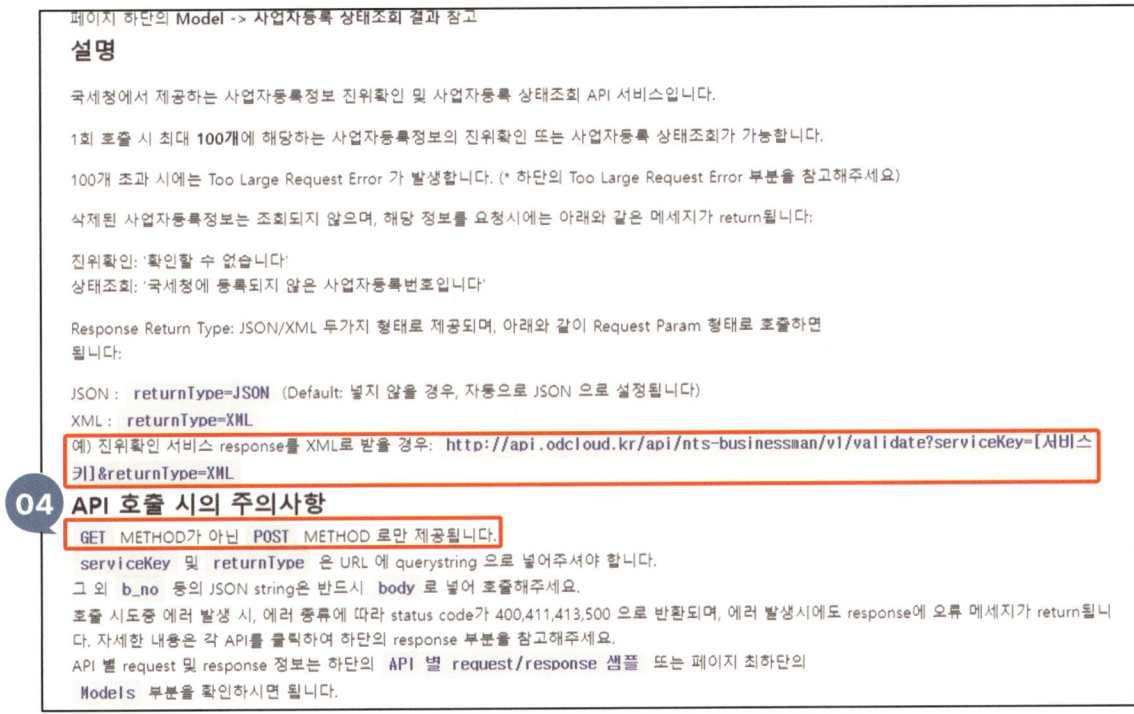

✓ JSON : 웹과 컴퓨터 프로그램에서 용량이 적은 데이터를 교환하기 위해 데이터 객체를 속성·값의 쌍 형태로 표현하는 형식

04 | 이번 시나리오에서는 JSON형태로 받아올 예정이라 예제의 주소를 복사하여 인증 키와 함께 사용합니다. 또한 주의사항에 맞춰 호출시에는 GET이 아닌 POST으로 사용합니다.

http://api.odcloud.kr/api/nts-businessman/v1/status?serviceKey=인증키&returnType=JSON

4.12.2 실습 - 공공데이터 포탈에서 데이터 가져와서 가공하기

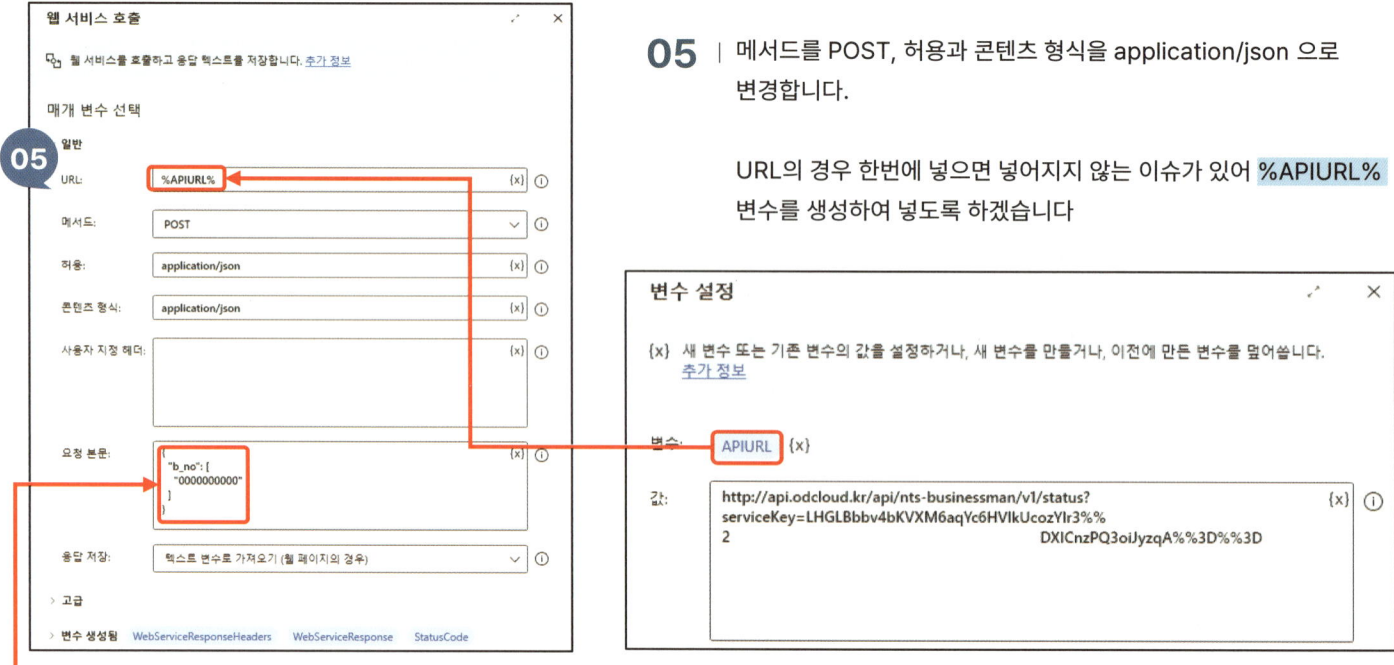

05 | 메서드를 POST, 허용과 콘텐츠 형식을 application/json 으로 변경합니다.

URL의 경우 한번에 넣으면 넣어지지 않는 이슈가 있어 %APIURL% 변수를 생성하여 넣도록 하겠습니다

✓ PAD의 변수표현문제로, URL값을 넣을 때에는 %가 들어가는 곳은 %%으로 표시합니다.

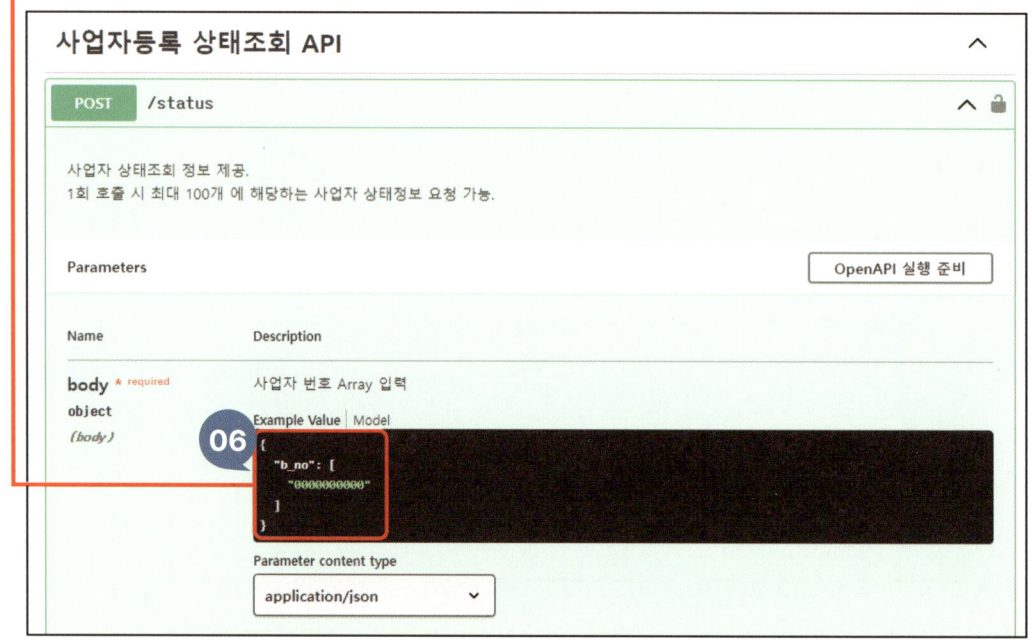

06 | 공공데이터포탈의 하단에 body 샘플을 확인해보면 사업자등록번호 값을 입력하는 예시가 나와있습니다. 요청본문에도 동일하게 입력합니다. 아래와 같이 코드가 작성 된 것을 볼 수 있습니다.

332   4.12 HTTP (API)

07 | 실행하면, %WebServiceResponse% 변수에 결과 값을 받아 오는 것을 볼 수 있습니다.

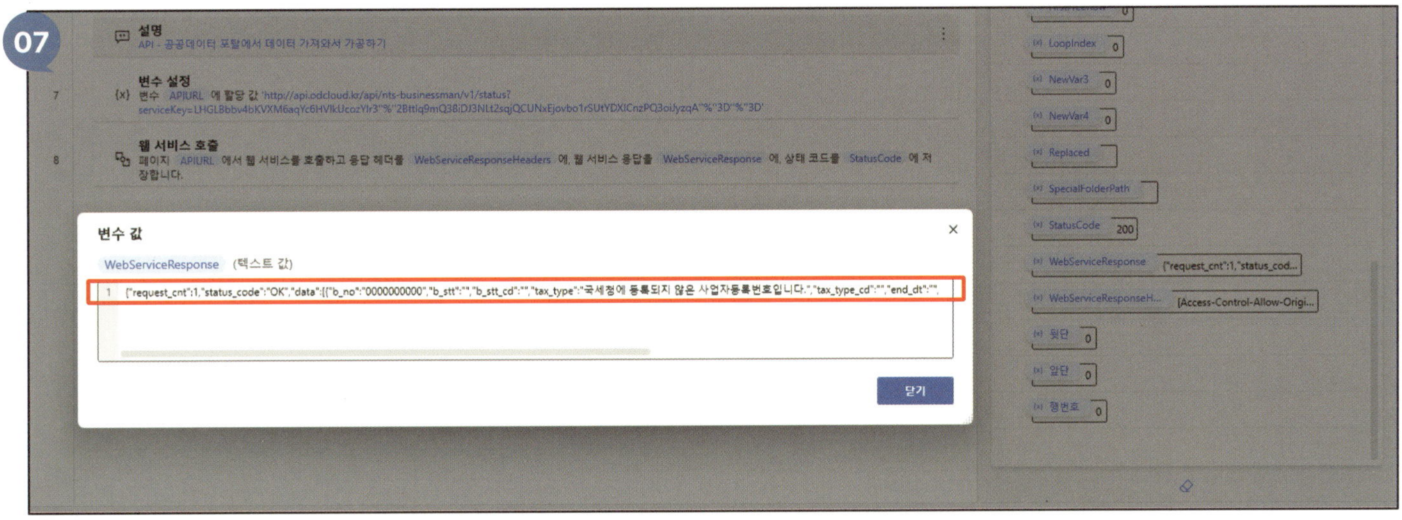

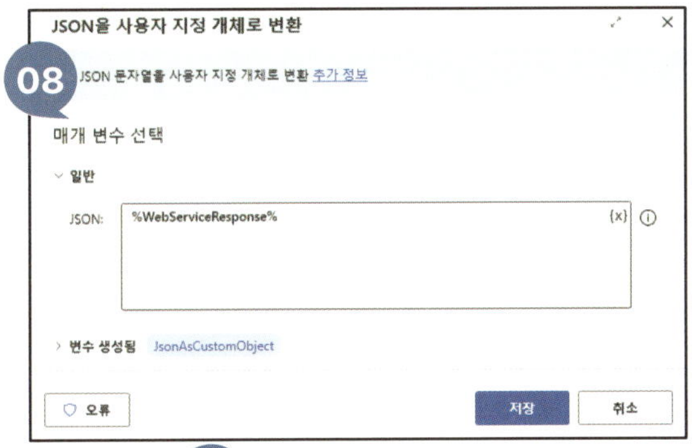

08 | JSON 형태의 데이터를 가공처리하기 위해서 JSON을 사용자 지정 개체로 변환 작업액션을 사용하여 사용자 지정 개체로 변환합니다.

09 | 만들어지는 변수는 %JsonAsCustomObject%이고 재수행한 결과는 아래와 같습니다.

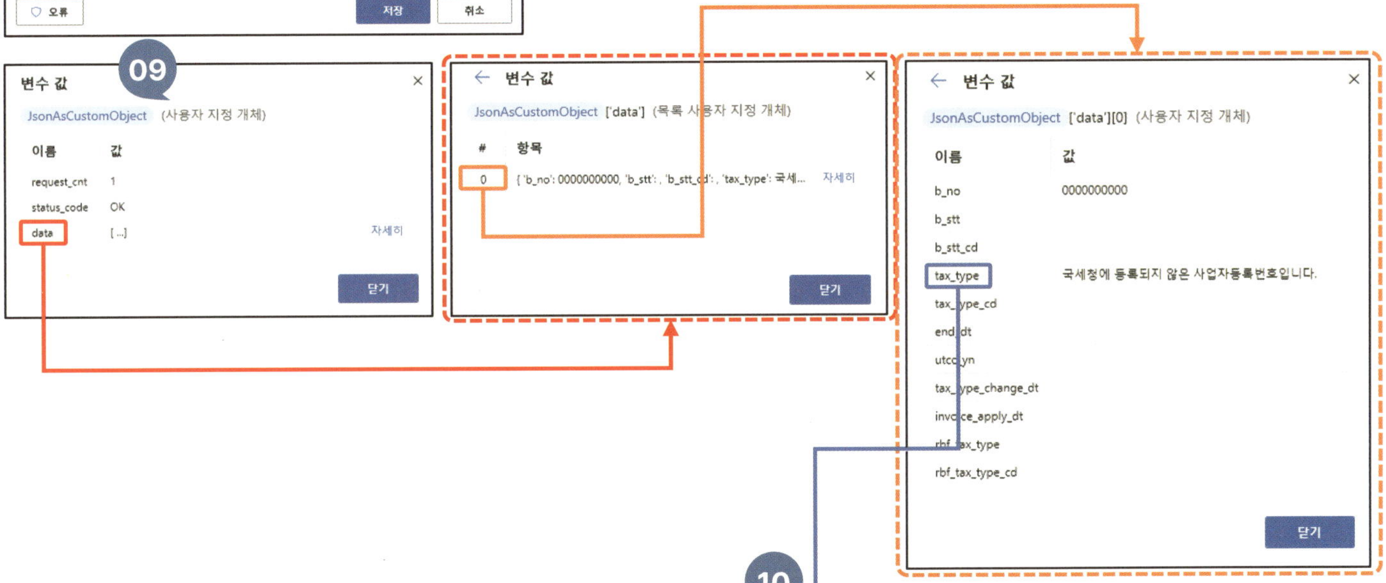

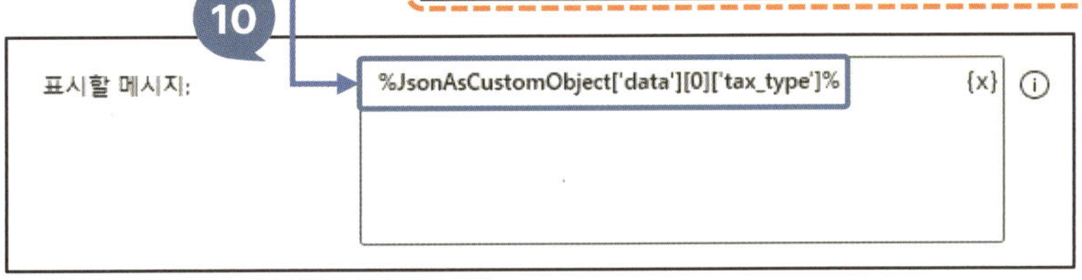

10 | 우리가 원하는 결과값을 찾았으니 아래와 같이 정제하여 메시지로 출력합니다.
%JsonAsCustomObject['data'][0]['tax_type']%

4.12 HTTP (API)　　**333**

4.12.2 실습 – 공공데이터 포탈에서 데이터 가져와서 가공하기

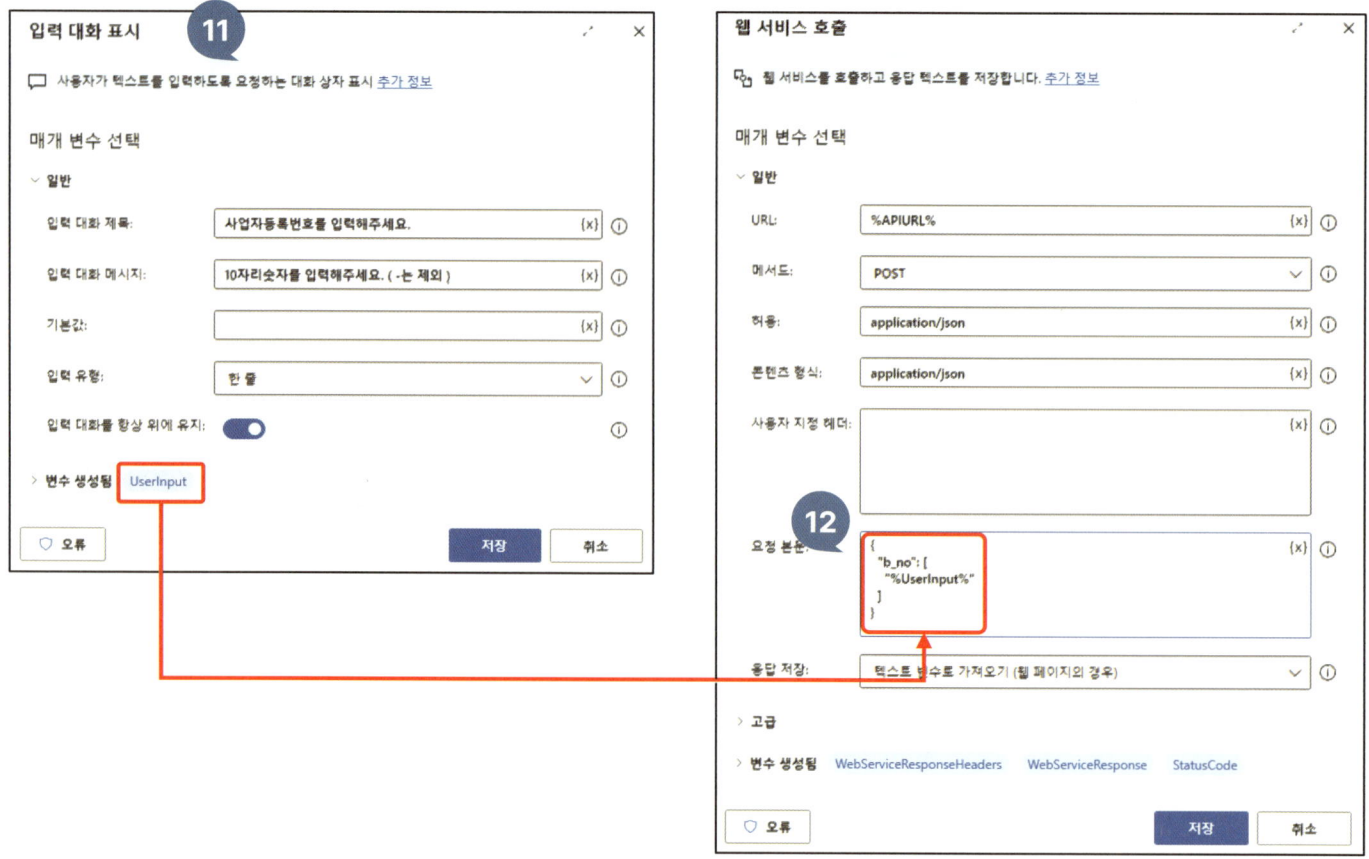

11 | 사용자가 입력하는 값에 따라 결과를 출력해주기 위해서 입력 대화 표시 작업 액션을 만들어줍니다. API요청시에 사업자등록번호 10자리를 지켜되며, -는 포함시키지 않아야된다고 하였으니 해당 부분도 명시해 둡니다.

12 | 입력 받는 값에 따라 API호출을 다르게 하기위해 입력 대화 표시에서 사용자에게 받은 변수값을 요청 본문에 숫자(사업자등록번호) 0000000000 부분에 %UserInput%변수로 치환하여 작성합니다.

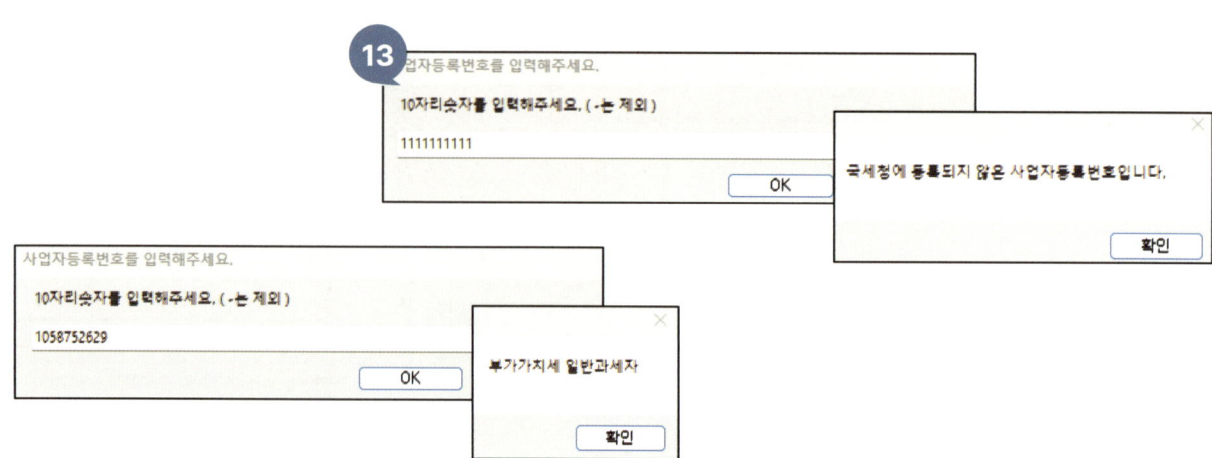

13 | 다양한 사업자등록번호로 테스트를 진행해보겠습니다. 정상적으로 처리되는 것을 볼 수 있습니다.

4.12.3 실습 - 네이버API를 사용하여 특정 키워드의 네이버뉴스 가져오기

01 이번 시나리오에서는 네이버 API를 이용하여 네이버 뉴스를 xml형태로 가져와서 Excel에 입력해보도록 하겠습니다. 검색 API를 사용해 뉴스 검색을 실행하려면 먼저 네이버 개발자 센터에서 애플리케이션을 등록하고 클라이언트 아이디와 클라이언트 시크릿을 발급받아야 합니다.

클라이언트 아이디와 클라이언트 시크릿은 인증된 사용자인지를 확인하는 수단이며, 애플리케이션이 등록되면 발급됩니다. 클라이언트 아이디와 클라이언트 시크릿을 네이버 오픈API를 호출할 때 HTTP 헤더에 포함해서 전송해야 API를 호출할 수 있습니다. API 사용량은 클라이언트 아이디별로 합산됩니다. https://developers.naver.com/main

02 로그인 후 네이버 개발자 센터에서 애플리케이션을 등록하면 클라이언트 아이디와 클라이언트 시크릿이 발급됩니다.

4.12.3 실습 - 네이버API를 사용하여 특정 키워드의 네이버뉴스 가져오기

03 | 요청 예제와 HTTP메서드, 요청 시 참고 할 파라미터값을 확인합니다.

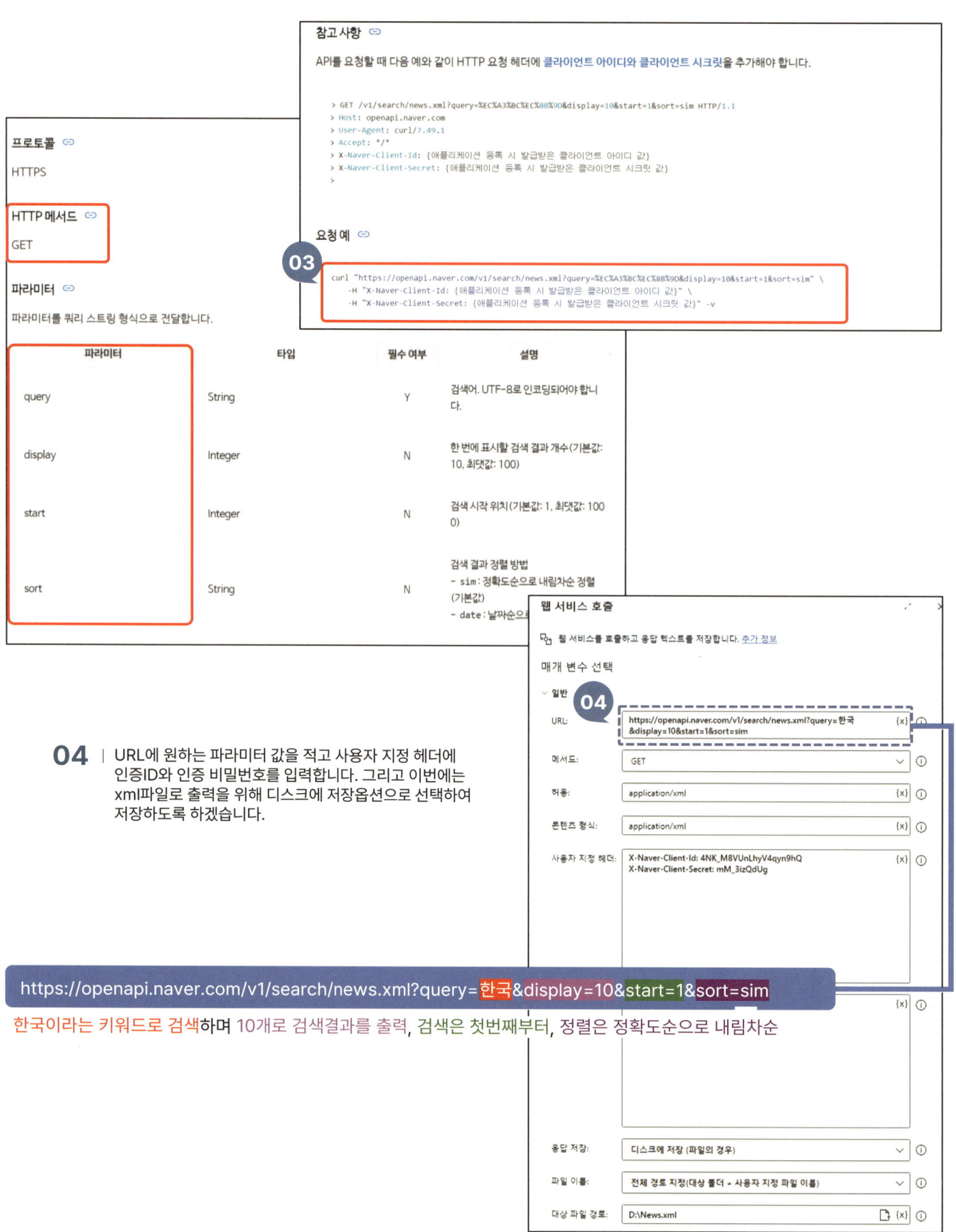

04 | URL에 원하는 파라미터 값을 적고 사용자 지정 헤더에 인증ID와 인증 비밀번호를 입력합니다. 그리고 이번에는 xml파일로 출력을 위해 디스크에 저장옵션으로 선택하여 저장하도록 하겠습니다.

https://openapi.naver.com/v1/search/news.xml?query=한국&display=10&start=1&sort=sim

한국이라는 키워드로 검색하며 10개로 검색결과를 출력, 검색은 첫번째부터, 정렬은 정확도순으로 내림차순

05 | 해당 작업액션으로 실행하면 아래와 같이 xml파일이 다운로드 되는 것을 확인할 수 있습니다.

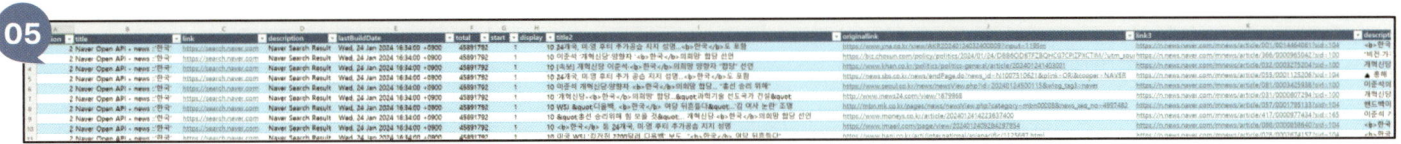

06 | 구조에서 데이터를 가져오기위해서는 파일에서 XML읽기 작업액션을 사용해서 파일경로와 인코딩 방식을 설정하고, 생성되는 변수 %XmlDocument%에서 XML요소 값 가져오기 작업액션을 사용해서 원하는 요소값을 가져올 수 있습니다. 예를 들어 기사제목을 가져오고싶다면 title의 값을 가져와야되는데 Xpath쿼리의 경로를 /rss/channel/item[1]/title[1] 으로한다면 rss, channel에 있는 첫번째 item의 첫번째 title 속성값을 가져오겠다는 이야기 입니다. 마찬가지로 기사링크도 동일하게 가져올 수 있고 숫자값을 변경하여 2, 3, 4 를 입력하면 두번째 값, 세번째 값, 네번째 값 등을 가져올 수 있습니다.

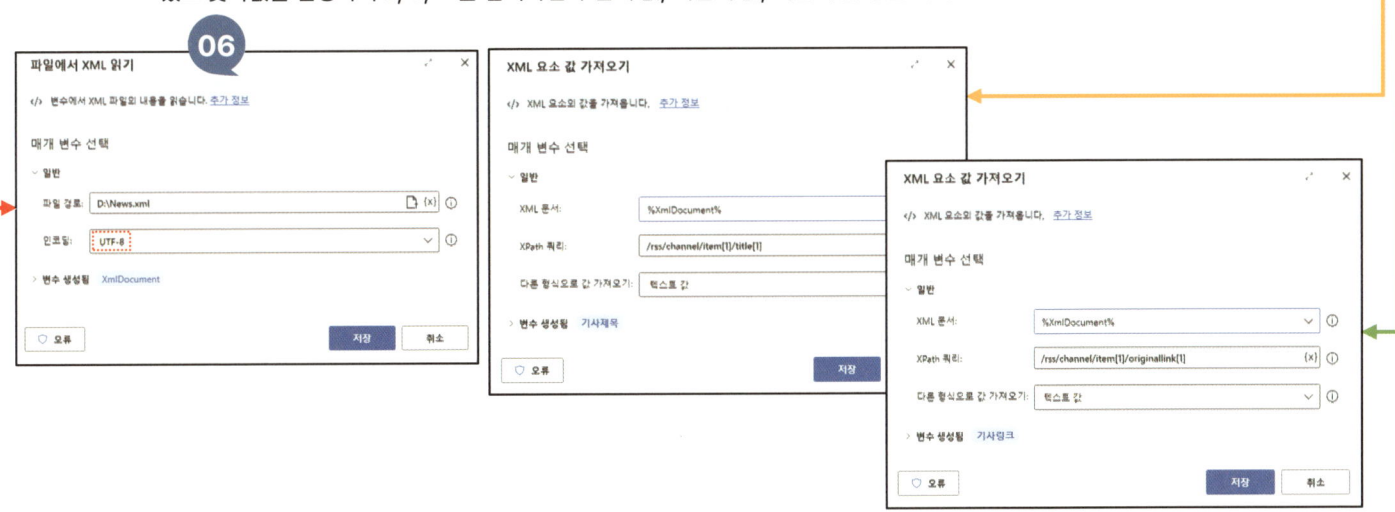

✓ XML (eXtensible Markup Language)은 데이터를 저장하고 전송하는 데 사용되는 마크업 언어입니다. 데이터를 저장하고 구조화하는 데 도움이 되며, 특히 웹 개발과 같은 분야에서 매우 유용합니다.

✓ XML에서 &quot;, <, > 와 같은 문자열은 특수 문자를 나타내는 데 사용되는 '엔터티 참조(entity reference)'입니다. 이러한 표현은 XML에서 특정 문자를 안전하게 인코딩하는 방법으로, 예를 들어 &quot는 큰따옴표(")를 나타내며, <와 &gt는 각각 홑화살괄호("<",">")를 뜻하는데 태그값과 혼용하여 사용 할 경우 오류가 발생 할 수 있어 특수문자로 표현합니다.

4.12.3 실습 - 네이버API를 사용하여 특정 키워드의 네이버뉴스 가져오기

07 | 가져온 데이터는 비 정제된 상태이므로, 이를 사용자가 이해하기 쉽도록 특수문자를 정제할 필요가 있습니다. "은 큰따옴표인 "로 대체하여 보다 명확하고 읽기 쉬운 형태로 만들겠습니다.

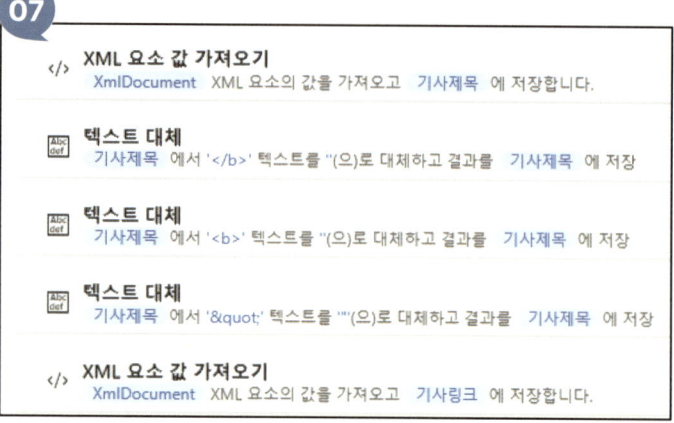
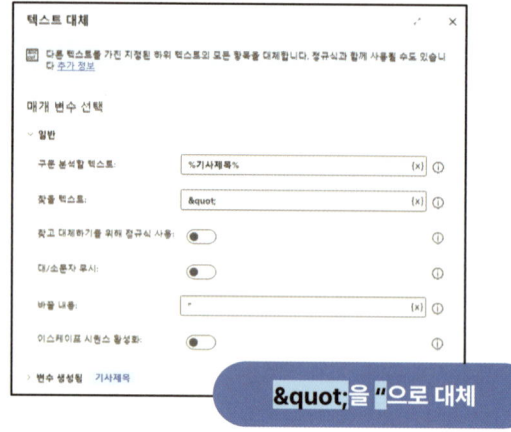

08 | 다음으로는 데이터 테이블에 xml에서 파싱한 데이터를 담도록 하겠습니다. 새 데이터 테이블을 만들고, 조회건수를 변수화 시킵니다. 웹 서비스 호출 URL에 조회건수를 0에서 %조회건수%라는 값으로 변경하여 유동적으로 변동 될 수 있도록 합니다.

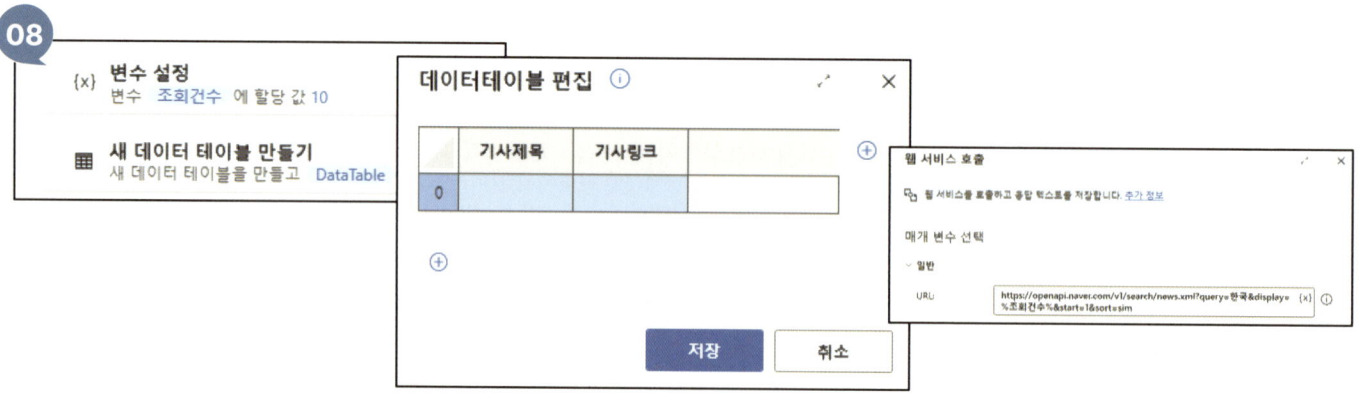

09 | 반복의 시작을 1로, 증가를 1로 끝을 %조회건수%로 설정하여 필요한 만큼 데이터 조회를 할 수 있도록 합니다. XML요소값을 가져올 때에는 %loopindex%변수를 활용하여 증감되는 숫자로 데이터를 파싱해올 수 있도록 합니다. 데이터 테이블에 행 삽입 할 때에는 0부터 시작하니 현재 %Loopindex%에서 -1을 뺀 값을 넣도록 합니다.

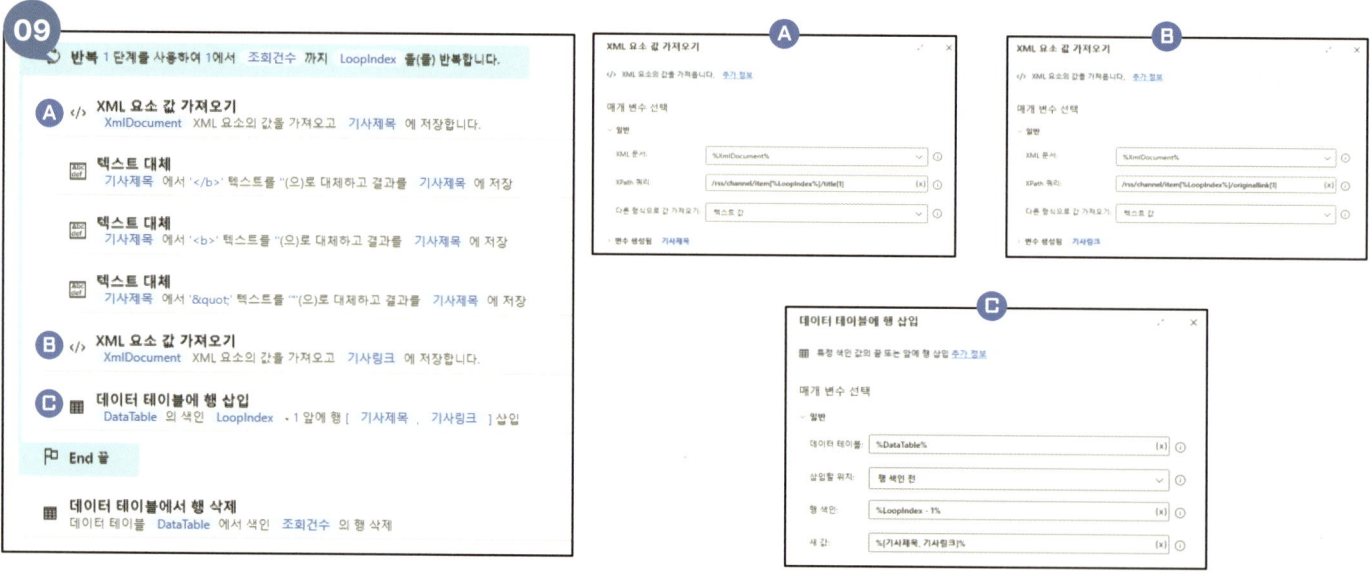

10 | 마지막으로 데이터 테이블에서 행 삭제를 통해 마지막에 남는 빈 행 값을 삭제합니다.

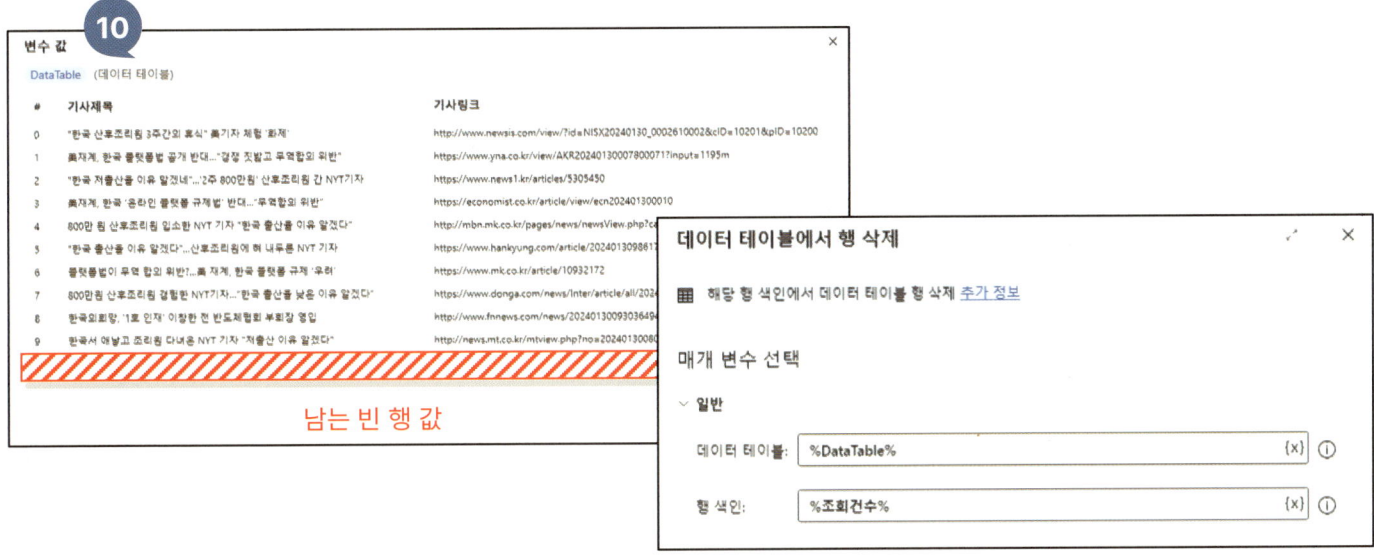

11 | Excel시작 작업액션을 통해서 빈 문서를 만들고 Excel 워크시트에 쓰기 작업액션을 통해서 작업한 %DataTable%을 엑셀에 붙여넣기 합니다. 마지막으로 바탕화면에 뉴스검색결과.xlsx라고 저장하고 마무리합니다.

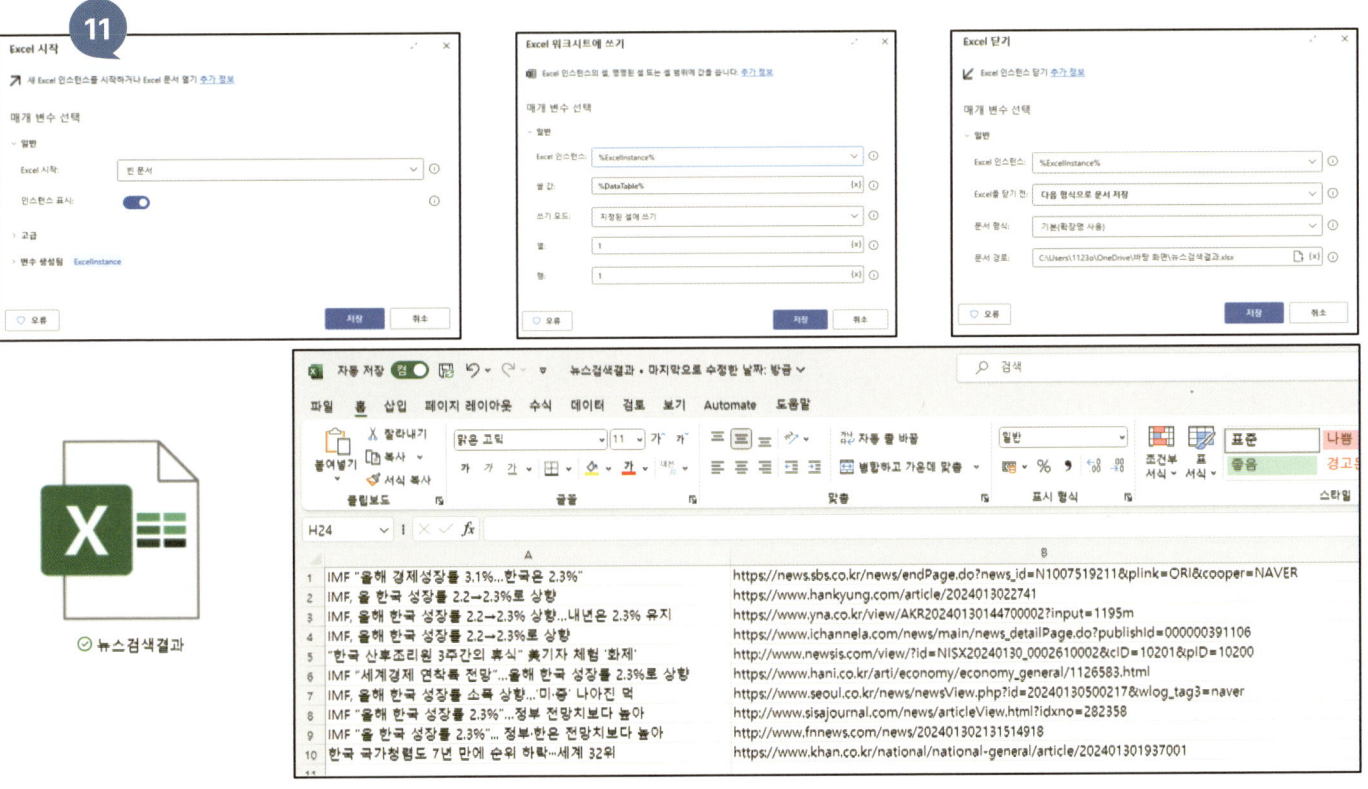

➢ 업무에서 사용 할 수 있도록 열이름을 추가하거나, 파일명에 날짜를 포함, 시트에 시간별로 기록하는 등 다양하게 커스터마이징을 해보는 실습을 해보는 것을 추천합니다.

Step 4-13 | 데이터베이스
Actions - Database

4.13.1 데이터베이스 활용

데이터베이스 활용 챕터에서는 데이터베이스 액션의 중요성과 효율성에 대해 탐구합니다. 데이터베이스 액션은 데이터베이스 작업을 자동화하여 관리 업무를 간소화하고, 고객 정보 검색, 엑셀로의 데이터 추출, 또는 새로운 정보의 데이터베이스 입력과 같은 반복적인 작업을 신속하게 처리할 수 있도록 도와줍니다.

기존의 프로젝트 단위에서 무인 로봇을 활용할 때에는 보안이나 시스템 적인 이슈로 통상적으로 RPA는 UI 상에서 데이터를 추출하는 클릭 기반 방식으로 작동합니다. 그러나 현업 담당자가 이미 데이터베이스 환경에서 작업을 진행하고 있는 경우, 쿼리문의 특정 영역(조회 날짜)을 변수로 설정하여 데이터를 추출함으로써 오류 가능성을 크게 감소시키고 작업 속도를 향상시킬 수 있습니다.

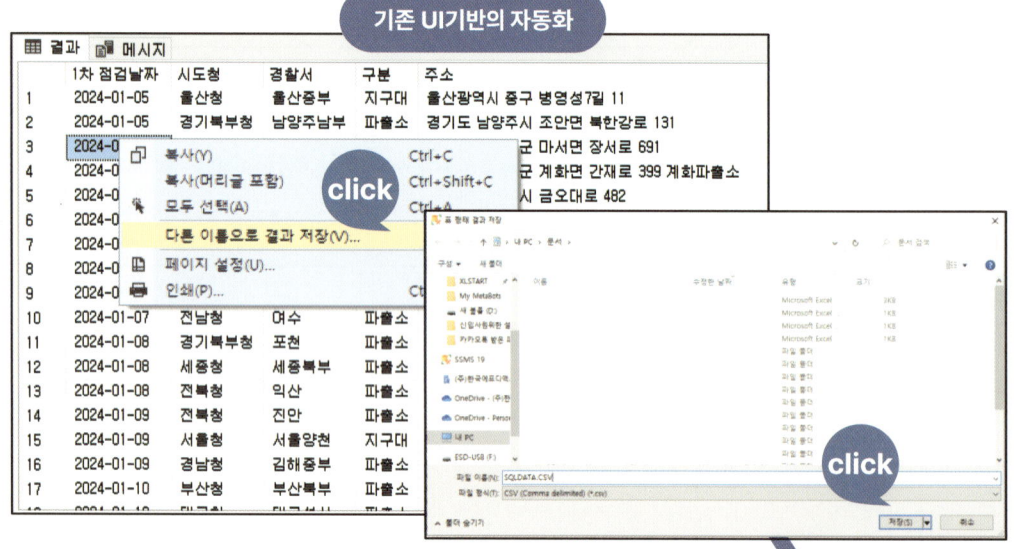

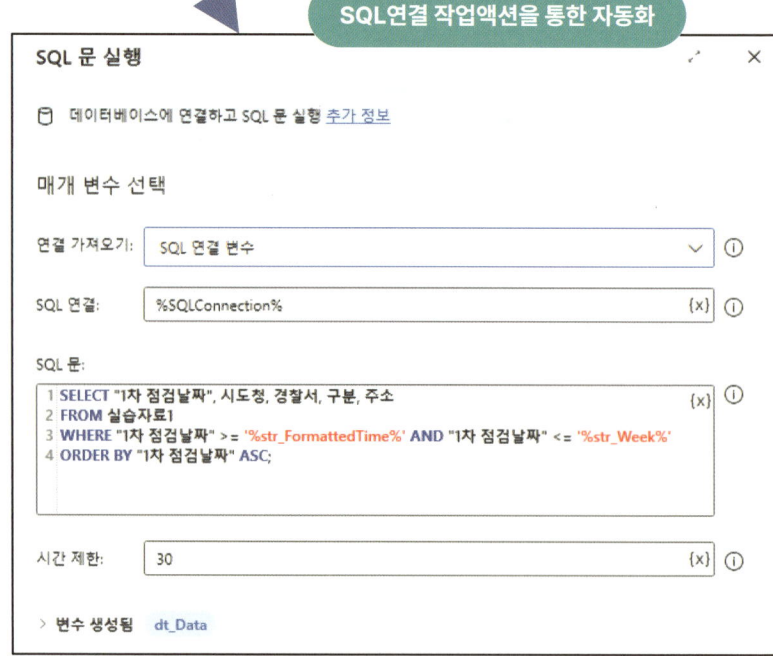

4.13.2 SQL연결 작업액션

🎬 SQL 연결 활성화 (Configure a connection string manually)

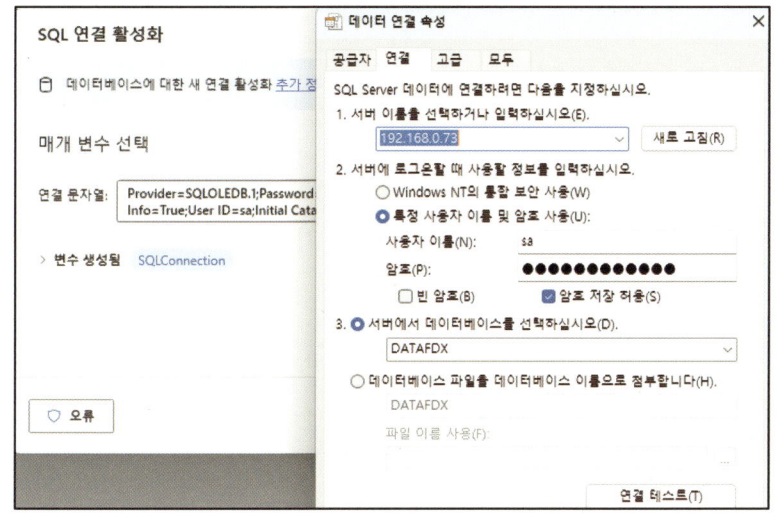

- 데이터베이스에 연결하기 위한 연결 문자열을 직접 구성할 수 있습니다. 이 기능을 통해, 서버 IP 주소, 로그인 방식 (Windows NT 인증 또는 SQL Server 인증), 사용자 ID 및 비밀번호를 명시하고, 데이터베이스 이름을 지정하여 SQL Server와의 연결을 설정할 수 있습니다. '변수 옆에 아이콘'을 클릭하여 구성할 데이터베이스를 선택하고, 이 정보를 바탕으로 연결 문자열을 생성하여 'SQLConnection' 같은 변수에 저장합니다.

🎬 SQL 문 실행 (Open SQL connection)

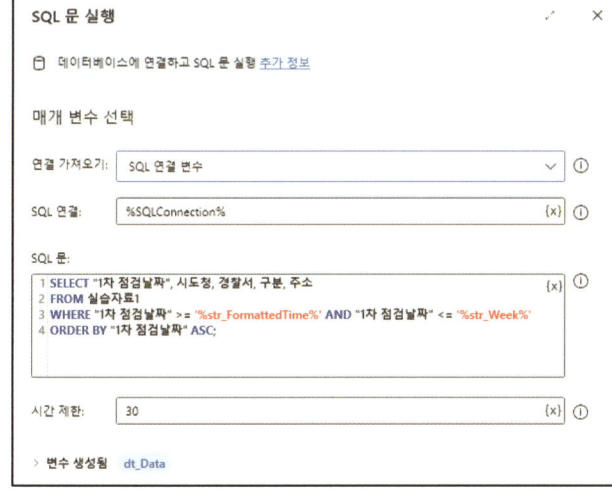

- 사전에 설정된 SQL 연결을 통해 데이터베이스에서 SQL 쿼리를 실행합니다. 사용자는 '연결 가져오기' 옵션을 통해 이미 활성화된 SQL 연결 변수를 선택하거나, 직접 연결 문자열을 입력할 수 있습니다.

- 'SQL 문' 부분에는 데이터베이스를 조회하고자 하는 SQL 쿼리를 작성합니다. 여기에는 예를 들어, 오늘 날짜를 포함한 최근 7일간의 데이터를 조회하고 이를 엑셀 파일로 저장하는 쿼리가 입력될 수 있습니다. 조회할 열은 '1차 점검날짜', '시도청', '경찰서', '구분', '주소'로 설정하고, '1차 점검날짜'를 기준으로 오름차순으로 정렬하는 명령이 포함됩니다. 시간 제한 필드에는 쿼리 실행에 허용되는 최대 시간을 초 단위로 설정하여, 이 시간을 초과할 경우 작업이 실패하도록 구성할 수 있습니다.

🎬 SQL연결 종료 (Close SQL connection)

- 이미 활성화된 SQL 데이터베이스 연결을 종료합니다. 이 기능을 사용하여, 미리 설정한 연결 변수 '%SQLConnection%'를 선택하고, 해당 연결을 안전하게 종료하여 시스템 자원을 해제하고 데이터 무결성을 보호할 수 있습니다.

4.13.3 MariaDB에서 SQL 연결 활성화하기

①MariaDB에서 SQL연결 활성화 시 오류가 발생 할 수 있습니다. 아래의 방법을 사용해서 진행해보시기 바랍니다. https://mariadb.com/downloads/connectors/connectors-data-access/odbc-connector 에서 ODBC Connector을 다운로드 받습니다. (64bit)

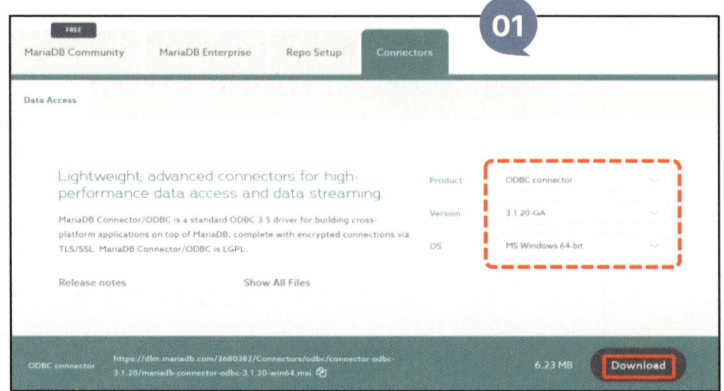
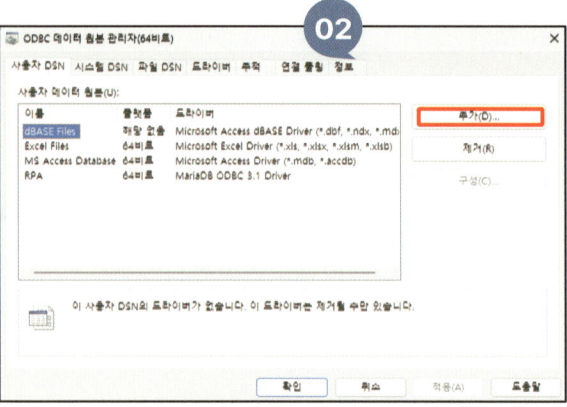

②ODBC 데이터 원본 관리자에 들어가 추가 버튼을 클릭하고 ③④데이터베이스 관련 정보를 입력합니다. ⑤Test DSN을 누르면 MariaDB와 연결이 정상적으로 되는지 확인이 가능합니다. ⑥PAD로 돌아와 SQL연결활성화 작업액션에서 데이터 연결 속성을 ODBC Drivers로 설정하고 ⑦연결테스트를 하면 정상적으로 연결이 가능한지 확인이 가능합니다.

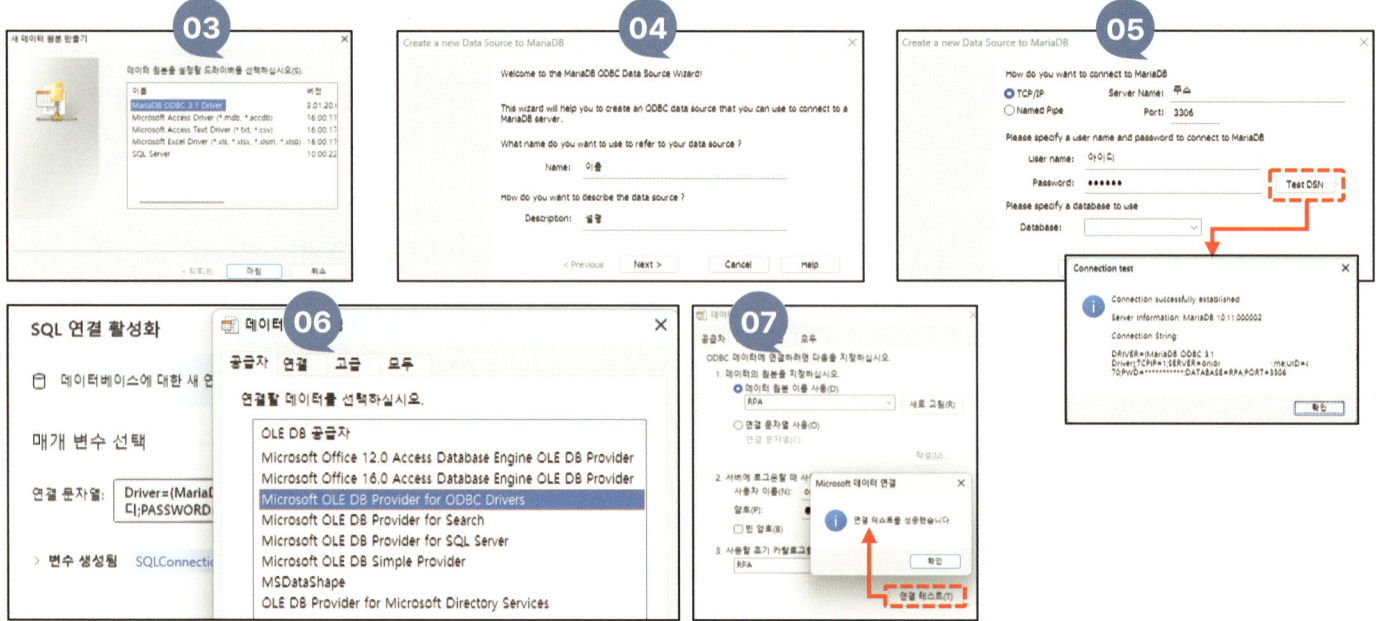

✓ SQL 연결 활성화에서 MariaDB로 접속 할 때 위와 같은 방법으로 접속이 어려운 경우 아래 연결 문자열을 사용해보시기 바랍니다.

Driver={MariaDB ODBC 3.1 Driver};
SERVER=서버주소;USER=아이디;PASSWORD=비밀번호;DATABASE=데이터베이스이름;PORT=포트번호

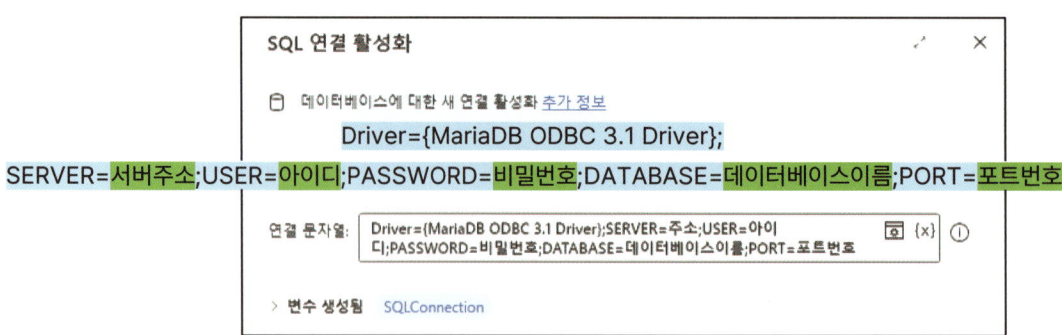

Step 4 - 14 | 암호화
Actions - Encryption

4.14.1 암호화

사용자는 키와 인코딩 형식을 제공하여 일반 텍스트와 텍스트를 암호화하고 해독할 수 있습니다. AES 알고리즘과 사용자 지정 암호화 키를 사용하여 텍스트를 암호화하는 작업을 수행할 수 있으며, 암호화 키를 직접 제공하거나 변수 를 통해 제공할 수 있습니다. 또한, 파일의 텍스트를 직접 암호화하려면 AES 암호화 작업을 사용할 수 있습니다. 암호화된 텍스트를 해독하려면, AES 텍스트 해독 액션을 사용하여 암호화 키와 함께 암호화된 텍스트를 입력합니다. 파일에 저장된 암호화된 텍스트를 해독하려면, AES 파일 해독 액션을 사용하고 대상 경로를 지정합니다.

그 외에도 암호화 작업 그룹은 해시 값에 대한 작업을 제공합니다. 이를 통해 키가 있거나 없는 파일에서의 해시 작업을 수행할 수 있습니다. 이러한 기능들을 활용하면, 데이터 보안을 강화하고 민감한 정보를 안전하게 관리할 수 있습니다.

4.14.2 암호화 작업액션

🎬 AES로 텍스트 암호화 (Encrypt text with AES)

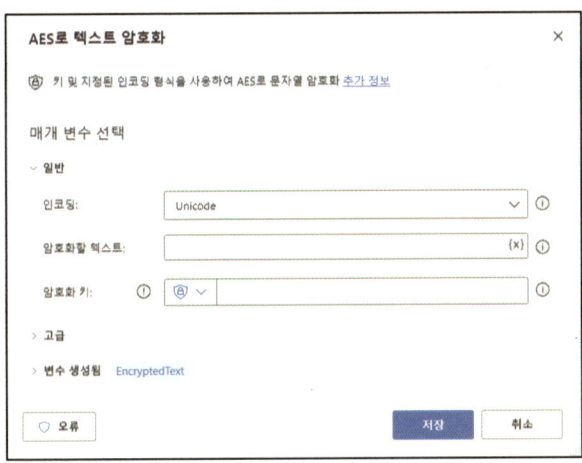

- 키 및 지정된 인코딩 형식을 사용하여 AES로 문자열을 암호화 합니다.

🎬 AES로 텍스트 암호 해독 (Decrypt text with AES)

- 지정된 키 및 인코딩 형식을 기반으로 AES를 사용하여 문자열 암호를 해독합니다.

4.14.2 암호화 작업액션

🎬 AES를 사용 파일 암호화 (Encrypt from file with AES)

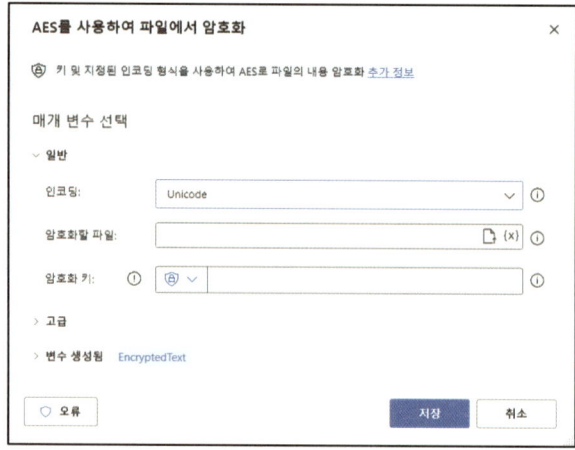

- 키 및 지정된 인코딩 형식을 사용하여 AES로 파일의 내용을 암호화 합니다.

🎬 AES로 파일에 암호 해독 (Decrypt to file with AES)

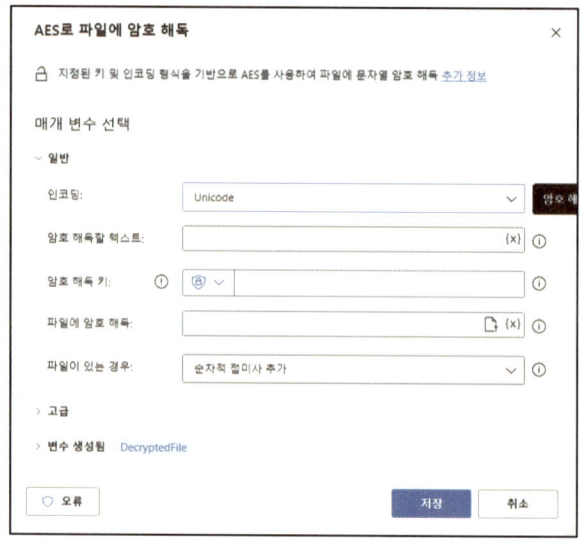

- 지정된 키 및 인코딩 형식을 기반으로 AES를 사용하여 파일에 문자열 암호를 해독합니다.

🎬 AES로 텍스트 암호화 (Encrypt text with AES)

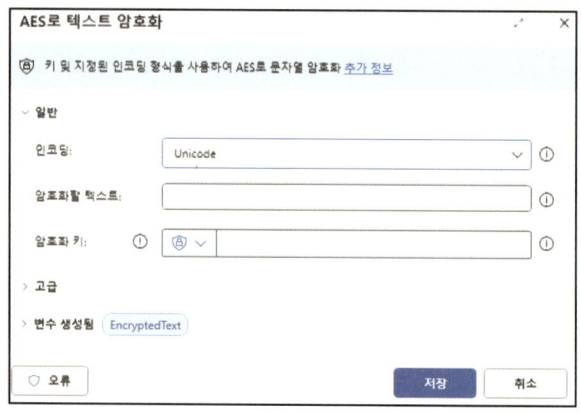

- 지정된 알고리즘 및 인코딩 형식을 사용하여 AES로 문자열을 암호화 합니다.

🎬 파일에서 해시 (Hash from file)

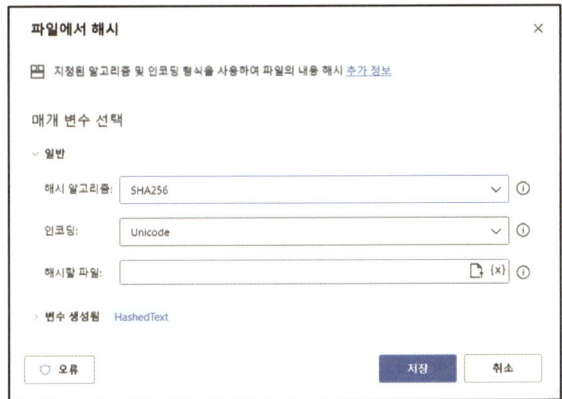

- 지정된 알고리즘 및 인코딩 형식을 사용하여 파일의 내용을 해시합니다.

🎬 키로 텍스트 해시 (Hash text with key)

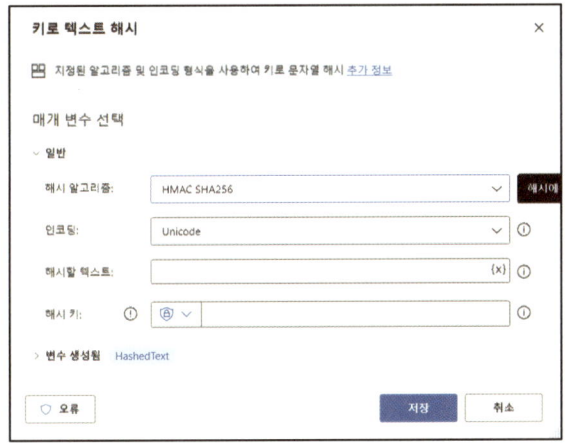

- 지정된 알고리즘 및 인코딩 형식을 사용하여 키로 문자열을 해시합니다.

🎬 키를 사용하여 파일에서 해시 (Hash from file with key)

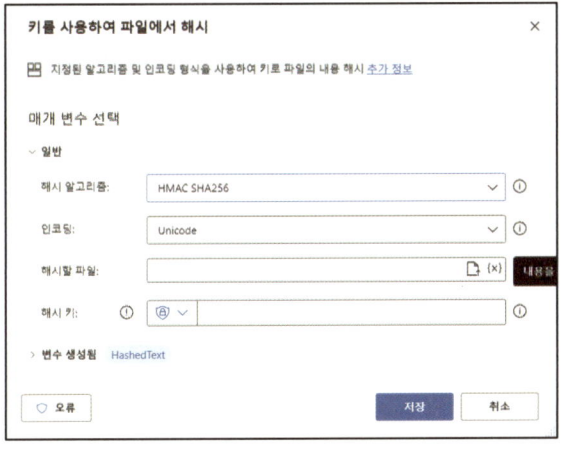

- 지정된 알고리즘 및 인코딩 형식을 사용하여 키로 파일의 내용을 해시합니다.

4.14.2 암호화 작업액션

🎬 CyberArk에서 암호 가져오기 (Get password from CyberArk)

사이버 아크(CyberArk)는 기업의 중요한 자격 증명 및 암호를 안전하게 보호하고 관리하는 데 도움을 주는 솔루션입니다. PAD 액션에서 CyberArk를 사용하려면, 먼저 CyberArk 솔루션을 구축하고 설정해야 합니다. 이를 통해 기업의 중요한 자격 증명 및 암호를 안전하게 저장할 수 있습니다.

다음으로, PAD 액션에서 CyberArk에 접근하여 저장된 자격 증명을 사용하도록 설정해야 합니다. 이를 위해, CyberArk에서 제공하는 API를 사용하여 자격 증명을 검색할 수 있습니다. PAD 작업을 실행할 때 CyberArk에 저장된 자격 증명을 사용하려면, 액션에서 자격 증명을 가져오는 작업을 포함시켜야 합니다. 이 작업을 통해 자격 증명을 안전하게 전달하고, 필요한 작업에 사용할 수 있습니다.

- CyberArk에서 특정 애플리케이션의 비밀번호를 검색
- 응용 프로그램 ID : 애플리케이션 ID를 찾으려면 웹 브라우저에서 CyberArk 비밀번호 보관소로 이동하여 애플리케이션 탭을 탐색
- 안전 : PrivateArk Client에 표시되는 금고의 이름을 입력
- 폴더, 개체 : PrivateArk Client에서 금고를 선택하고 왼쪽 창에 표시된 폴더 이름과 메인 목록에 표시된 개체 이름을 채우기

Step 4 - 15 　스크립팅
Actions - Scripting

4.15.1 스크립팅의 활용

Power Automate에서 스크립팅 기능을 활용하는 과정은 Python, JavaScript 등의 스크립팅 언어와 RPA 기능을 통해 변수의 선언부터 결과 반환까지의 작업을 포함합니다.

스크립팅은 컴퓨터 프로그래밍의 한 형태로, 복잡한 작업을 자동화하고, 프로세스를 간소화하며, 사용자 정의 기능을 추가하는 데 널리 사용됩니다. 스크립팅 언어는 일반적으로 간결하고, 빠르게 배울 수 있으며, 다양한 운영 체제와 애플리케이션에서 실행할 수 있는 스크립트를 작성하는 데 사용됩니다. Python, JavaScript, VBScript 그리고 Shell 스크립트가 대표적인 예입니다.

4.15.2 스크립팅 작업액션

모든 스크립팅 작업은 해당 프로그래밍 또는 스크립팅 언어(PowerShell, Python, VBScript, JavaScript 및 C#/VB.NET)의 기본 구조를 따릅니다. (지원 C#: v 5.0에 지원되는 버전. VB.NET의 경우: v 11.0)

✓ 권한 없는 액세스를 방지하려면 Windows에서 보호된 리소스에 액세스할 수 있는 관리자 권한이 필요합니다.
✓ 스크립팅 작업을 사용하여 보호된 리소스(예: 파일)에 액세스하려면 관리자 권한으로 Power Automate를 실행해야 합니다.
✓ VBScript는 23년 11월 발표로 Windows에서 더 이상 사용되지 않을 것이라 발표되었습니다.

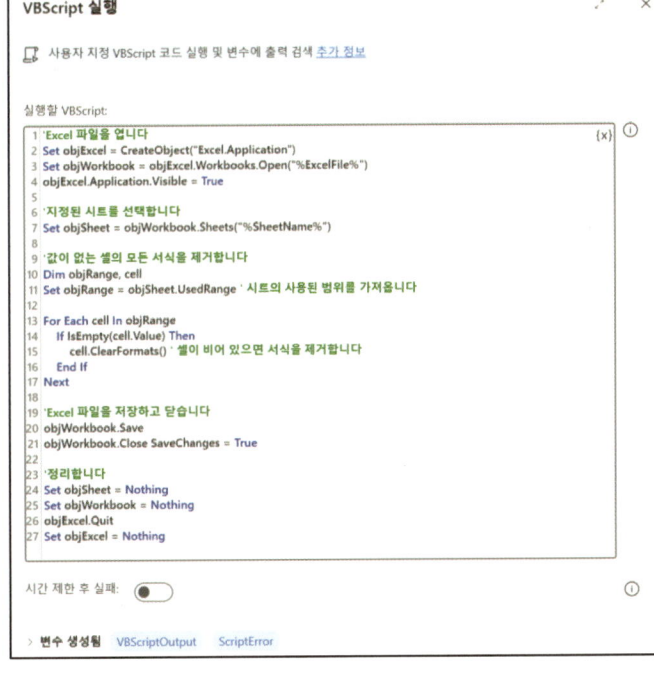

4.15.2 스크립팅 작업액션

스크립팅 작업에서 변수를 선언하고 Power Automate로 결과를 반환하는 방법은 사용하는 스크립팅 언어에 따라 다릅니다. 아래는 주요 스크립팅 언어별로 변수를 선언하고 결과를 반환하는 방법에 대한 요약입니다. 각 언어별로 변수를 선언하고 결과를 반환하는 방법에는 차이가 있지만, 기본적인 개념은 유사합니다. 변수를 선언하여 값을 할당하고, 스크립트 실행 결과를 Power Automate로 전달하기 위해 해당 언어의 출력 함수나 명령어를 사용합니다.

PowerShell
변수 선언: $ 표기법을 사용합니다.
결과 반환: Write-Output 명령을 사용합니다.

```powershell
$variableName = "variableValue"
Write-Output $variableName
```

Python
변수 선언: 특별한 표기법 없이 직접 선언합니다.
결과 반환: print 함수를 사용합니다.

```python
variableName = "variableValue"
print variableName
```

VBScript
변수 선언: 특별한 표기법 없이 직접 선언합니다.
결과 반환: WScript.Echo 함수를 사용합니다.

```vbscript
variableName = "variableValue"
WScript.Echo variableName
```

JavaScript
변수 선언: var 표기법을 사용합니다.
결과 반환: WScript.Echo 함수를 사용합니다

```javascript
var variableName = "variableValue";
WScript.Echo(variableName);
```

.NET 스크립트
변수 선언 및 반환: .NET 스크립트 실행 작업의 구성 카드 내의 스크립트 매개변수 창을 통해 변수의 유형을 설정하고 값을 반환합니다.

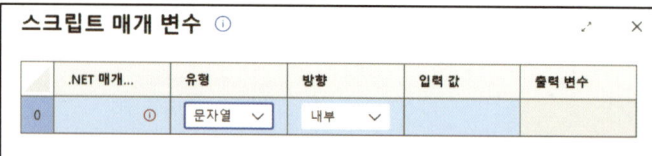

노코드로 완성하는 RPA업무자동화 – 실무편

마이크로소프트 파워오토메이트

PART 05
부록

작업 액션 01

분류		한국어	영문
변수 (Variables)	데이터 테이블 (Data table)	새 데이터 테이블 만들기	Create new data table
		데이터 테이블에 행 삽입	Insert row into data table
		데이터 테이블에서 행 삭제	Delete row from data table
		데이터 테이블 항목 업데이트	Update data table item
		데이터 테이블에서 찾기 또는 바꾸기	Find or replace in data table
		데이터 테이블에 열 삽입	Insert column into data table
		데이터 테이블에서 열 삭제	Delete column form data table
		데이터 테이블에서 빈 행 삭제	Delete empty rows form data table
		데이터 테이블에서 중복 행 삭제	Delete duplicate rows from data table
		데이터 테이블 지우기	Clear data table
		데이터 테이블 정렬	Sort data table
		데이터 테이블 필터링	Filter data table
		데이터 테이블 병합	Merge data tables
		데이터 테이블 조인	Join data tables
		CSV텍스트 변수에서 읽기	Read from CSV text variable
		텍스트로 데이터 테이블 변환	Convert data table to text
		숫자 자르기	Truncate number
		임의의 숫자 생성	Generate random number
		목록 지우기	Clear list
		목록에서 항목 제거	Remove item from list
		목록 정렬	Sort list
		목록 순서 섞기	Shuffle list
		목록 병합	Merge lists
		목록 뒤집기	Reverse list
		목록에서 중복 항목 제거	Remove duplicate items from list
		공동 목록 항목 찾기	Find common list items
		목록 빼기	Subtract lists
		목록으로 데이터 테이블 열 검색	Retrieve data table column into list
		JSON을 사용자 지정 개체로 변환	Convert JSON to custom object
		사용자 지정 개체를 JSON으로 변환	Convert custom object to JSON
		목록에 항목 추가	Add item to list
		새 목록 만들기	Create new list
		변수 증가	Increase variable
		변수 감소	Decrease variable
		변수 설정	Set variable

작업 액션 02

분류	한국어	영문
조건 (Conditionals)		Case
		Default case
		Else
		Else if
		If
		Switch
반복 (Loops)	각각의 경우	For Each
	다음 반복	Next loop
	반복	Loop
	반복 조건	Loop condition
	반복 종료	Exit loop
흐름 제어 (Flow control)	End	End
	대기	Wait
	레이블	Label
	마지막 오류 보기	Get last error
	블록 오류 시	On block error
	설명	Comment
	이동	Go to
	종료 지역	End region
	지역	Region
	하위 흐름 실행	Run subflow
	하위 흐름 종료	Exit subflow
	흐름 중지	Stop flow
흐름 실행 (Run Flow)	데스크톱 흐름 실행	Run desktop flow
시스템 (System)	프로세스 대기	Wait for process
	프로세스가 진행 중인 경우	If process
	응용 프로그램 실행	Run application
	프로세스 종료	Terminate process
	Ping	Ping
	Windows 환경 변수 설정	Set Windows environment variable
	Windows 환경 변수 가져오기	Get Windows environment variable
	Windows 환경 변수 삭제	Delete Windows environment variable

작업 액션 03

분류	한국어	영문
워크스테이션 (Workstation)	문서 인쇄	Print document
	기본 프린터 가져오기	Get default printer
	기본 프린터 설정	Set default printer
	데스크톱 표시	Show desktop
	워크스테이션 잠금	Lock workstation
	소리 재생	Play sound
	휴지통 비우기	Empty recycle bin
	스크린샷 촬영	Take screenshot
	화면 보호기 제어	Control screen saver
	화면 해상도 가져오기	Get screen resolution
	화면 해상도 설정	Set screen resolution
	사용자 로그오프	Log off user
	컴퓨터 종료	Shutdown computer
스크립팅 (Scripting)	DOS 명령 실행	Run DOS command
	VBScript 실행	Run VBScript
	JavaScript 실행	Run JavaScript
	PowerShell 스크립트 실행	Run PowerShell script
	Python 스크립트 실행	Run Python script
	.NET 스크립트 실행	Run .NET script
파일 (File)	파일 대기	Wait for file
	파일이 있는 경우	If file exists
	파일 복사	Copy file(s)
	파일 이동	Move file(s)
	파일 삭제	Delete file(s)
	파일 이름 바꾸기	Rename file(s)
	파일에서 텍스트 읽기	Read text from file
	파일에 텍스트 쓰기	Write text to file
	CSV 파일에서 읽기	Read from CSV file
	CSV 파일에 쓰기	Write to CSV file
	파일 경로 부분 가져오기	Get file path part
	임시 파일 가져오기	Get temporary file
	파일을 Base64로 변환	Convert file to Base64
	Base64를 파일로 변환	Convert Base64 to file
	파일을 이진 데이터로 변환	Convert file to binary data
	이진 데이터를 파일로 변환	Convert binary data to file

작업 액션 04

분류		한국어	영문
폴더 (Folder)		폴더가 있는 경우	If folder exists
		폴더의 파일 가져오기	Get files in folder
		폴더의 하위 폴더 가져오기	Get subfolders in folder
		폴더 만들기	Create folder
		폴더 삭제	Delete folder
		빈 폴더	Empty folder
		폴더 복사	Copy folder
		폴더 이동	Move folder
		폴더 이름 바꾸기	Rename folder
		특수 폴더 가져오기	Get special folder
압축 (Compression)		ZIP파일	Zip files
		파일 압축 해제	Unzip files
UI 자동화 (UI Automation)	데이터 추출 (Data extraction)	창의 세부 정보 가져오기	Get details of window
		창에서 UI 요소의 세부 정보 가져오기	Get details of the UI element in window
		창에서 선택된 확인란 가져오기	Get selected checkboxes in window
		창에서 선택된 라디오 버튼 가져오기	Get selected radio button in window
		창에서 데이터 추출	Extract data from window
		UI 요소의 스크린샷 찍기	Take screenshot of UI element
		테이블에서 데이터 추출	Extract data form table
	양식 채우기 (Form filling)	창의 텍스트 필드에 포커스 설정	Focus text field in window
		창에서 텍스트 필드 채우기	Populate text field in window
		창의 버튼 누르기	Press button in window
		창에서 라디오 버튼 선택	Select radio button in window
		창의 확인란 상태 설정	Set checkbox state in window
		창의 드롭다운 목록 값 설정	Set drop-down list value in window
	창 (Windows)	창 가져오기	Get window
		창 포커스	Focus window
		창 상태 설정	Set window state
		창 표시 여부 설정	Set window visibility
		창 이동	Move window
		창 크기 조정	Resize window
		창 닫기	Close window

작업 액션 05

분류	한국어	영문
UI 자동화 (UI Automation)	가상 데스크톱 대기	Wait for virtual desktop
	가상 데스크톱을 사용할 수 있는 경우	If virtual desktop available
	창 내용 대기	Wait for window content
	창이 다음을 포함하는 경우	If window contains
	데스크톱 사용	Use desktop
	이미지인 경우	If image
	이미지 대기	Wait for image
	창에서 탭 선택	Select tab in window
	창에 있는 UI 요소를 마우스로 가리키기	Hover mouse over UI element in window
	창에서 메뉴 옵션 선택	Select menu option in window
	창의 UI 요소 클릭	Click UI element in window
	창의 UI 요소 끌어서 놓기	Drag and drop UI element in window
	창에서 펼칠 또는 접을 트리 노드	Expand/collapse tree node in window
	창인 경우	If window
	창 대기	Wait for window
브라우저 자동화 (Browser automation)	웹 데이터 추출 (Web data extraction)	웹 페이지에서 데이터 추출	Extract data from web page
		웹 페이지의 세부 정보 가져오기	Get details of web page
		웹 페이지 요소의 세부 정보 가져오기	Get details of element on web page
		웹 페이지의 스크린샷 캡처	Take screenshot of web page
	웹 양식 채우기 (Web form filling)	웹 페이지의 텍스트 필드에 포커스 설정	Focus text field on web page
		웹 페이지의 텍스트 필드 채우기	Populate text field on web page
		웹 페이지 확인란 상태 설정	Set check box state on web page
		웹 페이지 라디오 버튼 선택	Select radio button on web page
		웹 페이지 드롭다운 목록 값 설정	Set drop-down list value on web page
		웹 페이지 버튼 누르기	Press button on web page
		웹 페이지 콘텐츠 기다리기	Wait for web page content
		웹 페이지가 다음을 포함하는 경우	If web page contains
		새 Internet Explore 시작	Launch new Internet Explore
		새 Firefox 시작	Launch new Firefox
		새 Chrome 시작	Launch new Chrome
		새 Microsoft Edge 시작	Launch new Microsoft Edge
		새 탭 만들기	Create new tab
		웹 페이지로 이동	Go to web page
		웹 페이지에서 링크 클릭	Click link on web page
		웹 페이지에서 다운로드 링크 클릭	Click download link on web page
		웹 페이지에서 JavaScript 함수 실행	Run JavaScript function on web page
		웹 페이지 요소 마우스로 가리키기	Hover mouse over element on web page
		웹 브라우저 닫기	Close web browser

작업 액션 06

분류		한국어	영문
HTTP		SOAP 웹 서비스 호출	Invoke SOAP web service
		웹에서 다운로드	Download from web
		웹 서비스 호출	Invoke web service
작업 큐 (Work queues)		작업 큐 항목 처리	Process work queue items
		작업 큐 항목 업데이트	Update work queue item
		작업 큐 항목 추가	Add work queue item
		여러 작업 큐 항목 추가	Add multiple work queue items
		지연이 있는 항목 다시 대기	Requeue item with delay
		작업 큐 항목 처리 메모 업데이트	Update work queue item processing notes
		필터를 기준으로 작업 큐 항목 가져오기	Get work queue items by filter
Excel	고급 (Advanced)	Excel 워크 시트의 열/행 크기 조정	Resize columns/rows in Excel worksheet
		Excel 매크로 실행	Run Excel macro
		활성 Excel 워크시트 가져오기	Get active Excel worksheet
		모든 Excel 워크시트 가져오기	Get all Excel worksheets
		Excel 워크시트 삭제	Delete Excel worksheet
		Excel 워크시트 이름 변경	Rename Excel worksheet
		Excel 워크시트 복사	Copy Excel Worksheet
		Excel 워크시트에서 셀 선택	Select cells in Excel worksheet
		Excel 워크시트에서 셀 활성화	Activate cell in Excel worksheet
		Excel 워크시트에서 선택한 셀 범위 가져오기	Get selected cell range from Excel worksheet
		Excel 워크시트에서 셀 복사	Copy cells from Excel worksheet
		Excel 워크시트에 셀 붙여넣기	Paste cells to Excel worksheet
		Excel 워크시트에서 삭제	Delete from Excel worksheet
		Excel 워크시트에 행 삽입	Insert row to Excel worksheet
		Excel 워크시트에서 행 삭제	Delete row from Excel worksheet
		Excel 워크시트에 열 삽입	Insert column to Excel worksheet
		Excel 워크시트에서 열 삭제	Delete column from Excel worksheet
		Excel 워크시트에서 셀 찾기 및 바꾸기	Find and replace cells in Excel worksheet
		Excel 워크시트에서 열의 첫 번째 빈 행 가져오기	Get first free row on column from Excel worksheet
		Excel에서 수식 읽기	Read formula from Excel
		Excel 워크시트에서 선택한 테이블 범위 가져오기	Get table range from Excel worksheet
		Excel 워크시트의 자동 셀 채우기	Auto fill cells in Excel worksheet
		Excel 워크시트에서 셀 추가	Append cells in Excel worksheet
		Excel 워크시트에서 조회 범위	Lookup range in Excel worksheet
		Excel 워크시트에서 셀 색상 설정	Set color of cells in Excel worksheet

작업 액션 07

분류	한국어	영문
Excel	Excel 시작	Launch Excel
	실행 중인 Excel에 첨부	Attach to running Excel
	Excel 워크시트에서 읽기	Read from Excel worksheet
	Excel 워크시트에서 활성 셀 가져오기	Get active cell on Excel worksheet
	Excel 저장	Save Excel
	Excel 워크시트에 쓰기	Write to Excel worksheet
	Excel 닫기	Close Excel
	활성 Excel 워크시트 설정	Set active Excel worksheet
	새 워크시트 추가	Add new worksheet
	Excel 워크시트에서 첫 번째 빈 열/행 가져오기	Get first free column/row from Excel worksheet
	Excel 워크시트의 열 이름 가져오기	Get column name on Excel worksheet
	Excel 워크시트에서 셀 선택 취소	Clear cells in Excel worksheet
	Excel 워크시트에서 셀 정렬	Sort cells in Excel worksheet
	Excel 워크시트에서 셀 필터링	Filter cells in Excel worksheet
	Excel 워크시트에서 필터 선택 취소	Clear filters in Excel worksheet
	비어 있는 셀 가져오기	Get empty cell
Word	Word 시작	Launch Word
	실행 중인 Word에 첨부	Attach to running Word
	Word 저장	Save Word
	Word 닫기	Close Word
	Word 문서에서 읽기	Read from Word document
	Word 문서에 쓰기	Write to Word document
	Word 문서에 이미지 삽입	Insert image in Word document
	Word 문서에서 단어를 찾고 바꾸기	Find and replace words in Word document
데이터베이스 (Database)	SQL 연결 활성화	Open SQL connection
	SQL 문 실행	Execute SQL statement
	SQL 연결 종료	Close SQL connection
이메일 (Email)	이메일 메시지 검색	Retrieve email messages
	이메일 메시지 처리	Process email messages
	이메일 보내기	Send email
Exchange Server	Exchange server에 연결	Connect to Exchange server
	Exchange 이메일 메시지 검색	Retrieve Exchange email messages
	Exchange 이메일 메시지 보내기	Send Exchange email message
	Exchange 이메일 메시지 처리	Process Exchange email messages

작업 액션 08

분류	한국어	영문
Outlook	Outlook 시작	Launch Outlook
	Outlook에서 이메일 메시지 검색	Retrieve email messages from Outlook
	Outlook으로 이메일 메시지 보내기	Send email message through Outlook
	Outlook에서 이메일 메시지 처리	Process email messages in Outlook
	Outlook 이메일 메시지 저장	Save Outlook email messages
	Outlook 메시지에 응답	Respond to Outlook message
	Outlook 닫기	Close Outlook
메시지 상자 (Message boxes)	메시지 표시	Display message
	입력 대화 표시	Display input dialog
	날짜 선택 대화 표시	Display select date dialog
	목록 대화에서 선택 표시	Display select from list dialog
	파일 선택 대화 표시	Display select file dialog
	폴더 선택 대화 표시	Display select folder dialog
	사용자 지정 양식 표시	Display custom form
Access	Access 시작	Launch Access
	Access 테이블 읽기	Read Access table
	Access 쿼리 실행	Run Access query
	Access 매크로 실행	Run Access macro
	Access 닫기	Close Access
마우스/키보드 (Mouse and keyboard)	입력 차단	Block Input
	마우스 위치 가져오기	Get mouse position
	마우스 이동	Move mouse
	이미지로 마우스 이동	Move mouse to image
	화면에서 텍스트로 마우스 이동 (OCR)	Move mouse to text on screen (OCR)
	마우스 클릭 보내기	Send mouse click
	키 보내기	Send keys
	키 누르기 또는 해제하기	Press/release key
	키 상태 설정	Set key state
	마우스 대기	Wait for mouse
	키보드 식별자 가져오기	Get keyboard identifier
	바로 가기 키 대기	Wait for shortcut key

작업 액션 09

분류	한국어	영문
클립보드 (Clipboard)	클립보드 텍스트 가져오기	Get clipboard text
	클립보드 텍스트 설정	Set clipboard text
	클립보드 내용 지우기	Clear clipboard contents
텍스트 (Text)	텍스트에 줄 추가	Append line to text
	하위 텍스트 가져오기	Get subtext
	텍스트 자르기	Crop text
	텍스트 채우기	Pad text
	텍스트 자르기	Trim text
	역방향 텍스트	Reverse text
	텍스트 대/소문자 변경	Change text case
	텍스트를 숫자로 변환	Convert text to number
	숫자를 텍스트로 변환	Convert number to text
	텍스트를 날짜/시간으로 변환	Convert text to datetime
	텍스트로 날짜/시간 변환	Convert datetime to text
	임의의 텍스트 만들기	Create random text
	텍스트 참가	Join text
	텍스트 나누기	Split text
	텍스트 구문 분석	Parse text
	텍스트 대체	Replace text
	정규식에 대한 텍스트 이스케이프	Escape for regular expression
	텍스트의 엔터티 인식	Recognize entities in text
	HTML 콘텐츠 만들기	Create HTML content
날짜/시간 (Date time)	날짜 차감	Subtract dates
	날짜/시간에 추가	Add to datetime
	현재 날짜 및 시간 가져오기	Get current date and time
PDF	PDF에서 텍스트 추출	Extract text from PDF
	PDF에서 테이블 추출	Extract tables from PDF
	PDF에서 이미지 추출	Extract images from PDF
	새 PDF 파일로 PDF 파일 추출	Extract PDF file pages to new PDF file
	PDF 파일 병합	Merge PDF files
CMD 세션 (CMD session)	CMD 세션 열기	Open CMD session
	CMD 세션에 쓰기	Write to CMD session
	CMD 세션에서 읽기	Read from CMD session
	CMD 세션의 텍스트 대기	Wait for text on CMD session
	CMD 세션 닫기	Close CMD session

작업 액션 10

분류	한국어	영문
터미널 에뮬레이션 (Terminal emulation)	터미널 세션 열기	Open terminal session
	터미널 세션 닫기	Close terminal session
	터미널 세션에서 커서 이동	Move cursor on terminal session
	터미널 세션에서 텍스트 가져오기	Get text from terminal session
	터미널 세션에서 텍스트 설정	Set text on terminal session
	터미널 세션에 키 보내기	Send key to terminal session
	터미널 세션에서 텍스트 대기	Wait for text on terminal session
	터미널 세션에서 텍스트 검색	Search for text on terminal session
OCR	화면에서 텍스트 대기(OCR)	Wait for text on screen (OCR)
	화면의 텍스트인 경우(OCR)	If text on screen (OCR)
	OCR을 포함한 텍스트 추출	Extract text with OCR
암호화 (Cryptography)	AES로 텍스트 암호화	Encrypt text with AES
	AES로 텍스트 암호 해독	Decrypt text with AES
	AES를 사용하여 파일에서 암호화	Encrypt from file with AES
	AES로 파일에 암호 해독	Decrypt to file with AES
	텍스트 해시	Hash text
	파일에서 해시	Hash from file
	키로 텍스트 해시	Hash text with key
	키를 사용하여 파일에서 해시	Hash from file with key
Windows 서비스 (Windows services)	서비스 대기	Wait for service
	서비스인 경우	If service
	서비스 시작	Start service
	서비스 중지	Stop service
	서비스 일시 중지	Pause service
	서비스 계속하기	Resume service
XML	파일에서 XML 읽기	Read XML from file
	파일에 XML 쓰기	Write XML to file
	XPath 식 실행	Execute XPath expression
	XML 요소 특성 가져오기	Get XML element attribute
	XML 요소 특성 설정	Set XML element attribute
	XML 요소 특성 제거하기	Remove XML element attribute
	XML 요소 값 가져오기	Get XML element value
	XML 요소 값 설정	Set XML element value
	XML 요소 삽입	Insert XML element
	XML 요소 제거	Remove XML element

작업 액션 11

분류	한국어	영문
FTP	FTP 연결 열기	Open FTP connection
	FTP 디렉터리 나열	List FTP directory
	FTP 보안 연결 열기	Open secure FTP connection
	연결 종료	Close connection
	작업 디렉터리 변경	Change working directory
	FTP에서 파일 다운로드	Download file(s) from FTP
	FTP에서 폴더 다운로드	Download folder(s) from FTP
	FTP에 파일 업로드	Upload File(s) to FTP
	FTP에 폴더 업로드	Upload folder(s) to FTP
	FTP 파일 삭제	Delete FTP file
	FTP 파일 이름 바꾸기	Rename FTP File
	FTP 디렉터리 만들기	Create FTP directory
	FTP 디렉터리 삭제	Delete FTP directory
	FTP 명령 호출	Invoke FTP command
	디렉터리 동기화	Synchronize directories
CyberArk	CyberArk에서 암호 가져오기	Get password from CyberArk
Active Directory	개체 (Object) 개체 만들기	Create object
	개체 삭제	Delete object
	개체 이동	Move object
	개체 이름 변경	Rename object
	그룹 (Group) 그룹 만들기	Create group
	그룹 정보 가져오기	Get group info
	그룹 구성원 가져오기	Get group members
	그룹 수정	Modify group
	사용자 (User) 사용자 만들기	Create user
	사용자 정보 가져오기	Get user info
	사용자 수정	Modify user
	사용자 잠금 해제	Unlock user
	사용자 정보 업데이트	Update user info
	서버에 연결	Connect to server
	연결 종료	Close connection

작업 액션 12

분류		한국어	영문
AWS	EC2/볼륨 (EC2/ Volumes)	볼륨 만들기	Create volume
		볼륨 첨부	Attach volume
		볼륨 분리	Detach volume
		볼륨 설명	Describe volumes
		볼륨 삭제	Delete volume
	EC2/스냅샷 (EC2/ Snapshots)	스냅샷 만들기	Create snapshot
		스냅샷 설명	Describe snapshots
		스냅샷 삭제	Delete snapshot
	EC2/인스턴스 (EC2/ Instances)	EC2 인스턴스 시작	Start EC2 instance
		EC2 인스턴스 중지	Stop EC2 instance
		EC2 인스턴스 재부팅	Reboot EC2 instance
		사용 가능한 EC2 인스턴스 가져오기	Get available EC2 instances
		인스턴스 설명	Describe instances
		EC2 세션 만들기	Create EC2 session
		EC2 세션 종료	End EC2 session
Azure	가상머신 (Virtual machines)	가상 머신 가져오기	Get virtual machines
		가상 머신 설명	Describe virtual machine
		가상 머신 시작	Start virtual machine
		가상 머신 중지	Stop virtual machine
		가상 머신 종료	Shut down virtual machine
		가상 머신 다시 시작	Restart virtual machine
	가상머신/디스크 (Virtual machines/ Disks)	디스크 가져오기	Get disks
		디스크 첨부	Attach disk
		디스크 분리	Detach disk
		관리 디스크 만들기	Create managed disk
		디스크 삭제	Delete disk
	가상머신/스냅샷 (Virtual machines / Snapshots)	스냅샷 가져오기	Get snapshots
		스냅샷 만들기	Create snapshot
		스냅샷 삭제	Delete snapshot
	리소스 그룹 (Resource groups)	리소스 그룹 가져오기	Get resource groups
		리소스 그룹 만들기	Create resource group
		리소스 그룹 삭제	Delete resource group
		세션 만들기	Create session
		구독 가져오기	Get subscriptions
		세션 종료	End session

작업 액션 13

분류		한국어	영문
Google 인지 (Google cognitive)	비전 (Vision)	레이블 감지	Label detection
		랜드마크 감지	Landmark detection
		텍스트 감지	Text Detection
		로고 감지	Logo detection
		SafeSearch 감지	Safe search detection
		이미지 속성 감지	Image properties detection
	자연어 (Natural language)	감정 분석	Analyze sentiment
		엔터티 분석	Analyze entities
		구문 분석	Analyze syntax
IBM 인지 (IBM cognitive)	문서 변환	문서 변환	Convert document
	시각적 인지	이미지 분류	Classify image
	언어 번역기	번역	Translate
		언어 식별	Identify language
	톤 분석기	톤 분석	Analyze tone
Microsoft Cognitive	Bing Spell Check	맞춤법 검사	Spell check
	Computer Vision	이미지 분석	Analyze image
		이미지 설명	Describe image
		OCR	OCR
		이미지 태그	Tag image
로깅 (Logging)		로그 메시지	Log message
SharePoint		경로를 사용하여 파일 메타데이터 가져오기	Get file metadata using path
		경로를 사용하여 파일 콘텐츠 가져오기	Get file content using path
		경로를 사용하여 폴더 메타데이터 가져오기	Get folder metadata using path
		루트 폴더 나열	List root folder
		모든 목록 및 라이브러리 가져오기	Get all lists and libraries
		목록 가져오기	Get lists
		목록 뷰 가져오기	Get list views
		새 문서 만들기	Create new document set
		새 폴더 만들기	Create new folder
		첨부 파일 가져오기	Get attachments
		첨부 파일 삭제	Delete attachment

작업 액션 14

분류	한국어	영문
SharePoint	첨부 파일 추가	Add attachment
	첨부 파일 콘텐츠 가져오기	Get attachment content
	체크 아웃 취소	Discard check out
	콘텐츠 승인 상태 설정	Set content approval status
	파일 가져오기(속성만)	Get files (properties only)
	파일 또는 폴더에 대한 공유 링크 만들기	Create sharing link for a file or folder
	파일 만들기	Create file
	파일 메타데이터 가져오기	Get file metadata
	파일 복사	Copy file
	파일 삭제	Delete file
	파일 속성 가져오기	Get file properties
	파일 속성 업데이트	Update file properties
	파일 업데이트	Update file
	파일 이동	Move file
	파일 체크 아웃	Check out file
	파일 체크 인	Check in file
	파일 콘텐츠 가져오기	Get file content
	폴더 나열	List folder
	폴더 메타데이터 가져오기	Get folder metadata
	폴더 복사	Copy folder
	폴더 이동	Move folder
	폴더 추출	Extract folder
	항목 가져오기(1개)	Get item
	항목 가져오기(2개 이상)	Get items
	항목 또는 파일 공유 중지	Stop sharing an item or a file
	항목 또는 파일에 대한 변경 가져오기(속성만 해당)	Get changes for an item or a file (properties only)
	항목 또는 폴더에 대한 액세스 권한 부여	Grant access to an item or a folder
	항목 만들기	Create item
	항목 삭제	Delete item
	항목 업데이트	Update item
	AI Builder 모델 결과를 사용하여 파일 속성 업데이트	Update file properties using AI Builder model results
	Microsoft Syntex를 사용하여 문서 생성(프리뷰)	Generate document using Microsoft Syntex (preview)
	SharePoint에 HTTP 요청 보내기	Send HTTP request to SharePoint

작업 액션 15

분류	한국어	영문
Excel Online(Business)	스크립트 실행	Run script
	워크시트 가져오기	Get worksheets
	워크시트 만들기	Create worksheet
	테이블 가져오기	Get tables
	테이블 만들기	Create table
	테이블에 있는 행 나열	List rows present in a table
	테이블에 키 열 추가	Add a key column to a table
	테이블에 행 추가	Add a row into a table
	행 가져오기	Get a row
	행 삭제	Delete a row
	행 업데이트	Update a row
Microsoft Forms	SharePoint 라이브러리에서 스크립트 실행	Run script from SharePoint library
	응답 세부 정보 가져오기	Get response details
Microsoft Teams	구성원 나열	List members
	메시지 가져오기	Get messages
	메시지 세부 정보 가져오기	Get message details
	사용자에 대한 @멘션 토큰 가져오기	Get an @mention token for a user
	채널 나열	List channels
	채널 만들기	Create a channel
	채널에서 메시지와 함께 회신	Reply with a message in a channel
	채널에서 적응형 카드로 회신	Reply with an adaptive card in a channel
	채팅 나열	List chats
	채팅 또는 채널에서 메시지 게시	Post message in a chat or channel
	채팅 또는 채널에서 적응형 카드 게시	Update an adaptive card in a chat or channel
	채팅 또는 채널에서 카드 게시	Post card in a chat or channel
	채팅 만들기	Create a chat
	태그 삭제	Delete a tag
	태그에 구성원 추가	Add a member to a tag
	태그에 대한 @멘션 토큰 가져오기	Get an @mention token for a tag
	태그에서 구성원 삭제	Delete a member from a tag
	태그의 구성원 나열	List the members for a tag
	팀 가져오기	Get a team
	팀 나열	List teams
	팀 만들기	Create a team
	팀에 구성원 추가	Add a member to a team
	팀에 대한 모든 태그 나열	List all tags for a team
	팀에 대한 태그 생성	Create a tag for a team
	팀의 특정 채널에 대한 세부 정보 가져오기	Get details for a specific channel in team
	피드 알림 게시	Post feed a notification
	Microsoft Graph HTTP 요청 보내기	Send a Microsoft Graph HTTP request
	Teams 모임 만들기	Create a Teams meeting

작업 액션 16

분류	한국어	영문
Office 365 Outlook	공유 사서함에서 메일 보내기(V2)	Send an email from a shared mailbox(V2)
	단일 연락처 가져오기(V2)	Get contact (V2)
	달력가져오기(V2)	Get calendars (V2)
	메일 가져오기(V2)	Get email (V2)
	메일 받기(V3)	Get emails (V3)
	메일 보내기(V2)	Send an email (V2)
	메일 삭제(V2)	Delete email (V2)
	메일에 플래그 지정(V2)	Flag email (V2)
	메일에 회신(V3)	Reply to email (V3)
	모임 시간 찾기(V2)	Find meeting times (V2)
	여러 연락처 가져오기(V2)	Get contacts (V2)
	여러 이메일에 범주 할당	Assign a category to multiple emails
	연락처 만들기(V2)	Create contact (V2)
	연락처 삭제(V2)	Delete contact (V2)
	연락처 업데이트(V2)	Update contact (V2)
	이메일 메시지 초안 작성	Draft an email message
	이메일 이동(V2)	Move email (V2)
	이메일 전달(V2)	Forward an email (V2)
	이메일 초안 메시지 업데이트	Update an email draft message
	이벤트 가져오기(V3)	Get event (V3)
	이벤트 가져오기(V4)	Get events (V4)
	이벤트 만들기(V4)	Create event (V4)
	이벤트 삭제(V2)	Delete event (V2)
	이벤트 업데이트(V4)	Update event (V4)
	이벤트 초대에 응답(V2)	Respond to an event invite (V2)
	이벤트의 일정 보기 가져오기(V3)	Get calendar view of events (V3)
	읽음 또는 읽지 않음으로 표시(V3)	Mark as read or unread (V3)
	자동 회신 설정(V2)	Set up automatic replies (V2)
	전자 메일 내보내기(V2)	Export email (V2)
	첨부 파일(V2) 가져오기	Get Attachment (V2)
	초안 메시지 보내기	Send a draft message
	회의실 가져오기(V2)	Get rooms (V2)
	회의실 목록 가져오기(V2)	Get room lists (V2)
	회의실 목록의 회의실 가져오기(V2)	Get rooms in room list (V2)
	HTTP 요청 보내기	Send an HTTP request
	Outlook 범주 이름 가져오기	Get outlook category names
	Outlook 범주를 할당합니다	Assigns an outlook category

작업 액션 17

분류	한국어	영문
OneDrive 💎	경로를 사용하여 파일 메타데이터 가져오기	Get file metadata using path
	경로를 사용하여 파일 변환	Convert file using path
	경로를 사용하여 파일 복사	Copy file using path
	경로를 사용하여 파일 이동 또는 이름 바꾸기	Move or rename a file using path
	경로를 사용하여 파일 콘텐츠 가져오기	Get file content using path
	경로를 통해 공유 링크 만들기	Create share link by path
	경로를 통해 폴더의 파일 찾기	Find files in folder by path
	공유 링크 만들기	Create share link
	루트 폴더의 파일 나열	List files in root folder
	보관 파일을 폴더에 추출	Extract archive to folder
	파일 만들기	Create file
	파일 메타데이터 가져오기	Get file metadata
	파일 미리 보기 가져오기	Get file thumbnail
	파일 변환	Convert file
	파일 복사	Copy file
	파일 삭제	Delete file
	파일 업데이트	Update file
	파일 이동 또는 이름 바꾸기	Move or rename a file
	파일 콘텐츠 가져오기	Get file content
	파일 태그 가져오기	Get file tags
	파일 태그 제거	Remove file tag
	파일 태그 추가	Add file tag
	폴더의 파일 나열	List files in folder
	폴더의 파일 찾기	Find files in folder
	URL에서 파일 업로드	Upload file from URL
OneNote(회사) 💎 OneNote(Business)	빠른 노트에 페이지 만들기	Create a page in Quick Notes
	섹션에 페이지 만들기	Create page in a section
	전자 필기장에 섹션 만들기	Create section in a notebook
	전자 필기장에서 섹션 가져오기	Get sections in notebook
	최근 Notebooks 가져오기	Get recent notebooks
	특정 섹션의 페이지 가져오기	Get pages for a specific section
	페이지 삭제	Delete a page
	페이지 콘텐츠 가져오기	Get page content
	페이지 콘텐츠 업데이트	Update page content
RSS 💎	모든 RSS 피드 항목 나열	List all RSS feed items

작업 액션 18

분류	한국어	영문
고급 (Advanced)	첨부	Attach
SAP 자동화 (SAP automation)	SAP 시작	Launch SAP
	새 SAP 세션 만들기	Create new SAP session
	SAP 탐색 항목 선택	Select SAP navigation item
	SAP 메뉴 항목 선택	Select SAP menu item
	SAP 트랜젝션 시작	Start SAP transaction
	SAP 거래 종료	End SAP transaction
	SAP 연결 닫기	Close SAP connection
	SAP UI 요소 클릭	Click SAP UI element
	SAP UI 요소의 세부 정보 가져오기	Get details of SAP UI element
	SAP 텍스트 필드 요소 채우기	Populate SAP text field element
Word Online(Business)	Microsoft Word 템플릿 채우기	Populate a Microsoft Word template
	Word 문서를 PDF로 변환	Convert Word Document to PDF
비지니스용 OneDrive (OneDrive for Business)	경로를 사용하여 파일 메타데이터 가져오기	Get file metadata using path
	경로를 사용하여 파일 변환	Convert file using path
	경로를 사용하여 파일 복사	Copy file using path
	경로를 사용하여 파일 이동 또는 이름 바꾸기	Move or rename a file using path
	경로를 사용하여 파일 콘텐츠 가져오기	Get file content using path
	경로를 통해 공유 링크 만들기	Create share link by path
	경로를 통해 폴더의 파일 찾기	Find files in folder by path
	공유 링크 만들기	Create share link
	루트 폴더의 파일 나열	List files in root folder
	보관 파일을 폴더에 추출	Extract archive to folder
	파일 만들기	Create file
	파일 메타데이터 가져오기	Get file metadata
	파일 미리 보기 가져오기	Get file thumbnail
	파일 변환	Convert file
	파일 복사	Copy file
	파일 삭제	Delete file
	파일 업데이트	Update file
	파일 이동 또는 이름 바꾸기	Move or rename a file
	파일 콘텐츠 가져오기	Get file content
	폴더의 파일 나열	List files in folder
	폴더의 파일 찾기	Find files in folder
	URL에서 파일 업로드	Upload file from URL

문의하기

https://rpakr.com/kakao

- 본 교재의 모든 내용은 저작권법에 의해 보호되며, 사전 허가 없이 복제, 수정, 배포, 공유, 영상 제작 등을 금합니다.
- 교재에 사용된 이미지는 생성형 AI 도구 및 Envato 등에서 유료 구매한 저작물을 포함하며, 해당 이미지들은 관련 라이선스 약관을 준수합니다.
- 별도로 라이선스가 명시된 이미지 및 공식 사이트 제공 이미지는 각 출처의 사용 정책에 따릅니다.